二十五史

大讲堂
双　色
图文版

刘凤珍◎主编　黄威◎编著

中国华侨出版社
北京

图书在版编目（CIP）数据

二十五史大讲堂 / 黄威编著 . —北京：中国华侨出版社，2016.12
（中侨大讲堂 / 刘凤珍主编）
ISBN 978-7-5113-6535-4

Ⅰ.①二… Ⅱ.①黄… Ⅲ.①中国历史—古代史—纪传体—通俗读物
Ⅳ.① K204.2-49

中国版本图书馆 CIP 数据核字（2016）第 292778 号

二十五史大讲堂

编　　著 / 黄　威
出 版 人 / 刘凤珍
责任编辑 / 子　墨
责任校对 / 王京燕
经　　销 / 新华书店
开　　本 / 787 毫米 × 1092 毫米　1/16　印张 /24　字数 /553 千字
印　　刷 / 三河市华润印刷有限公司
版　　次 / 2018 年 3 月第 1 版　2018 年 3 月第 1 次印刷
书　　号 / ISBN 978-7-5113-6535-4
定　　价 / 48.00 元

中国华侨出版社　北京市朝阳区静安里 26 号通成达大厦 3 层　邮编：100028
法律顾问：陈鹰律师事务所
编辑部：（010）64443056　　64443979
发行部：（010）64443051　　传真：（010）64439708
网　　址：www.oveaschin.com
E-mail：oveaschin@sina.com

前 言

Preface

历史，记载着一个国家、民族产生和发展的全过程，蕴含着一个国家、民族的精神财富和智慧，昭示着国家和民族兴衰更替的客观规律。在祖先留给我们的精神财富中，史学典籍浩如烟海，我国可说是世界上最重视历史的国家之一。中华民族有着忠实记载历史的优良传统，这种传统使得我国在数千年文明发展过程中能够保存下大量的历史资料，史料之丰富是世界上任何一个国家都不能媲美的。从《史记》开始，《汉书》《后汉书》《三国志》《晋书》《宋书》《南齐书》《梁书》《陈书》《魏书》《北齐书》《周书》《隋书》《南史》《北史》《旧唐书》《新唐书》《旧五代史》《新五代史》《宋史》《辽史》《金史》《元史》《明史》，加上《清史稿》，这25部史书如沧海明珠独放异彩。

《史记》为西汉司马迁所著，共130卷，记事起于传说中的黄帝，止于汉武帝太初年间，共3000年左右，是我国第一部纪传体通史。《汉书》共120卷，为东汉班固所著，起自汉高祖元年（前206年），终于王莽地皇四年（23年），为我国第一部纪传体断代史。《后汉书》为纪传体东汉史，纪、传90卷，南朝宋范晔撰，志30卷，晋司马彪撰，共120卷，记载了东汉光武帝到汉献帝的历史。《三国志》共65卷，晋陈寿撰，南朝宋裴松之注，是记述三国鼎立时期比较完整的史书。《晋书》共130卷，记载从晋武帝泰始元年到恭帝元熙二年（265—420年）共156年的史事，始修于唐太宗贞观年间，由宰相房玄龄领导，撰者会集当时著名学者文士。《宋书》100卷，南朝梁沈约撰，叙事始于宋武帝永初元年（420年），止于宋顺帝昇明三年（479年），共记刘宋60多年的史事。《南齐书》原为60卷，今存59卷，为南朝梁萧子显撰，记述了南朝齐共24年的史事。《梁书》共56卷，为唐姚思廉撰，记叙了梁武帝天监元年至梁敬帝太平二年（502—557年），共56年的史事。《陈书》共36卷，为唐姚思廉撰，记载了陈武帝永定元年到后主祯明三年（557—589年），共33年的史事。《魏书》114卷，包括子卷共130卷，北齐魏收撰，记载北魏从道武帝拓跋珪到东、西魏相继灭亡，共计170多年的史事。《北齐书》共50卷，为唐李百药撰，记叙了534年前后，北魏分裂、东魏建立、北齐代东魏到577年北齐灭亡为止，共40多年的史事。《周书》共50卷，为唐令狐德棻所撰，记载北周20多年的史事。《南史》共80卷，为唐李延寿撰，起自南朝宋武帝永初元年（420年），止于陈后主祯明三年（589年），记载了南朝宋、齐、梁、陈四代170年的史事。《北史》共100卷，为唐李延寿所撰，记载起自北魏道武帝登国元年（386年），止于隋恭帝义宁二年（618年），包括北魏、北齐（包括东魏）、北周（包括西魏）和隋朝共233年的史事。《隋书》共85卷，为唐魏徵等撰，记载了隋朝37年的史事。《旧唐书》共200卷，为后晋刘昫等撰，记述了唐代290年的史事，是现存最早的系统记录唐代历史的一部史书。《新唐书》共225卷，为北宋欧阳修、宋祁等撰，与《旧唐书》相比，《新唐书》事增文省，搜罗了不少新史料填充其中。《旧五代史》原本150卷，为北宋薛居正等撰，以五代各自为书，后散佚，我们现在读到的《旧五代史》为清朝邵晋涵等所辑。《新五代史》原名《五代史记》，共74卷，为北宋欧阳修模仿《春秋》笔法将五代融而为一所撰，为唐以后唯一的私修史书，与《旧五代史》同为研究五代十国历史的主要资料。《宋史》共496卷，撰者署名为元朝宰相脱脱，其实翰林学士欧阳玄出力最多，包括本纪47卷、志162卷、表32卷、列传255卷，是二十五史中最庞大的一部官修史书。《辽史》共116卷，署名元脱脱所撰，记载了辽国200多年的史事，也兼叙了辽建国前契丹族和耶律大石所建西辽的历史。《金史》共135卷，署名元脱脱撰，全书记载了自金太祖完颜阿骨打到金朝灭亡约120年的史事。《元史》共210卷，为明宋濂等撰，记载了元朝自元太祖至元顺帝14朝的历史。《明史》共332卷，加上目录4卷，共336卷，为清张廷玉等撰，编纂时间在二十五史中占第一位，但明朝历史颇为复杂，很多问题并非《明史》所能包括。《清史稿》共529卷，修于1914—1927年，因未经当时官府承认，又是初稿，编纂者并未视为成书，因此只称其为《清史稿》。

这25部史书大多采用统一的纪传体裁，完整、系统地记录了我国从远古至清朝末年数千年的历史流传，全面展示了历代王朝的兴衰轨迹，涵盖了中国各个历史时期的政治、经济、科技、军事、艺术、外交等多方面的内容，是当之无愧的中华文明百科全书。然而这些史学巨著文字浩繁，加上古文艰深，普通读者穷一生精力也很难读完，鉴于此，我们推出了这部《二十五史大讲堂》。

在本书中，我们力求在真实性、趣味性和启发性等方面达到一个全新的高度，通过科学的体例与创新的形式，全方位、新视角、多层面地向读者展现中华文明的史学巨著。全书按照史书顺序，共分25个篇章，精彩扼要地勾勒出中国历史演进的基本脉络和发展历程。此外，本书还精选了200余幅内容涵盖面广、表现形式丰富的图片，与文字互为补充和解释。

精练简洁的文字、多元的视觉元素、全新的视角、科学的体例和创新的版式设计有机结合，帮助读者从全新的角度和崭新的层面去考察历史、感受历史、思考历史。

目 录

Contents

史　记

　　《史记》为西汉司马迁所著，共 130 卷。记事起于传说中的黄帝，止于汉武帝太初年间，共 3000 年左右，是我国第一部纪传体通史。《史记》开创了以人物传记为中心的纪传体史书的编纂方法，成为历代封建王朝所修正史的典范。

传说中的君王

中国古代出现了很多贤王，传说中他们都是天下的主人，而且个个非常贤明，都是圣人。

相传第一个君王是黄帝，他一生下来就非常聪明，是一个天才。黄帝姓公孙，名轩辕，后人将黄帝奉为中华民族的祖先，"轩辕"就成了中华民族的代称之一。当时统治天下的是神农氏，但权威已经衰落下去了。各地诸侯缺少约束，纷纷自相残杀，虐待百姓，而神农氏拿他们一点儿办法都没有。黄帝就训练军队，打造武器，去征讨那些暴虐的诸侯，很多诸侯归附了黄帝。只有蚩尤部族最残暴，但由于他们兵力强大，所以暂时没有征讨他们。神农氏的炎帝见自己失势，就想用武力解决，但当时的诸侯们大多心归黄帝，不听炎帝号令了。黄帝率领各种猛兽和诸侯在阪泉和炎帝展开大战，一连打了3场大仗，大败炎帝。炎帝见打不过黄帝，于是和他握手言和。黄帝征服炎帝后，把矛头对准了蚩尤，双方在涿鹿展开了大战，黄帝大胜，活捉了蚩尤，将其斩首。诸侯们纷纷奉黄帝为天子，让他取代了神农氏的地位。当时天下还有很多诸侯不服从黄帝的统治，黄帝就一个接一个地征讨，一直都没有休息过。

黄帝去了很多地方，到各地宣传教化，并任命官吏帮助自己治理天下。黄帝和炎帝两人后来关系变得很好，他们俩一起把中国治理得非常好。后来的中国人自认为是他们的后代，所以自称"炎黄子孙"。

黄帝死后，他的曾孙高阳继承了王位，被称为颛顼。颛顼也是个很聪明的君王，在他的领导下，中国的疆土又扩大了不少。颛顼死后，他的堂兄弟高辛继承了天子之位。高辛也是个伟大的君王。

高辛有两个儿子，他死后立了挚，但挚并不是个好天子。他死后由弟弟放勋继承了王位，放勋就是尧帝。

尧简直是神的化身，他的仁德可以和天相比，和神仙一样博学多才。当时的百姓在他的统治下过着非常幸福的生活，诸侯们对他很忠心。据说尧制定了一年

的天数，还规定了东西南北的方向等，为农业做出了很大贡献。尧逐渐老了，他问大臣们："我死后谁能继承我的位置呢？"一个叫放齐的人说："您的儿子丹朱是个合适的人选。"尧说："丹朱这个人又顽劣又凶恶，不行的。"他继续问谁能继承，骧兜说："共工很聪明，应该不错。"尧说："共工这个人能言善辩，但做事情并不像他说的那样。他表面上很恭谨，但骨子里却是另外一套。这种人不能继承天子之位。"这事就搁置了下来。

过了几年，突然发起了大水，这次洪水来势迅猛，很多百姓都流离失所。尧看到百姓们遭

尧帝像

殃，心里非常难过，他把大臣们召集起来，问道："你们觉得谁适合去治水呢？"大家一致推荐鲧。尧觉得鲧不太适合这个职务，不想让他去。四岳说："没有比鲧更好的人了，让他试试也没有什么关系。"尧就命令鲧去治水，但9年过去了，洪水依旧泛滥。

尧叹息道："我当了70年天子了，四岳啊，你们能不能继位呢？"四岳说："我们的品德当不了天子。"尧说："那大家推举合适人选吧。"大家都推荐一个叫舜的人。尧说："不错，这个人的名字我也听说过。他到底是个什么样的人呢？"四岳回答道："他父亲是个盲人，又是个顽固的老头。听说他现在的母亲是继母，对他很不好，弟弟是继母生的，一向高傲。舜在这种环境中还能孝顺父亲，维护家庭的团结，可见是个贤人。"尧说："让我先观察一下吧。"于是他就把两个女儿嫁给了舜，看看舜到底是不是真的像传说中那样贤明。舜娶了尧的女儿后还是和以前一样谦恭行善，尧很满意，就委派他制定典礼。舜把尧交给他的任务都完成得很好，尧觉得他是个很合适的继承人，没过几年就把王位禅让给了他。当年尧拒绝让共工继位，结果共工果然就表现出种种恶行，最后被流放。尧去世后，天下人都像死了父母一样悲伤。尧知道儿子丹朱品行不好，所以没有把王位传给他，尧说过："我不会为了让我儿子一个人得好处而损害天下人的利益。"他死后，舜想把王位让给丹朱，但天下诸侯都不肯承认丹朱是天子，还是跑来朝见舜。舜认为这是天意，最后终于接受了天子的宝座。

孝顺谦让的舜

舜名叫重华，是黄帝的后裔。他父亲名叫瞽叟，舜的母亲早年去世，瞽叟另娶了个女子，生了个叫象的儿子。瞽叟是个老糊涂，喜欢后妻和象，在他们的挑拨下甚至还起过杀害舜的念头。舜不敢反抗，父亲要杀他时就躲起来，等父亲心情好了再出来认错。舜有了小过失就自觉接受父亲的惩罚，从来不敢违抗和隐瞒。舜在这种环境下长大，可他还能恭谨地侍奉父亲、继母和弟弟，从来不敢有任何懈怠。

舜才20岁的时候就以孝顺而闻名天下了，他30岁那年，尧向大臣们询问合适的继承人，四岳都推荐了舜。尧为了考验他，把自己的两个女儿嫁给了舜，想看看他在家里是不是真的那么孝顺。还派了9个儿子去服侍他，想知道他的行为是不是像传说中那样。舜娶了尧的女儿后地位大大提高，但他从来不以自己的身份去欺压别人，反而比以前更加恭谨了。尧的女儿也不敢以自己高贵的身份去对待舜的亲戚们，很守妇道，尧的儿子们也受舜的影响，变得很贤明。舜在历山耕种的时候，当地人在他的影响下都不敢互相争吵，雷泽地方的人纷纷把土地让给舜耕种。舜的仁义吸引了很多追随他的人，所以他在一个地方待一年，那个地方就能聚集很多人，待两年那个地方就成为小城市，待三年的话，那个地方就变成大城市了。尧为了奖励舜的贡献，赐给他很多东西。

象对舜的好运羡慕得不得了，他更羡慕舜能够娶到尧的两个漂亮女儿，于是起了坏心。他在父母面前说舜的坏话，让瞽叟重新下了杀舜的决心。他们把舜找来，让他去修理屋顶。舜就爬上了房顶，老老实实地干起活来。瞽叟等人见舜上了房，赶紧把梯子抽掉，放火烧房子。舜一看势头不对，梯子也没了，很着急。他突然想起身上带了两个斗笠，于是抓起斗笠从房顶上跳了下来。由于斗笠很大，起到了翅膀的作用，舜居然像鸟儿一样飘到了地上，丝毫没有摔伤，并顺势跑掉了，只剩下瞽叟几个目瞪口呆地站在那里。

瞽叟等人一次失败还不甘心，又策划了一条毒计。他们让舜打井，舜同意了。但他知道父亲他们没安好心，打到一定时候就在旁边挖了一个通道出来，以防不测。果然不出他所料，他刚打好通道，父亲等人就在上面扔石头土块，一直把井填满才高高兴兴地回去了，心想就算砸不死舜，也该闷死他了。舜躲在旁边的通道里面，等外面没什么动静了再挖开通道跑了出去。瞽叟和象回到家后非常高兴，象说："这都是我的好主意啊！"全家人聚在一起讨论如何瓜分舜的财产，象迫不及待地说："我只要舜的两个老婆和他的琴，他的其他财产都给父亲和母亲！"象倒是聪明，他很清楚父母一死，那些财产还是他的。可漂亮的老婆他才等不了那么久呢。象兴冲冲地赶到舜家中，舜的妻子们早就躲了起来。象没有找到她们，不过他认为嫂嫂们逃不出他的手掌心，得意地坐下来弹起了舜的琴。正当他弹得高兴的时候，舜从外面走了进来。象见到舜后非常尴尬，只能干笑着说："哥哥啊，我正在想你呢！"舜回答道："是啊，我也想你啊。"从此以后舜侍奉他们更加恭谨了。尧听说舜的行为后就让他制定典礼之法，舜圆满地完成了任务。

舜的仁德让尧觉得他有资格接受天子之位，就让他代理天子。尧去世后，舜想把王位让给丹朱，但人们都跑来归顺舜。当时天下有很多贤人，但他们之间的分工并不明确，造成很大浪费。舜上台后任命他们做擅长的事，很快就达到了天下大治的境界。

当时高阳氏有8个才子，被称为"八恺"，高辛氏也有8个才子，被称为"八元"。这16个人在尧统治时期没有得到重用，而舜却重用了他们，给天下百姓带来了很多好处。当时还有4个大坏蛋，尧也没有能够及时处罚他们。舜掌握权力后就把他们流放了，社会治安好了很多。

舜在尧死后当了42年的天子，在他生命的最后一年，他去南方巡游，死在了苍梧。舜当了天子后，在瞽叟面前还是行儿子的礼节，他不计前嫌，把象封为诸侯。和尧一样，舜的儿子也品行不佳，所以他把王位传给了有治水之功的禹。

大禹治水

尧统治时期洪水泛滥，尧命令鲧去治理。鲧虽然很有才干，但他对治水一窍不通，9年过去了，洪水一点儿减退的意思都没有。本来尧还打算如果鲧治水有成果，就把王位让给他，但看他这么不争气，于是就选择了舜。舜登基后，见鲧把水治得一塌糊涂，就把鲧杀了，人们都认为杀得好。舜任命鲧的儿子禹继续鲧的治水事业。

禹也是一个很贤明的人，他的一举一动都成为别人效仿的对象，为人做事最讲信义。虽然他父亲因为治水失败而被处死，但他并没有被困难吓倒，更没有因为父亲的死而仇恨舜。当然，他对于父亲的死感到很伤心，不过他把更多的精力放在吸取父亲的教训上面。禹采用了疏导的方法，把洪水引向大海。禹以身作则，宁可吃差点穿少点，也要把精力用在治水上面。禹为了治水跑遍了天下的名山大川，亲自和百姓们一起挖土挑土，脚掌上全是老茧，小腿上的毛都被磨光了。在外面辛辛苦苦待了13年，甚至好几次经过家门而不敢进去，生怕耽误了治水的时间。就连他儿子启生下来的时候也没顾得上回家看一眼。

禹在治理洪水的时候走遍了全国，他为了方便治理，把全国分为9个州，分别为冀州、青州、徐州、兖州、扬州、荆州、豫州、梁州和雍州。他划分了各个州的地理位置，调查土壤情况和土特产。九州的划分对统一全国有莫大的好处，从此"九州"就成为中国的代名词。禹还开凿了九大山脉的道路，疏通了9条河流，彻底将洪水治理好，天下重新回到太平时代。由于灾害被清除干净，舜的教化重新推行全国，禹也树立了自己的威望。舜特地赏赐给他黑色的圭玉，并昭告天下洪水终于被治理好了。

当时负责法令的官员名叫皋陶，他和禹还有伯夷都是舜身边的贤臣。有一次三人在舜面前讨论，皋陶说："如果能够以道德来达到信义，那么就能有高明的政策，辅佐的大臣也能和谐相处。"禹和他讨论了很久关于治理天下的问题，禹用自己治水的行为为例，证明自己是兢兢业业为天下做事。舜告诫他说："你不要像丹朱那样狂妄放纵，成天只知道玩，在家里淫乱。所以我取消了他的继承权。"禹说："我结婚刚4天就离家治水了，儿子出生的时候都没回家去看，更没有抚养教育他，所以才能完成治水的大业。我还建立了五服制度来治理天下，现在天下各国都能尽忠职守，只有三苗还不肯服从，一定要注意他们的动向。"舜说："替我推行德政和教导人民，这都是你的功劳。"通过这一番讨论后，皋陶更加尊重禹的德行了，命令百姓们都要向禹学习。对于那些不遵守命令的，就严厉地处罚他们。在这些贤臣的悉心辅佐下，舜的天下越来越太平，连鸟兽都在一起跳舞，大臣们更是团结一心。

禹的功劳实在太大了，所以人们都称他为"大禹"，感谢他把人民从洪水当中解救出来。禹不但

夏禹王像

禹，传说中夏朝的第一个王，鲧之子。因禹治水有功，舜让位于他。在他死后，子启即位，从此开始了王位的世袭制度。

没有骄傲，反而更加谦虚谨慎起来，把全部精力都投入到为百姓造福上面了。舜觉得禹的确是个贤人，而且又立了那么大的功劳，就想把王位传给他。舜自己有个叫商均的儿子，但这个儿子和丹朱一样，是个不肖之子。舜不放心把天下交给他，思考了很久，最后还是决定立禹为继承人。舜死后，禹辞掉了继承人之位，把天下让给商均。但天下诸侯和百姓纷纷背叛商均而去投奔禹，禹没办法，只好即天子之位，定国号为夏。

禹也学尧、舜，登基后立皋陶为继承人，并把一部分政权交给他。但皋陶死得早，后来他又选择伯益为继承人。10年后，禹在会稽山去世。禹死前虽然把权力给了伯益，但伯益辅佐禹的时间还很短，功绩也不多，所以诸侯们都抛弃他去朝见启。启就登上了天子宝座，建立了中国第一个王朝——夏朝。至此，禅让制被世袭制取代，中国进入了一个全新的时代。

残暴无道的纣王

商朝最后一个天子是纣王。他是前一个天子的幼子，他哥哥微子启的母亲出身低贱，虽然贤明，但没有资格继承王位。而纣王的母亲是正宫王后，所以他能够继承王位。

纣王是一个非常聪明的人，又很有见识，而且他力大无比，能徒手和猛兽搏斗，大家都相信他能够让商朝进入又一个繁荣时期。但纣王的才能并没有用在正道上面，他丰富的知识被用来拒绝别人的进谏，他的口才被他用来掩盖自己的过失，不管什么没有道理的事，经他一说，总能扯出道理。纣王为自己的才能感到沾沾自喜，认为满朝文武的才学都不如自己，所以骄傲起来。纣王继承了商朝国王的传统，爱喝酒，又好女色。他最喜欢一个叫妲己的妃子，妲己说什么他就做什么。为了享乐，他命令乐师写了淫荡的乐曲，还编了一套放荡的舞蹈，成天沉溺在酒色之中。他还造了一座鹿台，为搜刮钱财，纣王多次增加赋税，把钱都用来购买玩乐的东西。最可恶的是他造了酒池肉林，把很多少男少女扒光了放在里面互相追逐，场面淫乱不堪。

纣王的胡作非为引起了百姓和诸侯的不满，他为了堵住大家的嘴，发明了一种炮烙之刑。所谓炮烙，就是烧红铜柱，把犯人绑在上面，或者让犯人在上面走，把人活活烤死，是一种非常残忍的刑罚。当时朝廷的三公是由西伯姬昌、九侯和鄂侯这3个大诸侯担任。九侯有个很漂亮的女儿，纣王看上了她，就把她弄进了宫。九侯的女儿和纣王不一样，是个很正经的女子，不喜欢纣王淫乱的那一套，终于惹怒了纣王，把她杀了。然后又迁怒于九侯，将他剁成了肉酱。鄂侯看不下去了，为九侯争辩，纣王把他做成了肉干。姬昌听说后叹了口气，崇侯虎知道后就去打姬昌的小报告，纣王把姬昌关进了羑里。姬昌的臣子们赶紧到处搜罗美女珠宝献给纣王，好不容易才把姬昌救了出来。姬昌出狱后把一部分土地献给纣王，请求他废除炮烙之刑，纣王同意了。纣王还让奸臣费中执政，闹得民怨沸腾，他还宠幸一个叫恶来的臣子，恶来虽然力大无比，但特别喜欢说人坏话，诸侯们渐渐地生了叛心。

姬昌对纣王的残暴非常失望，回去后开始悄悄地行善积德，诸侯们大多来依附他。姬昌的势力越来越大，纣王的权力受到了一定的影响。王子比干多次进谏，但纣王都不听。老臣商容是一个贤人，深受百姓爱戴，但纣王却罢了他的官。姬昌灭掉饥国，商朝大臣祖伊听说这事后赶紧跑来劝谏纣王不要违背天命，纣王却回答："我的命不是由天掌握的吗？"祖伊干脆跑掉了，说："纣王这个人是不能劝谏的。"姬昌死后，姬发继承了王位，自封周武王，在孟津会合天下诸侯，背叛商朝而来归附周的诸侯有800之多。大家都说可以讨伐纣王了，周武王却说时机没到，就回去了。

纣王越来越淫乱了，哥哥微子启劝谏了很多次都没用，于是就和太师、少师商量逃跑。比干说："做人臣的，不能不以死相争。"他再次进谏，纣王生气了，说："我听说圣人的心有七窍，你不是圣人吗？我想看看是不是这样。"他下令把比干杀了，挖出他的心来看。箕子吓坏了，干脆装疯当奴隶去了，但纣王还是把他关了起来。太师和少师抱着祭祀用的乐器逃到了周国。周武王认为时机到了，就率领诸侯讨伐纣王。双方在牧野打了一仗，纣王大败。纣王见大势已去，众叛亲离，只好一个人逃走。但京城已经被周军包围，他已经无路可走了。纣王只好登上他心爱的鹿台，穿上自己最喜欢的衣服，怀抱着商朝的传世宝玉，自焚而死。这个暴君死了还要带着宝贝殉葬，但实际上又能带走什么呢？商朝军队见纣王已死，纷纷放下武器投降，京城朝歌很快就被周军攻破了。周军冲到鹿台将火扑灭，纣王的尸体还没有被烧毁。他们把纣王尸体拖了出来，让周武王将他脑袋砍了下来，悬挂在白旗上示众。然后把帮助纣王作恶的妲己杀掉，将箕子放了出来，把比干的墓重新修饰了一番。为了笼络人心，周把纣王的儿子武庚封在原来商朝的首都，为殷侯。周武王则成为天子，建立了西周王朝。

牧野之战

在姬昌的励精图治之下，周开始强大起来。但姬昌还是不太满意，他手下贤人虽多，但缺少能带兵打仗的帅才，所以他很留心寻找这方面的人才。

有一天姬昌想出门打猎，让人占卜。占卜的人告诉他："今天打猎所得的不是什么野兽，而是霸王的助手。"姬昌很高兴，就出发了。走了不久，他遇到了一个钓鱼的老头，和他聊了一会儿，觉得这个人就是他一直苦苦寻求的军事人才，高兴地说："我的爷爷曾经对我说，一定会有圣人来帮助我振兴周，你就是那个人。我爷爷太公期望你很久了！"那个人名叫吕尚，姓姜，姬昌称他为"太公望"，所以民间又称他姜太公。

太公望帮助姬昌训练军队，研究战术，很快就把周军训练得非常强大，一连灭了好几个反对周的诸侯国。姬昌的威望也越来越高，他和纣王不一样，他的德行是一般人难以比拟的。人们都觉得他处事很公平，诸侯之间发生纠纷都来找他决断。有一次虞国和芮国发生了纠纷，就一起去周国。刚走进周国的边界，他们看到耕种的农民把和别人接壤的耕地让给对方，民间的风俗也是尊敬老人。两个国家的人还没见到姬昌就觉得很羞愧，说："我们争的是周人觉得可耻的东西，我们还跑去干吗？只是自取其辱而已。"说完就回去了。诸侯们听说这事后都认为姬昌是上天任命的君王。

姬昌没有等到讨伐纣王就去世了，周武王继承了他的王位。周武王继续重用太公望、周公旦、召公奭和毕公高等贤臣，把周国治理得更加强大了。9年后，周武王到孟津检阅军队，前来会合的诸侯有800多。大军浩浩荡荡地开赴孟津，渡河的时候有条白鱼从水中跳进周武王的坐船里。他们认为这是吉兆，就把那条鱼用来祭祀上天。到达孟津后，诸侯们都说："可以讨伐纣王了。"周武王说："你们还不知道天命，现在还不是讨伐他的时候。"不久就回去了。

两年后，纣王越来越暴虐了，杀害了比干，将箕子囚禁了起来，连商朝的太师和少师都跑来归顺了周。周武王觉得时机已经成熟，遍告各位诸侯说："殷朝有大罪，不能不讨伐它。"于是率领战车300乘，虎贲武士3000人，步兵4.5万人，宣布讨伐纣王。不久再次在孟津和800诸侯会师，以周武王为首的诸侯们休整了几天后就誓师出征。

周军兵力强大，沿途商朝守军望风而降，很快就打到商朝首都朝歌附近的牧野。胜利就在前方，为了鼓舞士气，周武王再次誓师。当时各地诸侯派来的军队很多，光战车就有4000乘，在牧野摆开阵势，随时准备发动进攻。

正在花天酒地的纣王听说周军已经打到城下了，赶紧发动了70万人出城迎战。纣王军队数量远远超过周军，但周武王一点儿也不害怕，他从容地命令太公望率领军队出击，最精悍的士兵直冲纣王所在的中军。纣王军队虽然数量惊人，但大多都是奴隶，还有很多从东夷抓来的战俘，根本不想为纣王卖命，反而希望周武王获胜。开战没多久，那些人就掉过头来进攻纣王，军中顿时大乱。周武王抓住战机，率领军队发起总攻，大败纣王，商朝军队纷纷倒戈。纣王没办法，只好一个人逃走。这就是著名的"牧野之战"。

纣王走投无路，最后在鹿台自焚而死。周武王手持大白旗指挥诸侯攻入了朝歌，诸侯们纷纷跟从。商朝百姓对纣王的暴虐早就忍无可忍，周军的到来让他们高兴不已，纷纷跑出来迎接周军，参拜周武王。周武王进城后派出使者奔走相告，宣布周军是来解救他们的，让百姓们不要惊慌。走进王宫后，人们把纣王的尸体拖了出来，周武王象征性地射了3箭，表示亲手除掉了这个祸害。射完后下车，用剑砍了几下。最后用黄斧头砍下了纣王的脑袋，把它悬挂在大白旗之上。纣王的两个宠妃上吊自杀，周武王为了表示对她们的惩罚，也射了她们尸体3箭，用黑斧头砍下她们的脑袋，挂在小白旗之上，然后回到了军中。

牧野之战是中国历史上一次以少胜多的经典战例，战后周武王建立了西周。

周公辅成王

周武王建立西周两年后就去世了。他的儿子周成王才13岁，根本没有治国能力。而且当时天下刚平定不久，人心未定，西周面临很大的危机。周武王的弟弟周公旦毅然挑起了这副重担，担任摄政辅佐周成王。

周公本来被封在鲁国，但由于要摄政，所以让儿子伯禽代替自己去鲁国。伯禽向周公辞行的时候，周公对他说："我是文王的儿子、武王的弟弟、成王的叔叔，我的地位总不能算低贱了吧。但是我听说有人才来找我的时候，即使当时我在洗头，都会把头发绾起来去接见，往往一连好几次；即使我在吃饭的时候有人来找我，我都会来不及把饭咽下，而是吐出来，马上跑出去见他。我这么谦恭地对待人才还怕失去他们，你到鲁国后，切记不可以自己的身份而看不起别人啊！"

周公像

周公在武王去世后辅佐成王，开创了周初的承平之治。

当时权力全部掌握在周公一个人手上，很多人难免会怀疑他的动机。对周公摄政感到最不满的恰恰是他的3个兄弟。

原来商朝灭亡后，周武王把纣王的儿子武庚封在了殷，但怕他谋反，就派了管叔、蔡叔和霍叔3个弟弟去监视武庚。周武王在的时候，3个人还能老老实实地履行职务，可等他一死，他们就蠢蠢欲动了，其中动静最大的就是管叔。管叔是周公的哥哥，他觉得周公摄政一定没安好心，对他很不满。狡猾的武庚看出了3个人的不满，于是在中间挑拨离间，说了很多坏话。后来干脆联合他们3个，还有别的一些部落发动了叛乱。

这些谣言传到成王耳朵里，让他也对周公产生了疑心，连一向信任周公的召公也有点儿怀疑了。周公见召公也对他产生了怀疑，心里很痛苦，找到召公表白了很久，好容易才打消了他的怀疑。周公奉成王之命讨伐叛军，很快就平定了叛乱，杀掉了管叔和武庚，将蔡叔流放，霍叔也受到了一定的惩罚。周公知道商朝的遗民还很多，如果控制不好，可能还会发生同样的事。所以他把遗民都集中起来，封给小弟弟卫康叔。另外他还把商的贤人微子启找来，把他封在宋国，以笼络遗民。

成王20岁那年，周公见成王已经长大成人，就把权力交还给成王，自己当了一个普通的大臣。

当年武王得病的时候，周公向天祈祷用自己的命去换武王的健康，祈祷完毕后将祝词封在盒子里，嘱咐史官不要把这事泄露出去。后来成王得病的时候，周公偷偷地向天祈祷："成王年幼无知，犯错的人是我，请上天把灾祸降到我身上，不要怪罪成王。"同样把祝词藏在盒子里封起来，不久成王的病就好了。等成王亲政了，有人就在他耳边说周公的坏话。周公听说这事后很害怕，就逃到楚国去了。不久天下大旱，成王很着急，于是就去找史官，检查是不是有人祈祷了什么不好的东西而导致旱灾。成王把封存的祝词拿来看，最后看到了周公的祝词。成王感动不已，大呼："我知道闹旱灾的缘故了，就是因为上天看不惯我怀疑周公啊！"说着说着就哭了起来，于是派人把周公接了回来，再也没有怀疑过他。

周公回来后，见成王年少力壮，怕他会陷入淫欲之中，写了很多诗歌规劝他。成王在世的时候一直受周公的辅佐，把国家治理得很好。

再好的人都免不了一死，周公也是一样。不久他就生了重病，在临死的时候他对前来探病的成王说："请把我葬在京城附近，以表示我不敢远离您。"周公死后，成王把他葬在了毕这个地方，以文王的规格举行了葬礼，表示自己不敢以对待大臣的礼节去对待周公。

周公死的那年，还没来得及收割庄稼就降了暴雨，全国上下一片惊恐，成王再次检查祝词，这次又看到周公祈祷用自己的命换武王命的祝词。成王大惊，赶紧去问史官，史官说："是有这么回事，但周公不让我说。"成王拿着那份祝词哭着说："当年周公对我们如此忠诚，但我却不知道。今天上天动怒来宣扬周公的德行，我应该赎罪啊！"成王下令鲁国可以有祭祀文王的资格，也就是说让鲁国拥有演奏天子音乐的权利，这全是为了表彰周公的德行，此外，周公的后代世世代代在周朝担任周公一职，世袭罔替。

国人暴动

西周传到周厉王手上时已经衰落了，周厉王的父亲周夷王为人软弱，被人当作话柄，连王位都被人抢走过一段时间。周厉王吸取了父亲的教训，决心不能再软弱下去。

不过周厉王改得太厉害，他不但不软弱，反而很残暴。他是个很贪财的人，当时有个叫荣夷公的大臣很会理财，但为人不太好，周厉王却很喜欢他。大夫芮良夫感叹道："王室快要衰落了吗？荣夷公这个人喜欢财物但不知道大难将至。财物是万物所生，天地所载，而一心想一个人拥有，那就有很多害处。天地万物都要取的东西怎么可以一个人拥有呢？惹怒了太多人，又不防备大难，用这种东西来辅佐大王，能保持长久吗？匹夫贪心还说他是盗贼，大王这样做会失去民心的。如果任用荣夷公的话，周必然会败落的。"周厉王哪里听得进这些话？照样重用了荣夷公。

当时周朝的平民分两种人，即居住在郊外的野人，住在城里的国人。国人是周朝统治的基础，历代周王对他们都很好，不敢随便得罪他们。但周厉王的暴虐让国人叫苦连天，召公虎进谏道："百姓们都快活不下去了。"周厉王大怒，找了个卫国的巫师，让他去监视那些诽谤朝廷的人。那个巫师吹牛说自己能听到别人的诽谤，找了一批流氓到处敲诈勒索，如果谁得罪了他们，就会诬告他诽谤朝廷，抓起来杀掉，很快民间就没什么人敢说话了。几年后，周厉王这个政策越来越严厉，国人都不敢说话了，走在路上碰见熟人也只敢交流一下眼神。周厉王很高兴，对召公虎说："怎么样，我制止诽谤够厉害吧？现在没人敢说我坏话了。"召公虎说："这就大错特错了！堵住人民的嘴比堵住洪水危害还大。洪水积累到一定程度就会崩溃，淹死很多人，老百姓也是一样的道理。所以治水要用疏导的方法，治人也是一样。一定要让他们说出自己想说的话，这样才有地方发泄。如果把嘴堵上，他们没处发泄，积累到一定程度就麻烦了。"周厉王听不进不同意见，从此再也没有人敢说话了。3 年后，国人们再也忍不住内心的愤怒了，他们举行了一场前所未有的大暴动，向王宫发动了进攻，要杀周厉王。周厉王见势头不对，逃走了。

国人们好不容易攻进了王宫，到处找也找不到周厉王，愤怒的情绪无处发泄，正在这个时候，有人说周厉王的太子姬静躲到召公虎家里了。大家觉得杀不了周厉王，杀他儿子也行，于是气势汹汹地去找召公虎。国人们对召公虎说："我们知道是你贤臣，不会找你麻烦。但是太子在你家，我们是不会放过他的。最好快点把太子交出来，不要逼我们动手！"

召公虎见事态紧急，正急得团团转，突然想起自己的儿子和太子年龄相仿，左思右想，忍痛决定牺牲自己的儿子。他说："当初我多次劝谏大王，但大王都没有听我的，导致了这场灾难。今天如果把太子交出去的话，大王会认为我是因为私仇而迁怒于太子。服侍国君之人，遇到危险不应该有仇怨，有怨恨也不该生气，更何况侍奉的是大王！"他让儿子穿上太子的衣服，把他赶出了门。国人不认识太子，看到这个穿着华贵的少年，就以为他是太子，群情激愤，竟然把他活活打死了。而真正的太子却活了下来，一直冒充召公虎的儿子等待风声过去。

国人出了一口恶气后就回去了。召公虎等事情平息下来后和大臣们商量迎接周厉王的事。他们认为周厉王已经犯了众怒，如果他回来的话国人很可能再次暴动，所以干脆让周厉王就在外地，不要再回来。国内的事情交给召公虎和周公去办，由他们俩担任相国处理政事。可怜的周厉王只能在外地躲着，一直过了 14 年的痛苦日子才去世。他死了后，召公虎等人觉得事情已经过去，就把一直躲着的太子请出来，立之为王，这就是周宣王。召公虎和周公两人辅佐周宣王治理国家，恢复了西周的国力和威望。周宣王成为西周的中兴之主。

名医扁鹊

扁鹊原名秦越人，少年时期在客舍工作。相传，有个叫长桑君的人在客舍里居住，扁鹊认为他是个奇人，服侍他很恭敬。十几年过去了，长桑君让扁鹊来见他，对他说："我有秘方想传授给你，你不要告诉别人。"扁鹊答应了他。长桑君就给了他一包药，对他说："用上池之水服用这种药，30 天后就能明白事物了。"然后把自己的秘方全部给了扁鹊。扁鹊照他的话去做后，能够隔着墙看东西，看人的话能看到五脏六腑。从此他就成了名医。

扁鹊像

扁鹊在经过虢国的时候，听说虢国太子死了。他跑到虢国宫殿里去，问一个喜欢医术的中庶子说："太子得的什么病？"中庶子说："太子是血气不能按时运行，阴阳交错而不能泄出，突然就暴发在体外，实际上是由体内的伤害引起的。精神不能制止邪气，邪气郁积而泄不出去，所以阳脉缓而阴脉急，才会突然昏倒而死。"扁鹊问道："什么时候死的？"回答："今天鸡叫的时候。"又问："收殓了吗？"回答："还没有，死了还不到半天呢。"扁鹊说："我是渤海秦越人，还未仰望过贵国国君的风采。听说太子不幸去世，我能让他活过来。"中庶子不相信，说："先生不是在开玩笑吧？你凭什么说太子能活过来呢？我听说以前有个叫俞跗的名医，他医术高超，掀开病人衣服观察就能知道疾病的位置。还能割开皮肤疏通血管、清洗肠胃。先生的医术如果能达到这种境界，还有可能让太子活过来。不能像他那样而想救活太子，那简直连刚学会说话的小孩子都骗不了的。"扁鹊仰天长叹道："你说的那些方法好像是用管子来看天空，从缝隙中看斑纹一样。我不用望闻问切之类的方法就能知道病人得的什么病，可以判断病情的方法太多了，不能停留在一个角度去看。如果你觉得我说的不可靠，你可以去看太子，一定能听到他耳部有响声，而且鼻子还在张动。你顺着双腿一直摸到阴部，还有些体温。"中庶子听了这些话后目瞪口呆，马上跑去把扁鹊的话告诉了国君。

国君听了之后大惊，出来接见扁鹊，说："我很早就听说您的名声了，但是没有去拜见过。先生到我们这个小国来行医是我们的荣幸。有先生的话我的儿子才能活，否则就死定了。"国君话还没有说完就泣不成声，连脸色都变了。扁鹊说："太子的这种病就是所谓的假死。由于阴气破坏，阳气断绝，所以脉象好像就没有了，给人以死去的假象。但其实并没有死。高明的医生能够救活他，而庸医是不行的。"

扁鹊让学生准备好针石，针灸太子的百会穴，过了一会儿太子就醒了过来。然后又拿了些药给太子吃，很快就痊愈了。当时天下人都说扁鹊能起死回生，扁鹊却说："我哪里有这个本事，我只是让应该活的人活过来而已。"

扁鹊去齐国游历，桓公把他当客人招待。扁鹊参见桓公时对他说："您有病在皮肤的纹路里面，不治的话会变重的。"桓公说："我没有病啊。"扁鹊走后，桓公对左右说："医生都是贪财的人，就爱治一些根本没有病的人，以此来邀功。"5天后，扁鹊又来参见，对桓公说："您的病已经到血脉里面了，不治的话会更麻烦的。"桓公还是说自己没病，而且还很不高兴的样子。又过了5天，扁鹊说："您的病到肠胃了，不治就更深了。"桓公不理他。5天后扁鹊远远看见桓公，转身就走。桓公派人问扁鹊为什么要这样，扁鹊说："当初病在皮肤的时候，热敷一下就没事了；病在血脉的时候，针灸也能治好；就算在肠胃里了，药酒也能治；等病发展到骨髓里面的时候，神仙都没办法了。现在他的病就是到骨髓了，所以我没有必要见他了。"后来桓公果然发病，赶紧派人去找扁鹊，可扁鹊早就逃走了。没过多久，桓公就死了。

扁鹊声名远播，直到现在，很多治病的方法都是从扁鹊那里传下来的。

管仲与齐桓公

管仲年轻的时候和鲍叔牙是好朋友，鲍叔牙知道他是个贤才。管仲很穷，经常拿鲍叔牙的钱来花，但鲍叔牙对他一直很好，没有怪罪他。

齐国发生内乱，国君齐襄公被杀。他有两个弟弟，一个叫公子纠，另一个叫公子小白。管仲是公子纠的老师，他害怕公子小白提前回国，这样公子纠就不能当上国君了。于是管仲带领手下人半路伏击公子小白。公子小白中了管仲的埋伏，知道大事不妙，一面组织抵抗，一面想办法逃走。管仲在混乱之中发现公子小白想逃走，赶紧拉弓搭箭，瞄准公子小白便射，一箭射在公子小白的胸上，只见公子小白大叫一声，口吐鲜血倒下。管仲以为射死了公子小白，就放心地回去了。

谁知道那一箭正好射在公子小白的衣带上，公子小白急中生智，赶紧咬破舌尖，将血吐出，装成被射死的样子。管仲离开后，他赶紧加快速度赶回齐国，抢先即位，就是历史上有名的齐桓公。

管仲像

齐桓公即位后，马上下令杀死公子纠，并将管仲捉拿归案，押回齐国准备处死。齐桓公的老师鲍叔牙深知管仲是治国奇才，杀之可惜。于是在齐桓公面前恳请免管仲一死。齐桓公大怒："你忘了当初管仲射我那箭了？要是那箭再准一点，今天站在这里的人就不是我了！我和管仲有深仇大恨，非要扒了他的皮不可！"鲍叔牙再三强调管仲当时是各为其主，并不是和齐桓公有什么私仇，为人君者器量不应该如此狭窄。况且管仲是治国的奇才，除非不想称霸，否则一定得重用管仲。再说管仲以必死之身而被赦免，必然能对齐桓公感恩戴德，拼死为齐国霸业效力。

齐桓公不愧一代人杰，气消了后经过仔细考虑，决定不杀管仲，反而要拜管仲为相国，掌握齐国行政大权，协助自己治理齐国。

管仲本来以为自己已经死到临头，谁知道不但没有被处死，反而被提拔成为一人之下，万人之上的相国。他对齐桓公的不杀之恩感激不尽，又万分钦佩齐桓公的器量。于是，管仲一上任就改革齐国的朝政，提出修好近邻、先内后外、待时而动的治国求霸的政策。先在国内发展经济，齐国靠海，管仲在齐国大力发展煮盐业，很快就让齐国富了起来。另外管仲还规定可以用兵器和盔甲赎罪，为国家发展军备开辟了道路。他还开了当时诸侯大国有三军的先例，而且不准人民迁移，以保证军队兵员的来源。此外，由于同一部队的士兵都是来自一个地方，可以说大家都认识，这样在战斗中可以互相帮助，提高部队的战斗力和士气。就这样，管仲为齐国建立了一支能征善战的军队。

虽然齐国国力强大了，但齐桓公并没有急于攻打他国，而是等待时机，以"尊王攘夷"为口号，名义上以周天子为共主，在道义上占了主动。另外，针对中原各国害怕少数民族入侵的心理，齐国联合了许多中原国家，北征山戎，南攻楚国。在此过程中，齐国作为盟主，取得了霸主的地位。一时间，天下唯齐国独尊。齐国也成为春秋时期第一个称霸的国家，齐桓公被称为"春秋五霸"之首。

　　齐桓公自己也很清楚，他能取得这种成就和管仲的努力是分不开的。他有生之年都非常尊敬管仲，称管仲为"仲父"，就是仅次于父亲的意思。

　　管仲当了40余年齐国的相国，齐国在他为相期间发展成为当时最强大、最富有的国家。管仲不光自己能治国，他还举荐了许多贤才，例如宁戚、隰朋、宾须无等。这三人和管仲还有鲍叔牙合称为"齐国五杰"。齐桓公就是在这些贤才的帮助下，花了20多年的时间，励精图治，最终成就霸业的。其中管仲无疑是功劳最大的一个。

　　管仲死后，齐桓公没有听取管仲临死时的警告，任命小人执政，最终引起内乱，他的儿子们纷纷争位，以至于齐桓公死后，遗体都没人去管。国内为争位夺权爆发战争，最后战乱被宋国平定，齐国虽然仍然保持着大国的地位，但国力已经完全衰落，就此退出了争霸的舞台。

宋襄公"称霸"

　　宋桓公时期，齐桓公开始称霸。宋桓公病重的时候，太子认为公子目夷比自己强，于是请求父亲立他为国君。宋桓公认为太子很讲仁义，就没有听他的。宋桓公死后，太子即位，就是宋襄公。宋襄公一即位就任命公子目夷为相国，两人齐心协力将宋国治理得很好。

　　齐桓公生前很看重宋襄公，他有很多儿子，几乎每个儿子都有当国君的野心。他立公子昭为太子，但公子昭恰恰是公子里面势力最弱小的一个。所以齐桓公就嘱咐宋襄公日后要多多照顾公子昭。

　　齐桓公一死，他的儿子们就开始争位了。公子昭争不过他们，为了保命只好逃往宋国。宋襄公见公子昭来找他哭诉，也很气愤。于是他邀请了几个小国诸侯一起出兵护送公子昭回国。当时篡位成功的是公子无诡，但他不得人心，齐国人听说宋国派兵护送太子回国，就发动政变把公子无诡杀掉了。宋襄公把太子送回国后，觉得再没有什么事，就带兵回去了。公子昭还没来得及高兴，另外4个公子就发兵把他赶跑了。公子昭没有办法，只好再次逃往宋国。宋襄公再次率兵回来和四公子作战，不久打败了他们，立公子昭为新国君，就是齐孝公。

　　宋襄公平定了齐国的内乱，自认为立了大功。毕竟齐国曾经是霸主，而宋国帮助齐国解决了那么大的问题，自然也有资格继任霸主之位了。可宋襄公没有想到宋国毕竟是个小国，而谁当霸主是由实力决定的，并不是功劳。他想会集诸侯召开大会，和诸侯结盟，自己凭借盟主的身份登上霸主的宝座。但是宋国是个小国，没有那么大的号召力，派人送请柬去，很多国家都推三阻四，最后只有几个小国家同意前往。

　　这种情况让宋襄公觉得很头疼，在只有几个小国参加的大会上自称霸主，岂不让天下诸侯笑掉大牙？他想了个馊主意，既然那些国家不给自己面子，那总会给大国面子吧。当时最大的国家就是楚国了，他想借楚国的声望来开办大会。楚国自从和齐桓公结盟后就很少踏足中原，这次收到宋襄公的邀请，高兴坏了，急忙同意在本国召开诸侯大会。公子目夷目光比宋襄公远大得多，他对宋襄公说："小国去争盟主，这是祸患啊！"但昏了头的宋襄公执意不听，最后还是去了。果然不出公子目夷所料，在大会上宋襄公和楚王抢着当盟主，诸侯们显然支持楚王，宋襄公气得说不出话来。会议结束后，宋襄公被楚王扣留下来，当了俘虏。楚国以宋襄公为人质，带着他讨伐宋国。宋国军民在公子目夷的率领下拼死抵抗，居然没让楚国人占到半点便宜。楚王也没打算灭掉宋国，干脆做个顺水人情，把宋襄公放了。

全国上下都为宋襄公的归来感到高兴，认为虽然吃了亏，至少国家和国君保住了，也算不幸中的万幸了。可公子目夷不这样认为，他说："祸事还没完呢，倒霉的还在后面。"但他的话没有引起别人重视。

当初宋襄公被俘时，郑国幸灾乐祸，让宋襄公很不高兴，不久他就发动了对郑国的战争。公子目夷说："我说的祸事就在这里啊。"郑国是楚国的被保护国，楚国也不来救郑国，而是率领大军直接攻打宋国。宋襄公只好退兵，决定和楚国大战一场。公子目夷说："上天抛弃商朝已经很久了，不能打。（宋国是商朝的后裔）"不久宋襄公和楚王在泓这个地方交战。当时楚军正在乱糟糟地渡河，公子目夷说："现在是进攻的好机会啊，趁敌人渡河的时候发动进攻，一定能取胜！"宋襄公说："趁敌人渡河发动进攻是不仁义的行为，等敌人摆好阵势再堂堂正正地和敌人打一仗。"楚军好不容易渡过黄河，正在排列阵势。公子目夷又建议发起进攻，但宋襄公以同样的理由拒绝了。楚军很快排列好阵势，杀气腾腾地向宋军发起了进攻。宋军根本不是楚军的对手，大败而归。宋襄公的大腿也受了重伤，幸好宋襄公平时爱护士卒，大家都拼死作战，好不容易才把他救出来。但这一仗让宋军死伤惨重，全国上下一片抱怨声。宋襄公还嘴硬，说："君子不应该乘人之危，不应该在敌人还没有排列好阵势的时候发动进攻。"公子目夷生气地说："打仗就是为了赢，讲什么仁义道德！如果像国君那样说的话，不如投降算了，还打个什么劲儿！"

宋襄公伤得很重，一直没有治好，一年后就死了。他不但没有称霸成功，反而落下一个大笑柄。

晋文公终成霸业

当年晋献公死后，重耳和夷吾是最有希望登上国君宝座的人，夷吾即位后担心重耳对他不利，就派人去刺杀他。重耳当时和几十个跟随他的臣子在狄国避难，还娶了当地的女子为妻，已经待了12年了。这次他听说弟弟派人来刺杀他，就和赵衰等人商量："我当年之所以跑到狄国来，并不是认为它能帮助我复兴，而是因为比较近，适合休整而已。现在已经休整得差不多了，应该搬到大国去。我听说齐桓公喜欢做善事，想称霸。还听说管仲等人死了，他想找贤能的大臣，要不去齐国？"大家都同意了。

他们一行人先到了卫国，但卫文公不理他们，只好走开。走到五鹿这个地方的时候，饿得受不了了，向路边的农民要饭吃。那些农民见这些衣冠楚楚的人居然也来要饭，乐得哈哈大笑，有个人捡了一块土扔给了他们。重耳大怒，赵衰劝阻道："土就是土地啊，这是吉兆，请拜受之。"

　　一路上饥一顿饱一顿的，好不容易才走到齐国。齐桓公早就听说重耳是个很贤明的人，对他非常好，还把自己宗族的一个女子嫁给了他，送了他十二乘马车，重耳很满意，从此过上了舒适的生活。重耳在齐国待了两年后，齐桓公去世，齐国爆发内乱，过了几年之后才平定。重耳两耳不闻窗外事，一心和妻子作乐，他很喜欢这个妻子，根本没有离开齐国的想法。赵衰和狐偃等人在桑林里面策划让重耳赶快离开，不然意志就全部被消磨掉了。正好重耳妻子的侍女在采桑叶，他们说的话全给听见了。侍女回去告诉了主人，重耳妻子怕风声传出去，就把侍女杀了。她是个深明大义的女人，当天晚上就劝重耳还是快走。重耳说："人生只要安逸快乐就行了，管不了那么多。我反正是要死在这里的，哪儿都不去。"妻子说："你是堂堂大国的公子，混不下去了才来这里。你的那些手下都是豪杰，把性命都托付给你了。你不赶快回国，报答你的那些手下，而想着和女人作乐，我都替你感到害臊。再说不去追求哪里来的收获？"但重耳没有听进去。妻子和赵衰等人暗中商量好，把重耳灌醉，然后放在小车上，让他们走了。走了很远重耳才醒，他非常生气，还要杀狐偃。狐偃说："杀了我如果能让你达成心愿，这是我的愿望。"重耳说："大事不能成功的话，我要吃你的肉！"狐偃说："大事不能成功，我的肉早臭了，给你你都不吃。"重耳知道手下是为了他好，也就算了。

　　走到曹国的时候，曹共公很没礼貌，他本来不想招待重耳等人的，但听说重耳的肋骨是长在一起的，很好奇，想看看。曹国大夫僖负羁劝阻道："重耳是个贤人，和我们又是同姓（曹国和晋国都是姬姓），他落魄的时候来见我们，怎么能这么无礼呢？"曹共公不听他的，趁重耳洗澡的时候跑去偷看，把重耳气得要死。曹国招待他们的食物只是一些白饭，正当重耳等人生气的时候，僖负羁私下送来食物给他们吃，还在饭盆下面放了玉璧，作他们的路费。重耳很感激他，吃了那些食物，但把玉璧还给了他。

　　路过宋国的时候，宋襄公对重耳非常好，但是由于刚刚败给了楚国，没有能力送他回国，就让他走了。在郑国的时候，郑文公也不打算招待他。最后他到了楚国，

晋文公复国图卷　南宋　李唐

楚国对他也很好，但是楚国离晋国远，不方便送他回去，就让他去秦国试试看。

晋惠公死后，晋怀公继承了国君之位。晋怀公本来在秦国当人质，但后来不辞而别，逃回了晋国。这在当时是一种很失礼的行为，所以秦穆公很生气。本来秦国当初就很想立重耳，但被重耳拒绝。这次秦国又起了立重耳的念头，晋怀公也知道秦国的心思，所以即位不久就下令国内所有跟随重耳的人在规定时间内回国，如果超过规定时期，那么留在晋国的家人就会全部被杀。老大夫狐突的两个儿子狐毛和狐偃都陪同重耳在国外流亡，而狐突不肯召他们回来。晋怀公大怒，把狐突抓了起来。狐突说："我的儿子侍奉重耳很多年了，如果召他们回来的话，是让他们背叛主人，我怎么能这么教儿子呢？"晋怀公就把狐突杀了。秦穆公发兵送重耳回国，晋国百姓对晋怀公的残忍颇为不满，纷纷欢迎重耳回来，最后重耳顺利登上了国君宝座，那时候他已经62岁了。

晋文公上台后励精图治，很快就成为天下霸主，是春秋时期最有名的贤君。

秦穆公重用人才

秦穆公是秦德公的小儿子，他哥哥秦成公死后没有把国君之位传给儿子，而是传给了他。秦穆公一心想让秦国强大起来，所以他非常重视人才。

不久晋国灭掉了虞国，俘虏了虞国国君和大夫百里奚。百里奚是天下奇才，但他痛恨晋国灭亡自己的祖国，所以誓死不肯为晋国效力。当时秦穆公正好要娶晋献公的女儿为妻，晋献公见百里奚不肯投降，就想侮辱他，把他当作女儿的陪嫁奴隶送往秦国。走到半路上百里奚逃跑了，被楚国人抓了起来。秦穆公在清点陪嫁的时候发现少了一名奴隶，一问才知道是百里奚。有人向他推荐百里奚是个难得的人才，秦穆公就想用重金礼聘他。但是又害怕楚国人知道百里奚是个人才就不肯给秦国了，于是派人对楚国人说："我有个名叫百里奚的奴隶逃到你们那了，想用五张羊皮把他赎回去。"当时一个奴隶差不多能换五张羊皮，楚国人觉得价格很合适，就同意了。当时百里奚已经70多岁了，他被当作奴隶送回秦国后，秦穆公下令给他松绑，和他商量国家大事。百里奚推辞道："我是个亡国之臣，哪里有资格让国君来问我？"秦穆公说："虞国国君不用你是他的失误，不是你的过失。"坚持要问他，两人说得很投机，不知不觉聊了三天三夜。百里奚的才能让秦穆公非常高兴，就让百里奚执掌朝政。秦国的老百姓都开玩笑称他为五张羊皮换来的大夫。百里奚仍然推辞道："我这点才能远远比不上我的朋友蹇叔，世人根本不知道他的贤能。我曾经落魄，在齐国要过饭，蹇叔见我不同于常人，收留了我。当时我想去投奔齐国的公孙无知，蹇叔把我劝住了，结果后来公孙无知被杀，我逃过一劫。后来我去周，周王子颓喜欢牛，我就帮他养牛。王子颓见我牛养得好，就想重用我。蹇叔又把我劝住了，结果没有送命。我去侍奉虞国国君的时候，蹇叔让我不要去。我知道虞国国君不会重用我，只是贪图地位和俸禄才去了。结果虞国被灭，我也当了阶下囚。这些事说明蹇叔有先见之明，是个非

秦晋崤之战示意图

常贤能的人。"秦穆公求贤若渴，听说有比百里奚还能干的人，高兴还来不及，赶紧派人带着重礼去聘请蹇叔，任命他为上大夫。

秦国在百里奚和蹇叔的治理下变得越来越强大，很快就有了问鼎中原的实力，多次干涉晋国内政，帮助晋文公当上了国君。秦穆公的贤明之名传遍了大江南北。

在这些成绩面前，秦穆公开始骄傲起来。晋文公死后，秦穆公想趁晋国国力衰弱的时候偷袭郑国。他问百里奚和蹇叔这个主意如何，他们回答道："中间越过好几个国家而奔赴千里去偷袭别人，很少有能成功的。况且有人把郑国的情报给我们，就没有人把我们的情报给郑国让他们做好准备的吗？所以不能打。"秦穆公自以为是地说："你们不懂，我已经决定了。"他让百里奚的儿子孟明视、蹇叔的儿子西乞术和白乙丙率领大军攻打郑国，结果失败。

由于没能攻下郑国，秦军为了不白白出兵，就把晋国的一个叫滑的小城打了下来。当时晋文公还没有下葬，继位的晋襄公知道后大怒，发兵在崤山伏击秦军，3个将领都当了俘虏。他们被释放回国后，秦穆公没有怪罪他们打了败仗，而是穿上丧服亲自到城外去迎接他们，哭着说："我当初没有听百里奚和蹇叔的话，导致你们受辱。你们有什么罪？你们专心练兵，准备雪耻就行了。"说完恢复了他们的官爵，对他们反而更好了。孟明视等3人感动得流下了眼泪，全身心投入训练士兵上，决心为国雪耻。

不久，秦穆公下令攻打晋国，在彭衙和晋军大战了一场，秦国又吃了败仗。孟明视等人羞愧得不敢去见秦穆公，但秦穆公仍然没有怪他们，对他们越来越好。当时西方的戎族本来和秦国关系很好的，但听说秦国打了败仗，纷纷跑去向晋国献媚。戎族有个叫由余的人很有才能，秦穆公觉得他是个威胁，就命人送美女给戎王，消磨他的意志。由余劝了很多次，戎王都不听。秦国一方面给由余送礼，另一方面派人在戎王面前说由余的坏话，很快就迫使由余跑来投靠了秦国。

几年后，孟明视等人经过精心准备，再次出兵伐晋。这次秦军憋了一肚子气，渡过河后就把船烧了，以示不成功便成仁。晋国打了几个胜仗后就产生了骄傲情绪，没有想到秦军的战斗力很强，很快就被打得大败。秦军乘胜追击，打下了晋国几个大城，晋国人只好紧闭城门，不敢应战。秦穆公渡过黄河，祭祀那些战死的将士。当时的臣子们都感动得流泪，认为秦穆公能获胜，完全就是信任人才的缘故。不久，秦穆公在由余的帮助下打败了戎族，成为西方的霸主。

楚庄王一鸣惊人

　　楚国本来是南方的一个小国，爵位也仅仅是子爵。但楚国历代国君励精图治，灭掉了周围很多国家，逐渐发展成为大国。后来根本不把周天子放在眼里，干脆自称为王，成为春秋时期举足轻重的强国。

　　楚庄王即位后过了3年花天酒地的生活，也不处理政事，成天躲在后宫里鬼混。大臣们都很痛心，纷纷进谏。楚庄王被他们搞得很烦，干脆下了道命令："敢进谏的人杀无赦！"很多人都吓得不敢多说话，但还是有人不怕死的。

　　大夫伍举入宫进谏。当时楚庄王左手抱着郑国来的美女，右手抱着越国来的美女，坐在乐器中间，听着淫靡的音乐，开心得不得了。伍举说："我想请大王猜个谜语。"楚庄王来了兴趣，急忙问是什么谜语。伍举说："楚国有一只大鸟，一连3年不飞也不叫。请问是什么鸟？"楚庄王说："3年不飞，但一飞就能冲天；3年不鸣叫，一鸣惊人。你下去吧，我知道了。"可几个月过去了，楚庄王反而比以前更堕落了。大夫苏从看不下去了，跑去进谏。楚庄王板着脸说："你不知道我的禁令吗？"苏从说："如果我的死能换来大王的醒悟，这是我的愿望！"楚庄王很感动，于是改掉了以前的坏毛病，开始上朝听政。他把那些小人抓起来，杀掉了好几百人，而提拔了几百个贤臣。由于伍举和苏从当初劝谏过他，他知道这两人一定忠心，所以把朝政交给他们。很快楚国就恢复了以前的国力，百姓们都很高兴。

　　楚庄王抓紧训练军队，并发动对外战争，取得了一系列胜利。不久他讨伐陆浑戎，路过洛阳的时候在当地阅兵。洛阳是东周的首都，楚国在此阅兵是一种示威。挂名的周天子吓坏了，急忙派王孙满前去慰劳。楚庄王笑嘻嘻地问东周的九鼎大小轻重。九鼎是天子的象征，他这么问表示了自己的野心。王孙满是个很聪明的人，他告诉楚庄王："国家强盛关键是在于道德而不是鼎。"楚庄王说："你别阻碍我看九鼎。把楚国的鱼钩的尖头收集起来就足够铸造九鼎了。"王孙满说："你怎么忘了？当年舜和禹统治时期，远方的部落前来归附，献上了9块铜，禹用那些铜铸造了9个鼎，从此就作为传国之宝。夏桀没有德行，九鼎就搬到了殷商，让商朝延续了600年之久。纣王暴虐，九鼎就归了周。只要有道德，鼎即使很小也必然重；如果没有道德，再大的鼎也很轻。当年周成王占卜的时候，占卜到周能传30世，延续700年，这是天命。现在周虽然衰落了，但天命没有改变。所以鼎的轻重不是你能问的。"楚庄王顿时语塞，于是就带兵回去了。

　　陈国发生内乱，楚庄王前去平乱，杀死了作乱的大臣。叛乱平定后楚庄王却把陈国灭掉，纳入自己的地盘。这种不讲道义的行为引起了申叔时的反感，大家都庆贺，但他却没有表示。楚庄王问他为什么不庆贺，他说："俗话说牵着牛过别人家的田地，田地的主人就把牛牵走了。践踏别人的庄稼固然不对，但为了惩罚却把人家的牛牵走，这不是太过分了吗？大王因为陈国爆发内乱而率领诸侯讨伐，以道义为名却贪图人家的土地，以后还怎么号令天下？"楚庄王觉得很惭愧，就恢复了陈国。

一年后，郑国背叛楚国而和晋国结盟。楚庄王出兵讨伐，打了整整3个月才攻下了郑国都城。郑国国君打着赤膊，牵着一头羊出城投降。（赤膊是表示没有防卫，牵着羊是表示自己就像羊一样任其宰割，表示投降的诚意。）他请求不要灭掉郑国，并保证忠于楚国。大臣都建议不要听他的，楚庄王却说："郑国国君能够让自己受委屈，居于人下。这种人一定能取信于民，怎么能灭亡他呢？"楚庄王于是下令退兵三十里，和郑国结盟。刚订盟约不久，晋国来救援的军队就到了，双方大战了一场，晋军大败。这是几十年来楚国第一次战胜晋国，从此树立自己的霸主地位。

不久楚国出使齐国的使者经过宋国的时候被杀，楚庄王下令攻打宋国以报仇。宋国人据城死守，守了5个月之久。城里的粮食都吃光了，老百姓都只能互相交换孩子，吃别人的小孩，把骨头收集起来当柴烧。但就是这样，宋国人还是坚决不投降。宋国大臣华元看不下去了，冒着生命危险出城向楚庄王求情，汇报了实情。楚庄王感叹道："你真是个君子！"于是退兵解围，和宋国结盟。

楚庄王经过多年战争，终于确立了楚国霸主的地位。

忠心为国的赵盾

晋文公死后，赵衰担任了晋国的执政大臣。赵衰死后，他儿子赵盾接替了父亲的职务。谁知道赵盾执政的第二年，晋襄公就死了，太子夷皋还很小，人们觉得应该立个岁数大的人当国君。赵盾说："襄公的弟弟公子雍年长好善，而且他在秦国居住，秦国以前和我们关系不错。所以立他为好。"贾季则推荐公子乐，被赵盾拒绝了。贾季不服气，偷偷派人去接公子乐。赵盾已经派士会去秦国接公子雍了，所以把贾季废掉。但晋襄公的夫人却跑到朝堂上大哭大闹，赵盾没有办法，只好立了夷皋，就是晋灵公。而秦国已经派兵送公子雍回国，赵盾只好派兵袭击秦军，将公子雍杀死。这下晋国和秦国的关系更差了，不久士会逃到了秦国。

秦国和晋国打了好几仗，最后在士会的调解下两国重新和好，士会也回到了晋国。赵盾和士会一起执政，将晋国治理得井井有条。

晋灵公长大后变得非常贪玩，他甚至还用弹弓弹人，看人们躲避以取乐。有一次厨师做的熊掌没有煮熟，晋灵公居然把厨师杀掉了。赵盾和士会多次劝谏，但晋灵公根本不听他们的。晋灵公觉得赵盾很烦人，派了一个刺客去刺杀赵盾。刺客到赵盾家的时候，天还没亮，他看见赵盾一大早就起来穿上朝服端正地坐着，举止有度，感到赵盾是个忠臣，他叹息道："杀害忠臣和背叛国君，罪过都是一样的。"说完他就撞树而死。

赵盾曾经有一次去首山，在一棵桑树下看见一个快要饿死的人。赵盾很可怜他，就给了他一些食物。那个人吃了一半，把另一半揣在怀里。赵盾问他为什么不吃光，他说："我离家3年了，不知道母亲还在不在，想把这些食物留给母亲吃。"赵盾很感动，又给了他一些食物。不久那个快要饿死的人当了国君的厨师，但赵盾早把这事忘了。

晋灵公见一计不成，又生一计。他养了一条恶狗，日夜训练。不久他请赵盾喝酒，埋伏了一些士兵准备杀他。快要饿死的人知道了这件事，怕赵盾喝醉了等会儿跑不了，就对赵盾说："国君赐酒给臣子，喝3杯就够了，请不要再喝了。"赵盾也觉得不太对劲，就走了。当时埋伏的士兵还没有到齐，晋灵公就先把那条恶狗放出来去咬赵盾。快要饿死的人冲上去和恶狗搏斗，杀掉了那条狗。赵盾说："不用人却用狗，再凶猛又有什么用？"但他不知道快要饿死的人为什么要救他。正在这时候，埋伏的士兵赶到了，冲出来追杀赵盾。快要饿死的人回过头来挡住那些士兵，好不容易才让赵盾逃掉。快要饿死的人也跑了出来，赵盾问他为什么要救自己，他说："我就是那个饿倒在桑树下的人。"赵盾问他叫什么名字，他不肯说，自顾自地走了。

赵盾知道晋灵公不会放过自己，准备逃到别的国家去。还没有走出晋国边境，他弟弟赵穿就在桃园把晋灵公杀掉了，赵盾知道后就回来了。赵盾威望一直很高，很得民心，而晋灵公骄奢淫逸，名声很差，所以赵穿能够轻松杀死他，人们也没有怪罪他。晋国太史董狐书写这段历史的时候写下了5个字："赵盾弑其君。"并在朝廷上公布了这句话。赵盾觉得很冤枉，找到董狐辩解道："杀灵公的人是赵穿，我是没有罪的。"董狐义正词严地说："你是国家重臣，逃亡的时候没有逃出国境，回来的时候又不诛杀凶手。弑杀国君的人不是你是谁？"日后孔子听说这段史实后赞叹道："董狐是古代优秀的史家啊，他记录历史毫不回避。赵盾也是晋国优秀的大臣，为了国法而蒙受恶名。真可惜啊，要是他逃出国境就没事了。"赵盾终究没有怪罪董狐。

晋国没有了国君，赵盾着急了，他和大臣们商量了一下，觉得晋襄公的弟弟公子黑臀比较贤明，于是让赵穿去迎接他回国为君。当然，这也有让赵穿戴罪立功的意思。公子黑臀就是晋成公，赵盾很受晋成公信任，他儿子赵朔娶了晋成公的姐姐为妻。

晋成公死后，儿子晋景公即位，不久赵盾就去世了。

大学者孔子

孔子的父亲是鲁国的一个小贵族，他刚生下来父亲就去世了。孔子小时候就喜欢模仿祭祀的游戏，是个很聪明的小孩。孔子出身并不高贵，当初鲁国大贵族季氏招待士族，孔子也去了，季氏的家臣阳虎骂他："季氏招待士族，你跑来干吗？"孔子只好退下。

孔子虽然很穷，但他担任任何职务都能干得很好。南宫敬叔向国君推荐了孔子，请他出使周。孔子到了东周后，在那里学到了很多知识，尤其和老子的交情更是传为一段佳话。孔子回到鲁国后继续收学生，学生数量越来越多。

孔子30岁那年，齐景公和晏婴来鲁国访问，齐景公问孔子："当年秦穆公的国家那么小，地方又偏僻，为何还能称霸？"孔子说："秦国虽然小，但志向大；地方偏僻，但行为端正。百里奚不过一个奴隶，秦穆公和他谈了3天就把国家交给他管理。像这样尊重人才，称王都没问题，称霸还算小的。"齐景公非常佩服这个年轻人的见解。

孔子最欣赏西周初期的礼仪制度，他一生的梦想就是恢复周公时期的礼仪，用"礼"来教化人心，从而实现天下太平，结束当时的战乱。

当时鲁国的大权是掌握在季、孟、叔三家大夫的手里，国君实际上没有实权。在孔子35岁那年，国君鲁昭公被三家大夫赶跑，孔子一怒之下跑到齐国，求见齐景公。他向齐景公谈了自己的政治主张，齐景公很敬佩孔子的才学，想用他。但齐国相国晏婴认为他的主张不切实际，齐景公就没有用他。孔子只好回到鲁国教书，他的学生越来越多，其中还有许多贵族子弟，他的名气也越来越大。

后来，孔子被任命为司空（相当于工程部长）、司寇（相当于司法部长），孔子在任期间把鲁国治理得很好。鲁国的强大引起齐国的不安，于是齐国给鲁定公送去80名歌女，从此鲁定公开始不理政事。孔子很失望，带着学生出走，开始周游列国。

孔子希望有个国家能够接受他的政治主张，可是当时的大国忙着兼并战争，小国又面临被吞并的危险，没有人理会孔子的主张。他先后到过很多国家，他们大多对孔子很客气，但没有哪个肯重用他。

孔子在周游列国的过程中还多次遇到危险。他首先到的卫国，卫国国君一开始对他很客气，招待得也很好。但后来开始不信任他了，还派人监视孔子。孔子害怕被害，就逃往陈国。在路过匡地的时候，因为他长得很像当地人痛恨的阳虎，被他们当作是阳虎而围困了5天之久，好不容易解了围。孔子想去晋国，结果途中听说晋国内乱，只好返回卫国。谁知道因为拜见卫国国君夫人南子，引起许多猜疑，孔子只好又去了宋国。在那里他得罪了宋国司马桓魋，差点被杀害。后来他多次往返于陈国和蔡国之间，有一次楚王派人请他，陈、蔡二国害怕他到楚国后对他们不利，竟发兵将孔子师徒围困起来，孔子因此断了粮，差点饿死。好容易才等到楚国派兵来解了围。

孔子为了实现自己的理想，克服了种种困难，甚至不惜冒生命危险。但由于他的政治主张不切实际，在外面奔波了七八年，还是没能让别人接受。在他68岁的那一年，他的一个学生冉有当了季康子的家臣，受到重用，出兵打败了齐国的军队。冉有劝说季康子将孔子迎回国，季康子就用很高的礼节请孔子回到了鲁国。

孔子像

孔子岁数也很大了，他被鲁国人称为"国老"，很受尊敬。鲁国国君和季康子经常就一些国事来咨询孔子，但始终不重用他。孔子很失望，只好在家整理古代的文献资料，著书立作。孔子整理了《诗经》《尚书》《春秋》等多部文献，为保存我国历史资料做出了巨大贡献。这些书后来成为儒家的经典著作，是每个读书人必须研读的书目。

孔子还教育了许多优秀的学生，据说他的门徒多达 3000 人，出色的有 72 个。孔子晚年的时候，他最喜欢的学生颜回早逝、子路战死，极大地打击了孔子的精神。很快，在公元前 479 年，孔子走完了他的人生历程。

孔子死后，他的弟子继续传播他的学说，形成了中国历史上最重要、影响也是最大的思想流派——儒家学派。孔子作为儒家学派的创始人，被公认为我国伟大的思想家、教育家。

伍子胥复仇

伍子胥的祖先就是那位劝谏楚庄王的伍举，所以他们家世世代代在楚国为官。

当时楚国国王楚平王是个大昏君。他的儿子太子建有两个老师，一个是伍子胥的父亲伍奢，一个是费无忌，后者是个奸臣。太子建长大了，楚平王为他聘娶了秦国的公主。费无忌听说秦国公主长得很漂亮，就对楚平王说："秦国女子太漂亮了！大王可以留给自己，另外找个女子嫁给太子。"禽兽不如的楚平王真这样做了，费无忌从此就成了楚平王的宠臣，再也不用伺候太子了。他怕太子即位后对自己不利，就说太子的坏话，渐渐让楚平王讨厌起太子来。

费无忌日夜在楚平王面前说太子坏话，楚平王把伍奢召来询问。伍奢对太子忠心耿耿，极力为太子辩解。怎奈费无忌在一旁添油加醋，楚平王一怒之下把伍奢关了起来，并派人捉拿太子。去抓太子的人还有点良心，把太子放走了。

费无忌知道伍奢的两个儿子伍尚和伍子胥很有才干，想把他们都害死，于是唆使楚平王对伍奢说："你把你儿子叫来就可以活命，否则杀头。"伍奢说："伍尚仁慈，一定会来，伍子胥是不会来的。"楚平王派人去召二人说："你们来的话，伍奢就没事，否则就等着看你们的父亲人头落地吧。"伍尚马上就要出发，伍子胥劝阻道："这明明是个陷阱，我们去的话只是陪父亲死，都死了谁来报仇？不如逃到外国去借兵报仇。"伍尚说："我知道我去了也救不了父亲，但是我不忍心错过这最后一个救父亲的机会。"他对伍子胥说："你快走吧！你负责为父亲报仇，我就负责陪父亲死。"最后伍子胥跑掉了，去宋国找太子建。伍奢听说伍子胥跑掉后，说："楚国从此就要倒霉了。"伍尚到楚国国都后，果然和父亲一起被杀。

伍子胥刚到宋国不久，宋国发生内乱，他和太子建一起逃到了郑国。郑国国君对他们不错，但太子建受晋国人的挑拨，说如果能让晋国灭掉郑国，就把郑国封给他，这样他就有力量报仇了。太子建听信了晋国人的话，但消息泄露了出去，他被杀了。伍子胥赶紧带着太子建的儿子公子胜逃走，准备去吴国。好不容易走到江边，追兵已经快赶上他们了。这时有个渔夫乘着船经过，见伍子胥很着急，就把他带上船渡到对岸。伍子胥很感激他，解下宝剑说："这把剑价值一百两黄金，送给你吧。"渔夫说："楚王为了抓到你，悬赏米粟5万石，还赐给大夫的爵位。我连那些东西都不贪，还在乎百两黄金吗？"说什么都不要。

伍子胥还没到吴国就生病了，只能一边走一边要饭，好不容易才到了吴国。当时的吴王是吴王僚，伍子胥通过公子光的关系见到了吴王。

公子光做梦都想当吴王，伍子胥为了报仇，帮助公子光刺杀了吴王，登上了王位，公子光就是吴王阖闾。伍子胥当了吴国的大臣，参与谋划国事。不久楚王又杀害了大臣伯州犁，他的孙子伯嚭也逃到了吴国，吴国任命他为大夫，和伍子胥推荐的孙武一起训练军队。当年吴王僚派出的两个伐楚的将军已经投降楚国，楚国把他们封在舒这个地方。阖闾兴兵讨伐楚国，把舒打了下来，那两个将军也被俘虏了。阖闾本想乘胜追击，孙武却说："人民已经很劳累了，不能打了，再等段时间吧。"于是就撤兵了。

由于吴国拥有孙武、伍子胥和伯嚭等优秀将领，在此后的诸侯争霸战争中屡战屡胜，尤其多次打败楚国，树立了吴军将士的自信心。当时楚平王已经死了，继任的楚昭王比较贤明，费无忌就是被他杀掉的，但楚国还有个名叫囊瓦的奸臣。不久，阖闾问伍子胥等人："当年你们说不能攻打楚国国都，现在怎么样？"他们回答道："囊瓦是个贪婪的人，和楚国结盟的唐国和蔡国都很恨他。如果要大举进攻楚国，一定要先拉拢这两个国家。"阖闾采纳了他们的意见，和唐、蔡两国合兵讨伐楚国。阖闾的弟弟夫概是员猛将，他建议让自己带兵跟随出征，但阖闾没有同意。夫概私自带领属下5000人突袭楚将子常，将其打败。吴军乘胜追击，五战五胜，把楚国国都都打了下来，楚昭王逃走了。

当年伍子胥和申包胥是好朋友，伍子胥逃走之前对申包胥说："我一定要灭了楚国！"申包胥说："我一定能复兴楚国！"吴国打下楚国后，伍子胥四处寻找楚昭王，但没有找到。他就把楚平王的墓挖开，狠狠地鞭打他的尸体，一口气打了300下才算完。当时申包胥已经逃到山里了，他派人对伍子胥说："你这样报仇也太过分了吧！你以前好歹也是他的臣子，现在鞭打他的尸体，就不怕老天生气吗？"伍子胥对来人说："你替我向申包胥道歉，说我就像是天快黑了，可路还很漫长的人，只能倒行逆施了。"申包胥逃到秦国求救，秦国国君不想出兵。申包胥在秦国朝堂上站着，一直哭了七天七夜。秦哀公被感动了，说："楚国虽然无道，但有这样的忠臣，不能让它灭亡。"于是发兵救楚，最后打败了吴国，楚国最后还是复兴了。

伍子胥前前后后熬了19年才报得大仇，申包胥为了国家的利益知难而进，他们的精神都值得后人学习。

勾践卧薪尝胆

吴王阖闾虽然最后没有灭掉楚国，但已经向世人展示了吴军强大的实力。虽然孙武不久就走了，但国内还有伍子胥和伯嚭两位将才，力量还是很强大的。正好这个时候越王死了，阖闾就趁越国有难而发兵攻击。没想到新继任的勾践更厉害，他找了一批死士，让他们排成3行，一行一行地走到吴军阵前，大呼3声后拔剑自刎。吴国人都吓傻了，不知道发生了什么事。勾践趁机发起进攻，大败吴军，阖闾也受了伤，回国后不久就死了。他临死的时候告诫儿子夫差："你不要忘了越国的杀父之仇啊！"

两年后，勾践听说夫差日夜练兵，准备找越国报仇。他想先发制人，范蠡劝他不要先动兵，但勾践没听进去，仍然兴兵伐吴。夫差早就等着这一天，把平时精心训练的士兵全部派出去应战，将越军杀得大败。勾践带着残兵败将，躲了会稽山。夫差发兵把会稽山围了个水泄不通。

勾践对范蠡说："我没有听你的话，结果落到这个下场。"范蠡说："只能给夫差送厚礼了，如果还不行的话，就只好去当人质了。"勾践同意了，于是命令文种去和吴国谈判。文种卑躬屈膝地对夫差说："勾践让我来告诉大王，他愿意当你的臣子，他的妻子就是你的妾。"夫差想答应他，伍子胥说："上天把越国赐给吴国，不要答应他。"第一次谈判失败了，文种回到了越国。勾践想杀死妻子儿女，带领剩余的将士和吴军同归于尽。文种阻止了他，说："吴国的太宰伯嚭很贪心，可以想办法向他行贿，这样还有一线希望。"于是勾践就送了很多美女珠宝给伯嚭。伯嚭收下礼物后让夫差再次接见文种，文种再次请求吴王接受越国的投降，不要灭掉越国，伯嚭也在一旁帮越国说好话，伍子胥却说："今天不灭越国，以后肯定后悔。勾践是个贤明的国君，范蠡和文种是能臣，如果让他们回去的话，一定会作乱的。"夫差听不进去，撤兵回国，并将勾践带到吴国。

3年后，勾践好不容易才回到越国，下定决心报仇。他怕舒适的生活消磨自己的意志，就在房间里挂上苦胆，不管什么时候都要尝尝，对自己说："你忘了会稽山的耻辱了吗？"勾践为了恢复生产，亲自下地劳动，让夫人织布，吃穿都很简单。并四处招揽贤人，救济国内的穷人。老百姓在他的带动下也都憋足一口气，努力劳动，想早日让越国强大起来，好报大仇。

几年后，越国已经强大了起来，勾践想兴兵伐吴。大夫逢同劝谏道："越国好不容易才强大起来，吴国肯定会害怕，害怕就会有防备。我们应该先对吴国示弱，让它放松警惕。现在吴国正在和齐国、晋国打仗之前，又战胜了楚国和我们越国，肯定会骄傲起来。我觉得最好和齐、楚、晋交好，再和吴国搞好关系，他们一定会掉以轻心。到时候那三个国家会讨伐它，我们再乘虚而入，就能轻松战胜它了。"勾践同意了。

两年后，吴国想讨伐齐国，伍子胥不同意，但夫差不听他的，还是去打齐国。夫差打了胜仗后在伍子胥面前炫耀，伍子胥说："又不是什么好事。"夫差大怒。文种想试探吴国的态度，就向他们借粮，夫差想给他们，伍子胥不同意，但夫差还是给了。伯嚭经常在夫差面前说伍子胥的坏话，夫差开始的时候没有听伯嚭的话，但不久听说伍子胥在出使齐国的时候让齐国人照顾自己的儿子，大怒道："伍子胥果然欺骗了我！"命人赐剑给伍子胥，让他自杀。伍子胥大笑道："我让你父亲称霸，你也是我立的，当年你想分吴国的一半土地给我，我不要。现在反而听信谗言要杀我！"他对使者说："把我的眼睛挖出来放在都城东门上，我要看越兵打进来！"说完后就自杀了。

　　不久夫差带领全国精兵进军中原，勾践趁机进攻吴国，大败吴军。夫差赶紧回军，好不容易才和越国签订了和约。4年后，越国再次讨伐吴国，吴国最终被灭掉了。夫差自杀了，临死的时候把脸遮住，说："我没有脸面去见伍子胥。"勾践终于得报大仇，成为一时的霸主。

商鞅变法

　　商鞅本名公孙鞅，是卫国国君的远亲。他少年时期就喜欢刑名之学，后来当了魏国相国公叔痤的门客。公叔痤知道他很有才干，但一直没有机会提拔他。后来公叔痤生病，魏惠王来探病，说："你如果有个三长两短的话，魏国怎么办啊？"公叔痤说："我的门客公孙鞅虽然年轻，但是个奇才，希望大王能把国家托付给他。"魏惠王没有说话。要走的时候，公叔痤把周围的人赶走，悄悄对魏惠王说："大王即使不用公孙鞅，那也得把他杀了，不要让他离开魏国。"魏惠王答应了。公叔痤把公孙鞅叫来，对他说："今天大王问谁能当相国，我推荐了你，但大王没有理我。我就对他说如果不用你的话就要把你杀了，他答应了，所以你得快走，不然就来不及了。"公孙鞅说："大王不能听你的话来任用我，又怎么会听你的话杀我呢？"所以他不走。魏惠王对周围人说："公叔痤病得太厉害了，真让人难过。他居然要我把国家托付给公孙鞅，这不是糊涂吗？"

　　公叔痤死后，公孙鞅听说秦孝公在求贤，就离开魏国到了秦国。他通过景监的关系见到了秦孝公。秦孝公和公孙鞅谈话，说了很久，秦孝公有几次差点睡着了。公孙鞅走后，秦孝公骂景监："你推荐的人是什么东西啊？怎么能用呢！"景监责备公孙鞅，公孙鞅说："我对他说成为帝王的方法，他听不进去。"几天后他再见秦孝公，这次秦孝公比上次还无聊。公孙鞅对景监说："我对他说成为王的方法，还是不行，请让我再试一次。"第三次秦孝公的兴趣来了，但没有接受他的意见。公孙鞅说："我对他说称霸的方法，看他的样子好像听得进去，请让我见最后一次。"最后一次秦孝公兴趣大增，听着听着就凑到公孙鞅面前了，一连说了好几天。景监问道："你怎么让国君如此感兴趣的？"公孙鞅说："我让他用帝王之道去建立尧舜禹的功业，他说：'太遥远的事了，我可等不了那么久。我觉得贤君应该是在有生之年就能看到效果，怎么能等个几十年上百年来成为帝王呢？'所以我就用强国的方法来教导他，他就高兴了。"

　　秦孝公开始重用公孙鞅，公孙鞅得到了秦孝公的支持，被任命为左庶长，主持变法。他规定民间禁止私斗，一切赏罚和封爵都以军功为标准；奖励生产，如果因为懒惰或者经商而导致贫穷的，一律罚为奴隶；没有立功的人即使很富有也不能用豪华的东西。这些法令制定后没有马上公布，公孙鞅怕百姓不相信他，所以他在南门竖起三丈长的木头，宣布谁能把它搬到北门就赏赐十金。大家都觉得很奇怪，没有人去搬。公孙鞅以为赏赐太少，于是把赏金改成五十金。这时有个人站出来把木头搬到了北门，公孙鞅马上给了他五十金，表明自己说话算话。不久他就公布了新法令。

刚开始改革的时候，大家纷纷反对，很多人都说新法令不好。不久太子也犯了法，公孙鞅说："法令之所以得不到贯彻，都是上面的人没有好好遵守。"他就要罚太子，当然，太子是不能被施刑的。所以太子的两个师傅就代替太子受刑，一个被打了一顿，另一个在脸上刺了字。从此秦国人都不敢犯法了。10年后，全国上下都觉得新法令好得很。秦国治安大有好转，士兵的战斗力也提高了很多。当初那些说新法令不好的人现在却夸奖起来。公孙鞅说："这些人都不是好人。"下令把他们迁到边境去，从此没有人敢议论新法令了。

公孙鞅很快被升为掌握兵权的大良造，开始带兵打仗，多次击败魏国，迫使魏国把都城迁到大梁。魏惠王叹息道："我真后悔没有听公叔痤的话！"公孙鞅回来后，被秦孝公封在了商这个地方，从此人们就叫他商鞅了。

商鞅的改革得罪了不少秦国的权贵，有人劝他最好全身而退，免得被人陷害，但他没有听从。不久秦孝公死了，太子即位。那些反对商鞅的人就说他的坏话，诬陷他谋反。太子派人去抓商鞅，商鞅被迫逃亡。逃到关下的时候，他想在客店住宿，老板不认识他，说："商鞅的法令规定客店留宿没有证件的客人要受惩罚。"商鞅叹道："我现在算是知道我的法令不好的地方了。"他好不容易逃到魏国，但魏国不肯接受他。商鞅想逃到别的国家去，魏国人说："商鞅是秦国的通缉犯，秦国那么强，我们不能得罪秦国。"他们把商鞅送回秦国。商鞅最后被秦国人车裂而死，但他实行的法令保留下来，秦国国力日益增强。

苏秦佩六国相印

苏秦是东周洛阳人，在齐国上学，后来拜鬼谷子为师，学习纵横之术。他学成后到处游历，但没有国君肯接纳他。几年后穷得过不下去了，只好灰溜溜地回家。全家人都嘲笑他说："我们周人的风俗就是做生意，去追逐利润。现在你却舍弃事业去用嘴巴谋生，你穷是活该。"苏秦听到家人这么说感到非常惭愧，从此闭门不出，把所有书都翻出来一本一本地看，说："大丈夫已经学了这么多东西了，还不能用它们来获得地位财富，读书再多又怎么样！"不久他得到了一本《阴符》，日夜埋头苦读。一年后他觉得学得差不多了，说："这下子可以去游说当代的君王们了。"于是他求见周显王，而周显王周围的人都听说过苏秦的事，看不起他，所以没有成功。

苏秦去了秦国，他对秦惠王说："秦国地势险要，乃天府之国。以秦国众多的百姓和军事力量，吞并天下都没有问题。"秦惠王刚刚杀了商鞅，本来就讨厌那些游说的人，就没有用他。

苏秦又去了赵国，也没有成功。后来在燕国待了一年多才见到燕王，他一番话把燕王说得茅塞顿开，很快就打动了燕王。燕王给了他许多礼物，让他出使各国。苏秦凭借自己的口才把除了秦国之外的其他六国的君王全部说动了心。最后六国在苏秦的帮助下建立了盟约，苏秦为从约长，当了六国的相国。苏秦路过洛阳的时候，声势浩大，身后跟了一大群六国派来服侍他的随从，比国王还威风。周显王吓坏了，赶紧把道路清扫干净，派人去慰劳苏秦。苏秦的家人也都跪在路边不敢抬头看他，苏秦笑着对他嫂子说："怎么以前你们那么傲慢，现在又这么恭敬呢？"嫂嫂很不好意思，遮着脸说："是因为弟弟你地位很高，又有很多钱的缘故。"苏秦长叹道："同样的一个人，富贵的时候亲戚怕他，贫贱的时候亲戚却看不起他，更何况其他人呢？如果当初我能拥有洛阳的两顷土地的话，现在怎么能佩上六国的相印呢？"他取出千金分给亲戚朋友。当年苏秦去燕国的时候，问人借了一百钱当路费，现在富贵了，就给了当年借给他钱的人百金。凡是当初对他有恩德的人苏秦都重重地回报了他们。但跟从他的人中有一个没有得到报酬，就上前询问。苏秦说："我不是把你忘了。当年你和我一起去燕国，在易水上有好几次都想扔下我走掉，但最后还是陪我走了下来。当时我很穷困，所以对这事记忆犹新。我想最后一个报答你，现在你也有一份赏赐了。"

苏秦撮合六国合纵后就去了赵国，被封为武安君。由于六国团结了起来，秦国有 15 年都不敢出兵。后来秦国派人欺骗齐国和魏国，和他们一起讨伐赵国。结果赵王责备苏秦，苏秦只好请求让自己去燕国想办法，他一走合纵就解散了。

不久齐国攻打燕国，燕王很不高兴，让苏秦想办法。苏秦只好跑到齐国游说齐王，他那三寸不烂之舌很快就把齐王说得心服口服，齐王当即答应停止攻打燕国，并把抢来的城池还给燕国。苏秦完成任务后回到燕国，燕王恢复了他的官职，对他更好了。不过苏秦人品不太好，他和燕王的母亲有奸情。燕王知道这件事后不但没有怪他，反而对他更好。苏秦担心自己被杀，就对燕王说："我在燕国不能让燕国强大，而我在齐国的时候反而对燕国好处更多。"燕王说："就听你的吧。"苏秦就假装得罪了燕王而逃到齐国，齐宣王任他为客卿。

齐宣王死后，苏秦游说新齐王厚葬齐宣王以表示自己是个孝顺的孩子，又花了很多钱来修筑宫殿，实际上是想让齐国变穷，这样对燕国就有好处。后来齐国大夫们和苏秦争宠，有人就派了刺客去刺杀苏秦。刺客刺中了苏秦就跑了，苏秦虽然受了重伤，但还没有死。齐王派人查访凶手，但总也找不到。苏秦快死的时候对齐王说："我死后大王要把我的尸体拉到集市上车裂，说我是为了燕国而来齐国捣乱的，这样杀我的人就会自己跑出来了。"齐王照他的话做了，不久凶手自己果然跑出来承认了，齐王就把他杀了为苏秦报仇。

苏秦虽然死了，但他开创了一个靠游说取得官职的时代。在他之后出现了很多纵横家，包括苏秦的弟弟苏代也是靠游说任职的人，这些人的思想对中国影响很大。

礼贤下士的孟尝君

战国时期的齐国有个贵族名叫田婴，他有 40 多个儿子，其中有个低贱的小妾生的儿子名叫田文。田文是五月初五生的，传说这一天生的孩子克父灭家。田婴对小妾说："不要养这个孩子。"但她还是悄悄地把田文养大了。后来田婴发现了这个秘密，大怒道："我让你丢掉这个孩子，你为什么不听？"田文帮母亲回答道："父亲不养五月初五生的孩子是什么原因呢？"田婴说："这一天生的孩子如果长到和门槛一样高的话，对他父母不利。"田文说："人命是由天决定的还是由门槛决定的？"田婴顿时语塞。田文又说："如果由天决定的，那怕什么？如果由门槛决定，那把门槛弄高就是了，达不到那个高度不就没事了？"田婴说："我知道了，你别说了。"

士的崛起
战国时期，养士之风盛行，著名的"战国四公子"都有养士千人。

后来田文问父亲："儿子的儿子是什么？"田婴说："孙子呗。""那孙子的孙子呢？""玄孙啊。""玄孙的孙子呢？""不知道。"田文笑笑说："父亲在齐国当相国，已经经历了 3 个国王了。齐国的地盘没有扩大，而父亲却累积了不少财富，但父亲门下却没有一个贤人。我听说将门出将，相门出相。现在父亲家里的奴婢都能穿好衣服，而人才却连破衣服都穿不上；仆人都能吃肉，而人才只能吃糠。父亲积累这么多财富，不知道以后留给谁，我觉得很不可思议。"田婴由此开始重视起田文，让他在家里接待宾客，很快就有很多人才来投奔。诸侯们都请田婴立田文为继承人，田婴同意了。田婴死后，田文继承了爵位，他就是孟尝君。

孟尝君特别喜欢招揽宾客，天下的人才都乐意到他家去。他家有 3000 门客，不管什么身份都能和他平起平坐。孟尝君接待客人的时候，屏风后面总安排有人专门记录他们的对话，尤其是客人的家庭情况。等客人回到家后，孟尝君已经派人把礼物送到了。有一天晚上孟尝君和客人吃饭，有个人背着火光，以为自己的饭不好，生气了，扔下筷子掉头就走。孟尝君赶紧起身，把自己碗里的饭菜给那人看，结果发现都是一样的。那人非常羞愧，自刎而死。那些来投奔孟尝君的人都能得到礼遇，每个人都认为孟尝君对自己最好。

后来秦昭王请孟尝君去秦国当相国，孟尝君去了。有人对秦王说："孟尝君是个贤人，但他是齐国人，他来秦国当相国，肯定会把齐国的利益放在秦国之上，这样秦国就危险了。"秦王就把孟尝君关了起来，准备杀了他。孟尝君叫人向秦王的宠妃求情，宠妃说："我要孟尝君的那件白狐皮衣。"但孟尝君已经把那件皮衣送给秦王了，这事不好办。有个门客善于偷东西，当天晚上就装成狗偷偷跑到秦国的仓库里把皮衣偷了出来。宠妃得到皮衣后就替孟尝君说好话，秦王就把他放了。孟尝君一出狱就带领门客赶快逃走。不久秦王后悔了，又派人去追。孟尝君等人好不容易才逃到秦国的门户函谷关，但当时正是半夜，而法令规定鸡叫的时候才能开门。眼看追兵就快到了，这时候门客中有个善于学鸡叫的人叫了起来，于是门打开了，孟尝君才得以逃脱。当初这两个人当门客的时候，大家都觉得很羞耻，现在才知道他们的作用，对孟尝君佩服得五体投地。

回到齐国后，孟尝君被任命为相国。当时他手下有个名叫魏子的门客替他在封地上收税，去了3次而没有拿回来一文钱。孟尝君问他是怎么回事，魏子说："我看到有贤人就把钱给他们，所以没有拿回来。"孟尝君很生气，就把魏子辞退了。几年后，有人在齐王面前说孟尝君的坏话，诬陷他要造反。不久齐王差点被刺，怀疑是孟尝君指使人干的。孟尝君无法辩解，只好偷偷逃走。魏子和受了恩惠的贤人听说这事后就上书说孟尝君不会作乱，而且发誓用自己的性命担保，上书后不久，他们就在宫门口自刎而死，以表明孟尝君是冤枉的。齐王大惊，赶紧重新调查，发现孟尝君确实没有造反，就想把他召回来。但孟尝君拒绝了，请求在自己的封地薛地养老。

孟尝君死后，他的儿子们争着要继承爵位，爆发了战争。齐国和魏国合兵平息了动乱，把他的儿子全部杀死了，孟尝君就这样绝嗣了。

胡服骑射的赵武灵王

战国七雄里面，赵国算是一个比较弱小的国家，总是受到邻国的压迫，由于经常陷入和邻国的战争中，赵国国力衰落得很快，就连中山那样的三流小国都打不过。赵武灵王即位后，被秦国和魏国打得大败，不得不割地求和，而林胡和楼烦等部落趁火打劫，频频派兵侵略赵国边境，赵国连还手之力都没有。赵武灵王对于这种情况很不满，他决心要改变赵国的地位。

当时中原各国打仗普遍使用步兵和战车，其中战车是作战的主要手段，战车虽然威力比较大，但是非常笨重，地形稍微坎坷点就无法行驶，而北方的胡人以骑兵为主，行动灵活方便。中原人习惯穿宽袖子的长袍，行动起来非常不方便，而胡人习惯穿窄袖子的短衣，脚蹬皮靴，不管打仗还是平时做事都非常方便。赵武灵王决定模仿胡人在赵国进行改革。

他对一名叫楼缓的大臣说："我们赵国被燕国、齐国、秦国、韩国、东胡、林胡和中山等国包围着，如果我们再不奋发图强，迟早会被别人灭掉。我想仿效胡人，学习他们骑马射箭的本领，并改穿他们的衣服，这样打仗的时候就方便多了，你看怎么样？"楼缓很赞成他的意见。

消息传出去后大家纷纷反对，赵武灵王于是找另一个大臣肥义商量："现在大家都反对我改革，可要是不改革我们迟早会亡国，你觉得我该怎么办？"

肥义说："要干大事就不能犹豫，犹

赵武灵王胡服骑射复原图

豫是干不了大事的。我听说舜去有苗部落时，就和他们一起跳舞，而大禹到习惯赤身裸体的部落去的时候也什么都不穿，他们都不顾及别人的看法，大王您还怕什么呢？"

赵武灵王说："我是决定要改革的，就是怕天下人笑话我。但是愚蠢的人笑话我又算得了什么？就算天下人都耻笑我，但我必定会通过改革征服中山和胡人的！"

赵武灵王知道公子成是反对得最激烈的人，于是找公子成谈话。苦口婆心地劝说了好久，才打动了公子成，并赐给他一套胡服。大臣们见公子成都穿上胡服了，只好都服从了命令。开始的时候还觉得怪怪的，习惯之后觉得胡服确实比以前的衣服方便了不少。为了训练骑兵，赵武灵王首先攻占了原阳（今内蒙古呼和浩特东南黑水河一带），那里地势平坦，有广阔的草原，非常适合养马和训练骑兵。于是，原阳便成了赵武灵王胡服骑射的试点地区。

很快，通过胡服骑射，赵国训练出了一支强大的骑兵部队，公元前305年，赵武灵王亲自带兵攻打中山，获得了胜利。后来又接连打败了林胡和楼烦，把俘获的楼烦骑兵编入赵国军队。同时，为了防备胡人的入侵，他修筑了赵国的长城。赵国的领土扩张了不少，成为当时能和秦国抗衡的强大国家。

赵武灵王因为长期带兵打仗，国内的事就交给太子打理。公元前299年，赵武灵王就将王位传给太子赵何，就是赵惠文王，他自称为赵主父，就是国王父亲的意思。赵主父觉得秦国是赵国最大的威胁，于是打算袭击秦国。

赵主父是个有勇有谋的人，他为了刺探秦国的情报，将自己打扮成一个普通的使臣，混入赵国出使秦国的使团里，想观察秦国的地形和秦王的为人。到了秦国首都咸阳后，他见到了秦王，以使臣的身份向秦王递交了国书。

秦王不知道他就是赵主父，只是觉得这个人相貌伟岸，看上去不像是个大臣。过了几天，赵主父带着人不辞而别，秦王非常怀疑，派人去追赶，等追到边境的时候才知道赵主父已经离开好几天了。当时还留下了一个赵国人，秦王把他叫来一问才知道，那个使臣原来就是赵主父。

赵主父通过出使秦国，发现秦国确实不太容易攻打，现在攻打秦国的时机还没有成熟。他决定先攻打别的地方，等势力巩固了再做打算。于是他继续带兵四处打仗，又给赵国夺得了不少地盘。不久，他就将中山国给灭掉了。

赵主父很喜欢小儿子赵何的母亲，于是他把太子赵章废掉，立赵何为太子。赵何即位后，赵主父又觉得赵章很可怜，于是想把赵国分成两份，两兄弟一人一份。就在这个时候，赵章叛变了。政变很快就被镇压，赵章却捡了一条命。为了逃脱追杀，他跑到赵主父那里寻求保护。赵主父本来就很同情他，便收留了他。追杀赵章的人却不给赵主父面子，攻破了赵主父居住的沙丘宫，将赵章拖出来杀掉了。那些人怕赵主父报复他们，于是把沙丘宫团团围住，并下令："宫里的人最后出来的杀头。"里面的人争先恐后地跑了出来。赵主父没办法出去，只好一个人待在里面。待久了粮食都吃光了，只好掏麻雀窝里的小麻雀来吃。赵主父足足被困了3个月之久，最后活活饿死在沙丘宫里。一代伟大君王就这样窝囊地死去了。

屈原自沉汨罗江

屈原是楚国贵族，担任了左徒一职。他博学多才，懂得很多知识，又善于和人交流，在朝内能参与国事，在朝外又能和各国搞好关系，楚怀王很信任他。

上官大夫和屈原是同事，很妒忌他的才华。楚怀王让屈原起草新法令，屈原打好了草稿，还没有最后定稿。上官大夫想把稿子据为己有，但屈原不给，上官大夫就对楚怀王说："是大王让屈原制定法令，但大家都不知道。每次颁布新法令，屈原都把它看成是自己的功劳，说没有他不行。"楚怀王很生气，从此就疏远了屈原。

屈原像

屈原被楚怀王的糊涂和奸臣们的狡诈气坏了，他非常伤心，写下了流传千古的《离骚》。屈原被罢黜后不久，秦国想讨伐齐国，但齐国和楚国又有联姻，秦王就让张仪出使楚国，拆散两国的关系。张仪对楚怀王说："秦国很讨厌齐国，楚国如果能和齐国断交，秦国愿意献上六百里土地。"楚怀王一时贪心，就答应了，派人和齐国绝了交，并让人去秦国接收土地。张仪见目的已经达到，就对使者说："我和楚王说的是六里地，不是六百里啊。"楚国使者大怒而归，告诉了楚怀王。楚怀王生气了，发兵攻打秦国。可是又不是秦国的对手，不光死伤8万人，连汉中也被秦国抢走了。楚怀王还不服气，征发全国士兵再次对秦国发动进攻，在蓝田展开大战。魏国听说后就派兵攻打楚国，想占点便宜，楚国军队只好分兵两线作战。而齐国正在生楚国的气，根本不肯发兵援救，楚国陷入了前所未有的巨大危机之中。

第二年，秦国愿意把强占来的土地归还一部分给楚国，楚怀王说："我不想要土地，只要能得到张仪就行了。"张仪对秦王说："张仪一个人就能代替汉中全部土地，这是好事，我要去楚国。"不久他就来到了楚国，事先他送给奸臣靳尚很多礼物，并威逼利诱楚怀王的宠妃郑袖，让他们为自己求情。楚怀王受了他们蒙蔽，就把张仪放走了。这个时候屈原正在齐国出使，回来后问楚王为何不杀张仪，楚怀王才后悔了，不过张仪早就逃走了。

不久秦王请楚怀王去秦国聚会，楚怀王打算去，屈原劝谏道："秦国是虎狼之国，从来不讲信义，所以请您不要去。"公子子兰却说："不要拒绝秦国的好意。"楚怀王就去了，结果被秦国扣留了下来，最后死在秦国。太子即位，就是楚顷襄王，公子子兰为令尹。

屈原对国家的衰败感到万分痛心，即使被流放，他的心也始终停留在楚国上。他是多么希望国王能够醒悟过来，带领楚国人民奋发图强，洗雪国耻啊！他写了很多爱国诗篇抒发自己的感情，但始终得不到统治者的肯定，不能引起他们的重视。他觉得，历代君王不管是否贤明，都希望能够得到忠诚而能干的大臣的辅佐。但不是每个人都能分清楚谁忠谁不忠，楚怀王就是不知道如何分辨，所以被郑袖等人欺骗，最后竟然客死异乡。当君王的如果不能明辨忠奸的话，灾祸可就大了。

公子子兰听到这种言论后大怒，于是让上官大夫在楚顷襄王面前说屈原坏话，最后把他流放了。

屈原已经对这个国家完全失望了，他到了汨罗江边，披着头发边走边吟诗，抒发心里的郁闷和悲愤。一个渔夫看见他这样，就问他："你不是三闾大夫吗？怎么到这里来了？"屈原说："全世界的人都混浊了，而我还是清澈的；所有人都喝醉了，只有我还保持清醒，所以我就被流放到这里了。"渔夫说："所谓圣人，就是能不拘泥于事物而随着世道的变化而变化的人。既然全世界都污浊了，那为什么不能随着它变化呢？大家都喝醉了，为何不跟着他们一起喝酒吃肉呢？为什么非要坚守自己的操守而被流放呢？"屈原说："我听说刚洗了头的人在戴帽子的时候一定会先把上面的灰尘弄干净，而刚洗了澡的人在穿衣服的时候也会把衣服抖几下，谁又能让自己洁净的身体去接触那些脏东西呢？我宁可投身到这滔滔江水中葬身鱼腹，也不愿让我的高洁品行受世俗的玷污。"

不久，楚国被秦所灭，屈原写了一篇《怀沙》，然后抱着一块大石头跳进汨罗江自杀身亡。

信陵君窃符救赵

秦国在长平大败赵国后，将40万赵国士兵坑杀，然后乘胜追击，一直打到了赵国都城邯郸。赵国的精锐部队已经全部死在了长平，根本没有力量抵抗秦国的大军，眼看就要亡国了。赵国平原君的夫人是魏国信陵君的姐姐，她多次写信给魏王和信陵君，请求援助。魏王派晋鄙率领10万人马去救赵国，秦王派人通知魏王："赵国马上就要被打下来了，谁敢救赵国的话，打下赵国就马上去打谁！"魏王害怕了，通知晋鄙，让他按兵不动。平原君看到这种情况也急了，不停地派使者去魏国责备信陵君："我之所以肯和你联姻，无非是仰慕公子的大义。现在赵国马上要灭亡了，而魏国却不来救，公子你救人于危难中的品德哪里去了？再说你就算看不起我，让我投降秦国，难道你就不可怜下你的姐姐吗？"信陵君也很着急，多次请求魏王出兵，派了好多说客日夜游说魏王。但魏王怕秦国追究，始终不听他的话。信陵君没有办法，觉得不能让赵国灭亡了自己还独自活下去，于是把门客召集起来，组成一支100多辆战车的军队，准备开赴赵国，和赵国一起灭亡。

有个信陵君很尊敬的人名叫侯嬴，信陵君临走的时候去见他，和他诀别。侯嬴说："公子加油吧，我老了，就不跟你去了。"信陵君走了几里后觉得很不舒服，心想："我对侯嬴可以算得上仁至义尽了，现在我要去死，他居然没有任何表示，是不是我有不对的地方？"于是他回去找侯嬴。侯嬴笑着说："我就知道公子会回来的。公子现在去救赵国，犹如羊入虎口，白白送命而已，有什么用呢？而且公子对我那么好，你去送命我却没有任何表示，所以公子一定会回来责备我的。"信陵君赶紧下拜，向侯嬴请教。侯嬴让周围人退下，悄悄地说："我听说晋鄙的另一半兵符在大王卧室里，而如姬最受大王宠幸，她有偷到兵符的能力。

当年如姬的父亲被人谋杀，是公子帮她报的仇，所以她一定会帮你。等拿到兵符后再去收编晋鄙的军队，事情不就成了吗？"信陵君恍然大悟，去找如姬帮忙，不久就得到了兵符。

信陵君夷门访侯嬴图　清　吴历

信陵君走时，侯嬴来送行，对他说："将在外，君命有所不受。公子就算把兵符拿给晋鄙看，他也有可能不把军队交给你，而要向大王请示，这样的话就麻烦了。我的朋友朱亥力大无穷，可以跟公子一起去。晋鄙听话的话当然好，不听话的话，让朱亥收拾他。"信陵君就去请朱亥，朱亥笑着说："我是个杀猪的，而公子多次亲自来拜访我，我之所以不感谢公子，是觉得小礼没有用。现在公子有急事，这就是我效命的时候了。"于是就和信陵君同行。侯嬴说："我也应该去，但年纪大了。我会计算公子的行程，等公子到了晋鄙那儿，我会面向公子的方向自刎。"

信陵君赶到邺城，假称受魏王的命令接替晋鄙。晋鄙虽然看到兵符是真的，但心里还是怀疑，不想把军队交给信陵君。朱亥在袖子里藏了柄四十斤重的铁锤，这时拿出来将晋鄙砸死了。信陵君就把军队接收了过来，传令道："父子都在军中的，父亲可以回去。兄弟都在军中的，哥哥可以回去。是独生子的，回去赡养父母。"这样就精选了8万人出来。信陵君率领这8万人向秦军发起了进攻。秦军早已疲惫不堪，不是士气旺盛的魏军的对手，很快就被打败了。邯郸之围被信陵君顺利解除，赵国因此保存了下来。赵王和平原君出城迎接信陵君，平原君亲自为信陵君牵马拿武器，赵王下拜道："从古到今没有哪个贤人像公子一样。"当时一向自负的平原君也不敢再和信陵君相提并论了。正在这时，侯嬴自刎的消息也传到了信陵君耳朵里。

魏王对信陵君的这种行为很生气，信陵君也知道这一点。所以打败秦国之后，信陵君就派人把魏军送回国，而他自己却留在了赵国。由于信陵君留在了赵国，所以秦国很长一段时间都不敢打赵国的主意，天下暂时太平了一段时间。

吕不韦谋国被诛

吕不韦本来是一个商人，通过低价买进高价卖出的方法积累了千金家产。他在邯郸经商的时候遇到了在赵国做人质的秦国王孙子楚。子楚是秦太子安国君的儿子，但他并不受宠，所以赵国人对他并不好，处境很窘迫。

吕不韦看准子楚是他发迹的好机会，于是去拜访他，说："我能光大你的门楣。"子楚笑着说："你自己光大自家的门楣吧，怎么能光大我的呢？"吕不韦说："你不懂啊，我的门楣是靠你才能光大的。"子楚懂了他的意思，于是和他交谈起来。

吕不韦说："秦王已经老了，安国君是太子。我听说安国君最宠爱华阳夫人，她虽然没有儿子，但立谁为嗣子是华阳夫人说了算。你有20多个兄弟，而且不是长子，又不受宠，还在外国当人质。秦王死后，安国君当了秦王，你如何能和其他兄弟争夺太子之位呢？"子楚说："那怎么办呢？"吕不韦说："你很穷，没有钱结交宾客。我虽也不富裕，但我能拿出千金帮你去秦国打点，让你当上嗣子。"子楚下拜道："如果你的计策能成功的话，我愿和你分享秦国大权。"

吕不韦送给子楚五百金，让他结交宾客，自己用五百金买了很多珍玩，然后赶到秦国。他求见华阳夫人的姐姐，把那些珍玩送给她，对她说子楚贤明聪慧，又结交了很多朋友，经常说自己很尊敬华阳夫人。他让华阳夫人的姐姐对她说："我听说凭借姿色侍奉别人的人，年老色衰后就不行了。现在夫人侍奉太子，虽然很受宠爱，但没有儿子。不如早点在太子的儿子中选择一个孝顺的，把他立为自己的儿子，这样就能巩固地位了。听说子楚很贤明，他愿意当夫人的儿子，夫人如果让他成为嗣子的话，就能永世在秦国安居了。"华阳夫人被说动了心，于是向安国君请求让子楚当自己的儿子。安国君同意了，让吕不韦带了很多礼物给子楚，子楚凭借这些钱财结交了很多宾客，逐渐出了名。

吕不韦找了个绝色美女和其同居，不久她就怀了孕。子楚见到那个美女后想把她据为己有。吕不韦很生气，但觉得自己已经在子楚身上下了那么大的赌注，不可半途而废，就把美女送给了子楚。子楚并不知道她已经怀孕了，等儿子生下来后就把美女立为夫人。这个小孩就是日后的秦始皇。

后来吕不韦帮助子楚回到了秦国，安国君登基后立子楚为太子。安国君登基才几天就去世，子楚当上了秦王。为了报答吕不韦，他拜吕不韦为丞相，封其为文信侯，食邑十万户。

子楚当了3年秦王后去世，太子即位，封吕不韦为相国，尊称他为"仲父"。太后还很年轻，经常把吕不韦叫进宫与其私通。当时魏国有信陵君，楚国有春申君，赵国有平原君，齐国有孟尝君，他们都召集了很多门客，势力非常大。吕不韦认为秦国这么强大，而养门客方面却落后于他们，于是他也开始招揽门客，一口气养了3000人之多。他命令门客们写出自己的所见所闻，再集中起来编辑，一共写了20多万字，认为把万物的道理都说清楚了，把此书命名为《吕氏春秋》。吕不韦为了扩大影响，把这书放在咸阳城门口，在上面挂了千金，宣布谁能在上面增加或者删减一个字就能拿到千金。

秦始皇年纪越来越大，而太后的欲望也越来越强烈。吕不韦担心事情败露，于是找了个性能力很强的嫪毐当门客，把嫪毐装扮成假太监送进宫。太后和嫪毐私通，非常喜欢他。久而久之，太后竟然怀孕了。她害怕别人知道，于是找了个理由搬到雍去了。嫪毐侍奉太后很受宠，逐渐发展起自己的势力。

几年后，有人举报嫪毐是假太监，已经和太后生了两个儿子了。他还和太后商量等秦始皇死了，让他们的儿子当王。秦始皇大怒，下令追查此事，事情终于水落石出，而吕不韦也脱不了干系。不久秦始皇下令诛嫪毐三族，并把那两个野种杀死，将太后软禁起来。嫪毐的门客亲信都被抄家并迁到蜀地去了。本来秦始皇想杀掉吕不韦，但由于他功劳很大，加上他门客又多，暂时放过了他。

第二年，秦始皇免去了吕不韦相国之位，把他赶到自己封地上去了。又过了一年，各国使者纷纷去拜见吕不韦。秦始皇担心会有麻烦，于是写信给吕不韦，说："你对秦国有什么功劳？秦国居然封给你10万户的食邑！你和秦国有什么关系，居然号称仲父！马上带着你的家人搬到蜀地去！"吕不韦知道自己的势力已经式微，于是喝毒酒而死。

荆轲刺秦王

燕国太子丹在秦国当人质的时候受尽侮辱，回国后秦国又多次欺压燕国。太子丹很愤怒，但国力又比秦国弱，于是决定派刺客刺杀秦王。

太子丹听说田光很有才能，就去请教他，田光向太子丹推荐了荆轲。太子丹把田光送到门口的时候特地嘱咐他："今天说的事关系重大，希望先生不要泄露出去。"田光答应了。

荆轲是卫国人，喜欢读书习武，但剑术并不高明。他到燕国后和高渐离交好，两人经常一起饮酒作乐。别人都看不起他，只有田光看出他是个人才，对他很好。田光找到荆轲，请他帮助太子丹刺杀秦王。荆轲正在犹豫，田光说："我听说长者的行为是不会让人产生疑心的，而太子丹多次嘱咐我不要把消息泄露出去，这是他对我不信任的表现。让别人不信任自己是不对的。"他想用自己的死来激励荆轲，对他说："希望你去见太子，告诉他我已经死了，不会把秘密泄露出去。"说完自刎而死。

荆轲去见太子，告诉他田光已经死了，还把田光的话告诉了太子丹。太子丹痛哭道："我之所以告诫田先生不要说出去，是考虑到事情实在太重要了。现在田先生以死明志，不是我的本意啊！"太子丹把荆轲留在家里，对他非常好。拜荆轲为上卿，给他最好的房子居住，每天都去拜访他，经常送珍贵的礼物给他。荆轲要什么给什么，太子丹从来没有怨言。

过了很久，荆轲还是没有出发的意思。这时候王翦已经灭掉了赵国，移兵燕国边境。太子丹害怕了，找到荆轲说："秦兵马上就要打进来了，虽然我很想长期侍奉您，但已经不行了。"荆轲说："即使太子不说我也要讲了。让我去刺杀秦王，如果不带上足够的礼物，秦王是不会接见我的。我听说樊於期被秦王悬赏千金取他的人头，如果能让我带上他的首级和督亢的地图的话，秦王肯定会召见我的。到时候我就能动手了。"太子丹说："樊於期走投无路才

荆轲刺秦王画像图

来投奔我，我怎么忍心杀他呢？希望您改变主意。"

荆轲知道太子丹不忍心，于是私下去找樊於期，对他说："你全家都被秦王杀害了，现在秦王又高价通缉你，你怎么办？"樊於期仰天长叹道："我恨透了秦王，但不知道怎么报仇！"荆轲说："如果能取得你的人头献给秦王的话，他一定会见我，到时候就能刺杀他了。"樊於期说："只要能报仇，我的命算得了什么！"说完便自刎了。

太子丹听到樊於期的死讯后伏尸大哭，但也没有办法了，于是把他的头砍了下来装在盒子里。又找了把锋利的匕首，上面涂好毒药。然后派勇士秦舞阳充当荆轲的副手，一起出使秦国。太子丹在易水边为荆轲送行，高渐离击筑，荆轲放声唱道："风萧萧兮易水寒，壮士一去兮不复还！"大家都流下了眼泪，荆轲唱完后掉头就走，再也没有回头。

秦王听说荆轲带来了督亢的地图和樊於期的人头，高兴坏了，亲自接见荆轲和秦舞阳。荆轲捧着装人头的盒子，秦舞阳捧着装地图的盒子，两人依次上殿拜见。秦舞阳非常紧张，脸都白了，人们都很奇怪。荆轲说："他没见过世面，见大王如此威严，就害怕了。大王稍等一会好了。"秦王说："你把秦舞阳的东西也拿上来吧。"荆轲在秦王面前将卷起来的地图一点点地展开，展开完毕之后，藏在地图里的匕首就露了出来。荆轲左手抓住秦王的袖子，右手抓起匕首就往秦王身上刺去。秦王大惊，顿时跳了起来，扯断了袖子逃跑。正想拔剑，但剑太长了，一时拔不出来。荆轲追了上去，秦王情急之下只好绕着柱子跑。大臣们都呆了，不知道该怎么办。这时御医夏无且急中生智，将药囊扔向荆轲，荆轲用匕首抵挡了一下。秦王抓住机会，从后面把剑拔了出来，一剑向荆轲砍去，砍断了他的左腿。荆轲失去了行动力，只好把匕首扔向秦王，可惜没有击中，击在柱子上了。荆轲知道自己完了，背靠着柱子笑道："之所以没有马上杀了你，是想挟持你和燕国结盟，以报答太子的厚恩！"秦王左右冲上来将荆轲剁成了肉泥。秦王呆了很久，好不容易才缓过劲来。

荆轲刺杀秦王失败后，导致秦国对燕国展开了血腥的报复行动，很快就把燕国灭了。

秦始皇统一六国

秦始皇13岁那年登基，当时秦国已经非常强大，统一天下只是时间问题而已。但秦始皇还是遇到了几次危机，一次是弟弟长安君谋反，一次是嫪毐作乱。秦始皇消灭了叛乱势力，独掌了大权。他觉得外国人对本国不忠心，嫪毐、吕不韦等人就是外国人，而且召来的门客多数也是外国人，所以下了一道命令，限期让外国人搬走。李斯向秦始皇上书，说明了外国人对秦国的好处和贡献，才让他取消了这道命令。

大梁人尉缭来见秦始皇，对他说："其他国家和秦国比也就是郡县而已，但我怕诸侯们联合起来对付秦国，这样就麻烦了。希望大王不要爱惜财物，多多贿赂那些国家的权臣，破坏各国之间的关系。这样不过花 30 万金，但天下就可以统一了。"秦始皇非常高兴，对尉缭非常好，任命他为秦国国尉，而让李斯负责具体执行各项事宜。

当时最弱的国家是韩国，而且离秦国也最近，所以秦国没费什么劲就把它灭掉了。攻打赵国的时候花了一些工夫，毕竟赵国有名将李牧。秦始皇派人给赵国权臣郭开送去很多财物，让他说李牧的坏话。很快李牧就被赵王杀害了，这样秦军轻松打败赵军，灭掉了赵国。当年秦始皇在赵国的时候受人欺负，打下邯郸城后，就把当初欺负他的人全部坑杀了。赵国公子嘉率领残部逃到代，自称代王，苟延残喘。

荆轲刺杀行动失败后，秦军大举进攻燕国，迫使燕王把太子丹的人头献给秦国，才缓解了秦军的攻势。一年后，王翦的儿子王贲攻打魏国。魏国都城大梁很坚固，一时攻不下来。王贲将河水引到城墙这里，很快就把城墙冲垮，迫使魏国投降。这样，三晋之地全部归秦国所有。

王翦已经告老还乡后，秦国任命李信为大将，率兵 20 万攻打楚国。但楚将项燕足智多谋，设下埋伏将李信打败。秦始皇知道国内的大将没有人比得上王翦，于是强迫他出山。王翦声称要灭楚国一定要给他 60 万人，秦始皇灭楚心切，同意了。王翦率领大军打败了项燕，很快就灭掉了楚国。项燕保护昌平君逃到荆地，立昌平君为荆王，继续抗秦。

一年后，王翦和蒙武率军打败楚国残余势力，昌平君战死，项燕也自杀了。南方平定后，秦国又对北方用兵。王贲率领大军攻打燕国，早已国力衰微的燕国根本无法抵挡，很快就灭亡了，燕王也当了俘虏。王贲一鼓作气向代地发动进攻，俘虏了代王。在南方，王翦顺手牵羊把越国也灭掉了。

现在只剩下一个齐国了。齐国相国收了秦国很多贿赂，一直怂恿齐王不要救援别的国家，只和秦国搞好关系。所以别的国家向齐王求援的时候，齐王一律置之不理，以为这样就能保住自己的王位。其他五国都被灭掉后，齐王也害怕了，但他还妄想秦国会放过他。可才过了一年时间，秦国大将王贲就率领几十万大军前来攻打齐国了。这下齐王慌了，赶紧调兵遣将在西面防守。而秦国军队则从南面进攻，早已缺乏训练的齐军根本抵挡不住，很快就被击败，溃散逃逸，齐国也被秦国灭掉了。自此，六国全部被秦国吞并，中国终于被秦国统一。

秦始皇对自己的功绩沾沾自喜，认为从古至今没有人比得上他，所以觉得"王"这个称号配不上自己，他命令大臣给他想个更好的称号出来。有的大臣认为古代有天皇、地皇和泰皇 3 种称号，而泰皇最为尊贵，所以建议秦始皇采用这个称号。秦始皇却觉得泰皇这个词不好，他想古代最好的君王是三皇五帝，那么干脆就叫"皇帝"好了。于是他自称皇帝，由于他是第一个皇帝，所以就叫"始皇帝"，从此人们就称他为秦始皇了。

秦始皇废除了分封制，把天下分为 36 郡，奠定了郡县制的基础。他还统一了度量衡和文字，为中国文明的进步和国家统一做出了贡献。但秦始皇喜欢追求享乐，把人民大批征发起来为他修筑长城，还发动了对匈奴的战争，搞得民不聊生。而且秦国法律非常严酷，老百姓很快就忍受不了了，纷纷起来反抗。秦朝传到二世就灭亡了。

陈胜吴广起义

陈胜出身贫苦，少年时期他和别人一起给人家当雇工。中间休息的时候，陈胜把工具放在田垄上，叹息了很久，对伙伴们说："以后谁要是富贵了的话，别忘了大家啊。"大家笑话他道："都是给别人干活的苦力，哪来的富贵？"陈胜叹口气道："唉，小麻雀哪里知道鸿鹄的志愿呢？"

秦二世登基后不久，征发了一批百姓去渔阳戍守，陈胜和吴广二人担任其中900人的队长。但在走到大泽乡的时候赶上天降暴雨，把道路都淹没了，根本没法走。他们只好停了下来，算算时间发现已经误期了。秦朝法律规定，误期者不管什么原因一律斩首。陈胜和吴广就偷偷商量："现在逃跑也是死，起来反抗也是死。反正都是死，我们起来反抗怎么样？"陈胜说："天下被秦压迫得已经够惨了。我听说二世是小儿子，本来不该继位的，应该继位的是太子扶苏，他因为多次劝谏而被发配到外地带兵去了。扶苏本来没罪，却被二世杀害。因为扶苏很贤明，百姓们都为他感到不平，还不知道他死了。项燕当年当楚国将军的时候立了不少功，对部下很好，现在楚国人还很怀念他。有人说他死了，也有说他逃了。现在如果我们假称是扶苏和项燕起兵的话，响应的人一定不少。"吴广觉得他说得很对，于是去占卜。占卜的人知道他们的意思，说："你们的事一定能成功，但是你们向神鬼占卜了吗？"陈胜和吴广都很高兴，听到这话都明白了，说："这是教我们先用鬼神来吓唬大家啊。"于是用朱砂在帛上写下"陈胜王"的字样，把它放在鱼肚子里。士兵把那鱼买回去，剖开肚子后发现了帛，都觉得很奇怪。

陈胜、吴广起义示意图

吴广又跑到旁边的祠堂里点上篝火，学狐狸叫，边叫边说："大楚兴，陈胜王。"大家都很害怕。第二天起床后大家都对着陈胜指指点点。

吴广和士兵们关系都很好，一天，统领他们的军官喝醉了。吴广对他们说要逃跑，想激怒他们来打自己，以激怒士兵。军官果然打了他，打了之后还拔剑杀他，吴广抢过剑来把军官杀了，陈胜也把另外一个军官给杀了。两人把大家召集起来，陈胜对他们说："大家遇到这场雨，都已经误期了，误期要杀头的。即使不被杀头，去边境戍守的人 10 个要死六七个。壮士要么不死，死就要留下大名声，难道王侯将相都是天生的吗？"大家都吼道："愿意听从吩咐！"于是陈胜、吴广诈称扶苏和项燕，命令属下将右胳膊露出来作为标记，自称大楚。搭了个祭台，用军官的头来祭祀。陈胜自称将军，吴广自称都尉，率领大家将大泽乡攻了下来，接着又打下了别的城池。陈胜命令葛婴率领部分军队攻打别的地方，很快就打下了很多城池。等打到陈这个地方的时候，陈胜已经拥有战车六七百辆，1000 多骑兵和几万步兵了。攻打陈的时候，守将不在，轻而易举就攻了下来。几天后，陈胜召集地方上有威望的人开会，他们建议："将军披坚执锐，讨伐无道，诛灭暴虐的秦朝，重新建立楚国的基业，功劳之大，可以称王。"陈胜就自立为王，国号"张楚"。

当时各个郡县忍受不了秦国虐待的人民纷纷杀死长官，响应陈胜。陈胜命令吴广为代理楚王，率领部将攻打荥阳，又命武臣、张耳和陈余攻打赵地。当时天下大乱，各地纷纷起义，但还是陈胜势力最大。

秦朝统治者很快就派出大将章邯带兵镇压，陈胜的部队吃了不少败仗，不久吴广就被部将杀死。陈胜也王位不保，但他并没有吸取教训，反而让自己陷入更加孤立的境地。原来他称王后不久，当初和他一起被人雇用的人就跑到陈来找他，以为他会履行当初的誓言。那人跑到宫门那大喊："我要见陈胜！"看门的人想绑他，他急忙解释，看门人就放过他了，不过不肯为他通报。陈胜出来的时候，那人就站在路边叫他。陈胜听见后让他上车，一起进了宫。那人没见过世面，看到宫殿这么豪华，不由赞叹道："哎呀，陈胜当王可真舒服呀！"那人出来后见人就夸耀，还把陈胜当年的事拿出来说。有人对陈胜说："那人根本不懂规矩，要是让他一直胡说下去，会损害大王的威名的。"陈胜就把那人杀了。从此他的故人们纷纷离去，身边再也没有亲信了。以致后来他被自己的车夫杀死，起义最终失败。但别的起义军却逐渐强大起来，最终推翻了秦朝的统治。

楚霸王破釜沉舟

项梁针对人民同情楚国的心理，找到楚怀王的孙子，立他为帝，称作义帝。实际上义帝是个傀儡，没有任何实权，只是名义上是领袖，便于团结各地起义军。

项梁由于轻敌中了埋伏，很快就战死了，项羽为了报仇，强烈要求亲自率军攻打秦国首都咸阳。但义帝等人害怕项羽力量太强不好控制，加上项羽比较残暴，不利于统治，所以派遣比较仁厚的刘邦去攻打咸阳。而项羽则被任命为宋义的副将，前去巨鹿救援被章邯围攻的赵国。

救援大军很快就赶到了安阳（今山东曹县东），主将宋义却下令按兵不动，他害怕秦军过于强人，想等秦军和赵军两败俱伤的时候再发动攻击。

项羽却忍不住了，找到宋义要求带兵出战，宋义拒绝了，说是要等待时机。这一等就是 46 天，他成天在大营里喝酒作乐，根本不提救援的事。

项羽急了，冲到营帐里对宋义说："现在赵国情势危急，要是我们再不出兵，他们肯定顶不住的！"宋义冷笑一声，说道："我就是要等他们打得两败俱伤啊，到时候咱们再进军，不就可以捡个大便宜了吗？要论冲锋陷阵，我不如你，可要是论出谋划策，将军可就不如我啦！"言下之意就是说项羽你小子也就是个莽夫，没什么了不起。项羽很生气，但宋义是大将，自己拿他没办法，只好气冲冲地回到自己营帐里。宋义随后下了道命令："凡是猛如虎、狠如羊、贪如狼还不听命令的人，一律杀头。"这明显就是冲着项羽说的。

项羽哪儿忍得下这口气？正好当天宋义的儿子被任命为齐国的相国，宋义大摆宴席送他，当时天寒地冻，将士们冷得要死，而宋义父子却饮酒作乐。项羽实在忍不住，冲进营帐把宋义给杀掉了，又派人追上宋义的儿子，把他也干掉了。然后项羽召集全军将士，宣布自己代任大将，率领大家前去救援赵国。大家早就对宋义不满了，纷纷表示愿意跟随项羽。

项羽将部队开到漳河边，大家刚渡完河，项羽就下令全军将士只带 3 天的口粮，把做饭的锅都摔碎，把船都凿沉，帐篷什么的全给烧掉。大家都愣了，这不是断了自己的退路吗？项羽向大家解释道："秦军强大，我们必须速战速决，把锅子摔碎可以轻装上阵，船和帐篷都毁掉就是为了断绝后路，这样我们就必须打赢，赢了就什么都有，输了的话，我们也不用回来了！"

这一招迫使士兵们意识到如果打不赢只能死路一条，于是士气大振，恨不得马上把秦军消灭掉。

项羽率军包围了秦军，一连冲锋了 9 次，楚军个个拼死奋战，以一当百，秦军从来没有见过这么不要命的军队，根本挡不住他们凌厉的攻势，节节败退。而楚军则越战越勇，杀声震天，很快就将秦军击溃，秦国大将苏角被杀，王离被俘，章邯只带着残兵败将杀出重围。

当时来救援赵国的还有很多别的部队，但他们都畏缩不前，当项羽和秦军大战的时候，他们在附近偷看，发现楚军的战斗力如此之强，都怕得不得了。项羽赶走秦军后，请他们到自己这里来庆功，那些将军走到项羽帐前都不由自主地跪了下来，不敢抬起头来看项羽。从此以后，这些诸侯都奉项羽为领袖。

这一仗歼灭了秦军主力，项羽也成为起义军实际上的首领。接下来，就是要和另一个起义军首领刘邦争夺天下了。

鸿门宴

当年楚怀王和诸将拟定了一个协议，谁打下咸阳就封他在关中为王。最后刘邦完成了这个使命，将秦朝灭掉。刘邦怕别人抢走功劳，就派了一支部队驻扎在函谷关，不许别人进入。

项羽打败章邯后，也向咸阳进发，但在函谷关被阻拦了下来。他听说刘邦已经进入咸阳，顿时大怒，发兵攻破函谷关，大摇大摆地进了关，把军队驻扎在戏这个地方。当时刘邦驻扎在灞上，只有10万人，而项羽有40万人，实力差距很大。刘邦的左司马曹无伤害怕了，偷偷派人告诉项羽："刘邦想在关中称王，任命原秦王子婴为相，已经把珠宝全部占为己有了。"项羽发怒，下令说："明天犒赏士兵，准备大败刘邦军队！"项羽的谋臣范增说："刘邦在山东的时候，贪财好色，入关以后却一点财物都没有拿，也没有抢夺美女，可见这个人志向不小。我让人看过了，他有做天子的福分，所以千万不要错过杀他的机会。"

项羽的叔父项伯是刘邦谋士张良的好朋友，他怕张良有事，赶紧跑去通知张良，要他逃跑。张良是个讲义气的人，他不但不跑，还把这事告诉了刘邦。张良问："谁让你把守函谷关的？"刘邦说："他们说把诸侯挡在外面我就能在关中称王了。"张良问："大王的士兵打得过项羽吗？"刘邦想了很久，说："打不过。现在怎么办？"张良说："那去对项伯说吧，让他帮你说好话。"于是刘邦连夜找到项伯，向他解释了一番。项伯答应帮他说好话，但要刘邦明天一早去项羽军营请罪，刘邦答应了。项伯回去对项羽解释了一番，项羽答应不杀刘邦。

第二天早上，刘邦带了100多个骑兵来见项羽。走到鸿门的时候，项羽出来迎接，刘邦谢罪道："我和将军一起出兵诛灭秦朝，将军在河北作战，我在河南作战，不小心就先入关灭掉秦朝。现在有小人说我坏话，才让将军和我之间产生了裂痕。"项羽相信了他的话，说："是你的左司马曹无伤说的，不然我怎么会这样做？"项羽邀请刘邦一起喝酒。入席后范增多次对项羽使眼色，并悄悄举起玉佩示意要杀刘邦，项羽装作没看见。范增离席，把项庄找来，对他说："大王不忍心杀刘邦。等会你进去劝酒，请求表演舞剑，然后趁机杀死刘邦。不然的话我们都要当他的俘虏了。"项庄进去要求舞剑助兴，项羽答应了。于是项庄拔剑起舞，眼睛却一直看着刘邦。项伯见势头不对，也起来和项庄对舞，用身体挡住刘邦，项庄没办法下手。张良见情况不对，出来找樊哙。樊哙问道："事情怎么样了？"张良说："现在事态紧急，项庄正在舞剑，随时都有可能伤害大王。"樊哙说："现在是关键时候，我先进去，生死都要和大王在一起。"樊哙带着剑要闯进去，卫士不让他进，樊哙用盾牌撞开卫士冲了进去。他怒睁双目瞪着项羽，头发都竖了起来，眼角都裂开了。项羽大惊，按剑问道："你是谁？"樊哙说："我是刘邦的马夫樊哙。"项羽夸道："真是个壮士，赐酒！"左右把酒端了上来。樊哙拜谢，站着把酒喝光了。项羽又喊道："赐给他一个猪蹄！"左右拿上了一个生猪蹄。樊哙把盾放在地上，猪蹄放在上面，用剑切开来吃了。项羽问道："壮士，还能再喝吗？"樊哙说："我死都不怕，酒算什么？当年秦王杀人不眨眼，伤害别人唯恐不够残忍，所以天下都背叛了他。当初怀王和大家约好了谁先进咸阳谁就为王。现在刘邦先进咸阳，但他什么东西都不敢动，就等着大王来接收。派人守在函谷关是为了防备盗贼。这么大的功劳不但没有赏赐，大王反而听信谗言要杀了他。这是继承了秦王的暴虐，我私下觉得大王这样是不对的。"项羽没有回答，只是让他坐下，樊哙就在张良身边坐下了。过了一会刘邦借上厕所为名走了出去，樊哙也跟了出去。

刘邦出去后，樊哙劝他赶紧离开，刘邦说："刚刚出来的时候没有告辞，怎么办？"樊哙说："都什么时候了，现在人家是刀，我们是鱼肉，还告什么辞！"刘邦就走了，临走时让张良向项羽告辞，并把带来的礼物托张良转交。张良回来对项羽说："刘邦不胜酒力，不能告辞就走了。他让我给大王献上白璧一双，送范增一双玉斗。"项羽接过白璧放在桌子上，范增把玉斗扔在地上用剑砍得粉碎，气呼呼地说："唉，你这个小子不值得和你讨论大事。以后夺取你天下的人一定是刘邦，我们都要当俘虏了！"刘邦回去后第一件事就是把曹无伤杀了。

韩信背水一战

韩信本来是刘邦手下的一个小官，后来经萧何三番五次举荐才被刘邦重用，授予了兵权。他的军事才能很高，为刘邦一统天下立下不少功劳。

刘邦起兵讨伐项羽的时候，赵王站在项羽一边，和刘邦作对。韩信和张耳一起带兵准备攻打赵国。赵王和心腹大将陈余听说汉军即将来袭，在重要关口井陉口屯下重兵，号称20万，以逸待劳，企图阻挡汉军的攻势。

赵王手下有个很有才能的将军李左车向陈余提建议："韩信一口气打了好几个大胜仗，现在又和张耳合兵准备攻打我们赵国，士气很旺盛，兵锋锐不可当。我听说行军千里，士兵的肚子就很难吃饱，他们的军粮供应一定赶不上。井陉口的道路很窄，行军速度一

韩信像
韩信是淮阴人，是我国历史上著名的军事家。在整个楚汉战争中韩信发挥了卓越的军事才能，为汉王朝的建立做出了重要贡献，他的用兵之道也为后世兵家所推崇。

定很慢，军粮也远远落在后面。请你给我 3 万人，我率兵从小路截断他们的粮道。将军在这里死守，不要和他们交战。他们向前不能打仗，想退后，我的兵马又挡住了他们，不出十天，韩信和张耳的人头就能送到将军帐下了。我希望将军能够听从我的意见，否则我们一定会被他们俘虏的。"陈余是个死读书的儒生，经常自称是仁义之师，从来不用阴谋诡计。他说："兵法上说军队人数是对方的 10 倍就可以包围敌人了，如果是对方的两倍就能作战。现在韩信的兵力号称几万，实际上也就近万人。他长途跋涉跑了上千里路来打我们，已经到极限了。现在如果回避他们而不发动进攻的话，以后更大的敌人来了怎么办？而且诸侯们会认为我胆子小，以后还会来攻打我们的。"没有采纳李左车的建议。

韩信派去的间谍把这个消息带了回去，他听说李左车的建议没有被采纳，高兴得不得了。韩信率兵前进。还没走到离井陉口三十里的地方就命令全军扎营。半夜的时候把将士们叫醒，选出 2000 轻骑兵，每人手里拿一面红旗，从小路绕到赵军背后。韩信对他们说："赵军见我们离开后一定会倾巢而出，你们就马上

占领他们的营地，把赵军的旗帜换成你们手上的。"他让左右传令全军："今天歼灭赵军后请全军将士吃顿好的！"大家都不相信，但也只能表面上答应。韩信派出1万人为先锋，背对河水扎营。赵军看见后哈哈大笑，以为韩信不懂兵法。天亮后，韩信率领大军直扑井陉口，赵军开门应战，双方大战起来。打了很久，韩信和张耳假装撤退，把部队引到水边的大营。驻扎在水边的部队前来增援，和赵军展开又一次激战。赵军果然倾巢出动，和汉军处于胶着状态。这个时候韩信事先布置好的2000骑兵出其不意地杀入赵军大营，换上旗帜。赵军久攻不下，正要回营，发现大营已经插满了汉军的旗帜，顿时大乱，士兵纷纷逃散。赵国将军就算斩杀逃亡士兵也不能阻止大部队的溃散了。汉军前后夹击，大破赵军，陈余也糊里糊涂地掉了脑袋，赵王当了俘虏。

韩信下令不准伤害李左车，并发布命令，生擒李左车者赏千金。不久就有人绑着李左车来领赏了。韩信亲自为他松绑，很恭敬地对待他，拜他为师。

将领们纷纷献上敌人的首级和战利品报功，在庆功会上，有人问韩信："兵法上说扎营列阵要背对山岭，面朝江河。而将军这次却背对江河列阵，还说今天就能破赵军。我们当时还都不服气，但居然还真赢了，是怎么回事呢？"韩信笑道："这也是兵法上有的，只是你们没注意到而已。兵法上不是说'陷入死亡的境地能杀出生路'吗？再说我一向不是很得士大夫的拥戴，这次的情况就好像是赶着老百姓打仗一样。在这种条件下，如果不把部队放在死亡的境地下，让他们为了自己的生存而战的话，那早就全部逃了，还能打吗？"大家听他一解释，全都说："这不是我们能想到的。"

韩信善待李左车，在他的帮助下轻松灭掉了燕国。而韩信背水一战的故事也流传了下来。

名相萧何

萧何和刘邦是同乡，在县衙里当文书。刘邦当时是个小混混，萧何经常护着他。刘邦当上亭长后，萧何经常和他来往。刘邦起义后，萧何就跟着他南征北战，替他掌管文书和财物。咸阳被攻下来后，大家都去争抢美女财宝，只有萧何默默地把秦朝的文书档案等东西收藏了起来。

后来咸阳被项羽一把火烧光，刘邦之所以能够知道天下的户口和地形等重要战略信息，全都是萧何把秦朝档案收藏起来的缘故。刘邦起兵反抗项羽，萧何被留在巴蜀筹集军用物资。刘邦和项羽作战的时候，把太子留在了关中，萧何负责侍奉太子。他在关中建

萧何像

立了一系列规章制度，认真治理，取得了很大成果。刘邦多次被项羽击败，军队一次次被打散，萧何每次都能够从关中征发足够的军队支援刘邦，刘邦于是让萧何全权负责关中政事。

刘邦和项羽在京、索一带对峙的时候，多次派人慰劳萧何。一个姓鲍的人对萧何说："大王在外面风餐露宿，还多次派人来慰问你，是心里开始怀疑你了。我觉得你最好把家里能够打仗的人都派到军队里面，大王一定会信任你的。"萧何照他的话去做了，刘邦果然很高兴。

项羽被杀后，刘邦论功行赏。大家纷纷争功，都说自己功劳大，刘邦最后把头功给了萧何，给了他最多的赏赐。大家不服气，都说："我们为皇上出生入死，多的打了百余仗，少的也有几十仗，皇上的江山都是我们一刀一枪拼出来的。萧何又没有上阵冲锋过，只是拿支笔在那写算算，功劳反而在我们之上，为什么？"刘邦问道："你们知道打猎吧？"大家回答："知道啊。""那知道猎狗吗？""当然知道了。"刘邦说："打猎的时候，追杀猎物的是猎狗，而追踪猎物，指出猎物所在地的是人。你们只是能拿到猎物，是功狗。萧何是追踪猎物的，是功人。而且你们只是自己一个人侍奉我，最多不过两三人，而萧何全家几十口人都跟随我，功劳可不能忘啊！"大家这才不说话了。

功臣封完了，该排定座次了。大家都说："平阳侯曹参身上受了70多处伤，打下的城池又最多，他应该排第一。"刘邦已经给萧何最多的赏赐了，所以排座的时候就想给曹参排第一。这时关内侯鄂君说话了："你们都错了。曹参虽然打下了很多城池，但这只是一时之事。当年皇上和楚军作战的时候，经常全军覆没，而萧何每次都能从关中征集军队过来补充。当年我们和楚军在荥阳相持了几年，粮食都快没了，萧何在关中筹集了足够的军粮，让将士们没有饿肚子。皇上多次在山东战败，萧何能把关中大后方死死守住，这是万世之功啊！现在即使少了100个曹参这样的将军，对汉朝又有什么损失？怎么能把一时之功放在万世之功上面呢？所以萧何应该排第一，曹参排第二。"刘邦同意了他的意见，还命萧何上殿的时候可以佩剑穿鞋，给了他特殊的待遇。

韩信谋反后，吕后用萧何的计谋将韩信除掉。刘邦听说韩信被杀，派人任命萧何为相国，给他增加了5000户食邑，还派了500人充当他的卫队。大家都来祝贺萧何，只有召平表示哀悼，他说："你的大祸就从这里开始了。皇上在外面作战，你在国内守卫，这又不是什么危险的事，他却给了你这么多赏赐。加上韩信谋反，他是怀疑你了。皇上派人来护卫你，实际上是监视你。我劝你最好不要接受赏赐，而是把家产都捐给军队，这样皇上就会高兴了。"萧何照他的话做了，刘邦果然大喜。

萧何为巩固大汉江山做出了极大贡献，他和曹参关系不好，但当他病倒后，汉惠帝前来探病，问他："你要是去世了，谁能取代你？"萧何说："懂得臣下的莫过于皇上了。"汉惠帝说："曹参怎么样？"萧何说："如果皇帝能得到他的辅佐的话，我死也甘心了。"

萧何买地买房子都在比较差的地方，他说："我的后代贤明的话，就让他们学会节俭。如果不贤明，反正产业也不好，不会被别人抢走。"

运筹帷幄的张良

张良本来是战国时韩国的贵族子弟，国破家亡之后，他把所有的家产都用来交结宾客，想为国报仇。他交了一个大力士朋友，那人能使一百二十斤重的大锤。秦始皇巡游的时候，张良和大力士埋伏在博浪沙，用大锤子击打秦始皇的车，结果误中了副车。秦始皇大怒，在全国范围内搜捕刺客。张良只好隐姓埋名，在下邳躲了起来。

相传，张良有一次在下邳郊外游玩的时候碰到一个老人。那个老人走到张良跟前，把一只鞋子扔到桥下，对张良说："你这个小子下去帮我把鞋子捡上来！"张良大怒，想揍他，但看在他岁数大的份上忍了下来，下去把鞋子捡了上来。老人把脚一伸，说："给我穿上！"张良见已经帮他把鞋子捡上来了，好人做到底，就跪下替他把鞋穿上。老人等他穿好后大笑而去，张良大惊，愣在了原地。老人走了不远又回来，对他说："你是个

张良像

能教好的孩子，5天后的早上在这里等我。"张良觉得很奇怪，但还是答应了。5天后，张良一早就出发了，走到桥上后，老人已经站在那里了，生气地对他说："你和老人约好时间却晚来，这怎么可以？"老人跟他说再过5天再来。5天后，鸡一叫张良就从床上爬起来，急匆匆地赶去。结果那老人又先到了，很生气地说："你怎么又来这么晚？"于是又约好5天后见面。5天后，张良半夜就从床上爬起来，等他赶到的时候，老人没有来。等了一会老人才来，高兴地对他说："就该这样嘛。"于是给了他一本书，说："把这书上的东西学懂就能当帝王的老师了。10年后你能发达，13年后你来济北见我，谷城山下那块黄石头就是我。"说完就走了。天亮后张良一看书名，原来是《太公兵法》。张良觉得很神奇，于是日夜诵读。

陈胜起义后，张良也召集了100多人，当时景驹自立为楚假王，张良想去投奔他。路上遇到了刘邦，张良多次用《太公兵法》上的计谋来说服刘邦，刘邦觉得很好，经常听他的。而张良向其他人提意见，别人都不听，张良说："刘邦是得天命的人。"就跟随了刘邦。

刘邦率领军队攻打咸阳的时候，张良也随军前往。打下武关后，刘邦和一支秦军对峙。张良说："秦兵还很强，不能低估他们。我听说他们的将领是屠夫的儿子，做生意的容易被利益所引诱。我希望你先留下来，让别人先走，在山上多插旗帜，让敌人以为我们人很多。然后让人送很多钱给秦军将领，这样就好办了。"结果秦军将领果然叛变，想联合刘邦一起攻打咸阳。刘邦想同意，张良说："这只是将领叛变，士兵不一定听他的。我觉得不如趁他们松懈的时候发动进攻。"刘邦于是带兵发动突袭，大败秦军，顺势攻下了咸阳，灭亡了秦朝。

刘邦进入秦国皇宫后，看见那么多金银珠宝和美女，开心得都不想出来了，樊哙劝了他好几次都没用。张良对刘邦说："秦朝失去了道义，所以你才能到这里来。为天下除去暴秦应该节俭点，现在刚刚灭掉秦朝就安于享乐，这和暴秦有什么不同？再说忠言逆耳但对行为有帮助；良药虽然苦，但能治病。所以希望你能听樊哙的话。"刘邦听了他的意见。

刘邦被项羽封为汉王，张良奉命去韩国，他临走时对刘邦说："你进了巴蜀后就把栈道烧掉，表示没有出来的意思，这样项羽就不会怀疑你了。"刘邦果然把栈道烧了，使项羽打消了对他的怀疑。

刘邦起兵后，张良多次向他献计献策，虽然他没有当过大将，但他的计策让汉军打了很多胜仗。当初韩信灭掉齐国后想自封为齐王，刘邦听说后大怒，幸好张良在旁边劝阻了他，才稳住了韩信，没有让刘邦失去最优秀的大将。

汉朝建立，大封功臣的时候，张良并没有任何战功，但刘邦却因为他能出谋划策，想封给他3万户。张良婉言谢绝，请求把自己封在留就可以了，于是被封为留侯。

张良知道刘邦生性多疑，平定天下后必定会找他们这些功臣的麻烦，所以他借口身体有病，远离朝廷，去追求修炼成仙的方法，成天和一帮方士在一起。虽然偶尔还参与国家大事，但由于他的低调，在功臣中他惹的麻烦是最少的。后来，他到济北的时候，果然在谷城山下发现了一块黄石头，于是将其取走供奉起来。张良死后，那块黄石头也随他一起埋葬了。

错斩晁错

西汉王朝经过数十年休养生息之后，逐渐强大起来。但诸侯国和中央政权之间的矛盾也突现了出来，很多诸侯国根本不把皇帝放在眼里。比如吴王刘濞就是个很跋扈的人，他在自己的地盘上煮海造盐，还私自铸造铜钱，俨然一个国中之国。这样下去，西汉迟早要出问题。这个时候，晁错出现了。

晁错精通《尚书》，被汉文帝任命为太子舍人，他经常和太子说起削弱诸侯国的事，博得了太子的好感，称他为"智囊"。晁错多次向汉文帝上书请求削弱诸侯，但汉文帝都不予理睬，不过对他的才能倒很赞赏，将他任命为中大夫。当时太子对晁错言听计从，所以袁盎等功臣对晁错很不满。

汉文帝死后，太子即位，是为汉景帝。汉景帝即位后，任命晁错为内史。晁错得以经常和皇帝单独讨论国事，是当时最受宠幸的大臣。丞相申屠嘉对他很不满，但又没有能力整他一把，只能暗中寻找机会。内史衙门在太上庙围墙的空地上，门在东边，进出很不方便。晁错于是在南边开了两个门，把太上庙的围墙凿穿了一截。申屠嘉听说这事后，想以此为理由弹劾晁错，好杀了他。晁错得到消息连夜去找皇帝，把这事说了。申屠嘉第二天上朝奏事，把晁错的过错揭发出来，请求把他抓到廷尉那里判处死罪。汉景帝有心包庇晁错，就回答道："他凿穿的是太上庙空地周围的围墙，又不是庙里面的围墙，所以没有犯法，这事就不要再提了。"申屠嘉只能赶紧谢罪。回去的路上，申屠嘉很生气地对长史说："我应该先把晁错杀了再上奏，结果让他先走一步，大错特错啊！"申屠嘉气急攻心，不久就死了。晁错从此更加得宠了。

晁错被任命为御史大夫后，多次揭发诸侯们的罪过，然后将他们的封地削掉一部分。有的诸侯被削掉一个郡，有的被削掉几个县。封地是诸侯的命根子，一下子被削掉那么多，骄横惯了的诸侯们谁都忍不下这口气，从此晁错成为诸侯最恨的人。晁错发布了30条命令，每条命令刚发布的时候，诸侯们都齐声起哄，对他更是恨之入骨。晁错的父亲听说儿子把诸侯几乎都得罪光了，急匆匆地从颍川赶来，对儿子说："皇帝刚即位不久，你替他处理国事，动不动就把诸侯的封地给削了。人家可是有血缘关系的亲戚，你这样是破坏人家骨肉亲情。大家都对你的做法表示不满呢！"晁错说："我知道会这样，但是不这样做的话，天子的尊严就得不到保证，祖宗的灵魂也不能安息。"老人家还不死心，又说道："他们刘家倒是好了，我们晁家就危险了！我得离开你了。"不久，他的父亲就服毒自尽了，临死的时候说："我不想亲眼看到儿子遭到祸事。"后来，吴国、楚国等7个诸侯国果然以诛杀奸臣晁错为名造反，史称"七国之乱"。袁盎等原先妒忌晁错的人趁机宣称诸侯叛乱都是晁错逼出来的，只要把晁错杀了，叛乱自然平息。汉景帝竟然相信了这些鬼话，下令腰斩晁错。晁错当时正穿着官服办公，糊里糊涂地就被拖到刑场腰斩了。

晁错死后，将军邓公回朝汇报战情，汉景帝问道："你刚从前线回来，现在晁错死了，叛军罢兵了吗？"邓公捶胸顿足地说："吴王为了造反，暗中都准备几十年了！这次因为削地而反，名义上是为了诛杀晁错，实际上和他有什么关系？再说我有话要讲。"皇帝说："有什么事就说吧。"邓公说："晁错当初是对诸侯们过于强大感到忧虑，怕有一天朝廷管不住他们。所以他才把诸侯的封地削减下来划给朝廷，这是万世功业啊！这事刚施行不久他就被杀了，内堵忠臣之口，外替那些诸侯报仇。我认为陛下做错了。"汉景帝沉默了很久才说："你说得对，我现在觉得很遗憾啊。"

汉景帝见诸侯叛乱已成定局，怀柔的办法失效，于是决定来硬的了。他知道周亚夫是个人才，于是任命他为大将军。周亚夫确实很会打仗，没过多久就把"七国之乱"平定了。从此以后诸侯的势力大大受损，再也不敢藐视朝廷了。后来，汉武帝即位后又颁布"推恩令"，进一步打击了诸侯势力，西汉中央政权最终消除了来自诸侯们的威胁。

冒顿振兴匈奴

匈奴从战国时期开始就一直是中原的威胁，秦始皇统一六国后，派蒙恬率领30万大军讨伐匈奴。当时的匈奴单于头曼不是秦朝的对手，被迫向北撤退。蒙恬死后，中原又爆发了农民起义，秦朝守边的将士纷纷被调了回去，匈奴少了一个威胁，于是又嚣张起来，渐渐地向南迁移。

头曼的太子名叫冒顿。由于头曼喜欢上了别的女人，又生了个儿子，就想废除冒顿太子之位，改立幼子。当时月氏国比匈奴强，头曼就让冒顿去月氏当人质。冒顿刚到月氏不久，头曼就带兵攻打月氏。月氏想杀掉冒顿，结果让冒顿逃掉了。头曼因此觉得冒顿挺厉害的，就拨给他1万骑兵。冒顿做了一种射出去后能发出声音的箭矢，部下练习骑射的时候，他说："我这箭射哪儿，你们也得射哪儿。如果有违命者，一律斩首。"大家去打猎的时候，没有跟着冒顿射的人全部被杀了。不久冒顿用这箭射他的爱马，左右有的人不敢射，结果冒顿当场就把没射的人杀掉了。又过了一段时间，冒顿用这箭射妻子，左右有人就傻了，不敢射，冒顿又把他们杀了。几天后，冒顿射头曼的马，左右纷纷搭箭射去，冒顿由此知道手下人都能任他使用了。不久冒顿带着他们跟随头曼一起打猎，冒顿突然搭上响箭向头曼射去。手下们纷纷效仿，头曼就这样被射死了。冒顿杀死父亲后，把后母和弟弟还有所有不听话的大臣全部杀死，自立为单于。

冒顿虽然当上了单于，但匈奴的力量还不够强大，当时最强的是东胡。东胡人听说冒顿杀了父亲，就派使者去告诉冒顿，说东胡王想要头曼那匹千里马。冒顿把大臣召来商量此事，大臣都说："千里马是匈奴的宝贝，不能给东胡。"冒顿却说："怎么能把宝马看得比邻国还重要呢？"于是就把千里马给了东胡人。东胡以为冒顿怕他们，更加嚣张了，竟然派人让冒顿把他妻子送给东胡王。冒顿又把大臣召来商量，大臣们大怒，纷纷说："东胡太过分了！居然要单于的妻子，我们请求攻打东胡！"冒顿慢腾腾地说："哪有把一个女人看得比邻国还重要的？"于是把妻子交给了东胡使者。东胡王见冒顿连自己老婆都肯送来，以为冒顿软弱可欺，就开始向西侵略。当时东胡和匈奴领土之间有一块方圆千里的废弃了的荒地，东胡对冒顿说："那块荒地反正对匈奴也没什么用，干脆给我们吧。"冒顿把大臣召来商量，有人说："这是块废地，给他们也行，不给也行。"冒顿大怒："胡说八道！土地是国家的根本，怎么能随便让给别人？"下令将那些答应割地的人全部推出去斩首。冒顿骑上马，传令全国男子出征东胡，落后者斩。东胡一向看不起冒顿，所以没有防备。冒顿率领大军攻破东胡防线，一举灭掉了东胡。回来的时候又把月氏打败了，兼并了楼烦等少数民族。冒顿乘势而为，把当年被蒙恬占去的土地全部抢了回来。当时刘邦正和项羽对峙，没有多余的兵力来对付冒顿，所以匈奴很快就强大了起来。

冒顿改革了匈奴的政治制度，设立左、右贤王等职位协助单于处理政事和统率军队，在他的治理下，匈奴军队的战斗力大大提高，很快就攻灭了很多小国家，成为北方的霸主。刘邦统一中原后，将韩王信迁到代，以马邑为都城。匈奴发兵攻打，将马邑包围了起来。韩王信被迫投降，他作为匈奴的向导带领匈奴进攻中原。刘邦见匈奴来袭，率领军队前去抵抗。当时北方正是冬天，很多士兵的手指都被冻掉了。冒顿假装败退，将汉军引诱过来。汉军不知是计，紧紧追赶。冒顿把精锐部队隐藏起来，只派出老弱残兵和汉军作战。刘邦以为匈奴不强，率领32万人贸然出击。为了抢速度，刘邦把步兵甩在了后面，等到达平城后，步兵已经被远远地抛在了后面。冒顿出动40万精锐骑兵将刘邦团团围困在白登山上，一连围了7天之久。刘邦没办法冲出去，只好派人贿赂单于的妻子，让她向冒顿说好话。当时冒顿和韩王信手下大将约好会师，但他们迟迟不到，冒顿怀疑他们有异心，于是就听了妻子的话，放刘邦等人走了。刘邦回国后，采纳了刘敬的意见，和匈奴和亲。至此，西汉对匈奴开始了长达百年的和亲政策。

少年英雄霍去病

霍去病是西汉大将军卫青的外甥，他母亲是皇后卫子夫的姐姐，所以很得汉武帝的宠信。霍去病年纪轻轻就当了侍中，武艺高强。他18岁那年，卫青出征匈奴，霍去病也加入了军队，被任命为校尉。他率领800名骑兵为先锋，夜袭匈奴军营，大胜而还。回来后审问俘虏才知道刚才偷袭的是匈奴的主营，俘虏的人当中有匈奴的相国、单于的叔叔，还有个单于爷爷一辈的王都被他们杀死了。整场战斗共杀死匈奴2000余人，取得了重大胜利。霍去病初次出征就立了大功，被封为冠军侯。

霍去病像

3年后，霍去病被任命为骠骑将军，率领1万骑兵从陇西出发攻打匈奴，途中击败了好几个西域国家。杀死折兰王和卢胡王，将浑邪的王子、相国等8000多人执为俘虏，还把休屠国祭天用的金人都带了回来。汉武帝非常高兴，下令加封霍去病2000户食邑。

几个月后，霍去病再次出征，张骞和李广从右北平出兵，两路夹击匈奴。郎中令率领部下4000骑兵先到，匈奴左贤王率领几万骑兵将郎中令的部队团团围住，双方大战两天两夜，死伤过半。张骞好不容易才赶到，匈奴兵于是撤走。张骞误了日期，被废为庶人。霍去病率领大军从北地出发，已经深入敌后，他和合骑侯没有能够及时会合。但霍去病仍然大破匈奴，3万多匈奴人成为其刀下鬼，还俘虏了大批匈奴的重臣。霍去病因为这次的功劳又被加封了5000户食邑。当然，霍去病能够取胜也有客观因素。当时汉朝最精锐的部队是任霍去病挑选的，不过他能够勇敢地孤军深入并大获全胜，这也是他的能力。别的将领却经常因为这样那样的原因错过战机，最终获罪。从此霍去病成为和卫青齐名的大将，深得汉武帝的喜爱。

又过了几个月，匈奴单于对浑邪王多次被汉军打败感到很气愤，想把浑邪王杀掉。浑邪王和休屠王商量了一下，决定投降汉朝。汉武帝知道后，怕这两个王是诈降，派霍去病带领人马去接应。霍去病渡过河水后和浑邪人遥遥相望，浑邪王部下一些部将看见汉军后心生怯意，不想投降，很多人偷偷溜走了。霍去病带兵进入浑邪王的阵地，将那些偷偷逃走的人抓了回来，一口气杀了8000人，带领浑邪人回到汉朝。因为浑邪王的投降，汉朝撤除了很多防线，让紧张的财政状况得到了缓解。

匈奴人第二年又来入侵，杀死了很多人。一年后，汉武帝决心对匈奴来一次清算。他命令卫青和霍去病各率领5万骑兵，再加上陆续来增援的步兵，一共几十万人，准备出击匈奴。这些人当中，作战勇猛、敢于深入敌后的人基本都集中在霍去病旗下。本来安排霍去病从定襄出发，抵挡单于的军队。而俘虏却说单于在另一个方向，于是霍去病改从代郡出发，卫青从定襄出发。

霍去病率领大军长途奔袭1000多里，大破匈奴左贤王的主力部队，一直追到狼居胥山，在当地举行祭祀仪式后班师。这次远征，汉军取得了决定性胜利，匈奴元气大伤，再也没有恢复过来。不过汉军也遭受了很大损失，14万匹战马出征，最后回来的不到3万匹。汉武帝专门设立了大司马这个职位，卫青和霍去病都担任了大司马。

霍去病不喜欢说话，但任侠尚勇。汉武帝曾经想让他学习兵法，霍去病说："战争情况千变万化，用不着学古人。"汉武帝为了表彰他的功劳，派人专门为他造了一栋住宅，让霍去病去看，想让他高兴一下。霍去病却说："匈奴还没有灭亡，我哪里有心情安家？"汉武帝因此更加喜欢他了。霍去病什么都好，就是不太体恤士卒。他带兵打仗的时候，皇帝派人送来几十车的美食，他吃不了的宁可扔掉也不给士兵吃。缺粮的时候，士兵饿得要死，霍去病却不能和他们同甘共苦。不过他的个性蛮讨人喜欢的，卫青虽然为人谨慎仁爱，但称赞他的人并不多，而霍去病却有很多崇拜者。

大概天妒英才吧，少年将军霍去病竟然不能长命。他没有死在战场上，而是死于疾病。一场暴病夺走了他的生命，年仅23岁。

大才子司马相如

蜀郡成都出了个大才子，名叫司马相如。他在汉景帝时期担任武骑常侍，但汉景帝对文学不感兴趣，所以司马相如就去当了梁王的门客，写了《子虚赋》。

梁王死后，司马相如回到了故乡，穷得没法过日子。临邛县令王吉和他关系不错，就把他接到临邛居住。临邛富人很多，其中卓王孙和程郑最富。有一天他们请王吉吃饭，中午的时候王吉让人去请司马相如。司马相如以生病为借口拒绝了，后来实在盛情难却，勉强过来赴宴。喝了一会儿酒后，王吉说："听说司马相如琴弹得不错，希望今天表演一下。"司马相如再三推辞，最后还是答应了。当时卓王孙的女儿卓文君刚刚守寡，但她很喜欢音乐。司马相如早就看上了她，借弹琴来表达情意。这次弹琴的时候，卓文君从窗户那偷偷看，也喜欢上了司马相如。酒席散去后，司马相如让人偷偷贿赂卓文君的侍婢，向卓文君献殷勤。卓文君当天晚上就从家里跑出来，和司马相如私奔了。司马相如带着卓文君逃回了成都，过起了穷日子。卓王孙听说女儿私奔，大怒道："生个女儿竟然这样不要脸，我不忍心杀她，但休想让我给她一文钱！"有人劝卓王孙，但根本没用。日子长了，卓文君不高兴了，对丈夫说："你应该回临邛去，做点生意也能过活，何必穷成这样！"司马相如于是带着她回到了临邛，把车马都卖了，买了一个小酒店，以卖酒为生。卓文君担任掌柜，司马相如和佣人们一起做低贱的工作。卓王孙听说后把这事当成耻辱，闭门不出。他的兄弟们劝他道："你已经有一个儿子两个女儿了，你欠缺的又不是钱。现在卓文君已经失身于司马相如了，司马相如虽然穷，但很有才气，再说他还曾经是你的客人，何必这样侮辱他们呢？"卓王孙没办法，只好给了司马相如夫妇100个佣人和100万钱等许多财物。卓文君就和司马相如一起回到成都，买田买房，过上了富裕的生活。

汉武帝当上了皇帝，他喜欢读《子虚赋》，以为是古人写的，于是叹息道："真可惜我不能和作者生于同一时代啊！"狗监杨得意是蜀人，正好在旁边伺候，他上奏道："我的同乡司马相如说这赋是他写的。"汉武帝大惊，马上下令将司马相如召进宫询问。司马相如回答道："这赋确实是我写的，不过这是以前在梁王府上写的，没什么可读的。我请求让我写《天子游猎赋》，写好后再请皇上看。"汉武帝同意了，让人拿来笔墨，让司马相如写。司马相如一挥而就，汉武帝看了之后很高兴，当场拜他为郎。

几年后，汉朝和西南的夜郎国建立了关系，在巴蜀地区征发了1000多士兵，还为漕运征发了1万多人。巴蜀地区的人民都很害怕，汉武帝让司马相如去安抚。司马相如圆满完成任务归来，受到重赏。当时陈皇后被打入冷宫，一直想重新得到汉武帝的宠爱。陈皇后和汉武帝是青梅竹马的恋人，很想让汉武帝回忆起当年的幸福生活。她听说汉武帝最爱读司马相如写的赋，于是出重金请司马相如写了一篇《长门赋》，想以此挽回皇帝的心。司马相如的文笔虽好，但汉武帝早就移情别恋，区区文章如何能挽回他的心？所以陈皇后最终还是失败了。

不久有人告发司马相如收受贿赂，汉武帝就罢了他的官，一年后又重新任命他为郎。司马相如虽然文章写得好，但却是个口吃之人，还患有消渴之症。和卓文君结婚后，生活上是富裕了，仕途也比较顺利，但他不愿意参与国家大事，所以干脆称病闲居。他经常随从汉武帝打猎，当时汉武帝喜欢和猛兽搏斗，司马相如上书劝谏，最后让汉武帝放弃了这个危险的爱好。

司马相如消渴之症一直没有好，最后还是死了。他临死前，汉武帝对随从说："司马相如病得这么厉害，你马上去他家把他写的书拿来，不然失传了就不好了。"使者赶到他家时司马相如已经死了。使者问卓文君书在哪里，卓文君回答道："我丈夫只留下一卷书。他每次写了文章后没多久，别人就拿去了。他还没死的时候写了一卷书，说如果有使者来要的话就给他，除此以外没有别的书了。"原来那书上写的是封禅的事，汉武帝看了之后很奇怪。但8年后，汉武帝果然去泰山封禅了。

汉　书

　　《汉书》共 120 卷，为东汉班固所著。起自汉高祖元年（前 206 年），终于王莽地皇四年（23 年），为我国第一部纪传体断代史。《汉书》不但包举一代，文赡事详，还系统地叙述了西汉的经济制度、社会矛盾，为研究西汉历史提供了极其重要的资料。

霸王乌江自刎

前202年，刘邦率军将项羽围困在垓下，项羽的粮草很快就要吃光了。刘邦为了瓦解楚军的斗志，命令士兵大声唱楚地的民歌。项羽听到后，惊奇地说："难道楚地已经被刘邦夺走了吗？不然怎么会有那么多楚人啊？"于是叫爱妾虞姬陪他喝酒，项羽愁上心头，泪如雨下，周围的侍从都忍不住哭了。

项羽决定马上突围，他率领800多个骑兵，当天晚上就杀出重围向南逃去。天亮后汉军才发现项羽跑了，于是派灌婴率领5000骑兵追赶。项羽带领手下慌不择路地乱跑，很多人都走散了，等渡过淮水后，身边只剩下100多人了。项羽迷失了方向，于是向一个正在耕地的老头问路。那老头骗他说向左拐，项羽听信了他的话向左走了。谁知道左边是一片沼泽地，结果他们只好回头。时间就这样被耽搁了，最后他们被汉军追上了。

项羽率领部下边杀边退，走到东城的时候，身边只剩下28个人了。而汉军有数千追兵，项羽知道自己跑不掉了，对部下说："我起兵以来到现在已经8年了，前前后后打了70多场仗，从来没有输过，所以才能称霸天下。现在落到这步田地，是上天要亡我，不是我打仗不行。今天肯定是要战死了，我愿意为各位速战一场，杀掉敌人的将领并把他们的旗帜砍倒，然后才能战死。我要让你们知道，不是我打仗无能，而是上天要灭亡我啊！"他把部下分成4队，摆成圆形阵势，面朝外面。汉军把他们围了好几层。项羽对手下的骑兵们说："我现在就为你们斩杀敌人的一个将领！"于是下令4队人从4个方向冲下山，约定在山的东面集合。项羽大声呼喊着冲下山，汉军纷纷败退。项羽很快就杀入敌阵砍死一个将领。当时杨喜是一个郎骑，他死死追赶项羽，项羽回过头来冲他大吼一声，杨喜和他的马都被吓住了，赶紧掉头逃命，一口气跑了好几里才敢停下来。项羽带着人马赶往山的东面和另外3队骑兵会合。汉军不知道项羽在哪一队里面，只好分出人马把他们围了起来。项羽冲进敌阵，又杀死了一个都尉和上百个士兵。然后把人马集合起来，只损失了两个骑兵。他问手下："怎么样？"骑兵都佩服地说："确实像大王您说的那样。"

项羽接着往东跑，来到乌江岸边。乌江的亭长把船靠在岸边等着他，对项羽说："江东虽然地方小，但方圆也有千里，人口有几

霸王别姬　年画
这是杨柳青年画中表现项羽兵败、痛别虞姬的场面，可见"霸王别姬"的故事在民间流传之广。

十万。希望大王赶快渡过去。现在只有我有船，汉军就算来了他们也过不去。这样大王还可以在江东称王，以后还可以回来争夺天下。"项羽仰天大笑："这是上天要灭亡我，渡过去又有什么用？再说当初我起兵的时候从江东带了8000子弟兵过来，现在只剩我一个人回去。就算江东的父老乡亲他们可怜我而让我做他们的王，我还有什么脸面去见他们？即使他们不说什么，我项羽难道心里不会有愧吗？！"接着他又说道："我知道您是个厚道的长者。这匹马我骑了5年了，骑着它所向无敌，曾经一天能跑1000里路。我不忍心杀它，就把它送给您吧！"

项羽命令手下都把马放了，步行着手持短兵器冲向敌群。26个部下都战死了，项羽一个人杀了几百个敌人，自己也受了十几处伤。正在这时候，他回头看见汉军骑兵司马吕马童，对他说："你不是我以前认识的人吗？"吕马童面朝项羽，对王翳说："这就是项羽大王。"项羽说道："我听说汉王刘邦用1000斤黄金和1万户的封地来买我的人头，我就让你去得这笔赏赐吧。"于是拔剑自刎了。王翳上前割了他的头，其他人都疯狂地冲上去抢夺项羽的尸体，为了抢到尸体还相互残杀了几十个人。最后杨喜、吕马童、郎中吕胜和杨武各抢到项羽的一截肢体。所以刘邦把那笔赏赐分成5部分，分别赏赐给了他们5个人，5个人都因此被封为列侯。

刘邦以鲁公的称号将项羽埋葬在谷城。项羽的亲戚一个都不杀掉，并且封项伯等4个人为列侯，赐他们刘姓。

贾谊英年早逝

贾谊是西汉有名的才子。他18岁的时候就因为精通诗书、文章写得华丽而在家乡广受好评。当时的河南太守吴公听说贾谊很有才华，就把他召到自己门下。后来汉文帝当上皇帝，听说吴公政绩是全国第一，而且还是秦朝丞相李斯的同乡和学生，精通法律，所以把他调到京城当廷尉。吴公向汉文帝推荐贾谊，说他虽然很年轻，但对诸子百家的著作却非常精通，是个难得一见的奇才。汉文帝就召见了贾谊，让他做了博士官。

贾谊只有二十几岁，在所有博士当中他是最小的。每次皇帝颁布诏书，都让博士们发表意见，那些岁数大的博士还没开口说话，贾谊就从各方面发表了自己的意见，每个人都觉得他说出了自己的心里话，所以大家都公认他最有学问。汉文帝知道这个情况后非常高兴，于是破格提拔贾谊，当年就让他做了太中大夫。

贾谊起草了一套他认为合理的礼仪规定，并向皇帝上奏。汉文帝认为现在还不是实施的时候，但各种法令的变更以及列侯们到自己的封地就任等规定，都是贾谊最早提出来的。汉文帝很喜欢贾谊，想让他担任公卿的职务，但周勃、灌婴、冯敬等人很忌妒贾谊，他们在汉文帝面前说贾谊的坏话。久而久之，汉文帝也渐渐疏远了贾谊，不再听他的建议，让他做了长沙王的太傅，把他赶出了京城。

当时长沙还是比较荒凉的地方，贾谊心情非常压抑，他在渡湘水的时候，想起了屈原，于是写赋来凭吊屈原。贾谊觉得自己的命运和屈原相似，虽然写的赋是凭吊屈原的，但实际上是借以抒发自己郁闷心情的。

　　一年多以后，汉文帝想起了这个优秀的年轻人，把他召到京城。接见的时候汉文帝正在吃祭祀用过的肉，于是就向贾谊询问关于人和鬼神之间关系的问题。贾谊做了全面的回答，汉文帝越听越有兴趣，渐渐从宝座上坐到了贾谊的面前。贾谊走了后，汉文帝感叹道："我很久没有见到贾谊了，以为自己已经超过了他，谁知道还是不如他啊！"梁王是汉文帝的小儿子，喜欢读书，汉文帝非常宠爱他，于是让贾谊当他的老师。

　　当时汉朝刚刚安定不久，制度还不够完善，淮南王和济北王都因为谋反被杀了。贾谊多次上书说要改革，认为应该提倡道德，不应该乱杀大臣和诸侯。当时周勃因为被人诬告谋反被抓，后来查明并无此事，于是恢复了他的爵位和封地。贾谊拿这事来比喻，说要让臣子们讲道德，讲礼节。从此以后，诸侯和大臣们有罪都让他们自杀，而不是让他们受死刑（古代刑不上大夫，一般不对高级官员处以刑罚，这是统治阶级的一种特权）。直到汉武帝的时候才恢复对诸侯和大臣处刑的制度。

　　汉文帝是以代王的身份当上皇帝的，代这个地方是他原先的封地，他当上皇帝后就把这个地方封给了他的儿子刘武，还把其他儿子都封了王，封给他们许多土地。贾谊向皇帝上书，建议在各个诸侯们之间搞平衡，让他们互相牵制，不要出现几个诸侯特别强大的情况，这样就不会重演战国时代的悲剧了。皇帝采纳了他的建议。

　　后来汉文帝封因谋反而被贬到外地而死的淮南王的儿子为侯，贾谊担心皇帝会进而封他们为王，于是劝阻汉文帝，告诉他要是让他们发展起自己的势力，到时候万一有人要报仇的话，国家就麻烦了。但汉文帝没有理睬。

　　贾谊辅佐的梁王不久之后在一次打猎中不小心从马上摔下来死掉了。贾谊认为是自己没有尽到太傅的责任，非常自责，一年后也郁郁而终，年仅 33 岁。

周亚夫的细柳营

　　周亚夫是太尉周勃的儿子，周勃死后，大儿子周胜之继承了父亲的爵位，并娶公主为妻。因为和公主感情不太好，再加上犯了杀人罪，他死后封国和爵位就被废除了。过了一年时间，汉文帝觉得周勃立了那么大的功劳，他的后代没有爵位说不过去，于是选择封周勃儿子中比较贤能的周亚夫为列侯。

　　前 158 年，匈奴大举入侵，汉文帝派了 3 个将军驻守重要关口。宗正刘礼率军驻扎在灞上，祝兹侯徐厉驻扎在棘门，而周亚夫则驻扎在细柳。

　　有一天汉文帝决定去慰问他们，他先到灞上，灞上的军队见到皇帝来了，高兴还来不及，纷纷跑出来迎接，皇帝的车马在营地里走来走去，根本没有人敢阻拦。刘礼还亲自下马迎送。汉文帝又去了棘门，得到了同样的待遇。

　　可到了细柳就不一样了。哨兵远远就看见有大队人马向细柳开过来，马上把情况通知下去。军官们都身着重重铠甲，士兵拿着锋利的武器，拉弓搭箭，弓弦拉得满满的，随时都可以射出去。为汉文帝开路的前驱部队先到，在细柳大营门口被守门的军官拦住不让进。前驱部队的将领说："天子马上就要到了！"军官说："在军队里面只听从将军的军令，将军没有下令，说什么都没用。即使皇上下诏书也不能放你们进去！"前驱部队的人一个个气得脸都紫了。不久，汉文帝的大队人马到了，仍然不让进。汉文帝也没有办法，只好派了一个使者拿着表示身份的符节去给周亚夫下诏令，告诉他，皇帝想进去慰劳军队。周亚夫这才下令打开大门让他们进来。车马刚进大门，守门的士兵告诉他们："将军有令：军营里车马不得奔驰。"汉文帝只好让车慢慢前进。好容易走到周亚夫所在的中营，周亚夫这时候全副武装，并没有跪下磕头，只是对汉文帝作了一个揖，他解释道："穿

周亚夫像

着盔甲的人不能下拜，所以我只能向皇上行军礼。"汉文帝很感动，扶着车前的横木弯了下腰，作为答礼，并派人去各军营宣诏："皇帝前来慰问将士们。"事情办完后就回去了。

出了细柳大营的军门后，大家都愤愤不平，认为周亚夫竟然对皇帝如此的不尊敬，实在匪夷所思。汉文帝却赞叹道："这才是真正的将军啊！刚才灞上和棘门的人和周亚夫比就像小孩子玩游戏一样，如果匈奴前来偷袭的话，他们肯定会吃败仗而被俘虏的。至于周亚夫，如果想偷袭他，你们认为能办到吗？"汉文帝对周亚夫赞不绝口，就这个话题说了好久。

不久，匈奴撤走了，汉文帝就把那3支军队撤了回来，并拜周亚夫为中尉（负责京城治安的军事长官）。

汉文帝临死的时候告诫太子："如果有紧急情况发生，周亚夫是可以真正统率军队的人，让他应付准错不了。"汉景帝牢牢记住了这话，即位后任命周亚夫为车骑将军。

又过了几年，吴国、楚国等7个诸侯国联合发动叛乱。汉景帝认为将重任交给周亚夫的时机已经到了，于是将他从中尉提拔成太尉，前去剿灭叛军。周亚夫向皇帝上书，认为叛军现在士气正旺，不能和他们直接交锋，所以先让他们占领梁国，然后再找机会切断他们的粮道，这样就可以轻松获胜。汉景帝同意了他的请求。

周亚夫立刻率军出发，走到灞上的时候，一个叫赵涉的人拦住了他，向他献计，建议攻打洛阳，从偏路进攻叛军，杀他们一个出其不意。周亚夫听从了他的建议。

当时叛军正在攻打梁国，梁国快支持不住了，请求救援。周亚夫却按兵不动。梁王派人向周亚夫求救，周亚夫仍然不理会。梁王和汉景帝是亲兄弟，感情非常深厚，他向汉景帝上书，汉景帝心痛弟弟，生怕他有个三长两短，下令周亚夫前去支援，周亚夫还是坚守不出。他派人切断了叛军的粮道，叛军吃不饱肚子，想撤兵，但后路又被周亚夫堵住了。他们多次挑战，周亚夫就是不理会。有一次周亚夫军中突然惊乱了起来，自相残杀，都闹到周亚夫的帐下了。但周亚夫不为所动，仍然睡大觉。士兵们见主师如此镇定，过了一会就平息下来了。叛军假装攻

打汉军的东南，而周亚夫看出这是声东击西之计，于是派人去西北防守，叛军果然派遣精锐部队前来攻打西北，由于早有防备，叛军攻了很久都攻不下来。叛军粮食吃光了，只好撤退。周亚夫抓住这个机会，率军追赶，将叛军打得大败。不久，叛军首领吴王被杀，叛乱很快就平息了。

罢黜百家，独尊儒术

董仲舒从小就对《春秋》很有兴趣，汉景帝的时候他被任命为博士。他研究学问非常专心，以至于他家的后花园很多年都没有去看过。他的日常生活和一举一动都按照礼法的要求去做，所以很多学者都把他当作老师来尊敬。

汉武帝即位后，征召了100多名学者为贤良文学，参加对策。其中董仲舒前后3次上书议论朝政，提倡用儒家思想统治天下，而排斥其他的思想。他的建议引起了汉武帝的重视。对策结束后他被任命为江都相，侍奉易王。易王是汉武帝的哥哥，向来很骄横，又喜欢武力，而董仲舒辅佐他期间用礼法和仁义的道理纠正他的错误，所以易王非常尊重他。

董仲舒像

董仲舒认为上天和人之间是有感应的，所以他在治理国家期间，用《春秋》上论述灾害的变化来推论天地阴阳之间的道理，从来没有失败过。后来辽东高庙和长陵高园的宫殿失火，董仲舒在家里用天人感应的道理推论其中的原因，刚打好草稿，被前来拜访的主父偃瞧见了。他偷看了草稿后非常妒忌，把草稿偷走上奏给皇帝。汉武帝把儒生们召来让他们讨论。董仲舒的学生吕步舒不知道那是董仲舒的稿子，贸然发表意见说那上面的说法实在太愚蠢了。结果查出来是董仲舒写的，于是把他抓起来审讯，判了死罪。汉武帝觉得董仲舒这么有才的人杀了太可惜了，所以下诏书把他赦免了。董仲舒逃过一劫后，从此再也不敢随便讨论灾害怪异的原因了。

董仲舒是个很廉洁正直的人，当时有个叫公孙弘的人也是个学者，但他对《春秋》的研究不如董仲舒。不过公孙弘办事比较圆滑，能迎合世俗，当了公卿一类的大官。董仲舒认为他是靠阿谀奉承才爬到高位的，很看不起他。公孙弘本来就很妒忌董仲舒，再加上董仲舒看不起他，所以两人关系很差。汉武帝的另一个哥哥胶西王也是个骄横跋扈的人，经常倚仗权势迫害那些太守一级的政府官员，汉武帝对他很头痛，但也拿他没有办法。公孙弘对汉武帝说："要教育胶西王，只有董仲舒才能办到。"他认为董仲舒的性格和胶西王肯定合不来，一定会受到羞辱。

结果董仲舒到了胶西王那儿后，胶西王知道他是个很伟大的学者，于是对他特别好，非常尊重他。但董仲舒知道胶西王本性难改，他怕时间长了还是会获罪，就称病辞职了。董仲舒一共辅佐过两个骄横的诸侯王，都得到了敬重，他始终先端正自己再领导下属，所以他治理的地方都井井有条。董仲舒回到老家后，从来不过问家里的产业，而是把全部精力都投入到写书和研究学问上。

虽然董仲舒已经辞官，但汉武帝并没有忘记他。每当朝廷有什么重大的争议，汉武帝都会派人和廷尉张汤一起去咨询他的意见，从他的回答中得出有益的结论。汉武帝刚即位的时候，窦婴和田蚡都很推崇儒家思想。到了与董仲舒对策的时候，就把孔子摆到很高的位置，罢黜了其他诸子百家的思想。另外还确立专门管理学校教育的官员，让地方上推荐秀才和孝廉等等，这些措施都是董仲舒提出来的。董仲舒去世后，他的儿孙都通过学习当了大官。

刘向认为董仲舒是难得的辅佐帝王的人才，就连伊尹和姜子牙都不能超过他，至于管仲和晏婴等人根本就不能和他比。而刘向的儿子则认为他父亲的话有问题，他认为伊尹和姜子牙是圣人，能和他们相比的只有孔子。董仲舒处在学术非常支离破碎的时代，他能够发愤钻研学问，成为当时学者的首领，确实已经很了不起了，但和孔子的得意门生子游和子夏等人比还有点差距，更不用说管仲等人了。不过他还是把董仲舒看成是一位伟大的学者。

从奴隶到将军

卫青是驸马平阳侯曹寿家里的奴婢卫媪和一个小吏郑季的私生子。卫媪很风流，先后和不同的男子生下了三子三女，由于是奴婢所生，所以卫青一生下来就是奴隶的身份。

卫青小时候由他父亲抚养，给家里放羊。郑季的老婆生的儿子都对卫青不好，把他当奴隶而不是当兄弟看待。曾经有个人给卫青相过面，说他是贵人，以后肯定可以封侯。卫青根本不相信，他说："我是奴婢的儿子，能吃饱饭，不成天挨打受骂就很满意了，哪儿还敢奢望封侯啊！"

卫青成年后回到曹寿家，当了一名骑马随从，专门扈从曹寿的妻子平阳公主。不久，卫青同母异父的姐姐卫子夫进宫，受到汉武帝的宠幸。当时的皇后陈皇后没有儿子，当她听说卫子夫怀孕后非常忌妒，于是派人把卫青抓了起来，想让这个坏消息打击卫子夫，使其流产。当时卫青在建章宫当差，皇后要抓他跟掐死一只蚂蚁一样容易，卫青就被不明不白地关了起来。卫青的好朋友公孙敖找了几个壮士跑到囚禁卫青的地方把他救了出来，这才捡回一条命。

汉武帝知道这件事后，就给卫青升了官，这样皇后就不敢拿他怎么样了。后来卫子夫越来越受宠，卫家从此飞黄腾达，卫青的几个兄弟姐妹都富贵了。再后来，卫子夫作了夫人，卫青也因这个关系被提拔为太中大夫。

不久，卫青被任命为车骑将军，带领一支部队和另外3个将军分四路进军攻打匈奴。其他3个将军都打了败仗，只有卫青避开了敌人的主力，偷袭敌人防守薄弱的笼城，打了胜仗，斩杀了数百个敌人。卫青的军事才能得到了汉武帝的欣赏，被封为关内侯。

卫子夫生了儿子之后被立为皇后，卫青的地位也更加稳固了。这一年他率领3万骑兵进攻匈奴，杀了数千敌人。第二年他又率军出击，俘虏数千人，还捕获了敌人100多万头牲畜，夺得了大片土地。汉武帝把这片土地立为朔方郡，并封卫青为长平侯。

卫青地位越来越高，而他以前的主人曹寿却去世了，平阳公主决定再嫁。她问随从们："现在哪个侯最好？"大家都推荐卫青。公主笑着说："卫青是我家的人，以前是跟从我的骑兵，我怎么能嫁给他呢？"大家都说："卫青现在尊贵了，再说他姐姐是皇后，他现在的身份是不会辱没公主的。"公主便同意了。她把改嫁卫青的想法告诉了皇后，皇后很赞成，对汉武帝进言。汉武帝也希望自己的姐姐生活幸福，于是下诏书命令卫青娶公主为妻，卫青就这样当上了驸马。

卫青像

前124年，卫青又一次率领3万骑兵讨伐匈奴，打了个大胜仗，当时匈奴右贤王以为汉军不会来，天天饮酒作乐，醉得一塌糊涂。结果被汉军杀了个措手不及，右贤王赶紧带着一个爱妾和几百个贴身侍卫杀出重围逃了。右贤王的部队全部被歼灭，虽然让右贤王逃跑了，但俘虏了小王10多人和15000多匈奴人。

卫青带领军队刚刚回到边境，汉武帝就派使者捧着大将军的印，当场拜卫青为大将军。汉武帝为了表彰卫青的战功，给他增封了8700户的封邑，连他3个还在吃奶的儿子都被封侯。卫青坚决谢绝，他说："这次能取胜全靠陛下的福气还有将士们浴血奋战，陛下已经格外开恩奖赏了我。而我的儿子还在吃奶，半点功劳都没有，陛下却也给他们封侯。这不是我带兵打仗和激励将士们奋战的本意。我那3个儿子绝对不能领受封赐！"汉武帝很感动，他告诉卫青："我并没有忘记众将士的功劳，本来打算这事办好就封赏他们的。"于是封了卫青手下10个部将为侯。

由于对匈奴作战连连告捷，汉武帝树立了信心，决定对匈奴发动总攻，一举根除祸患。公元前119年，汉武帝派卫青和他的侄子霍去病各带5万精兵，两路夹击匈奴。卫青率军从定襄郡出发，行军1000多里，穿越沙漠，与匈奴单于的部队决战。当时匈奴以逸待劳，优势很大。卫青下令用武刚车围绕在四周防御，自己亲自率领5000骑兵前去交战。匈奴派出1万骑兵迎战。这个时候天阴了下来，又刮起了大风，风沙满天飞，双方根本看不到对方。卫青又调骑兵从两翼包抄，单于见汉军人数众多，战斗力强，怕打下去对自己不利，趁傍晚的时候乘坐骡车带领几百个骑兵向西北方向逃走。这个时候天已经黑了，双方摸黑厮杀，死伤大致相等。不久汉军俘虏了一个匈奴人，从他口中得知匈奴单于已经逃跑了，于是派骑兵连夜追赶，大军紧随其后。一直追到天亮，行军200多里，但还是让单于跑了。这一仗歼灭匈奴主力部队1万多人，汉军一直追到赵信城。

霍去病的部队也大败匈奴左贤王，汉军取得全胜。这是汉朝历史上规模最大、行军最远的一次远征。从此以后，匈奴彻底丧失了大规模入侵汉朝的实力，卫青也因此成为人们敬仰的英雄。

司马迁写《史记》

　　司马迁的父亲司马谈是汉朝的太史令，专门负责观察和记录天文星象。司马谈对历史很感兴趣，他的这个爱好深深影响了他的儿子司马迁。司马迁小时候在龙门山以务农为生，10岁就开始学习古文。他20岁的时候出门周游全国，到过很多地方。后来他被任命为郎中，奉旨出使巴蜀以南，在那些地方了解了当地的风土人情。

　　就在这一年，汉武帝举行封禅大典，本来应该协助皇帝执行封禅大典仪式的司马谈却因为滞留在洛阳而没能参加。因为失去了这个百年不遇的盛会，司马谈很悲愤，很快就去世了。在临死时他嘱咐司马迁："我们的祖先是周代的太史，后来衰落了。现在封禅大典我却没能赶上，是命不好啊！我死以后，你肯定会继承我的位子。自从孔子死后，历史就没人记录了，史书也因为战乱遗失了。我身为太史却没能把历史记录下来，你一定要完成我这个心愿啊！"司马迁流着眼泪答应了父亲。

　　司马迁就任太史令后，可以任意取阅国家图书馆收藏的图书，他惊喜地发现原来那里面有那么多好书，他如饥似渴地阅读，积累了不少材料。大约在前104年，他开始动笔撰写史记。

　　前99年，汉武帝派贰师将军李广利率兵出击匈奴，结果被打了个惨败，几乎全军覆没。当时有个叫李陵的都尉带领5000步兵深入敌后，遭到匈奴骑兵的包围。李陵和手下的士兵拼死突围，前前后后杀了五六千匈奴骑兵，但由于寡不敌众，最后只有400多人逃回来，多数都战死了。李陵被俘虏后被迫投降。

　　当时这件事轰动一时，汉武帝下令把李陵全家都抓起来，然后召集大臣开会，讨论如何给李陵定罪。许多大臣都认为李陵不该投降，要严惩他的家人。而司马迁的意见则不同。他和李陵是好朋友，很了解李陵，他认为李陵带了那么少的兵深入敌后，本身就是指挥官调度的失误，不能怪在李陵头上。况且以步兵对付占人数占优势的骑兵居然还能杀死那么多人，已经很不容易了。再说李陵这个人一直很爱国，这次他投降一定有特别的理由，会找机会立功回来的。

　　汉武帝大怒，他认为司马迁是把罪名推到李广利头上，而李广利又是他最宠爱的妃子的哥哥，所以司马迁是在讽刺他，于是斥责司马迁："你为那种叛国的人辩护，可见你也是他一伙的，把他抓起来！"

　　司马迁为朋友辩护，结果自己被抓进了大牢，汉武帝正在气头上，说什么也不肯饶了司马迁，给司马迁判了腐刑。腐刑就是阉割，对于男人来说这是最大的耻辱，很多人宁愿死也不愿受这种刑罚。司马迁受刑后也想到了死，但他更想到《史记》还没写完，还不能死，于是忍辱负重地活了下来。

　　由于经过多年战乱，周朝的学说衰落了，而秦朝根本不用古文，把诗书都烧掉了，所以当时留下来的古代文献资料很少。汉朝兴起后，萧何把律法整理了出来，韩信把兵法整理了出来，张苍制定出了章程，叔孙通恢复了礼仪，于是逐渐恢复了文化，那些当年散失了的书籍又慢慢地流传了出来。曹参推荐盖公讲解黄老学说，贾谊和晁错阐述了申不害和韩非等人的法家理论，公孙弘靠研究儒家思想而得到富贵，100多年过去了，从前的历史资料慢慢集中了起来。

司马迁子承父业，笔耕不辍地整理资料，编写史书。他把那些已经被遗忘了的往事搜集起来，将古代君王的事迹从民间挖掘出来，写出了十二本纪。由于很多事发生时间不同，为了弄清楚年代，他写了十表。礼乐制度一直都在改变，律法和历法也都一直变化着，兵书、山川、鬼神还有天和人之间的关系也都随着朝代的不同而变化，司马迁为了表明这种变化，于是写了八书。历史上有很多诸侯辅佐帝王，为了纪念他们，司马迁写了三十世家。而历史上还有许多著名人物为历史做出了贡献，也留下了自己的赫赫威名，为他们写了七十列传。整部史记共130篇，52万多字。但是由于书中对当时的人有所褒贬，所以等到他死后才流传了出来一部分。汉宣帝时期，司马迁的外孙将整部书全部公布了出来，这个时候《史记》才流传开来。

朱云折槛

西汉的时候出现了许多敢于进谏的直臣，其中最出名的就是朱云。

朱云身高八尺多，容貌雄壮，以勇敢力大而出名。朱云年轻的时候喜欢结交游侠，经常让朋友们替自己报仇。但是他40岁的时候突然改掉了那些习惯，开始跟随博士白子友学习《易经》，后来又向前将军萧望之学习《论语》，完成学业后，成为一个很有学问的人，人们都很尊敬他。

当时，西汉皇帝是汉元帝，贡禹是御史大夫。华阴县的县丞向皇帝推荐朱云，说他这个人忠心正直，而且有勇有谋，请皇帝试用他做御史大夫。皇帝召集大臣商议此事，太子太傅匡衡认为华阴县丞只是一个小官，居然敢推荐平民担任大臣，再说朱云以前经常触犯法律，虽然后来他改邪归正，但并没有什么突出的表现，而贡禹清正廉洁，很适合担任御史大夫，没有必要撤换他。华阴县丞胡乱称赞朱云，有人怀疑他不怀好意，所以匡衡建议追查华阴县丞。结果华阴县丞因此而获罪。

当时少府五鹿充宗很得汉元帝的宠爱，五鹿充宗是专门研究梁丘注的《易经》的，汉元帝也很喜欢这个版本。他想考察一下梁丘注和其他版本的异同，于是下令让五鹿充宗和《易经》的其他学派辩论。五鹿充宗深受皇帝的宠爱，又有口才，其他学派的学者都借口生病而不敢参加辩论。有人推荐朱云，于是就把他召了进来。结果朱云把五鹿充宗驳得哑口无言，赢得了大家的赞赏，朱云也因此获得了博士的官职。

不久，朱云担任了杜陵的县令，但因为故意放走犯人而差点被抓起来，幸好赶上了大赦才被赦免。他被推举为方正，担任了槐里县令。当时中书令石显掌握朝政，他和五鹿充宗是一个派系的，所以人们都很怕他们，只有朱云的好朋友、御史中丞陈咸年轻而坚持正义，不和他们同流合污。朱云多次上书弹劾丞相韦玄成贪生怕死，只知道保住自己的位子。有关部门调查朱云，怀疑他指使属下杀人。元帝向韦玄成询问朱云治理地方政绩如何。韦玄成趁机泼他污水，说他残暴不仁。

折槛图轴　南宋

陈咸听到了这话，告诉了朱云。朱云向皇帝上书申诉，陈咸替朱云修改奏章，让他要求让御史中丞审理，也就是让自己来审理。结果这事被交给丞相审理了，丞相的手下调查说朱云确实指使属下杀人，朱云只好逃到长安和陈咸商议。韦玄成知道后，把这事上奏元帝。元帝把朱云和陈咸抓了起来，没有杀他们，罚他们担任修城墙的苦工。两人就这样被禁锢，直到元帝驾崩，都没有再被起用。

汉成帝即位后，张禹以皇帝老师的资格当了丞相，非常受宠。朱云上书求见皇帝，当时大臣们也都在。朱云说："现在的大臣上不能辅佐皇上，下不能安抚百姓，都是吃饱饭不干事的人。我请求陛下赐给我宝剑，我要杀一个奸臣来杀一儆百！"汉成帝问："你到底要杀谁呀？"朱云说："我要杀奸臣张禹！"汉成帝勃然大怒："你一个芝麻大小的官居然敢诽谤上司，在朝廷上侮辱我的老师，罪该万死！"御史拉朱云下去，朱云抓住殿上的门槛，死也不下去。御史拼命地拖他，他死抓住不放，结果把门槛都拉断了。朱云大叫："我能够在阴间跟从关龙逄和比干（都是因进谏而被杀的著名忠臣），就已经心满意足了，我只是担心我们大汉江山啊！"御史好容易才把他拉下去。左将军辛庆忌站出来向皇帝叩头，说："朱云是出了名的狂妄直率。如果他说的是对的，那就不能杀他；如果他是错的，也应该宽容对待，我愿意以死相争！"辛庆忌说完后一直叩头，把头都叩破了。汉成帝火气也消下去了，就饶了朱云。后来有人建议把门槛给修好，汉成帝说："算了，别修了，就放在那儿，来纪念和勉励忠直的臣子吧。"

经过这场风波后，朱云离开了官场，他把家搬到了乡下，有的时候也乘着牛车和学生们出来游玩。不管到哪个地方，人们都很敬重他。

朱云一直活到了70多岁，在家里去世。他病重之后就不再请医生也不吃药，临终时嘱咐，直接穿身上的衣服入殓，棺材只要够他躺进去就行了，而墓穴够把棺材放进去就够了。他死后家里人按照他的嘱咐只造一座一丈五左右的小坟，把他埋在平陵的东郭之外。

王莽篡位

王莽是汉元帝的皇后王政君的侄子，王家的势力在西汉末年达到顶峰，几乎个个子弟都封侯拜相，整个朝政大权都掌握在王家人手中。王皇后对自己的兄弟们很好，所以他们骄横腐化，一个比一个堕落，成天只知道争权夺利，吃喝玩乐。而王莽的父亲死得早，还没有被封侯，所以王莽比较贫穷，他不和堂兄弟们攀比富贵，而是一门心思投入到研读儒家经典上。虽然他家是外戚，但王莽在求学的时候非常勤奋，穿着和普通的学生没什么区别。王莽很孝顺母亲，平时在家里他尽心尽力地侍奉母亲和守寡的嫂嫂，把侄子当亲生儿子来抚养。同时，王莽还喜欢结交豪杰，朋友很多。王莽对叔叔伯伯们也十分尊敬，口碑非常好。后来他的伯父、掌握朝政大权的大将军王凤病了，王莽天天在他床前侍候，亲自给伯父尝药，忙得连脸都顾不上洗，一连几个月连衣服都顾不上换。王凤很受感动，在临死的时候把王莽托付给太后和皇帝，让他们好好照顾这个孝顺的年轻人。于是王莽被任命为黄门郎，不久升为射声校尉。

几年后，王莽的叔叔王商上书，请求将自己的封地分出一部分来赐给王莽。另外还有一批很有名望的人也替王莽说好话，皇帝见这么多人为王莽说好话，加上以前对他印象就不错，认为王莽是个难得的贤人。不久，王莽被封为新都侯，有1500户的食邑，后来又把他提拔为骑都尉兼光禄大夫侍中，王莽侍奉皇帝更加殷勤周到了，官当得越大，他就越谦虚谨慎。

其实王莽是个沽名钓誉的人，当时太后的外甥淳于长才能卓越，地位在王莽之上。王莽很妒忌他，于是暗中搜集淳于长的罪证，然后通过大司马王根上报给了皇帝，淳于长被处死。王根后来请求退休，将大司马一职交给王莽，王莽就任大司马后更加注重自己的名声，把自己得到的赏赐和收入全部用来招待士人，让他们为自己吹嘘。汉成帝去世后，汉哀帝继承了皇位。太后命令王莽把大司马的职位让给哀帝的外戚。王莽只好上书请求退休，但哀帝制止了他，王莽也就没有把大司马的职位交出来。

汉哀帝去世后，由于没有继承人，王莽立9岁的平帝为新皇帝，自己独掌了朝政大权，并找借口把成帝和哀帝的皇后都逼死了。后来更是发展到顺王莽者昌，逆王莽者亡的地步。他每次想做什么事的时候，先会暗示党羽去启奏，然后自己再痛哭流涕地反对，这样既迷惑了太后，又让别人误以为他是真的淡泊名利。

汉平帝去世后，没有儿子，本来还有几十个合格人选的，但王莽嫌他们年龄太大，不好控制，就借口兄弟之间不能相互继位，选了个才两岁的孺子婴为继承人。有人建议让王莽代理皇帝，但太后没有同意，那些马屁精好说歹说才让太后下了谕旨。

一个名叫哀章的人伪造了一个铜柜，在里面装了图和信，上面说王莽应该当皇帝。这下一向喜欢谦让的王莽却不谦让了，他马上拜受铜柜，下令改国号为"新"。他还假惺惺地对孺子婴说："当年周公暂居王位，后来还是还给了周成王。我本来也想把帝位还给你的，但为天命所迫，竟然不能实现我这个心愿！"说完他还哀叹了好久。

王莽一上台就宣布改革，把全国的土地都划为国家所有，称为"王田"，严禁土地买卖；奴婢称"私属"，严禁买卖；土地多的人要把土地分给地少的人；废除旧钱，改用大钱。这些措施看上去好像挺不错的，实际上土地和奴婢买卖根本不可能禁止，很多有土地没权势的百姓只能眼睁睁地看着土地被别人抢走。至于所谓大钱，根本没有足够的货币价值，导致通货膨胀，百姓哭声遍野。王莽还派兵攻打四方少数民族，给人民带来很大痛苦。最后大家实在忍不住了，发动了起义，王莽也落得个死无全尸的下场。

后汉书

　　《后汉书》为纪传体东汉史，纪、传 90 卷，南朝宋范晔撰，志 30 卷，晋司马彪撰，共 120 卷，记载了东汉光武帝到汉献帝的历史。《后汉书》在体例方面虽大都沿袭《史记》《汉书》，但也有不少改进，编次更加周密，重复、矛盾较少，且全书语言爱憎分明，多有独创之见。在范晔之前也有许多家叙述后汉的史书，范晔的《后汉书》一出，其余诸家就都逐渐消沉，可见此书的过人之处。

昆阳大战

　　王莽的统治越来越不得人心，终于爆发了起义，全国出现了无数支农民起义军，其中势力最大的是绿林军。绿林军推举西汉皇室的支裔刘玄为首领，称为更始帝，而后来的汉光武帝刘秀只是这支起义军中一个普通的将领。

　　绿林军声势浩大，接连打败前来镇压的王莽部队，王莽决定孤注一掷。他从全国各地征召了一大批军队开赴战场。这支部队由王寻和王邑率领，共有43万人之多，王莽想借人数上的优势一举消灭起义军。

　　刘秀当时正带着士兵巡逻，看到这支军队后赶紧顺原路撤退，在昆阳城安顿下来。大家都被这么庞大的军队给吓住了，纷纷建议撤到后方。刘秀说："现在我们兵少粮也少，如果合力抵抗的话，也许还有一点胜算，要是大家分散开的话，力量就更小了，很容易被消灭。况且昆阳是我们的门户，如果昆阳失守，后方也守不住。现在我们不齐心协力抵抗敌人，难道还要跑回去保护自己的妻子儿女还有金银财宝吗？"那些将军都怒了："刘将军怎么能这样说话！"刘秀不和他们争辩，笑着走开了。过了一会，打探消息的人回来了，告诉他们王莽的军队已抵达城北。那些将军非常尴尬，只好商量着把刘秀请回来重新商讨对策。刘秀让他们死守城池，自己率领十几个骑兵从昆阳南门冲出，去外地调集救兵。刘秀赶到定陵等地，调动当地的军队前去救援。当地的将领都贪恋财物，向刘秀建议留下一部分人马防守。刘秀说："如果能打败敌人，到时候得到的财宝是现在的千万倍。如果吃了败仗，命都没了，还要财物做什么？"那些人才听从他的话，把所有军队调往昆阳。

　　当时昆阳的形势非常危急，王莽的大军将它围了个水泄不通，设下了数十道防线，树起十多丈高的楼车，站在上面观察昆阳城内的情况。负责守城的主将王凤实在抵挡不住了，被迫向王寻投降，但好大喜功的王寻等人拒绝了他们投降的请求，认为攻下该城指日可待，用不着接受投降。

　　刘秀好不容易才召集齐军队，自己率领1000多人打前锋，大军跟随其后。刘秀在离敌人四五里的地方摆下阵势。王寻等人派了几千人前来迎战，刘秀身先士卒，冲入敌阵，斩落几十个敌人的首级。将士都高兴地说："刘将军平时见到小股敌人都害怕，今天却这么英

昆阳之战示意图

勇，实在让人感到奇怪。让我们也去助刘将军一臂之力吧！"刘秀再次发动进攻，王莽的部队抵挡不住，纷纷后撤，起义军乘机发动攻击，杀死成百上千的敌人。王寻派来的几千人被杀得大败。起义军初战告捷，士气大振，于是继续进军。

当时刘秀并不知道他的哥哥是否已经攻下了宛城，但他故意派人装成宛城的使者带着假报宛城已经被攻下的书信前去通知昆阳的守军，然后让那人故意把书信弄丢。王莽的士兵捡到书信后交给了王寻他们，王莽的士兵们听说宛城被攻了下来，士气更加低落。刘秀亲自率领敢死队，从城西向王莽部队发动突袭，敢死队员们士气高涨，无一不是以一当百，王莽的部队抵挡不住，阵势大乱，中军被冲垮，王寻在乱军之中被杀死。这个时候昆阳的守军也杀出城来，王莽的部队被内外夹击，更是心惊胆战，纷纷溃逃。王莽的士兵们相互践踏，被自己人踩死的士兵不计其数。正好当天又下起了暴雨，电闪雷鸣，那些被拉来助威的猛兽也被吓得撒腿乱跑。渡河的时候，河水暴涨，士兵们又抢着渡河，被推下水淹死的士兵数以万计，尸体把河道都堵住了。王邑等人只好丢下军队，骑上快马拼命逃跑，好不容易才捡回了一条小命。王莽部队丢弃的军用物资不计其数，起义军搬了几个月都没能搬完，只好一把火把剩下的都烧掉了。

昆阳大战彻底歼灭了王莽军的主力，王莽最后的希望也破灭了。而刘秀则在这一仗脱颖而出，成为起义军中最有名望的将领，这为他扫平天下，建立东汉王朝奠定了基础。

痛失天下的赤眉军

王莽篡位后，统治非常黑暗，各地官僚往往腐败透顶。当时在琅琊海曲县有个姓吕的人在县衙里当小吏，犯了点小过失，县官就把他杀了。他母亲非常怨恨县官，暗中召集各方豪杰，计划报仇。吕家一向很富裕，吕母拿出全部家产购买酒肉和刀剑，凡是年轻人来买酒的，一律赊给他们，如果有贫穷的，还借衣服给他们穿，前前后后不知道有多少人受了她的恩惠。几年后，钱财快用光了，那些年轻人纷纷找上门来要偿还。吕母哭着说："我之所以要厚待你们，不是想要什么好处。大家都知道，县官冤杀了我的儿子，我想为他报仇。你们能不能帮我这个忙呢？"那些年轻人很同情她，加上平时又受了她不少恩惠，就同意了。一共聚集了百余人，号称"猛虎"，推举吕母为首领，逃到海上招兵买马，很快就召集了数千人。吕母自称将军，带领手下攻破了海曲城，杀死了县官，然后带领众人又回到了海上。

几年后，有个叫樊崇的人在琅琊起义，当时正在闹饥荒，众人被迫当了强盗。他们都认为樊崇作战勇敢，于是都去投奔，只一年工夫就聚集起了1万多人。樊崇的同乡也聚集了几万人的部队，和樊崇联合在一起，成为一支不可小觑的军事力量，在和王莽军队的作战中取得了一些胜利。但是这支军队纪律性很差，也不知道建立根据地，只会一路抢掠，逐渐成为了流寇。后来人马多了，才开始有了口头约定，不许随便杀人。王莽派了10多万人前去讨伐，樊崇害怕自己的部队和敌人混淆起来，

玉虎队全出图 版画

这是一幅表现王莽年间，绿林、赤眉农民起义军传奇故事的版画。

下令部下都把眉毛涂成红色，从此号称赤眉军。赤眉军轻松战胜了前来讨伐的官兵，还没来得及整顿军纪，就又投入到了新的战斗中。在攻打东海的时候，赤眉军收编了吕母的部队，但并没有攻下东海郡，反而吃了败仗，只能带兵离开，又开始了流寇生涯。

这个时候更始帝在洛阳即位，派人劝降赤眉军，樊崇带领手下20多人前往洛阳归降，被封为列侯。但他们并没有封地，而留在原地的士兵又纷纷逃散，于是只好赶回去，带兵四处抢掠，一连打了好几个胜仗。但他们还是不懂得巩固地盘、保障后勤补给的重要性，虽然取得一系列战斗上的胜利，但士兵已经相当疲惫，厌战情绪很浓，逃跑的人越来越多。这个时候，樊崇决定攻打更始帝，两支农民起义军开始了内讧。

樊崇等人认为，天下是刘家的天下，所以他们要找个姓刘的人出来当他们的首领，于是在部队中找了个西汉皇室的远亲——一个叫刘盆子的放牛娃出来，拥立他为皇帝。政治上有了名分后，赤眉军士气大振，很快就攻下了长安，俘虏了更始帝。这个时候的赤眉军声势浩大，拥有雄兵数十万，成为当时军事力量最强大的一支势力。可以说不出意外的话，天下已经是赤眉军的天下了。

但是胜利冲昏了赤眉军将领们的头脑，他们攻下长安后，天天聚在一起饮酒作乐，还吹嘘各自的功劳，稍有不满就拔出剑砍柱子，内部矛盾很大。周围的官吏送贡品来，士兵们不但不迎接保护，反而私自抢掠，还抢老百姓的东西，很快就失去了百姓对他们的支持。一次在宫里设宴庆祝节日，因为一件小事而引发大乱，官兵们互相残杀，死了上百人才平息下来。挂名皇帝刘盆子一点办法也没有，只能和几个近臣躲在宫里哭泣。

刘盆子的哥哥很有见识，他看到赤眉军如此没有纪律，知道他们一定会失败，就让刘盆子归还帝位。第二年正月初一，他们向樊崇提出要退位让贤，樊崇等人死活不愿意，最后向刘盆子承认了错误，保证以后不会再骚扰百姓，刘盆子才留了下来。

好景不长，安宁了不到一个月的时间，赤眉军恶习复发，又开始出城烧杀抢掠，百姓们只好纷纷逃散，城里的军粮得不到补充，很快就吃光了。赤眉军没有办法，放弃了长安城，把抢掠来的财宝装上车，一把火把宫殿烧了个精光，向西流窜。此时的赤眉军兵强马壮，号称百万之众，前后又打了不少胜仗，把刘秀的爱将邓禹也打败了。

不久，赤眉军又回到了长安，以此为根据地与刘秀争夺天下。由于赤眉军没有囤积军粮的习惯，没粮食了只能去抢，正好当时长安附近闹饥荒，没有饿死的人都结成营寨，死守着不让赤眉军攻下。结果赤眉军很难补充到粮食，只好向东转移，这时候还剩 20 多万人。

第二年，赤眉军被冯异打得大败，刘秀也乘机率兵堵住了赤眉军的退路。被打得晕头转向的赤眉军这下慌了神，只好向刘秀投降。刘秀答应饶他们一死，于是赤眉军向刘秀放下了武器。

刘秀认为，赤眉军的将领们虽然到处抢掠，干了不少坏事，但还是有 3 个长处：第一是他们没有抛弃糟糠之妻；第二是他们能够拥立皇室后代为帝；第三是别人失败的时候往往都是砍下君主的脑袋为自己邀功，而他们却没有这样做，显得比别人有仁义。所以刘秀不但不杀他们，还赏给他们住宅田地。

不久，樊崇等人因为谋反被杀，而刘盆子一直受到刘秀的优待，得以善终。原本可以纵横天下的赤眉军就这样败在了自己手上。

性情宽厚的阴皇后和马皇后

阴皇后名叫阴丽华，是西汉末年有名的美女，她和汉光武帝刘秀是同乡，刘秀年轻的时候听说她是美女，很喜欢她。后来刘秀到了长安，看到执金吾出行的时候车马众多，十分威风。刘秀很羡慕，于是感叹道："仕宦当做执金吾，娶妻当得阴丽华。"这句话也成了刘秀人生的奋斗目标。

王莽篡位后，刘秀参加了农民起义军，并担任了高级军职，这个时候他觉得自己能够配得上阴丽华了，就向阴家提亲。刘秀本来就以性情仁厚而著称，再加上他是皇族出身，所以阴家欣然同意了这门婚事，就这样，19 岁的阴丽华嫁给了刘秀，刘秀最初的人生目标顺利达到了。

刘秀当了司隶校尉，要常常领兵打仗，把妻子带在身边很不方便，就让阴丽华回到了家乡。后来刘秀又娶了郭家的女儿，但他始终没有忘记阴丽华。刘秀当了皇帝后，派人把阴丽华接到了身边。其实刘秀最爱的人还是她，而且阴丽华温柔贤淑，举止文雅，不像郭氏那么爱妒忌，所以想立她为皇后。但阴丽华因为郭氏生有皇子，而自己无子，说什么也不肯接受皇后的封号，刘秀很尊重她的意见，于是立郭氏为皇后。

阴丽华在跟随刘秀征讨彭宠的路上生了个儿子，这下刘秀就更加宠爱她了。又过了几年，阴丽华的母亲和弟弟被强盗杀死，刘秀又是伤心又是气愤，下令彻底追查此案，并追赠二人爵位和封号，而且赶紧将阴丽华的另一个弟弟封侯，以安抚阴丽华。

又过了 8 年，郭皇后的妒忌越来越厉害，她感到自己已经不受宠幸了，经常口出怨言。刘秀很生气，干脆把她废黜了，改立和自己患难与共、性情宽厚、温柔体贴的阴丽华为皇后。阴皇后虽然执掌后宫，但她从来不以骄色待人，还是和以前一样谦虚俭朴，不喜欢金银珠宝，也不喜欢开玩笑，性情仁爱孝顺，富有同情心。她父亲在她 7 岁那年去世，事隔几十年后，每次谈起父亲她都泪流不止，刘秀见了，又是叹息，又是敬佩。

阴皇后死后，她的儿子汉明帝经常思念母亲，有一天晚上梦到父母像活着的时候那么快乐，醒来后悲痛得睡不着觉，第二天就去祭祀父母。回来后查看母亲生前用过的梳妆匣子，看见里面的东西都很俭朴，十分感动。

马皇后是名将马援的小女儿，父母在她很小的时候就去世了，她哥哥也早死。当时她才10岁，但处理起家务来和成年人一样，别人都惊叹于她的聪明。因为马援死后被奸臣诬陷，马家的日子一直很不好过，所以马皇后只好进宫侍奉当时还是太子的汉明帝。她脾气很好，人又聪明，很得太子的宠爱和阴皇后的喜欢。汉明帝登基不久，有关官员请皇帝立皇后，皇帝还没说话，阴太后就提议立马氏为皇后，这事就这么定了下来。

马皇后喜欢读书，不喜欢奢侈的东西，虽然贵为皇后，还是经常穿粗布衣服，也不在衣服上加花边，有人劝她稍微奢华点也没关系，但马皇后拒绝了。汉明帝喜欢到园林里游玩，马皇后担心他耽于游乐而误了国事，所以经常劝诫，话说得情深意切又很周到，一般都会被汉明帝接受。

后来楚地的犯罪率不知道什么原因一直居高不下，很多人都无端入狱。马皇后担心很多人是被冤枉的，经常趁空闲的时候劝说汉明帝，汉明帝很感动，多次下令宽大囚犯。当时朝中如果有什么争议较大的事难以决断，明帝一般都会来询问马皇后的看法，而马皇后都能找出问题的实质，分析得头头是道，经常对政事的不足提出弥补的意见，但从来没有为自己家的私事去干扰皇帝，所以汉明帝一直都非常尊敬和宠爱她。

明帝死后，章帝即位，马氏成为太后，章帝很想给马太后的兄弟们封爵位，但她一直反对。朝中上下都赞成封马家兄弟爵位，马太后用前朝外戚干政的典故来教育章帝，坚决不同意封他们为侯。汉章帝虽然不是马太后亲生，但是马太后从小把他带大，章帝对马太后感情一直很深，他觉得不封舅舅们为侯心里实在过意不去，但不得不尊重马太后的意见。

约束外家　清

此图描绘的是东汉明德马太后训诫宗族亲戚不要骄横越礼的故事。马太后是东汉名将马援小女，明帝皇后。她曾以西汉败亡之祸为戒，劝阻章帝封爵诸舅，以防止外戚专权。

马太后对自己娘家人要求很严格，如果谁勤俭朴素，她会很高兴地表扬嘉奖，而那些追求奢华的亲戚，她就打发他们回老家。后来天下太平，章帝决定封舅舅们为列侯，他们也都纷纷推辞，马太后鼓励了他们的这种行为，但圣旨已下，他们便在接受了封爵后辞官回乡。

马太后患了重病，她不相信求神和使用巫术能治好她的病，严令禁止在宫中给她做祈祷之类的活动，当她去世后，汉章帝将她和明帝合葬在一起。

不攀权贵的严子陵

严子陵是历史上有名的隐士，他不贪图富贵，也不攀附权贵，在历史上留下了美名。不过封建统治者的专横霸道是令人发指的，就因为汉明帝叫刘庄，他的名字里有个"庄"字，所以整个东汉王朝的人都得避讳"庄"这个字。很少有人知道严子陵其实应该叫庄子陵，就是因为要避讳，所以写书的人把他的姓给改掉了。可怜他一生不肯向皇权低头，最后却连姓氏都让皇权给霸占去了。不过为了叙述方便，还是暂且称他为"严子陵"吧。

严子陵名叫严光，字子陵，年轻的时候名声就很好。光武帝在求学的时候和他是同学，两人关系不错。等到光武帝当上皇帝后，其他同学都跑去攀交情，想捞点好处。只有严子陵隐姓埋名，悄悄躲了起来，不去高攀富贵。光武帝一直很欣赏他的贤明，想让他出来辅佐自己，于是让人画好严子陵的像，派人到处查访他的下落。

齐国报告说："有个男子披着羊皮衣服在大泽里面垂钓。"光武帝怀疑那个人就是严子陵，派人前去打探，果然就是他。光武帝很高兴，专门准备了舒适的车马和官服，派人去聘请他。请了一次又一次，严子陵实在躲不过去了，这才出来。他被安排在北军居住，光武帝赐给他床和被褥，还命令掌管百官饮食的人专门为他提供膳食。

司徒侯霸和严子陵是老朋友，他派人给严子陵送信。那个送信的人告诉严子陵："司徒大人听说先生到了洛阳，他诚心诚意想亲自来拜访您。不过呢，司徒大人现在身居要职，如果前来的话很不方便，怕别人说闲话，况且公务也实在繁忙。所以想请您老人家晚上委屈一下，到司徒大人那儿说说话。"严子陵懒得理他，那封信他看都没看就扔还给他了，然后口述了回信："足下现在已经权倾朝野，举足轻重。您怀着仁慈之心辅佐朝政，天下人都很高兴。但是您阿谀奉承、溜须拍马的功夫也达到了绝妙的境界啊！"侯霸得到回信后把信封好交给了光武帝。光武帝看了信后笑着说："这就是那个狂妄之人的一贯脾性！"

汉光武帝当天就坐着车来到严子陵的住处看望他。严子陵知道光武帝来了，却躺在床上不起来。光武帝也没怪他，走到床边摸着他的肚子说："你这个咄咄逼人的严子陵啊，你就不能出来帮助我治理天下吗？"严子陵闭上眼睛不说话，过了很久他才慢慢睁开眼睛，看了光武帝老半天，才开口说道："以前唐尧德行那么高尚，他让许由、巢父出来做官辅佐他，他们听到这话后恶心得都去洗耳朵，嫌让他们出来做官的话弄脏了他们的耳朵。每个人的志向本来就不一样，大家都有自己的志向，你为什么非要来强迫我呢？"光武帝很失望，说："子陵啊，我到最后也不能让你降服于我吗？"只好坐上车叹着气回去了。

后来光武帝叫人把严子陵带到皇宫里，两人一起聊天，谈论以前的老朋友们的事，两人面对面地坐着，一连聊了好几天。光武帝突然问道："我和以前相比，有没有什么变化？"光武帝是想让严子陵夸他当了皇帝后气质和威严变了。可严子陵并不吃他那一套，而是回答："陛下比以前稍微胖了一点。"光武帝于是就转换了话题。晚上两个人像同学时候那样睡在一起，严子陵睡熟后一个翻身，就把脚放在光武帝的肚子上了，光武帝也没有在意。第二天，主管观测天象的太史前来报告，说有客星侵犯帝星的征兆，而且非常急迫。光武帝笑着说："哪有什么事啊，不过是昨天晚上我和老朋友严子陵睡在一起，他把脚放我肚子上了而已。"

光武帝想拜严子陵为谏议大夫，但严子陵没有接受。光武帝见实在没有办法让严子陵出山辅佐他，就放他回去了。严子陵回到富春江从事农业劳动，时不时地还去江边钓鱼，过着悠闲的生活。后来人们把严子陵钓鱼的地方称为严陵濑，现在那个地方被称作严子陵钓台，是一处风景名胜。

建武十七年（41年）的时候，光武帝又想起了严子陵，又一次请他出来做官，这一次严子陵还是没有同意。严子陵80岁那年在家中去世，光武帝非常悲痛，感到很惋惜，于是下诏书给当地官府，赐给严子陵的后人100万钱和1000斗谷子，让他们给严子陵筹办丧事。

就这样，严子陵放弃了做官的前程，给中国古代知识分子留下了自己的尊严，后人一直把他看成是不向权贵低头，维护自身尊严的知识分子的典范。

梁鸿与孟光

东汉出了不少有名的隐士，严子陵只是其中最有名的一个，而梁鸿和孟光作为一对夫妻隐士，在历史上也很有名气。

梁鸿的父亲很早就去世了，当时正好遇上动乱，梁鸿来不及妥善安葬父亲，只好用席子将去世父亲的尸体卷起来草草安葬了。梁鸿后来在太学里学习，他家里很穷，但他从来不因为自己穷而自卑，反而崇尚高尚的品德，为人正直，而且喜欢读书，几乎没有他不懂的学问。但是他从来不写书，也不轻易发表议论，是一个很谨慎的学子。他结束在太学的学业后，就到上林苑放猪牧羊。有一次他不小心引起了火灾，把别人家的房屋给烧了，梁鸿找到那家人，打听他们的损失情况，把自己养的猪全部赔给人家。但那家人觉得还是太少，梁鸿没办法，只好说："我没有别的财产了，只能到你家来当工人，用这个来赔偿吧。"那家人同意了。梁鸿到了那家后做事很勤快，从来都不偷懒，邻居们觉得他不是个普通人，把梁鸿看成是忠厚的长者，都谴责那家人不厚道，如此对待梁鸿。那家人也很后悔，开始尊敬起他来，把猪全部还给了他。梁鸿没有接受，而是离开了那儿，回老家去了。

当时梁鸿的名声已经传了出去，许多有权势的家族都很仰慕他，想把女儿嫁给他，但梁鸿都婉言谢绝了。他们县有一家姓孟的人家，家里有个女儿，长得又胖又丑，皮肤很黑，力气大得能够举起石臼，所以30岁了还嫁不出去，她自己也不愿意嫁人。父母很奇怪，问她是为什么，她说："我想嫁给梁鸿那样贤能的人。"梁鸿听说这事后并没有觉得奇怪，而是出人意料地给孟家下了聘礼。孟家女儿请父母给自己做了几套布衣服和麻鞋，还弄了些放编织品的筐子和纺织用具，直到要出嫁的时候才肯打扮自己出门。

嫁给梁鸿整整 7 天了，梁鸿连话都不肯跟她说。她跪在床前问道："我听说您是个高尚的人，已经谢绝了好几个好女子了，而我也拒绝过儿个男子的求婚。现在您不喜欢我，那么请告诉我是为什么，我好向您请罪。"梁鸿回答："我要娶的是能够穿生毛皮和粗布衣服的女人，这样她就可以和我一起隐居山林。现在你打扮得这么华丽富贵，这难道是我想要的吗？"妻子回答："我这么做其实是想试探您，看您的志向到底如何。我当然准备了隐居穿的衣服的。"于是把发型改了，穿上早已准备好的布衣服走到梁鸿跟前。梁鸿看了之后非常高兴，说道："这才是我梁鸿的妻子啊！这下你可以侍奉我了！"于是替她取名孟光，字德曜。

两人在一起住了一段时间后，孟光对梁鸿说："我听说您一直都想隐居以躲避战乱，怎么到现在还没有行动呢？是不是向世俗低头了？"梁鸿说："当然不是了，我们现在就隐居吧。"于是两人一起到了山中隐居下来，梁鸿种田，孟光织布，闲下来的时候就一起读《诗经》《尚书》，或者弹琴取乐，内心里非常景仰那些高洁的人，并为以前的 24 个隐士写了称颂的文章。

后来两人到了吴国，投奔名士皋伯通，平时靠替人舂谷物为生。每天回到家里，孟光都为梁鸿做好饭，在梁鸿面前低下头不敢看他，把饭放在小桌子上，举到和自己眉毛平行的高度，将饭菜送到梁鸿跟前。这就是"举案齐眉"成语的由来。皋伯通看到这种情况后，说："这个人能让妻子如此的敬重他，肯定不是普通人。"于是把他们接到家里来住。梁鸿平时闭门在家写书，一共写了 10 多本书。后来梁鸿得了重病，在弥留之际，他对皋伯通说："过去季札把儿子埋在赢和博这两个地方之间，而不把尸体运回故乡，所以千万不要让我的儿子把我的灵柩送回故乡。"不久梁鸿就去世了。皋伯通等人替他在要离墓边找了一块地将他安葬。大家都说："要离是一个勇烈的人，而梁鸿则是一个品行高洁的人，所以可以把他们葬在一起。"梁鸿被安葬后，孟光就回到了故乡。

梁鸿和孟光夫妻二人品行高洁，双双隐居，过着恩爱而又遵守礼节的生活，千百年来一直为人所景仰，成为夫妻的典范。

骄横跋扈的梁冀

东汉中后期，皇帝通常年龄都很小，所以权力一般都掌握在外戚手中。那些外戚普遍没什么本事，只是仗着是皇帝的亲戚而得以掌握大权，所以都干了不少坏事。梁冀的两个妹妹都是皇后，他权倾一时，成为历史上有名的大奸臣。

梁冀外表丑陋，也没有什么才学，但他出身高贵。从小就和一帮狐朋狗友鬼混，当时公子哥儿当中流行的东西他无一不精，别的本事却一点儿都没有。长大后仗着家里的势力反而官运亨通，一直爬到了执金吾的高位。

后来他被任命为河南尹，在任上残暴贪虐，干了不少坏事。洛阳县令吕放是他父亲梁商的好朋友，看不惯梁冀胡作非为，在梁商面前说了不少梁冀的劣迹。梁商责备了梁冀，但他不但不知道悔改，反而对吕放怀恨在心，派人暗中刺杀了吕放。

梁商死后，梁冀被任命为大将军。汉顺帝去世，还是婴儿的汉冲帝即位，梁冀的妹妹梁太后临朝听政，命梁冀等人辅政。梁冀虽然表面上推辞，但却更加横行霸道了。

冲帝很早就死了，梁冀为了独掌大权，故意扶立年仅8岁的汉质帝。但汉质帝虽然岁数小，人却很聪明，他很清楚梁冀的骄横。有一次在朝会上，他指着梁冀说："这是个跋扈将军。"梁冀非常生气，又不好当面发作，只好忍了下来。后来他命令心腹给汉质帝吃下掺有毒药的饼，把汉质帝毒死了。

梁冀随即又扶立汉桓帝，他害死了太尉李固和前任太尉杜乔，只手遮天，独揽大权，前前后后给自己封了多达3万户的封地。梁冀的仆人秦宫和他妻子孙寿私通，在梁家很有地位，就连那些刺史、太守来京城，都要先来拜见秦宫，可见梁冀本人的权势有多大了。

梁冀怕老婆，孙寿要他多多提拔孙家的人，他就以显示自己谦让为理由，罢免了梁家的许多人，转而提拔孙家的人。那些人上台后别的都不会，贪污腐败却一个比一个狠。他们让心腹把有钱人的名单开出来，然后随便安个罪名逮捕那些人，关起来拷打，直到那些人的家人出钱赎人为止。扶风郡有个叫士孙奋的人，非常有钱，但有点吝啬。梁冀想敲诈他，先送了一匹马给他，然后问他"借"5000万。士孙奋知道梁冀不可能还钱的，只给了3000万。这下可把梁冀激怒了，他硬说士孙奋的母亲是自己家掌管财物的奴隶，偷了钱逃跑了。于是把士孙奋兄弟抓起来活活打死，把他们家全部财产据为己有。全国各地进贡的物品，一向是先给梁冀最好的，次等的才送到宫里。梁冀搜刮钱财不遗余力，上他们家行贿送礼的官员络绎不绝，可见东汉王朝已经腐败到了什么地步。

梁冀喜欢兔子，专门在河南县修建了一个兔苑，然后从各地征调活兔，在它们身上做上标记，如果谁不小心触犯了兔子，就会被抓起来处死。曾经有个西域人不知道规矩，误杀了一只兔子，结果牵扯进了不少人，因为这件事而被杀的人竟然多达十余个。梁冀还到处抢掠良家子弟，强迫他们充当自己家的奴隶，称为"自卖人"。

有个叫吴树的人被任命为宛县令，临行前向梁冀辞行。梁冀在宛县有不少宾客，托他照顾。吴树是个很正直的人，他告诉梁冀："那些小人人人都该杀，大将军位高权重，应该多多举荐贤良，宛县是个大县，贤才很多，但我从没有听说您举荐过谁。而您托付给我的都不是什么好人，所以很难办到。"梁冀听了之后很不高兴。吴树上任后杀了几十个鱼肉百姓的梁冀的宾客，梁冀恨透了他。后来吴树升任荆州刺史，又去向梁冀辞行。梁冀在他吃的东西里下毒，把吴树害死了。辽东太守侯猛只是因为初次上任没来拜见梁冀，就被梁冀找了个借口把他给腰斩了。

很多正直的人看不惯梁冀的跋扈，纷纷站出来指责，但都被梁冀害死了。而且梁冀还非常多疑，他的弟弟梁不疑喜欢读书，和士人关系很好，和哥哥性格完全不同。梁冀因此很妒忌他，于是把梁不疑调离，让自己的儿子接任。梁不疑很生气，回到家里闭门自守，梁冀派人监视他。有几个人只是因为拜见过梁不疑，就被梁冀以别的罪名陷害致死。

汉桓帝渐渐长大了，看到梁家的人权力越来越大，而自己却没有什么实权，心里早就不满了。后来太史令说天象有变，责任在梁冀身上，梁冀不由分说，把太史令抓起来，活活打死在监狱里，这件事让汉桓帝极为震怒。梁冀越来越过分，甚至把魔爪伸向了汉桓帝的舅舅家。汉桓帝的愤怒终于爆发了，他和身边最受他信任的几个中常侍开始秘密策划除掉梁冀。

梁冀对皇帝的计划也有所耳闻，暗中做了防备。但他用人不当，他的内应很快就被抓了起来，汉桓帝抓住时机，派兵包围了梁冀的住宅，把梁冀的大将军印收了回来。梁冀见大势已去，被迫自杀。梁家和孙家的人不管年龄大小，全部斩首，被牵连进去的党羽被杀了数十个，加上罢黜的300多人，整个朝廷几乎都空掉了。百姓们知道梁冀被杀后，无不欢呼雀跃。梁冀的家产被全部收缴拍卖，前后共有30亿之多，相当于全国租税收入的一半，而梁家从此一蹶不振。外戚的权力被转移到了宦官的手中，东汉进入了另一个黑暗时期。

十常侍之乱

汉桓帝很年轻就死了，继位的是汉灵帝，这是个更加荒淫无道的皇帝。他出了名地贪财，把朝廷的官职标上价码公开出售，即使是正常的升官，也得交钱，然后把那些钱都用来给自己修筑宫室园林。在他身边的宦官帮助他搜刮钱财，有10个人被升任为中常侍，于是人们把他们叫作十常侍。

十常侍不光替汉灵帝搜刮钱财，他们也从中中饱私囊，只要向他们行贿，不管什么事情都能够办成，一时间朝廷上下乌烟瘴气，很快就激起了黄巾起义。很多正直的官员看不下去，郎中张钧上书弹劾十常侍，认为黄巾起义的根源就在于十常侍安置私人，残害百姓，所以才官逼民反。他建议皇帝把十常侍全部杀掉，向百姓谢罪，这样可以不用打仗就平息起义。

汉灵帝把张钧的奏章拿给十常侍看，十常侍看了之后吓得要死，赶紧脱掉帽子和鞋，跪在地上拼命叩头，请求让他们自己去洛阳的监狱，并把财产拿出来作为军费，只求免自己一死。汉灵帝命令他们照常任职，然后对张钧发怒说："你这个人太狂妄了！难道十常侍中间就没有一个好人？"张钧又一次上书弹劾，但这次皇帝根本不理睬他。

不久，汉灵帝下令廷尉搜捕加入黄巾道的人，十常侍暗中唆使御史诬陷张钧学黄巾道，把张钧抓进监狱活活打死。汉灵帝并没有从黄巾起义中吸取教训，反而变本加厉地搜刮起来。他本来出身侯爵，家里不算富裕，经常感叹汉桓帝不会积蓄钱财，等他当了皇帝后，就想尽各种办法捞钱，还在宦官那里寄存了几千万的钱。昏庸的汉灵帝还说："张常侍（张让）是我爸爸，赵常侍（赵忠）是我妈妈。"可见他对十常侍的信任。而十常侍仗着皇帝的信任更加胡作非为起来，他们模仿皇宫给自己修筑了华丽的住宅。由于汉灵帝曾经登高望远，他们害怕皇帝看见他们的住处，于是唆使党羽向皇帝进谏："天子不应该到很高的地方上去，天子登高，百姓就会离散。"汉灵帝相信了他们的鬼话，终其一生都再没有登高远望过。

汉灵帝去世后，汉少帝即位。当时执掌军权的是大将军何进，何进其实也没有什么本事，无非仗着妹妹是汉灵帝的皇后而已。当时的中军校尉袁绍实在看不惯十常侍的跋扈，劝何进想办法除掉十常侍。何进说要问问太后的意见，而太后则不同意，这件事就被耽搁了下来。何进想调集地方上的军队进京剿灭十常侍，袁绍等人坚决反对："大将军掌握兵权，要除掉几个宦官，还不是轻而易举的事？如果调集地方军队的话，万一走漏了风声，岂不是适得其反？"但何进没有能够听从，还是下令并州牧董卓带兵进京勤王。

结果消息泄露了出去，十常侍很害怕，决定先发制人。他们在宫里设好埋伏，趁何进进宫见太后的时候把何进杀死。何进死讯传出后，袁绍知道大事不妙，赶紧带兵前往皇宫，将赵忠等人杀死，并四处逮捕宦官，不管年纪大小，一律处决。有的人并不是宦官，只是因为没有长胡子，也被当作宦官杀掉了。

张让等人见事态紧急，赶紧带了几十个人挟持汉少帝和陈留王冲出皇宫，向黄河逃去。这个时候董卓的军队已经开到城外，见皇宫起火，知道事情有变，赶紧向城西进军追赶，很快就追上了张让他们。张让等人见已经无法逃脱，一个个痛哭不已。张让对少帝说："臣等死后，天下就彻底乱了，希望陛下保重！"说完就投河自尽了。

董卓追上来后，向皇帝询问情况，汉少帝早吓糊涂了，一个字都说不出来，倒是陈留王很冷静，虽然年纪比少帝小，但说话头头是道。董卓觉得陈留王才适合做皇帝，于是在掌权后把少帝废掉了，拥立陈留王为皇帝，即汉献帝。

十常侍之乱开启了东汉末年军阀混战的局面，在这次内乱中，外戚和宦官势力两败俱伤，而地方军阀势力控制了朝政，为日后三国鼎立创造了条件。

大奸臣董卓

董卓年轻的时候曾经游历过羌人居住的地区，和羌人的首领们交往甚密，后他回家后，羌人来找他，他很慷慨地把家里的耕牛杀掉用来招待。羌人很感动，回去后送了上千头牲畜给他，从此董卓慷慨豪侠的名声就传了出去。后来他当了官，武艺高强，能够左右开弓，羌人很怕他。

汉桓帝末年，董卓担任军司马，参与讨伐叛乱羌人的战争，在战斗中立了功，朝廷升了他的官，还赏赐他9000匹布。他说："虽然立功的是我自己，但赏赐应该归将士们。"于是把赏赐的布全部分给了部下，自己一点都没有留，得到了军心。

汉灵帝末年，朝廷征调他为少府，他没有应征，朝廷因为不能控制他而感到担心。汉灵帝生病的时候下诏书升他为并州牧，并让他把军队交给皇甫嵩。董卓找理由推脱了，把军队带到河东一带，静观形势的变化。

十常侍之乱后，董卓进入了洛阳。他只带了3000人来，兵力太少，怕控制不了局势。于是隔几天就悄悄地把军队开到城外，第二天又大张旗鼓地把军队开进来，让别人以为他的援兵来了，把洛阳人都瞒了过去。不久他把何进和何苗的军队划到自己部下，又收买吕布杀死丁原，吞并了他的部队，这样，董卓的军事实力强盛了起来，开始具备左右朝政的实力了。他先让朝廷免去司空刘弘的职务，自己取而代之，然后废黜少帝，拥立汉献帝。又诬陷何太后逼迫汉灵帝的母亲，犯了悖逆之罪，把何太后迁到永安宫，随后就把她杀了。

董卓自任太尉，控制了军政大权。为了收买人心，他主张为当年的党人平反，将当初受害者们的子孙提拔起来。然后以朝廷名义晋升他为相国，允许佩剑穿鞋子上殿，封他的母亲为池阳君，董卓家族势力兴盛起来。

当时洛阳城内富豪很多，董卓放纵士兵到处抢掠，随便进出别人家里抢走财物和奸淫妇女，称之为"搜牢"。安葬何太后的时候，董卓把汉灵帝的陵墓打开，把里面陪葬的宝物抢了个精光。他公然奸淫公主，把宫女抢到自己家里做姬妾。还任意使用残酷的刑罚，手下人只要犯一点儿小错就被处死，大臣们朝不保夕。董卓有一次派军队到阳城去，当时人们在社庙那里集会，董卓下令把那些人全部处死，然后驾上他们的车马，把抢来的妇女装在车上，人头挂在车辕上，一路高歌而还。董卓销毁废除了五铢钱，改铸小钱，把洛阳的铜器都搜集起来熔化掉做铸钱的材料，结果搞得货币贬值，民不聊生。

黄巾军的余党郭太等人拥兵十几万，攻破了河东郡，董卓派牛辅率兵镇压，却没有击退对方。而袁绍等地方军阀又联合起来兴兵讨伐他，董卓害怕了，想把都城迁到长安去，他把反对他的人杀掉，然后将汉献帝迁到了长安。

长安当年被赤眉军烧了个干净，一直没有恢复过来，那里只留下了汉高祖的庙和京兆尹的府衙，董卓临时把汉献帝安排在那里住下，后来才迁到未央宫。董卓把洛阳几百万人全部迁到长安居住，迁移过程中，他手下的军队任意践踏百姓，再加上饥饿和路上经常遇到强盗抢劫，一路全是尸体。离开洛阳后，董卓把皇宫、宗庙、官府和民房一把火烧掉，两百里内都没有人家。他又让吕布去挖掘历代皇帝的陵墓和大臣的坟，把金银财宝挖出来归为己有。

当时，长沙太守孙坚率领人马讨伐董卓，董卓派部将徐荣和李蒙前去抵挡，击败了孙坚，将俘虏的士兵用布包裹起来，倒插在地上，然后往上面浇热油，活活把人烫死。

董卓在长安城东建造堡垒供自己居住，还在郿县建造了一座坞堡，城墙高厚各七丈，称为"万岁坞"，就是1万年也攻不破的意思。他在里面储存了可以吃30年的粮食，认为万无一失，说："大事如果能够成就，我就是天下的主人；即使不能成功，我也能在这里守一辈子。"他曾经前往郿坞，百官前去送行。他摆下宴席，然后把几百个被他诱降的在北地造反的人拉进来，当着百官的面把他们处死。先割下他们的舌头，然后砍掉手脚，挖掉眼睛，最后用锅来煮。那些人还没有断气，又把他们送到宴席上给大家轮流看。在场的人都吓得浑身发抖，连筷子都拿不住，只有董卓若无其事地又吃又喝。他手下的人言语稍微触犯了他，就会马上被杀。

王允除董卓

董卓干尽了坏事，朝中大臣人人痛恨他，许多人密谋暗杀他，都失败了。但司徒王允并没有放弃希望，他决心由自己来完成大业，拯救汉室。

王允知道董卓手下第一猛将吕布和董卓有矛盾。吕布本来是丁原的部将，后来被董卓收买杀死了丁原，董卓很信任吕布，认他为义子。董卓知道自己干了很多坏事，害怕别人对他不利，所以平时经常让吕布跟随左右保护自己。董卓脾气暴躁，有一次吕布因为一件小事惹怒了他，董卓不由分说就拿起手边的手戟朝吕布掷去。幸好吕布武艺高强，闪开了，于是赶紧向董卓道歉，这才没事。吕布曾经和董卓的婢女私通，怕董卓知道，心里一直很不安。他去找王允，想让王允帮他想办法。这个时候王允正在和别人商议刺杀董卓的事，见吕布来了，索性向他透露要杀董卓的事，要他当内应。吕布很犹豫，说道："我和他有父子的名分呢。"王允劝道："您姓吕，他姓董，本来就没有血缘关系。现在担心死还来不及，还管什么父子？再说当初他拿手戟掷您的时候，想到你们是父子了吗？"这段话把吕布说动了，于是答应作为杀董卓的内应。

消息传了出去，但没有人敢告诉董卓。有人在布上写了个"吕"字，背着在街上走，边走边唱："布啊！"有人把这事告诉了董卓，但董卓没有醒悟过来。

不久，汉献帝生了场病，痊愈后设下宴席请大臣来吃饭。董卓穿上朝服登上车准备前去，结果马突然受惊了，董卓摔倒在地上。他回去换了身衣服，他的小妾觉得这不是个好兆头，叫他不要去了，董卓不听，还是走了。但董卓毕竟心里有鬼，他下令在他家到皇宫的道路两边都站满士兵，层层保护他，又命令吕布等人紧随自己周围保护自己。王允和士孙瑞向汉献帝秘密递上诛杀董卓的奏章，让士孙瑞写诏书交给吕布，然后命令骑都尉李肃和吕布手下的心腹十余人穿上皇宫卫士的衣服，埋伏在北门，等候董卓。

王司徒巧使连环记　年画
此为《三国演义》中对王允计除董卓的故事的描绘。在《三国演义》中，罗贯中设计了一个名叫"貂蝉"的美女，她深明大义，周旋于董卓和吕布之间，最终促使吕布倒向王允，刺杀了董卓。

董卓快要走到的时候，马又受惊了，董卓觉得很奇怪，想回去。吕布劝他还是先进宫，于是他就进了北门。早已埋伏好的李肃见董卓过来，抓起长戟便刺，董卓在外衣下面穿有铁甲，没有被刺入，但胳膊受了伤，人摔在车下面。董卓赶紧回头大叫："吕布在哪里！"吕布接口道："奉诏书讨伐贼臣！"董卓大骂："你这条蠢狗竟然敢这么做！"吕布手持长矛向董卓刺去，催促士兵把董卓斩首。董卓的手下田仪和仓头向董卓的尸体跑去，吕布把他们杀了。然后派人带着皇帝的赦令，骑着马宣示皇宫内外。士兵们听见董卓被杀，全都高呼万岁。老百姓都跑到街上跳起舞来，城里的女子把珠宝和衣服卖掉来买酒肉庆祝。然后又派皇甫嵩率兵攻打郿坞，将董卓的母亲、妻子和女儿全部杀掉，灭了董卓全族。袁绍家的门生把董卓全族人的尸体都堆在一起，烧成灰，然后扔在道路上任人践踏。

但人们高兴得太早了，董卓虽然死了，他的残余势力还没有被消灭。董卓在遇刺前，把女婿牛辅派出去屯驻在陕县。牛辅派遣部将李傕等人率领数万人马到处抢掠。吕布派李肃奉诏命讨伐牛辅等人，结果李肃吃了败仗逃回来，吕布把他杀了。后来牛辅军营出了变故，牛辅害怕逃跑了，他身边带了许多金银珠宝，身边的人贪图那些财物，于是把他杀掉，将他的首级送到了长安。

李傕等人因为董卓遇害而痛恨并州人。当时他们的部队里有数百个并州人，全部被拉出来处死。牛辅死后，部下逃散，李傕等人害怕了，派使者去长安请求赦免他们。王允认为一年之内不能赦免两次，于是拒绝了。当时贾诩是李傕部下，他向李傕建议杀进长安为董卓报仇，如果失败的话，再逃也不迟。李傕认为这是个好办法，于是孤注一掷，向长安发动进攻。王允听说叛军来袭，派兵迎战，结果被杀得大败，李傕一路上收拢散兵，开到长安的时候已经有10多万人了。他们和董卓的旧部联合夹击，将长安包围了起来。围困8天后，吕布部下有人反叛，作了李傕的内应，城被攻破。叛军入城后大肆抢掠，遇害者多达数万。吕布抵挡不住，杀开一条血路逃跑了，王允保护汉献帝退到宣平门城楼上。李傕等人要求王允出来说明董卓到底犯了什么罪要诛杀他，王允无奈之下只好走了下来，几天后被处死。李傕等人把董卓埋在郿县，并把董卓族人的骨灰收集起来，放在一个棺材里埋掉了。结果在下葬那天，风雨大作，一道闪电劈在董卓的坟墓上，水流进墓穴，把棺材冲走了，大奸臣董卓最后还是落了个死无葬身之地的下场。

蔡文姬归汉

蔡文姬的父亲是东汉著名学者蔡邕，蔡邕的学问在当时是第一流的，但他和朝中的权贵不太合得来，所以他在汉灵帝统治时期就辞官归隐了。

董卓上台后，听说蔡邕很有学问，征召他出来做官，蔡邕知道董卓不会有好下场，于是称病推辞。董卓很生气，大骂："我的威严能够让人灭族，蔡邕如此不给我面子，我让他立刻大祸临头！"严令当地官员推举蔡邕到他府上做官。蔡邕见实在躲不过去，只好应征。董卓任命他为代理祭酒，见他确实很有才学，很敬重他。后来任命蔡邕为侍御史，又升任侍书御史和尚书。3天之内换了3个官署，也就是说，接连被提拔了3次。

董卓的爪牙们想让董卓和姜太公并列，也被称为尚父。董卓为这事向蔡邕请教。蔡邕说："姜太公辅佐周天子，灭掉了商朝，所以才有如此特别的名号。您现在的功劳和威望固然很高，但和他相比还有一定差距，应该等到关东平定下来，天子从长安迁回到洛阳，到那时候再说。"于是这事就搁了下来。

董卓被杀后，蔡邕到王允家做客，蔡邕无意中谈起这事，叹息不已。王允很生气，斥责他："董卓是国贼，差点颠覆了我们汉朝！你作为国家的大臣，不但不恨他，反而还对他的死表示遗憾，念念不忘他对你的私人恩情，你不是也和他一样犯了谋反之罪吗？"于是把蔡邕抓了起来，送到廷尉那治罪。蔡邕上书谢罪，请求刺面砍脚，把他的命留下好把《汉史》写完。由于蔡邕名望很高，朝中很多人都想办法营救他，但都没有用。太尉找到王允说："蔡邕是个奇才，他对汉朝的史实很熟悉，所以应该让他写完《汉史》。况且他一向以忠孝闻名，给他定罪也缺少证据，杀了他只怕会失去人心。"王允说："当初汉武帝不杀司马迁，结果让他写出诽谤的史书，一直流传到现在。现在国家正值危急关头，绝对不能让这种臣子在年轻的皇帝面前记录史实。这样既不利于对皇上品德的培养，也会让我们被他的史书讽刺。"太尉退出来后对别人说："王允可能活不久了。完美的人是国家的代表，经典的著作是国家的典籍守则，毁灭纲纪、废除经典的人难道还能长久活着吗？"结果蔡邕还是被杀了。蔡邕死后，王允也很后悔，但已经来不及了。

蔡邕有个女儿名叫蔡文姬，蔡邕很喜欢她，从小就教她读书写字。蔡文姬是个很聪明的人，很快就成为一个博学多才，琴棋书画无一不精的才女。后来她嫁给了河东人卫仲道，可惜丈夫没多久就死了，没有留下孩子，只好回到家里。蔡邕被杀后，蔡文姬流落民间，正值天下大乱，蔡文姬不幸被匈奴骑兵俘虏，把她献给了南匈奴的左贤王。左贤王很喜欢她，和她生了两个孩子。蔡文姬在胡地生活了12年，已经习惯了胡地的生活。这个时候，曹操已基本平定北方，想起了她。曹操和蔡邕交情不错，为蔡邕没有后代而感到难过。他听说蔡文姬流落胡地，就派使者去南匈奴，用金银珠宝把蔡文姬赎了回来。曹操见她一个人孤苦伶仃，于是把她嫁给了陈留人董祀。

董祀在做屯田都尉的时候犯了法，要被处死。蔡文姬很着急，跑去找曹操求情。当时曹操正在宴请宾客，各路王公大臣和使节齐聚一堂，曹操听说蔡文姬来找他，对众人说："蔡邕的女儿现在在外边，我让大家见见她吧。"于是请蔡文姬进来。蔡文姬蓬乱着头发走进来，向曹操叩头请罪，声音非常悲哀，在场的多数人都认识蔡邕，见到这个情形都很动容。曹操说："我确实很同情你，但是处刑的文书已经发出去了，怎么办呢？"蔡文姬说："您马厩里那么多快马，为什么非要怜惜一匹马的腿，而不怜惜一个快要死的人呢？"曹操被她的话打动了，于是派人把文书追了回来，放了董祀。当时天气已经有点冷了，曹操见蔡文姬衣着单薄，赐给她头巾鞋子还有袜子。曹操问她："听说您家里以前收藏了许多古书，现在还在吗？"蔡文姬回答："我父亲曾经留给我4000多卷书，但因为战乱，现在已经没有一本保存下来的了。我现在能够背诵下来的，只有400多篇了。"曹操说："那我现在派10个人去您那里把它们记下来。"蔡文姬推辞道："我听说男女有别，按照礼法不应该当面传授给他们。我只要求您给我纸和笔，我自己就能默写出来。至于要写草书还是楷书，就由您决定吧。"后来她把那些文章都默写了出来，没有一点遗漏错误的。

蔡文姬最大的贡献就是保留了那些历史文献，她还写过追思故乡及儿女的《胡笳十八拍》，使她成为历史上有名的才女。

三国志

　　《三国志》共65卷，包括《魏志》30卷，《蜀志》15卷，《吴志》20卷。晋陈寿撰，南朝宋裴松之注，是记述三国鼎立时期比较完整的史书，有纪、传而无志、表，文笔简洁，记事翔实，历来评价较高。同时裴松之的注重于事实的补充，分量多于原书数倍，是阅读《三国志》时必不可少的辅助读物。

魏武帝曹操

曹操的父亲是宦官的养子，所以他家里虽然很富裕，官也做得很大，但一般人还是看不起他们家。曹操从小就聪明机智，但并不注意自己的行为，当时的人基本上都觉得他没有什么过人之处。当然，也有个别人看重他，名士桥玄就认为他是个能够安定天下的人。曹操 20 岁的时候被推荐为孝廉，进入了政坛。黄巾起义爆发后，曹操加入了镇压起义的队伍，在战斗中立了不少功劳。他不畏权贵，敢于和恶势力做斗争。

曹操像

董卓作乱的时候，地方上很多掌握兵权的人联合起来组成反董卓同盟，向他开战。曹操也参加了，但他威望不够，盟主的位子让给了家门显赫的袁绍。董卓把都城迁到长安后，同盟军谁都不敢追击，只有曹操带领人马西进。在战斗中，曹操负了伤，和敌人打了个平手。

同盟解散后，曹操将河内作为自己的根据地，在那里招兵买马，打败了黑山贼，壮大了自己的实力。没过多久，曹操率领部队打败了青州的黄巾军，收降了 30 多万士兵，将其发展成一支极其强大的武装力量，称为青州兵。

汉献帝因为战乱而被迫四处逃难，曹操抓住这个机会将汉献帝接到了自己控制的许都，从此取得"挟天子以令诸侯"的政治优势。吕布打败了刘备，刘备来投奔曹操。别人劝曹操将刘备杀掉，曹操拒绝了。没过多久，曹操征讨张绣，张绣投降后又反叛，曹操猝不及防，吃了败仗，大儿子曹昂和侄子曹安民都战死了，曹操也被箭射伤，好不容易才逃走。曹操对部将说："我错就错在接受张绣投降的时候没有问他要人质。我现在知道失败原因了，你们等着瞧，我以后不会再有类似的失败了。"

曹操很重视人才。当年他举荐魏种为孝廉，一直认为魏种对他是很忠心的。兖州叛乱的时候，他说："只有魏种不会背弃我。"谁知道魏种早就跑了。曹操觉得很没面子，发怒道："魏种，除非你跑到胡、越这种我去不了的地方，否则我绝对不会放过你！"后来魏种被曹操俘虏，曹操却说："我只是考虑到他是个人才啊。"吩咐给魏种松绑，并继续任用了他。

袁绍打败公孙瓒后，又向曹操发动了进攻。当时曹操的实力远逊于袁绍，但是他善于用兵，充分发挥了自己的优势，又能使用奇谋妙计，奇袭袁绍军粮仓，一举歼灭了袁绍军的主力。最后将袁绍势力消灭，基本统一了北方。

曹操决心统一全国，于是发动了南征。他先消灭了刘表的势力，然后又将矛头对准了江东的孙权。曹操被胜利冲昏了头脑，在赤壁被孙权和刘备的联军打败，从此失去了统一全国的好机会。不得已，只好退兵。

曹操用人不拘一格，他下令只要是人才，不管出身贵贱、品行如何，都可以举荐。所以他手下人才济济，在三国里面，曹操手下的人才是最多的。那些人帮助曹操整顿内政，发展军事，使曹操成为三国中最强大的势力。

马超发动叛乱时，曹操率军亲征，和马超隔着潼关对峙。曹操自己牵制住马超，暗中派徐晃等人偷渡黄河，占据了河西一带。曹操从潼关渡河，还没有渡过去，马超就发动了攻击。曹操好不容易才渡过黄河。马超派使者求和，曹操不同意；马超又派人挑战，曹操也没有搭理他。后来马超坚持要曹操割地，曹操假装答应了。当时马超和韩遂结成了联盟，韩遂来见曹操的时候，曹操故意和他聊了很久，但并没有说打仗的事。马超生性多疑，他问韩遂："你们都说了些什么？"韩遂回答："没有说什么。"马超根本不相信，对韩遂产生了疑心。曹操继续使用反间计，他给韩遂写信，故意涂改了很多地方。马超果然中计，对韩遂更加不信任了，两人之间出现了裂痕。曹操和马超约定日子决战，他先派轻装步兵作战，打了很久之后才出动精锐骑兵夹击，把马超杀得大败。当初敌人经常增兵，曹操每次听说敌人有援兵到来的时候，都面露喜色。打败马超后，人们问他原因，他说："关中地区地势险要，如果敌人占据险要地形分散防守的话，那没有一两年的时间是平定不了的。现在他们集中起来，正好让我一举歼灭。而且他们兵虽然多，但谁也不服谁，军队没有一个主帅，那一仗就能打败他们了。所以当时我很高兴。"

曹操权力越来越大，后来强迫汉献帝封他为魏王。但是曹操本人没有篡位的想法，他想让自己的儿子称帝。曹操66岁那年去世，遗嘱上吩咐不要给他陪葬金银珠宝。曹丕建魏后，将曹操追封为魏武帝。

曹操在群雄并起的时候，能够运用计谋，将自己从弱小变为强大，能够广泛吸纳人才，不记旧仇，最终完成大业，算得上是盖世英杰。

书法大师钟繇的政治才干

汉末魏初，书法艺术开始兴起，这个时期书法家的代表人物是钟繇，而钟繇在政治上和军事上也颇有才能。

钟繇在东汉末年被举为孝廉，担任过一些官职。当时李傕、郭汜在长安发动叛乱，曹操派人向汉献帝上书，有人认为曹操不是真心臣服天子，想扣留曹操的使者。钟繇却认为曹操是真心效忠皇帝的，如果拒绝了他，恐怕会让那些效忠皇帝的人寒心，由此朝廷才恢复了和曹操的联系。曹操多次听荀彧称赞钟繇，又从这件事上看出了钟繇的见识，很赏识他。

当时割据关中的马腾和韩遂等人拥兵自重，互相攻杀，不听朝廷的号令。曹操因为在关东作战，不得分身，就派钟繇以侍中的身份代理司隶校尉一职，让他统领关中军队，把关中地区的政事也托付给他。钟繇到了长安后，写信给马腾和韩遂，跟他们说清楚了利害关系。于是马腾和韩遂都愿意归附朝廷，并将儿子作为人质送交朝廷。曹操在官渡和袁绍决战，钟繇送去2000多匹战马，解了曹操的燃眉之急。后来匈奴人在平阳作乱，钟繇带兵包围了平阳，但没有能够攻下来。这时候袁尚派的河东太守郭援来到河东，他的兵力比较强，钟繇手下的将领们都想撤退。钟繇说："袁尚的势力比较强大，郭援又来到了河东，关中的割据势力和他有联系，他们还没有公开背叛朝廷，是因为我在这里威慑他们，现在如果放弃而逃走，那么他们就知道了我们的软弱，岂不全面树敌？再说郭援这个人一向刚愎自用，他肯定不把我们放在眼里，我们可以等待他渡汾水的时候发起攻击，一定能获胜。"这个时候马腾被人说服前来帮助钟繇，他儿子马超率领精兵迎战郭援，郭援到了汾水边上，果然下令渡河。结果渡到一半的时候，马超发动攻击，把他杀得大败。后来钟繇又平定了卫固的叛乱，他把关中的人民迁到洛阳，四处召集流民和败兵充实洛阳人口，几年后，洛阳的人口才稍稍恢复。后来曹操征讨关中的时候，洛阳才能够提供人力和物力。

曹操被封为魏王后，任命钟繇为大理寺，升任相国。几年后，魏讽谋反，钟繇受到牵连，被罢官。曹丕建魏后，重新起用钟繇，任命他为廷尉。当时司徒华歆、司空王朗都是当时的名臣，曹丕对身边人说："华歆、王朗和钟繇他们3个都是一代伟人，很难再找到继承者了。"这话虽然有点夸张，但还是说明了钟繇在当时人心目中的地位。魏明帝继位后，封钟繇为定陵侯，加封食邑500户，又升任他为太傅。本来大臣上朝是必须脱鞋步行的，但由于钟繇患有关节病，跪拜不方便，华歆也一身是病，所以皇帝特别允许他们坐小车上朝，然后让人把他们抬到殿上就座。从此这也成了一个惯例，就是三公如果有病的话，上朝的时候允许坐车。

曹操有一次让钟繇等人审查那些将死刑改成宫刑的罪犯。钟繇认为，肉刑在古代就有，即使是古代的圣人，他们也都使用这种统治方法，所以请求恢复肉刑。因为肉刑是一种很不人道的刑罚，它是以残害人的身体作为惩罚手段，从汉文帝开始就逐渐被废除了。这次钟繇提出恢复肉刑，引起了群臣的反对，最后不了了之。后来在魏文帝一次宴会上又提出恢复肉刑，但由于赶上战争，暂时搁置了下来。

魏明帝统治时期，钟繇再次把这个议题提了出来，他认为罪有轻有重，如果是因为犯了应该砍脚的罪而被处死，那是不对的，从法律角度来说是轻罪重判。另外最重要的一点是，国家经过连年战乱，人口大大减少，那些犯罪的人年龄大多在20岁到50岁之间，即使处以砍脚等肉刑，也不会剥夺他们的生育能力。如果恢复肉刑的话，那么全国每年能有3000人不会被处死，他们就可以为恢复人口出力。所以恢复肉刑不但不是暴政，还可以算得上仁政了。钟繇的这种意见在现在看来很没道理，但在当时的条件下，不能不说是一种进步。魏明帝下令让大臣们讨论，王朗认为钟繇的意见不能说是不对，但是毕竟肉刑名声太臭，一般人很难理解恢复肉刑实际上是为了减轻刑罚，容易造成误会。如果传到蜀国和吴

钟繇像

国那里，当地的老百姓就不敢来归附了。王朗的意见是把一些罪改成延长服苦役的时间，这样既可以减少死刑犯的人数，又不至于让人误会刑罚加重。当时参加讨论的人大多数都赞成王朗的意见，再加上蜀国和吴国还没平定，所以这事就搁置了下来。

钟繇去世后，皇帝穿着素衣亲自为他吊丧，他的儿子钟毓和钟会后来都很有名望，尤其钟会，参与了灭亡蜀国的战争，在历史上也很有名气。

威震敌胆的张辽

《三国演义》里面，曹操手下唯一能和关羽惺惺相惜的大将就是张辽了，以关羽高傲的性格能敬重佩服张辽，说明张辽确实是个很优秀的将领。历史上的张辽和小说比起来毫不逊色，也是一个能文能武的大将。

张辽本姓聂，后来为了躲避仇家而改姓张，年轻的时候当过郡吏。东汉末年，丁原因为他勇冠三军，征辟他为从事，派他率兵前往京师。何进又命令他去河北招募士兵，等完成任务回到京师，何进已经遇害，张辽只好归附到董卓手下，董卓死后他又投靠了吕布，被任命为骑都尉。吕布战败后，他跟随吕布逃到徐州，任鲁国相，年仅28岁。曹操彻底击败吕布后，张辽投降，就任中郎将，赐爵关内侯，因为屡立战功，升为裨将军。袁绍失败后，张辽奉命平定鲁国，和夏侯渊一起围攻昌豨。打了几个月的仗，粮食都吃完了，大家商量是否退兵。张辽对夏侯渊说："这几天我在巡视的时候，发现昌豨总是在城墙上凝视我，而且他们射箭也变得稀少起来。我想肯定是昌豨在计谋上犹豫不决，所以才消极作战。我打算和他谈谈，也许能让他投降。"他派人告诉昌豨，想让两人谈谈。昌豨下城和张辽谈话，张辽最后把他劝降了。回去见曹操时，曹操责备他："这不是大将的做法。"张辽认错道："因为您威震四方，我奉您的指令去昌豨那里，他肯定不敢加害我，所以我才敢这样做。"

后来他跟随曹操在讨伐袁谭和袁尚的战役中立了功，代理中坚将军，把那里的百姓迁移到黄河南岸，再回去和曹操一起攻打邺城，胜利后又带兵攻下了赵国和常山，招降沿路的盗贼。灭掉袁谭后，又夺取了海滨地区。班师回到邺城时，曹操亲自迎接张辽，请他和自己同乘一辆车，任命他为荡寇将军。随后张辽带兵攻打荆州，平定江夏，一路所向披靡。跟随曹操攻打袁尚时，半路和敌人突然相遇，张辽劝曹操迎战，勇气十足，曹操同意了，把用来指挥军队的旗帜给了张辽。张辽于是率兵出击，大败袁尚，将乌桓单于蹋顿斩杀。

当时荆州还未平定，张辽奉命驻守长社，出发时，有人企图叛乱，晚上军中受惊而大乱，还失了火，全军陷入一片混乱。张辽很冷静，他对身边人说："不要动，这不是整个军营都反了，一定是有人企图发动兵变，想用这场动乱来扰乱人心而已。"他下令不叛乱的人都原地坐下，他自己率领几十人站在军营中间，一会儿就安静下来了，然后把谋反的首领抓出来杀掉。陈兰和梅成叛乱时，曹操派于禁讨伐梅成，派张辽监督张郃等人讨伐陈兰。梅成假装投降，于禁班师，在半路上梅成率领部下投奔陈兰，躲进了天柱山。天柱山山势陡峭，道路狭窄险峻，只能步行，陈兰在山上设置防线，很难攻下。张辽命令进攻，大家说："我们兵少，而且路也不好走，很难使用深入敌军的战术。"张辽说："这就是所谓的势均力敌的两方，谁更勇敢谁就能获胜的道理。"他把军队开到山下扎下营寨，然后发动进攻，大败叛军，将陈兰和梅成杀死，全歼敌军。曹操论功行赏的时候将张辽列为头功。

　　曹操在赤壁吃了败仗后，派遣张辽、乐进和李典率领 7000 多人驻守合肥，曹操前去征讨张鲁，临行前留下一封信，在信封边沿写着："敌人到时再拆。"不久，孙权果然率领 10 万人马来袭，大家把信打开，上面写的是："如果孙权来的话，张辽和李典出城迎战，乐进守城，护军薛悌不准参战。"大家都糊涂了，张辽说："主公在外面打仗，如果等救兵来的话，城池早被攻破了。所以信上才让我们在敌人还没有集中之前给他们个迎头痛击，先挫伤他们的锐气，稳定我们的军心，这样才能守住。成功和失败的关键就在这一仗上面了，大家还疑惑什么？"李典的想法和他一样，于是张辽在当天晚上就募集了 800 人，杀牛设宴犒赏大家，准备第二天决战。清晨的时候，张辽披挂整齐，手持长戟冲在队伍最前面，向吴军发动攻击，亲手杀死敌兵数十人和两个将军。他一边大喊"我是张辽"一边冲入敌人营垒，一直冲到孙权的指挥旗下。孙权大吃一惊，周围的人也目瞪口呆，赶紧退到一座山丘上，众将手持长戟把孙权保护在最里面。张辽在下面向孙权挑战，孙权动都不敢动，等看到张辽人少才下令将张辽包围。张辽率领部下突围，杀开一条血路，和几十个士兵冲了出去。那些留在包围圈里的士兵大喊："张将军，您扔下我们不管了吗？"张辽听见后回头杀进了包围圈，把剩下的士兵救了出来。孙权的人吓得纷纷逃跑，无人敢挡。从清晨杀到中午，孙权的士兵都丧失了斗志。张辽见目的已经达到，下令回城，城里的人心才安定下来，大家都很佩服张辽。孙权围攻了十几天，见实在攻不下来，只好撤回去了。张辽见吴军撤退，率兵追击，差一点活捉孙权。曹操对张辽的勇猛十分欣赏，提升他为征东将军，后来曹操路

水陆攻战画像石
水上、陆地、刀光、剑影在狭小的空间里得到充分体现，反映了当时战争的一个侧面。

过合肥，巡视当年张辽和吴军大战的地方，感慨了很久。

魏文帝即位后，封张辽为晋阳侯，接见张辽的时候又询问当年打败吴军的情况，下令给张辽修建住宅，并特意为他母亲盖殿堂。还让张辽招募当年和他一起打败吴军的士兵，全部任用为虎贲。张辽生病时，魏文帝派去慰问的使者在道路上络绎不绝，还专门把张辽接到他的住处，亲自去看望，下令每天都赐给他皇帝的饮食。病刚好了一点，张辽就回到驻地了。后来孙权再次进兵，魏文帝派张辽和曹休前去征讨，孙权听说张辽来了，十分害怕，告诉手下人："张辽虽然现在得病，但勇不可当，你们要小心他。"很快，张辽就率军打败了吴兵，不幸的是由于旧病复发，在江都去世。魏文帝听到噩耗后痛哭流涕，重重抚恤了张辽的家属。

邓艾灭蜀

邓艾少年时期就失去了父亲，以替人养牛为生。12岁的时候在碑文中看到"文为士范，行为士则"的话，于是把自己的名字改作范，因为家族里有人也叫范，就改名为艾。他有口吃的毛病，所以不能担任重要的小吏，充当了不用多说话的稻田守丛小吏。他每次看见高山大湖，都指指点点哪些地方可以设立军营，当时的人大多都笑话他。司马懿觉得他很有才能，于是征召了他，不久升任他为尚书郎。

当时朝廷打算开拓田地，储备粮食，派邓艾巡查东南。邓艾认为那里的土地虽然很肥沃，但缺少水源，所以应该在当地兴修水利，开凿河道，这样既能灌溉农田，又可以开通水路把粮食运往京城。他为此专门写了本《济河论》，阐述了他的治河思想。司马懿觉得他说得很好，于是全部照办。河渠开通后，每次东南一带发生战争，都可以很方便地出动大军顺流直下，既有充足的粮食又可运输大军，这都是邓艾的功劳。

邓艾后来参与了对蜀国的战争，在战争中得到了锻炼，因为抗击蜀军入侵有功，被封为讨冠将军，赐爵关内侯，调任城阳太守。此后多次立下战功，为灭亡蜀国积累了经验，也锻炼了胆识。

后来姜维伐魏，朝廷任命邓艾为安西将军。当时朝中的谏官们多数认为姜维兵力已经耗尽，没有能力再进攻。邓艾说："我们刚打了败仗，对方有乘胜进攻的气势，而我们现在很虚弱，这是其一；敌人军队上下都很熟悉，兵器也锋利，而我们刚换了将领，补充了新兵，损坏的兵器没有修复好，这是其二；敌人用船行军，而我们步行，劳累安逸不同，这是其三；我们有很多重要地方需要分兵把守，兵力被分散了，而敌人把兵力都集中在一起，这是其四；姜维从南安和陇西出兵，可以补充羌人的粮食，而且祁山那里有上千顷成熟的麦子，这是吸引他们来的钓饵，这是其五。所以敌人一定会继续进攻的。"不久，姜维果然向祁山进军，听说邓艾已经有了防备，两军在段谷激战，姜维大败，退了回去。两年后，司马昭下令讨蜀，让邓艾牵制姜维。姜维在剑阁死守，钟会攻了很久也没有攻下。邓艾建议从阴平出发，走小路经过德阳再到涪县，那里离成都很近，在那里出奇兵向成都进攻，剑阁的守军必然赶来援救，钟会就可以轻松突破剑阁了。如果守军不去援救，那么那支奇兵就可以直接把成都攻下，现在偷袭空虚的地方，是肯定可以打败蜀军的。

当年十月，邓艾从阴平出发，走了700多里的不毛之地，逢山开路，遇水架桥。当地山高路险，军队走得很慢，粮食也吃光了，已经到了非常危急的关头。翻越山崖时，邓艾毅然用毛毯裹着自己，从山上滚了下去，士兵们也都攀缘树木下了山，最后成功到达了平原地带。邓艾不费吹灰之力攻下了江油。诸葛亮的儿子诸葛瞻从涪县回到绵竹，摆好阵势等邓艾来进攻。邓艾命令儿子邓忠攻右边，师纂攻左边，结果出师不利，退回来和邓艾说："敌人不能击破。"邓艾大怒："生死存亡在此一战，有什么是不可能打败的？"让他们回去再攻，把蜀军杀得大败，诸葛瞻战死。刘禅见大势已去，只好投降。

邓艾灭掉了蜀国，心里非常得意，他对蜀国人说："其实姜维也算是英雄了，可惜遇上了我，所以才失败。"

邓艾居功自傲，对朝廷的诏命有点不太重视，被人弹劾，加上钟会妒忌邓艾抢了他的功劳，联合师纂等人告发邓艾，于是朝廷下诏把邓艾关在囚车里送到京城去。

邓艾被囚禁后，钟会到了成都，掌握了当地的大权。他在姜维的唆使下发动了叛乱，结果失败被杀。邓艾的手下趁乱追上邓艾的囚车把他放了出来，卫瓘派田续等人征讨他，在绵竹相遇，把邓艾、邓忠父子杀了，他在洛阳的儿子也都被杀。邓艾直到晋武帝时期才被平反。

神医华佗

华佗是历史上有名的神医，直到现在，形容某个医生医术高明时都常常用"华佗再世"这个词，说明华佗在人民心目中的地位。可惜华佗救了那么多人，最后却死于非命，连他用毕生心血写的医书都被焚毁，不能不让人感慨封建制度对人才的摧残。

华佗年轻的时候曾在徐州一带求学，学习了几种医书，当时很多人请他做官，他都拒绝了。华佗精通养生之术，人们都以为他快100岁了，但还是保持着壮年人的外貌。华佗善于开药方，配药不用称量，心中自然掌握了药物的分量，他煮好药就让病人服用，告诉他们用药的次数，用完药就能痊愈。如果给病人针灸，选穴不过一两个，每个穴位针灸不过灸七八下，病就好了。如果需要扎针，他下针时会告诉病人："针扎进去后应该有某种感觉，如果感到了就告诉我。"当病人说感到了时，他就立刻拔针，疼痛马上消失。如果疾病靠针灸和药物治疗无效的话，华佗会给人开刀。开刀前，他会给人喝一种叫麻沸散的药，病人不一会儿就会昏睡过去，什么都不知道，华佗就开刀割去患病的部位。比如病患在肠子里，他就把肠子切开清洗，然后把腹部缝合起来，用药膏涂抹伤口，过个四五天就好了，也不会感到疼痛，病人自己也没有感觉，一个月内伤口就能全部长好。华佗的神奇医术治好过很多疑难杂症。

有两个人一起来看病，都是头痛发热，症状都一样。华佗却让一个人吃泻药，另一个吃发汗药。有人就问为什么他们症状一样，但治法却不同。华佗回答道："他们一个是因为肠胃有病，一个是受了风寒，治疗方法当然不一样了。"结果第二天早上，两个人都大有好转。

有一次华佗的朋友来看他，刚一进门华佗就问他："你身体感觉怎么样？"那人说："和平时一样啊。"华佗告诉他："你有急病，千万不要多喝酒。"那人坐了会儿就走了，走了几里地后，他突然感到头晕，从车上掉了下来，回到家第二天半夜就死了。

华佗像

华佗，字元化，沛国谯（今安徽省亳州市）人。华佗约生于汉永嘉元年（145年），辛于建安十三年（208年）。华佗是东汉末年一位著名的医学家，被后世尊为"外科鼻祖"。

彭城夫人晚上上厕所的时候被毒蝎子蜇了手，痛得一直呻吟，别的医生一点办法都没有。华佗让人把汤药烧热，让夫人把手放在汤药里，夫人的痛感减轻了很多，终于可以睡着了。然后让人多次换汤药，保持药的温度，天亮时手就好了。

有个太守得了病，请华佗去治疗。华佗诊断只要让他大怒就能痊愈，于是收下他的很多财物，但就是不给他治病，不久还跑掉了，留下一封信把那个人骂了一顿。那个太守果然大怒，命令手下去追赶，一定要杀了华佗。他儿子知道内情，暗中嘱咐手下不要去追。那人越气越难受，实在憋不住了，喷出好几口黑血，没过多久病就痊愈了。

曹操听说了华佗的医术后，把他召去给自己看病。曹操患有头风病，每次发病的时候都头昏眼花，华佗用针扎他的膈，一针见效。

有一位李将军的妻子病得很重，请华佗来医治。华佗说："伤了胎，但胎儿没有流下来。"李将军说："确实是伤了胎，但胎儿已经打掉了。"华佗说："根据脉象显示，胎儿其实没有打下来。"李将军觉得华佗这次弄错了，华佗就走了。那女子也好了些，但过了100多天后，病情突然加重，于是再次来找华佗。华佗说："根据这个脉象，肯定是有胎儿的。前一次应当生两个孩子，一个孩子被打掉了，出了很多血。后面那个孩子来不及流出来，所以母亲没有感觉，别人也不会知道，也就没有注意。那胎儿死了后，血脉不再顺畅，胎儿就干枯掉了，贴在母亲的脊背内，所以夫人才会脊背疼痛。现在我给她喝汤药，同时用针扎某个穴位，这个死胎就一定会下来。"结果照他说的方法做了之后，妇人感到剧烈疼痛，像生孩子一样。华佗说："这个死胎时间太长了，没办法自己生下来，只能让人去把它掏出来。"果然最后取出一个死了的男胎，手脚都有了，只是颜色已经变黑，大约有一尺多长。

华佗本来是个读书人，但却因为医术高超而出名，而医生在当时社会地位很低，他常为这事而感到后悔。后来曹操得了很严重的病，请华佗前来专门为他治病，华佗说："这种病很难在短期内治好，必须长期坚持治疗才能痊愈。"但华佗离家时间太长，想回家看看，于是向曹操请假回去了。他到家后借口妻子有病，多次拖延回去，曹操连续写信让他回来，后来又让当地官员把他接送回来。华佗还是不肯回去，曹操很生气，派人去查探，说如果华佗的妻子真病了就赐给他礼物，再延长他的假期，如果他妻子没病，那就把他抓起来。结果华佗被抓进了监狱，认了罪。荀彧替他说好话："华佗的医术天下第一。这关系到人的生命，应该饶恕他。"曹操说："用不着担心，天下难道就不会有这样的鼠辈吗？"还是把华佗处死了。华佗临死前，把自己写的医书拿出来送给狱吏，狱吏害怕犯法，不肯接受。华佗也不勉强，把医书烧掉了。华佗死后，曹操还生他的气："华佗明明能治好我的病，偏偏让它延续下去，用它来抬高自己，如果我不杀死他，他也不会给我除去病根的。"

后来曹操最疼爱的儿子曹冲病危的时候，曹操才后悔了："我后悔把华佗杀掉，现在只能眼睁睁看着孩子死去了。"

"曲有误，周郎顾"

《三国演义》里面把周瑜描写成一个虽有才能，但却嫉贤妒能，心胸狭窄之人。这是小说家为了烘托诸葛亮而故意贬低周瑜。实际上周瑜是东吴最优秀的将领之一，他足智多谋，而且心胸开阔，在东吴的威信非常高。小说是作了艺术上的虚构，和史实并不吻合。

周瑜长得高大健壮，面容俊美，他和孙坚的儿子孙策同岁，两人从小就是好朋友。孙策起兵后，周瑜召集了一支军队前去投奔，孙策很高兴，认为周瑜来投奔自己，让自己如虎添翼。周瑜跟随孙策打了很多胜仗，这时孙策已经拥有了一支几万人的部队，他让周瑜去镇守丹阳。回到吴郡后，孙策拨给他2000士兵和50名骑兵，当时周瑜年仅24岁，被人称为"周郎"。吴军得知乔公的两个女儿，都长得非常漂亮，孙策娶了姐姐，妹妹嫁给了周瑜，她们就是历史上有名的大乔和小乔。

几年后，孙策去世，他弟弟孙权接管了江东的事务。周瑜率领军队前来吊丧，从此留在吴郡，以中护军的身份和长史张昭一起掌管军政大事。8年后，孙权征讨江夏，周瑜担任了前部大都督。

208年9月，曹操率军南下，荆州牧刘琮率领部下投降，曹操接收了荆州的人马，水陆两军达到数十万之多，东吴的士兵无不害怕。孙权召集部下讨论计策，大家都说："曹操和豺狼虎豹一样，但是他借着丞相的名义挟持天子征讨四方，动不动就以朝廷的名义发号施令，现在如果我们抗拒的话，就是和朝廷作对，显得名不正言不顺。而且您可以对付曹操的无非是长江天险，但现在曹操占领了荆州，刘表的水军和几千艘战船都为他所用，曹操让战船顺流而下，再加上他的步兵，水陆并进，这样长江天险由我们双方共有，而兵力差距是显而易见的。所以我们觉得最好还是投降曹操。"周瑜反对说："不对。曹操虽然名义上是汉朝的丞相，实际上是汉朝的奸贼。将军以神武雄才，又有父亲和兄长的威名作为凭借，控制了江东的地盘，方圆数千里，手下精兵无数，英雄豪杰也乐意为您效力，本来就应该横行天下，为汉室除去污秽。现在曹操自己跑来送死，怎么还能去投降呢？请允许我分析：假设现在北方已经完全安定下来了，曹操没有了后顾之忧，能够和我们打持久战，但他真的可以在水上和我们决一死战吗？要知道现在北方并没有完全平定，马超和韩遂还在函谷关以西，是曹操的心腹大患。而且舍弃车马，改用战船，和在水边长大的江东人打水仗，本来就不是中原士兵的长处。还有，现在是冬天，战马缺少草料，再说让中原地区的士兵来到这里，肯定会水土不服而病倒很多人。上面列举的都是用兵者最忌讳的，但曹操却冒险行动，所以将军活捉曹操应该就在今天了。我请求让我率领精兵3万，进驻夏口，保证打败曹操。"

孙权回答道："曹操那个老贼早就想废掉汉朝皇帝自立了，只是顾忌袁绍、袁术、吕布、刘表和我而已。现在那些人都被消灭，只剩我一个人了，我和老贼势不两立。周瑜主张和曹操作战，很符合我的意思，是上天把周瑜赐给我啊！"

这个时候刘备已经被曹操打败，打算南渡长江，在当阳和鲁肃相遇，双方一拍即合，刘备进驻夏口，派诸葛亮拜见孙权。孙权派遣周瑜、程普，让他们和刘备联合迎敌，与曹军在赤壁对峙。当时曹军已经发生了瘟疫，所以初次交战就失败了。曹操把兵驻扎在北岸，两军隔江相望。黄盖献火攻计，周瑜采纳了他的意见。周瑜选了几十艘大船，装满灌满油脂的柴草，让黄盖诈降曹操，最后一把火把曹军的战船烧了个精光，取得了赤壁之战的胜利。

周瑜和程普乘胜追击，进军南郡，和曹仁对峙，两军还没有交战，周瑜就派甘宁去占领夷陵。曹仁分出部分人马去围攻甘宁，甘宁向周瑜告急，周瑜采纳吕蒙的计策，留下凌统守卫，自己带兵去救援。解除曹军对甘宁的包围后，回来和曹仁约定了决战的时间。当天周瑜亲自督战，被流箭射中右肋，伤势不轻，回到了大营。曹仁听说周瑜卧床不起，发动攻击，周瑜勉强打起精神，到军营巡视，鼓舞士气，最后迫使曹仁退兵。

后来孙权任命周瑜担任偏将军，让他驻守江陵。刘备以左将军的身份兼任荆州牧，驻守公安。刘备去拜见孙权的时候，周瑜暗中上书说："刘备是枭雄，而且手下有关羽、张飞这样的大将，一定不会长久屈居人下，不是您可以任用的人。我觉得最好把刘备安置在吴郡，给他提供豪华的住宅，多给他美女和玩物，

赤壁大战绘画

让他在娱乐中丧失雄心。同时，把关羽、张飞分开，让像我这样的人统率他们，这样大事可定。现在分给他们许多土地，让这3个人聚在一起，就好像蛟龙得到了云雨，不会长久留在水塘中的。"孙权没有采纳他的建议，事态的发展果然和周瑜预料的一样。

不久，周瑜就病逝了，孙权非常悲痛，穿上丧服为周瑜哀悼，又亲自去迎接周瑜的灵柩。

周瑜年轻的时候对音乐很有兴趣，曾经做过一番细致的研究，即使在他喝了酒之后，如果演奏的音乐有错误，他也一定能听出来，知道后就一定回头来看，当时人称"曲有误，周郎顾"。

后来周瑜的侄子去世后，全琮推荐周瑜侄孙周护担任将领。孙权说："以前能打败曹操，吞并荆州，这全是周瑜的功劳，我从来没有忘记过。我早就想任用周护，但听说周护性情凶狠，用他恰恰是害了他，于是改变了主意。我对周瑜的思念，难道还有终止的时候吗？"

大意失荆州

关羽是中国历史上最受人崇敬的武将，后人把他的地位提到了"武圣人"的高度，和"文圣人"孔子并驾齐驱。原因不光是关羽武艺高强，最重要的是关羽讲义气，懂仁义，有勇有谋，可以说是最符合儒家理想人物形象的武将。再加上民间传说和小说的渲染，关羽的地位一天比一天高。历史上的关羽当然不会那么完美，但总的来说，关羽还是一个优秀的将领。

关羽跟随刘备南征北战多年，战功赫赫，虽然刘备力量弱小，总是失败，但关羽从来也没有背弃过刘备。后来刘备好容易得到荆州作为根据地，就派关羽驻守，他本人带着诸葛亮等人到益州去了。

孙权多次向刘备索要荆州，都被关羽拒绝了，孙权很生气，但为了共同对付曹操，只好先忍耐着。

后来关羽率兵进攻樊城的曹仁，曹操派于禁前去救援，关羽水淹七军，斩了庞德，于禁投降。此战过后，关羽声势大振，许多县城都脱离曹操政权，转而接受了关羽的号令，曹操怕得差点用迁都这个办法来躲避关羽的锋芒。当时司马懿等人建议派人离间关羽和孙权之间的关系，让孙权去对付关羽，曹操同意了。

之前孙权派遣使者为自己的儿子向关羽的女儿求婚，这本来是巩固蜀、吴两国关系的好机会，但

关羽擒将图　明　商喜

一向高傲的关羽本来就很看不起孙权，所以不但不同意联姻，反而把使者辱骂了一番。孙权因为这件事很恨关羽。南郡太守糜芳、将军傅士仁平时经常被关羽辱骂和轻视，也很怨恨他。关羽出兵以来，两人负责供应物资，但并不尽力，关羽很生气，扬言回去后一定要狠狠处罚他们。两人很害怕，正好孙权秘密和糜芳、傅士仁联络，他们就投降了孙权。

本来东吴这边由亲蜀派的鲁肃执政的时候，双方关系还可以，但鲁肃死后，对蜀强硬的吕蒙接替了他的位置。吕蒙一心想为东吴夺回荆州，等到关羽进攻曹仁的时候，他对孙权上书说："关羽外出作战，却留下很多士兵防守荆州，一定是害怕我从后面偷袭，我请求您允许我以治病为名率领部分人马回建业，关羽知道后一定会撤走防守的军队，全力向襄阳进攻。这样我军主力沿江而上，趁他后方空虚发动袭击，就能攻下南郡，关羽也会被俘。"孙权同意了。于是吕蒙自称病重，孙权下令让他回去。关羽果然中计，撤掉了南郡的部队。关羽打败于禁后，人马增加了不少，借口缺粮，把孙权囤积在湘关的军粮占为己有。孙权知道后立刻采取行动，派遣吕蒙进军。吕蒙到达浔阳后，把精兵都埋伏在大船里，然后招募一些老百姓摇橹，命令士兵化装成商人，日夜兼程，把关羽布置在江边的士兵全部活捉，而关羽对己方的情况一无所知。这样吕蒙很快就到达了南郡，接受了傅士仁和糜芳的投降。吕蒙进入江陵，俘虏了关羽和将士们的家属，并安抚他们，下令不准骚扰百姓。他有个亲兵从百姓家里拿了一个斗笠来遮盖公家的铠甲，吕蒙认为他违犯了军令，流着眼泪把他杀了。吕蒙还经常派人去慰问当地的老人，很快就收买了当地的民心。关羽返回途中，多次派人和吕蒙联系，吕蒙每次都热情款待，并让使者随意参观。那些士兵的家属都托使者带信，使者回去后，关羽手下的将士收到家里的信，知道家里一切平安，都无心再战。此时孙权带兵到了江陵，关羽见大势已去，只好逃往麦城，再走到漳乡。手下的士兵军心已散，抛弃关羽四散而逃，多数投降了孙权。孙权派遣朱然和潘璋堵住关羽的退路，俘虏了关羽父子，收复了荆州。

关羽父子被俘后，孙权劝他们投降，但关羽宁死不降，反而破口大骂，于是都被斩首，一代名将就此死于非命。吕蒙为东吴立下大功，但好景不长，吕蒙旧病复发，很快就病死了。

关羽一生英雄，但最终还是因为自己的骄傲而遭受了一生中最惨痛的失败。

夷陵大战

曹丕称帝的消息传到蜀汉地区的时候，人们都传说汉献帝已经被杀害了，刘备专门为汉献帝举行了丧礼。大臣们认为汉献帝既然死了，刘备作为汉室宗亲，就应该继承皇位，于是刘备就自立为帝。

当时关羽被东吴所杀，荆州也被东吴抢了回去，这两件事让刘备非常痛心。他即位后第一件事就是宣布讨伐东吴，为关羽报仇。赵云进谏，认为当前最大的敌人是魏国，再说谋朝篡位的也是魏国，当务之急应该是联合东吴一起讨伐魏国，等灭掉魏国后，东吴自然就会屈服。

但刘备被怒火烧昏了头脑，根本听不进任何反对意见。他通知张飞前往江州会师，留下诸葛亮辅佐太子，准备出兵。还没等他出兵，就传来了噩耗：张飞被部将暗害，凶手投奔东吴去了。蜀汉一连损失两员大将，实力被削弱不少，但这件事更加激怒了刘备，他攻打东吴的决心已经不可动摇了。

孙权知道刘备前来讨伐的消息后也很后悔当初的举动，尤其听说这次蜀军声势浩大，心里很害怕，就派遣使者去向刘备求和，被刘备拒绝了。

不久，刘备大军攻下巫县，一直打到了秭归。孙权只好派陆逊任大都督，率领5万人马前去抵抗。

刘备军进展很快，没多久就占领了东吴大片土地，然后挥兵向东。黄权劝阻他，认为水军顺流而下虽然容易，但如果要后退就困难了。建议让自己充当先锋，在前面开路，刘备在后面接应，这样比较稳妥。但刘备急着和东吴决战，没有听进黄权的话。他命令黄权守住江北，防止魏国偷袭，自己率领主力部队，一直进军到了夷陵。

东吴的将士纷纷找到陆逊，要求出战，但陆逊认为现在蜀军士气高涨，而且地处上游，不容易攻破，如果硬拼的话，敌众我寡，反而对自己不利。所以他要求吴军坚守不出，等蜀军疲惫的时候再找机会出击。

刘备从巫县到夷陵，一路上设了几十个大营，又用树木编成栅栏将这些大营连接起来，前前后后共有七百里长。

刘备派吴班率领几千人在平地上扎营，向东吴挑战。陆逊手下的大将都想出战，陆逊说："这里面肯定有鬼，先看看再说。"等了几天后，刘备知道陆逊不会出战，这计谋失败了，于是把事先埋伏好的8000人撤了出来。陆逊说："先前我之所以不听你们的话去打吴班，就是揣摩着这里面一定有问题。"

当时孙桓和刘备的前锋部队交战，被刘备包围了起来，向陆逊求救，陆逊不让出兵，部下都说："孙桓是主公的族人，怎么能不救？"陆逊说："孙桓很得军心，加上他现在所在的城池很牢固，粮草也充实，所以不用担心。等我的计谋实现后，不用去救他，他自己就能解围了。"

就这样，吴蜀双方在夷陵相持了半年之久，一天，陆逊突然召集部下，宣布要进攻蜀军。部下又反对了："要打刘备就该在他刚来的时候打，现在他进入我们国界五六百里，相持了七八个月，他把要害都牢牢地守住了，去攻打的话必然不会有好处。"陆逊说："刘备是个狡猾的家伙，而且身经百战，他的部队刚来的时候，士气正旺，所以不能打他。现在都待了那么久了还占不到我们的便宜，士气早已低落下来，他的阴谋诡计也使不出来了。所以，要歼灭他们，就是现在了。"于是陆逊先派了一支部队去进攻刘备的一个军营，结果吃了败仗回来。大家都说："这分明就是去送死嘛。"陆逊却笑道："我已经知道打败他们的方法了。"

陆逊下令每个士兵都拿一束柴草，采用火攻，刘备的大营都是被栅栏连接起来的，一点就着，很快火势就蔓延开来。陆逊趁机率领大军猛攻，连破蜀军营寨40多个。刘备逃到马鞍山，把士兵摆开，围绕在周围保护自己。陆逊督促士兵进攻，蜀军死伤数以万计。刘备只好连夜逃跑，吴军紧追不舍，最后驿站的人把遗留下来的铠甲堆在路口，把路堵住，然后放火，这才堵住了追兵。刘备狼狈不堪地逃到了白帝城，他的船只武器还有水军陆军的物资损失殆尽，江上漂满了蜀军的尸体。刘备又羞又怒，说："我居然被陆逊这种人羞辱，莫非是天意？"

这时孙桓的包围也被解除了，他对陆逊说："以前你不来救我，我心里还在埋怨你，现在才知道你有自己的方略安排啊。"

刘备吃了败仗，怒火攻心，很快就病倒了。他知道自己时日不多，就向从成都赶来的诸葛亮托孤："您的才能是曹丕的10倍，一定可以安定国家，最终完成统一大业。如果刘禅可以让您辅佐，那就辅佐他，如果他没有才干，您就取而代之吧。"诸葛亮含着眼泪表示一定辅佐刘禅完成统一大业。不久，刘备在白帝城逝世。

夷陵大战，蜀国的实力大大耗损，刘备好不容易建立起来的勇猛善战的军队几乎全军覆没，尤其一大批蜀国年轻优秀的将领在这场战役中丧生，给蜀国造成了无可挽回的损失。从此以后，蜀国失去了问鼎中原的可能性，成为三国中最弱小的国家。

诸葛亮病死五丈原

诸葛亮接受刘备托孤后，把收复中原作为自己毕生追求的目标，他多次率军北伐，但是由于粮草始终无法保证及时供应，所以每次都半途而废。

诸葛亮第五次北伐的时候，遇上魏国大将司马懿统兵拦击。诸葛亮以木牛运粮，但还是不能保证军粮的供应，最后被迫撤军，魏将张郃紧追不舍，被诸葛亮事先布置的伏兵射死。

3年后，诸葛亮经过精心准备，率领10万大军进行他一生中最后一次北伐。诸葛亮率军从斜谷出兵，用流马运输粮草。很快，蜀军占领了五丈原，在那里和司马懿的部队对峙。诸葛亮做了长期战争的准备，他派出部分士兵修筑堡垒，严密防守，另一部分士兵和当地百姓一起开垦耕种，以保证兵粮供应。

诸葛亮还联合孙权一起伐魏，孙权分兵三路向魏国进军，魏明帝清楚诸葛亮才是心腹大患，司马懿不是他的对手。于是他一边派兵阻击孙权，一边对司马懿下了死命令，只准防守，绝对禁止和诸葛亮交战，想把诸葛亮拖垮。

很快，魏军击退了孙权的进攻，诸葛亮接到这个消息后非常失望，于是决定和司马懿决战，以求速战速决，毕竟拖下去对自己不利。但是司马懿一直坚守，诸葛亮派人挑衅了许多次，但他就是不出战。

诸葛亮很着急，他觉得只有激怒司马懿，才能让他出战。诸葛亮派人给司马懿送去一套妇女的服饰，意思

诸葛亮像

就是说你既然这么贪生怕死，那就回去做个女人好了。司马懿手下的将领见主帅受到这么大的侮辱，一个个气得都要去和蜀军拼命。司马懿知道这是诸葛亮的激将法，他并没有生气，对将士们说："既然大家都要和蜀军开战，那我就给皇上上个奏章请求同意吧。"

过了几天，魏明帝派人前来下诏，严禁出战，众将这才没有了话说。

蜀军知道这个消息后都很失望，只有诸葛亮明白其中的意思，他说："司马懿根本就不想出战，他上奏章给皇帝是做给别人看的。不然哪儿有大将在外面带兵，连是否出战都要千里迢迢向皇帝请示的道理？"

司马懿也有忍不住想出战的时候，魏明帝也担心这一点，于是派辛毗为大将军军师，让他拿着符节在军队中监督不准出战。有一次魏军实在忍不住了，人马都整顿好，准备杀出去了，辛毗一个人拿着节站在大营门口拦住他们，魏军只好灰溜溜地回去了。诸葛亮听说有个人拿着节站在大营门口拦住了魏军，不由叹息道："那个人肯定就是辛毗！"

司马懿知道诸葛亮身体不好，一直在偷偷打听他的情况。有一次诸葛亮派人向魏军下战书，司马懿很有礼貌地招待了使者。在聊天的时候，司马懿装作漫不经心地问道："你们丞相现在一定很忙吧？最近身体还好吗？胃口如何？"那个使者觉得他问的都是些客套话，也就老老实实地回答道："丞相的确很忙，什么事不管大小他都亲自处理，起早贪黑地工作，每天都搞得很累。最近胃口不太好了，吃得都很少。"

使者回去后，司马懿很得意地对身边人说："你们看，诸葛亮把什么事都揽在自己身上，把自己弄得那么累，吃得又少，休息得也不好，看来他支持不了多久了。"

事情的发展和司马懿想象的一样，诸葛亮由于操劳过度，于当年八月病倒了。

刘禅听说诸葛亮生病的消息后，很是关心，派使者前去探望。使者向诸葛亮转达了刘禅的慰问后，又交流了一下国家大事，然后就走了。几天后他回来，看到诸葛亮的病情反而加重了，伤心地哭了起来。诸葛亮听到哭声，醒过来一看是朝廷使者，于是说："我知道你回来是什么意思，我看你要问的人，就是蒋琬吧。"使者问道："是啊，皇上派我来问，丞相万一有个什么闪失，由谁来接替您。那么蒋琬之后，又该是谁继任呢？"诸葛亮说："我看费祎很合适。"使者还想问下去，诸葛亮闭上眼睛不回答了。过了几天，年仅54岁的诸葛亮积劳成疾，在军营中去世了。

按照诸葛亮生前的嘱咐，蜀军没有泄露他去世的消息，而是暗中组织撤退。他们把诸葛亮的尸体用布裹着放在车里，然后有条不紊地撤军。

魏军打探到诸葛亮去世的消息后报告给了司马懿，司马懿立刻带领人马杀了过去。结果刚过五丈原，蜀军的旗帜就转了方向，向司马懿杀来。司马懿以为这又是诸葛亮引诱他出战的计谋，赶紧撤退。蜀军见魏军撤走，这才把全部人马撤了回去。

司马懿后来巡察诸葛亮扎营的遗址，不禁赞叹道："诸葛亮真是天下奇才啊！"就这样，一代奇才诸葛亮在五丈原走完了他的人生旅程，为历史留下了千古遗憾。

诸葛亮在遗嘱中说要把自己葬在定军山，挖个仅仅能放下棺材的坟墓就可以了，就穿死时的衣服下葬，不要用殉葬品。当初他向刘禅上表说："在成都，我家有800棵桑树，15顷田，供应我的后代吃饭穿衣是绰绰有余的。我做官的时候，没有别的开支，吃的穿的都由官府供给，所以我不再经营产业，也不增加一点点财富。我死的时候不让家里有多余的财物，怕辜负陛下的恩德。"他死的时候，情况正和他说的一样。刘禅对诸葛亮的死感到非常伤心，朝中大臣也都抱头痛哭。诸葛亮的儿子诸葛瞻娶了公主为妻，后来和长子诸葛尚一起战死在绵竹，继承了诸葛家忠义的传统。

司马懿算计曹爽

司马懿是名门子弟，曹操曾经征召他出来做官。那个时候司马懿觉得曹操出身低微，看不起他，于是不想应召。但是曹操权倾朝野，司马懿也不敢得罪，他就宣称自己中了风，瘫痪在床，不能出来做官。曹操怀疑他是找借口推托，派了个刺客去司马懿家里察看，如果真是有病就算了，如果装病的话，就一刀结果了他。那个刺客溜进司马懿的卧室，看见司马懿直挺挺地躺在床上一动不动。刺客还不敢确定他是否真的有病，拔出刀来做出一副要砍下去的样子。按说如果装病的话，一定会吓得跳起来，但司马懿很聪明，他猜到是曹操派人来试探他，于是只是瞪大双眼看着刺客，但身子却纹丝不动。刺客被他蒙骗住了，回去向曹操汇报司马懿确实中了风。

后来司马懿知道曹操不会放过他，而且也没办法一直装下去，过了一段时间后，他放出消息，说自己的病好了，等曹操再次征召他的时候，他欣然应征。

司马懿先后侍奉了曹操和曹丕，等魏明帝即位后，他已经是魏国的元老了。诸葛亮几次北伐，司马懿都参与了抗击，渐渐地，魏国的军权大部分都落在了他的手里。后来魏明帝病重，临死时把司马懿从前线召回来，将太子曹芳托付给他和皇族曹爽。

曹芳即位后，司马懿当了太尉，曹爽就任大将军，两人地位相当，但曹爽的资历和能力与司马懿根本没法比。所以刚开始的时候，曹爽很尊重司马懿，遇到事情都会咨询他的意见。但日子一长，曹爽周围的人就开始讲司马懿的坏话了，他们说："大权可不能分给外人啊！"害怕外人抢去自己家的权力是历代皇族的传统，加上曹爽本来就是个庸才，别人的话他很容易就相信了。于是他照手下谋臣的建议，先以皇帝曹芳的名义将司马懿提升为太傅，司马懿地位虽然上升，但兵权实际上被剥夺了。曹爽独掌大权后，把自己的兄弟和亲信都安排了重要的职位，认为这样就万无一失了。司马懿看在眼里，却装作什么都不知道，表面上不说什么，借口自己年纪大了，又有病，干脆连朝都不上了。

曹爽听说司马懿生了病，心里很高兴，但还是有点不放心，就派亲信李胜借辞行的机会去打探清楚。

司马懿装病也不是第一次了，他听说李胜前来辞行，早早地就布置好了一切。

李胜到了司马懿的卧室后，只见司马懿躺在床上，两个婢女在床边服侍他喝粥。司马懿没有用手接碗，只是用嘴去接，没喝几口，粥就沿着嘴角流了下来，弄得满胸都是。李胜在旁边见到这种情景，觉得司马懿很可怜。

李胜对司马懿说："这次我被调任为本州刺史（就是荆州刺史，李胜是荆州人，所以说是本州），马上就要去上任了，特地来向太傅您辞行。"

司马懿装作年老耳聋，喘着气说："唉，那太委屈你了，并州在北方，要好好防备当地的胡人啊。我都病成这样了，不知道还有没有机会再见到你了。"

李胜说："太傅您听错啦，我是去荆州，不是并州。"

司马懿说："哦，今天就要出发呀？我这把老骨头是没办法送您了，要保重呀。"

李胜又大声地说了好几遍，司马懿才慢腾腾地说："我年纪太大了，耳朵也不好使，实在听不清楚。您要去荆州的话，那就太好了。"

李胜回去后告诉曹爽："司马懿那老家伙只差一口气了，您不用担心。"曹爽听了之后很高兴，更加不把司马懿放在眼里，成天寻欢作乐。

不久，曹芳率领群臣去高平陵祭扫祖先坟墓，曹爽一帮人全部跟着去了。司马懿既然病得只剩了一口气，就没有人叫他去。

结果那些人刚一出城，司马懿的病就全好了。他披挂整齐，带着两个儿子司马师和司马昭率兵占领了城门和武器库，并且以太后的名义免了曹爽大将军的职务。

曹爽等人知道消息后乱成一团，有人建议让他带着皇帝逃到外地去，招兵买马，以讨伐叛党的名义对抗司马懿。但是曹爽和他的亲信们只知道吃喝玩乐，高谈阔论，一到关键时候就掉链子。司马懿派人通知曹爽，要他投降。他的谋臣们都劝他不要投降，否则落入虎口就任人宰割了。曹爽却相信司马懿不会杀他，再说他是真心实意地打算交出兵权，只求能保住富贵就行了，于是投降了。

过了没几天，司马懿就找了个借口把曹爽和他的亲信们全部杀掉了。从此司马家控制了魏国的军政大权，成为魏国实际上的统治者。

司马懿杀了曹爽，两年后他也病死了，由大儿子司马师继承了他的职位。司马师比司马懿更加专横，魏国进入了一个顺司马者昌，逆司马者亡的时期。曹芳很讨厌司马师的骄横，准备剥夺司马兄弟的兵权，但还没等他动手，司马师就把他废掉了，另立曹丕的孙子曹髦为帝。

魏国地方上有些将领不服司马氏的统治，司马师废掉曹芳后，扬州刺史文钦和镇东将军毋丘俭起兵讨伐司马师。司马师亲自带兵镇压，击败了他们，战斗中司马师受了伤，在回师的路上去世了。

司马昭接替了哥哥的职位，做了大将军，他比他哥哥还要厉害。后来他以太后的名义下了道诏书，给曹髦安上许多莫须有的罪名，把他废为庶民，然后在曹操的后代中找了一个15岁的少年，让他接替皇位，即魏元帝。司马昭不是不想篡位，只是觉得时机还未成熟。他灭掉蜀汉后，还没来得及篡位就死了。他儿子司马炎继承了他父亲的位子和遗志，把挂名的魏元帝废掉，自立为帝，建立了西晋王朝。

晋 书

　　《晋书》共 130 卷，记载从晋武帝泰始元年到恭帝元熙二年（265—420 年）共 156 年的史事。《晋书》始修于唐太宗贞观年间，由宰相房玄龄领导，撰者会集当时著名学者文士。全书对于保存史料有重要价值，编纂体例也有可取之处，但因其为官修史书，忌讳较多。总体来说，虽有矛盾、疏漏，仍不失为研究晋史的主要依据。

不受礼教约束的阮籍

魏晋时期的士人崇尚清谈和玄学，以藐视礼教的束缚为放达之举，其中最有名的人有7个，史称"竹林七贤"。阮籍就是这7个人当中的佼佼者。

阮籍相貌出众，气质豪放，性格高傲，他喜欢凭个性做事，而讨厌受到约束，他心里感到高兴或者愤怒的时候，从来也不在神色当中表现出来。阮籍博览群书，尤其喜欢读《老子》和《庄子》，爱喝酒，擅长长啸和弹琴，得意起来的时候总是感到飘飘然而忘记了本身的存在。当时的人都说他很狂，只有他的堂兄阮文业常常赞叹佩服他，认为阮籍比自己强。

阮籍本来有匡扶天下的志向，但那个时代很不太平，有名望的人很少有好下场的，于是阮籍只好不干预时事，成天喝得酩酊大醉。当初司马昭想为儿子司马炎向阮籍家提亲，但是阮籍一醉就是两个月，让司马昭没有开口的机会，于是这事就作罢了。钟会多次去向阮籍请教有关时事的问题，企图从中抓到阮籍的把柄，但每次阮籍都喝得大醉，避免了被陷害。阮籍对司马昭说："我曾经游览过东平，对那里的风俗和环境很感兴趣。"司马昭很高兴，于是任命他为东平相。阮籍骑驴到了东平，把东平相府和衙门的围墙拆掉，并把法令精简了。10天后他兴尽就回家了。司马昭又举荐他为大将军的从事中郎。有一次人们谈到有个人杀了自己的母亲，阮籍说："哎呀，杀死父亲倒还算了，怎么能杀死母亲呢？"在座的人都怪他失言，司马昭问道："杀死父亲是天底下极大的罪恶，你怎么认为是可以的？"阮籍说："禽兽知道有母亲而不知道父亲。杀父亲的人和禽兽一样，但杀母亲的人就连禽兽都不如了。"大家听了之后很佩服他的见解。阮籍的辩才就是这样厉害。

阮籍听说步兵军营里的厨师很善于酿酒，而且储存了三百斛酒，于是便请求让自己担任步兵校尉。上任后他什么事都不管，把酒喝光后就辞职了。当时大臣们都劝司马昭就任晋公，接受九锡，并让阮籍写劝进的奏章。阮籍喝得大醉，就没有写。等到他们来拿的时候，他还靠在案上睡觉，使者催他，他才在案上用手指划字，让人誊抄，写好后一处需要改动的地方都没有。

阮籍虽然不受礼教的约束，但他说话玄妙，从不轻易褒贬别人。他很孝顺，母亲死的时候，

竹林七贤·荣启期图　东晋
此图发现于东晋时期墓室，竹林七贤和春秋战国的隐士荣启期绘于同一画中，表明时人已将他们视为文人理想人格的象征。

他正在和人下围棋，噩耗传来，别人想停止下棋，但阮籍坚持要把棋下完。下完后喝了两斗酒，大哭起来，吐血好几升。母亲要下葬时，他吃了一块蒸猪腿，喝了两斗酒，然后和母亲遗体告别，这个时候连说话的力气都没有了。他再次大哭起来，又吐了几升血，因为过于悲哀而瘦了很多，差点死去。

阮籍会用黑眼珠或眼白看人，看到那些拘于礼教的人，他就用眼白对着人家，显得很鄙视对方。嵇喜来吊丧的时候，阮籍就用眼白看他，嵇喜很不高兴地走了。嵇康听说哥哥受到了轻视，于是带上好酒和琴来拜访阮籍，阮籍很高兴，露出黑眼珠来看他。当时尊崇礼教的人很恨阮籍，但司马昭却屡次保护他。

阮籍的嫂子有一次回娘家探亲，阮籍和她见面并告别，这是不符合礼教规定的做法，所以有人就讽刺他，阮籍却说："礼教难道是为我制定的？"邻居家有个很漂亮的少妇卖酒，阮籍曾经去她那儿买酒，喝醉了就躺在那女人身边。阮籍自己也不避嫌，那女人的丈夫观察了很久，也没有怀疑。有个军人的家里生了个又有才又漂亮的女儿，还没出嫁就死了。阮籍并不认识那家的人，却跑去为那个女子哭丧。阮籍外表坦然放荡，但内心却非常纯洁，他一向都是这样的。他经常一个人驾着车到处走，直到走到路的尽头才大哭着回来。阮籍曾经游览过楚汉对峙的战场，感叹道："那个时候没有真正的英雄，所以才让刘邦这样的小人成了名！"

阮籍 54 岁那年病死。他的儿子阮浑也有他的做派，阮籍却劝说他："你的堂兄阮咸已经加入我们了，你就别再这样了。"说明阮籍还是觉得自己这样是很不好的。

以德服人的羊祜

羊祜祖上一直做大官，到他为止，一共有 9 代都以廉洁有德行而闻名。他的祖父任南阳太守，父亲任上党太守，羊祜本人是蔡邕的外孙、司马师的妻弟，身份非常高贵。

羊祜 12 岁的时候死了父亲，他的哀悼超过了礼仪的规定，后来侍奉叔叔羊耽，一直非常恭敬。他曾经遇到一个老人，老人告诉他："你的面相非常好，不到 60 岁就一定能为国家建立功业。"羊祜长大后博览群书，善于言谈，夏侯威觉得他不同于常人，于是把哥哥夏侯霸的女儿嫁给了他。州官 4 次征辟他为从事、秀才，五府也请他做官，但他都没有接受。郭奕见到他之后说："这就是今天的颜回啊！"后来羊祜和王沈一起被曹爽征辟，王沈劝羊祜去就职，羊祜说："给别人做事哪有那么容易！"曹爽被杀后，王沈因为是其属官而被免职，他对羊祜说："我应该常常记住你以前的话。"羊祜说："这不是预先就能想到的。"他的先见之明和不自夸就是这个样子。

夏侯霸投降蜀国后，亲友们都和他断绝了来往，只有羊祜安慰他的家属，而且更加细致周到地照顾他们。不久，羊祜的母亲和哥哥都去世了，羊祜为他们服了十来年的丧。

司马昭为大将军时，征辟羊祜，但他没有应征，后来由公家的车把他送到朝廷，拜为中书侍郎，不久升为给事中、黄门郎。钟会被杀后，羊祜被任命为相国从事中郎，掌握了国家大权，又调任中领军，统率宿卫卫士，在皇宫中值班，成为魏国举足轻重的大臣。

司马炎称帝后，羊祜因为有功而被封赏，但他每每对前朝有名望的大臣表示谦让，不肯居于他们之上。

司马炎有了灭吴的打算后，派羊祜担任都督荆州军事的职务。羊祜到了南方后，开设学校，安抚百姓，得到了当地人的拥护。他对吴国人宣布，投降过来的人如果想回去就让他回去，绝不阻拦。当时如果长吏死在官邸的话，继任者会认为那个地方不吉利，经常拆毁盖新的。羊祜认为生死有命，下令禁止这种陋俗。吴国石城的守备军队离襄阳有700多里，经常来骚扰，羊祜用计让吴国撤掉了石城的守备。他减少了一半的守军，把精简出来的人派去屯田，一共开垦了800多顷土地，获得丰收。羊祜刚来的时候军队里连100天的粮食都没有，但到了后期，军队里储蓄的粮食可以用10年。

羊祜在军中常穿又轻又保暖的衣服，不穿盔甲，侍卫不过十几个人，但他经常因为钓鱼而耽误公务。有一次夜晚想出去钓鱼，军司徐胤拿着武器挡住他的去路，说："将军统辖了万里之多的地方，怎么可以随便外出呢？将军的安危就是国家的安危。我徐胤今天如果死了，这门才能开！"羊祜赶紧向他赔笑，并感谢他，从此很少外出了。

吴国西陵都督步阐率领部下前来投降，陆抗前去阻拦，双方打得非常猛烈。晋武帝下令羊祜前去迎接步阐。羊祜率领5万人马出发，结果没有能接回步阐，因此被贬官。羊祜汲取了春秋时期孟献子经营虎牢让郑国人畏惧、晏婴在东阳筑城而莱子国投降的经验，他进驻险要地区，建造了5座城池，占据了大批肥沃的土地，石城以西的地区都被晋军占有，从此吴国来投降的人络绎不绝。他进一步安抚前来投降的人，产生了灭亡吴国的想法。后来吴国将领陈尚和潘景进犯，羊祜杀了他们，然后宣扬两人的节操而厚葬了他们，两人的家人来迎丧，羊祜很有礼貌地送他们回家。邓香率军到夏口抢掠，羊祜活捉了他，然后又把他放了。邓香很感动，就率领部队来投降了。羊祜的军队进入吴国境内收割当地的粮食作为军粮，然后根据收割的数量用绢来偿还。每次打猎的时候都只限于晋国境内，绝不骚扰吴国。如果猎物是先被吴国人所伤，又被晋国人得到的，都会还给吴国人。吴国人都很佩服欣赏羊祜，称他为羊公而不叫他的名字。

羊祜和吴国的陆抗相互对峙，互相之间都有使者往来，陆抗称赞羊祜的德行和度量，即使是乐毅和诸葛亮也不能和他相比。陆抗有一次生病，羊祜送药给他，陆抗毫不怀疑地服下。有人劝阻他，陆抗却说："羊祜哪里会是个害人的人！"陆抗常常告诫部下："如果他们讲德行，而我们讲暴力，那就是不战自败了。以后不要追求小利，而应该划分好边界，好好守住就行了。"吴国皇帝孙皓听说边境上很友好，派人来责备陆抗，陆抗说："一个小村庄都不能不讲信义，何况这么大的国家？如果我不这样做的话，那么会让羊祜的名声更大。"

羊祜为人非常谦让，他的女婿曾劝他："您应该多多安排自己的亲信，有一批人拥戴您，这不是很好吗？"羊祜没有回答，后来他对儿子们说："他的说法是只知其一，不知其二。臣子如果树立私恩就必然违背公义，这是大祸乱，你们要牢记我的意思。"朝廷要给他晋升爵位和增加封地，羊祜要求把这些赏赐给他舅舅的儿子。羊祜生病后要求入朝，等赶回洛阳的时候，皇后去世了，他很悲痛。皇帝特意恩准他带病来见并可以乘坐小车上殿，不必行礼。上殿坐下来后，羊祜向晋武帝阐述了灭吴的意见和看法。

羊祜的病越来越重，他推举杜预代替自己，不久就病死了。晋武帝非常悲痛，穿上丧服为羊祜哭泣，当天天气很冷，晋武帝的泪水流到胡须上都结成了冰。羊祜驻守过的地方的人听到羊祜死去的消息后都号啕大哭，罢市为羊祜举哀，连吴国的将士都为他哭泣。后来东吴被灭掉后，晋武帝认为这都是羊祜的功劳，还派人到羊祜墓前告祭。

杜预、王濬灭吴

东吴最后一个皇帝孙皓非常残暴，不光贪图享乐，还动不动就挖人眼睛，剥人脸皮，把东吴闹得鸡犬不宁。晋武帝见时机成熟，于是决定兴兵伐吴。

公元 279 年，晋武帝派兵 20 多万，分三路进军，一路是镇南大将军杜预，一路是安东将军王浑，水路则是益州刺史王濬。

杜预派樊显等人沿长江西上，很快就攻破了好几座城池。又派牙门管定等率领 800 勇士在夜晚渡江，奇袭乐乡城，预先插满战旗，虚张声势，还在巴山放火，挫伤吴军的士气。吴军都督孙歆非常害怕，城里出来投降的共有 1 万多人。然后又埋伏了一支人马，等孙歆派出去抵抗王浚的部队撤回来后，伏兵混入吴军进了城。孙歆一直没有发现，结果被俘虏了。接着杜预下令进军江陵，吴将伍延假装投降，把兵布置在城上，杜预识破了他的计策，将江陵城攻了下来，平定了长江上游。吴国南方的城市纷纷投降，杜预一共斩杀和活捉吴国都督、监军 14 人，牙门和郡守 120 多人。他把吴国的将士和家属迁到长江以北，吴国人纷纷赶来投降。

王濬在任益州刺史的时候就开始做伐吴的准备了，他下令造了一批很大的战船，为了不让吴国发现，一切都是秘密进行的。但造船所制造出来的木屑顺江漂流，引起了吴国人的怀疑，于是他们在长江险要的地方钉了许多大木桩，再钉上铁链，又把大铁锥安在水下，防止晋国水军通过。

王濬的水军打到秭归的时候，过不去了。他下令造了很多大木筏，派了几个水性好的士兵带领这些木筏顺江而下，木筏一碰到铁锥和木桩，就把它们扫掉了。然后在木筏上架起大火炬，一碰到铁链，溅起火星就烧起来，很快就把铁链烧掉了。扫除前进的障碍后，王濬的水军很快就进入了东吴境内，与杜预会师。

有人提出："东吴立国将近百年，不可能一下子就消灭的。现在马上要到夏天了，疾病会渐渐流传开，应该等到冬天的时候再发起大规模的进攻。"杜预说："以前乐毅凭借济水西岸一战而打败了强大的齐国，现在我们的士气正处于旺盛期，这就好比劈竹子一样，劈开了几节后，剩下的就能迎刃而解，不需要花费太大力气了。"于是命令各路将领继续进攻，王濬率领水军直扑东吴首都建业。

王濬的水军快要打到建业的时候，孙皓终于坐不住了，他派大将张象率领1万水军前去抵挡。那些水军一看王濬的部队声势浩大，战船也是出奇地大，一个个都被吓呆了，没有打就投降了。

孙皓急得没办法，找来陶濬，问他有什么办法。陶濬大言不惭地说："益州来的水军我很清楚，没什么了不起的。陛下只要给我两万人，我就能把他们杀个片甲不留！"

孙皓相信了陶濬，拨给他两万人马。陶濬下令第二天就前去和晋军决战，他手下的将士知道晋军这次非同以往，轻易惹不起，都不想去白白送死，当天晚上就逃了个精光。

这样，王濬的水军几乎没有遇到什么抵抗就开进了建业城。孙皓见大势已去，只好脱掉衣服，让人把自己反绑着，出城投降。东吴从此灭亡了。

当初杜预进攻江陵时，吴国人很恨他，知道杜预颈子上长了个瘤子，于是每当有大树上面长了像瘤子的疙瘩后，吴国人就把那疙瘩砍下来，写上"杜预的颈子"，来诅咒他。杜预对此很愤怒，攻下江陵后，把干这事的人杀掉了。

杜预认为，天下虽然统一了，但不能忘记战争，所以他一方面继续练兵习武，加强军备；另一方面兴办学校，提倡教化，当地的老百姓普遍拥戴他。他有个很大的功绩就是兴修水利，当时的老百姓都称他为"杜父"，杜预开凿了杨江，从夏水到巴陵共1000多里，既可以疏导长江的洪水，又可以开通漕运。杜预对于公家的事，只要让他知道的，就一定会去管。他所兴修的工程，一定会考虑周到，很少有弄坏的情况。有人嘲笑他专门管些鸡毛蒜皮的小事，杜预反驳道："大禹和后稷的功劳就是为了拯救世人，我做这些事的目的和他们一样。"

晋灭吴之战示意图

有才无行的贾充

贾充是魏国名臣贾逵的儿子，贾逵在贾充很小的时候就去世了，他在为父亲守孝期间以孝顺而闻名。后来继承了父亲的爵位，拜官尚书郎，此后侍奉司马氏多年。

司马师死后，贾充担任了司马昭的长史，司马昭刚执掌大权，担心地方上的将领对他不服，于是派贾充去诸葛诞那里，商议讨伐吴国的事，实际上是想监视诸葛诞。贾充和诸葛诞聊了会儿关于时事的话题，然后突然问道："天下人都希望皇上禅让，您怎么看？"诸葛诞严厉地说："你难道不是贾逵的儿子吗？你们家世代享受魏国的恩典，怎么能打算把社稷送给别人呢？如果洛阳那边有事的话，我一定会以死报国！"贾充不说话了。回去后他对司马昭说："诸葛诞在扬州很有威名，人们都乐意为他拼命。我看他的样子，是肯定要造反的了。如果现在把他召回来，那么他很快就会造反，但影响很小。如果不召他回来的话，他造反会推迟，但是影响会很大的。"于是司马昭将诸葛诞任命为司空，召他回朝，诸葛诞果然起兵反抗司马昭。贾充献计打败了诸葛诞。后来贾充升任廷尉，他精通法律，有能平反冤狱的能力。

司马昭篡位的心思很明显，贾充作为司马昭最信任的人，一路为他出谋划策。魏帝曹髦起兵的时候，贾充唆使成济杀死了曹髦，成济被杀灭口，他自己却因为这个功劳而节节高升，为司马昭独掌朝政推波助澜。司马昭命令贾充制定法律，刚开始定下5种封爵时，贾充就被封为侯爵。

贾充有刀笔之才，能够观察出主子的真实想法。当初，司马昭因为哥哥司马师开辟了疆业，所以想把王位传给司马师的嗣子司马攸。贾充知道这不是司马昭的真实意图，所以就称赞司马昭之子司马炎的贤能。后来司马昭病重，司马炎问后事，司马昭就说："了解你的人是贾充。"也因此，司马炎继位后对贾充非常好，称帝后封贾充为鲁郡公，母亲柳氏为鲁国太夫人。

贾充主持政务后，很重视农业，财政上也很节约，并裁减了一些官职，晋武帝更加欣赏他了。羊祜等人在边境戍守的时候，他要求到前线去立功，但晋武帝没有批准。贾充很喜欢推荐人才，他每举荐一个人，必然都会自始至终地照顾他，所以当时的士人多数都归心于他。

等到贾充的女儿嫁给了齐王后，大家都担心贾充的势力太大了。后来氐羌反叛，晋武帝很担心，任恺就建议让贾充去镇守关中，皇帝同意了。当时的人都庆幸贾充离开朝廷，希望能从此更新一下政治。

贾充被调走后，很恨任恺，但也没有办法。他在临行时让别人推荐自己的女儿当太子妃。之前羊祜曾密奏留下贾充，晋武帝把这事告诉他，贾充感谢羊祜道："我到现在才知道您是个厚道的人。"

后来吴国将军孙秀投降，被晋封为骠骑大将军，晋武帝因为贾充是旧臣，所以把他的车骑将军的地位放在骠骑将军的前面，贾充坚决退让。不久贾充被升为司空、侍中、尚书令，和以前一样带兵，地位却更高。

贾充的大女儿贾南风长得又丑又凶悍，但贾充为了攀附晋武帝，不惜用卑鄙手段，将贾南风嫁给了白痴太子司马衷。贾南风后来成了祸乱晋朝的元凶。

晋武帝生了重病，人们都认为司马攸应该继位，河南尹夏侯和对贾充说："司马攸和司马衷都是您的女婿，亲疏关系是一样的，所以立君应该立贤能的。"贾充没有回答。晋武帝病好后听说了这件事，很不高兴，于是夺取了贾充的兵权，但没有降低他的官位和待遇。

贾充的妻子疑心很重，当初贾充的儿子才3岁，奶妈抱着他玩，贾充过来爱抚儿子。妻子看见后就说贾充和奶妈有私情，气得把奶妈打死了，小孩子也因为思念奶妈而病死了。后来又生了个儿子，又是被新奶妈抱着，贾充再次爱抚小孩的时候被妻子看见，倒霉的奶妈又被杀掉了，同样的，小孩也死了。于是贾充就没有了后嗣。

贾充本来有个前妻，因为岳父犯法被杀，他前妻被流放了，贾充就娶了现在这个疑心很重的妻子。晋武帝登基后，前妻因为大赦而回来，晋武帝特别下令贾充置左、右夫人，贾充的母亲柳氏也命令儿子把前妻迎回来。后妻大怒，骂了贾充一顿，贾充只好上书说自己不敢承受两个夫人的盛礼，没有迎回前妻。当时的人很同情他的前妻，就安排她住在别的地方，让她和贾充暗自来往。道貌岸然的贾充认为自己身为宰相，应该成为道德典范，于是坚决不和前妻往来。

有一次，后妻想去看看前妻，贾充说："她很有才，你最好不要去。"后来后妻的女儿成了太子妃后，她觉得自己身份不同了，于是大摇大摆地去看前妻。一进门刚看到人，她的腿就软了，不由自主地向前妻下拜。从此贾充每次出门，后妻都会派人去找他，就是怕他和前妻在一起。贾充的母亲懂得很多道理，是个很有义气的老太太，但她不知道就是贾充唆使成济杀害曹髦的，一直认为成济不忠，经常骂他，周围的人听到后无不感到好笑。等到她死的时候，贾充问她有什么遗言没有，她说："我让你把媳妇接回来，你都不肯，我哪儿还能有别的事啊！"一句话都不说就死了。

八王之乱

晋武帝认为自己能轻松夺得魏国的天下，是因为魏国对亲族诸侯控制很严，导致中央孤立，朝中出了什么事，诸侯也没有实力能挽回局面。所以他登基后，把自己家的亲戚都封为诸侯王，给了他们极大的权力。这些王爷大多野心勃勃，加上后来即位的晋惠帝又是一个白痴，所以诸侯们个个蠢蠢欲动。

贾南风看到汝南王司马亮是一个潜在的对手，勾结楚王司马玮发动政变将其杀害。而贾南风见司马玮已经失去利用价值，把他也给除掉了。贾南风独掌大权，得意忘形，很快就把她的眼中钉太子废掉了。这个时候，赵王司马伦乘机发动了政变，起兵杀掉了贾南风，控制了朝政。

司马伦一心想当皇帝，他先把反对他的人全部杀掉，然后指使亲信说看到司

西晋时期八王封国示意图

汝南（今河南东南部）	长沙（今湖南）
楚（今湖北中部）	成都（今四川）
赵（今河北西南部）	河间（今河北东南）
齐（山东省）	东海（今山东南部）

马懿的神灵要他继承皇位，强迫晋惠帝禅让，把晋惠帝尊为太上皇，派人严密看守。

司马伦篡夺了皇位，激怒了远在外地的几个诸侯王，首先起兵发难的就是齐王司马冏，不久长沙王司马乂、成都王司马颖和河间王司马颙也起兵响应。诸侯王兵力强大，而且名正言顺，所以得到各地的支持。很快，京城里的大臣鼓动士兵杀了孙秀，逼迫司马伦退位，把晋惠帝接了回来。论功行赏的时候，齐王功劳最大，所以待遇也最好，他见晋惠帝没有继承人，而最有希望继承皇位的成都王司马颖和自己关系不好，所以就立了一个小孩为太子，便于自己控制。齐王想削弱诸侯们的势力，河间王司马颙联合成都王司马颖和长沙王司马乂再次举兵，讨伐司马冏，联军很快就打到了洛阳。长沙王司马乂深知挟持晋惠帝的重要性，他率先找到晋惠帝，然后和司马冏在洛阳城内展开大战，激战了数日，司马冏大败被斩，司马乂掌握了朝政大权。

成都王司马颖和河间王司马颙对司马乂的专权不满，他们又联合起来对付司马乂。司马乂始终紧紧控制晋惠帝，边打边退。大将张方攻进洛阳城，大肆抢掠，死者成千上万。司马乂见张方的残暴引起了人们的不满，就杀了个回马枪。张方的部下见皇帝的车驾来了，纷纷逃散，司马乂胜利返回洛阳，赶走了张方。司马乂一直挟持着皇帝，而且对皇帝毕恭毕敬，所以他很得民心，但是和司马乂共事的东海王司马越害怕张方，于是暗中发动政变将司马乂抓了起来，并送到张方那里，司马乂最后被张方用火活活烤死。

司马颙和司马颖请求废除司马伦立的太子，司马颙因为自己是长辈，没有继位的希望，干脆做个顺水人情，上表请求把司马颖立为皇太弟。司马颖当上皇太弟后，专横跋扈，而且信任佞臣，腐化堕落，很快就丧失了民心。一直隐藏实力的东海王司马越趁机起兵声讨，把晋惠帝抢到手中，然后挟持他前往司马颖的根据地邺城。

司马颖听说皇帝在敌人军中，于是下令："除了皇帝之外，别的人见一个杀一个！"部下们一直杀到晋惠帝跟前，一阵乱箭射去，晋惠帝身边的人纷纷倒地，连晋惠帝脸上也中了三箭。当时嵇康的儿子嵇绍担任侍中，一直跟随惠帝左右，他死死守在惠帝身边，用身体给惠帝挡箭，最后被乱箭射死，血溅了晋惠帝一身。司马颖的部将石超将晋惠帝俘虏，带到自己营中。后来别人见他身上全是血，想给他洗掉，晋惠帝阻止道："这是嵇侍中的碧血，不要洗掉！"可见白痴也清楚谁是忠臣谁是奸臣。晋惠帝被司马颖挟持着逃到洛阳，当时在洛阳的是张方，张方打算把都城迁到长安去，怕晋惠帝不肯去，干脆带人去抢，把皇帝带走后，顺便把洛阳皇宫里的金银珠宝也搜了个精光。

迁都长安后，司马颙废掉了司马颖，另立豫章王司马炽为皇太弟，他自己完全控制了大权。结果又引起别人不满，王浚等人公推司马越为盟主，讨伐司马颙，经过近一年的战争，终于攻下了长安，将晋惠帝迎回了洛阳。就这样，可怜的晋惠帝被这些野心勃勃的亲戚们抢来抢去，受尽了惊吓，吃够了苦头。司马越掌握了大权，没过多久，他就把挂名的晋惠帝给毒死了。司马越虽然最终获得了胜利，但西晋王朝在这次动乱中完全衰落下来，很快就灭亡了。

美男子潘安

"貌似潘安"这个词用来形容美男子再合适不过的了，潘安本人确实长得很英俊，不过可惜的是他品行欠佳，喜欢谄媚权贵，最后把自己送上了死路。

潘安名岳，字安仁，后人都叫他潘安，他少年时期就以才华横溢而出名，被称为神童，说他是和贾谊一样的天才。很早就被征召到司空太尉府，被举荐为秀才。

潘安的才华和名气非常出众，引起了很多人的嫉妒，他因为这个而隐居了10年。后来他出任河阳县令，仗着自己的才华，觉得这样的小官很不得志。当时的尚书仆射山涛，领吏部王济、裴楷等人都得到了皇帝的赏识，潘安在内心里对他们有非议，在尚书阁上题写了歌谣："在尚书阁的东头，有一头大牛，王济作缰绳套在牛脖子上，裴楷套在后头，和峤成天忙碌不得休。"表达了自己对仕途的不满。

后来潘安调任为怀县令，当时许多当地人因为经商而放弃了农业，许多亡命之徒都跑到旅舍去避难，破坏法律法规。皇帝下诏取消旅舍，每十里路就设立一座官办的旅舍，让贫穷人家的老人和小孩看守，派小官主持，按照普通旅舍那样收费。潘安针对这件事上书议论，认为旅舍制度由来已久，为百姓提供了方便，所以旅舍不应该被取消。至于开办官办旅舍，他认为那些违法犯纪的事多数都发生在偏僻的地方，如果连续十里路都没有人烟的话，不法之徒就要干坏事了，如果道路相连，旅舍又多的话，不法之徒就会害怕而不敢乱来，所以旅舍也起到了维护地方治安的作用，官办旅舍密度不够，起不到这种作用。而且赶路的人都要多走路，吃饭休息都选在傍晚或者早上，尤其夏天，还得连夜赶路，如果规定旅舍早早关门的话，客人不能及时赶到，那么他们就只能在路边休息，容易导致强盗抢劫。如果以旅舍经常破坏地方教化为理由，派官吏守在旅舍门口，那谁还敢来投宿？现在那些小官和弱者独自占有旅舍的收入，凭借手上的权力，以非法手段获利的现象就会越来越多。所以他请求取消这个规定，朝廷听从了他的意见。

潘安兼管两个县城，在政务方面很勤劳，不久就升任为尚书度支郎，又改任廷尉评，后来被免职。杨骏辅佐朝政的时候将他提拔为太傅主簿，杨骏被杀后他也被免职。当初公孙宏没做官的时候，潘安对他很好，杨骏被杀时，公孙宏是楚王的长史，他帮潘安说了好话，朝廷才免了潘安一死。

潘安性情浮躁，喜欢趋炎附势，他和石崇等人侍奉、攀附贾谧，每次等候贾谧出门的时候，两人就望着车马扬起的尘土行礼，十分谄媚。贾谧的"二十四友"里，潘安排名第一，关于《晋书》的起笔年限的议论文章也是潘安的大作。潘安母亲好几次都讽刺他说："你应该知道满足了，还要冒险没个完吗？"但潘安始终都无法改变。

当初潘安担任琅琊内史的时候，孙秀在他手下当小吏。这个人奸诈自负，潘安很讨厌他，多次鞭打他，孙秀一直对此怀恨在心。到了赵王司马伦执政的时候，孙秀担任了中书令。潘安在宫

金谷园图
潘安和石崇是朋友，此图描绘了石崇和小妾绿珠在金谷园中的宴乐情景。

里碰到孙秀，问他："孙大人还记得以前我们相处的事吗？"孙秀回答："我心里一直藏着呢，哪一天能忘记？"潘安知道自己好日子不长了。不久孙秀诬告潘安和石崇等人密谋帮助淮南王和齐王造反，于是把他们杀掉并灭了他们的三族。潘安在押赴刑场时，向母亲告别："我辜负了母亲对我的教诲啊！"当时被抓的时候，潘安和石崇都不知道对方也被抓了，石崇先到刑场，潘安后到。石崇对他说："安仁啊，您也在这里呀？"潘安回答："这可说是'白首同所归'了。"潘安以前写过送给石崇的《金谷诗》里面有一句是"投分寄石友，白首同所归"。潘安的母亲、兄弟、兄弟的儿子和他自己的女儿，无论年纪大小全部被杀，只有哥哥的儿子逃难免死。而弟弟的女儿和她母亲抱在一起哭得很惨，怎么拉都拆不开她们，引起人们同情，皇帝就下诏把她们俩赦免了。

潘安面容俊美，举止有风度，他的诗歌和文章都写得非常华丽，特别擅长写哀悼的文章。他年轻的时候乘着车到洛阳大街上游玩，遇到他的妇女们都手拉着手围着他，往他的车上扔果子，最后满载着一车的果子回家。潘安的英俊潇洒可见一斑。当时还有个叫张载的人长得非常丑，他每次出门都被小孩用石头瓦片扔，最后狼狈逃窜回家。

雄才大略的石勒

石勒是羯族人，他父、祖都是部落小帅，但到他这一代的时候已经没落了。石勒少年时就有大志，14岁的时候被晋丞相王衍看到，王衍惊呼这个人相貌奇异，

差点杀了他。

石勒20岁的时候，因为战乱被人卖为奴隶，主人很喜欢他，恢复了他的自由。但好景不长，石勒又被人抓走，在被迫无奈之下，他只好和几个好朋友一起当了强盗。此后这股小强盗发展到了18个人，号称十八骑。八王之乱的时候，石勒参加了汲桑的部队，担任了前锋都督。石勒作战英勇，手段残忍，很快就攻下了邺城，并进行了大屠杀。他们的胜利引起了统治者的不安，派大军前来围剿。石勒寡不敌众，大败而逃，汲桑则死于乱军之中。石勒只好投奔了刘渊，刘渊很赏识石勒，让他独当一面。石勒吸取了邺城的教训，传令官兵不得骚扰百姓，这一举措让他赢得了民心，也消除了很多潜在的抵抗。

刘渊称帝后，石勒继续为他效命，兵力增加到十几万人。石勒很看重文人学士，他虽然没有文化，但手下却有个君子营，以张宾为谋主。司马越死后，王衍等人送葬东海，半路被石勒追到。石勒烧掉了司马越的灵柩，声称为天下人出口恶气。他很看重王衍，问他晋朝失败的原因。王衍是个胆小鬼，极力推卸自己的责任，但他口才很好，石勒听得如痴如醉。最后王衍居然说自己从小就不关心政治，实在是没有办法才当丞相的，并劝石勒称帝，以此来讨好他。

石勒是个耿直的人，他一听这话就发脾气了，大骂王衍："你名扬天下，身负重任。年少的时候就当了官，一直当到头发都白了，怎么说自己不关心政治呢？天下败坏成这样，就是你的罪过！"他下令把王衍赶了出去，对谋士孔苌说："我纵横天下十余年，从来没有见过这种人！还让他活着干什么？"当时被俘的司马范坚强不屈，让石勒十分佩服，他知道这些人不会为他所用，下令不要用刀杀他们，留个全尸，当天晚上让人推倒墙壁把他们活埋了。

刘曜攻打洛阳的时候，石勒助了他一臂之力，将西晋打得毫无还手之力。石勒的军队越战越强，逐渐有了反叛之志。刘渊及其继承者刘聪去世后，石勒和新皇帝刘曜有矛盾，干脆自立为王，建立了后赵政权，攻灭刘曜，基本统一中国北方。

石勒受汉文化影响很深，他执行的很多政策都是仿效西汉的。他鼓励农民开荒，并接见和奖励在农业方面做出较大贡献的人。少数民族喜欢喝酒，而酒是用粮食酿造的，他认为这样太浪费粮食，就下令禁酒。石勒虽然没有文化，但他很尊重知识和人才，创办了很多学校，并根据学识和才干选拔官员。他还很注意调和胡汉人民之间的关系，采取胡汉分治的政策，严禁胡人侮辱汉人，尊重双方的民族习惯，还下令如果读书人犯了法，不许随便杀害，一定要送来让他亲自处理。

由于石勒是胡人，所以他对"胡""羯"等字眼非常忌讳，不准部下提这些字。但为了安抚汉族士人，这道命令执行得不是很严格。汉族官员樊坦有次来见石勒的时候，穿得很破烂，石勒很奇怪，问他："你怎么穷成这样？"樊坦忘了禁令，脱口而出："刚刚碰到一批羯人，他们把我的衣服车马抢走了。"石勒笑着说："那些羯人真可恶，我替他们赔偿吧。"樊坦想起了禁令，吓得跪在地上叩头请罪。石勒安慰他道："我这道禁令是对付一般人的，你们这些书生我是不会怪罪的。"

石勒虽然不识字，但很喜欢书，经常让人读书给他听，并发表自己的见解。有一次别人给他读《汉书》，正好读到刘邦要封六国旧贵族为诸侯，石勒插话了："刘邦这样做怎么能得到天下呢？"读书的人给他解释，后来因为张良的劝阻，刘邦并没有这样做。石勒这才松了一口气，说："这样才对嘛。"

石勒痛恨晋朝贵族厚葬的风尚，他下令自己死后不准搞奢侈的那一套，也不用禁止全国人民娱乐。他死后12天就下葬了，这在封建帝王中是非常少见的。不过石勒在选择继承人的时候犯了错误，导致了后赵的灭亡。

"王与马，共天下"

西晋末年，北方少数民族趁西晋王朝内乱衰落而大举入侵，很快就灭掉了西晋王朝。西晋王室成员多数死于八王之乱和少数民族铁蹄之下，只有个别人因为远离中原而保住了小命，琅琊王司马睿就是这些幸运者当中的一个。

司马睿是晋朝王室中亲属关系比较疏远的一个，所以一直不太得志，很晚才被封为琅玡王。司马睿和名士王导关系一直很好，王导见天下大乱，知道北方肯定守不住，于是全力拥戴司马睿，决心在南方复兴晋室。

后来司马睿被派去镇守建康，王导也跟随在他左右。司马睿虽然贵为皇族，但在民间，人们还是把司马家族看作是地位不高的姓氏。他到建康一个多月了，还是没有人去朝见他，尤其当地的大姓，根本不把他当一回事。王导因为这事而深感焦虑。

王导像

王导有个堂兄名叫王敦，是当时很有名望的人，他受到王导的邀请前来朝见司马睿。王导对他说："琅玡王虽然品行仁德，但名望还不够高。你在这里已经很有名了，应该想个办法来扭转这个局面。"王敦同意了。

三月禊节的时候，江南一带的风俗是都要到江边求福消灾，司马睿也亲自前去观看。王导让他坐上华丽的轿子，仪仗队在前面声势浩大地开道，王敦、王导和北方来的名士们都骑马在周围扈从。纪瞻、顾荣等人都是当地名望极高的名士，他们看见王敦等那么有名望的人都对司马睿恭恭敬敬的，心里非常吃惊，当时就不由自主地跪在路边向司马睿行礼。王导乘机又出了个主意，他对司马睿说："从前凡是能够统治天下的，没有一个不是尊老敬贤的人，他们都询问当地的风俗，虚心坦诚地招揽天下的贤人豪杰。更何况现在天下大乱，国家分裂，我们的建国大业才刚刚起步，现在最重要的事情是得到民心。顾荣和贺循他们两个是当地名门之首，应该把他们吸引过来以便收买人心。他们两个如果来了，别人就没有不来的了。"司马睿就派王导亲自登门拜访顾荣和贺循，他们两个本来就很惊叹司马睿的威势了，再加上王导前来邀请，欣然前去朝见司马睿。当地其他名士听说连他们俩都去朝见司马睿了，也纷纷前来尊奉，司马睿的地位就这样确定了下来。

洛阳被匈奴攻了下来，中原人大多都逃到江南地区避难，王导劝司马睿招揽其中的文人学士，让他们为新政权服务，使江南地区人口兴旺，社会也比较安定。

王导还劝司马睿尽量克制私欲，生活节俭，为国家安定控制自己，所以很受司马睿的信任，司马睿曾经称王导是自己的萧何。两人关系也越来越亲密，当时人们都很尊敬王导，称他为"仲父"。

司马睿称帝，建立东晋王朝后，任命王导为丞相、军谘祭酒。桓彝刚到江南的时候，见东晋力量弱小，对周颛说："我因为中原有难，所以才逃到这里，现在这里力量如此弱小，怎么办呢？"很忧虑。后来见到王导，两人交谈了很久，回来对周颛说："刚才见到了管仲，我再也不担心了。"从北方过来的士人经常约在一起到新亭聚会喝酒。有一次周颛在宴会中叹气道："风景还是和以前一样，但放眼望去，江山已经变了。"在座的人都感伤地流下眼泪。只有王导很不高兴，他严肃地说："我们现在应该齐心协力为朝廷做事，早日收复中原，为什么要在这里流泪呢？"

司马睿上朝的时候，命令王导到御座前和他一起坐，王导坚决不同意，他说："如果太阳下降到和万物一样的高度的话，那怎么照耀万民呢？"

后来王敦因为朝中大臣争权夺利而受排挤，起兵造反，刘隗劝司马睿把王家人全部杀掉，王导也受到牵连，大家都很为他担心。王导对东晋很忠心，他率领全家20多口人每天早上都到朝廷待罪。司马睿念王导一向忠心耿耿，特意把朝服赐还给他，并召见了他。王导跪下叩头谢罪道："逆臣贼子哪个朝代没有？没想到今天居然出现在我们王家了。"司马睿光着脚下去把王导扶起来说："茂弘（王导的字），我正要派你去地方上就任，你都说些什么呀！"于是任命他为安东将军。当年司马睿登基前，王敦认为他很贤明，怕不好控制，想改立别人为帝，王导坚持反对才制止住。王敦叛乱后很快就控制了朝政，他对王导说："当初没有听我的话，结果差点导致我们王家灭族。"但王导仍然坚持自己是对的，王敦没办法说服他。

司马睿死后，晋明帝即位，王导被任命为辅政大臣，升任为司徒。王敦再次兴兵叛乱，但不久就生了病，王导为了制止叛乱，于是声称王敦已经病死了，率领王家子弟为王敦发丧。大家以为王敦真的死了，斗志高涨，为最后打败王敦打下了基础。

王导死后，皇帝在朝堂追悼了他三天，他的葬礼是东晋群臣中规格最高的。王导为东晋王朝的建立和巩固立下了汗马功劳，王氏家族也成为东晋王朝史上最显赫，地位最高的家族，人们把这种情况称为"王与马，共天下"。

"吾虽不杀伯仁，伯仁由我而死"

东晋王朝著名的开国元勋除了王导之外，还有周颛。周颛字伯仁，是安东将军周浚的儿子。周颛年少时期就有很好的名声，为人庄重，即使是和他关系很亲密的人，也不敢随便开他的玩笑。戴若思是有名的俊逸之士，他一向仰慕周颛的名声，于是前去拜见。结果和周颛交谈的时候，他始终不能侃侃而谈，只能老老实实地坐着。州郡都征辟过周颛，但他都没有受命。周颛成年后，继承了父亲的爵位，从此迈入了政坛。

周颢被任命为荆州刺史，他刚到荆州，当地人就造反了，周颢很狼狈，因为他没有地方可以据守。陶侃派兵援救，周颢才得以脱身，于是去豫章投奔王敦，王敦收留了他。后来周颢投奔司马睿，被任命为军谘祭酒，司马睿即位后，周颢被补为吏部尚书，不久因为喝醉酒而被弹劾，又因为仆人砍伤人而受牵连被免官。

太兴初年，周颢被召回任命为太子少傅，继续担任尚书一职。他上表推辞，但皇帝没有同意，将他转任为尚书左仆射。

晋元帝有一次宴请群臣，喝得正高兴的时候，晋元帝说："今天各位有名的大臣欢聚一堂，和尧舜时期比如何？"周颢严厉地说："今天陛下虽然称得上是圣明的君主，但怎么能和圣世君王相比呢？"晋元帝大怒，亲手写诏书下令把周颢交给廷尉治罪，想杀了他，过了几天才饶了他。周颢出狱后，同事们去看他，周颢说："我犯下的罪，我知道是不会被处死的。"不久周颢和王导一起参加尚书纪瞻的宴会，他喝得太多，失态了。有人便弹劾他，皇帝知道周颢的毛病就是喜欢喝酒，就没有责罚他，还帮他辩解。

本来周颢有很高的名声，后来因为他酗酒，才把名声降低了些。当初他担任仆射的时候，几乎就没有清醒的时候，成天都喝得大醉，当时的人称他为"三日仆射"。有一次他的一个老酒友来看望他，周颢非常高兴，于是拿出两石酒来喝，两人都喝得大醉。等到周颢醒来后一看，那个酒友已经因为饮酒过多，酒气烧胸而死了。

后来王敦起兵背叛朝廷，温峤对周颢说："王大将军这样做好像只是针对个别人，应该不会过火吧？"周颢回答："你还年轻，没有什么阅历。皇上又不是尧舜，怎么会没有过失呢？作为臣子怎么能带兵来挟制君主！我们拥立皇上还没有几年，这个时候出这样的事，不是作乱是什么？王敦刚愎跋扈，眼里根本没有皇上，他的欲望难道没有终止吗？"不久王敦打败了朝廷的军队，周颢去见王敦，王敦对他说："伯仁，你对不起我！"周颢说："您统兵造反，我统率大军却不能打败你，我就是这一点对不起你！"王敦被他的话震慑住了，不知道怎么回答才好。司马睿召见周颢说："王敦攻下了建康，两宫都没有事，大家也都平安，王敦应该满意了吧？"周颢说："两宫的情况确实如此，但对于我们却还不知道呢。"有人劝周颢躲避王敦，周颢说："我身为大臣，朝廷的衰败和我有关，难道我可以躲到草丛里躲命，或者逃走投奔胡人吗？"不久周颢和戴若思被捕，路过太庙的时候，周颢大呼："天地和祖宗的神灵们啊！乱臣贼子王敦颠覆社稷，屠杀忠臣，你们如果有灵的话，就赶快杀死他，不要让他再荼毒生灵，危害王室了啊！"话还没说完，逮捕他的人就用戟刺伤他的嘴，不让他再说下去，血一直流到了脚下，他却始终神情自若，看见的人都为他流泪。周颢在建康城南边的大石头上被杀死，年仅54岁。

王敦一向很忌惮周颢，每次见到周颢的时候脸都会发烧，即使是冬天也得用扇子扇脸。周颢死后，王敦派人抄了周颢的家，结果只抄出几个没有涂漆的装着旧棉絮的竹筐而已，另外还有几瓮酒和几石米。大家都很佩服他的清廉。直到王敦死后，周颢才被平反，被追赠为左光禄大夫、仪同三司。

当初王敦造反的时候，刘隗劝司马睿诛杀王家所有人，王导率领家人每天都跪在宫门口请罪。周颉正准备入宫，走到门口的时候，王导喊住周颉说："伯仁，我把全家人的性命都托付给你了！"周颉连停都不停下来，更没有搭理他。但他见到皇帝后，反复陈述王导的忠诚，极力营救他，皇帝接受了他的请求。周颉在宫里喝得大醉才出来，这个时候王导还在门口，对周颉打招呼，周颉不理他，反而对随从说："今年杀了这些混蛋，拿个斗大的金印挂在手臂上。"等回到家里，他又为王导上书辩解。王导不知道周颉营救自己，心里还很恨他。王敦掌握大权后，问王导："周颉和戴若思很得天下人的众望，应该进入三公的行列。"王导不说话。王敦又说："如果不是三公的话，那尚书令、仆射怎么样？"王导还是没说话。王敦说："那实在不行，就干脆杀了他们。"王导仍然不说话。结果周颉被处死了。等到后来王导整理档案时，发现周颉当年营救他的奏章，写得非常恳切。王导捧着奏章流下了眼泪，悲痛得不能自已，他对子侄们说："我不杀伯仁，伯仁由我而死。冥冥之中，我辜负了这个好朋友啊！"

书圣王羲之

中国最著名的书法家莫过于王羲之了，他的《兰亭集序》被誉为天下第一行书，每部书法作品都具有很高的艺术价值。

王羲之出身名门，他是王导的表侄，父亲和祖父都是有名的大官。王羲之小时候语言迟钝，人们都不认为他有什么出色的地方。他13岁那年去拜访周颉，周颉见到他后很惊奇，认为是个奇人。当时在宴会上很重视烤牛心这道菜，通常是献给最尊贵的客人吃的，结果周颉没给别人吃，先切给了王羲之，从此王羲之出了名。王羲之成年后善于辩论，为人耿直，特别擅长楷书，人们评价他的书法，说他运笔的气势飘忽如浮云，流动如受惊的龙。王羲之很受王导和王敦的器重，当时陈留人阮裕名气很大，在王敦手下任主簿。王敦对王羲之说："你是我们家优秀的人，应当不比阮主簿差的。"阮裕也认为王羲之和王承、王悦三人是王家最优秀的青年才子。太尉郗鉴派人去王家选女婿，王导让来人随便相看他家的子侄。这人回去后对郗鉴说："王家的青年都不错，当他们知道我是来为您选女婿时，一个个马上做出正经的样子，只有一个人在东床上敞开衣服袒着肚子，就和没有这回事一样。"郗鉴说："这个人就是我要找的好女婿啊！"一问，才知道这个人就是王羲之，于是把女儿嫁给了他。称女婿为"东床"，当着别人的面称呼其女婿为"令坦"就是这么来的。

王羲之很喜欢鹅，会稽郡有个老寡妇养了一只鹅，叫声很好听，王羲之想买下来，但没有成功。于是王羲之带了几个朋友去观赏，那个老寡妇听说王羲之要来，不知道他是冲着鹅来的，见自己家没有什么好招待的，就把那只鹅杀了，做成菜来款待他，王羲之因为这件事而叹息了好久。后来有个道士养了一群好鹅，王羲之前去观看，越看越喜欢，提出要买下来。道士说："你替我抄一部《道德经》，我就把这些鹅全部送给你。"王羲之欣然同意，抄完经书后就兴冲冲地把鹅装进笼子里提回去了。其实那些鹅的价钱和他的字比起来根本不算什么，但从这件事上可以看出王羲之是一个率真坦诚的人。有一次王羲之到他一个门客家里，看到桌子表面光滑洁净，书兴大发，于是在桌子上写满了字，一半是楷书，一半是草书。后来门客的父亲不懂书法，以为桌子被弄脏了，在王羲之走后把桌子上的字都给刮掉了，那个门客为此懊丧了好多天。又有一次，王羲之看到一个老妇在卖六角竹扇，叫卖了半天，一把都没卖出去，王羲之很同情她，就把扇子要过来，在每把扇子上都写了字。老妇不认识他，见扇子上被写了字，觉得被弄脏了更不好卖，于是很生气地看着他，但见他一副大官的模样，也不敢阻止他。王羲之写完后对老妇说："你只要对别人说这上面的字是王右军写的（王羲之担任过右军将军），一把可以卖 100 个钱。"老妇照着他的话去做了，人们一看扇子上的字果然是王羲之写的，竞相购买，不一会就把老妇的扇子抢购一空。过了几天，老妇又拿来扇子找到王羲之请他题写，这次王羲之只是笑笑，没有理她。

羲之爱鹅图　清　任颐

　　王羲之曾经说过："我的书法和钟繇的相比，可以说是并驾齐驱，但比起张芝，只能说仅次于他。"他在给别人的信中说道："张芝在池塘边练字，光是洗毛笔就把池水染成了黑色，别人如果也这样入迷的话，未必赶不上他。"王羲之的书法一开始的时候赶不上庾翼，直到晚年才达到精妙的境界。他曾经用章草体给庾翼写信，庾翼看到信上的字后十分佩服，在给王羲之的信中说道："我以前曾收藏过张芝的 10 幅章草，因为战乱，过江的时候全部遗失了。我经常因为这种精妙的书法绝迹而感到遗憾。见到你给我哥哥写的信，信上的书法美妙绝伦，好像当年张芝的书法又呈现在了我的眼前。"

　　王羲之和骠骑将军王述齐名，但王羲之看不起王述，两人关系一直不太好。王述在会稽当过官，因为母亲去世而回乡守孝，王羲之接替了王述的职务，只去吊唁了一次就没有再去了。王述很看重王羲之，吊唁期间，他只要听到吹号角的声音，就以为是王羲之来了，于是赶紧打扫庭院等着接待王羲之，结果等了几年，王羲之都没有来，王述因为这事开始怨恨起王羲之来。后来王述被任命为扬州刺史，临行前到会稽各地走了一圈，却没有看见王羲之，直到他要走了，王羲之才去象征性地告别了一下。以前王羲之对别人说："王述顶多也就是个做尚书的材料，到他老了还有可能得个仆射的官职。他得到会稽内史的地位就开始飘飘然了。"后来王述升了大官，王羲之是他的下属，经常为此感到羞耻，于是派人去朝廷建议把会稽郡分出来设立一个越州，好摆脱王述，但派出的人言语失当，反而落下笑柄，王羲之一直为这件事耿耿于怀。可见即使是大师，也有心胸狭窄的时候，不能因为他的成就而认为他尽善尽美。

　　王羲之的儿子王凝之和王献之也都擅长书法，王献之造诣尤高，和父亲王羲之并称"二王"。

仁义之士邓攸

邓攸是平阳襄陵人，祖父和父亲都当过大官，邓攸 7 岁的时候父亲就去世了，不久，母亲和祖母也离开了人间，邓攸按照礼仪的规定守孝 9 年，其间没有违反孝道，由此出了名。邓攸为人清正和气，平易近人。他成为孤儿后和弟弟生活在一起，他的祖父有赐官，朝廷下令由邓攸接受，后来太守劝邓攸辞去赐官，准备推荐他为孝廉（从孝廉出身进入政坛比从赐官出身进入政坛要光荣，而且升官容易）。但邓攸说："赐官是先人留下来的，不能改变。"没有接受太守的好意。他曾去拜访过镇军将军贾混，贾混把别人的诉状拿给邓攸看，让他决断。邓攸看都不看，说："孔子说过，听理诉讼的能力我和别人一样，应该做的是让人不进行诉讼。"贾混很欣赏他的话，把女儿嫁给了他。邓攸以他的清正廉明多次升官，受到皇族的尊敬。

中原大乱时期，邓攸被石勒俘虏，石勒一向很痛恨汉族的高级官吏，听说邓攸落到自己手中，准备杀了他。邓攸到了门口，看门的人正是当年邓攸当郎的时候给他看门的，所以认识邓攸，邓攸求他找来纸和笔，给石勒写了一封信。看门的人等石勒高兴的时候把书信递给了他，石勒看了后很赏识邓攸的文笔，就没有杀他。石勒的长史张宾以前和邓攸是邻居，很看重邓攸的节操和名望，向石勒推荐邓攸。石勒把邓攸找来谈话，谈完后很高兴，任命他为参军，送给他车和马，每次外出打仗都把邓攸安置在营里。石勒严禁晚上点火，违反者处死。邓攸的房子和一个胡人相邻，那个胡人晚上失火把车辆给烧毁了，胡人就在前来调查的官吏面前诬陷邓攸。邓攸很清楚和他没办法争辩，将错就错回答说是因为弟媳生病需要吃药，必须把药弄热，所以不小心失的火，石勒就下令赦免了他。那个胡人被邓攸的行为所感动，把自己捆上去见石勒，承认是自己诬陷邓攸。后来那个胡人还暗中送马、驴给邓攸，其他胡人听说后，都很佩服邓攸。

石勒过泗水的时候，邓攸找准机会，把车辆弄毁，用牛和马驮着全家逃跑。半路遇到强盗，把牛马都抢走了，邓攸没办法，只好用扁担担着儿子和侄子邓绥逃跑。邓攸知道石勒会派人来追他，他觉得没有两全的办法，于是对妻子说："我弟弟已经死了，他只有这一个儿子，不能让他的后代断绝，所以只能把我们自己的儿子丢掉。如果我们能侥幸活下去的话，以后还会有儿子的。"他妻子深明大义，虽然很舍不得自己的儿子，但还是哭着同意了。邓攸就把自己的儿子扔掉，带着侄子逃跑。他儿子是早上的时候被扔掉的，晚上又追了上来。邓攸见实在没办法，干脆把儿子绑在树上，一狠心就走了。

邓攸和刁协、周顗的关系一直很好，于是跑到江南投奔他们，司马睿任命他为太子中庶子。当时吴郡没有太守，很多人都眼红这个职位，最后这个职位归了邓攸。邓攸自己带上粮食到吴郡就职，他不接受俸禄，只是喝吴郡的水而已。吴郡闹饥荒，邓攸上书朝廷请求赈灾，朝廷还没有答复，他就擅自打开粮仓赈济灾民。有人弹劾邓攸擅自开仓，朝廷下诏原谅了邓攸的做法。

邓攸在吴郡很清廉，执法严明，老百姓的生活都很好，邓攸也因此成为东晋中兴时期有名的好太守。后来他称病离职，吴郡本来准备了几百万迎送官员的经费，邓攸离开吴郡的时候一个钱都没有要。数千百姓牵着邓攸的船不让他走，邓攸没办法，只好下令把船停住，等到半夜的时候才悄悄开走。百姓到尚书台请求再挽留邓攸一年，但没有得到准许。在朝中，邓攸被任命为侍中，后来又调任吏部尚书，他平时只吃蔬菜，穿旧衣服，但是却经常周济别人。他性格和气，善于和人打交道，不管对方贵贱，他都一视同仁。

邓攸丢弃自己的儿子后，妻子就再也没有怀孕。到了江南后，为了生儿子，他娶了一个妾，非常宠爱她。后来问她的家属是什么人，小妾回答说自己是北方人，因为战乱才流落到江南来的，她回忆父母的姓名，结果她父亲居然是邓攸的外甥。邓攸一向很看重自己的节操和德行，听到这个消息后很悔恨，于是就再也没有纳妾，所以最后也没有儿子。当时的人都感念他的仁义，为他没有后代而感到哀伤，说："老天爷没有长眼睛啊，居然让邓攸这样的人没有儿子！"邓攸死后，他舍弃亲生子而救出的侄子邓绥为他服了3年的丧，也算是有人送终了。

大画家顾恺之

顾恺之是晋陵郡无锡县人，他的父亲担任过尚书左丞。顾恺之是个博学多才的人，他曾写过一篇《筝赋》，对别人说："我这篇赋比起嵇康那把琴，不懂的人肯定会认为它晚出而不重视它，但是那些见识高明的人一定会因为它的高妙而珍视它。"

大司马桓温推荐他为自己的参军，很信任他。温死后，顾恺之到他墓前拜祭，写了一首诗："山崩沧海干，鱼鸟何所依！"有人问他："你是如此地推崇桓公，那么你痛哭的情景可以用诗来表达出来吗？"顾恺之不假思索地说："声如震雷破山，泪如倾河注海。"

顾恺之像

顾恺之生性诙谐，喜欢开玩笑，大家都喜欢和他来往。后来他担任了殷仲堪的参军，也很受器重。殷仲堪在荆州的时候，顾恺之请假回家，殷仲堪专门借给他一个布帆。结果船开到一个叫破冢的地方，遭遇了大风，船被风浪打坏了。顾恺之给殷仲堪写信说："那个地方叫破冢，真是'破冢而出'啊！同行的人都平安无事，布帆也没有坏。"回到荆州后，人们向他问起会稽这个地方的风景，顾恺之说："上千座山峰在一起竞相展现灵秀之气，上万道溪流争相奔流。草木郁郁葱葱，像云蒸霞飞。"很有文采。有一次桓玄和顾恺之在殷仲堪家做客，3个人比试谁说话最能表达出事物的极致。顾恺之说："火烧平原，寸草不留。"桓玄说："白布裹棺材，竖起招魂幡！"殷仲堪说："把鱼扔到深渊里，把鸟放到蓝天上。"然后又比试谁能说出最危险的情景。桓玄说："在长矛尖顶上淘米,在剑尖上煮饭。"殷仲堪说："百岁高龄的老翁攀爬枯树枝。"有一个站在旁边的参军插嘴道："盲人骑匹瞎马,走近深水池。"殷仲堪正好有一只眼睛因为生病而看不见了,听了这话,他吃惊地说："这话也太逼人了!"就不再说下去了。顾恺之每次吃甘蔗的时候都是从尖上开始慢慢嚼,一直吃到根部(甘蔗根部比尖要甜。)别人觉得他这种吃法很奇怪,他却说:"这就是所谓的渐入佳境嘛。"

顾恺之尤其擅长绘画,他勾线、涂颜色都非常精妙,谢安因此非常佩服他,认为自有苍生以来开始,还没有人达到过这种境界。顾恺之每次画完人像后,都不点眼睛,有时甚至几年都不点。别人问他为什么,他回答:"人四肢的美丑本来就对画像的精妙之处没有多大影响,人像的传神之处,全部都在眼睛里面。"据说顾恺之曾经喜欢上邻居家的一个女子,挑逗过她,但没有成功,他就把那个女子的像画在墙上,用针扎心脏的部位,那个女子就得了心痛的病。顾恺之再次向那个女子表白了爱慕之情,那女子同意了,他偷偷把针拔掉,那女子的病也就好了。顾恺之很欣赏嵇康的四言诗,为这些诗专门配了图,他常说:"要画出手弹琴的姿势很容易,但要画出目送大雁归来的意境却很难。"他画的每一幅人像,在当时都称得上是妙绝之作。他曾经为裴楷画过像,在脸颊上面添了几根毛,观看的人都觉得人像特别的有精神。他还为谢鲲画过像,把画像上的谢鲲安排在山石背景之中,他说:"这个人应该把他放在丘壑之中的。"他想为殷仲堪画像,殷仲堪因为自己有眼病,不适合画像,于是极力推辞。顾恺之对他说:"大人您的特点恰恰就是在您的眼睛上,如果把您的瞳孔涂得黑黑的,再用飞白在上面轻抹,使其像淡淡的云遮住月亮一样,不是很好看吗?"殷仲堪这才答应。顾恺之曾经收藏了一柜子的画,在柜门上贴上封条,然后把柜子寄送给桓玄。那些画都是顾恺之钟爱的精品,桓玄找人把柜子背面打开,把里面的画拿出来,而前面的封条一点都没有动,把柜子弄好后送还回去,想捉弄顾恺之,告诉他柜子并没有打开。顾恺之见封条确实没有动,但画都没了,他只好说:"绝妙的画是通灵气的,肯定是变化飞走了,就和人成仙飞上天一个道理。"丝毫没有露出奇怪的神情。

顾恺之喜欢听别人赞扬自己的话,当时的轻薄少年就故意对他胡乱吹捧,以此来捉弄他。他还喜欢吟诗,自以为得到了古代贤人的风韵。有人请他学洛阳书生吟诗的样子,他回答道:"怎么能学那些老奴婢的声音呢?"后来他担任了散骑常侍,和谢瞻是邻居。到了晚上,顾恺之就在月色中高声吟诗,谢瞻故意在远处赞扬他,顾恺之听到赞扬后吟得更加起劲,连疲倦都忘记了。谢瞻要睡觉的时候,命令别人代替自己赞扬顾恺之,顾恺之也没觉察出换了人,结果一直吟到天亮。他还特别相信邪门小术,认为只要用心去学,一定能学到手,桓玄曾经拿了一片树叶捉弄他,说:"这就是蝉用来遮住自己的树叶,用它来遮住自己别人就看不见你。"顾恺之居然相信了他的鬼话,很高兴地接过了那片叶子。他拿那片树叶放在自己眼前遮住自己,桓玄故意当着他的面小便,顾恺之以为桓玄真的看不见自己,于是非常珍惜那片树叶。

顾恺之在桓温手下任职的时候,桓温说:"顾恺之身上痴呆和狡猾的部分各占了一半，两者合起来正好平衡。"因此当时都流传顾恺之身上有三绝：才绝、画绝和痴绝。他62岁那年逝于任上。

王猛扪虱谈兵

北方经过长期的战乱后，氐族人建立的前秦政权逐渐强大起来，前秦主苻坚很快就基本统一北方。苻坚能够建立强大的前秦，很大一部分功劳要归功于他手下的汉族名臣王猛。

王猛本来是北海人，他少年时期家里贫困，只好以卖簸箕为生。但他相貌俊伟，博学多才，喜欢研读兵书，为人谨慎大度，不被日常琐事所干扰。如果不是和他非常投缘的人，他多数都是不与之交往的。当时那些轻浮的人都很轻视并且嘲笑他，他却悠然自得，一点都不介意。王猛年轻的时候曾经去邺游览过，当时很少有人赏识他，只有徐统见到他后认为他不是常人，召他为功曹，但他没有应召，而是和老师在华阴山隐居了下来。他胸怀大志，希望能够遇到能成就帝王霸业的君主。因此他隐居起来不做官，等待时局的变化。桓温入关后，王猛穿着粗麻衣服去见他，一面高谈阔论，一面捉着身上的虱子，旁若无人。桓温看到后觉得很惊异，问道："我奉天子的命令，率精兵十万讨伐叛逆，

王猛像

为百姓除害，但三秦的豪杰却不来投奔我，这是为什么？"王猛回答："您不顾几千里远的距离，深入敌境，长安城已经在你们眼前了，你们却不渡过灞水，百姓没有见到你们的真心，所以不来投奔。"桓温哑口无言。桓温要撤走的时候，送给王猛车马，并许给他高官，请他一起回去。王猛回华阴山问师父的意见，师父说："你和桓温怎么能同时相处？你在这里就能得到富贵，为什么要走那么远？"于是王猛就没有去南方。

苻坚听说王猛的名声，派人去接他。两人一见如故，谈起天下的兴亡大事，两人意见居然都不谋而合，就像当年刘备见到诸葛亮一样。苻坚当了皇帝后，任命王猛为中书侍郎。当时始平一带的豪门大户横行霸道，苻坚调任王猛为当地的县令。他一上任就申明法令，赏善罚恶。他曾经把一个官吏活活打死，百姓上书告他，别的官员也弹劾他，朝廷把他抓到廷尉处进行审问。苻坚亲自审问他，说："为政的根本是道德教化，你上任才几天就杀了人，太残忍了！"王猛说："我听说治理安宁的国家用礼仪，治理混乱的国家用法律。陛下不嫌弃我才疏学浅，派我治理混乱的县城，我尽忠职守，为您铲除邪恶的人，现在我才杀了一个坏人，剩下的坏人数以万计，如果因为我不能铲除掉所有的坏人，我怎么会不甘心被处死？但如果说我为政残酷，我实在不服。"苻坚就赦免了他。

王猛很受苻坚信任，一年之内升迁多达5次，权力大得不得了，那些皇亲国

戚还有老臣都忌妒他。尚书仇腾和丞相长史席宝多次说他的坏话，苻坚大怒，把那两个人贬了官，以后朝廷上下再也没有人敢说王猛坏话的了。

不久王猛升任为丞相，国家内外大小事务一律由他掌管。他在任期间赏罚分明，执政公平，罢黜了那些光吃饭不做事的人，把贤能却又仕途坎坷之人都提拔起来，对外整顿军备，对内崇尚儒学，鼓励百姓种植桑树，教化他们懂得礼义廉耻，前秦很快就强大了起来，这都是王猛的功劳。苻坚曾对王猛说："你日夜操劳，我就像周文王得到了姜太公一样，完全可以轻松自在地休息了。"王猛说："我只求陛下不要苛责我的过失，我怎么敢和古人相比呢？"苻坚说："依我看姜太公怎么能超过你呢。"苻坚经常对太子苻宏、长乐公苻丕说："你们对待王先生，要像对待我一样。"王猛就是如此地受到推崇。

王猛因为操劳过度而生了重病，苻坚亲自到宗庙和社稷去为他祈祷，并分别派人向各路神仙祈祷。王猛的病情始终不见好转，苻坚又大赦国内罪行在斩首以下的囚犯。王猛卧病在床还上表谢恩，并谈论时政，不少见解都非常有价值。苻坚看到王猛的上表后不禁流下了眼泪，其他人也都很伤心。王猛病情到了无法挽回的时候，苻坚亲自去探望，询问后事。王猛说："晋国虽然偏安于吴越一带，但确实是继承了正统的王朝。亲近仁人，善待友邻是立国之宝。我死以后，希望皇上不要对晋国有所企图。鲜卑和羌族是我们的仇敌，最终会成为祸患，应该逐步剪除掉他们，这样才对国家有利。"话刚说完就去世了，年仅51岁。苻坚放声痛哭，到入殓的时候，苻坚连续3次前去哭吊，他对太子说："难道这是上天不想让我统一天下吗？为什么这么早就夺去我的王猛呢？"

苻坚重视文化

大秦天王苻坚虽然是氐族人，但他并不是一个没有文化的人，相反，他和一般的氐族人不同，很小的时候就开始学习儒家经典。长大后博学多才，他的才学让很多汉族士子都赞叹不已。所以苻坚虽然不是太子，但威望非常高。

当时前秦的皇帝是苻生，这是个残暴不仁的人，苻坚就把他杀掉了，自立为大秦天王。虽然苻坚是弑杀君主，但由于苻生实在不得人心，所以大家反而都很拥护苻坚。苻坚刚上台不久就采纳了王猛重礼尊法的主张，他重用王猛等汉人儒生，狠狠处罚那些不懂礼教还居功自傲的氐族贵族。朝廷的风气顿时好了很多，权贵们都吓得不敢再放肆了，社会治安和民族矛盾都得到了缓和。

苻坚很欣赏汉武帝和光武帝重视儒家思想的政策，他树立了自己的威望后，就开始推行尊儒重学的国策。他下令各地广修学宫，只要精通任何一种经典的人，都可以进入学宫学习。各级官员的子弟也要学习儒术。对于那些已经完成学业、品格高尚、操守清廉的人，一律表彰，有的观其才能还授予官职。这道政策让前秦这个少数民族政权兴起了一股积极学习的潮流，人人都埋头苦读，一时间人才济济，比当时南方的东晋王朝有朝气得多。在这种政策的感召下，违法乱纪的行为少了很多。由于以才学高低作为授官的标准，那种走后门、托人情的不正之风就自动消失了。农业也发展得非常好，国泰民安。

为了提高学生学习的积极性，苻坚还多次到太学巡察，有的时候还亲自主持考试。皇帝主持的考试谁还敢作弊？所以考风也好了很多。苻坚有时还评定卷子，根据学生掌握知识的优劣程度来区分学生水平的高下，水平高的给予奖赏，而劣等生则要接受处罚。苻坚对自己的文治沾沾自喜，他问博士王实："我一个月要去太学三次，亲自奖优罚劣，不敢有所耽误和回护，希望能够发扬圣人的教导。我这样做能不能赶得上汉武帝和汉光武帝呢？"王实回答道："自从前赵的刘氏和后赵的石氏扰乱天下以来，儒生已经所剩无几，儒家经典也散失了不少，和当年秦始皇的时候一样。而陛下英明神武，能够毅然拨乱反正，重新抬高儒学的地位，比舜和禹的功劳还大。重建学宫，弘扬儒学，让社会风气大大好转，这是万世的功业啊！汉武帝和汉光武帝怎么能和陛下相提并论！"王实的马屁拍得苻坚舒舒服服的。虽然王实的话实在太夸张，但他说苻坚复兴了儒学，把儒学从战乱中拯救出来，这话还是有一定道理的。在苻坚的提倡下，许多散失的典籍都重新得到整理，保存了许多珍贵典籍和文物。作为一个少数民族君主，苻坚能够如此重视文化，是非常难能可贵的。

从此以后，苻坚每个月都要去一次太学，鼓励那些埋头苦读的学子。学生们大受鼓舞，都拼命地苦读，唯恐落在别人后面被人看不起，辜负了苻坚对他们的期望。当时有一些很有钱的商人，他们虽然不学无术，但由于有几个臭钱，架势和派头能和王侯相比。前秦的很多大臣都争相任用他们担任自己的幕僚。黄门侍郎程宪看不惯这种行为，对苻坚说："那些商人不过是些市井之徒，居然敢和王侯并论，甚至还能得到只有君子才能得到的官职。这种现象伤风败俗，对陛下推行的教化不利，所以请陛下下令严肃法纪。"

苻坚觉得很有道理，毕竟中国是个农业国家，商人地位本来就不高，再加上当时的商人确实也存在不学无术的情况，所以苻坚下了道命令，各地贵族如果有提拔商人为官的，一律降爵处理。而且还通知全国，士以下的人不准乘坐车马，手工业者、商人、奴仆和妇女不能穿锦绣衣服，不准佩戴金银首饰。如果有违反这种规定的，一律杀头。这种血淋淋的法令还是起到了一定作用，前秦奢侈的民风得到了矫正，节省了很多社会财富。苻坚重视儒学的政策对政权的巩固起了一定的作用，所以没用多少时间，苻坚就基本统一了中国北方。

桓温神武慷慨

桓温出生没多久，名士温峤见到他后赞叹道："真是个英物啊！"桓温的父亲见温峤这么赏识自己的儿子，于是就为他取名温。温峤说："以后恐怕人们都要改我的姓了。"桓温少年时就豪迈过人，相貌雄伟。名士刘惔说："桓温眼睛像紫石棱，胡子像刺猬毛，是孙权和司马懿那样的人啊！"

桓温15岁那年，其父亲被苏峻的部将韩晃杀害，江播也参与了此事。桓温悲愤万分，哭得流出了血液，发誓以后一定要报仇。可他18岁的时候江播居然死了，

大事帖　东晋　桓温

江播的 3 个儿子在哭丧的时候还准备好了武器，预防桓温来报仇。桓温假装吊唁的宾客混进了他们家，然后杀死了那三兄弟。当时能够为父报仇是一种美德，人们不但不怪罪他杀人，反而认为他胆识过人，很有英雄气概，很佩服他，官府也没有来找他麻烦。

后来他娶了南康公主，被拜为驸马都尉。桓温和当时的权臣庾翼关系不错，曾在他面前表现出北伐的大志。庾翼就向朝廷推荐了他，说："桓温虽然年轻，但有雄才大略，不要把他当普通人看待，应该为他多储备些人才，慢慢委以重任，以后一定能成就大业。"庾翼死后，朝廷就开始培养桓温，逐渐加重了他的权力。

桓温和名士们交情很好，他门下有很多名士当幕僚。其中他最欣赏的人是谢安。有一次他去拜访谢安，正赶上谢安在梳头，见桓温来了，赶紧取来衣服和头巾。桓温说："不用这么拘礼。"那天两人一直聊到天黑，桓温才走。有一次桓温生病，谢安来探望他，走的时候桓温望着谢安的背影感叹道："我已经很久没见过这样的人了！"一副钦佩之情。

殷浩曾经和桓温齐名，两个人一直暗暗较劲。桓温有一次问殷浩："你怎么比得上我？"殷浩说："我和你周旋的时间太长，所以宁愿让你在我之上。"桓温很轻视殷浩，但殷浩并不怕他。桓温得势后对人说："小时候我和殷浩一起玩竹马，我骑过的竹马扔掉，他就捡起来骑，所以他本来就在我之下。"他还说："殷浩的文章不错，让他当宰相的话，完全可以总理事务。只是现在朝廷没有用好他，没有让他发挥出自己的长处。"

后来朝廷重用殷浩，用他来抑制桓温的势力，这让桓温很气愤，所以就想以北伐为借口收回权力。他带了几万人马直逼首都，说自己进军完全是为了北伐。这个时候殷浩的北伐计划屡屡失败，桓温就抓住这个机会弹劾他，最后把他赶下了台，从此桓温掌握了东晋的军政大权。

桓温也具备当时名士放荡不羁的性格，最有代表性的就是他特别喜欢赌博。桓温从小就迷恋赌博，但赌技不佳，不但输得精光，还欠了一屁股烂债。债主多次催他还钱，桓温没办法，只好去求当时的赌博高手袁耽帮忙。袁耽当时正在服丧，按理是不能赌博的，但桓温找他帮忙他马上就答应了。他带着桓温去找债主赌博，赌注是 10 万钱，袁耽百战百胜，一口气就赢了 100 万。他赌完后对周围人说："你们不认识袁耽吧？我就是！"幸好有袁耽帮忙，否则少年桓温早就被债主打死了。

桓温北伐是出于私心，一开始虽然节节胜利，但后来还是失败了。当时桓温经过金城的时候看到自己早年在那里种的柳树已经长到十围那么粗了，叹息道："木犹如此，人何以堪！"说着说着就流下了眼泪。

他对当时清谈的风气深恶痛绝，曾对那些清谈家说："我如果不多做点实事，你们哪里能这样逍遥地坐在这里清谈？"他务实的精神相对于那些吃饱饭没事干，只知道空谈的人而言，更值得人们钦佩。

桓温非常崇拜王敦，他平定蜀地后，宴请当地名士。桓温在宴会上表现出的英雄气概让人们大开眼界，对他赞赏不已。不过也有人说："你们是没见过王大将军啊！"桓温知道后也没有生气，他经过王敦墓的时候，赞叹道："可儿，可儿！"

谢安谈笑退敌

苻坚并没有把王猛的遗言放在心上，王猛死后，他最宠信的人就是鲜卑贵族慕容垂和羌族贵族姚苌。王猛死后的第三年，他就派慕容垂和姚苌还有苻丕带领大军进攻襄阳，襄阳守将朱序死守了将近一年，最后还是被攻破了。朱序被俘虏到了长安，苻坚认为他是个忠臣，就没有杀他，把他留在秦国当了官。

苻坚召集群臣开会商讨灭晋的事情，大臣们纷纷反对，苻坚说："我们现在手上有将近 100 万精兵，灭掉小小晋国根本易如反掌，所以我想讨伐晋国，大家认为怎么样？"权翼说："晋国虽然弱小，但他们的皇帝并没有犯什么错，而且手下还有谢安、桓冲这样的大臣，君臣一心，现在进攻恐怕不是时候。"另一个大臣石越也说："晋国有长江作为天然的屏障，而且百姓也会反抗我们，所以不打为妙。"苻坚听了他们的话后很不高兴，反驳道："长江天险算得了什么？我们那么多军队，每个人把马鞭投到江里，就可以把江水堵住，他们还有什么屏障可言？"但大臣们还是反对，苻坚没有办法，只好宣布退朝。

苻坚有个弟弟叫苻融，是个很贤能的人，苻坚一直很信任他，于是苻坚把他召进宫，对他说："自古以来，决定国家大事的只有一两个人，大家一起讨论是没办法争出个结果的。我看，这事就我们两个来决定吧。"谁知道苻融也是反对出兵的，他对苻坚说："我觉得打晋国确实不是时候，再说我们连年打仗，士兵们都很疲惫了。今天反对出兵的大臣都是忠臣，所以请陛下采纳他们的意见。"苻坚没想到连苻融都反对他，很不高兴，对他说："没想到连你也说出这样丧气的话！我有百万大军，武器粮草都充足，要灭掉一个小小的晋国，哪有不胜的道理？"苻融见苻坚如此顽固，再三劝说，但苻坚就是不听他的话。

后来，苻坚在慕容垂的怂恿下，率领 87 万大军讨伐晋国。很快，秦军主力到达项城，水陆并行，向江南逼近。消息传到建康后，东晋上下都慌了神，大家都指望谢安能拿个主意出来。谢安很镇定，决定自己坐镇建康指挥，派弟弟谢石担任征讨大都督，侄子谢玄担任前锋都督，率领 8 万人马前去抵抗，另外派胡彬率领 5000 水军到寿阳接应。谢玄手下有一支由北方难民组成的军队，这支军队战斗力特别强，是东晋的王牌部队，被称为"北府兵"，不过他们虽然勇猛，人数上却处于极大的劣势。谢玄心里到底还是很紧张，于是出发之前他特地到谢安家去辞行，顺便问问谢安的战略。

谁知道谢安只是淡淡一笑，说："我已经有安排了。"谢玄等了很久，但谢安始终没有说话，只好离开。谢玄回到家里总觉得不踏实，又请老朋友张玄去谢安那里探问一下。谢安见张玄来了，很高兴，拉着他去下棋，张玄始终没有机会询问。谢安带着张玄等人在外面整整玩了一天，晚上才回家。一到家他就把谢石、谢玄等人召集过来，把他们的任务和责任都交代清楚，大家见他如此镇定，心里的大石头总算落了地。

镇守荆州的桓冲听说苻坚要来入侵，他担心建康的守卫部队不够，于是派了3000精兵前来增援，谢安对他们说："京城这边我已经安排好了，你们还是回去加强西边的防守吧。"

那些人回去把情况一说，桓冲很担心："谢公的气度确实让人佩服，但是他不懂得打仗。敌人都快到眼前了，他还那样悠闲。兵少不说，又派些没经验的年轻人去指挥，我看这次我们要遭大难了。"

胡彬的水军人少，很快就被秦军包围了起来，苻坚认为他们已经不堪一击，于是派朱序去劝降。谁知道朱序见到谢石、谢玄后，把秦军的情况全部透露给了他们，并答应做他们的内应。晋军得到情报后，派兵打败了秦军的前锋部队。苻坚听说前锋受挫，很是吃惊，下令不许出击，在淝水边摆下阵势，等待后方的部队。

谢石等人怕各路秦军会齐后形势更加不利，就写信给苻坚，用激将法激他，说秦军胆小，有本事就撤出一块阵地出来，然后决一死战。苻坚果然被激怒了，但他也有小算盘，他打算等晋军一渡河，就发动进攻，于是答应先撤出一块阵地，让晋军渡河。

约定好的时间一到，苻融就指挥秦军后撤。许多秦军已经厌恶了战争，又很害怕晋军，命令一下，许多人就撒开腿飞跑起来，拦都拦不住了。晋军趁机抢渡淝水，而朱序在秦军后方大喊："秦军败了，秦军败了！"后面的人根本不知道前面发生了什么事，只看到前面的人拼命往后面跑，以为真的吃了败仗，于是大家都往后面跑。苻坚见形势不妙，苻融也死在乱军之中，他害怕了，只好骑上一匹快马逃跑。晋军乘胜追击，秦军不要命地溃逃，一路上不知道因为自相践踏而被踩死多少人。等苻坚逃回洛阳后，一点人数，几十万人马只剩下十几万人了。前秦从此一蹶不振，很快就被背叛的慕容垂和姚苌建立的后燕和后秦灭掉了。

谢石和谢玄取得大胜后，派人跑回建康送捷报。使者赶到谢安家里的时候，谢安正在和一个客人在下棋，他看完捷报后，神情自若，把捷报放在一边。那个客人知道那是前线送来的战报，忍不住好奇心，问道："战事怎么样了？"谢安慢吞吞地说："孩子们总算把敌人打败了。"那个客人高兴得棋都不下了，赶紧告辞回去，想把好消息告诉别人。其实谢安心里也非常激动，他送走客人回来迈过门槛时，激动得浑身发抖，把木屐上的齿都给碰断了。

宋　书

　　《宋书》100卷，南朝梁沈约撰，叙事始于宋武帝永初元年（420年），止于宋顺帝明三年（479年），共记刘宋60多年的史事。全书有纪、传、志而无表，成书草率，叙事又多忌讳，但保存的史料较多，尤其八志的内容上溯三代秦汉，魏晋尤其详细，可补《三国志》的缺憾。

陶渊明不为五斗米折腰

陶渊明是东晋名臣陶侃的曾孙子，他本名陶潜，字渊明，后人称呼他为陶渊明。陶渊明年轻的时候就有很远大的抱负，曾经写过《五柳先生传》，将自己比喻成"五柳先生"，表明了自己不与恶俗同流合污，安贫乐道的思想境界。

陶渊明的曾祖父虽然当过大官，但传到他这一代的时候家道已经中落，他曾经担任过江州祭酒，后来因为不能忍受官职的束缚，便辞了官。州府征召他担任主簿，他没有接受。

后来镇军将军刘裕征召他当镇军参军，他也曾在建威将军刘敬宣手下担任建威参军。陶渊明对亲朋好友说："我暂且以出来做官作为我以后归隐田园的本钱，可以吗？"他的上司听到这话后，就任命他为彭泽县令。他上任后，下令在公家的田地里全部种上可以用来酿酒的粘稻，他的妻子坚决要求种更适合食用的粳稻，于是他就用 50 亩地种上粘稻，50 亩地种上粳稻。郡守派督邮到彭泽来视察，县吏告诉陶渊明应该穿上官服，束紧衣带前去拜见。陶渊明气愤地说："我不能为了每个月五斗米的俸禄而去向那种田野小人弯下我的腰！"当即扔掉官服，解下官印，辞职回乡了。

回乡后，朝廷征召他为著作佐郎，陶渊明没有接受。江州刺史王弘想和陶渊明认识，但没能成功。陶渊明曾经到过庐山，王弘就让陶渊明的朋友庞通之带上酒具，在半路上邀请陶渊明喝酒。陶渊明的脚有毛病，庞通之派了一个差役和两个仆人抬着轿子去请他来。陶渊明来到后，就很高兴地在一起喝酒。不久，王弘也来了，陶渊明喝上了也没有和他过不去。在这件事之前，颜延之担任刘柳后军功曹的时候，在浔阳和陶渊明相见，两人很是默契。后来颜延之担任始安郡守，经过浔阳，天天都去拜访陶渊明，每次去了之后，一定会喝得大醉才走。走之前留下两万钱给陶渊明，陶渊明把这笔钱全部存在酒店里，以后就经常去取酒来喝。

有一次九月九日重阳节的时候没有酒了，他走出去在屋子旁边的菊花丛里坐了很久，正好王弘过来送酒，他马上就喝了起来，喝醉后才走进家门。陶渊明不懂音乐，但是他家却有一张素琴，那琴上没有琴弦，每次他喝够了酒后，总要抚弄那张素琴，以此来寄托自己的心志。前来拜访的客人身份不管高低贵贱，只要有酒，他就会摆出来，如果陶渊明先喝醉的话，他会对客人说："我喝醉了，要睡觉了，你可以先走了。"陶渊明就这么一个纯朴直率的人，郡守去探望他，正好赶上他家的酒酿好了，陶渊明就取下头上的葛布头巾，用来把酒渣过滤掉，过滤完之后又把葛布头巾戴在头上。

陶渊明只当过一些小官，他并不修身养性，也不考虑接受或者放弃某种官职，他自认为曾祖父陶侃是东晋皇帝的辅政大臣，感到羞耻的是身为后代的他身

陶渊明像

份地位却屈居人下。从他曾祖父的时候开始，东晋帝王的江山已经渐渐巩固下来，但他却不肯做官了。他所写的文章都会标上写作的年月，晋朝的时候他就写晋朝的年号，刘宋王朝建立后，他就只用甲子来标记时间了。

他在给儿子的信中谈到了自己的志趣，并用它来告诫孙子，信里是这样说的："人的生命是天地给的，人有生必然也会有死，从古到今的圣人贤者，有谁能够避免的？孔子的学生子夏曾经说过：'生死由命运决定，富贵则是天意。'子夏是和孔子4个得意门生一样的人，受过孔子的亲身教诲，他发表这种言论，难道不是因为命运的好坏不能强求，寿命的长短也无法从分外得到吗？我已经过了50岁了，还为穷困而苦恼，因为家境贫困，只能到处漂泊。我生性刚直，人又很倔强，所以和世人多有不和，自己觉得再这样下去，一定会有祸患，于是勉强辞官归隐，却让你们遭受饥寒之苦。我常常被东汉时期孺仲的妻子的话所感动，自己都盖着破棉絮，对儿子又有什么愧疚的呢？只恨邻居中没有羊仲和求仲那样的高人，而家里又没有老莱子妻子那样贤惠的人，所以即使有这样的苦心，却在一个人的时候感到很失落。

"我年轻的时候喜欢读书，有所心得就高兴得忘记吃饭。有时看见树林里枝叶交错，听见鸟儿歌唱，也会非常高兴。我曾说过，五六月在北窗下躺着的时候，正好有凉风吹来，那简直就和伏羲时代的人一样幸福了。我意志薄弱，思想也浅薄，岁月一天天地流逝，现在回想起来，一切都是那么的渺茫。

"自从我得了疟疾以来，身体就越来越差了。亲戚朋友们不嫌弃我，还经常拿药来帮助我，不过我想自己的性命也没多少时间了。可恨你们还太小，家里这么穷，又没有用人，砍柴打水这种活你们要做到什么时候啊！我只能在嘴里念叨，没办法用言语来表达。你们虽然不是同一个母亲生的，但你们应该知道四海以内皆兄弟的话。鲍叔牙和管仲在分钱财的时候，管仲给自己多分了些，鲍叔牙并没有猜疑他；伍举在国丧期间，在郑国维护了公子纠的地位而立了功。他们这些人尚且这样，更何况你们是同一个父亲的人呢？韩元长是汉末的名士，处在大臣的位置上，80岁才去世，但他们家兄弟几个却始终都住在一起，一直到老。济北的汜稚春是西晋时期品行高洁的人，他们家7代人都没有分财产，家里所有人都没有埋怨的神色。《诗经》写道：'在高山上能高瞻远瞩，在大路上能畅行无阻。'你们千万要谨慎啊。"

陶渊明于427年去世，享年63岁。

足智多谋的王镇恶

刘裕能推翻东晋王朝，建立刘宋政权当上皇帝，除了他自己具有非凡的能力之外，他手下那一批能征善战的武将也做出了很大贡献，王镇恶就是其中的典型代表人物。

王镇恶的祖父就是前秦著名大臣王猛，父亲王休担任过河东太守。王镇恶出生在五月初五，当时有种说法是这一天出生的男孩对父亲不吉利，王休就想把他

刘裕像

过继给别人。王猛见到王镇恶后说："这个孩子很不寻常，过去孟尝君也是这一天生的，但后来却成为齐国的相国，这个孩子以后也能光宗耀祖，光大我们王家的门楣。"所以给他取名为镇恶。王镇恶13岁那年，前秦因苻坚战败而衰败，关中地区一片混乱，于是他就逃亡到别处。曾经在渑池人李方家里住过一段时间，李方对他很好，王镇恶对李方说："我如果遇到好主人，被封为万户侯的话，以后一定会报答你的。"李方说："你是丞相的孙子，才能卓越，还怕不富贵吗？到时候我的愿望就是能在本县当个县令就行了。"王镇恶后来跟随叔父到了东晋，在荆州住了下来。他喜欢读诸子百家和兵法书籍，议论国家大事。骑马不是他的长处，射箭也不行，但是他足智多谋，做事情很果断。

刘裕在讨伐南燕的时候，有人向他推荐了王镇恶，当时王镇恶是个小县令，刘裕立刻派人把他请来，和他谈话后觉得这个人确实不一般，于是留他住宿。第二天对下属说："王镇恶是王猛的孙子，真可以说是将门出将啊！"当时就任命王镇恶为青州治中从事史。后来王镇恶在抗击卢循的战役中多次立功，被封为博陆县子。

刘裕准备讨伐刘毅的时候，王镇恶请求给自己100条大船，让他出任前锋。当时刘毅请求派自己的堂弟为助手，刘裕假装答应了刘毅。当年九月，讨伐大军进军，王镇恶率领百艘大船进军。王镇恶出发后，假称是刘毅的弟弟前来增援，刘毅居然相信了。王镇恶在豫章弃船登陆，每艘船上只留一两个人，船上插上旗子，下面放了一只战鼓，王镇恶对留下的人说："你们估计我到城下的时候就擂响战鼓，好像后面还有大军的样子。"他又分出部分军队在后面，命令他们烧掉在江边的战船。王镇恶率领大军袭击江陵，对前面的人说，如果有人问起，就说是刘毅的弟弟来了。所以沿途的人没有怀疑，放他们过去了。

离城还有几里地，王镇恶遇到刘毅手下大将朱显之带着十几个骑兵和几十个步兵前来。朱显之看出了破绽，马上逃回去告诉刘毅，下令关闭城门。王镇恶加速行军，士兵们攀登城墙进入城内，城门还没来得及拉下门栓，东门就被打开了。刘毅的军队共有8队，全副武装的约有上千人，已经严阵以待。王镇恶的部队进入东门后，向北进攻，然后又攻打牙城的东门。刘毅的牙城内有从长江下游带来的旧部，另外还有6队共千人，荆州本地军官和士兵还有两千多人。从中午一直抵抗到傍晚，荆州士兵都逃得差不多了。

王镇恶进入江陵城后，就放火烧掉南门和东门，又派人拿了诏书赦文和刘裕的亲笔信送给刘毅看，劝他投降，刘毅把3份文件都烧掉了。牙城内的人都不相信刘裕来了，有个叫王桓的人，本来就是江陵人，是刘裕很喜欢的部将，他向刘裕要求到荆州接家属，刘裕同意了。这个时候王桓带领十几个人来帮助王镇恶，吃晚饭的时候他在东门的城墙上凿了个洞，首先进入，王镇恶的部队也跟着进去了，和刘毅的人展开近距离的搏斗。王镇恶的人和刘毅从东方带来的人之间，有的是父子兄弟关系，有的是亲戚关系，王镇恶下令他们边打边和对方交谈，于是荆州的士兵都知道刘裕的军队来了，军心涣散，到晚上一更的时候队伍终于溃散。刘毅的士兵又关闭了东西阁死守，王镇恶怕天黑后自己人自相残杀，就退了出去，把牙城包围了起来，只在南边留下一个缺口，作为退路。刘毅怕南边有伏兵，三更的时候带领300多人从北门逃走。当初刘毅的马在城外没有进来，这个时候他就没马了，刘毅问儿子要马，他儿子不肯给，朱显之就说："人家要抓的是你父亲，而你不肯给马，你今天如果自己跑掉的话，能上哪儿去呢？"然后把马抢过来递给刘毅。刘毅好不容易冲了出去，正好遇到王镇恶的军队，怎么也冲不出去了，于是回头冲到另一边。王镇恶的士兵们已经战斗了一天一夜，很疲倦了，刘毅因此得以逃走，逃到牛牧佛寺那里上吊自杀。王镇恶在战斗中身中五箭，平定江陵后20天，刘裕的主力部队才赶到。

后来刘裕准备北伐，王镇恶被任命为谘议参军，再次出任前锋。出发前，刘穆之给他打气："主公可怜后秦统治下的汉族遗民，他是想讨平这帮叛贼，过去司马昭任命邓艾征讨蜀国，今天主公任命你征伐关中，你要建立大功勋，不要辜负了这次使命。"王镇恶说："我不攻下咸阳的话，坚决不回来了！"

王镇恶进入敌境后战无不胜，敌人望风而逃，打到洛阳后，后秦陈留公姚洸投降。王镇恶回到渑池后，拜访了李方，并拜见了他的母亲，送给他很多东西，当即任命李方为渑池县令，实现了当初许下的诺言。之后又挥军北上，占领了潼关，在那里和后秦大将军姚绍对峙。王镇恶孤军深入，后勤不足，缺乏粮食，他亲自到弘农去征收税赋，百姓们争先恐后地前来送米，很快就补充了军粮，姚绍不久病死，但兵力还很强大，直到刘裕率大军到来，后秦军队才撤退。

王镇恶在进攻长安的时候，把船都改造成用生牛皮蒙着的小船，划船的人躲在里面，外面是看不到的。后秦的人看到战船在没有人划桨的情况下居然逆流而上，都感到很惊奇，以为是奇迹。抵达长安城下后，王镇恶把船扔掉，直接登岸。他激励士兵说："你们的家都在江南，这里是长安，离家有万里，而船和衣服、粮食都已经流走了，求生的路已经没了。只有拼死战斗，否则我们都没命了！"于是带头攻城，士兵们士气大振，都奋勇向前，把长安守军打得大败，攻下了长安城。

匈奴人在刘裕撤军后，就侵略北方，刘义真派沈田子前去抵挡，沈田子见匈奴军队很强，于是按兵不动，派使者报告给王镇恶。王镇恶斥责了沈田子，沈田子本来就和他不和，听到王镇恶这么说他，更加生气了。王镇恶带领军队离开北地的时候，被沈田子派人杀害了，他的7个兄弟也都同时遇害，一代名将就此死于非命。

裴松之注《三国志》

裴松之是河东人，祖父和父亲都担任过重要官职，裴松之从小就阅读了很多书籍，8岁的时候就通学了《论语》和《毛诗》。他博览群书，为人朴素，20岁的时候被拜为殿中将军，成为皇帝身边的侍卫官。

裴松之因为当时社会上人们立的碑上面的文字和事实有很大出入，上表反对这种风俗，认为这是一种弄虚作假的行为，如果放任不管的话，会给社会带来弊病。他认为："那些想立碑的人，应该命令他们向上面请示，经过朝廷允许后，才能立。这样才能防止碑文上出现不实之词，表彰那些真正值得赞扬的行为，让后代知道这上面没有虚假的东西，让当代的东西受到后世的崇敬。"于是以后谁要刻碑都得照着裴松之的意见去办。

刘裕北伐的时候，将裴松之调到外地当地方官，刘裕称帝后，特地下诏说："裴松之是国家的栋梁之材，不应该老是待在边疆，所以现在把他召回来担任太子洗马一职，和殷景仁的待遇一样。"后来裴松之升任为零陵内史，不久被征召为国子博士。

426年，司徒徐羡之等人被刘裕诛杀，随后刘裕派遣使者巡视天下，裴松之作为使者中的一员被派到汀州出使。回来之后，他向朝廷上奏道："我听说天道是给世界以光明，君主的德行是以全面地治理天下而作为极致的。古代的圣王贤者因为考虑到了所有的事情，所以一个人有好的想法，社会就能富足和平。即使只在江汉一带推行了礼制，但那种良好的影响却非常深远，所以能够让后人歌颂他们伟大的功业，创造出比周朝还要好的制度。陛下的想法玄妙通达，思想盖世无双，身居天子之位，考虑着四面八方的事情，咨询传播教化的不足之处，担忧荐举贤才的道路还不够通畅，公正地询问下面老百姓的痛苦，同情他们当中的鳏夫和寡妇，陛下光辉伟大的感召，影响远及四面八方。所以全国各地的人民都恭敬地颂扬，很远的外国也感到喜悦，没有不歌唱吟诵您的丰功伟业和仁爱之心的，大家都欢欣鼓舞，时刻铭记皇恩；有的扶老携幼，在路旁述说他们的欢喜之情，实在是因为您的养育之恩传播到了各地，所以才能让他们忘乎所以。千年以来，只有这个时候才会有这种情况出现。我承蒙陛下的错爱，被选中出使，不合格地和那些显要的人物并列，缺乏才能，思想又简陋，没有宣扬圣旨的力量，也不能严肃和提倡礼教风化，举荐人才也没有章法，访求和推荐人才也显得孤陋寡闻，心里非常惭愧和惶恐，不知所措。现在上奏24条访问成果，恭敬地写好呈上。我看见您下的诏书，说官吏和民风的得失，都依照周朝的制度加以裁断，每件事都写成了奏章，回来后会分门别类地上奏。"裴松之很懂得出使的意义，大家都赞扬他。

后来，裴松之担任过中书侍郎、司州和冀州两州的大中正，皇帝知道他历史知识很丰富，就派他为陈寿的《三国志》作注。裴松之收集了许多材料，为《三国志》里的事件增加了很多不同的说法。呕心沥血写完后递交给皇帝，皇帝认为写得非常好，赞扬道："这个注是不朽的。"于是调任他为永嘉太守。他当太守的时候勤政爱民，官民都生活得很好。朝廷又将他补任为通直散骑常侍，不久又出任南琅琊太守。他年老退休后，拜为中散大夫，不久又兼任国子博士，提升为太中大夫。裴松之打算续写何承天写的刘宋国史，还没有来得及动笔就去世了，享年80高龄。他写的论文和《晋纪》，还有他儿子为司马迁的《史记》做的注一起在世上流行。

《后汉书》作者之死

范晔从小就喜好学习读书，读了很多儒家经典和历史书籍，文章写得很好，能写隶书，对音乐也颇有研究。他17岁的时候州里就征召他为主簿，但他没有去。担任过刘义康的冠军参军，转任右军参军。入朝后补任为尚书外兵郎，出任荆州别驾从事使，不久回朝担任秘书丞，因父亲去世而辞职。服丧期满后担任檀道济的司马，檀道济北伐的时候，他不想随军，就借口脚有毛病，但皇帝没有允许。

彭城太妃去世，在要安葬的时候，官员都集中在东府，那天范晔的弟弟正好值日，范晔抓住这个空子和王深在他弟弟的官府里住宿，两人边喝酒边聊天，还打开窗户听挽歌来取乐，刘义康知道这事后大怒，将范晔贬为宣城太守。范晔很不得志，把以前人写的几种《后汉书》收集起来，删去不合理的地方，自著了一部《后汉书》，这部书成为最经典的一部《后汉书》，范晔由此成为中国历史上有名的历史学家。

后来范晔母亲去世的时候，报信的人只是说她生病，所以范晔没有能够及时奔丧，等到他出发的时候，又带了妓女侍妾跟随，这件事被捅了出来后，刘裕因为喜欢范晔的才华，没有怪罪他。此后范晔官运亨通，很快就成为朝廷重臣。

范晔身高不超过七尺，又胖又黑，没有眉毛和胡须。他擅长弹琵琶，能够作曲，皇帝想听范晔演奏，多次委婉地表达了这个意思，但范晔都假装听不懂，到最后也没有给皇帝弹奏过。曾经在一次宴会上，皇帝很高兴，他对范晔说："我想唱歌，你来伴奏吧。"范晔这才为皇帝弹奏，皇帝唱完后，范晔也就停止了弹奏。

当初，鲁国的孔熙先才华出众，他担任员外散骑侍郎，不被当时的人所了解，很久都不能晋升。以前孔熙先的父亲孔默之担任广州刺史的时候，因为贪污而被送到廷尉那里审理，刘义康袒护他，孔默之才没有被降罪。后来刘义康被贬，孔熙先怀着报恩的心情，想联合大臣为刘义康求情，但不知道应该先说动谁，他认为范晔有不满情绪，想拉范晔过来。但是范晔一直都看不起孔熙先，所以他找不到理由去说服范晔。

范晔的外甥谢综很受范晔的看重，孔熙先和谢综以前认识，于是就想尽办法和谢综接触，和谢综的关系越来越好。孔熙先以前在岭南当官的时候搜刮了不少钱财，家里很富有，他和谢综的弟弟们赌博，故意输给他们。谢综兄弟因为经常赢钱，不分白天黑夜地和孔熙先往来，谢综还领着孔熙先和范晔赌博。孔熙先故意装着不是范晔的对手，前前后后输了很多钱给他。范晔贪图孔熙先的钱财，又爱惜他的才华。孔熙先本来就善于交际，尽力顺从范晔，范晔和他的关系就异常友好了，甚至说两人是莫逆之交。孔熙先开始婉转地劝说范晔，但范晔没有理睬，他就只好多打比方来说明。范晔有在朝廷发表议论的习惯，所以虽然他门第高贵，但朝廷不肯和他联姻。孔熙先用这事激怒范晔："如果说朝廷待你很好的话，为什么不和你联姻？别人只把和你相处当成是和狗、猪在一起，而你却为此想为朝廷舍生忘死，这不是很让人困惑吗？"范晔没有说话，但他帮助孔熙先的决心已经下了。

当时范晔和沈演之都被皇帝宠信，待遇都一样，如果范晔先到的话，他一定会等沈演之来了才一起去见皇帝。有一次沈演之先到，却单独被召见了，范晔对这事很不满。范晔在担任刘义康下属的时候，刘义康一直对他很好，范晔被贬为宣城太守后，两人的关系才疏远了。谢综回来后，告诉了范晔刘义康的想法，消除了两人的不和，言归于好。范晔就开始有了背叛朝廷，依附刘义康的想法。

孔熙先对天文很有研究，他说："太祖皇帝一定是死于非命的，是骨肉相残造成的，江州应该出天子。"他认为刘义康顺应了这句话。谢综的父亲和刘义康关系也很好，谢综的弟弟又是刘义康的女婿，所以本来和刘义康就是一伙的。广州人周灵甫有家兵，孔熙先给了他60万钱，让他在广州集结人马，但周灵甫一去就没了消息。仲承祖是刘义康原来就信任的人，丹阳尹徐湛之和刘义康关系也很好，这些人都联合在一起准备造反。

后来，征北将军衡阳王刘义季、右将军南平王刘铄去封地，皇帝到武帐冈为他们送行，范晔他们准备这一天发动叛乱，但因为安排上出了差错而没有能够发动。不久，徐湛之向皇帝告发了他们的密谋。当天夜里，皇帝召范晔和大臣们到华林东阁聚集，在休息室休息时，留在外面的谢综和孔熙先兄弟都已经被捕，而且都已经服罪。皇帝派人问范晔，他为什么要造反。范晔恐惧极了，不肯承认，皇帝派人告诉他，他们的密谋都已经泄露出去了，范晔知道自己怎么抵赖都没用，于是只好认罪了。

范晔被关进监狱后问徐湛之在哪里，这时候他才知道原来是徐湛之告发的。孔熙先吐露实情的时候气势不卑不亢，皇帝对此表示很惊奇，派人慰问他："以你的才干，却被湮没在集书省，确实该有异心，是我对不起你。"皇帝又责备前吏部尚书："孔熙先这样的人快30岁了还让他当散骑郎，哪有不造反的？"

最后，叛党被全部押赴刑场处死，范晔走在最前面，走到监狱门口的时候，他回头看谢综："今天就刑的顺序是否按职位高低来排？"谢综说："当然是头子最先就刑了。"一路上说说笑笑没有停过。到了刑场后，范晔问："时候到了没有？"谢综说："看这样子不会太久的。"范晔吃完了送行饭，劝谢综吃点，谢综说："我不想吃饭的毛病太怪了，为什么要强迫我吃呢？"范晔的家人全都在刑场来给他送行，他的妻子和母亲都骂他，范晔毫无愧色，但他的妹妹和小妾来的时候，他却悲痛地哭了。谢综说："舅舅你也太没有夏侯的气质了。"这才让他停止了哭泣，从容赴死。

荒淫无道的刘子业

刘子业是宋孝武帝刘骏的儿子，刘骏去世后他继承了皇位。他小时候脾气就很坏，他有一次因为字写得很差而被父亲批评，他对父亲道歉，刘骏说："你的书法没有长进这只是一条，我听说你一向很懒，脾气也一天比一天暴躁，你怎么能顽固成这个样子呢？"刘子业刚即位的时候，在即位典礼上接受玉玺，一点难过的表情都看不到，因为即位就表示父亲死了，应该很难过的才对，没有表情是一种很反常的行为，让大臣们很不安。他很讨厌大臣们，尤其讨厌戴法兴，不久他就找了个理由杀掉了戴法兴，大臣们都被他的残暴吓住了。此后他又大杀功臣，随意把大臣拖出来用棍棒打，大家都怕得要死。有一次他的母亲生病了，叫人把他请来。按说母亲生病，做儿子的去看望是基本的礼仪，但刘子业玩得正开心，怎么舍得走呢？他说："生病的人屋子里一般都有很多鬼，那么可怕，我才不去呢！"使者将这话说给太后听，太后又急又气，大喊："快拿把刀来，把我肚子剖开，看看我怎么生了这么个东西！"不久，太后被刘子业活活气死了。

刘子业异常好色贪淫，他的姐姐山阴公主刘楚玉长得非常漂亮，但却是个大淫妇，他们姐弟俩在刘子业当皇帝之前就有乱伦的关系。刘子业当上皇帝后，经常把姐姐接到宫里来重温旧梦。有一天山阴公主摆出一副很不高兴的神情，刘子业问姐姐有什么事。山阴公主说："我和陛下虽然男女有别，但都是先帝的孩子，陛下六宫里面可以有那么多宫女，而我只能有驸马一个男人，这也太不公平了！"刘子业哈哈大笑，选了30个精壮美少年赏赐给姐姐，称为"面首"。由于这些美少年都是皇帝赏赐的，驸马虽然被戴了无数绿帽子，也一点办法都没有。山阴公主得到这些美少年后成天都在家里淫乐，日子长了也有点腻味了。她见大臣褚渊长得很英俊，很喜欢他，于是向刘子业要求把褚渊赏赐给他。刘子业当然乐意从命，公主高高兴兴地把褚渊带回了家。但褚渊在公主家待了10天，任凭公主用尽手段勾引，他就是不和公主发生关系，公主急得大哭，但也没办法，只好把褚渊放回去了。

刘子业之所以变态，不光是因为他好色，他的妃子路妃就长得很漂亮，但他就是不喜欢，他喜欢的女人基本上都是他的亲戚。他想起自己的姑姑新蔡长公主是绝世美女，不过已经出嫁了，但他还是厚着脸皮把姑姑召进宫来。驸马知道皇帝不怀好意，但也没有办法。果然，新蔡长公主一进宫就被刘子业蹂躏了。新蔡长公主到这个时候只好认命，留在宫里侍候自己的侄儿。刘子业怎么舍得把公主送出宫呢？他杀了一个宫女，把尸体装在棺材里，告诉驸马，公主突然暴病身亡。驸马猜出了是怎么回事，但也只能忍辱把棺材带回家埋掉。刘子业看自己的姑姑是越看越漂亮，喜欢得不得了，还想把她封为自己的皇后。新蔡长公主还是有廉耻的人，死都不肯当这个皇后，刘子业心疼她，于是封她为贵妃，将路妃封为皇后。

暴君的下场一定不会好。登基半年后，刘子业带着手下人到御花园射鬼，他手下的宦官寿寂之和姜产之两人早已被刘彧收买，趁没有人注意，将刘子业刺死。这个小暴君死的时候才17岁，不过没有人会同情他，他死后连谥号和庙号都没有，直接就称他为"废帝"。由于南北朝时期在他之后还有一个类似的暴君也被称为废帝，所以通常把刘子业称为"前废帝"。

刘休仁功高震主

刘休仁是宋文帝的第12个儿子，年仅10岁就被封为建安王，食邑两千户。此后官运亨通，加上他能力出众，很快就成为刘宋王朝的顶梁柱，位高权重，为刘宋王朝立下不少汗马功劳。

当时，刘宋王朝的皇帝是前废帝刘子业，刘子业是出了名的昏君，生性残暴不仁，经常随意杀害大臣，但他很怕他的几个叔叔，就把他们抓起来囚禁在宫里，成天殴打凌辱他们。刘休仁、刘彧和刘休佑他们三人都很胖，刘子业就用笼子把他们装起来称重量，刘彧最肥，刘子业就叫他"猪王"，刘休仁叫"杀王"，刘休佑叫"贼王"。此外东海王刘祎很笨，刘子业就叫他"驴王"，而另外两个王年纪还小，倒还没事。刘子业曾经用木槽装满饭，里面再加些杂食，搅拌均匀，然后在地上挖个坑，放些泥水在里面，把刘彧脱光衣服扔进坑里，让他用嘴在木槽里吃饭，以此来取乐。刘子业前后想杀死三王有数十次之多。刘休仁工于心计，经常讲笑话给刘子业听，对他阿谀奉承，才让他们没有被杀。刘子业经常在刘休仁面前命令刘休仁的手下侮辱刘休仁的母亲杨太妃，他的手下没办法，只好从命。后来刘子业还把杨太妃赏给右卫将军刘道隆，那个厚颜无耻的刘道隆还很乐意，出尽了丑态。刘彧有一次惹怒了刘子业，刘子业把他的衣服脱光，手脚捆起来，说："今天要杀猪！"刘休仁笑着对刘子业说："猪不应该今天死。"刘子业问为什么，刘休仁说："等太子生下来，再杀了这猪好取他的肝肺。"刘子业才放过了刘彧。

后来刘子业要去南方巡游，想杀了三王再出发，当天晚上刘子业被杀，刘彧继承了皇位，三王终于熬出了头。

刘彧一直记着刘休仁救过他的命，于是给他加官晋爵，当时刘道隆担任护军，刘休仁说："我不能和他那种人同朝为臣。"刘彧就把刘道隆杀掉了。

刘休仁和刘彧年龄差不多，而且都喜欢文学，当年又一起共患难，又是刘彧的救命恩人，一向关系很好。后来地方上有人造反，一直打到京城附近，刘休仁亲自带兵出征，平定叛乱，立了大功，所以他非常受宠，朝廷上下都很尊敬他，大臣们都围着他转，刘彧渐渐地开始不高兴起来。刘休仁看出了刘彧的不满，上表主动请求解除扬州刺史的职位，刘彧允许了，后来刘彧升任他为太尉，担任司徒一职，他坚决辞让，不去赴任，想保全自己。刘彧晚年的时候特别喜欢猜忌别人，变得越来越多疑，刘休仁开始察觉不安。后来刘彧杀掉了当初共患难的刘休佑，刘休仁的恐惧也变得更加严重。这一年刘彧病重，和杨运长等人讨论他死后的安排，担心他的几个弟弟位高权重，太子年纪还小，怕将来朝廷会不安定。杨运长又担心刘彧死后，刘休仁肯定会充当周公那样的角色，他们这些人就会失去大权，于是很赞成刘彧的想法。刘彧病重期间，宫内外的人遇到什么事都让刘休仁来裁定，朝廷官员也都跑到刘休仁的家里拍刘休仁亲信们的马屁，而刘休仁来者不拒，一一接待。有的正直的官员看在眼里，急在心头，都害怕会出事。刘彧本来就对刘休仁怀有戒心，这次又听说人心都归顺了他，于是召刘休仁进宫，刘休仁拜见完了之后，刘彧对他说："晚上就在尚书省休息吧，明天就可以早点来了，"当天晚上，刘彧派人给刘休仁送去了毒药，将他赐死。刘休仁死的时候年仅 39 岁。

刘彧和刘休仁的关系一直都很好，要杀掉他完全是怕刘休仁以后对他的后代不利。刘休仁死后，刘彧悲痛到了极点，对别人说："我和他年纪差不多，小时候就在一起玩，形影不离。刘子业统治时期，他的功劳确实很大，但是为了国家大事考虑，不得不把他除掉。"说完后流泪不止，根本没办法停下来。

南齐书

　　《南齐书》原为60卷,今存59卷,为南朝梁萧子显撰,记述了南朝齐共24年的史事。萧子显为齐高帝萧道成之孙,齐亡梁兴,萧子显奉敕修撰南齐史。以前朝帝王子孙而修前朝史书,在二十五史中颇为少见。因系当代人记当代事,一方面保留了一些原始材料,另一方面也难免出于恩怨而有所毁誉,但全书叙事简洁,有较高的史料价值。

萧道成建立齐朝

　　萧道成是兰陵人，父亲萧承之追随宋文帝南征北战，一直做到右军将军一职。萧道成少年时期就喜欢习武，研究军事，一开始当了个小官，后来当过讨蛮小帅，以勤恳勇敢而著称。

　　刘彧统治时期，徐州刺史薛安都起兵造反，山阳太守也起兵响应，刘彧命令萧道成前去讨伐。当时萧道成刚在东边打了胜仗，还没休整好就马上南下。前锋部队刚走，薛安部下薛索儿就渡过淮河，手下有军队1万多人，逼近前军张永，张永向朝廷告紧。刘彧命令萧道成前去救援，萧道成攻破了釜城。薛索儿向钟离逃去，张永派王宽断掉了他的后路，而薛索儿打败了高道庆的部队，想往西跑。王宽和任农夫占据了险要死守，萧道成前去救援，薛索儿眼睁睁地看着而不敢动。几天后薛索儿把军队开到石梁，萧道成紧追不舍，前去侦察的骑兵跑回来说敌人到了，于是萧道成就带领军队扎下大营，在大营两侧埋伏了两支骑兵。不久，敌人果然来到了，还造了几辆火车前来攻打，打了好几天，萧道成派出一支轻骑兵绕到敌人西边，然后把事先埋伏好的骑兵派到敌人后方，一声令下，几支部队合力出击，把敌人杀得大败。后来萧道成把军队屯驻在梁涧北方，晚上的时候薛索儿带领1000多人前来偷袭，营中大惊，萧道成却认为没有什么大不了的，很镇静地躺在床上，下令部下不准乱动，果然没过多久敌人就跑了。很快萧道成就平定了薛索儿这一支叛军。

　　萧道成先后侍奉过刘骏、刘子业等人。刘彧死后，刘昱即位，他任命萧道成为右卫将军，领卫尉一职，和褚渊等人一起执掌朝政。不久他的卫尉一职被解除，另外授予侍中的职位，负责守卫建康城。刘休范起兵叛乱，萧道成率领军队迎战，很快就平定了叛乱，萧道成因此被封为散骑常侍、中领军、都督南兖州等5个州的军事、镇军将军、兖州刺史等多个重要官职，还晋爵为公，增加了两千户食邑。

　　刘昱越来越残暴，以致发展到要杀萧道成的地步，萧道成有好几次都差点遇害，他忍无可忍，联合王敬则和杨玉夫等人刺杀了刘昱，立年仅11岁的刘准为宋顺帝。萧道成获得带领护卫50人上殿的特权，进位侍中、司空、录尚书事、骠骑大将军，其他职位不变，成为当时炙手可热的权臣，很多人都相信他离篡位的日期不远

六朝时期建康都城示意图

了。

　　荆州刺史沈攸之不服萧道成独掌朝政，兴兵讨伐，萧道成率领部下守卫好皇宫。司徒袁粲本来镇守建康城，他在城上和尚书令刘秉、前湘州刺史王蕴合谋讨伐萧道成，给沈攸之写信要他赶快带兵过来，他们愿意作为内应。结果此事被萧道成平定，袁粲和儿子袁最都被处死，刘秉父子和王蕴在逃跑途中被抓获。沈攸之在夏口被击败，和三儿子逃到华阴县，双双上吊自杀。

　　萧道成权力越来越大，侍中王俭劝说萧道成称帝，萧道成假惺惺地斥责道：“你都说些什么啊！我现在只想老老实实为朝廷办事！”话虽然说得很凶，但脸上的表情却是很高兴的。他不断给自己加官晋爵，没过几天将宋顺帝废为汝阴王，登上了帝位。

　　萧道成为了当皇帝也干了不少亏心事，但他当上皇帝后勤勤恳恳，又很节俭，是南朝历史上少有的对自己要求严格的皇帝。萧道成宽宏大量，喜怒不形于色，对儒家经典和史书非常熟悉，善于写文章，隶书和草书也有一定的造诣，下棋也不错。他即位后，不在身上佩戴精巧的饰物，甚至把前朝留下来的奢侈品砸碎。后宫的器物装饰本来是用铜的，他一律换成铁的，以节约国家财富。卧室用普通的黄纱帐，宫女穿紫色的鞋，他的华盖除了金瓜锤之外，都用铁来装饰。他经常说：“让我治理天下 10 年，我肯定能让黄金和泥土一个价钱。”他想以身作则，来改变当时奢侈糜烂的风俗，可惜他只当了 4 年皇帝就死了，而他的继承人们一个比一个奢侈，最后彻底败掉了萧道成建立的基业，使南齐王朝成为南朝寿命最短的朝代。

全才王僧虔

　　王僧虔是王羲之的族孙，他的祖父和伯父在东晋都当过大官，伯父王弘在刘宋时期还当过宰相，出身非常高贵。当年王僧虔的父亲和叔伯们把他们的孩子召集在一起，王弘的儿子王僧达在地上蹦蹦跳跳地做游戏，而王僧虔当时才几岁，一个人在地上端正地坐着，用蜡烛油捏凤凰玩。王弘说：“这个孩子将来会成为一个忠厚的长者。”

　　王僧虔 20 岁的时候，为人宽厚，尤其擅长写楷书。宋文帝看到他写的书法后，不由赞叹道：“不光书法超过了王献之，器量也超过了他。”王僧虔被任命为秘书郎、太子舍人。他性格谦虚，沉默寡言，不怎么和人打交道，和袁淑、谢庄是好朋友。

　　他哥哥王僧绰被刘劭杀害，大家都劝王僧虔赶紧逃命。王僧虔哭着说：“我哥哥用忠义来报效国家，用慈爱来抚育我。如果我没有牵连进去倒也罢了，现在能和哥哥一起死的话，就和升天成仙一样。”刘骏登基后不久，将他调为武陵太守，他的侄子王俭在跟随他的途中生病，王僧虔为此废寝忘食地照顾他，同行的人都劝他，他说：“以前马援对待亲生儿子和侄儿没有区别，邓攸对待侄儿胜过亲儿子。我就是这样想的，和古人没区别。他是我死去的哥哥的后代，不应该忽视他。如

太子舍人帖　南齐　王僧虔

果这孩子救不活的话，我就马上回去辞职，这辈子都不做官了。"后来他回去担任了中书郎，转任黄门郎和太子中庶子。

刘骏企图独自享有书法家的名誉，所以王僧虔在他面前不敢显露出自己的书法才能。他常常用磨秃了的笔写字，写出来的字当然就不好看了，所以才能活下来。

不久王僧虔调任为豫章内史，入朝担任侍中，升任御史中丞兼骁骑将军。当时的贵族向来不担任监察官，在平民区居住的王家的分支才会担任这个职位较低的职务，王僧虔却担任了这个职务，他说："这是平民区的人才会担任的官职，我也来试着干干。"后来朝廷把他调任为吴兴太守。当初王献之擅长书法，曾经担任过吴兴太守，而今王僧虔也擅长书法，也被调任为吴兴太守，两代书法家境遇相同，被传为美谈。

后来他又改任会稽太守，中书舍人阮佃夫是会稽人，请假回家。有人劝王僧虔要通过阮佃夫和朝廷搞好关系，对他要以礼相待。王僧虔说："我立身处世有自己的原则，哪用曲意讨好这种人。他如果不喜欢我，我走就是了。"阮佃夫把这话告诉了刘彧，并指使别人弹劾他，说："王僧虔在任吴兴太守的时候胡作非为，他从到任到迁官，任用官吏，广收门生，一共有448人。他还擅自批准百姓110家为士族，应该派人去调查。"王僧虔因此被免官。

不久王僧虔被重新起用，升任为吏部尚书，又加散骑常侍头衔，转为左仆射。后来又升为尚书仆射、中书令、左仆射，晋为左卫将军，他坚决推让，于是改任为左光禄大夫。当时郡县里对待囚犯一向是借囚犯生病的时候用毒药把他毒死。王僧虔认为这种做法是不对的，上疏表示反对，皇帝采纳了他的意见。

萧道成也擅长书法，他当皇帝后对书法的爱好一直没有减退。他曾和王僧虔比试书法，写完后问王僧虔谁是第一。王僧虔回答："我的书法是第一，陛下您的也是第一。"萧道成笑着说："你真可以说是善于为自己打算的人啊。"同时给他展示了11本古人的墨迹，并让他举出历朝历代书法家的名字。王僧虔也收集到了许多民间收藏的古人墨迹，皇帝没有而他有的就有孙权、孙休、孙皓、桓玄、王导等人的，一共12本，全部呈交给皇帝。

王僧虔在论述书法的时候说："宋文帝的书法自称可以和王献之相比，当时人们的评论是：'他的天赋比羊欣高，但功底不如羊欣。'平南将军王广是王羲之的叔叔，在南渡以前书法水平最高。我的曾祖父的书法，王羲之评价说不比他自己差。能变化古代书法的，只有王羲之和我曾祖父了，不然我们还会继续以钟繇和张芝的书法为标准的。我堂祖王坦之的书法，王献之评价说：'我弟弟的书法就和骡子一样，跑得飞快，总想超过骏马。'张芝、索靖、韦诞、钟会、卫夫人他们都在前代出名，现在没办法判断他们的优劣，只能看到他们的笔力惊人。桓玄认为自己的书法和王羲之和属一流，人们认为他只能和孔琳之相比。羊欣的书法名重一时，受过王献之的传授，行书写得最好，楷书和他名声不相称。孔琳之的书法自然放纵，有笔力，但不如羊欣的字规范。丘道护和羊欣都受过王献之的指点，所以孔琳之在羊欣之下。范晔和萧思话都拜羊欣为师，后来范晔改变了师父的传授，失去了原来的规范，只保留了羊欣的一点笔意而已。萧思话的书法简直就是羊欣的影子，不在羊欣之下，遗憾的是笔力弱了点。"王僧虔的这些话大致概括了魏晋南北朝时期江南地区书法家的状况，他的点评很有道理，是书法史上很重要的一篇评论文章。

王僧虔还精通音乐，他在政治、书法等方面都有所成就，是一个全面发展的人，60 岁那年去世，谥号"简穆"。

大科学家祖冲之

南齐建国时间虽然很短，但让它骄傲的是那个时代出了中国古代最伟大的科学家——祖冲之，仅仅这一个人，就足以让这个朝代永远留在人们的记忆中了。

祖冲之的祖父做过大匠卿，父亲是一名散官，地位不是很高。祖冲之年轻的时候就喜欢读书，人也很聪明，尤其精通数学知识。当时的皇帝刘骏听说了他的名声，把他安排在华林园工作，赐给他住宅、车马和衣物，后来又把他调到南徐州担任从事史，从此走上了仕途。祖冲之在官场上只是一个平凡的官员，但在科学面前，他有理由笑傲当时的任何一个人。

刘宋时期使用的历法是何承天制作的《元嘉历》，已经比古代的 11 家历法要准确精密了，可是祖冲之对它还是不满意，于是开始自己编写历法。祖冲之经过长期的观察测量计算，最后终于写成了一部新历法，叫作《大明历》。这部历法的精确程度达到了惊人的地步，它测定的一回归年（两年冬至之间的时间），跟现代科技测定的只误差了 50 秒。测定月亮公转一周的天数，居然跟现代科技测定的数据相差不到 1 秒。

这部历法虽然精妙准确，但是在祖冲之把它交给皇帝刘骏，皇帝下令群臣讨论的时候，反对的人还是很多。戴法兴第一个跳出来反对，他摆出的理由是祖冲之擅自改变古代的历法，是离经叛道，还说后人不应该改变古人制定的历法。祖冲之用事实驳斥了戴法兴的荒唐理由，刘骏找了些懂得历法的人和祖冲之辩论。那些人对祖冲之提出了种种责难，但祖冲之用正确的数据将他们一个个都驳倒了。但即使如此，刘骏对颁布新历法还是很犹豫，一直到他死，新历法都没有颁布。

刘骏死后，祖冲之被派到外面担任了娄县令，后来又被调回了朝廷。当时缴获了后秦姚兴时期制作的一部指南车，但只有外表，里面的机关都是空的，当这车走起来的时候，让人坐在车里面掌握方向。所谓的指南完全是骗人的，完全想象不出姚兴要这种没用的东西做什么用。萧道成执政后，听说祖冲之对机械方面很有研究，下令让祖冲之按照古代的方法重新制作一部真正的指南车出来。祖冲之改用铜来制造里面的机械，机巧多变，最后那车不管怎么转，始终都指向南方，这种技术是三国时期的著名机械专家马钧以后从来没有过的。当时有一个北方人索驭麟吹牛说自己也能造指南车，萧道成让祖冲之和他各造一辆，造好后在京城的乐游苑比试，同时进行校对的试验，结果索驭麟造出的指南车误差非常大，萧道成很生气，下令把索驭麟造的车拆毁，当柴火烧掉了。竟陵王萧子良喜欢古代的文物，祖冲之就自己制造了一件欹器送给了他，对他加以劝讽。欹器

祖冲之像

就是一种礼器，可以往里面装水，如果装满了它就会倾倒过来，如果是空的它也放不正。只有装了一半水的时候它才能端正地放着。

后来齐武帝的太子看到祖冲之的历法后，觉得那历法确实精确，启奏齐武帝请求施行，但太子不久病死了，这事情又被搁置了下来。直到祖冲之去世10年后，《大明历》才得以施行。

祖冲之懂得音律，还是玩博塞（当时一种流行的游戏）的高手，在当时无人能比。他认为诸葛亮能造出木牛流马，不用风、水这样的动力，而依靠体内的机关就能行走，也想造出类似的东西出来。后来他造出了千里船，在长江的新亭段试验过，一天能走100多里，是当时最快的船。他还发明了用水力推动石磨舂米磨谷子的水碓磨，试验的时候，齐武帝都亲自跑去观看。

祖冲之在数学上的造诣非常高，他曾经注解过中国古代的数学典籍《九章算术》，自己还编写了一本数学著作《缀术》。他最杰出的贡献是将圆周率推算到小数点后面第7位，是世界上第一个把圆周率推算到小数点后面第7位的科学家。西方的数学家直到1100多年后才在这方面超过了他。

祖冲之的儿子和孙子都继承了他的事业，对数学特别有研究，尤其是他儿子祖暅，提出了一条原理，说同样高的地方横截面积相等的两个立体，它们的体积也必然相等（"幂势既同，则积不容异"），祖暅用这条原理计算出了球体的体积。很可惜的是，这条原理并没有引起当时人们的重视，很快就失传了。直到17世纪的时候才被意大利的数学家卡瓦列里重新发现，所以西方把这条原理称为"卡瓦列里定理"，而中国一般把这条原理称为"祖暅原理"，而祖暅在研究学问的时候是非常专心的，连天上打雷他都听不到。有一次他走在路上，边走边思考问题，对面走来个大官徐勉，祖暅根本没有看到他，结果一头撞到徐勉身上。这时候他还没反应过来，直到徐勉招呼他，他才像刚睡醒一样，赶紧施礼。徐勉也知道他这个人的特点，并没有怪他。祖冲之的孙子祖皓也是个数学家，很可惜的是祖皓后来死于战乱，这个科学世家从此就断绝了。

梁　书

　　《梁书》共 56 卷，为唐姚思廉撰。记叙了自梁武帝天监元年至梁敬帝太平二年（502—557 年），共 56 年的史事。全书叙事先叙历官次序，再叙重要事实，终为史臣曰，体例较为单一，但仍为现存记载南朝梁的比较原始的史书，有一定的史料价值。

昭明太子萧统

萧统是梁武帝萧衍的长子，但他不是嫡子，母亲是萧衍的小妾。萧衍起兵的时候，萧统才出生，萧衍即位后，大臣请求立太子，萧衍以天下刚刚平定，制度还不够完善为理由拒绝了。大臣们反复请求，最后才同意立萧统为太子。

萧统是个很聪明的人，他3岁就开始学习《诗经》《论语》，5岁就把五经读完了，而且都能背诵。当太子后，他搬到东宫居住，不和父亲住在一起。萧统很孝顺，他搬到东宫后，总是思念他以前住的地方，成天闷闷不乐。萧衍知道后就让他每天来朝见一次，稍微满足下他的心愿。

萧统外表俊美，一举一动都遵照礼仪的规定，读书一目数行，能够过目不忘。他每次参加宴会，即兴赋诗可以说出十几句出来。有的时候给他一些比较难的韵让他作诗，他也能马上做出来。萧衍信佛教，萧统在他的影响下也信了佛教，读了很多佛经，在宫内修了慧义殿，作为讲习佛法的场所。萧统自己还创立了二谛和法身意等佛教观点，很有新意，在佛教史上也有一定地位。

萧统的生母得了病，他从早到晚侍候母亲，连衣带都没有时间解开。后来他母亲去世，萧统步行着跟在灵柩后面回宫。到装殓的时候，什么东西都吃不下，经常哭得昏迷过去。萧衍看见儿子这么伤心，很心疼，于是派人劝说萧统："哀伤但不丧失本性是圣人制定的规矩，经不起丧事就等于不孝。我还在呢，你怎么能这么糟蹋自己？赶快起来吃点东西去！"萧统这才勉强吃了点东西。从那天起一直到下葬，他每天都只吃一升麦粥。萧衍又下诏说："听说你吃得太少，人越来越瘦，我本来没病的，正因为你这样，现在胸口也感觉到阻塞。所以你要多吃点东西，不要让我为你担心。"萧统虽然因为圣旨的关系而多吃了点东西，但蔬菜水果他一点都没吃。他身材本来很强壮，腰围有十围，这个时候瘦得只有以前的一半了。每次入朝，大家见到他那个样子都感动得掉下了眼泪。

萧统成年后，萧衍就开始让他学习处理政事，向他奏事的人把宫门都堵住了。萧统对治理百姓的事很精通，什么小事都瞒不过他。每次下面的人所奏之事有错误或者隐瞒的，他都能马上指出来，让别人慢慢改正，从来没有因为这个而弹劾过谁。他处理刑事案件的时候，多数情况下都会保全别人的性命，所以天下人都称赞他是仁德之人。萧统还很喜欢招揽文人学士，很尊重他们，经常和他们一起讨论文学和历史，一有空就写文章。当时太子的东宫里面收藏了将近3万卷

乌衣晚照图 明

《石城乐》《莫愁乐》《西洲曲》都是南朝民歌中的精品，展现了南方特别是当时文化中心建康（石头城、石城）的风土人情。萧统命人编辑的《文选》收录了不少诗文。

书，有名的才子也都齐聚东宫，文学的盛况是晋代以来都不曾有过的。

萧统不近女色，萧衍赐给他一些演奏声乐的女子，但他并不亲近，他喜欢山水风景，志趣很高雅。后来梁朝大军北伐，京城的粮食价格上涨，为了节约，萧统下令手下穿朴素的衣服，还减少了自己的膳食。每次遇到阴雨天或者下大雪，他都要派心腹到百姓中间视察，如果有百姓因为穷困而流落街头的，他都会暗中帮助他们。他还拿出布料，做了很多衣服，冬天的时候就送给穷困的百姓。如果有人死了没有棺材，他会帮忙置办。每次听说百姓生活困苦，他都很不高兴，常常为百姓户口不充实而担忧。萧统天性仁孝，每次入朝的时候，他都会提前赶去，不到敲五更鼓的时候就等着开城门，他在东宫，即使是在内殿，不管坐在哪里，都面向西南台宫萧衍的住处。如果晚上的时候接到诏令要他第二天入宫的话，整个晚上他都端正地坐着，不敢有任何怠慢闪失。

在31岁那年春天，萧统得了重病，但他害怕父亲为自己的身体担忧，所以每次萧衍下诏慰问他的时候，他总是强打精神起来亲自写信回报。后来病情越来越重了，他身边的人想报告给萧衍，他还是不允许，说："为什么要让皇上知道我病成这样？"说着说着就哭了起来。没过多久，萧统就病死了。萧衍听到爱子的死讯后非常震惊，亲自跑到东宫去，哭得非常伤心，下诏为他筹办丧事，谥号为昭明。

昭明太子的仁德遍及全国，他去世之后，朝野人士无不为之惋惜震惊。京城中的百姓纷纷奔走于宫门前，到处都是为之号哭的人。全国上下的百姓官员听说太子去世的消息后无不痛哭。昭明太子留下了20卷文集，10卷《正序》，还把五言诗当中的好作品集中在一起，编成了20卷的《文章英华》。他为中国文化做出的最大贡献是和手下的文人学士一起编辑的《文选》，里面收集了前朝最好的文章，是我国现存最早的诗文总集。

名将韦睿

韦睿是京兆杜陵人，他们家是三辅地区的大姓，父辈多有在朝为官的。韦睿的生母早死，他服侍继母非常恭敬孝顺，以此出了名。他的伯父每次升官都带着他去上任，把他当作自己的儿子看待。当时韦睿妻子的哥哥还有姨弟都很有名望，他伯父问他："你自己认为你和他们两个比怎么样？"韦睿不敢回答，伯父说："你的文章不如他们，但你的学识在他们之上，而且以后为国家建功立业，他们都比不上你。"表哥杜幼文担任梁州刺史，要韦睿跟他一起去，梁州是一个很富的地方，以前那里的官吏大多因为受贿而身败名裂，韦睿当时虽然还年轻，但却以廉洁而闻名。

刘子业统治时期，袁𫖮任雍州刺史，邀请韦睿担任自己的主簿。袁𫖮后来起兵造反，韦睿请求让自己去义成郡任事，避免了那场灾难。此后他多有升迁，南齐末年社会很乱，韦睿不想离开家乡，向朝廷要求担任了上庸太守，不久陈显达和崔慧景起兵，快打到京城了。西部的人们请韦睿拿主意，他说："陈显达虽然是老将，但没有盖世之才，崔慧景反复无常，为人懦弱，他们最后遭到灭族的灾祸也是活该。真命天子将要在我们州出现了。"于是派儿子前去投靠萧衍。

萧衍起兵后，韦睿率领百姓砍竹造筏，全速赶去投靠，一共有2000人和200匹马。萧衍见到韦睿后很高兴，对他说："以前只见过你的面，今天才知道你的心，我的事业能够成功了！"韦睿为萧衍多次出谋划策，都被采纳。后来大军出发，需要一个人留守，萧衍很为难，不知道该让谁留下来，过了很久，他回头看见了韦睿，说："眼前这匹千里马我都没看见，何必再去找？"于是任命韦睿留守。在守城的时候，城中百姓多达10万，守了一年，因为疾病而死了十之七八，人们把尸体堆在床下，活人睡在上面，每个房子里都挤满了人。韦睿对此一一作了妥善处理，使得死人得以安葬，活人也能安居乐业。梁朝建立后，为了表彰韦睿的功劳，多次给他加官晋爵，让他驻守边疆，抗击北魏的侵略。

后来梁朝北伐，任命韦睿都督各军。韦睿派王超宗和冯道根攻打北魏的城池，但没有成功。韦睿在围城的木栅边观察，城中忽然跑出来几百人，韦睿想攻击他们。部将们说："我们都是临时调来的，还没有做好战斗准备，等他们回去穿上盔甲后再发动进攻。"韦睿说："不对，城里有2000多人，如果关闭城门死守的话足够自保了，现在无缘无故跑出来，其中肯定有勇敢善战的人，如果能打败他们，这城一定能攻下。"大家仍然犹豫不决，韦睿指着自己的节说："朝廷给我这节不是作装饰用的，我的法令不能违反！"于是向那些军队发起进攻，大家都拼死战斗，那些人果然败逃。韦睿趁势攻城，第二天晚上就攻下来了，然后向合肥进军。胡略早就到了合肥，但很久都没能攻下来。韦睿察看地图后说："我听说'汾河可以灌平阳，绛水可以灌安邑。'这里也是一样的。"于是在淝水上修筑堤坝，并亲自带头参加劳动。不久就把堤坝筑成了，这时候水军也相继来到。北魏曾经在合肥东西方向各筑了一个小城，韦睿就先攻打那两个城。不久北魏大将杨灵胤率领5万人前来增援，大家都很害怕，请求增兵。韦睿说："贼军已经到了城下，这个时候再去求援兵，就好像遇到危难再去打造兵器一样，怎么来得及？再说我们去求援兵，他们难道不会？要知道打胜仗的原因并不是人多而是人和。"于是毅然发动攻击，将敌人打败，稳定了士气。

当初堤坝修好的时候，韦睿命令王怀静在岸上筑城防守，北魏攻下了那座城，上千人当了俘虏。魏军乘胜攻到了堤下，潘灵佑劝韦睿先退到巢湖，别人则劝说他退到三叉。韦睿大怒："岂有此理！《司马法》说过：'将军因为退军而死'。现在只能前进，不能后退！"他把旌旗和仪仗都放在堤坝下面，表示不走的决心。韦睿身体一向很弱，打仗的时候都没有骑过马，而是坐在轿子上指挥。但是这次韦睿却亲自出来作战，把魏军打退了一些，他就马上在堤上修筑堡垒加强防御。韦睿造了很多战船，高度和合肥城的高度一样，从四面包围了合肥，居高临下。北魏军没有办法，只好放声痛哭。韦睿造好了进攻的武器，堤坝里的水也蓄满了，魏军的救兵也失去了作用。魏军大将杜元伦到城上指挥战斗的时候被射死，合肥城很快就被攻破了，敌人被俘虏和被杀的有1万多人。得到牛马上万，绢帛整整堆满了10间屋，韦睿把这些东西全部赏赐给了士兵。

合肥攻克后，梁武帝命令军队开往东陵，将要决战的时候，却下诏书撤军。当时离敌人很近了，撤军的话怕敌人追上来，于是韦睿把物资都放在前方，自己坐着轿子压阵，魏军畏惧他的威武，只敢在远处看着他退走而不敢来追，韦睿得以安全撤退。

后来北魏进攻北徐州，包围了在钟离的刺史昌义之，攻下城池40多座。梁武帝派韦睿率领军队和前去救援的人会师，很快就到了邵阳，连夜挖好堑沟，第二天拂晓的时候就建好了营垒。北魏军前来进攻，被韦睿击退，晚上北魏又来攻城，韦睿用大战船趁河水暴涨时出发，再用小船装满干草，点火烧掉了敌人架设的桥，断绝了他们的退路。梁军士气高涨，以一当百，彻底将北魏军队击败。最后北魏军光是逃命时落水而死的就有10多万，被杀和被俘的共有数十万之多。昌义之听到取胜的消息后，高兴得流出了眼泪，嚷道："又活了，又活了！"这都是韦睿的功劳。

人物故事图屏风　北魏

一代文豪沈约

沈约是南朝最著名的才子，他的祖父沈林子是刘宋的征虏将军，父亲沈璞是淮海太守。沈璞后来被杀，沈约只好到处逃亡，皇帝大赦天下的时候才捡回一条命。沈约在颠沛流离的生活中依然勤奋好学，读书昼夜不倦。他的母亲担心他过于劳累而生病，经常减少他点灯的油或者干脆把他的灯给灭掉，沈约就把白天读的文章拿到晚上来背诵，很快就博览群书，文章也写得很好。

南齐初年，沈约担任征虏将军府记室，名义上兼任襄阳县令。他服务于文惠太子，太子手下的士人很多，但沈约却受到太子特别的宠信，每次他很早就去见太子，太阳下山了才走。当时王侯到东宫还不一定能进去，沈约经常拿这事来对太子提意见，太子说："我一向懒得起床，这你是知道的，只是有你和我说话，我才能忘记睡觉。你想我早点起床的话，可以早点进来啊。"

萧衍和沈约是老朋友，后来萧衍控制朝政大权后，天下人都觉得他称帝是迟早的事。沈约曾经试探过他，萧衍没有说话。沈约猜到萧衍想做皇帝，于是多次进言劝进，逐渐打动了萧衍。沈约出去后，萧衍召见范云，把沈约对他说的话告诉了他。范云的回答和沈约说的差不多，萧衍说："聪明人的看法竟然如此一样！你明天早上和沈约一起来见我吧。"范云出宫后把这话告诉了沈约，沈约说："明天早上你一定要等我。"范云答应了。但是第二天早上沈约却提前进了宫，萧衍命令他起草有关的诏书，沈约就从怀里掏出事先准备好的诏书和委任名单，萧衍没有做什么改动。不久范云来了，走到殿门后就不再进去了，他在外面徘徊，不停地叹气。沈约出来后，范云问他："怎么安排的我？"沈约举手指了指左边（指左仆射），范云笑着说："和我的希望没有什么不同。"过了一会儿，萧衍召见范云说："这辈子和沈约打交道，没有觉得他和一般人有什么不同，今天他表现得很好，可以说是见识高明。"范云说："您今天了解沈约，和沈约今天了解您没什么不同。"萧衍说："我起兵到现在已经3年了，各位大臣和将军确实有他们的功劳，但成就我的帝业的只有你和沈约两个人。"

沈约的左眼有两个眼仁，腰上有个紫色的痣，他喜欢读古书，家里藏书多达两万卷，京城里没人能和他相比的。小的时候他很穷，曾经向族人求助过，得到了一些米，但是却受到了侮辱，他一气之下把米打翻就回去了。等到他富贵了之后却并没有把这事放在心上，反而提拔了那个族人。沈约有一次陪萧衍喝酒，当时在场的人中有一个妓女的师傅是当年文惠太子的宫女。萧衍问沈约认不认识那个人，沈约回答："我只认识沈家令。"说完就趴在桌子上哭，萧衍也为他感到悲哀，最后不得不中止了宴会。沈约经历过3个朝代，对典章制度很熟悉，当时人们都把他看成榜样。谢玄晖擅长写诗，任彦升文章严谨，沈约兼有他们俩的长处，但超不过他们。沈约对自己的才华很自负，到了他位居三公时，每给他加一次官他都请求引退，但是始终不能离去，当时的人都把他比作山涛。他辅政十多年，没有推荐过什么人才，政治上也就只是唯唯诺诺而已。

当初萧衍为张稷的事感到内疚，张稷死后，萧衍把这个心思告诉了沈约。沈约回答道："尚书左仆射外出作边境州郡的刺史是过去的事了，现在哪里还值得谈论呢？"萧衍大怒道："你说的是忠臣该说的话吗？"说完转身就走。沈约非常害怕，感觉和失去知觉一样，萧衍站起来后，他还是坐着没有反应。沈约回到家后，还没有走到床边就倒下了，从此就生了病，他梦见齐和帝来割断了他的舌头。他请一个巫师来看病，那个巫师说的话和他的梦相同。沈约就请道士来向上天表白，说禅让的事不是自己策划的。萧衍听说沈约病了，派御医来给他看病，御医回去后向萧衍汇报了情况。这件事之前，沈约曾陪萧衍举行宴会，正碰上豫州进贡直径有一寸半的大栗子，萧衍很奇怪，于是和沈约比试谁知道的关于栗子的典故多，沈约说的比萧衍少。他出宫后说："这个人爱面子，我不让他的话他会羞死的。"萧衍认为沈约看不起自己，一直记恨在心。这次听说沈约向上天申诉的事后，勃然大怒，派人去谴责他，不久沈约因为害怕而去世了。大臣们给沈约拟定谥号为"文"，是文臣最高级别的谥号，萧衍却说："心中的事情没有完全表达叫作隐。"所以把沈约的谥号改成"隐"，有意贬低他。

皇帝出家

梁武帝前半生是靠带兵打仗发的家，是一个优秀的将军，但他当上皇帝后却一反常态，变得非常"仁慈"。但他的"仁慈"很虚伪，他认为前朝皇帝大杀宗室是不对的，所以他当上皇帝后对自己家的亲戚非常纵容。他的六弟萧宏非常贪财，家里的仓库平时锁得严严实实的，有人认为里面藏的是兵器，可能想造反，向梁武帝告发。梁武帝听说弟弟要造反，心里也很吃惊，亲自带人前去搜查。结果打开仓库一看，里面堆满了金银财宝，多得数都数不过来。萧宏看见自己搜刮的赃物被发现，怕得要死。谁知道梁武帝却笑着对他说："老六啊，你的日子过得不错嘛。"并没有怪罪萧宏。

表面上，梁武帝是个很节俭的人，他经常一天只吃一顿饭，菜也很简单，平时都穿布做的衣服。但是他的节俭并没有起到什么作用，因为他的大臣和亲戚们的奢华远远抵消了他节俭的影响。而且梁武帝的节俭还成为他掩饰自己错误的借口，有个大臣给他提意见，人家说的都是实在话，但梁武帝就用自己的节俭举例子，说自己并不是昏君，把那个大臣的话给堵回去了。

梁武帝崇信佛教，他在建康建造了同泰寺，每天都去那儿烧香拜佛，捐赠大批钱财给寺院，养肥了不少和尚，还美其名曰为百姓消灾积德。佛教最初的教义并没有不准吃肉的规定，传入中国后是梁武帝下令禁止佛教徒吃肉的。梁武帝因为崇信佛教，为了抬高佛教的地位，说周公、孔子和老子都是释迦牟尼的弟子。他宣布皈依佛教后的第 15 年，受了菩萨戒，从此自称"菩萨皇帝"。他还鼓励别人也去受戒，当时响应的人多达数万人。

梁武帝信佛信到最后，居然要到同泰寺舍身。舍身就是出家当和尚的意思，皇帝出家当和尚这可是破天荒的事。梁武帝当了 4 天和尚，国家大事堆了一大堆没人处理，大臣们好说歹说才把他劝回宫。梁武帝和尚还没当过瘾，而且当时和尚还俗需要付给寺院一笔赎身的钱，他也没付，所以没过多久他又跑到同泰寺出家了。这次大臣们再跑来请他回去的时候，他说什么都不愿意了。大臣们猜测出了他的意思，凑了一亿钱把他赎了回来。同泰寺见送来这么多钱，高兴还来不及，赶紧同意让梁武帝还俗。就这样，大臣们好不容易才把他接了回去。

梁武帝第三次出家的时候又想出个新花样，他跑到同泰寺舍身的时候，为了表示对佛的虔诚，不光把自己给舍了，还把宫里的人和土地都舍给寺院了。结果这次为了赎他，大臣们花了比上次多一倍的钱。后来同泰寺有一座塔被火烧了，梁武帝听到这个消息后说这一定是魔干的，所谓道高一尺魔高一丈，只有造更高的塔才能镇住魔鬼，为了造塔又被和尚骗去大把银子。

其实梁武帝信佛只是一种迷信，和真正的佛教没有什么关系。高僧达摩名气很大，梁武帝专门接见了他。梁武帝问道："我造了那么多寺院和佛像，捐了无数钱财，还渡了很多人当和尚，抄了大批佛经，我有多少功德呢？"达摩说："您一点功德都没有。"梁武帝大惊，问道："我怎么会一点功德都没有呢？"达摩解释说功德并不是看那些物质上的东西，关键是在于心中对佛的理解，但他的话梁武帝可不爱听，所以两人最后不欢而散。从这件事可以看出梁武帝信佛最终目的还是为了自己的功德，是一种自私的信仰。

梁武帝多次舍身，每次都是大臣花钱把他赎出来，这笔花费最终还是转嫁到了老百姓头上，所以梁朝很快就衰落了下去。他最后众叛亲离，被叛将侯景囚禁起来，饥渴而死。

山中宰相陶弘景

隐士中有那么一种人，他们虽然没有官职，也不肯出来做官，但他们并不是完全和官场断绝来往，反而往往和官场有千丝万缕的联系，有的人甚至对政局具有举足轻重的影响。之所以称他们为隐士，完全是因为他们过着貌似隐居的生活，但实际上早就已经入世了。陶弘景的事迹就很能说明这一点。

陶弘景是丹阳人，他母亲曾经梦到青龙从她怀里出来，而且还有两个神仙手捧香炉来到她的房间，不久他母亲就怀孕了，生下了陶弘景。他小时候有不同常人的想法，10岁的时候得到了葛洪的《神仙传》，不分白天黑夜地研读，从此有了养生的志向。他对别人说："仰视青云，目睹太阳，感觉不是很遥远的事了。"长大后，身高七尺四寸，神态仪表明朗俊秀，眼睛炯炯有神，眉毛宽广，身材修长，耳朵很大。他读书一万多卷，擅长下棋弹琴和草书隶书。

陶弘景不到20岁的时候，萧道成当了宰相，把他封为诸王的陪读，授予奉朝请的官职。他虽然生活在豪门之中，但关起门来不和其他人来往，只是以读书为最要紧的事，反而朝廷的礼仪和规章制度一般都要向他请教。后来陶弘景上表辞去了官职，皇帝同意了，并赏给他丝帛。等到他离开的时候，朝廷百官在征虏亭为他设宴钱行，因为人很多，帐篷设得太多，车马把道路都给堵塞住了，大家都说刘宋以来还没有出现过这种盛况，朝野上下都觉得这是件很有面子的事。

从此，陶弘景就在句容的句曲山隐居了下来，他常常说："这座山下面是道教的第八洞天，名叫金坛华阳之天，周围有一百五十里，从前汉代的时候有咸阳三茅君修炼成仙，来掌管这座山，所以叫它茅山。"他在山里修建了一座道观，自称华阳隐君。开始跟随东阳人孙游岳学习道家的符图经法，造访了许多名山，寻找仙药，每次经过山涧峡谷的时候，他都会端坐下来或者仰卧其中，吟咏盘旋而不能停止。当时沈约担任东阳太守，他认为陶弘景情操高尚，写信邀请，但陶弘景就是不去。

陶弘景为人圆通，谨慎谦虚，事情的发展曲折在他心中跟明镜一样，遇到什么事他都一目了然，说话没有矛盾，即使有也会马上发现。后来宜都王被齐明帝杀害，当天晚上，陶弘景梦到宜都王前来和他告别，说了很多神奇古怪的事，醒来后他根据梦里的事写下了《梦记》这本书。

他修筑了三层楼，陶弘景自己住在最上层，徒弟们住在中间那层，来访的宾客则住在最下面，于是他就这样和外人隔绝开了，只有一个家童在他身边伺候他。他很喜欢风

瘗鹤铭　南朝·梁　陶弘景

吹松树的声音，每次听到这种声音都感到十分愉快。有的时候他一个人在泉水和石头之间游玩，看见他的人都以为他是神仙。

陶弘景喜欢著书立说，更喜欢追求奇怪的东西，他很珍惜时间，年纪越大越勤奋，尤其精通阴阳五行和风角星算还有山川地理、方图产物以及医术本草等方面的学问。他写了一本《帝代年历》，还制造过一台浑天仪，说那东西是"修炼道法所需要的，并不仅是史官才用"。

萧衍平定建康后，开始议论禅让的事。陶弘景听说后，四处援引图书和谶语，中间很多地方都有"梁"字，让弟子献给萧衍。萧衍和陶弘景老早就有交情，等到他当了皇帝后，和陶弘景的友谊更加深厚了，两人之间通信问候没有间断过。总是有达官贵人到陶家去拜访，所以后人才会给陶弘景取了个"山中宰相"的绰号。

后来陶弘景搬到茅山积金东边的小溪边居住。他擅长辟谷和气功等养生方法，所以过了 80 岁还显得很年轻。他十分羡慕和推崇汉代张良为人处世的方法，称赞"古代的贤人没有一个能和他相比的"。有一次做梦梦见佛祖传给他《菩提记》，并称他为胜力菩萨，他醒来后就跑到阿育王塔去发誓受戒，受了佛门五大戒。萧衍来到南徐州，对他的风采清名感到很钦佩，把他召到后堂，两人谈论了几天后才让他离去，非常敬重他。之后他派人送了两把宝刀给萧衍，一把名叫"善胜"，一把名叫"威胜"，都是难得的宝贝。

陶弘景在 85 岁那年去世，死的时候容貌颜色都没有变，皇帝下诏追赠他为中散大夫，谥号贞白先生，并派皇宫里的官吏为他料理丧事。他曾经留下遗书要薄葬，他的弟子们就照他的吩咐办理了他的后事。

反对迷信的范缜

梁武帝非常迷信，在他的影响下，朝廷上下刮起了一股迷信之风，但也有一些人有自己的主见，认为那些东西都是外道邪说，其中范缜对迷信思想反对得最厉害。

范缜是南乡舞阴人，很小的时候父亲就去世了，他家很穷，但小范缜对母亲却非常孝顺。不到 20 岁的时候，他听说沛国的刘瓛聚众讲学，就开始跟随刘瓛学习。他的才华和常人不一样，而且学习很刻苦，刘瓛很看重他，亲自为他行了冠礼。他在刘家待了不少日子，回家和上学的时候都穿着草鞋和粗布衣服，步行走路。刘瓛家里经常有达官贵族前去拜访，范缜在其门下，从来没有觉得自己的穷困有什么惭愧的。长大后，范缜博学多才，尤其精通《三礼》。他生性质朴耿介，喜欢发表一些标新立异的言论，别人都觉得不太合适。他和表弟萧琛最合得来，萧琛以口才好出名，但也很佩服范缜说话言简意赅。

范缜在南齐统治时期，有一段时间侍奉竟陵王萧子良。萧子良信佛，而范缜向来声称根本没有什么佛。有一次萧子良问他："您不相信因果报应，那么人世间怎么会有富贵，怎么会有贫贱呢？"范缜回答："人生就好像树上的花瓣一样，都长在同一根树枝上，都是一个花蒂长出来的，风一吹花瓣纷纷掉落，其中有的就被吹到了房间里，落到豪华的座位上，而有的被吹进了厕所，落到了粪坑里。落到豪华座位上的，就是殿下您，落到粪坑里的，就是我了。富贵贫贱虽然各有殊途，但因果报应又是体现在哪儿的呢？"萧子良被他问得哑口无言，对他的言论表示惊奇。范缜后来就把自己反对迷信的理论写成一本书，叫作《神灭论》。

这本书中阐述了范缜的唯物主义思想，他认为形神是一体的，神是依附在形上面的，所以形没有了神也就消失。形和神之间的关系就像刀刃和锋利之间的关系一样，刀刃都没有了，锋利又在哪儿呢？由此引申到身体和灵魂上来，灵魂是依附在身体上的，不可能独立存在，所以人死后是不可能有灵魂的。由此可知，这个世界上不会有鬼这样的东西存在。当时的人认为冤死的人会化为厉鬼，而范缜却认为这是不可能的。他认为古书上对鬼神的记载都是比较牵强附会的。他写《神灭论》的目的就是为了反对当时的佛教，他认为佛教对社会造成了极大的危害，人民用自己创造的财富去供养那些不事生产的僧侣，对自己家的亲戚反而不肯伸出援助之手，这对儒家的伦理道德是一种破坏。他还认为，佛教徒动辄用地狱来吓唬人民，其实就是为了哄骗财富，如果这种情况继续蔓延下去，人们都沉迷在佛教之中，家庭就会破裂，没有士兵打仗，也没有官吏处理政务，农民不生产，商人也不做生意，这样下去国家就危险了。范缜的《神灭论》狠狠打击了当时的佛教寄生虫，被那些人憎恨，但是他的唯物主义思想却永远被人们纪念。

《神灭论》很快就在社会上流传开来，朝廷上下议论纷纷。萧子良根本不相信范缜的正确说法，他妄想制服范缜，召集了很多僧人去和范缜辩论，结果一一败下阵来。有个叫王琰的人写了篇文章讽刺范缜，文章里面说："可悲的范缜啊，你居然都不知道自己祖先的神灵在什么地方！"当时的人很重视祖先，他用这种手段来攻击范缜，自以为范缜总该无话可说了。结果范缜反问他道："王先生您可真可怜啊，您知道您的祖先神灵在什么地方，却不肯自杀去追随他们。"王琰顿时目瞪口呆，一句话也说不出来。范缜的惊人言论都类似于这样。

萧子良见辩论这种方法驳不倒范缜，就想用强权来压制他，迫使他屈服。这个道貌岸然的佛教徒也舍弃了佛教中不准动怒的戒律，悍然采取卑鄙手段对付范缜了。萧子良派王融去找范缜，对他说："神灭论不是什么真理，但你却顽固地坚持这种歪理邪说，恐怕会对教化有妨碍的。凭你的才华，做个中书郎还不容易？可惜你故意和大家唱反调，应该马上把这种言论抛弃掉！大好的前程在等着你呢。"范缜听了之后哈哈大笑："如果我范缜肯出卖自己的正确理论而去换官做的话，早就当到尚书令、仆射这样的大官了，何止一个小小的中书郎啊！"王融见打动不了范缜，只好灰溜溜地走了。

范缜后来在梁朝的时候担任了晋安太守，为官清廉，当他离任的时候，他的亲戚朋友没有拿到他送的一文钱。他只送了王亮一点礼物，却因此被牵扯进王亮的案子里，被发配到广州做官。他在南方待了很多年才回到京城，被拜为中书郎和国子博士，在任上去世。

陈　书

　　《陈书》共 36 卷，为唐姚思廉撰，记载了陈武帝永定元年到后主祯明三年（557—589 年），共 33 年的史事。《陈书》规模为二十五史中最小的一部，既和当时史料匮乏有关，也和作者敷衍有关，但总体来说，由于南朝陈的史事其他的书记载甚少，目前研究南陈史，仍以本书为重要史料。

陈叔宝亡国

陈叔宝是陈宣帝的长子，父亲去世后，他登上了皇位，当时他的弟弟陈叔陵发动叛乱，用刀刺杀陈叔宝，结果只是刺伤而已，陈叔陵被卫士拿下处死。陈叔宝还没即位就遇到这么不吉利的事情，似乎预示着他的江山是坐不稳的。

陈叔宝是个出了名的昏君。当时北周已经灭掉了北齐，而北周的皇帝周宣帝是个残暴的人，很快就酒色过度而死。北周贵族杨坚控制了朝政，后来把小皇帝废掉，自己称帝，建立了隋朝。本来南方相对安定一些，但是陈叔宝登基后只知道饮酒作乐，好不容易发展起来的经济几下子就被他折腾得衰败下去。

陈叔宝从小在深宫里长大，不懂得人情世故，再加上教育不得当，导致他当上皇帝后耽于诗酒，成为一个风流天子。按说如果是在太平盛世的话，皇帝风流点倒也没什么，说不定还能在历史上留下美谈。可陈叔宝所在的时代是乱世，风流皇帝就只能给国家带来危害了。陈叔宝很喜欢女色，他最宠爱的妃子是张丽华和孔贵嫔。陈叔陵造反的时候，陈叔宝的脖子被砍伤，他养伤期间，所有妃子都见不到他，只有张丽华能在旁边侍候。所以等伤养好后，陈叔宝对她更加宠爱。他嫌宫殿太简陋，专门为张丽华建造了高达数丈、房屋多达数十间的三座大阁楼，装饰得非常奢华，里面的木料都是用檀香木做的，帘子是用珍珠编织而成，每样器具都价值连城。这些钱从哪儿来的？还不是老百姓的民脂民膏！陈叔宝把后宫美女都安排在这阁楼里居住，享尽人间艳福。

张丽华很聪明，能够过目不忘，为人却不安分，所以渐渐地开始干预政事。陈叔宝非常宠爱她，以至于后来处理政事的时候都把她抱在自己腿上，两人一起讨论。谁要是犯了法，只要向张丽华求情，天大的事也能化为乌有。公卿们如果不听张丽华的话，很快就会被贬斥。陈叔宝富有文学才能，很喜欢写诗作赋，所以他身边集了大批文人墨客，那些人根本不懂如何治国，只知道和陈叔宝一起饮酒写诗，而且写的都是些艳丽的诗赋。这些人在一起除了穷奢极欲，半点本事都没有。

老百姓哪里能够经受这样的搜刮？越来越多的人流离失所，路上堆满了饿死者的尸体。有个叫傅縡的大臣实在看不下去了，上表批评陈叔宝过于奢侈，不理国事，这样下去迟早要亡国。陈叔宝读完奏章后勃然大怒，派人问傅縡："你居然敢这样骂我，你愿意认错吗？如果愿意的话我就饶了你。"傅縡说："我的心和我的脸一样，如果我的脸可以改的话，那么我的心才能改。"陈叔宝见威胁不了傅縡，干脆下令把他杀了。

陈叔宝荒淫无道，滥杀忠臣的消息传到杨坚那儿后，杨坚觉得陈朝已经很腐败了，就下令开始南征。他任命儿子杨广等人率领51万大军分8路南下，准备灭掉陈朝。

这个时候陈叔宝还在深宫里面和那帮宠臣喝酒取乐呢。边境上的告急书信像雪片一样传到朝廷，但陈叔宝还是饮酒写诗，还对臣下说："当年北齐来了三次，北周来了两次，都吃了败仗回去了，他们还能怎么样？"孔范附和道："长江天险阻断南北，隋军又不会飞，哪儿那么容易过来？守卫边境的人想拿功劳，所以夸大其词。我经常埋怨自己官小，要是他们能过来，我早做太尉了。"谣传说隋军的马匹死了不少，孔范大言不惭地说："哎呀，真可惜啊，那些都是我的马，怎么能死呢？"陈叔宝听了之后大笑。昏君佞臣照旧玩乐不止。

第二年冬天，隋军贺若弼和韩擒虎两路大军分别逼近建康，这个时候陈叔宝才害怕了。其实当时城里还有十几万人马，只要组织起有效的抵抗，打败隋军也不是没有可能的，但是陈叔宝手下的那批宠臣只会吟诗作赋，哪里懂得带兵打仗？几个能打仗的将军之前就被俘虏了，结果建康城很快就被隋军攻破。

陈叔宝早就吓破了胆，有个大臣劝他穿戴整齐坐在殿上等待隋军，毕竟他是一国之

历代帝王图卷·陈后主像　唐

陈后主承父祖之业，割据江南，内惑于张孔二贵妃，外惑于群小，以至国破家灭，身为臣虏，入隋后贪求爵禄，是以隋文帝叹曰："陈叔宝全无心肝！"

君，谅隋军也不会拿他怎么样。但陈叔宝哪里是那种有胆识的人？他赶紧跳下床，边跑边说："没关系，我还有办法。"结果他所谓的办法就是找到张丽华和孔贵嫔，3个人绑在一起跳到一口枯井里面，企图蒙混过关。隋军士兵攻入皇宫后，怎么找都找不到陈叔宝等人，觉得很奇怪，抓来几个宫女宦官讯问，这才知道陈叔宝跳井了。

士兵们跑到那口井里面，发现下面确实有人，于是喊他们出来。但陈叔宝早就吓得一声都不敢吭了，那些人见他不说话，抱来几块大石头吓唬他："再不出来就扔石头了啊！"陈叔宝这才说话，士兵们扔下一根绳子，让他绑在身上，然后拉他出来。那绳子吊的东西异常沉重，士兵还以为陈叔宝是个大胖子，拉上来后才知道，原来一共有3个人。

陈叔宝投降后，被送到隋朝首都拜见隋文帝。隋文帝对他很好，每次宴会的时候为了怕引起他的伤心往事，都不让乐队演奏江南地区的音乐。结果陈叔宝居然对隋文帝说："我还没有称号呢，每次和人交谈都很不方便，希望您赐给我一个官职。"隋文帝叹息道："陈叔宝这个人没有心肝！"

监视他的人向隋文帝汇报说陈叔宝每天都喝得大醉，文帝问他能喝多少，回答是和兄弟们一天能喝一石酒。隋文帝大惊，想了想又叹息道："随便他吧，不然叫他怎么过日子？"隋文帝对陈叔宝非常失望，但正因为陈叔宝的麻木不仁，才没有让隋文帝对他动杀机，最后得以善终，享年52岁。

一代美女张丽华

张丽华是中国历史上有名的美女，她家里非常穷，父亲和哥哥只能靠编织草席拿到集市上去卖钱回来贴补家用。陈叔宝当太子时，张丽华被选进了东宫。当时她才10岁，在宫里是龚贵嫔的宫女。陈叔宝看见她后很喜欢她，从此得到了宠幸，很快就有了身孕，生下了太子。陈叔宝即位后，封她为贵妃。张丽华天生聪明机灵，每次陈叔宝带着妃子们和宾客一起玩的时候，她都会推荐宫女们去，所以后宫里的人都很感激她，争着说她的好话。张丽华喜好巫术，经常假借鬼神来迷惑陈叔宝，她还喜欢打探宫外的事，外面发生了什么事她马上就能知道，并告诉陈叔宝。由此陈叔宝更加宠爱她了，她家里的人大多被引见并得到了重用。

当初陈叔宝刚即位的时候，被弟弟陈叔陵刺伤了脖子，在承香阁养伤，其他妃嫔都不准进去，只有张丽华在旁边侍候他。陈叔宝的皇后沈氏不受宠爱，所以也不能侍候他，只能住在求贤殿。后来陈叔宝嫌宫殿太简陋，在光照殿前面修建了临春、结绮和望仙三个楼阁，各高数丈，共有几十个房间，窗户、壁带、门楣、栏杆都是用檀香木制作的，还用黄金和玉在上面装饰，中间镶嵌了珍珠翡翠，门口挂着珍珠编成的门帘，屋子里面铺设了宝床和宝帐，那些供玩赏和服用的物品都是古今罕见的宝物。从这些陈设可以看出，陈叔宝为此耗费了无数民脂民膏，几乎将国库动用一空。楼阁的外部设计也很惊人，只要有风吹过，楼阁的香味能飘到好几里之外；早上阳光普照的时候，楼阁反射的光芒可以照到皇宫后院。楼阁下面是用形状奇特的石头垒成的假山，并挖掘了一条壕沟将外面的水引了进来，周围种上奇花异草，俨然一处人间仙境。但谁又能知道这样的美景下面掩埋了多少白骨呢？

陈叔宝自己住在临香阁，张丽华住结绮阁，龚、孔两位贵嫔住望仙阁，3个阁之间架设有并行的走廊，可以相互来往行走。还有王、李两个美人，张、薛两个淑媛以及袁昭仪、何婕妤、江修容等7个宠妃，都受到陈叔宝的宠爱，她们交替着到阁上游玩。另外又任命宫女中有文学才能的女子袁大舍等人为女学士。陈叔宝每次邀请贵妃和宾客等人游玩喝酒的时候，都会命令妃子们和女学士还有客人们一起吟诗作赋，互相赠送问答，然后选取其中写得最艳丽的作为歌词，配上曲调，从宫女中选出长得漂亮的成百上千人，命令她们学习演唱，分成几

梳妆亭

位于南岳衡山藏经殿附近，传为南朝陈后主宠妃张丽华梳妆之地。张妃曾拜慧思大师在藏经殿学习佛法，于是，南岳便有了一些关于她的传说及遗迹。

个小组轮流进来表演，以此为乐。其中最著名的曲子有《玉树后庭花》《临春乐》，等等。

张丽华头发很长，黑得像漆一样，头发的光泽可以照在人身上。她神采大方，一举一动，坐着躺着都显得悠闲自然，端庄秀丽。而张丽华最迷人的地方是她的眼睛，每次顾盼斜视的时候，眼睛里就能流露出光彩，给人感觉似乎能照映周围的人。她常常在楼阁上梳妆打扮，靠在栏杆上，宫里的人远远望去，觉得她飘逸的跟神仙一样。张丽华能言善辩，记忆力惊人，而且善于观察陈叔宝的脸色。当时陈叔宝只知道玩，根本懒得去处理国事，下面的人上奏，全部都是由宦官蔡脱儿和李善度两人代为禀报，陈叔宝把张丽华抱在膝盖上，两人共同处理政事。有的时候李善度和蔡脱儿记不住的事，张丽华却能为陈叔宝逐条讲解，从来没有遗漏过什么。所以陈叔宝更加宠爱她了。如果大臣当中有谁不服她的，张丽华就在陈叔宝面前说他坏话，只要是她说的，陈叔宝就没有不听从的。另一个宠妃孔贵嫔也是如此，所以张丽华和孔贵嫔的势力非常之大，气焰也异常嚣张，大臣们都害怕得罪她们，在执政的时候都得附和她们的意思。那些宦官和外面的奸臣相互勾结，结党营私，相互提携引进，公开行贿受贿，赏罚不分，法令不行，陈朝也就越来越混乱黑暗了。

隋军征讨陈朝，攻进了建康，最后台城也被攻破了。陈叔宝没办法，他连投降的勇气都没有，带着张丽华和孔贵嫔一起躲到一个枯井中，被隋军抓到。陈叔宝贵为皇帝，虽然是亡国之君，但有惊无险，保住了一条命。张丽华和孔贵嫔就惨了，她们的美色被晋王杨广看中，想把她们纳为自己的小妾。结果另一个大臣高颎认为她们是红颜祸水，误国害民，干脆将她们斩首示众，风华绝代的张丽华就这样成了昏君的替罪羊。

悍将萧摩诃

萧摩诃是典型的少年得志。当年侯景之乱的时候，他只有13岁，被姑父蔡路养收养，蔡路养起兵阻挡陈霸先，少年萧摩诃单枪匹马杀入陈霸先的阵地中，竟然没有人能阻挡住他。后来蔡路养失败，萧摩诃投靠了侯安都，侯安都早就听说了他的勇名，对他非常优待。北齐军队前来骚扰，侯安都对萧摩诃说："你是出了名的勇悍，但百闻不如一见啊。"萧摩诃回答道："今天就可以让您见到了！"战斗刚开始不久，侯安都就从马上掉下来被敌人包围了，萧摩诃大喝一声，独自杀入敌阵把敌人杀得四散而逃，这才救了侯安都一命。

陈朝北伐的时候，萧摩诃跟随都督吴明彻向秦郡发起进攻。北齐派遣大将尉破胡率领10万大军前来抵挡，北齐军前队有以"苍头""犀角""大力"等称号组成的精锐部队。另外还有西域来的胡人，箭无虚发，让陈军非常恐惧。作战的时候，吴明彻对萧摩诃说："如果能杀死那批胡人的话，敌人就会丧失士气。你一向有关羽、张飞的名声，现在可以斩颜良了啊。"萧摩诃说："请先让我看看那些胡人的样子，然后就可以杀他们了。"吴明彻叫来从北齐那边投降过来的人，他们说胡人穿着大红色的衣服，用白桦皮包裹弓，弓两端用骨头装饰着。吴明彻派人偷偷观察，见到胡人在敌阵中，他亲自倒酒给萧摩诃喝，萧摩诃喝完后骑上马，向敌军冲去，胡人站在阵前约十几步的地方，还来不及把弓拉开，萧摩诃就把小凿扔过去，正好打中他的额头，胡人应声而倒。北齐军队中的"大力"冲出来十多人，被萧摩诃一一斩杀，北齐军大惧，只好撤走了。

北周灭掉了北齐，派大将宇文忻率军伐陈。当时宇文忻有精锐骑兵几千人，萧摩诃自己只带了 12 个骑兵冲进敌阵厮杀，杀了不少敌人。北周派王轨前来增援，在吕梁南方布置包围圈，切断了陈军的退路。萧摩诃建议吴明彻主动进攻，吴明彻很不高兴，说："冲锋陷阵是你的事，运筹帷幄是我的事！"意思就是让萧摩诃不要多嘴。萧摩诃很生气，就退了出去。后来北周兵越来越多，没有办法，他们只好撤退。萧摩诃率领 80 名骑兵在前面开路，冲破北周军所有封锁线，大军才得以突围。

陈叔宝即位时，发生了陈叔陵行刺之事，陈叔陵趁乱向东府城逃去。陈叔宝召来萧摩诃，让他去征讨。萧摩诃带领几百个人到东府城西门驻扎下来。陈叔陵很害怕，想从南门逃跑，被萧摩诃追住斩首。萧摩诃立了大功，陈叔宝将陈叔陵多年积攒的财宝全部赏赐给了他，还聘他的女儿为太子妃。

隋朝建立后，派贺若弼镇守广陵，陈叔宝任命萧摩诃前去防备。隋军南下攻陈，萧摩诃却被召回朝廷，贺若弼得以乘虚渡江袭击京口，萧摩诃请求出战，但陈叔宝不许。后来贺若弼打到了钟山，萧摩诃又请求说："贺若弼孤军深入，他的援兵还很远，而且他的防守还没巩固下来，军心也不稳，这个时候对他们发动突然袭击，一定能打败他们。"但陈叔宝又一次否定了他的正确意见。最后等到隋军集结完毕发动大规模进攻的时候，陈叔宝才要萧摩诃出战，萧摩诃说："从古至今，打仗都是为了国家和自己，今天出战，也要顾及到妻子儿女。"陈叔宝拿出很多金银绸缎赏赐给将士们，陈军声势浩大，阵势长达 20 里。贺若弼以为还没开始交战，带了几个人上山观察地形，结果见到陈军已经开动，赶紧跑回去准备迎敌。鲁广达首先率军攻打，贺若弼抵挡不住，连连后退。不久隋军重新振作起来，分兵攻击陈军各部。孔范贪生怕死，一交战就逃跑，别人见了也纷纷逃散，萧摩诃再勇敢也无能为力，被隋军俘虏。

建康陷落后，贺若弼把陈叔宝安置在德教殿，命令士兵看守。萧摩诃请求说："我现在身为囚犯，早晚要死，我的愿望就是再见一次皇上，然后死也不会遗憾了。"贺若弼很同情他，就准许了。萧摩诃见到陈叔宝后，跪在地上号啕大哭，并拿出食物进献给陈叔宝，然后和他诀别。守卫的士兵都不忍心看到这个场面。

陈朝灭亡后，萧摩诃成为隋朝的臣子，后来跟从汉王杨谅谋反被杀，享年73 岁。

魏　书

　　《魏书》114 卷，包括子卷共 130 卷，北齐魏收撰。记载北魏从道武帝拓跋到东、西魏相继灭亡，共计 170 多年的史事。历来旧史家评论《魏书》多有贬损，但其实北魏这样一个中国历史上重要的朝代，流传下来的史料很少，《魏书》几乎成了唯一的史料，是现存叙述北魏历史的最原始和比较完备的资料，尤以诸志中的"食货""释老"等最为重要。

文明太后冯太后

　　冯太后的父亲本来是北魏的高官，后来因为犯罪被杀，冯太后作为犯人家属而被收入后宫作奴婢。当时的北魏皇帝拓跋焘的左昭仪是冯太后的姑姑，品行很好，她亲自抚养和教育冯太后。冯太后14岁那年，拓跋濬登基为帝，将冯太后封为贵人。北魏有个规定，为了防止后妃专政，太子的生母都要被杀掉。当时太子的生母就因为这个规矩被杀害了，冯太后得以成为皇后。

　　后来拓跋濬去世，拓跋濬的儿子拓跋弘即位为献文帝，冯太后被尊为太后。丞相乙浑密谋造反，而拓跋弘当年才12岁，正在守孝。冯太后当机立断，挫败了乙浑的阴谋，将其处死，从此自己到朝廷上处理国事。孝文帝出生后，冯太后亲自抚养他，不再用太后的名义处理国事了。冯太后青年守寡，虽然她对拓跋濬的感情很深，但女人的欲望还是有的，和李弈有了私情。拓跋弘知道这事后觉得很丢脸，但也不敢拿她怎么样，只能找个借口把李弈杀了。冯太后见情人被杀，很是悲痛，从此和拓跋弘的关系有了裂痕。不久拓跋弘突然暴病身亡，当时的人都怀疑是冯太后把他毒死的。

　　孝文帝登基后，冯太后成了太皇太后，孝文帝登基的时候才5岁，不能处理国事，所以冯太后再次临朝听政。她掌握朝政大权后，对繁杂的事务都能加以审查并做出正确的决断。孝文帝很感激祖母的帮助，曾经下令说："我幼年继承大业，全靠英明的太皇太后辅佐，国家才得以安宁。我只能借助佛祖的力量来报答她的恩德，所有皇宫里养的伤害生灵的猛禽都应该放归山林，然后在饲养它们的地方给太皇太后建造佛塔。"冯太后和孝文帝一起到方山游览，冯太后觉得那地方很不错，想死后安葬在那里，孝文帝就下令在方山给冯太后修建陵墓。冯太后笃信佛教，在长安为自己的父亲建造了一座寺庙。她还下令优待宗室，皇亲国戚都享受不交赋税和不承担徭役的特权。冯太后生性朴素，不喜欢华丽的服饰，她只穿没有花纹的衣服，吃的食物只有惯例的1/5。

　　冯太后足智多谋，能够裁断重大事情，对大臣的生死赏罚她都能立刻决断，很多事都不经过孝文帝，所以冯太后权力非常大，大臣都很怕她，许多宦官和官员受她的宠信而被提拔到很高的地位。王叡因受到冯太后宠爱，几年后就当上宰相，赏赐给他的物品价值千万亿钱。李冲虽然是因为有才干而受到重用的，但也和他与冯太后有暧昧关系有关。冯太后生性严明，即使是她宠信的人也不放纵。身边的人有些小过失也会被鞭打，多的要打100多下，少的也有几十下。但是她不会对人怀恨在心，不久又会像以前那样宠信他们，有的还得到更多的好处。

　　冯太后对那些被百姓推崇的元丕、游明根等人以礼相待，赏给他们很多财物。每次要褒奖亲信的时候，都要和元丕等人一起褒奖，以表明自己没有私心。她也清楚自己做过一些不好的事，怕别人评论自己的是非，所以对某人稍有猜疑就把他杀掉，因为被她猜疑而全家被杀的有十多家，大多是冤枉的。

　　冯太后在49岁那年去世，孝文帝对她的感情很深，连续5天连一口水都不喝，非常悲痛。给冯太后定谥号为文明，所以后世也称呼她为文明太后。孝文帝在冯太后的陵墓东北一里多的地方修建了自己的陵墓，有死后安葬在那里以便瞻仰冯太后的意思。北魏迁都到洛阳后，才换了陵墓位置。冯太后执政期间崇尚儒学，压制鲜卑贵族，任用汉族官员，并推动了一系列改革，深深影响了孝文帝。

孝文帝改革

北魏是一个由鲜卑族建立的少数民族政权，鲜卑的风俗比起汉人来还比较落后，北魏国内汉族人民占了多数，由于风俗习惯的不同，造成很多不必要的矛盾冲突，在这种情况下，北魏孝文帝推动了改革。

他在国内实行"均田制"，把无主的荒地分给农民，鼓励农民开垦，农民只需每年向国家缴纳一定的赋税，这样，既开垦了许多荒地，又提高了农民的生产积极性，缓和了社会矛盾，国家的收入也增加了。这种制度后来一直延续到唐朝中期。

孝文帝对中原文化很感兴趣，他认为北魏要发展壮大，一定要吸收中原文化，把那些落后的习俗改掉才行。但当时北魏的都城在平城（今山西大同），离中原较远，人民很难接触到中原文化，所以他决定把都城迁到洛阳去。

他很清楚朝中的大臣肯定会反对他的意见，于是一开始并没有透露这个想法，在上朝的时候他告诉大臣，他想率军攻打南齐。大臣们纷纷反对，其中任城王拓跋澄反对得最厉害，在朝上和孝文帝吵了起来。

孝文帝在散朝后悄悄把拓跋澄召进宫里，告诉他："其实我并不想攻打南齐，我真正的意思是觉得平城这个地方太落后，不利于改革，所以我认为应该把都城迁到洛阳去，这样才能接触到中原文化，来改掉我们国家那些落后的风俗习惯。这次我用攻打南齐这个借口，实际上是想把你们带到洛阳去，这样就直接把都城迁到那里了。"拓跋澄恍然大悟，他本来就赞成改革，一听孝文帝的打算高兴还来不及呢，马上同意了这个主张。

493年，孝文帝率领30多万人马，连同朝中的文武大臣，宣布向南齐进军。大军走到洛阳的时候，正好赶上下大雨，路都被雨水淋坏了，根本没法走。可孝文帝毫不在乎，下令继续行军。

大臣们都愣了，他们本来就不想去打仗，于是一个个跪在雨水中请求孝文帝收回成命，不要去攻打南齐。孝文帝很生气："这次兴师动众地出来，连敌人影子都没见到就要撤军，传出去要让人笑话的！既然出来了，至少也得干点什么，干脆我们把国都迁到这里，怎么样？"大臣们都不知道该怎

胡人俑　北朝

武士身材魁梧，上身穿小袖、大开领服装。大开领便于脱去一侧衣袖，袒出胸臂，这是典型的少数民族风俗。

办才好，都没有说话。孝文帝又说："做大事就不能前怕狼后怕虎的，你们不说话算怎么回事？这样吧，同意迁都的站左边，愿意打仗的站右边。"

大臣们觉得迁都虽然有点突然，但总比南下打仗要强，只好纷纷赞成迁都。就这样，北魏的都城从平城迁到了洛阳。他派拓跋澄回平城报告这个消息，通知留守在平城的大臣搬到洛阳来，后来他还亲自赶回平城，劝说那些守旧的大臣。那些大臣反对的理由很多，但都被孝文帝一一驳倒。

孝文帝还进一步改革风俗，他规定 30 岁以上的鲜卑大臣可以暂缓，但 30 岁以下的必须改说汉话，否则就革职。另外他还规定所有人必须穿汉服，禁止再穿鲜卑服装。这条规定反对的人很多，但夏天一到就没人说话了，因为洛阳靠近南方，夏天比较炎热，鲜卑衣服一般比较厚重，要是在洛阳的夏天里穿鲜卑服装，不热死才怪！孝文帝还鼓励与汉族女子通婚，他自己就带头娶了汉族女子做妃子，还让弟弟娶汉女为妻。最后，孝文帝还宣布鲜卑人一律改姓汉姓，北魏皇族本来姓拓跋，这是个鲜卑姓，从此以后改姓元，他自己的名字从拓跋宏改成元宏，另外姓步六狐的改姓陆，姓独孤的改姓刘，姓贺赖的改姓贺，等等。这样更进一步消除了鲜卑族和汉族的差异，有利于民族融合。当然，他的改革中有一些比较极端的措施，比如规定迁入洛阳的鲜卑人死后不得归葬平城，只能葬在洛阳，这一条有悖于当时的风俗和社会道德，给改革增添了不小的阻力。

孝文帝的太子是个顽固派，他反对迁都的原因很简单，他是个胖子，洛阳的夏天比平城热多了，他实在受不了，所以趁孝文帝出去的时候，他私自鼓动把都城迁回去。孝文帝回来看到儿子居然带头违反他的命令，十分生气，于是把太子废掉了。后来太子参与谋反，孝文帝忍痛将他处死。这件事对孝文帝打击非常大，不久又发生皇后和男子淫乱的事情，彻底将他击垮了，他下令废掉皇后，将奸夫处死，不久他自己也郁郁而终，年仅 39 岁。

但总的来说，孝文帝的改革还是成功的，北魏王朝逐渐强大起来。

崔浩写史书

史官在历史上的地位是很尴尬的，如果要照顾自己的良知的话，那么写出来的史书很可能会触犯统治者；如果迎合统治者而歪曲史实的话，那么在历史上又会留下骂名。所以很多史官为了保命，往往在史书上做点手脚，结果导致我们现在看到的史书有很多史实都是被歪曲了的。这也不能怪他们，如果他们秉笔直书的话，很可能就和北魏大臣崔浩的下场一样了。

崔浩是清河人，清河崔氏是当时最高贵的姓氏之一。崔浩喜欢文学，博览群书，是当时有名的才子，十八九岁的时候就被征召为直郎了。北魏道武帝见崔浩擅长书法，常常叫他到左右来伺候。道武帝喜欢服用寒食散，药性发作起来后喜怒无常，周围的人经常因为一点小过失而获罪，结果搞到最后大家都不敢服侍他了。只有崔浩一点都不懈怠，仍然恭恭敬敬地服侍道武帝。

崔浩足智多谋，明元帝想讨伐河西胡人，崔浩分析说："河西胡人虽然很多，但没有好的将领统率，不会有什么大患的。"他建议派一员大将带兵去震慑就足够了。结果明元帝派叔孙建统兵镇守河西，不到一个月的时间就大破河西胡人，杀了他们的首领，俘虏了十几万人。

此后崔浩多次给朝廷出谋划策，如果朝廷没有采纳他的计策的话，那就一定会失败。所以明元帝很尊重崔浩，对他十分宠信。崔浩还精通儒家经典，但他不喜欢老庄，也特别讨厌佛教，曾说过："为什么要拜这胡神？"他妻子是个虔诚的佛教徒，每天都要诵读佛经，他看见后大怒，把佛经夺过来一把火烧掉，再把灰倒进厕所里。他堂弟信佛信得更厉害，即使身处粪土之中，如果见到佛像，也会毫不犹豫地跪拜。崔浩嘲笑他说："这么肮脏的地方正好适合跪拜那个胡神！"

太武帝登基后，崔浩继续辅佐，他帮助北魏灭掉了夏国，击破柔然，赢得了北伐的大胜。太武帝由此对他无比信任，时不时地到崔浩家做客，还品尝他家的饭菜。太武帝对那些尚书说："国家大事如果你们有不能决定的，就先征求崔浩的意见，然后再执行。"

崔浩才华出众，深得北魏数个皇帝的信任，但是当时鲜卑贵族的势力非常强大，崔浩是汉人，所以引起了他们的忌恨，他们想方设法想整垮崔浩。而崔浩对那些鲜卑贵族也不客气，经常讽刺他们没文化。他还打算在北魏恢复汉族士族的地位，更加得罪了那些鲜卑贵族。他弟弟的女儿嫁给了太原王氏的子弟（太原王氏也是当时社会上公认的高贵姓氏，和清河崔氏处于同一等级），太原王氏世代遗传酒糟鼻，那个侄女婿也不例外。可崔浩对那酒糟鼻越看越顺眼，经常对那些鲜卑贵族说侄女婿长得俊美。很多人听了之后不高兴，就在太武帝面前说崔浩的坏话，太武帝因此逐渐对崔浩产生了不满。

太武帝命令崔浩等人编写北魏国史，崔浩他们历尽千辛万苦才编写出30卷。当初太武帝告诉他们要秉笔直书，即使有什么忌讳的事也不妨写出来，崔浩还真的把北魏历史上一些不光彩的事写进了国史里面。崔浩不擅长写史书，他主要负责统筹规划，并对全书进行润色，担任的是主编工作。国史写出来后，有人建议把这部书刻在石碑上永久保存下去，崔浩就营造了一个碑林，把整部史书都刻了上去。来往的人看到史书上那些不光彩的事，议论纷纷，鲜卑贵族看了之后很生气，跑到太武帝跟前告了他的状，说崔浩故意把国家的丑事拿出来说。太武帝也不提当初鼓励他们写史实的话了，下令把那些编写史书的人全部抓了起来，然后逐一审问。崔浩自己也不知道犯了什么罪，只承认自己接受过贿赂。后来太武帝亲自审问他的时候，他一句话都说不上来。

崔浩最后还是被判了死刑，当囚车拉着他开往刑场的时候，几十个士兵对着他的脸撒尿，崔浩惨叫着走了一路。从古代开始，宰相一级的官员被处死的成百上千，但没有一个像崔浩那样惨的。和他一起编写史书的人除了高允有太子求情而被赦免之外，其他人全部被杀。而崔浩家族无论亲戚关系远近，包括当时最高贵的范阳卢氏、太原王氏和河东柳氏这些清河崔氏的姻亲都被连坐灭族。

勇将杨大眼

　　杨大眼是武都氐族首领杨难当的孙子，少年时期就勇气过人，跑步像飞一样快，但他是妾所生，所以不受重视，经常受冷挨饿。北魏孝文帝时期他开始做官，当时孝文帝打算以南伐为借口迁都，命令尚书李冲主持选拔军官。杨大眼前去应征，但没有被选中，杨大眼说："尚书你不了解我，让我给你表演一下。"他拿出三丈多长的绳子绑住头发奔跑，绳子像射出去的箭一样笔直，马都追不上他，看的人没有一个不惊叹的。李冲说："自古以来，没有一个人像他那样的。"就把他选为军主。杨大眼回头看着同伴说："今天是我蛟龙得水的日子，以后我再也不会和你们同列了。"不久他又升为统军，跟随孝文帝南征北战，每次都勇冠全军。

　　杨大眼的妻子潘氏也善于骑马射箭，她常到军中看望丈夫。在战斗和打猎的时候，杨大眼让潘氏穿上军装，要么夫妻二人一起战斗，要么一起在森林里奔跑。等到回来的时候，两人一起坐在营帐里，在部下面前谈笑自若，杨大眼指着妻子对别人说："这是潘将军。"

　　南朝萧衍派王茂先率领数万人马到樊城等地招揽人民，计划建立宛州，又命令他任命的宛州刺史雷豹狼、军主曹仲宗等率领两万人偷袭并占据了河南城。宣武帝任命杨大眼为武卫将军，统领各军讨伐并打败了王茂先等人。萧衍又派舅舅张惠绍暗中进据宿豫，北魏任命杨大眼为平东将军，打败了张惠绍。杨大眼乘胜追击，和元英一起围攻钟离。杨大眼驻军城东，守卫淮河桥，结果遇上河水暴涨，他手下的士兵争相逃跑，他不能阻止，只好也跟着逃跑。杨大眼因为逃跑而触犯军法，被流放到营州当了一个普通的士兵。

杨大眼为孝文皇帝造像题记　北魏

　　后来宣武帝回想起他的功劳，把他召回来起用为代理中山内史。杨大眼回到洛阳的时候，人们想起他的英勇，又对他的起用感到很高兴，来围观他的人像上市场赶集那么多。

　　杨大眼善于骑马，穿着盔甲在马上所向披靡，受到人们的赞扬。他抚慰士兵，称他们为儿子，看到有人受伤，常常为他们流泪。他虽然是将帅，但还是身先士卒，从来不畏惧冲锋陷阵，和他作战的敌人没有不被他击垮的。南朝前后派遣的军队往往还没渡江就被他吓跑了。据说在淮扬一带，人们吓唬啼哭的小孩都是说："杨大眼来了！"小孩子没有一个不马上停止哭泣的。王肃的侄子王秉刚从南朝投降到北朝，对杨大眼说："在南方就听说了你的大名，都说你眼睛有车轮那么大，现在见到后也和常人差不多啊。"杨大眼说："两军对阵的时候，我双目怒视，足以让你们不敢看我，何必一定要大如车轮的眼睛？"当时的人都推崇他的勇猛，认为即使是关羽、张飞也不能超过他。但是在出征淮河的战斗中，他却喜怒无常，常常体罚士兵，将士们都有些怕他，有的人认为这是他性情改变而造成的。

杨大眼出任荆州刺史，常把草扎成人体的形状，给它穿上青布衣服，对着它射箭。他把蛮族首领找来让他们观看，指着草人对他们说："你们如果想造反的话，我就用这种方法来除掉你们。"荆州曾经出现老虎伤人的事情，杨大眼和老虎搏斗并活捉了它，把虎头砍了下来悬挂在街市上。从此荆州的蛮族经常一起讨论："杨公是粗暴凶狠的人，常常制作我们蛮人的形体加以射杀，而且就算是深山里的老虎也不能逃脱他的毒手。"由此再也不敢兴兵作乱。杨大眼在荆州任职两年后就死了。

杨大眼虽然没有读过书，也不识字，但他常常请别人读书给他听，他都能记住。他打了胜仗后，命令别人写捷报，都是由他口授，然后别人记录下来。他有3个儿子：最大的一个叫杨甑生，次子杨领军，幼子杨征南，都是潘氏所生，他们都继承了父亲的气魄和才能。

当初杨大眼被流放到营州的时候，他妻子潘氏耐不住寂寞，经常和人偷情。后来在中山的时候，杨大眼小妾生的女儿的丈夫赵延宝把这件丑事告诉了杨大眼，杨大眼知道后十分生气，把潘氏关了起来，最后把她杀了。之后杨大眼续娶了元氏作为继室，杨大眼快死的时候，杨甑生问元氏杨大眼的印绶在什么地方。当时元氏已经怀孕了，她指着自己的肚子对杨大眼的3个儿子说："开国县子（杨大眼的封爵）的爵位应该由我的儿子继承，你们这些婢女生的儿子想都不要想！"杨甑生等人十分怨恨她。杨大眼死后，兄弟三人怕受到陷害，就在送杨大眼的灵柩进京时逃到襄阳，投奔了南朝梁武帝。

权倾朝野的尔朱荣

尔朱荣出生在羯族部落一个酋长家庭，他的祖父多次跟随北魏太武帝南征北战，立下不少功劳。他有一次打猎的时候，大腿被一个部民误伤，按当时的传统，那个部民要被杀头，但他不动声色地把箭拔掉，没有追查是谁射的，他说："这很明显是误伤，我不忍心加害于人。"大家听了之后都很感动。他父亲继承酋长位置后，多次出动人马帮助北魏打仗，而且和朝中官员关系很好，后来把酋长之位让给了尔朱荣。尔朱荣生得皮肤白皙，容貌俊美，从小就聪明伶俐，长大后喜欢打猎。每次召集部民围猎的时候，都按照行军打仗的方式布阵，而且纪律严明，和真的打仗一样。

尔朱荣继承父亲地位的时期正好是胡太后专权时期，当时天下大乱，尔朱荣也组织了一支部队，先是跟随李崇和柔然作战，随后又帮助北魏扑灭了多次叛乱，很快就在政治上崭露头角。

尔朱荣在多年的征战中逐渐认清了北魏王朝的虚弱本质，觉得不管是政府军队还是叛军，都没办法和他作对，于是逐渐骄横跋扈起来。他在肆州打仗的时候，当地的刺史尉庆宾很怕他，关闭城门不让他进城。尔朱荣大怒，把肆州打了下来，任命自己的叔叔为肆州刺史，把尉庆宾关押起来。本来这是谋逆的大罪，但腐败的北魏朝廷不敢得罪这个手握重兵的人，反而任命他为镇北将军。

后来鲜于修礼造反的消息传来，尔朱荣请求让自己去讨伐，朝廷同意了。结果此时另一支叛军葛荣势力强大，尔朱荣害怕他偷袭自己，请求朝廷给他派援军，胡太后没有同意。接着他又要求派兵堵住敌人退路，也被朝廷否决了。尔朱荣大怒，从此自己招兵买马，扩充实力，不听朝廷号令，成了一个地方军阀。

孝明帝和胡太后关系终于破裂，他密令尔朱荣进兵洛阳支持他。尔朱荣立刻带兵南下，走到半路却传来孝明帝被胡太后毒死的消息，尔朱荣气昏了头，上表抗议，借口为孝明帝报仇而兴兵。尔朱荣率领大军向洛阳杀去，他派人去见长乐王元子攸，将他立为皇帝，借他的名义起兵，名正言顺地讨伐胡太后一党。胡太后派情夫李神轨带兵抵挡，还没开打，李神轨就跑了，尔朱荣不费吹灰之力就开进了洛阳城，将胡太后和她立的小皇帝扔进了黄河。

尔朱荣把元子攸接到洛阳，自己控制了朝政大权。他的亲信费穆对他说："您手下人马不过万人，既没有取得大胜，朝中大臣又对您不服，如果您不杀掉一些人换上自己人的话，恐怕万一您哪天离开一步，就会发生变乱啊。"尔朱荣觉得他说得很有道理，又问另一个亲信慕容昭宗："洛阳人口太多，我想趁大臣朝拜皇帝的时候把他们杀个精光，你看如何？"慕容昭宗反对他这么做，但尔朱荣决心已下。他请元子攸引导百官去行宫西北，谎称要祭天，百官都到齐后，尔朱荣对他们说："天下大乱，先帝死得不明不白的，这全是你们不能辅佐造成的！个个都该杀！"他一声令下，手下的士兵冲上去见人就杀，有1300多大臣被杀。尔朱荣随后率兵向行宫冲去，元子攸正和两个兄弟往帐外走，想看看发生了什么事。几个士兵冲上去把元子攸围起来，其他人把他两个兄弟杀掉了。元子攸听见兄弟们的惨叫，想问个究竟，但士兵们也不理他，把他架到帐篷中软禁了起来。

元子攸又气又怕，担心尔朱荣也不会放过他，派人告诉尔朱荣，他想禅让皇位，只求饶他一命。尔朱荣的部下里只有高欢劝尔朱荣称帝，其他人都反对。尔朱荣派人铸造金像，但铸造了4次都失败了。尔朱荣认为不吉利，就放弃了篡位的想法。尔朱荣当天晚上将元子攸迎回宫中，向他叩头谢罪，表示自己也很后悔杀掉那么多大臣。

尔朱荣的女儿本来是肃宗的妃子，他突发奇想，想把女儿嫁给元子攸当皇后。元子攸本想拒绝，但大臣劝他要忍耐，于是只好同意了。

尔朱荣很残暴，喜怒无常，有一次他看见两个和尚骑一匹马。他是游牧民出身，很心疼马，看见佛门弟子居然如此虐待马匹，很气愤，派人把那两个和尚抓起来，互相撞击他们的光头，直到把两人活活撞死为止。

尔朱荣越来越跋扈，魏庄帝元子攸又恨他又怕他，而且尔朱荣的女儿仗着父亲的权势在皇帝面前指手画脚，使魏庄帝逐渐下了杀掉尔朱荣的决心。城阳王元徽建议："以皇后生子为名，请尔朱荣进宫道贺，他肯定不会怀疑。"魏庄帝将士兵埋伏在殿后，让人到尔朱荣家里道喜，尔朱荣果然上当，欣然进宫探望。这个时候魏庄帝已经紧张得脸色都变了，幸亏周围人提醒，他才喝了几口酒壮胆。尔朱荣一进门就发现有埋伏，他赶紧冲上去挟持皇帝，魏庄帝早有准备，一刀刺进他小腹，众人冲上来挥刀乱砍，将尔朱荣剁成了肉泥。

尔朱荣死后，尔朱家族势力还是很庞大，他们迅速做出反应，发动政变，将魏庄帝囚禁起来，活活勒死。但恶有恶报，尔朱荣手下大将高欢背叛了他们，最终灭掉了尔朱氏全族。

道士寇谦之

寇谦之是北魏时期有名的道士，他年轻的时候就喜欢仙道的思想，愿意与世隔绝。小时候修炼张鲁创下的道术，吃寒食散和自己炼的丹药，但过了很久也没有什么效果。有个叫成公兴的人在寇谦之叔母家当用人，寇谦之发现他外表看上去很强壮，每天都辛勤劳动但并没有疲倦的样子，于是请求叔母让成公兴去他家当用人。回家后，他让成公兴下地干活，自己坐在树下练习推算之法。成公兴干活之余跑来看他推算，寇谦之说："你干你的活就是了，跑来看这些干什么？"后来寇谦之计算七曜，怎么算也算不清楚，很失望。成公兴对寇谦之说："你为什么不高兴？"寇谦之回答道："我学习算术很多年了，但近来算《周髀算经》上面的东西怎么也算不对，所以感到很惭愧。不过这事和你又没关系，你用不着多问。"成公兴说："你试着告诉我，我来算算。"结果他一会儿就算清楚了。寇谦之很佩服成公兴，不知道他的学问有多深，请求拜他为师。成公兴坚决不肯，只让寇谦之跟他学习。不久他对寇谦之说："你既然有意学道，那可不可以和我一起归隐？"寇谦之求之不得，急忙同意了。成公兴让寇谦之的斋戒了3天，然后一起到了华山，让寇谦之住在石室里面，自己外出采药。他让寇谦之吃他采的药，就不感到饥饿了。

后来他又带寇谦之到了嵩山，那里有三重石室，让寇谦之住在第二重里面。过年后，他对寇谦之说："我出去后，会有人送药来，你拿到就只管吃，不要觉得奇怪。"不久有人送药来了，寇谦之一看，都是些毒虫和腐烂的东西，害怕得逃走了。成公兴回来后问起来，寇谦之把情况说了一遍，成公兴叹息道："你当不了神仙，只能当帝王的老师了。"成公兴服侍了寇谦之

嵩高灵庙碑 北魏
此碑相传为寇谦之所写，书体古拙，具有雄浑森严的特色。

7年，最后对他说："我不能在这儿多留了，明天中午我就会死。我死后，你洗澡的时候会有人来接我的。"第二天成公兴果然死了。寇谦之自己洗澡，看到两个童子进来，一个拿着衣服，一个拿着钵和锡杖，走到成公兴的尸体前，成公兴就站起来，穿上衣服，拿起钵和锡杖走了。

成公兴死后，寇谦之在嵩山继续修炼，一直没有松懈过，据说他得到了道书，学会了服气导引之法，开始辟谷（一种可以不用吃饭也不会饿死的法术），弟子十多人，都得到了他的真传。

后来寇谦之把他的书献给了太武帝，太武帝把他安置在张曜家居住。当时朝野对他都不太相信，只有崔浩用对待老师的礼节对待他。崔浩向太武帝上奏赞扬寇谦之："我听说圣人受命于天的时候，都会有天人感应的事情出现。当年汉高祖虽然很英明，而商山四皓仍然觉得向他称臣是耻辱，不肯服从他。现在隐逸的神仙不用陛下召唤自己就来了，这就是陛下可以赶上黄帝的证据，是上天的符瑞，怎么可以当作世俗之谈，而忽视上天的命令呢？我私下感到很害怕。"太武帝看了之后很高兴，派使者带着玉帛和祭品去祭祀嵩山，称寇谦之为天师，并把寇谦之的其他弟子也请下山来。从此北魏开始宣扬道教，一时间道教广为传播。崔浩侍奉天师，礼节很严格，有人讥笑他，崔浩听说后说道："当年张释之为王先生织袜子，我虽然并不是什么贤明的人，但现在敬奉天师，也可以不用愧对古人了。"

太武帝要讨伐赫连昌，大臣都劝阻他，太武帝向寇谦之咨询，寇谦之说："一定能胜利的。陛下神武英明，应了上天的安排，统治天下是天经地义的，应当用兵平定全国，先用武功再用文治，将来一定会成为太平真君。"寇谦之还上疏说："现在陛下以真君的名义统治天下，并建立了静轮天宫之法，从古至今都没有过这样的事。所以陛下应该接受符书，彰明圣德。"太武帝于是亲自到道场，接受了符书，所用旗帜都是青色的，用来顺从道家的颜色。太子看见寇谦之上奏修建静轮宫，浪费太大，就对太武帝说："人和天不同，高和低也都有自己定分。现在寇谦之想要用无法完成的期限来做不可能的事情，人力物力财力花费太大了，老百姓也很疲劳，这不是太不应该了吗？"太武帝也知道太子的话是对的，他沉默了很久才说："我也知道这事成不了，但事情已经这样了，何必再爱惜那三五百个工人呢？"

寇谦之死了以后，他的弟子们认为他并没有死，而是尸解成仙了。

北齐书

　　《北齐书》共 50 卷，为唐李百药撰，记叙了 534 年前后，北魏分裂、东魏建立、北齐代东魏到 577 年北齐灭亡为止，共 40 多年的史事。全书运用口语，记述较为真实生动，但今本残缺很多，大部分是从《北史》抄回。

兰陵王高长恭

北齐皇室可说是中国历史上最荒唐，作恶最多的皇室家族。不过这个家族里面也不是没有人才，高长恭就是其中一个。高长恭出身富贵、容貌俊美、有勇有谋、忠心耿耿，唯一的不足就是有点贪财，不过在当时那也是很平常的事。很不幸的是他遇到了一个无道昏君。

高长恭是北齐文襄帝高澄的第四个儿子，被封为兰陵王。高澄担任并州刺史的时候，北周前来进犯，打到了晋阳，高长恭率领军队全力反击。两军在邙山交战，齐军吃了败仗，高长恭当时正在中军，他率领 500 骑兵重新杀入北周军的阵地中，一直冲到了金墉城下，被团团包围。当时形势十分危急，高长恭的头盔把脸全部遮住了，城上的齐军认不出他，不肯给他开城门。高长恭无奈之下只好脱去头盔，露出脸来，城上的人才把他认了出来，赶紧派弓弩手出城救援，把北周军杀得大败。为了庆祝这次胜利和纪念高长恭的英勇无畏，齐军将士把这件事编成歌来唱，这个曲子就被命名为《兰陵王入阵曲》，是中国古代的名曲之一。

此后高长恭担任了司州牧、青州和瀛州两州的刺史，收了不少贿赂。担任太尉一职时，和段韶一起率军攻下了柏谷，又攻打定阳。段韶不久得了病，将军队交给高长恭一人指挥。高长恭前前后后因为战功得到了很多封赏。

齐军由于高长恭的英勇而获得胜利后，北齐皇帝高纬对高长恭说："你冲入敌阵也太深了，万一有点闪失的话，后悔都来不及了。"高长恭回答道："我家的事轮到自己头上，所以不由自主地就冲了进去。"高纬听高长恭把国家大事称作他自己家的事，心里很不舒服，从此对他开始忌惮起来。后来高长恭在定阳的时候贪污受贿很严重，他的部下尉相愿问他说："大王既然受到朝廷的重用，为什么还要如此贪婪？"高长恭没有回答他，尉相愿接着说道："是不是因为打了胜仗后，怕因为自己的威武而遭到朝廷的猜忌，所以才用自我污秽的办法来表明自己没有异心？"高长恭顿时哭了出来，当场给尉相愿下跪，向他请教安身的方法。尉相愿说："大王以前就立了很多大功，现在又打了一场大胜仗，威望实在太高了。您应该借口生病，躲在家里，不要再干预朝廷的事了。"高长恭认为他说得很有道理，但由于种种原因没有照他的话去做。后来陈朝进攻江淮一带的时候，高长恭害怕再次被召去领兵打仗，叹息道："我去年得了脸肿的病，现在为什么却不发病啊？"从此以后，他就是生了病也不找医生来治疗。但是他的小心谨慎并没有起到作用，高纬还是对他不放心，最后终于下了毒手。高纬派徐之范给高长恭送去毒药，高长恭对妃子郑氏说："我忠心耿耿地侍奉皇上，到底是什么事辜负了上天，而让我遭到这样的毒手？"郑氏说："你为什么不求见皇上？"高长恭说："都到这个时候了，我哪里还能见到皇上！"于是将毒药一口喝干，最后毒发身亡。

高长恭相貌很俊美，显得很柔和，但是他的心气很雄壮，据说他因为自己的脸长得实在是太秀气了，在战场上根本无法震慑敌人，所以他每次出战的时候都会戴上一个狰狞的面具。他在军队里当将领的时候，非常认真负责，就连一些小事他都要亲自处理。每次得到好东西，他也一定会和将士们分享，所以将士们都愿意为他效命。当初在瀛州的时候，行参军阳士深上表告发高长恭贪赃枉法，结果朝廷派人一调查，果然是这样，所以把高长恭的官职给免掉了。后来进攻定阳的时候，阳士深也在部队中，他害怕高长恭为报当年的仇而杀了他。高长恭听说这件事后，对别人说："我根本就没有这个意思。"但高长恭又怕阳士深始终放不下这个念头，于是找了他一个小过失，打了他20下军棍，这才让阳士深放了心。一次，高长恭入朝请罪，跟随他的仆从都跑掉了，只有一个人始终跟在他身边。高长恭回来后，对于那些扔下他跑掉的人谁都没有惩罚。高湛为了奖赏他立下的功劳，命令贾护给高长恭买了20个小妾，但高长恭只象征性地要了一个。他家里有价值上千金的债券，在临死的那一天，高长恭把它们都给烧掉了。这些事情都说明高长恭本身并不是贪婪的人，而且他也不好女色，作为一个出身富贵的亲王，能做到他这样已经非常不容易了。

狂暴昏君高洋

北齐神武帝高洋是高欢的第二个儿子，他长大成人后，皮肤黝黑，身上全是因皮肤病而留下的像鳞片一样的皮屑。他精神专注，不苟言笑，很有内涵，但外表实在很不出众。高欢对他不放心，曾经问他一些有关时政的问题，但高洋都回答得头头是道，高欢心中才稍微宽慰了些。高欢曾经让儿子们各自去整理乱麻，大家都细心地梳理，只有高洋拔出刀来将乱麻砍断，说："乱者须斩！"让高欢赞叹不已。

高澄被杀后，大家都惊慌失措，只有高洋非常冷静，布置军队除掉了叛党，趁消息没有传出去，赶紧保密，放出风声说是奴仆造反，高澄只是受伤，稳定了人心。高洋又逼迫东魏皇帝立太子，然后自己到晋阳去掌握了大权。高洋外表糊涂，但内心跟明镜一样，他宽厚待人，以诚相待，对人推心置腹，逐渐树立起自己的威信。

一年后，他逼迫东魏皇帝将皇位让给了他，建立了北齐王朝。高洋刚即位的时候还是很善于处理政事的，他奋发图强，善于用人，所以大臣们都尽心尽力地辅佐他。高洋赏罚分明，如果有谁犯了法，即使他是皇亲国戚和功臣也不会得到宽容，朝廷内外都不敢不听从他的命令。至于军国大事的决策，他都是一个人说了算，深谋远虑，有雄才大略。高洋打仗很有一套，他从来不怕敌人人多势众。有一次他和蠕蠕作战，他派了几千骑兵去堵住敌人后路，敌人有5万多人，带兵的将领请求多给他点人，高洋反而把他的人减少了一半，结果士兵们奋勇冲杀，将敌人歼灭。

马俑 北朝

高洋当了几年明君后就开始骄傲起来，成天喝得大醉，变得越来越残暴，人也开始变得有点疯疯癫癫的了。不管天冷天热，他兴致来了就会脱掉衣服乱跑，哪怕是在大街上也是一样。他还喜欢杀人，大多数都是肢解，或者用火烧，也有扔进河里的。酗酒时间长了，高洋就更加疯狂了，每次喝醉的时候，他就拔出剑来，或者拿出别的武器，谁运气不好就会被他杀掉。

有一次，他带着部下在集市里游玩，问一个女子："你觉得天子怎么样？"那个女子直言不讳地说："你这么疯疯癫癫的，哪里像个天子！"高洋立刻拔出刀来把她杀死了。有的时候他们就在大街上乱跑，随手乱扔钱，看见人们像疯了一样抢钱，觉得很开心。

后来他的性子变得越来越古怪了。大司农穆子容惹怒了他，他命令穆子容脱掉衣服趴在地上高洋用箭射他，没有射中，竟然拿根木棍从他的肛门一直捅到肠子里。他虽然重用杨愔，但由于杨愔是个大胖子，他很不喜欢，管杨愔叫杨大肚，并用马鞭打他的背，杨愔被打得血肉模糊。高洋还想用刀剖开他的肚子，幸好崔季舒装作开玩笑说："老小公子又在恶作剧了。"顺手把刀夺走，才救下杨愔的命。还有一次他把杨愔放在棺材里面，几次想用钉子把棺材钉死。

他到彭城王高澄家里去，对他的母亲说："你当年夺我母亲的宠，我咽不下这口气！"拿刀把她杀死了。崔暹死后，他到崔暹家里去，对他的妻子说："你很想念丈夫吧？"崔暹妻子说："我和他是结发夫妻，感情深厚，当然很想念他了。"高洋说："既然想念他的话，干脆去看他吧。"拔出刀来把崔暹妻子的头砍了下来，扔出墙外。高洋在晋阳的时候，曾经用长矛刺人玩，把都督尉子耀刺死了。后来在邺城，他用锯子将都督穆嵩活活锯死，他还一时心血来潮，将完全无罪的都督韩哲砍成了数段。

高洋过于残暴不仁，加上因为修长城和建宫殿耗费巨大，给老百姓带来了很大痛苦，结果搞得天怒人怨。而高洋一向对大臣很严厉，加上他记忆力超强，谁得罪了他一定会被处罚，所以朝廷内的官员谁都不敢反对他。曾经有个正直的官员李集进谏，说他比桀和纣王还要残暴。高洋命人把他捆起来扔到河里，过了好久才拉上来，问他："我和桀和纣王比如何？"李集说："从来就没有比不上他们的地方。"高洋于是又把他扔到河里，然后拉出来再问，前后折腾了好几次，但李集每次的回答都一样。高洋乐了，说道："天下居然有这样的笨蛋！都能和关龙逄、比干媲美了。"于是把他放了。可李集还是不死心，后来又去见高洋。高洋见他似乎还想进谏，下令把他拖出去腰斩了。

高洋由于酗酒无度，很快就酒精中毒而死。他的残暴和短命被整个北齐皇族继承了下来，北齐皇族的男子没有一个活过 40 岁的，后人都认为是报应。

一日皇帝高延宗

高延宗是高澄的第五个儿子，他小时候就很受高洋的宠爱，被封为安德王。

高延宗少年时期做了不少荒唐事，他当定州刺史的时候，很喜欢在房顶上大便，让人在下面张开嘴去接。还喜欢在猪肉里掺上大粪，让人去吃，谁不吃就狠狠地抽打。当时高湛是皇帝，他听说高延宗这么顽劣，派赵道德到定州去，狠狠打了高延宗100大板。赵道德因为高延宗在挨打的时候态度不好，又加打了30下。高延宗得到了一把刀，想试试锋不锋利，找来几个囚犯，将他们杀死，以此来检验刀的锋利程度。高湛派人把他狠狠地打了一顿，并杀了他9个亲信。从此以后，高延宗开始改过自新。高长恭打了大胜仗，自己在兄弟们面前说当时的情形，大家都觉得他很厉害。高延宗却说："四哥不是大丈夫，为什么不乘胜追击？换了是我的话，哪里还能让关西留到现在！"高长恭死后，他的妃子郑氏把脖子上的珠串施舍给寺庙，广宁王把它赎了回来。高延宗写信相劝，哭得眼泪流得满纸都是。河间王高孝琬死的时候，高延宗哭得很伤心，又做了个草人像高湛，用鞭子抽打，边打边骂："为什么要杀我哥哥？"高延宗的家奴把这事告发给官府，高湛让高延宗趴在地上，用马鞭狠狠抽了他两百鞭，差点把他打死。

后来北齐和北周在平阳作战，高纬亲自率军抵抗，命令高延宗率领右军先战，高延宗首战告捷，擒获北周大将宗挺。双方决战的时候，高延宗连续两次冲入敌阵，所向披靡。最后北齐军队全部战败，只有高延宗率领的部队没有损失。高纬吃了败仗，害怕得想逃跑，高延宗说："只要大家不动，把军队交给我，我一定能打败敌人。"高纬没有听他的。跑到并州的时候，听说北周军已经进入雀鼠谷，高纬把军队交给高延宗，对他说："并州我交给你了，你好好坚守，我先走了。"高延宗说："陛下千万不要走，我愿意死战。"但高纬还是跑了。并州将士对高延宗说："如果大王不当天子的话，我们就不为您出战。"高延宗迫不得已，只好即皇帝位。大家听说高延宗即位后，纷纷前来投靠他。高延宗力大无比，作战十分英勇，他下令把国库里的钱财和后宫美女全部赐给将士们，又把那些作恶多端的宦官的家抄了。高纬听说后，说："我宁可让周人得到并州，也不想让高延宗得到。"高延宗在检阅军队的时候，亲自拉着士兵的手，流泪不止。大家都争着为他去死，连妇女儿童都跑到房顶上投掷石头以抵挡北周军。但是镇守太谷的将领率领1万人马投降了北周军。北周军乘胜包围了晋阳，高延宗亲自与齐王宇文宪对阵，他手持长矛，在敌阵中左冲右突。

镇守城东的将领率领1000骑兵向北周军投降，于是北周军从城东攻了进来。高延宗率领人马退回城中，夹击入城的北周军。北周军被杀得大败，争着逃跑，齐军从背后砍杀，共杀死周军2000多人。周武帝的卫兵都死光了，好不容易才在侍卫的帮助下逃出了城。这个时候高延宗以为杀死了周武帝，下令在敌人尸体中寻找长胡子的人，但没有找到。齐军打了胜仗后就跑到集市上喝酒，一个个喝得大醉，所以高延宗没办法组织起追击的军队。

不久，北周打散的军队又集结起来，再次对东门发动进攻，很快就攻了下来。高延宗率军与北周军展开巷战，最后精疲力竭，逃到城北，在百姓家中被北周军俘虏。周武帝见到高延宗后，立刻从马上下来，拉住了高延宗的手。高延宗说："死人的手怎么能让天下至尊来握？"周武帝说："两国天子能有什么仇？我只是为拯救百姓而来，你放心，我不会杀你的。"于是让高延宗穿好衣服，以礼相待。高延宗从登基到灭亡，一共也就一天的时间，所以被称为"一日皇帝"。高延宗被俘后，周武帝问他如何攻下高纬所在的邺城，高延宗推辞不过，才说："如果任城王来增援的话，那我就没办法预料了。如果是高纬自己守城，那陛下不费吹灰之力就能成功。"

回到长安后，周武帝大摆宴席，命令高纬起来跳舞助兴，高延宗见皇帝受辱，悲伤得不能自已。他几次想服毒自尽，都被侍婢们劝阻了。

不久，周武帝就诬陷高纬和高延宗等人谋反，将其全部赐死。

放荡的胡太后

胡太后是北齐武成帝高湛的妻子，在当皇后的时候就和和士开私通，高湛也睁只眼闭只眼。高湛死后，她被尊为皇太后，于是更加肆无忌惮了。和士开的权力也越来越大，将朝廷里面反对他的人都外放，他自己独揽朝政。有一次和士开得了伤寒病，医生说必须服用黄龙汤。所谓黄龙汤就是用多年的人粪泡的水，和士开说什么都喝不下去。正好来了个书生拍他马屁，说："这有什么难的，我喝给您看看。"于是端起碗来一饮而尽，和士开见他都能喝，于是也勉强自己喝了下去。那些人巴结和士开都这样无耻。

和士开的权势引起了北齐皇族的不满，琅琊王高俨最看不惯，于是写奏章弹劾和士开。他知道高纬根本没有兴趣翻奏章，就把弹劾奏章夹杂在其他文书里面送交上去。高纬草草地翻了一下就不耐烦地说："行了，就这么着吧，能实行的就实行，我不想看这些东西。"高俨就奉旨将和士开处死了。

和士开死后，胡太后悲痛欲绝，经常去寺院烧香拜佛。有一次她烧香的时候，

祖师塔　北朝

看中了寺院里一个叫昙献的和尚。胡太后对昙献非常满意，经常借口烧香拜佛去和昙献幽会。还从皇宫里带了不少奇珍异宝送给昙献，就连当初高湛睡过的床都搬到昙献的房间里，两人时常睡在上面谈情说爱。

胡太后对昙献的思念是没有终止的，一日不见，如隔三秋。她每次回到皇宫后都茶饭不思，恨不得马上就天亮，好跑到寺院里和昙献幽会。后来干脆把昙献召到后宫里面，谎称听他宣讲佛法，实际上白天晚上都和他睡在一起。胡太后还把昙献任命为掌管全国佛教事务的昭玄统，和尚们都指着胡太后开昙献的玩笑，有的还戏称他为太上皇。昙献收了很多徒弟，大约有100人在后

宫里面讲经。一个昙献显然不能满足胡太后的欲望，他的徒弟里面不乏相貌出众、体格伟岸的人，胡太后经常从那些和尚里面挑选出相貌俊秀的供自己享乐。胡太后怕高纬知道她的事，就把那些俊秀的和尚打扮成尼姑的样子，放在后宫，让人不起疑心，然后每天晚上都要一个和尚陪她睡觉。

很快高纬听到了风声，但他不相信太后会如此大胆。有一次他去参见胡太后的时候，看到胡太后身边有两个打扮得很妖艳的尼姑，长得非常漂亮。高纬也不是什么好东西，他一看到那两个尼姑那么漂亮，顿时动了色心，借口请她们给自己讲解佛法，把她们带走了。胡太后不知道自己的儿子怀着什么心思，觉得儿子还小，应该不会有什么事，放心地让她们跟着高纬走了。

高纬把两个尼姑带到自己房间后，急不可待地命令她们陪自己睡觉。两个尼姑吓得连连摇头，死都不肯。高纬开始还以为她们害羞，后来看她们始终不肯就范，生气了，让侍卫把她们按住，脱下她们的裤子一看，原来是两个男人。高纬气得浑身发抖，下令审讯那两个和尚，两人赶紧一五一十地全部招供了。高纬大发雷霆，把昙献等和胡太后有私情的和尚全部抓起来处死，并且杀掉了胡太后身边的3个郡主，因为她们对胡太后的奸情知情不报。

因为这件事，胡太后和高纬的关系彻底破裂了。高纬谎称邺城有紧急事件，然后穿上盔甲，拿好武器，带领士兵回到邺城，并下命令将胡太后软禁起来，不久又下令从此以后不管内亲外戚，一律不准和太后见面。过了很久，高纬的气消了后，才把太后迎回了皇宫。当时太后听说皇帝的使者来了，非常害怕，以为皇帝要杀她。高纬虽然把太后接了回来，但是两人的关系已经不能挽回了，高纬对太后从此疑心重重，每次太后请高纬来吃饭，高纬来了之后一口都不敢吃。北周人听说这件事后，派人出使北齐，使者写了一篇《述行赋》，叙述了郑庄公杀死弟弟共叔段并放逐母亲姜氏的故事，文辞虽然不雅，但北周人因为高纬和太后的关系不好，看到后还是感到很羞愧。北齐被北周灭亡后，胡太后恢复了自由之身，但仍是任意淫乱，直到隋文帝统治时期去世。

汉将高昂

北齐皇室一向轻视汉人，实行的是民族歧视政策，高欢也不例外。但是高欢并不是轻视所有的汉人，他对那些有才能的汉人还是非常尊重的，比如身为汉人的大将高昂就很受高欢的器重。

高昂幼年时期就很有胆量，长大后很有才能，胆识和力气都不同于常人。他父亲为他请了严格的老师，吩咐要对他严加管教，但高昂根本不怕老师，专门骑着马到处跑。他说大丈夫应该横行天下，靠自己去争取功名，哪能老是坐着读书，当个老博士呢。高昂和哥哥经常出去抢劫，官吏也不敢拿他们怎么样。他们经常招揽会武艺的宾客，几乎把家产都花光了。他父亲常对人说："这个儿子以后不是灭掉我的家族就是光宗耀祖，而且不仅是做个州里的土豪。"

高昂兄弟曾起兵反对尔朱荣的统治，后来奉旨解散，但两人仍在家里暗中聚集壮士，尔朱荣知道后很不高兴，下令拘捕了高昂，一直把他带在身边。尔朱荣被诛，尔朱氏的军队发动反击。皇帝亲自安排对付他们的行动，高昂披挂整齐，拿起兵器和侄子一起冲出去杀敌，所向披靡。皇帝认为他们很英勇，大加赏赐。

高昂认为敌人威胁很大，请求回家招募士兵。他走后不久，京城就被攻破了，高昂和家里人在信都起兵。他跟随高欢打天下，很快就打败了尔朱家族的势力。他部下的军队都是自己家乡招募来的人。高欢说："你统率的都是汉人军队，恐怕不管用，我想分给你1000鲜卑士兵，怎么样？"高昂回答道："我统率的部队，大家在一起练习了很久，战斗力并不比鲜卑士兵差。如果让他们和鲜卑人掺杂在一起，感情上很难融合，打胜了会争功，打败了就会相互推卸责任。所以我宁愿自己带领汉人军队，不希望掺杂别的部队。"高欢觉得他说得很有道理。开战之后，高欢的军队吃了败仗，稍稍后退了些，尔朱家族的军队乘机发动进攻。高昂带领1000多骑兵从侧面杀向敌军，把敌军阻断，很快就击溃了敌人。那天如果没有高昂出击的话，高欢早就死了。

魏孝武帝初年，高昂被加官侍中，晋爵为侯，食邑700户。他的哥哥被孝武帝杀死后，他带领十几个手下逃到晋阳投奔高欢。后来发生孝武帝反对高欢的事情，高欢向南讨伐，命令高昂为前锋部队，很快就打败了孝武帝，孝武帝只好向西逃跑。高昂率领500骑兵拼命追赶，一直追到崤山一带，最后没有追上。不久高昂代行豫州刺史，讨伐三荆地区不肯归附的地方，全部平定了下来。东魏孝静帝初年，任命高昂为侍中、司空。高昂因为当年他哥哥死的时候就是司空，所以坚决不肯接受，于是改任为司徒。

当时关陇一带正好有战事发生，高欢任命高昂为西南道大都督。当地山势险要，地形狭窄，敌人已经占据了险要地形，并设好了防线。高昂率领部下边打边前进，敌人无法阻挡他，很快攻下了上洛，擒获西魏洛州刺史泉企和部将数十人。刚好龚泰吃了败仗，高欢召高昂回去。当时高昂被箭射中，伤得很严重，他对身边人说："我以身报国，死了也没有什么可怨恨的。唯一让我遗憾的是没有看到我弟弟高季式当上刺史啊。"高欢听说了这件事后，马上派人骑马去任命高季式为济州刺史。

高昂回来后，担任了军司大都督，统领67个都督，和侯景一起在虎牢关训练士兵。御史中尉刘贵当时也率领部下在北豫州，他和高昂一直都有矛盾。高昂听说刘贵也在附近，就召集士兵准备进攻他，侯景和冀州刺史赶紧从中周旋调解才平息了这件事。当时鲜卑人都很轻视汉人，只害怕高昂，并对他很服气。高欢每次对将士发布命令都是用鲜卑语，但只要高昂在旁边，他一定就改用汉语。高昂有一次到高欢府上去，门卫不肯替他通报，高昂大怒，拉起弓箭就要射杀门卫，高欢知道这事后也没有怪他。

高昂和侯景一起进攻被西魏占领的洛阳金墉城，宇文泰率兵来救援，高昂被打败，独自骑马向东逃去，最后被西魏军杀害，年仅48岁。

周　书

　　《周书》共 50 卷，为唐令狐德所撰，记载北周 20 多
年的史事，仅有纪、传而无志、表，作者仿《尚书》文体
写作，语言虽然典雅，但记叙未免有些失实之处。其中所
记载的有关均田制、府兵制的史料较为重要。原书流传过
程中多有残缺，今本多取《北史》补入。

功高遭忌的宇文宪

宇文宪是西魏文皇帝宇文泰的第五个儿子，聪明机敏。宇文泰曾经想赐给几个儿子好马，把他们带到马场上让他们自己选。大家都选了毛色纯正的马匹，只有宇文宪选了匹杂毛马，宇文泰问他为什么，他回答："这匹马毛色和别的马不同，也许跑得更快些。等到打仗的时候，谁选的马好自然就能分辨出来了。"宇文泰高兴地说："这个孩子才智不凡，以后一定能成大器。"于是把马给了他。以后宇文泰每次看到杂毛马都会说："这是我孩子的马。"就会命令把马取来赐给宇文宪。

宇文泰平定蜀地后，因为蜀地地势险要，又很富裕，所以不想让部将去守卫，想在儿子当中选一个，就问他们谁愿意去。别人还没回答，宇文宪就请求让自己去。宇文泰说："刺史应该安抚民众，治理百姓，这个你干不了。而且按照年龄大小的顺序，应该让你的哥哥去。"宇文宪说："每个人的才能和年龄大小没关系。如果让我去了治理不好的话，我愿意服罪。"宇文泰非常高兴，但因为宇文宪太小，还是没有让他去。世宗即位后，想起宇文宪当年有这个想法，就将他任命为益州总管。宇文宪当年只有 16 岁，他上任后治理得很好，不管有多少公务，他都能处理得井井有条。

后来宇文宪和宇文护一起讨伐北齐，尉迟迥为先锋，将洛阳包围了起来。突然后面出现几万齐军，全军大为惊恐。只有宇文宪和王雄、达奚武等人率军迎战，王雄被齐军所杀，周军士气低落。宇文宪亲自督战，鼓舞了士气。

当时宇文护执政，对宇文宪很亲近，什么事都让他参与。宇文宪和宇文护关系非常好，宇文护被杀后，宇文宪害怕自己受到牵连，于是向周武帝谢罪。周武帝对他说："天下是高祖当年打下的天下，我继承江山后，常常害怕丢失，宇文护目无君长，以下犯上，图谋不轨，所以我才杀了他。你是我的弟弟，骨肉相连，而且这事你又没参与，用不着谢罪。"话是这么说，但由于宇文宪名望太高，周武帝对他还是有戒心，名义上升了他的官，实际上还是削弱了他的兵权。

四面塔　南北朝

后来周武帝得了重病，卫王宇文直乘机造反。周武帝找来宇文宪，对他说："卫王造反的事你知道吗？"宇文宪说："我本来不知道的，现在听陛下说了才知道。宇文直如果真造反的话，那是自取灭亡。"周武帝说："你立刻带兵出发，我马上就到。"宇文直不久就逃走了。周武帝回到京城后，对宇文宪说："管、蔡被杀而周公为辅，人心不同和人脸不同是一样的，但是兄弟亲人之间互相残杀，这是我一直遗憾的事。"当初宇文直很忌惮宇文宪，宇文宪一直对他隐忍。宇文护被杀的时候，宇文直坚持要杀掉宇文宪，周武帝说："宇文宪的心迹我知道，不要对他有什么怀疑。"太后去世后，宇文直又诬告宇文宪在丧期仍然喝酒吃肉，周武帝说："我和宇文宪都不是正妻生的，按理说我和他的继承权是一样的，可是他不但没有和我争皇位，反而来支持我，你应该感到惭愧，居然还说人家的过失。你是太后的儿子，得到那么多偏爱，只要管好自己就行，不要管别人。"

周武帝要讨伐北齐，他只和内史王谊商量，别人都不知道这事。因为宇文宪的才能很高，所以把这事也透露给了他，宇文宪很赞成。等到大军出发的时候，宇文宪请求将自己的财产捐献给军队，但周武帝没有同意。他让宇文宪为前锋，攻打黎阳，宇文宪节节胜利，后来因为周武帝生了病，所以才撤兵。

第二年，北周再次攻打北齐，宇文宪再次担任前锋，为周军赢得了战机。北周灭掉北齐，宇文宪立了很大功劳。

宇文宪也知道自己功高权重，开始暗中考虑隐退的事了。等到周武帝想亲自率军远征突厥的时候，宇文宪就托词自己有病，不想随军。周武帝顿时变了脸色，说："你若害怕出征，还有谁能听我的调遣？"宇文宪紧张地说："我确实很想陪陛下去，但身体有病，实在是没有办法。"周武帝这才答应了。

不久，周武帝去世，周宣帝即位，他对宇文宪非常忌惮。于智告发宇文宪图谋不轨，周宣帝命于智审问，宇文宪说："我地位那么高，现在落到这一步，生死有命，我不想什么活着的事了。但是老母还在，不想让她伤心。"宇文宪随后就被勒死了。

名医姚僧垣

姚僧垣是吴兴武康人，父亲因为长期患病，所以干脆潜心研究医学。在父亲的影响下，姚僧垣也对医学产生了兴趣，24 岁那年继承了父业。

梁武帝召他入宫面试，姚僧垣对答如流，梁武帝很欣赏他，让他担任了医官。当时葛修华患病很久，一直都治不好，梁武帝命姚僧垣医治。姚僧垣回来后，向皇帝汇报病人的症状，对病情的变化汇报得很详细，梁武帝感叹道："你用心细密到了这种程度，凭这种态度和医术行医，还有什么病治不好？"不久把他调任为太医正。梁武帝曾经发热，想服用大黄。姚僧垣劝他："大黄药性凶猛，您岁数大了，不应该随便服用。"梁武帝没有听他的，结果导致病情加重。

西魏军攻克荆州的时候，梁武帝已经死了，当时的皇帝是梁元帝，西魏军已经打到宫殿里了，姚僧垣却仍然不肯离开梁元帝，士兵们过来强行阻止他，他才哭着离去。

金州刺史伊娄穆请他给自己看病，告诉他自己的病情："从腰到肚脐好像有三道绳索缠绕一样，两只脚抖个不停，根本不能控制。"姚僧垣为他诊脉，然后给他开了三服汤药。伊娄穆服用第一服后，感觉上面的束缚没了，服用第二服后，感觉中间的束缚没了，服用第三服的时候，三道束缚都没了，但脚还是又痛又麻痹，而且没有力气。姚僧垣再给他开了服药，服下后脚稍微能够屈伸了。姚僧垣说："等到霜降后，这病就好了。"到九月时，伊娄穆果然能下地行走了。

大将军贺兰隆得了气疾，后来又加上了水肿，坐卧不安。有人劝他服用决命大散，他的家人因为有疑问而没敢用，于是询问姚僧垣。他说："我认为这病和决命大散并不对症，如果你要自己吃药的话，那根本就不用来问我。"说完就要走。贺兰隆的儿子向他道歉道："久闻您的大名，今天才和你相见，没想到这病已经不能治了，我们的歉意实在无法表达。"姚僧垣知道这病可以治好，就给贺兰隆开了药，让他尽快服用，吃下去后大有好转，然后再开了一剂药，吃下去就好了。

大将军龚集忽然得了风疾，精神错乱，先前给他看病的医生都说不能治了。姚僧垣诊断之后说："要治疗确实很困难，但也不至于死。如果专门让我给他治的话，我能治好。"他的家人就请姚僧垣治病。姚僧垣为龚集调制汤药，吃下去就好了。永世公叱伏列椿患痢疾很长时间了，但还是坚持上朝。于谨问姚僧垣："龚集和叱伏列椿两个人都得了难以治愈的病，依我看来，叱伏列椿的病要轻些。"姚僧垣回答说："疾病有深浅，但并不代表深的一定会死，而浅的一定会痊愈。龚集病虽然重，但最后还是能治愈。叱伏列椿病虽然轻些，但肯定免不了一死。"于谨问道："您预见他会死，那是什么时候的事呢？"姚僧垣回答："不会超过四个月了。"结果果然如他所说。

太后卧床不起，医生说法都不一致。皇帝召见姚僧垣，对他说："太后的病不轻，所有医生都说不用担心，他们的意思我能体会得到，但君臣之间，不应该相互隐瞒。卿认为到底如何？"姚僧垣说："我为太后感到害怕。"皇帝流着泪说："您既然都这样说了，我还能说什么呢？"太后没过多久就死了。

次年，周武帝讨伐北齐，在河阴患病，说不了话，眼睛也睁不开，一只脚变短，路也没法走。姚僧垣认为皇帝五脏都有病，不能同时治疗。治理军队最重要的事莫过于语言，于是用药，很快周武帝就能开口说话了；然后又治眼睛，也能看见东西了；最后治脚，也好了。到了华州，皇帝的病全好了。后来周武帝去云阳宫的时候得了病，让姚僧垣医治，有人私下问医治结果如何，姚僧垣说："唉，没办法了，没有人是不死的。"不久周武帝就死了。

周宣帝当太子的时候，心口经常痛，让姚僧垣给他治疗，很快就好了。为此周宣帝很高兴，等到他即位后，对姚僧垣更加敬重了。有一次周宣帝很和气地问姚僧垣："常听先帝叫您姚公，是这样吗？"姚僧垣说："我担当不起这样的称呼，但确实如此。"周宣帝说："这是尊重老人的称呼，不是爵位。我要为您开辟领地，建立家园，成为您家子孙永远的基业。"于是封他为长寿县公，食邑1000户。

不久周宣帝生病，病情越来越重，姚僧垣晚上也到宫里值班侍奉。周宣帝对杨坚说："我的命现在只有托付给他了。"姚僧垣知道皇帝的病很危险，已经不可能治愈，于是对他说："我受到那么深重的皇恩，真的想尽全力效劳。但是我能力有限，不敢不尽心而为。"皇帝点头称是，不久皇帝就去世了。三年后，姚僧垣也去世了，享年85岁。

廉洁将军赫连达

　　南北朝是一个混乱的时代，由于战乱频繁，加上当政者都是军人出身，所以在文治方面欠缺不小，贪官污吏横行无忌。尤其是当时的军人们，贪污腐败的现象更加严重。廉洁的文官并不少见，但是廉洁的武官就显得非常稀有了，赫连达就是这种稀有的廉洁武官之一。

　　赫连达是著名少数民族首领赫连勃勃的后裔，他的曾祖父为了避难，将姓氏改成了杜氏。赫连达生性刚强耿直，有胆识，力气也很大，年轻的时候就参了军，跟随贺拔岳作战，立下不少战功，很快就被任命为都将，并被赐爵长广乡男，后来又迁任都督。

　　贺拔岳被侯莫陈悦杀害后，他的部下都惶恐不安，赵贵建议让宇文泰来主持军务，但部将们都犹豫不决。赫连达站出来说："夏州刺史宇文泰以前担任行台左丞的时候就显得很有谋略，是当时的豪杰，今天的事情除了他没有谁能摆平。我请求让我率领一支轻骑兵前去报告主公遇害的消息，并请宇文泰来收服我们。"当时有人想向南走，去追回贺拔胜，又有的人想向东走，将这事汇报给朝廷。赫连达阻止了他们，说："这些是远水救不了近火，没什么可说的。"赵贵就把迎接宇文泰的事情给定了下来，命令赫连达立刻前往夏州。赫连达赶到夏州，一见到宇文泰就伏地痛哭，宇文泰见他痛哭，急忙问是怎么回事，赫连达把情况一五一十地说了。宇文泰正在招兵买马，听到这个消息高兴还来不及呢，赶紧派了几百个骑兵赶赴平凉，自己率领大军向高平进发，命令赫连达率领骑兵占据弹筝峡。老百姓都惊恐不安，认为要爆发大的战争了，四散而逃的人有很多。有几个村子的老百姓扶老携幼，赶着牲畜想跑到山里避难。赫连达正好碰上这批百姓，士兵们想抢劫他们。赫连达说："远近的黎民百姓，大多数都被贼人牵制着，我们反而还抢劫他们，这怎么行呢？我看不如把他们安抚下来，好好对待他们，这样才能显示出义军的恩德。"于是下令好好对待那些百姓，老百姓很快就对他们产生了好感，都乐于归附他们。赫连达的军队善待老百姓的消息传到了四面八方，老百姓都相互转告，前来归附的人越来越多，宇文泰听说这件事后对赫连达赞不绝口。

　　侯莫陈悦被平定后，赫连达升任为平东将军，宇文泰对部下说："当初贺拔岳遇害的时候，你们的性命都控制在贼人的手中，虽然想来通知我，但路都被堵住了。杜朔周（赫

骑兵和步兵战斗图　　南北朝

连达当时的名字）冒着万死的危险，不远千里赶来向我汇报了情况，我们才能在一起为朝廷尽忠，报了血海深仇。这当然是靠大家的力量才办到的，但是杜朔周在其中起到的作用非常关键。这样的功劳如果不重重赏赐的话，以后还怎么劝人为善呢？"下令赐给赫连达200匹马，赫连达再三推辞，宇文泰坚持要他收下，这才勉强收下。北魏孝武帝入关后，论功行赏，以赫连达首先迎接元帅，光复秦、陇地区的功劳，晋爵为魏昌县伯，食邑500户。

赫连达后来跟随李虎作战，攻破了曹泥，被任命为镇南将军、金紫光禄大夫，加通直散骑常侍头衔，而且他的食邑增加到1000户。他跟随宇文泰收复了弘农，参加了沙苑之战，都立下战功，又增加了800户的食邑，被任命为白水郡守，转任济州刺史。朝廷下令恢复他的姓氏，从此他才改名为赫连达。

赫连达跟随大将达奚武进攻汉中，梁朝的宜丰侯萧循抵抗了很久之后才表示愿意投降。达奚武问部下应该采取什么对策，贺兰愿德等人认为梁军粮草已经用完，所以想发动猛攻将其消灭。赫连达说："不打仗而得到敌人的城池是最好的计策。我们不该贪图得到他们的子女和钱财而穷兵黩武，仁义的人是不会这样做的。而且他们的战士和马匹还很强壮，城池也很坚固，即使能攻下来，必然导致我们双方都损失惨重。再说如果他们孤注一掷和我们苦战的话，谁输谁赢还不好说呢。何况用兵打仗的道理是以保全军队力量为上策的。"达奚武认为他说得很对，命令部将各抒己见，杨宽等人都同意赫连达的提议，达奚武就接受了萧循的投降。大军班师后，赫连达升任为骠骑大将军，加侍中，晋爵为蓝田县公。

赫连达官越做越大，成为北周的军事重臣。他为人质朴正直，遵守朝廷的法度，虽然经常鞭打士兵，但判处别人死罪的时候却非常慎重，不像其他将军那样动不动就杀人。赫连达性格廉洁俭朴，边境的胡人有人送羊给他，他觉得应该和胡人搞好关系，不要羊的话不好，就送给胡人绢帛以为回报。有关官员请求用公家的绢帛就可以了，赫连达说："羊是送到我家厨房里的，却用公家的东西去回报，这是在欺骗上司。"于是命令把自己家的绢帛送给胡人，人们都称赞他这种仁厚廉洁的行为。

南 史

　　《南史》共 80 卷，为唐李延寿撰。起自南朝宋武帝永初元年（420 年），止于陈后主祯明三年（589 年），记载了南朝宋、齐、梁、陈四代 170 年的史事。全书有纪、传而无志、表，有校勘、补正南朝史书的价值。

绣花枕头萧宏

梁武帝萧衍很反感前朝皇帝滥杀宗室，他即位后对家里人非常宽容，就连他的六弟萧宏这样的人，他都一直原谅，始终如一。梁武帝即位后，萧宏被封为临川王，担任扬州刺史一职。

不久，梁武帝下令萧宏都督各军征伐北魏，萧宏作为皇弟，他率领的部队都用崭新的武器装备，军容也十分严整，北方人认为这是100多年来都没有见过的。梁军到达洛口后，萧宏指挥有误，多次违反朝廷制订好的军事计划。本来刚刚取得了胜利，大家都想乘胜追击，但萧宏听说北魏援军来了，心里很害怕，召集大家想班师回朝。但大家都反对撤军，所以萧宏也不敢回去，只好按兵不动。北魏人知道萧宏是个胆小鬼，送给他女人用的头巾和头饰来羞辱他，但萧宏仍然不为所动。

没过多久，九月的一天晚上，天空中突然下起了暴雨，梁军因此大乱，萧宏以为敌人乘雨前来偷袭，吓得带了几个骑兵逃走了。大家找不到萧宏，都四散逃跑，百万大军就这样作了鸟兽散，武器辎重丢得满地都是。萧宏逃回京城后，梁武帝不但没有责罚他，反而还加以慰劳，不久又升他为司徒和太子太傅。

萧宏小妾的弟弟吴法寿依仗他的势力在外面横行霸道，竟然随便杀人。遇害者的家属含冤告状，梁武帝下诏严查，吴法寿就躲到萧宏家里，官府也不敢上门去抓人。最后还是梁武帝下圣旨要萧宏把人交出来，把吴法寿处决了。萧宏虽然犯了窝藏罪，但还是没有受到追究。

由于皇帝对萧宏很纵容，京城里面每次有人图谋不轨，都用萧宏的名义，所以他经常被弹劾，但每次都被饶恕。有一年梁武帝差点遇刺，那刺客被抓到后说自己是受萧宏指使。梁武帝把萧宏找来，哭着对他说："我比你聪明100倍，当皇帝还怕被推翻，你怎么能继承我呢？我并不是不能诛杀兄弟，只是考虑到你太笨了。"萧宏赶紧谢罪，一再保证没有这回事，但还是被免去了官职。

按理说梁武帝对他如此宽容，他应该竭尽全力为国尽忠的，可是他却把全部精力用在搜刮民脂民膏上面，他家里收藏的钱有3亿之多，其他物品更是数不胜数。萧宏在京城附近开了几十个店面，专门放高利贷，用百姓的田产做抵押，债务一到期就把原来的主人赶走，把田产归为己有，因为他而失去田产的百姓非常之多。

禽兽不如的萧宏还和梁武帝的女儿，也就是自己的亲侄女永兴公主私通。他们知道这种事见不得光，害怕梁武帝发现后处罚他们，干脆密谋杀害梁武帝，让萧宏登基，永兴公主当皇后。有一次梁武帝举行斋戒，公主们都参加了。永兴公主认为这是个好机会，让两个家人穿上婢女的衣服一同前往。谁知道带去的家人太紧张了，在跨过门槛的时候不小心把鞋子蹭掉了。负责安全工作的官员看到后产生了疑心，秘密报告给了丁贵嫔，想让梁武帝知道这事，但又怕他不相信。于是派人暗中布置，派了8个人站在帷幕后面，伺机而动。斋戒结束后，永兴公主请求让人退下，梁武帝同意了。永兴公主走上前去，身边两个家人突然冲到梁武帝背后，8个埋伏好的人马上奔出来将那两个家人拿下。梁武帝大吃一惊，最后从两个家人身上搜出了刀子，他们供认是受萧宏的指使。梁武帝把这事压了下来，把那两个人灭口，用车把公主送了出去。公主后来怨恨而死，梁武帝连葬礼都不去参加。即使如此，萧宏最后也没有被追究。

萧宏后来得病，梁武帝前前后后一共去看望了7次。萧宏死后，梁武帝还很伤心，追赠得很丰厚。萧宏误国害民，结果还是落个善终，死后备极哀荣，只能说没有天理了。

反复无常的侯景

侯景本来是尔朱荣的部下，他善于用兵，虽然没有文化，但学习兵法却很快。他和高欢关系很好，等到高欢将尔朱氏诛灭后，侯景就投靠了高欢，受到重用。

当时高欢手下的高昂和彭乐都是有名的猛将，侯景却看不起他们，说："这些人像野猪一样乱窜，没什么出息。"高欢死后，高澄怕侯景生异心，于是伪造高欢的笔迹给侯景写信，要他回朝。侯景识破了假信，干脆上表给梁武帝，请求投降南朝，梁武帝同意了他的请求。

高澄不想放过侯景，派慕容绍宗攻打侯景，不让他到梁朝那边去。侯景听说慕容绍宗率兵前来，派人对他说："你是想送我去南方呢，还是想和我一决高下？"慕容绍宗回答："当然是和你决战了。"双方摆下阵势，侯景命令士兵都披上短甲，手持钢刀，作战的时候只管砍马腿人足，慕容绍宗的部队多是骑兵，很快就败下阵来。慕容绍宗见不能取胜，于是按兵不动，等待战机。两军相持了几个月，侯景的粮食快吃完了，他怕部下生异心，骗他们说高澄把他们的家属都杀光了。大家相信了他的话，都死心塌地跟着他。慕容绍宗对他们赌咒发誓："你们的家属都没有事。"侯景的部下都是北方人，不想去南方，很多人投降了。侯景的军队一下子就溃散了，只剩下800人跟他一起逃跑。走到一座小城的时候，城墙上有人骂他："你这个跛脚奴能干什么？"侯景最讨厌别人说他的生理缺陷，一听到这话大发脾气，也不逃命了，带领部下把那座城攻破，将骂他的人杀了才离开。他派人对慕容绍宗说："我如果被你抓住的话，那你还有什么用？"慕容绍宗于是就停止追击，把他放跑了。

侯景好容易才逃到了梁朝的地界，占据了寿阳。梁武帝因为侯景的部队刚刚被打败，不忍心调动他，就没有追究他。不久东魏请求和梁朝和亲，大臣们都建议答应这件事。侯景听说后怕梁武帝出卖他，假造了东魏的书信送给梁武帝，上面说要用一个逃到东魏的梁朝宗室换侯景。梁武帝准

菩萨交脚像　南北朝

梁武帝极其崇佛，他收留侯景，却反被侯景所害。

备答应，有人反对说："侯景是被逼得没办法才来归顺的，抛弃他不吉利，以后谁还敢来归顺？再说侯景身经百战，哪儿那么容易对付。"谢举和朱异却说："侯景就是个丧家之犬，一个使者就能把他抓住了。"梁武帝就回信答应了这事。侯景拿到信后大怒，说："我就知道这个死老头没安好心！"他又请求娶王、谢两家的女儿为妻。王氏和谢氏是南方门第最高贵的姓氏，就连皇帝想和他们联姻都很困难，梁武帝对侯景说："那两家门第太高了，你配不上。我看你就在朱氏和陆氏以下的门第里找个老婆得了。"侯景更生气了，说："我一定要把那些人的儿女配给奴隶！"从此有了造反的想法。他把自己管辖范围内的百姓全部招募到军队中，把他们的女儿配给将士们。又请求朝廷发给他衣料做军服，还要求重新给他的士兵打造武器，梁武帝都满足了他的要求。

朝廷对侯景根本没有防备，梁武帝对侯景也百般忍让。侯景知道萧正德对朝廷心怀不满，于是暗中和他勾结，让萧正德做了自己的内线。

侯景准备好后，以铲除奸臣为理由，请求带兵入朝，然后攻下了几个城池。当时手握兵权的亲王们都不想为梁武帝作战，想让侯景和朝廷拼个你死我活，然后再坐收渔人之利，表面上答应发兵，实际上都按兵不动。萧正德暗中派遣船只接应侯景，侯景从采石渡江，秘密开赴京城，而朝廷对他的动向毫无所知。

侯景到达朱雀航后，派人向朝廷请求让他带兵入朝，铲除奸臣。朝廷派人去慰劳侯景，使者问侯景："你带兵前来，所为何事？"侯景脱口而出："我要当皇帝！"说出了他的真实目的。

梁朝的军队已经很腐败了，根本没有战斗力，见到侯景的大军都吓得四散而逃，侯景很快就把京城包围了起来。侯景急于攻下京城，命令士兵日夜猛攻。幸好京城守将羊侃足智多谋，一次次地粉碎了他的攻城计划。京城被围了很久，羊侃死后，侯景才把城攻破。

侯景进城后大肆杀戮，将梁武帝活活逼死。但多行不义必自毙，侯景最后众叛亲离，死无葬身之地。

北　史

　　《北史》共100卷，为唐李延寿所撰，记载起自北魏道武帝登国元年（386年），止于隋恭帝义宁二年（618年），包括北魏、北齐（包括东魏）、北周（包括西魏）和隋朝共233年的史事。全书有纪、传而无志、表，对于校勘、补正北朝史书具有一定的价值。

高纬与冯淑妃

高纬是北齐最后一个皇帝（如果不算只当了一天皇帝的高延宗的话），他不光贪花好色昏庸无道，而且还非常残忍。

高纬和自己的皇后感情不好，皇后为了挽回他的心，把自己的婢女冯小怜进献给了他。冯小怜擅长弹琵琶，能歌善舞，很快就迷住了高纬。高纬将冯小怜封为淑妃，让她住在隆基堂，冯淑妃因为那个地方被曹昭仪住过，所以不喜欢那里。高纬于是下令所有的嫔妃都把住处更换一遍，好让冯淑妃选择她喜欢的住所。

高纬有个怪癖，他非常喜欢扮演乞丐，他在后宫专门开辟出一块地方，里面布置得和乞丐居住的地方一模一样。高纬经常在里面穿上破衣烂衫，学乞丐的样子在里面要饭，还和其他装扮成乞丐的宫人一起交易。他还经常打扮成乞丐到后宫各个嫔妃那里要饭吃，而且乐此不疲。

北周军队大举进攻北齐，已经把平阳攻了下来。这个时候高纬正在打猎，晋州那边多次派人来告急。高纬见形势严峻，想马上赶回晋州。冯淑妃虽然是个女子，但她很喜欢打猎。她当时正玩得开心，舍不得走，请求高纬再杀上一围（打猎的时候让士兵将野兽包围起来，皇帝在包围圈里射杀野兽，将包围圈里的野兽射杀光称为"一围"），高纬对冯淑妃言听计从，答应了她。周围的人都觉得很不吉利，因为"围"和"纬"谐音，"杀围"就是"杀纬"的意思，认为这个征兆很不好。好容易让冯淑妃玩够了，高纬才带领大军浩浩荡荡地开赴晋州。

等高纬他们赶到晋州时，北齐的军队正在反攻平阳，眼看就要攻下来了。北齐士兵们见皇帝亲自前来督战，士气大振，更加不要命地冲锋。北齐军在平阳城下挖掘地道，挖到城墙下再破坏城墙，很快就使城墙塌开一个十多步宽的缺口。将士们想乘势从缺口冲进城去，高纬却下令暂时停止进攻。原来高纬知道冯淑妃没有见过打仗，想把冯淑妃叫来和自己一起观看攻城的盛况。将士们没有办法，只好暂时停止了进攻。而冯淑妃却只顾化妆，等她慢腾腾化好妆出来观看的时候，北周军队已经用木头把缺口堵上了。因为错过了这么一个打败敌人的良机，北齐将士士气受挫，最终也没有能够把平阳攻下来。当时传说晋州城西边有一块石头上有古人的足迹，冯淑妃想到那里去看看。高纬担心经过途中的桥时会被箭射到，于是抽调出许多攻城用的木材在远处又造了一座桥，负责造桥的官员因为没有及时建成还受到了处罚。

高纬说冯淑妃有功劳，准备册封她为左皇后，命令左右回京城去取皇后所有的衣服和佩饰。而北齐和北周两军又一次展开了战斗，高纬拉着冯淑妃一起骑马观看。北齐军东边的部队在周军的猛攻下稍稍有所退却，冯淑妃吓得大叫："大军战败了！"高纬马上带着冯淑妃逃走。齐军见皇帝都跑了，斗志全无，很快就被周军击败了。

高纬他们好不容易才逃到洪洞，冯淑妃跑了一夜，头发都乱了，她顾不得休息，掏出镜子给自己梳头补妆。外面又传来呼喊声，说敌人来了，只好赶紧起来逃跑。

这个时候派去取皇后服饰的人回来了，高纬为冯淑妃抓住缰绳，让她把皇后的服饰穿上，然后再接着逃跑。高纬先一步逃到邺城，他母亲后一步到，高纬都懒得出城迎接。过了一会冯淑妃也到了，高纬一听到冯淑妃回来的消息，马上命令凿开邺城的北门，赶到10里之外去迎接。

北齐灭亡，高纬被北周军抓到长安后，见到周武帝的第一件事就是乞求他把冯淑妃还给自己。周武帝说："我连整个天下都不放在眼里，哪里会舍不得把一个女人给你！"就把冯淑妃还给了他。

高纬被杀后，周武帝把冯淑妃赐给代王宇文达，宇文达非常宠爱她。冯淑妃在弹奏琵琶的时候不小心弄断了一根弦，写了首诗说："虽蒙今日宠，犹忆昔时怜。欲知心断绝，应看膝上弦。"对高纬还有一丝怀念，宇文达的王妃因为被冯淑妃陷害，差点被杀。隋文帝登基后，将冯淑妃赏赐给宇文达王妃的哥哥李询为婢女。冯淑妃从此在李询家春米，最后被李询的母亲逼得自杀而死。

地理学家郦道元

中国古代有一本关于各地水文状况的书，名叫《水经》，但这部书没什么名气。反而是另一部注解它的书名气非常大，它就是《水经注》，是以《水经》为蓝本，以作注的形式写成的地理学巨著。这部书以各地水道为主要线索，将各条河流流经地区的历史、地理、政治、经济、文化和社会风俗全部概括进去，做了尽可能详细的描述，还记录了各地水利设施30处左右。这部书大大扩充了《水经》的内容，更可贵的是，这部书虽然是一部地理学著作，但里面对山川景物的描写丝毫也不逊于任何一部文学作品，所以也是一部文学著作。它的作者就是郦道元。

郦道元像

郦道元是北魏人，他继承了父亲的爵位，被封为永宁伯。郦道元执法清正严厉，被御史中尉李彪举荐为书侍御史。李彪被李冲赶下台后，郦道元也被罢免。不久他担任了冀州镇东府长史，冀州刺史于劲是皇后的父亲，当时正在关中打仗，不在冀州，因此冀州的日常事务全部都由郦道元来负责管理。由于郦道元执法严酷，不光当地的坏人强盗纷纷逃离冀州，就连下属的官吏也很怕他。他担任了鲁阳郡的代理太守后，向皇帝上表，请求在鲁阳建立学校，并勉励老师和学生。郦道元在鲁阳任职期间，当地的老百姓都很服从他的威名，不敢违法乱纪。10年后，郦道元出任东荆州刺史，在那里他雷厉风行的作风和在冀州一样。当地百姓实在忍受不了，就向皇帝告状，说他太苛刻了，请求把前任刺史寇祖礼调回来。皇帝同意了百姓的请求，把寇祖礼调了回去。寇祖礼到任后，派了70个士兵把郦道元送回了京城。

后来郦道元担任了河南尹，魏明帝打算把一部分地区由镇改为州，那些州的郡县名称就按照古城邑的名称而定。皇帝命令郦道元持节、兼黄门侍郎，和大都督李崇一起沿着驿站一路兼程，筹划哪些地方应该设立郡县，哪些地方应该裁掉。结果正赶上那些镇叛乱，他们的工作还没有完成就中止了。

孝昌初年，梁朝派遣军队攻打扬州，刺史元法僧又在彭城发动叛乱。魏明帝命令郦道元负责指挥各路人马讨伐。梁朝的军队在涡阳被击退，郦道元指挥部下乘胜追击，大胜而归。

皇帝任命郦道元为御史中尉，负责纠察弹劾等事务。郦道元一向有行政严厉的名声，掌权的人开始有所畏惧。但过了一段时间后，郦道元纠正当时的不正之风并没有取得多大效果，使他的声望受到很大损害。司州牧王悦喜欢男妓丘念，两人吃饭睡觉都在一起。丘念得以掌握权力，在选举州官的时候，丘念就在其中操纵。丘念也知道他这样做是违法的，所以平时他都隐藏在王悦家里，隔几天才回一次家。郦道元决心铲除这个祸害。他秘密查清了丘念回家的规律，找到机会将丘念逮捕，关进了大牢。王悦不舍得情人坐牢，向太后申诉，请求释放丘念。太后本来也不是干净人，很快就下令释放丘念。郦道元早就防着这一招，他抢在命令到达之前把丘念处死，并用这件事检举弹劾王悦的违法行为。

正在这个时候，雍州刺史萧宝夤谋反的意图已经暴露无遗。城阳王徽一向忌恨郦道元，就劝太后派郦道元为关右大使前去视察萧宝夤。萧宝夤很清楚郦道元此行来的目的，也知道郦道元不是那种可以收买的人。于是他派手下行台郎中郭子帙将郦道元围困在阴盘的驿亭里，驿亭在山上，平时喝水全靠从山下的水井打水。但是打水的路已经被郭子帙封锁了，郦道元渴得没有办法，只好在山上打井。谁知道一连挖了十几丈都没有打出水来，最后带的水都喝光了，人们也失去了打井的力气。正在这个时候，郭子帙的人趁郦道元等人筋疲力尽无法防备的时候翻墙进来，将郦道元和他的弟弟还有他的两个儿子全部杀害。郦道元被杀之前瞪大双眼，怒气冲天地痛骂萧宝夤，最后气绝身亡。萧宝夤派人把郦道元等人的尸骨埋在长安城东。萧宝夤的叛乱被平定后，郦道元的尸骨被迁回了家乡重新埋葬。朝廷追赠郦道元吏部尚书、冀州刺史和安定县男的官爵。

郦道元喜欢学习，尤其爱好阅读奇书。他写了《水经注》共40卷（后来遗失了5卷，后人把剩下的35卷重新编排成40卷），《本志》13篇，又有《七聘》等文章在当时流传，但现在，郦道元的著作除了《水经注》之外，已经全部散失掉了。

隋　书

　　《隋书》共85卷，为唐魏徵等撰。记载了隋朝37年
的史事。全书包括本纪、列传55卷，史料价值较高，其中《食
货志》《经籍志》等对学术文化史的研究工作有重要贡献。

杨坚建立隋朝

杨坚是北周开国元勋杨忠的儿子，杨忠当年被封为随国公，他死后，杨坚就继承了这个爵位。杨坚长大后生得一副帝王之相，手中有一个"王"字，身材上长下短，深沉威严。进入太学学习的时候，即使是最亲近的人，也不敢不尊重他。

杨坚14岁的时候被征辟为功曹参军，15岁的时候因为父亲的功劳而被任命为散骑常侍、车骑大将军，16岁的时候升任为骠骑大将军，周太祖见到他后感叹道："从这个孩子的面相和骨气来看，不是世间的人。"周

杨坚像

明帝即位后，派善于看相的赵昭去给他相面，赵昭回来说："杨坚的面相也就是个柱国的材料。"但私下却对杨坚说："你应当成为天下人的君主，而且必须经过大诛杀才能平定天下，希望你好好记住我的话。"

周武帝即位后，宇文护执掌朝政，他非常痛恨杨坚，杨坚好几次都差点被陷害，幸亏同事的救护才脱险。后来杨坚继承了随国公的爵位，大女儿还被周武帝聘为太子妃。宇文宪对周武帝说："杨坚相貌非凡，我每次看到他就会茫然无措，担心他不会屈居人下，请求早点除掉他。"周武帝说："他只能做将军。"内史王轨也多次对周武帝说："太子不像是国家的主人，倒是杨坚有副反叛之相。"周武帝很不高兴，说："如果天命已经决定了，那怎么办？"杨坚听说后非常害怕，从此开始深藏不露。

周宣帝即位后，杨坚作为国丈而被征召，地位更加显赫，引起了周宣帝的顾忌。周宣帝一共立了五个皇后，皇后们互相争宠诋毁，周宣帝经常对杨皇后（杨坚的女儿）发火说："我一定要把你们家灭族！"说完就召见杨坚，事先对左右说："只要杨坚脸色有变化，就马上杀死他！"杨坚来到后，神情自若，这才没有遇害。

周宣帝酒色过度，很年轻就死了，即位的周静帝年幼，不能主持朝政。大臣假造宣帝诏书，让杨坚入朝理政。杨坚害怕诸侯王们在外面作乱，就将他们召回朝廷，捏造罪名将他们杀害。另一个掌握兵权的老将尉迟迥不服杨坚掌权，发动叛乱，很快就被镇压了下来。此前北周的法令很严厉，杨坚执政的时候采取怀柔的政策，很快就收服了民心。

杨坚独掌朝政大权后，逐渐将北周皇室成员一一诛杀，以绝后患，他见自己的权力已经巩固下来了，人心也向着他，于是逼迫周静帝将皇位禅让给了自己，建立了隋朝，他就是隋文帝。

当初刚刚掌握朝政的时候，诸侯王对他不服，边境也连续发动叛乱，危机重重。手握重兵的都是北周的旧臣，隋文帝对他们推心置腹，以诚相待，安抚了他们，所以不到一个月的时间就把叛乱全部平定了。隋文帝推行轻徭薄赋的政策，

赢得了百姓的拥护。他处理政事，每天都工作到很晚，而且他生性节俭，言出必行。隋文帝虽然很节省，但是对于那些有功的人，他从来都不吝啬赏赐。外出巡游的时候，只要遇到上表的人，他都会停下来亲自过问。有的时候还秘密派遣使者到各地去采集风俗和地方官的得失，留意民间的疾苦。有一次关中闹饥荒，隋文帝派人去观察当地老百姓吃的东西，结果他们将灾民们吃的豆屑和米糠献了上来。隋文帝看到老百姓居然吃这种东西后，难过得流下了眼泪，把那些东西给大臣们看，并为此深深自责，此后将近一年减少了自己的膳食供应，下令不准进酒肉。去泰山封禅的时候，途中遇到很多从关中迁到洛阳的百姓，下令卫士不准随便驱逐他们，让那些百姓夹杂在仪仗队和侍卫当中。遇上扶老携幼的百姓，就亲自牵马避开，慰问后才离去。走到道路艰难的地方时，看到有挑着担子的人，马上叫身边人去扶助他们。对那些阵亡的将士，他都优待赏赐他们的家属，还派人去他们家中慰问。隋文帝处理朝政孜孜不倦，使当时的百姓过上了富足的生活，国库也充实了起来，虽然还没有达到最完美的统治，但也算得上是明主了。

但隋文帝生性猜忌，也不喜欢学问，好弄小权术，所以手下的大臣也不敢直言，而那些开国元勋和有功的将领，也很少有幸存的。隋文帝还怕老婆，听信独孤皇后的谗言，废掉了太子，晚年的时候执法严峻，杀人过多。有一次到武库署视察，看到里面荒废没有得到整治，于是大发脾气，将武库令和接受馈赠的人抓起来，全部斩首，一共杀了几十个人。还常偷偷派人贿赂官员，凡是接收贿赂的人一律处死，所以后来的人就因此而贬低他。不过总的来说，隋文帝还算得上是一个好皇帝。

杨广篡位

杨广是隋文帝的第二个儿子，隋朝建立后，他被封为晋王。杨广喜欢学习，文章也写得很好，朝野上下都对他寄予厚望。有一次隋文帝到他家里去，看到他家的乐器的弦都断了，上面布满了灰尘，似乎很久都没有使用过了。隋文帝生性不喜欢奢侈，看到这种情况，认为杨广也不喜欢歌舞，很欣赏他。杨广有一次出外打猎，遇上下大雨，左右拿来雨衣给他遮挡，他说："士兵们都被淋湿了，我怎么能一个人穿这个！"让人把雨衣拿走，当时的人都认为他很仁义。

但杨广是一个很有心机的人，他善于弄虚作假，装出一副道貌岸然的样子，实际上内心非常奸诈。由于他不是长子，没能当上太子，但他一心想做太子，就时刻伪装自己，讨父母欢心，并想尽办法诬陷太子，好让自己取而代之。

隋文帝的独孤皇后生性忌妒，很讨厌妃妾。太子杨勇不太注意这些，他宫里养了很多妃妾，所以皇后不喜欢他。杨勇最宠爱一个姓云的妃子，而正妻元氏却不太受宠，独孤皇后因为这件事对他很不满。元氏得了心脏病，很快就死了，独孤皇后认为她是杨勇为了立云氏为太子妃而谋害的。杨广知道这件事后，更加刻意伪装自己，他明明也是个贪花好色之徒，但在外却只和正妻在一起，姬妾生了小孩，他也不抚养，表示自己不宠爱妾，以此来讨好皇后。独孤皇后受了他的蒙蔽，更加讨厌杨勇而宠爱他。

杨广知道父母都喜欢节俭，所以他命令手下和车马都装扮得很朴素，对大臣们都恭敬有礼，极力讨好掌权的人。宫中派使者到他家去，不管那个人地位多低，他都竭力讨好，并送上厚礼，那些人回去后无不赞扬杨广。而杨勇生性豪放，不喜欢做违心之事，也不去讨好宫里的人，所以那些人都说他的坏话。久而久之，皇帝和皇后对杨勇的印象越来越差了。

杨广的封地在扬州，他在去扬州前，进宫向皇后辞行，乘机说："我因为要镇守地方，公务缠身，不能经常回来见母亲了。但是儿子却经常想念母亲，一旦离开了京城，就无法侍奉母亲。以后再见到母亲，不知道是什么时候的事了。"说完伏地痛哭。皇后受了他的蒙蔽，说："你在地方上居住，我又老了，今天分别和平时的分别可不一样。"说完也哭了。杨广见母亲没有留下他的意思，于是又说道："我天性愚钝，只知道恪守兄弟之间相亲相爱的道理，但我不知道自己犯了什么罪而得罪了太子，太子经常满怀愤怒，想加害于我。我还害怕宫里面有谣言，饭菜被下毒，所以战战兢兢，勤奋谨慎，生怕遭到不测之祸。"皇后大怒："太子越来越不像话了！我给他娶了元氏为妻，指望他将我们杨家的基业发扬光大，他却不把元氏当正妻看待，只知道宠爱云氏，把元氏看得猪狗不如！以前元氏明明没有什么病，却突然死去，一定是他派人下毒害死的！事情已经这样了，我也不想深究，可他为什么还要害你？我活着的时候他都这样，我死后你岂不是成了鱼肉一般任人宰割了？我常常想，太子没有正妻，皇上万岁以后，你们兄弟几个还要向阿云那个贱人叩拜，俯首听命，这实在让人无法忍受！"杨广听见母亲这样说，心中大喜，但表面上装作更加悲痛的样子，伏在地上痛哭不已，皇后也悲痛得不能自制。

杨广回去后，知道皇后的心思有了转移，于是开始谋划夺取太子之位。他想办法和重臣杨素勾结在一起，让杨素在皇帝面前攻击太子，逐渐让皇帝有了废掉太子立杨广的想法。太子听到风声后也害怕了，但为时已晚，不久就被废掉了。杨广顺利当上了太子。

独孤皇后死后，杨坚获得了自由，开始四处搜罗美女入宫，其中陈夫人最受宠爱。杨坚生了重病，杨广按例入宫伺候。杨广早就对陈夫人的美貌垂涎三尺，这次入宫伺候皇帝，和陈夫人朝夕相对，早就不能自制了。一天早上，陈夫人从隋文帝房中出来上厕所，杨广跟随其后，走到没人的地方突然抱住陈夫人要行非礼之事。陈夫人奋力反抗，好容易才脱身，回到隋文帝宫中。文帝见她面色反常，于是问她出了什么事。陈夫人哭着对他说："太子对我无礼。"隋文帝大怒："杨广这个畜生，怎么能把天下交付给他！独孤你害了我啊！"于是让身边的大臣写废杨广立杨勇的诏书，但消息已经泄露了出去。杨广闻讯后，赶紧派人把文帝身边服侍的人全部赶出去，不一会儿就传出文帝去世的消息。杨广杀害自己的亲生父亲后，又派人杀掉兄弟和他们的儿子，登上了皇位。

暴君隋炀帝

隋炀帝登基后，也许是为了弥补当初为了伪装自己而放弃的娱乐爱好吧，他完全变了一个人，开始任意奢侈起来。由于隋文帝统治期间国家安定富强，隋炀帝认为国家财力完全可以供自己任意挥霍。他羡慕当年秦始皇和汉武帝的功业，于是大量兴建宫殿，并派出使者出使外国，别的国家来朝见的，他都送给非常贵重的礼物，有不听从他号令的，就派兵攻打，穷兵黩武，搞得民不聊生。他在玉门关之外搞屯田，向天下的富人征收钱财，还大量购买战马，一匹马价值十几万，被摊派的富人十家有九家破产。

隋炀帝喜欢南方的景色，所以决定在洛阳建造一座新城，称为东都。造东都的人为了迎合隋炀帝喜欢奢侈的心理，将这座城造得非常豪华庞大。造宫殿的石头木料都是从南方运来的，光是一根柱子就要上千人来拉，工程出奇浩大，每个月要征发 200 万民工。他们还在洛阳西边造了一座大花园，周围 200 里，里面奇花异草、假山怪石应有尽有。到了冬天树叶凋零的时候，他们还用彩绫做成假花叶扎在树上，营造出一种四季如春的气氛，花费巨大。

隋炀帝为了加强南北之间的联系，同时也为了自己去南方享乐方便，征发了 100 多万人开凿大运河，一共开凿了四条水道出来，最后将它们连接起来，成为一条贯通南北，长达 4000 多里的大运河。虽然这条运河对我国经济文化的发展起到了重要作用，但对于当时的人们来说是一个沉重的负担，无数老百姓都在开凿过程中惨死。

隋炀帝喜欢到处游玩，但又不希望别人知道他的行踪，所以每去一个地方，他都要在几条不同的路上设置休息的地方，每个地方都准备山珍海味。为了置办这些东西，当地官员费尽心思，花费巨大，最后还是摊到老百姓的头上。但实际上隋炀帝只会经过其中一个地方，别的地方准备的东西都浪费掉了。

从东都到扬州的运河刚刚开凿完毕，隋炀帝就迫不及待地去巡游了。他带领 20 万人，上万条大船，浩浩荡荡从东都出发。这么庞大的船队，靠风力行驶是不可能的，为了他们能够游玩，沿途的官员早就准备好了。他们在运河两边修筑好了御道，征发了 8 万多民工来拉纤，还让军队夹道护送，真是说不尽的豪华。许多民工拉纤拉得活活累死，尸体就往江里一扔，换上新民工继续拉，一路上不知道有多少民工死于非命。

隋炀帝还命令沿路百姓给他们准备酒食，当地官员为了讨好皇帝，逼迫百姓倾家荡产地准备上好的酒席进献给皇

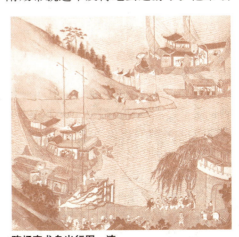

隋炀帝龙舟出行图　清

帝，往往一献就是好几百桌。隋炀帝哪儿吃得了这么多，他身边的王公大臣亲信侍卫也吃不了。剩下的饭菜就地挖个坑埋掉，奢侈浪费到了极点。这次巡游让隋炀帝玩得心满意足，从此几乎每年他都要巡游一次，每年当地的老百姓都要经历一场生死浩劫。

隋炀帝为了保护自己的安全，还动用100多万人修筑长城，限期20天完成，为了完工，又活活累死不少人。隋炀帝的这些暴政把老百姓压得都喘不过气来了，但他还是不满足，又发动了对高丽的战争。

611年，隋炀帝下令对高丽宣战，他亲自担任指挥。为了赢得战争，他下令全国军队全部到涿郡集中，在东莱造兵船300艘。造船的工人日夜泡在水里，许多人下半身都被海水泡烂生了蛆，死了不少人。接着，他又命令各地督造大车数万辆，征发了几十万人，不分白天黑夜地将物资运到北方，许多人都饿死累死，沿路都是倒毙的尸体。由于人手不够，耕牛也被征发来运输，导致农业发展停滞，第二年饿死了不少人。

由于开销太大，隋炀帝常常因为供给不足而提前征收赋税，往往一下子就提前征收好几年的。他每到一地，都只是和后宫女子淫乱。全国各地起义蜂拥而起，天下大乱，地方官员却隐瞒真情，有人说起义很多，反而会被斥责。出兵打仗，尽力出战的士兵得不到奖赏，而老百姓却惨遭屠杀，隋朝天下很快就土崩瓦解了。最后隋炀帝也被身边的人勒死，结束了他罪恶的一生。

赵绰执法严明

隋文帝虽然是个好皇帝，但脾气不太好，经常动不动就杀人，有的时候干脆把法律放在一边，由着自己性子乱来，不过幸好他手下有个叫赵绰的大臣。

赵绰是隋朝负责司法的官员，担任大理少卿，他把法律看得很重，即使贵为帝王，如果要违法办事的话，他也会直言进谏。有一次刑部侍郎辛亶上朝的时候穿了一条大红色的裤子，在人群中特别显眼。隋文帝看到后很生气，问他为什么要穿成这样。辛亶说穿红裤子能带来官运、驱邪消灾。隋文帝太怒，骂他有失大臣体统，下令把辛亶拉出去处斩。赵绰不服气了，认为穿错裤子就要杀头，这种刑罚听都没听说过。于是他上奏道："按照法律，辛亶不能判死罪，我不敢奉诏。"隋文帝没想到赵绰胆子这么大，敢违抗自己的命令，顿时沉下脸来，说道："你倒是很爱惜辛亶的命，你难道就不爱惜自己的脑袋吗？"赵绰不为所动，仍然坚持请求隋文帝改判。隋文帝火了，下令把赵绰也拖下去处斩。赵绰大叫："陛下可以以抗命罪杀我，但不能以穿错裤子的罪名杀辛亶！"武士们把赵绰押下了朝堂，将其衣服剥下，只等隋文帝一声令下就开斩。隋文帝一时被怒火冲昏了头，现在也有点后悔了，让人去问他："都到这个时候了，你还有什么话说？"赵绰大喊："我是司法官员，只是用自己的命来保护法律而已！"隋文帝气得转身就走，过了一会儿才下令把赵绰放了，还对他道了歉，并赏给他300匹绢帛以表彰他敢于直谏。

隋朝统一天下后，废除了前朝的铜钱，重新铸造了新钱。但当时很多人不光使用前朝的钱，还私自铸造质量低劣的假钱，于是隋文帝下令禁止使用这些不合规格的钱。不久，有两个人用假钱交易被发现，官府将他们抓了起来，隋文帝一听居然有人敢违反自己的禁令，气得马上下令将二人处死。

赵绰听说这事后赶紧跑来说："那两个人虽然犯了法，但最多只能打板子，不能杀他们。"隋文帝说："这不关你的事，是我的人抓的。"赵绰说："陛下不以我愚笨，而让我担任大理少卿一职。现在陛下要违法杀人，这怎么和我无关呢？"隋文帝顿时语塞，干脆威胁道："你能撼动大树吗？撼不动别说废话！"赵绰反驳道："我只希望能让陛下回心转意，撼动大树算什么！"隋文帝又说："喝汤的时候汤太烫，还要把嘴缩回去。你难道敢冒犯天子的权威吗？"但不管隋文帝怎么说，赵绰就是不退缩。隋文帝没有办法，只好躲到宫里面去了，最后也没有杀那两个人。

赵绰有个下属名叫来旷，他知道隋文帝喜欢严厉执法，所以就上书诬告赵绰执法太宽，博得了隋文帝的好感，升了他的官。不久他又诬陷赵绰任意赦免囚犯，但隋文帝一调查就发现根本没有这回事，气得要下令将来旷处死。

结果赵绰又跑出来了，他说来旷不应该被处死。隋文帝哭笑不得，心想："来旷诬告的人是你，我杀他是替你出气，结果你还要反对。"隋文帝越想越气，又要往宫里走。赵绰赶紧说："我不说来旷的事了，但有别的事要说。"隋文帝信以为真，停下脚步，把他叫到里面问他要说什么事。赵绰叩头道："我有三条死罪，第一，我身为大理少卿，不能管好下属，让来旷触犯了法律；第二，来旷本来罪不至死，但我却不能据理力争；第三，我本来没有别的事要说，只是情急之下才随口乱说，犯了欺君之罪。"隋文帝一下子就被他逗笑了，旁边的独孤皇后觉得赵绰很忠心，也帮他说好话。隋文帝很快气就消了，还赐给赵绰两杯酒，等他喝完后又把那两个金杯子赏赐给他。不久隋文帝下令：免去来旷死罪，改判流放广州。

卑鄙小人杨素

杨素是北周的重臣，他父亲早年战死，由于缺少管教，他从小就放荡不羁，不拘小节。当时的人都不了解他，只有从叔杨宽很看重他，对自己的子孙说："杨素以后必然超群绝伦，他不是一般的人才，你们是比不了他的。"后来杨素开始认真钻研学问，很快就成为一个精通各种学问的大家。杨素认为父亲为国尽忠，还没有受到朝廷的褒奖，就上表申诉。周武帝没有答应他的请求，杨素就再三上表。周武帝生气了，下令将杨素推出去斩首，杨素高声道："我侍奉无道昏君，死也是应该的！"周武帝觉得他说得很壮烈，于是就放了他，并且追赠他父亲为大将军，谥号"忠壮"。杨素因为这件事出了名，被封为车骑大将军。周武帝经常让杨素替他写诏书，杨素文不加点，很快就能写好，很受周武帝的赏识，对杨素说："你好好努力，不要愁自己得不到富贵。"杨素回答道："我只怕富贵来找我。"很是自负。

杨坚和杨素两人交情一向很好，杨坚能称帝，杨素也出了不少力，杨坚当上

五铢钱　隋

皇帝后，厚待杨素，拜他为御史大夫。杨素的妻子很凶悍，杨素很讨厌她，有一次发火了，对她说："我如果当了皇帝，你一定做不了皇后！"他妻子很生气，把这话上报给了朝廷，杨素因此被免职。

杨素多次向杨坚进献灭陈的计划，没过多久他就被任命为信州总管。杨素上任后一心一意准备灭陈，造了很多战船，隋军灭掉了陈朝，统一全国。后来又为巩固隋朝江山做出了不少贡献，镇压了不少叛乱。

杨素性格粗疏，但口才很好，能言善辩。他在心里面对人的评价都有高低之分，朝廷大臣里面，他最看重高颎，很尊敬牛弘，对薛道衡也很好，但很轻视苏威，而别的朝廷大臣大多都被他排挤威慑。

杨素足智多谋，率兵打仗的时候处变灵活，但是对待士兵很严厉，稍微违反军令都会被斩首。每次作战之前，他都会找出许多人的过失将其斩首，多的一次要杀100多人，少的也有十来个。等到和敌人交战的时候，他总是先派出一两百人出战，冲进敌阵被包围住就算了，如果不能冲进去就退回来的，一律杀头，然后又派两三百人再次冲锋，仍然按照上面的方法处理。将士们都怕得不得了，怀着必死的心态打仗，所以战无不胜。虽然他很残暴，但是那些跟随他出战的人，即使有一点点小功劳也会被记下来，很快就能得到赏赐和提拔。而其他将领则不能像他那样，因此将士们仍然愿意跟他出战。

杨素的功劳越来越大，所受的信任也越来越重，杨广为了夺取太子之位，就拉拢了杨素为其卖命。杨素本来就心术不正，隋文帝病重，发现杨广的劣迹，想召回杨勇，杨广赶紧和杨素商议对策。杨素假传圣旨，把东宫的卫士调进皇宫守卫，实际上控制了皇宫。直接帮助杨广杀害父亲，篡夺了皇位。

汉王杨谅起兵讨伐杨广，杨素带病前去镇压，很快就取得了胜利。返回京城后，又随从杨广到洛阳去。隋炀帝任命杨素为营造东都的大监，赏赐给他无数财物，他的儿子们也都得到了高官厚禄。杨素虽然因为拥立隋炀帝和平定杨谅的叛乱而立下大功，但由于权力实在太大，引起了隋炀帝的猜忌，隋炀帝表面上对他很尊敬，但内心里对他没什么好感。杨素病重的时候，隋炀帝让名医去给他看病，并赐给他许多上等的药材。实际上却又悄悄打探病情，生怕杨素不死。杨素也知道自己的名望和地位已经到了顶峰，于是就不肯吃药，也不调养自己的身体，他对弟弟说："我难道还需要活着吗？"干脆闭上眼睛等死。杨素身居高位，朝廷给他的赏赐多得数都数不过来，但是他却变本加厉地贪财，大肆搜刮。他在洛阳和长安盖的住宅异常奢侈华丽，全国各地都有他的房子，他名下的旅店、水碾、肥沃的田地和精美的住宅数以百千计，当时的人都对他的贪婪和卑鄙感到非常不齿。

继承父志的贺若弼

贺若弼的父亲贺若敦以武艺好、为人忠烈而出名，在北周当过金州总管，后来遭宇文护杀害，临刑的时候对贺若弼说："我生平的志愿就是平定江南，可惜我已经无法实现这个心愿了。你一定要完成我的遗志。还有，我是因为说太多话而死的，你一定要引以为戒。"说完就用锥子将贺若弼的舌头刺出血，告诫他说话一定要谨慎。

贺若弼牢记父亲的遗言，立下了大志，刻苦习武，而且能写文章，博览群书，很快就出了名。宇文宪很敬重他，引他做了自己的记室，周武帝的时候，上柱国乌丸轨对皇帝说："太子没有做皇帝的才能，这事我和贺若弼也谈论过。"皇帝把贺若弼叫来询问，贺若弼知道太子的地位无法动摇，害怕祸落到自己头上，于是对皇帝："太子的学问每天都有进步，没有看到他的缺点。"皇帝听了之后不说话。贺若弼退出来后，乌丸轨责备他背叛自己，贺若弼说："君王的口不紧就会失信，而大臣的口不紧就连命都保不住，所以我不敢随便说话。"等到周宣帝即位后，乌丸轨被杀，而贺若弼则免去了杀身之祸。他和韦孝宽一起攻打陈朝，连战连胜，多数都是他的计策。

隋文帝即位后，一直都有吞并江南的打算，想找个可以帮助他成就大事的人。高颎说："朝廷里的大臣中，从文武才干上来看，没有一个可以比得过贺若弼的。"隋文帝深有同感，于是任命贺若弼为吴州总管，让他准备平定陈朝。贺若弼很高兴地接受了这个任务，并献上灭亡陈朝的 10 个计策，隋文帝看了很高兴，赏给他宝刀。

隋朝大军南下攻陈，任命贺若弼为行军总管。当初，贺若弼要沿江防守的士兵们在交接的时候，一定要集中在历阳，每次都在历阳树立了很多旗帜，满山都是军营帐篷。陈朝人都以为隋军大举进攻，征发了全国大部分的军队前来防守。后来才知道是隋朝的士兵在交换驻防地，所以征集来的士兵很多都撤走了。以后每次换防都是这样，陈朝人都以为这是很平常的事，也就不再动员大批人马来防御了。贺若弼由此麻痹了陈朝，率领大军渡江的时候，陈朝人根本没有任何察觉。贺若弼很快就攻下了南徐州，隋军军纪严明，秋毫无犯，有的士兵在民间买酒喝，被贺若弼知道后，立刻将他们抓来斩首。军队开到蒋山的时候，陈朝将领鲁广达、周智安、任蛮奴、田瑞、樊毅等人率领精锐士兵前来抵抗。田瑞率军攻打贺若弼，被贺若弼打败逃跑了。鲁广达等人率领部队相继冲锋，气势非常勇猛，贺若弼的部队渐渐抵挡不住，开始败退。贺若弼估计敌人士兵已经骄傲起来，失去了戒备心，而且也陷入了疲劳状态，于是严令士兵殊死战斗，将陈军杀得大败。陈朝大将萧摩诃被俘，贺若弼下令将他拉出去斩首。萧摩诃神情自若，丝毫也不怕死，贺若弼就把他放了，并以礼相待。后来杀进陈朝皇宫，当时陈叔宝已经被韩擒虎抓住，贺若弼来了后，叫人把陈叔宝带来让他看看。陈叔宝吓得要死，冷汗流得一身都是，见到贺若弼后浑身发抖，不停地给他叩头。贺若弼对他说："小国的国君面对大国的使者，按理说应该下拜，这是礼节。但你进入我朝后还是能当个归命侯的，所以也不用害怕。"

回朝后，贺若弼因为怨恨没有抓到陈叔宝，让韩擒虎抢了先，功劳也排在韩擒虎的后面，和韩擒虎争吵起来，两人把刀都拔了出来，经隋文帝调解才罢手。隋文帝下诏表扬贺若弼，杨广却因为贺若弼在事先定好的进攻时间之前就和敌人决战，违反了军令，把贺若弼交给有关官员处置。隋文帝派人把他追了回来，不但没有追究，反而厚待他，赏给他很多财物，并加官晋爵。

贺若弼立了大功，地位和名望都很高，他的兄弟都因为他而被封为郡公，担任了刺史、列将一类的官职。贺若弼家里的珍玩数不胜数，穿绫罗绸缎的婢女都有好几百人，当时的人都认为已经非常荣耀了。贺若弼认为自己的功劳和名声都超过了其他大臣，觉得自己应该能当宰相。后来杨素担任了右仆射，而自己还是个将军，心里很不平，还将这种不平表现在了言语中，所以被免官，贺若弼怨恨得更厉害了。几年后他进了监狱，皇帝对他说："我任命高颎和杨素为宰相，你却经常发议论，说这两个人只会吃饭，这是什么意思？"贺若弼说："高颎是我的老朋友，杨素是我的表兄弟，我知道他们的为人，所以才这么说的。"大臣们都纷纷上疏说他对朝廷不满，应当处死。隋文帝觉得他功劳很大，只把他废为平民。一年多后又恢复了他的爵位，从此不再重用他，只是每次宴会赏赐的时候，对他总是很优厚。有一次，突厥人入朝进贡，隋文帝让他射箭，突厥人一箭就命中靶心。皇帝说："除了贺若弼没有人能和他们相比。"于是命令贺若弼射箭，贺若弼跪下来祈祷说："我如果是赤心为国的，就应该一箭命中。如果不是那样的人，就射不中。"结果一箭命中红心。

隋炀帝当太子的时候，曾经问贺若弼："杨素、韩擒虎、史万岁三个人都可以称得上是良将，但是他们之间的优劣如何呢？"贺若弼说："杨素是个猛将，但并没有谋略；韩擒虎是善于打斗的将军，不是善于领导的；史万岁是善于骑马的将军，不是大将之才。"太子问："那谁是真正的良将呢？"贺若弼下拜说："这得由殿下自己选择了。"他的意思就是说自己可以当大将。结果隋炀帝即位后，贺若弼更被疏远了。最终贺若弼没有遵守父亲让他谨言的遗训，因为私自议论朝廷得失而被杀，死的时候64岁。

横行天下的瓦岗军

瓦岗军最早的领袖名叫翟让，原本是东郡的一个小吏，因为得罪了上司被判了死罪。翟让名声很好，江湖上也有不少朋友。有个狱吏很同情他，对他说："我看你也是一条好汉，怎么能死得这么不明不白呢？"于是私自砸开他的镣铐，将他偷偷放走了。翟让逃走后，跑到东郡附近的瓦岗寨，在那里招兵买马，很快就有许多农民前来投奔，逐渐扩大了队伍。

当时有个叫李密的人也来投奔。李密本来是隋朝高官之后，由于参与杨玄感发动的叛乱而被通缉，走投无路的情况下，听说翟让正在招兵买马，就去投奔。翟让派李密去劝说其他的起义军，李密不负使命，所到之处大家都纷纷表示依附，翟让开始敬重他了。李密对翟让说："现在我们手下人马已经不少了，但却没有粮食，如果长期这样下去，迟早会瓦解，等敌人一来，我们就完了。我觉得不如去荥阳，在那里休整部队，等到休整好之后，才能和别人争夺天下。"翟让听从了他的意见，于是攻打荥阳，一连打了好几个胜仗。荥阳太守派大将张须陀带兵讨伐，翟让以前被张须陀打败过，很怕他，一听说他来了，想撤退。李密说："张须陀虽然勇猛，但却没有谋略，他的部队又打了不少胜仗，士兵们都很骄傲，我们只要打一仗就能灭掉他们。您只管前去迎战，我保证您能打败他们。"李密率领1000多人在树林里设下埋伏，翟让和张须陀一交手就吃了败仗，赶紧撤军，等到张须陀的人进入李密的包围圈后，李密率领伏兵从后面发动进攻，敌人很快就溃散了，张须陀也丢了性命。

瓦岗军获得大胜后，声势大振，挥兵北上，攻下了兴洛仓，将里面储存的粮食全部拿出来分给饥饿的老百姓。刘长恭率领2.5万人前来讨伐，李密一战就击败了他们，刘长恭只能独自逃跑。翟让觉得李密的才能远远超过自己，就把首领的位子让给了他。不久李密自立为"魏公"，改元永平，建立了瓦岗军自己的政权。瓦岗军建立自己的政权之后战斗力大增，打了许多胜仗，军事实力越来越强大，很快就成为一股能和隋朝政权相抗衡的力量了。

后来宇文化及杀掉了隋炀帝，控制了隋朝大权，李密兴兵讨伐他，将宇文化及击败，壮大了自己的实力。此时王世充又强大了起来，李密和他交战。交战之初，李密的士兵缺少衣服，而王世充缺少粮食，王世充请求用衣服交换粮食，刚开始李密拒绝了，后来经不起部下的劝说，答应了王世充。本来王世充因为缺少粮食，每天偷偷跑去投奔李密的人有好几百个，结果有了粮食之后就很少有人去投奔了。李密这才后悔，而且他对刚依附的士兵重重赏赐，长期跟随他的人却什么都得不到，逐渐开始怨恨他。不久，他的部将叛变，李密的实力大受影响，被王世充击败。

李密见手下的士兵纷纷离去，实在没有办法，只好去投奔了李渊。李渊一开始的时候对李密很好，给他高官厚禄，但不久就变了脸。李密见形势不妙，偷偷逃跑，最后被李渊抓住杀死，瓦岗军就这样灭亡了。

贤人李士谦

李士谦是隋朝有名的隐士，幼年的时候父亲就死了，由母亲抚养大。他的伯父是岐州刺史，非常赞赏他，经常称赞他说："这孩子是我们家的颜回啊！"李士谦12岁的时候就被提拔为开府参军事，后来母亲去世，他为母亲守灵，不吃不喝，瘦成一把骨头。李士谦为母亲服完丧后，把自己家的房子献出来作为佛寺，独自离家，到外地求学。很多人都推荐他当官，但他都借口有病而没有就任。大奸臣和士开也很看重他，想推荐给朝廷，李士谦知道后坚决推辞。隋朝建立后，他发誓永远不做官。

李士谦不喝酒吃肉，也不说有关杀生的话。亲戚朋友聚会的时候，他会安排美酒佳肴，但自己面对它们却正襟危坐，一口也不吃。李家的族人很多，其中不少都是高官，每次春秋祭祀的时候，一定会大摆宴席，大家一起开开心心地作乐。

有一次在李士谦的家里集会，他给大家安排了许多丰盛的食物，但他自己却先上小米，对别人说："孔子称这种小米为五谷之长，荀子也说吃东西应该先吃谷物，古人所遵从的，我不敢违背。"在座的人顿时肃然起来，没有人敢随便了，出来后都说："看见了君子之后，才觉得我们这些人没有德行。"李士谦听说这事后责备自己说："为什么要被人疏远呢？我真是够笨的！"

李士谦家里很有钱，但他的生活却非常节俭，而且经常救济别人。州里如果有人死了却没有钱安葬，李士谦总是尽快赶到那里，帮助别人筹办丧事。有一两次兄弟分家产没有分好，两人打官司，李士谦听说后，拿出自己的钱，贴补给那个分得少的人，让他和分得多的人一样多。兄弟俩感到很惭愧，互相退让，最后都成了乐善好施的人。有一头牛践踏了他家的地，他把牛牵到阴凉的地方喂它，比牛自己的主人照顾得还好。有一次他看见一个小偷在偷割他家的庄稼，他一句话都没有说，反而绕道走了。他家里的仆人抓到偷割庄稼的人，李士谦却说："这都是让穷给逼的，不要怪他了。"让他们把小偷给放了。他的仆人和一个叫董震的人喝醉酒打架，董震不小心把仆人打死了，很害怕，到李士谦那里请罪，李士谦说："您本来就不是故意的，用不着道歉。但是您最好跑得远远的，不要让当官的抓住了。"

他还拿出小米数千石，借给家乡的人，正好碰到当年歉收，借他小米的人没有办法偿还，都去向他道歉。李士谦说："那些是我家多余的东西，本来就是想拿来救济大家的，并不是想得到利息。"他把借债的人全部召集起来，请他们喝酒，当着他们的面把借据烧掉了，然后让他们回去。第二年大丰收，那些借债的人争着跑来还债，李士谦不要，一家人的债都没有收。有一年发生大饥荒，李士谦把自己的家产全部拿了出来，换成谷物给大家熬粥喝。他还把饿死的人的尸体收埋起来，凡是被他看到的，都会被收埋。到了春天，他又拿出种子，送给那些没有种子的穷人家。当地的农民都很感激他，对自己的子孙说："这都是李参军赐给我们的恩惠啊！"有人对李士谦说："您积了很多阴德。"李士谦说："所谓阴德是什么？就像是耳鸣一样，只有自己才能听见，别人是不知道的。现在我做的，您全部都知道了，哪里还有什么阴德呢？"

李士谦经常吟诗，但写好后又会马上烧掉，不给别人看，他还曾经评论过刑罚，但文章并没有流传下来，大意是："帝王制定出了法律，历朝历代都有所沿袭和改动，也就是说刑罚是可以改变的，但也不能猛然改动。现在偷了很多东西的人要判死刑，这是残酷而不是刑罚。俗话说：'人不怕死，就不能用死去吓唬他。'我认为对于偷东西的人应该给他以形体上的惩罚，比如砍掉他一个脚趾，再犯的话就砍掉他的右手的三根指头。如果还犯的话就砍下他的手腕。小偷小摸的应该在脸上刺字，再犯的话就砍掉他偷东西那只手的三根手指头，再不改的话就砍掉手腕，这样没有不停止犯罪的。游戏下棋、到处游荡，这是产生小偷的温床，如果禁止不了的话，在他们脸上刺字就可以了。"

李士谦66岁那年死在家中，当地的老百姓听到他的死讯后，没有不痛哭流涕的，参加他葬礼的有1万多人。他的妻子也很有德行，别人给她的馈赠一律不接受。

旧唐书

　　《旧唐书》共 200 卷，为后晋刘等撰，记述了唐朝290 年的史事，是现存最早的系统记录唐代历史的一部史书。全书前半部颇为详细，后半部则大不如前，整体而言比较粗糙，但保存史料丰富，具有《新唐书》所不能替代的价值。

唐朝开国皇帝李渊

隋朝末年，群雄并起争夺天下，李渊获得了最后的胜利，建立了唐帝国。在民间传说和戏曲演义中，一般都把开国功劳记在李世民的头上，其实作为唐朝的开国皇帝，李渊也起了非常重要的作用。

李渊祖上是北魏的高官，他们家世世代代都在北朝为官。李渊的祖父李虎就因为战功卓著，和宇文泰、独孤信等人一起担任辅政大臣，被人们称为"八柱国"。北周建立后，追封李虎为唐国公。

李渊7岁的时候就继承了唐国公爵位，他长大后，为人洒脱豪爽，待人宽厚，丝毫也不做作。隋朝建立后，李渊担任千牛备身，他是独孤皇后的外甥，很受隋文帝的宠信。有个叫史世良的人对他说："您的骨骼和相貌都非同一般，一定能当皇帝，希望您能自爱，不要忘记我说的话。"李渊听后非常自负。

隋炀帝即位后，李渊连连升官。他不管到哪里当官，都注重树立自己的威信，喜欢交结各路豪杰，隋炀帝对他很猜忌。有一次隋炀帝要他来见自己，正好赶上李渊生病，所以就没有按时来到。当时李渊的外甥女在后宫，隋炀帝问她："你舅舅为什么不来？"她说李渊生病了。谁知道隋炀帝又问了句："那他会不会死？"李渊听说这事后非常害怕，从此就尽情玩乐，还广收贿赂，故意污浊自己的行为来打消隋炀帝对他的怀疑。李渊精通武艺，射术惊人。有一年盗贼军队逼近他的驻地，李渊带领十几个骑兵前去挑战，自己一口气射了70箭，一箭一个，把敌人吓得半死。

李渊调任太原留守后，各路豪杰纷纷起兵，太原和朝廷失去了联系。不久刘武周起兵造反，李渊命令李世民等人到各地招募士兵，又秘密将李建成和李元吉从河东召来。王威等人担心李渊造反，想趁李渊求雨的时候杀掉他。事情泄露了出去，李渊先下手为强，将王威等人杀死，宣布起兵。

当年七月，李渊任命李元吉为镇北将军，留在太原，自己率领3万人马西行。走到霍邑，遇到隋朝大将宋老生的阻拦。正好这个时候连续下了10天大雨，道路泥泞，军粮无法按时送到。李渊决定先回太原，李世民极力阻拦才作罢。八月，

李渊像

李渊率兵击败宋老生，收复霍邑。不久，隋朝大将屈突通镇守河东，通往关中的黄河浮桥被弄断。关中百姓早就痛恨隋的暴政，他们争着向李渊的军队进献船只，帮助他们渡过了黄河。李渊渡过黄河后打败了屈突通，占领了关中地区。

李渊占领长安后，将代王杨侑立为皇帝，自任唐王。一年后，李渊认为自己的势力已经很强大，可以问鼎中原了。他派太子李建成为元帅，李世民为副元帅，率兵7万，夺取了东都洛阳。

没过多久，李渊逼迫杨侑退位，自己登上了皇帝的宝座，将国号定为唐，立李建成为太子，李世民为秦王，李元吉为齐王，夭折的儿子李玄霸为卫王。又经过几年的南征北战，剿灭了群雄，统一全国。

后来在玄武门之变中，李建成和李元吉被李世民杀死，李渊不得已，将李世民立为太子。没过几个月，李渊干脆把皇位传给了李世民，自己当太上皇去了。

李世民虽然是通过政变上台的，但他对李渊还是非常尊敬的。几年后，西突厥使者来朝见，李渊在两仪殿设宴款待。喝得正高兴的时候，他对长孙无忌说："现在各方异族都来归附我们大唐，这是从古到今都没有过的盛事啊！"长孙无忌高呼万岁，李渊非常高兴，专门赐酒给李世民喝。李世民举杯向李渊祝寿，流着眼泪说："百姓能够得到安定，四方异族能前来归附，这都是遵照您的旨意去做的，我哪里有什么功劳。"于是李世民和皇后轮流给李渊夹菜劝食，并献上车马衣服等，一切都按照家庭的日常礼节来进行，并没有按君臣之礼。这一年，李渊在长安检阅军队，回宫后设宴，三品以上的官员全部来参加。在宴会上，李渊命突厥可汗站起来跳舞，又让南越酋长吟诗，然后笑着说："胡、越成为一家，这是自古以来没有过的。"李世民祝酒道："我很早就蒙受父亲的教诲，是父亲教给我文武之道的。后来跟随父亲率领的义军，打下了京城，还是父亲的英明抉择。现在上天保佑我们大唐，年年丰收，百姓们丰衣足食，那些异族人都成为朝廷的臣民。这些哪里是靠我的智力能办到的？这都是父亲的计谋啊！"李渊听了之后非常高兴，这场宴会尽兴而散。

第二年，李渊得了重病，不久去世，享年70岁。

争夺天下的失败者

窦建德年幼的时候就很讲义气。有一次他家乡有人去世，家里穷得无法安葬。窦建德当时正在耕地，听到这事后马上停了下来，把耕牛送给那家人，作为他们筹办丧事的费用，从此出了名。他父亲去世后，前来送葬的多达千人，几乎都是因为仰慕窦建德而来的。

隋朝为了讨伐高丽而四处募兵，窦建德有个叫孙安祖的同乡被选中，但他不想去，县令很生气，把他打了一顿。他一气之下就把县令杀了，然后跑到窦建德那里躲了起来。这一年正好发生饥荒，窦建德决定帮助孙安祖成就一番事业。他招揽了几百人，把他们交给孙安祖统率。当时附近有好几支起义军，经常前来骚扰，但他们都不惹窦建德。当地长官因此认为窦建德和那些人有勾结，把他全家老小抓起来杀掉。窦建德听到家人遇害的消息后，带了200人前去投靠高士达。后来孙安祖被杀，他的部下全都来投靠了窦建德。从此窦建德的势力壮大起来。他待人宽厚诚恳，和士兵们同甘共苦，大家都愿意为他效死力。

几年后，朝廷派兵前来围剿高士达，高士达认为窦建德比自己强，就把军队都交给了他。窦建德请高士达看守物资，自己挑选出7000人前去应战。他假装成和高士达有矛盾而背叛的样子，高士达也宣布窦建德背叛了自己，还杀了一个妇女，说她是窦建德的妻子。窦建德向前来围剿的官军诈降，让他们松懈下来，然后发动突然袭击，将官军杀得大败。从此窦建德的势力更加兴盛。

不久，杨义臣率部前来讨伐，击破了另一支起义军，乘胜进入了窦建德的地盘。窦建德建议高士达避其锋芒，拖垮对方，趁敌人疲倦的时候再出击。但高士达被以前的胜利冲昏了头脑，没有听他的话，贸然领兵出击。开始的时候取得了小胜，高士达骄傲起来，结果被杨义臣击败，自己也战死了。窦建德手下没剩多少人，只好逃跑。跑到饶阳后，在那里重新发展，很快恢复了元气。

当时其他起义军抓到隋朝的官吏和士人后，不分青红皂白一律杀掉，只有窦建德得到那些人后以礼相待，所以很多士人都来投奔他。隋朝的很多地方官害怕被别的起义军杀害，纷纷向窦建德献城投降，窦建德的实力猛增，士兵多达十几万。

一年后，窦建德自称长乐王，建立了农民政权，多次打败前来围剿的官军。河间郡的王琮多次抵抗窦建德，杀了很多人。隋炀帝死讯传来，河间粮食又吃光了，王琮只好投降。窦建德和王琮说起隋炀帝的死，王琮伏在地上痛哭不已。窦建德深受感动，也哭了起来。部将们都很恨王琮，请求窦建德杀了他。窦建德说："王琮是个义士。我想提拔他，好鼓励那些忠臣，怎么可以杀他呢？以前我们当强盗的时候可以随便杀人，现在要拯救百姓，争夺天下，不能杀害忠良。"于是重用了王琮。从此以后归降他的郡县越来越多。

李渊建立唐朝后不久，宇文化及也称帝了。窦建德认为宇文化及杀害隋炀帝，自立为帝是大逆不道的行为，决定讨伐他。当天就带兵攻打宇文化及，连战连胜，将宇文化及击败，杀死了宇文化及等人。

窦建德每次打了胜仗后，得到的战利品都会分给手下的人，自己什么都不要。他吃穿都很简单，也不好女色，待人宽厚。但他也有大义上的原则，他本来和王世充结盟，王世充称帝后他马上与其断绝了关系。

窦建德认为唐朝是他的主要竞争对手，所以先发制人，向唐军发动了进攻。他先攻打相州，李神通战败逃走。然后又打下了黎阳，俘虏了李世勣和李神通。滑州刺史王轨被仆人杀死，仆人带着他的头向窦建德投降。窦建德说："奴仆杀主人是大逆不道。我怎么可以接纳这样的人！"他将那个仆人杀死，把王轨的头送回滑州。滑州的百姓很感激他，当天就率城投降了。

窦建德让李世勣镇守黎州，不久李世勣逃回了唐朝，但他的父亲被留了下来。窦建德手下的人要求杀李世勣的父亲，窦建德说："李世勣本来是唐朝的人，他不忘自己的主人，逃了回去，这是忠臣的行为。而且他的父亲又没有什么罪。"最后也没有杀李世勣的父亲，把他和李神通等人安排在专门的地方，以礼相待。

窦建德手下有员大将名叫王伏宝，有勇有谋，立了很多功劳。有很多人忌妒他，在窦建德面前诬告他造反，窦建德相信了，杀掉了王伏宝。王伏宝临死前说："我并没有罪，大王为什么要听信谗言，砍掉自己的左右手啊！"王伏宝死后，窦建德作战就经常失利了。

窦建德连战连败，最后被李世民打败俘虏。虽然窦建德为人仁厚，对唐朝被俘的官兵都很好，但是唐朝统治者还是怕留下后患，将他押解回长安后就把他杀了。

玄武门之变

在唐朝统一全国的战争中，立下头功的人是李世民。在战争中，李世民率领士兵冲锋陷阵，大多数重要战役都是由他指挥的。而且李世民手下有一批出色的文臣武将，他们对李世民死心塌地。虽然李建成和李元吉也立过不少战功，但和李世民相比，就逊色多了。不过后来立太子的时候，李渊还是选择了长子李建成。

唐朝建立后不久，凉州人安兴贵率部投降，需要有人前去接应。这个任务很简单，所以李渊就派李建成去了，想让他多树立些威望。可是李建成偏偏不争气，他边赶路边打猎，当时天气又热，士兵们都忍受不了，还没走到目的地就逃了一大半。李建成回到长安后，被李渊狠狠骂了一顿。

为了让李建成能够更快地熟悉处理国事的方法，李渊专门让他负责处理一些不太重要的事务，派了李纲等人协助他。可李建成是个直性子，他受不了那些约束，反而对吃喝玩乐更感兴趣。李纲是个正直的人，看不惯他的那些行为，于是称病辞去了职务。

和李建成相反，李世民逐渐受到了重用。当时天下还没有统一，李世民带兵南征北战，先是平定了刘武周，收服了尉迟恭为部将。然后又消灭了窦建德和王世充两个割据势力。当他胜利返回长安的时候，身披黄金甲，身后跟着25名威风八面的大将和1万名骑兵，受到李渊和文武百官的隆重欢迎，一时间声望甚至超过了李渊本人。

李建成对李世民的声望日益增高感到很不安，就拉拢李元吉一起对付李世民。李元吉和他们两人都是一母所生，他为人阴狠，名声不好，但也没有放弃对皇位的追求。他很清楚两个哥哥之间的矛盾，他认为，李世民的才能远远超过自己，如果和李世民联手的话，自己肯定当不了皇帝；而李建成是个庸才，和他联手的话，干掉李世民后，再回过头来对付李建成的胜算很大，就和李建成一拍即合，开始对付李世民了。

当初李世民打下洛阳的时候，李渊的几个宠妃向李世民索要一些珍宝，还为自己的家人请求官职。李世民没有答应她们，她们就对李世民产生了怨恨情绪。李建成和李元吉抓住这个机会，拼命讨好她们。那些嫔妃就经常在李渊耳边说李世民的坏话。枕头风很快就把李渊吹晕了，渐渐地，他也对李世民产生了不满。

李渊的宠妃尹妃和李世民矛盾最深。她父亲仗着女儿的势力在外面一向横行霸道，有一次居然把李世民的部下打了。他害怕李渊怪罪下来，于是恶人先告状，让尹妃对李渊说："李世民身边的人太不像话了，居然欺负我的父亲。"李渊听了之后大怒，把李世民叫来骂了一顿。那些嫔妃又说："现在陛下还在，李世民就敢如此放纵。万一哪天陛下不在了，我们一定会被他害死的。"李渊听后更生李世民的气了。

李建成和李元吉蒙蔽李渊成功，开始对李世民下毒手。有一天，他们俩请李世民喝酒，在酒中下了毒。李世民没有防备，把毒酒喝掉了。回去后肚子疼得要死，赶紧找大夫医治，好容易才捡回一条命。李渊听说这件事后也很疑心，决定第二天好好审理此事。有个妃子知道了这事，又听说李世民最近有异常的举动，赶紧派人通知李建成和李元吉两人，让他们早做准备。

李世民也知道兄弟们要害自己，部下也劝他要先下手为强，但他就是狠不下这个心。后来实在经不起部下的劝解，最后决定先动手。626年六月初四，李建成和李元吉和平时一样骑着马去上朝。走到玄武门的时候，李世民带领部下出现在他们面前。李建成觉得情况不妙，赶紧掉转马头想回去。李世民快马赶上，喊道："你们两个为什么不去上朝？"李建成听到李世民的呼喊声，回头去看。李世民抓住这个机会一箭射去，正中李建成喉咙，将其射死。李元吉赶紧拿出弓箭想射杀李世民，可慌里慌张地怎么也拉不开弓，被尉迟恭一箭射死。

两人被杀的消息传到东宫和齐王府后，两处的卫兵共2000人全部出动猛攻玄武门。秦王府的士兵在门口抵挡。李世民派尉迟恭前去向李渊报告情况。当时李渊正在花园里和妃子们泛舟游玩，尉迟恭手持长戟，全副武装地突然出现在李渊面前，把李渊吓了一大跳。李渊得知事情的经过后非常吃惊，但事情已经这样了，他也只好接受了这个事实。李渊下诏命令所有军队全部归李世民节制，又派人去东宫和齐王府安抚。在玄武门外作战的士兵们见此情况也没有办法，于是纷纷放下了武器。

三天后，李渊宣布立李世民为太子，不久干脆让出了皇位，当太上皇去了。李世民踩着亲兄弟的鲜血登上了皇位，他就是唐太宗。

贞观之治

唐太宗即位后，很想做出一番事业。他很清楚人才对于国家的重要性，所以他不拘一格地任用人才，即使是魏徵这样以前和他作对的人，李世民也能毫无芥蒂地任用，更不用说那些有才能的老部下了。

贞观三年（629年），唐太宗下诏让官员们上书议论国家大事，并提出自己的看法和建议。中郎将常何递上来的奏章引起了唐太宗的注意。那奏章一共写了20条建议，而且都切中要害，说理清楚，文笔也很好。唐太宗很了解常何，知道他没有什么文化，根本写不出这样的奏章。就把常何叫来，问他到底是怎么回事。常何告诉唐太宗，那奏章是他的朋友马周写的。马周本来是山东地区的一个老百姓，起初在州里教书，因为爱喝酒，经常被当地官员斥责，后来实在没办法，干脆辞职不干了。马周四处游历，由于他很穷，衣衫破烂，走到哪儿都让人看不起。有个人见他通晓文墨，就介绍他到常何家里去记账，这份奏章就是他帮常何写的。唐太宗听了之后不但没有生常何的气，反而非常高兴。他让常何快把马周请来，自己在宫里焦急地等待。马周一时没到，唐太宗等不及了，一连四次叫人去催促。马周来了后，唐太宗和他谈了很久，发现他确实是个奇才，心里非常高兴，任命他为监察御史。后来还任命他做了中书令，成为朝廷重臣。

魏徵和王珪得到重用则说明了唐太宗能够不计前嫌，坦然纳谏的优良品质。他们两个以前都是李建成手下的人，魏徵当年还劝说过李建成早日动手除掉唐太宗。可唐太宗登基后，并没有报复打击他们，而是将他们提拔任用，让他们多给自己提意见。王珪就曾劝唐太宗要广开言路，听取不同的意见。当然，唐太宗是人而不是神，他也会生气发怒。有一次太常少卿祖孝孙因为教授的音乐不合唐太宗心意，惹怒了他，就把祖孝孙狠狠骂了一顿。王珪和温彦博认为责任不该由祖孝孙承担，劝谏道："祖孝孙精通音律，按理说不会出这样的错，我们担心陛下询问的那个人没说实话。再说祖孝孙是个雅士，陛下却让他教女乐，而且还这样骂他，我们担心天下人都会为这事对陛下有不满。"唐太宗一听，火冒三丈，大声骂道："你们都是我的心腹，本来应该对我尽忠，怎么可以帮下人说话！"温彦博吓坏了，赶紧向唐太宗谢罪。但是王珪却说："我以前侍奉过废太子李建成，已经犯了死罪，多蒙陛下宽恕，还让我身处重要的位置，我当然会尽忠职守。今天我说这些话并不是为了

唐太宗像

我自己，没想到陛下竟然猜疑起来，这是陛下对不起我，不是我对不起陛下。"唐太宗目瞪口呆，说不出话来。

第二天，他对房玄龄说："自古以来帝王都很难做到纳谏如流，像周武王那样圣明的人都不能听从伯夷和叔齐的意见。周宣王也算是贤明的人了，可他还是杀了向他进谏的杜伯。我一直希望能效法古代的明君，只恨自己不能达到那种境界。昨天我还责备了王珪和温彦博，现在我感到非常后悔。希望你们不要因为这件事而不向我提意见啊！"

唐太宗认为用人一定要用贤才，不能按照资历和关系来决定官职大小。当初唐太宗登基的时候，对大臣们论功行赏，把房玄龄等文臣评为第一等。他叔叔李神通很不服气，对他说："当年起兵的时候是我第一个站出来响应的，平时跟随皇上出生入死，从来没有抱怨过。皇上被齐王他们灌下毒酒，还是我背着皇上逃走的。房玄龄等人只知道动笔写写，又没冒过生命危险，现在功劳还比我大，太不公平了！"

李世民听完后就把李神通当年如何被窦建德打得全军覆没，如何被刘黑闼打得抱头鼠窜这些事一五一十地摆了出来，然后说："叔叔是我的亲人，我怎么可能不信任您？但是治理国家不能因私废公啊！"说得李神通不敢再言语了。还有些将领也找到唐太宗闹，他们说："我们都是皇上的老部下，以前为皇上立下多少汗马功劳，现在反倒不如李建成手下的人了！"唐太宗说："选拔人才怎么能按资历来排呢？新人有才，旧人无才，我当然只能用新人了。你们这样说是没有为国家着想啊。"

就这样，唐太宗在这些人才的帮助下，实行了一系列改革。他恢复了均田制，

满足了农民对土地的需求，也保障了国家的财政收入，为国家富强提供了物质基础。他还推行府兵制，就是把适龄壮丁集中起来，平时让他们务农，农闲的时候就训练他们。轮到他们服役的时候，就让他们自备武器分批到京城或者边境守卫。一旦发生战争，就下令他们外出作战，战争结束后让他们回家务农。这样做一方面可以保证兵源充足，减轻国家的财政负担；另一方面让士兵和将领分开，避免将领拥兵自重。唐太宗还很重视减轻赋税，注重改善和少数民族之间的关系，自己也以身作则，提倡节俭。

经过20多年的努力，唐朝政治经济发展迅猛，各国使节纷纷前来朝拜，唐朝成为当时世界上最繁荣富强的国家，人们把唐太宗这段繁荣的统治时期称为"贞观之治"。

千古一后

长孙皇后是北魏拓跋氏的后代，她从小就喜欢读书，尤其爱读历史书，经常以古人的教训来鞭策自己。她听说李世民是个很出色的人，主动提出要嫁给他。李世民当上皇帝后，她被册立为皇后。

长孙皇后温柔贤淑，生性节俭，经常在晚上的时候和唐太宗一起谈论古今，但是只要一涉及国家大事的时候，她就会主动打断话题。唐太宗每次就国家大事想问问她的意见，她就推辞道："古人说过，母鸡打鸣是家里要出事的征兆。我一个女子怎么能对国家大事说三道四呢？"唐太宗坚持要听她的意见，她每次都苦苦哀求，最后也没有回答。

长孙皇后虽然不干预朝政，但是她却能经常对唐太宗提出很多有益的建议，为君臣关系的稳固做出了一定的贡献。她的二女儿长乐公主很受宠爱，唐太宗吩咐有关部门在她出嫁的时候，嫁妆要多于长公主的。这种做法是不符合礼制规定的，魏徵上疏表示反对。长孙皇后知道后，对魏徵的直言敢谏感到很佩服，认为他是个正直的人。她对唐太宗说："忠言逆耳利于行，采纳忠言对国家有好处，不采纳的话就会有很多麻烦。我希望陛下知道这个道理。"她还特意请唐太宗给魏徵赏赐。有的时候唐太宗乱发脾气，随意责罚大臣。长孙皇后在这个时候往往都会等他消气之后，慢慢地用道理说服他，尽量不让大臣们蒙冤受屈。

有一次魏徵在朝堂上把唐太宗气得非常厉害，唐太宗回到后宫后，对长孙皇后说："总有一天我一定要杀死那个乡巴佬！"长孙皇后见势头不对，问道："谁把陛下气得这么厉害？"唐太宗说："还不是那个魏徵！今天他又在朝堂上气我，让我下不了台！"长孙皇后见唐太宗是动了真怒，于是悄悄走开。过了一会儿，她穿上在正式场合才穿的礼服，出来见唐太宗。长孙皇后生性不喜欢盛装打扮，唐太宗见她这个样子，很奇怪，问道："皇后你要干什么？"长孙皇后回答："我听说皇帝英明，大臣才会忠心。现在正因为陛下是个明君，所以魏徵才敢直言进谏。我身为皇后，见到君明臣忠，怎么敢不庆贺呢？"唐太宗顿时醒悟过来，也就不生魏徵的气了。魏徵能够成为有名的直臣，并得到唐太宗的信任，和长孙皇后日常的调解是分不开的。

　　长孙皇后对后宫的嫔妃宫女都很好，不管谁生了病，她都会去慰问，并拿出自己的药给她们服用，后宫的人都非常尊敬她。长孙皇后的哥哥长孙无忌是唐太宗从小一起玩到大的朋友，为唐朝统一全国立了不少功劳，很得唐太宗的信任。唐太宗当上皇帝后，想让长孙无忌当宰相，但是长孙皇后却坚决反对。她对唐太宗说："我能够嫁给陛下是我一生中最大的福气。我不愿意让我的家人掌握重权，不想看到汉朝吕氏和霍氏那样的外戚专权的情况在我的家人里出现。"唐太宗没有听她的话，还是决定让长孙无忌做尚书仆射，诏书都写好了。长孙皇后知道这个消息后，把诏书藏了起来，坚决不肯拿出来。唐太宗没有办法，只好放弃让长孙无忌掌权的想法。

　　长孙皇后不幸染上了重病，太子请求大赦天下，并动员百姓出家为皇后祈福。长孙皇后阻止道："人的命运是上天注定的，不是人自己能够左右的。颁布赦令是国家大事，而佛教这些东西又是皇上不喜欢的，怎么能为了给我治病而乱了国家的法度呢？"唐太宗知道后非常感动。

　　长孙皇后的病一天比一天重，已经到了无法挽救的地步了，她知道自己的时间不多了，于是挥泪向唐太宗诀别。她在临死的时候还关心国家大事，请求任用贤臣，善待百姓，不要因为自己的原因而过于厚待长孙家的人。长孙皇后还请求在她死后，不要浪费物资厚葬自己，尽量节省开支。她说完这些话后就去世了，死的时候才 36 岁。

人镜魏徵

　　唐太宗能够有"贞观之治"的旷世伟绩，和他善于纳谏是分不开的。他身边也涌现出很多敢于直谏的忠臣，这些人当中名气最大的莫过于魏徵。

　　魏徵本来是个道士，但他喜欢读书，看到天下大乱，特别留心学习纵横之术。李密起兵后，魏徵投靠了他。魏徵对李密提了 10 条计策，李密很欣赏那些计策，但是却没有采用。久而久之，他对李密很失望，认为李密成不了大业。

　　李密失败后，魏徵跟随他一起投降了唐朝。到了长安后，魏徵很久都得不到重用，于是请求让自己去安抚山东地区。当时李世勣还没有投降，魏徵给他写信，将其劝降。窦建德攻下黎阳后，魏徵当了俘虏，窦建德失败后他再次回到唐朝。李建成听说魏徵很有才干，于是将他任命为太子洗马，很器重他。魏徵见李世民的势力太大，劝李建成要早做防备。玄武门之变后，唐太宗找来魏徵，问他："你为什么要挑拨我们兄弟二人的关系？"魏徵说："太子如果当初听了我的话，就不会落到现在这个田地了。"唐太宗其实并没有责怪魏徵的意思，他知道魏徵是个有才能的人，登基后将他任命为谏议大夫。

　　唐太宗励精图治，想建立一番丰功伟业。他多次把魏徵请到内室，向他询问得失。魏徵很有才能，而且性情耿介，从来不会屈服。唐太宗和他谈话，都能欣然采纳他的意见，魏徵很高兴能够遇到明主，所以更加努力地进谏。唐太宗曾经说过："魏徵前后给我提了两百多条意见，如果不是一心为国的话，那是不可能办到的。"不久，有人弹劾魏徵徇私，唐太宗派温彦博去调查，查出是诬陷。温彦博上奏说："魏徵身为大臣，应该检点自己的言行，但他却不能避开嫌疑，所以才会有谣言出现。虽然他并没有徇私，但也有应该责备他的地方。"唐太宗命温彦博去责备魏徵，并告诫他以后要多注意下影响。魏徵不服，上奏说："我觉得君臣之间应该相互和谐默契，像一个整体一样。哪能不顾公道，只注重自己行为的影响的？如果大家都这样做的话，国家迟早完蛋。"唐太宗很吃惊，

魏徵像

对他说："我知道错了。"魏徵继续说道："我希望陛下让我做良臣，不要让我做忠臣。"唐太宗不明白，问道："这也有区别？"魏徵回答道："后稷、契和皋陶他们属于良臣，而关龙逢和比干是忠臣。良臣能让自己和君主都获得美名，而忠臣只能让自己遇到杀身之祸，还给君主留下骂名，两者区别很大的。"唐太宗接受了他的意见，并赏给他 500 匹绢。

唐太宗到九成宫居住的时候，有宫女要回京城，住在县城的驿站里。不久右仆射李靖和侍中王珪也来了，县吏按照规定让宫女们搬走。唐太宗知道这事后很生气，说："李靖那些人也太霸道了！当地官吏为什么偏袒李靖而怠慢我的宫女？"就下令查处那些人。魏徵劝阻道："李靖他们是陛下的心腹大臣，而宫女只是给皇上皇后打杂的奴婢。要论各自的职守，两者根本没得比。再说李靖等人因公外出，各地官吏要向他们打听朝廷的纲纪，回来后，陛下也要向他们询问民间疾苦，他们当然应该和下面的官吏见面。至于宫女，除了要供给她们饮食之外，官吏没有义务去参见她们。如果以这种罪名处罚他们的话，恐怕对陛下仁德的名声不利。"唐太宗才息怒，宣布不追究县吏和李靖他们了。

不久后唐太宗在丹霄楼设宴款待群臣。喝得高兴的时候，唐太宗对长孙无忌说："魏徵和王珪等人以前为李建成效力，现在想起来，他们当时真是可恶，而我能不计前嫌提拔他们，完全可以和古人相比了。但是魏徵每次进谏的时候，如果我不听从的话，他就不会立刻回答我。这是为什么呢？"长孙无忌说："大臣认为事情不对，所以才会进谏，如果陛下没有听从而大臣马上回答的话，可能会妨碍事情的实行。"唐太宗说："可以当时先答应着，过后再提意见嘛。"魏徵插话道："以前舜对大臣说：'你们不要当面顺从我，过后又来反对。'如果我当面顺从陛下，回去又要提意见，这就有违舜的教导了。"唐太宗放声大笑："别人都说魏徵粗鲁傲慢，我却只觉得他柔媚，刚才的事就是这样。"魏徵说道："陛下能够接受我的意见，我才敢进谏。如果陛下不接受的话，我怎么敢屡次冒犯呢？"

长乐公主嫁人时，唐太宗认为她是皇后的亲生女儿，决定送的陪嫁比自己的妹妹嫁人的时候多一倍。魏徵说："不能这样做。天子的姐妹称长公主，女儿称公主。既然前面有个'长'字，就表示尊崇。对她们的感情可以有深浅之分，但是在礼遇上不能乱来的。"唐太宗同意他的话，回去告诉长孙皇后。皇后派人赐给魏徵

40万钱和400匹绢，作为对他的奖赏。

魏徵死后，唐太宗亲自到他灵前痛哭。唐太宗曾经叹道："用铜做的镜子可以端正衣冠，用历史为镜子可以知道兴亡的道理，用人为镜子可以知道自己的过失。我时常保留三面镜子，以防止自己犯错。魏徵死了，我就失去了一面好镜子啊！"

禅宗的分裂

禅宗本来是由印度僧侣达摩创立的。传说达摩是天竺王的儿子，为了保护国家而选择了出家修行，用佛法护国。达摩后来游历南海，在那里领悟了禅宗的教义。他自称是从佛祖那里得来的，并有佛祖给他的衣钵为证，他带着衣钵从印度到中国传法。当时中国正处于南北朝时期，达摩听说梁武帝相信佛教，于是就先到了梁。他见到了梁武帝，两人谈论了很久，发现他们的思想格格不入，达摩很不高兴，于是离开了梁。

达摩到了嵩山少林寺，在那里面壁修行。当时有个叫慧可的和尚仰慕达摩，不远千里找到达摩，请求他传授佛法。达摩认为慧可诚意不够，没有答应他。慧可为了表示自己求法的诚意，毅然用刀砍断了自己的左臂。达摩被他的精神所感动，就收他为徒，把禅宗的教义传授给了他。达摩死后，衣钵就由慧可继承。

禅宗传到第五代时是弘忍。弘忍和他的师父道信都住在东山寺，所以也称他们的佛法为东山法门。弘忍手下有很多弟子，其中最出色的一个名叫神秀。神秀在隋朝末年出家，遇到弘忍在当地谈禅，神秀听了后赞叹道："这真是我的老师啊！"就去侍奉弘忍，天天干砍柴挑水的工作，以求得佛道。

弘忍觉得神秀很有天赋，对他说："我收的徒弟很多，但在理解佛法方面，没有能超过你的。"师兄弟们都认为神秀继承衣钵的可能性最大，神秀自己也这么认为。但弘忍觉得还应该多观察一段时间。

不久，寺院里来了个名叫慧能（又作惠能）的南方僧人。慧能没有受过教育，不识字，但是对佛教很感兴趣。当时人们认为惠能是"南蛮"，看不起他，再加上他不识字，没办法传授佛经给他，所以就让他在寺里干些粗活。

有一天弘忍让弟子们作偈，想以此来考察他们的修为到了何等境界。神秀的偈是："身是菩提树，心如明镜台。时时勤拂拭，勿使惹尘埃。"大家都觉得神秀的偈水平最高。弘忍却认为依此修行可以获得很大进步，但心性还不够。

慧能打水回来，见大家都在作偈，又听到他们讨论神秀的偈，他也口述了一偈："菩提本无树，明镜亦非台。本来无一物，何处惹尘埃？"弘忍听到慧能的偈后非常惊讶，觉得他领悟到了禅宗的教义，决定把衣钵传给他。

弘忍知道支持神秀的人很多，怕衣钵传给慧能后会害了他。弘忍在自己圆寂之前偷偷把慧能叫来，将衣钵传给了他，并让他离开寺院，到南方去传播教义。

神秀虽然没有得到衣钵，但名声已经很大了，很多禅宗弟子也认他为宗师。武则天听说他的名声后，把他请到长安，用轿子抬着他上殿，给了他很高的礼遇。当时京城里的王公贵族和平民百姓闻风而动，都来拜见神秀。唐中宗即位后，对神秀更加崇敬了。重臣张说也曾经向他请教过，并以弟子的礼节侍奉他。张说对别人说："神秀师父身高八尺，相貌堂堂，威望和品德都是一流的，可以说是统治天下的奇才。"

神秀所提倡的禅宗讲究"渐悟"，禅宗提倡用心去领悟佛教教义，通过对禅法的修持和经教的解释来得到圆满。神秀的"渐悟"理论就是认为要通过长期的修行思考，参透佛教的教义。他的理论和禅宗前五位祖师的思想是一脉相承的，所以就理论而言，神秀更接近于禅宗正宗，以他为首的禅宗流派被称为"北宗"。

慧能逃到韶州后，在广果寺住了下来。神秀曾经向武则天建议让慧能去京城弘法，但慧能拒绝了。

慧能提倡"顿悟"，他认为佛性是存在于人心里面的，只要能够看到人的真性，就能领悟佛的境界。他倡导参禅悟道只要在自己可能的范围内找到最直接的途径，就能够"明心见性"，不需要什么外力，所以任何方式方法都可以使用。悟道就和喝水一样，水是冷是热，只有喝的人心里清楚，别人是没办法知道的。而且成佛并不复杂，只要一下子领悟了，就能成佛，佛和凡人的区别只是一念之差而已，人们把慧能这一派禅宗称为"南宗"。

北宗在前期势力远远超过南宗，但后来就衰落了，到了宋代，禅宗基本上是南宗的天下。禅宗在日后还有更多的发展，分成了更多的小派别。

酷吏时代

武则天上台后，总是担心那些不服她统治的人对她不利，所以鼓励人们任意上告。凡是告密的人都给予赏赐，即使查出是诬陷，也不追究告密者的罪名。一时间大家纷纷打小报告，很多人公报私仇，随意诬陷别人。而武则天派去查访的官员为了立功受奖，往往不分青红皂白，将被告屈打成招，当成自己升官发财的资本，中国进入了一个酷吏横行的时代。

当时最著名的酷吏是周兴和来俊臣两人，但是还有很多酷吏名气虽然没他们大，干的坏事却一点儿也不比他们逊色。

酷吏们不顾他人死活，任意罗织罪名，其根本目的就是为了自己升官发财，傅游艺就是升官升得最快的一个。他当年上疏说发现了武姓的符瑞，证明武氏应当代替李氏。武则天很高兴，马上提拔了他，几个月时间就将他提拔到和宰相同级的高位上。傅游艺上疏要求鼓励人们告密，开告密之先河，他自己也靠着诬陷别人一步步爬了上去。当时官员品级不同，所穿衣服的颜色也不同。最小的官员穿青色的，稍高点儿的穿绿色的，然后是红色，最高级的官员穿紫色的。傅游艺只用了一年的时间，就从穿青色衣服升到了穿紫色衣服的高位，可谓"火箭速度"。后来他因为谋逆被杀，虽然他死了，但罗织告密的传统却保留了下来，可以说傅游艺是开创酷吏时代的始作俑者。

当时只要能狠下心，就能成为一个合格的酷吏，即使是胡人也不例外。徐敬业在扬州起兵反对武则天的统治，激怒了她，就想用威势来控制天下。胡人索元礼猜中了武则天的心思，就诬告别人。武则天命令他在洛阳审讯犯人，他生性残忍，审一个犯人必然要牵连出好几十个人出来才肯罢休，人们怕他甚于怕老虎。武则天却认为索元礼很能干，多次召见并赏赐他。索元礼前前后后杀了好几千人，其中绝大多数都是冤枉的。周兴和来俊臣等人都是通过效法他起家的。后来索元礼名声实在太臭，武则天也看不惯他了，为了笼络人心，干脆把他杀掉了。

侯思止也是靠罗织别人罪名发家的。他本来是别人家的奴仆，帮助主人诬告别人谋反，被授予游击将军一职。武则天很赏识他，让他负责审理一些比较大的案子。他曾经审问中丞魏元忠，用对付一般犯人的方法威胁魏元忠，谁知道魏元忠是条硬汉，根本不吃那一套。侯思止大怒，把魏元忠按倒在地上拖。魏元忠却说："我运气不好，骑了头笨驴，从上面栽了下来，还被那驴拖着走。"侯思止气得火冒三丈，对他说："你敢这样骂我，我要上奏杀了你！"魏元忠说："侯思止，你现在当了御史，就应该知道礼数的重要性。你如果要我的脑袋，拿锯子锯掉都没关系，但不要胡说我造反。你穿着官服，接受皇上的命令，却不做好事，口出秽言。不是我魏元忠的话，也没有人来教训你！"侯思止很惭愧，对他说："我有罪，多亏中丞大人指教。"于是请魏元忠坐下。侯思止没有文化，在审问犯人的时候经常出洋相，当时的人都把他的话当成笑话来说。霍献可就当面取笑侯思止，侯思止向武则天诉苦。武则天很生气，把霍献可叫来责问道："侯思止是我用的人，你为什么要笑他？"霍献可把侯思止出的那些洋相原原本本地告诉了武则天，武则天听了也哈哈大笑。

侯思止上奏请求让他娶李自挹的女儿为妻，武则天下令让大臣们讨论。李昭德拍着手对大家说："这事太可笑了！"大家问他原因，他说："以前来俊臣强娶别人的女儿，已经让国家蒙羞了。今天那奴才又要娶李自挹的女儿，这算什么事！"侯思止因为这事被抓了起来，最后被李昭德活活打死，为受诬陷的人出了口恶气。

有的酷吏不光是残暴无知，而且还非常谄媚。有个叫郭霸的人当了监察御史，武则天召见他，他在武则天面前吹牛说："当年讨伐徐敬业的时候，我恨不得拔其筋、吃其肉、喝其血、抽其骨髓！"武则天被他的奉承话迷惑住了，给他加官晋爵，当时的人都戏称他为"四其御史"。他的顶头上司魏元忠生病，御史们都去看望他。郭霸故意等到人都走光了才去。等见到魏元忠后，他装出一副忧愁的样子，请求魏元忠把大便给他看，魏元忠很奇怪，于是同意了。谁知道郭霸居然亲口去尝大便，然后高兴地说："如果大便是甜的，那么病就麻烦了。现在是苦的，说明病快好了！"魏元忠是个很正直的人，看见他居然这么厚颜无耻，非常讨厌他，还把这事讲给别人听。郭霸曾经在审问李思徵的时候用刑过重，将其活活打死。后来他做贼心虚，见到李思徵的鬼魂来索命，发狂而死。洛阳桥塌了，行人很不方便，正好他死时修好。武则天问大臣们最近有没有什么好事发生，舍人张元一生性诙谐，他说："有两件事让百姓很高兴，一是洛阳桥修好了，二是郭霸死了。"

这些酷吏平时作恶多端，甘心成为武则天铲除异己的工具，但是当社会安定下来后，这些人失去了作用，反而被武则天当作挽回人心的替死鬼除掉。酷吏时代很快就结束了，但是它的恶劣影响却一直没有消除。

捕杀蝗虫的姚崇

　　姚崇本名姚元崇，在制科考试中取得优异成绩，从此进入了官场。武则天很欣赏他的才能，将他破格提拔为夏官侍郎，后来又给他加了平章事头衔。

姚崇像

　　武则天退位后，唐中宗复位，大家都很高兴，只有姚崇在哭。张柬之说："今天怎么能哭呢？小心你的灾祸要开始了啊。"姚崇说："我侍奉则天皇帝多年，今天突然分离，这是我发自内心的真实感情，不是能够控制得住的。以前和你们一起谋划诛杀逆臣，这是我应尽的责任。现在辞别旧主而哭泣，也是作为臣子的礼节，如果说因为这个而获罪，那也是心甘情愿的。"张柬之听了很不高兴，没过多久，姚崇就被外放当刺史去了。

　　唐睿宗即位后，将姚崇召回朝廷担任兵部尚书，不久又迁他为中书令。当时太平公主专权，太子处境艰难。姚崇等人上疏请求让公主去洛阳，结果得罪了公主，又被贬到外地当刺史，唐玄宗即位后，才被召了回来。

　　有段时期达官贵族都上奏请求度人为僧，也有人拿出自己的财产出来修建寺庙。由于僧人不用缴纳赋税，所以很多人钻这个空子，用出家的方法来逃避赋税。姚崇上书说："佛是在人的内心里的，并不注重形式。佛图澄这么贤明的高僧，还是保不住后赵的江山；鸠摩罗什是难得的高僧，也不能挽救后秦的灭亡。历史上那么多人信佛，可却没有几个人能够保全自己的。所以说只要内心慈悲，多行善事，让百姓安乐，这就是佛了，哪还用得着乱度坏人出家！"唐玄宗接受了他的意见，让有关部门查实，最后查出有 1 万多人有问题，强迫他们还了俗。

　　开元四年（716 年），山东河南一带爆发了大蝗灾。当时人们都认为蝗灾是上天对下界的惩罚，蝗虫是神虫，只有乞求上天、多做好事才能消除蝗灾。而姚崇不这么看，他上奏说："《毛诗》说过：'抓住那些吃庄稼的害虫，把它们投到火堆里烧死。'汉光武帝也说过：'要顺应时令的变化，鼓励百姓耕种织布，除掉那些害虫。'这些都是灭蝗的措施。蝗虫既然怕人，那么就容易驱逐。另外庄稼都有主人，他们除虫肯定不怕辛苦。蝗虫既然会飞，那么一定会在晚上的时候扑火。所以晚上点起火堆，在火堆旁边挖坑，一边烧一边埋，蝗虫一定可以除尽。现在灾区的百姓只是烧香拜神，眼看着蝗虫吃庄稼却不敢去杀灭，那怎么行！自古以来蝗虫之所以没有被除掉，就是因为人们不肯尽力去做。如果大家齐心协力的话，蝗虫一定能被消灭掉！"于是朝廷派遣御史到各地去督促灭蝗。汴州刺史倪若水却反对道："蝗虫是上天降下来的灾祸，自然应该靠提高德行操守来让它们自己消灭。刘聪统治时期捕杀过蝗虫，不但没有消灭干净，反而越来越多，就是这个道理。"他抵制御史的督促，坚决不肯从命。姚崇勃然大怒，给倪若水下最后通牒说："刘聪是伪皇帝，德行不足以压过邪恶。现在是圣明的朝代，邪恶当然压不过德行了。如果说修德就能免除灾祸的话，那就是说蝗灾是因为没有德行才造成的。现在你看着蝗虫吃庄稼却不去救，如果造成饥荒，你如何安心？我希望你不要再迟疑了，免得后果不堪设想。"倪若水只好老老实实地执行灭蝗的命令。

朝廷里议论纷纷，许多人认为杀虫不是一件好事。唐玄宗也坐不住了，他向姚崇询问到底该怎么办，姚崇说："那些死读书的儒生不知道变通。这个世界上有的事虽然违背经书，但却是有道理的，也有违反常理而符合变通之道的。以前北魏的时候山东也遭到蝗灾，就是因为没有及时捕杀，庄稼被吃了个精光，百姓们饿得只能吃人。后秦的时候闹蝗灾，连草都被吃光了，牲畜只能互相啃对方的毛来充饥。现在山东一带到处都是蝗虫，河北河南一带粮食储备又不多，如果不抑制住灾情的话，来年一定发生饥荒。这件事关系到百姓和国家的安危，不能墨守成规。即使蝗虫没有被除尽，也比什么都不做要强。我知道陛下爱惜生灵，不喜欢杀戮，这事就不用陛下管了，让我发公文让下面去执行。如果没有除灭蝗虫的话，就把我所有的官爵都削除掉好了。"唐玄宗这才同意了他的意见。

黄门监卢怀慎对姚崇说："蝗灾是上天降下来的灾祸，怎么能由人来制止呢？再说杀虫太多，有伤天地之间的和气。现在改还来得及，希望您考虑。"姚崇说："只要对百姓有好处的事就应该去做。现在蝗灾虽然很严重，但要消灭它们还是可能的。再说如果杀虫有伤和气的话，那么庄稼被吃光，老百姓活活饿死就不伤和气了吗？这事我已经上奏过了，请您不要再说了。如果因为杀虫而招来灾祸的话，就让我一个人来承担，不会牵连到别人。"卢怀慎不敢多说话了。果然，在姚崇的领导下，蝗灾很快就消除掉了。

唐玄宗励精图治，任用了姚崇、张说、张九龄等一大批贤臣辅佐自己，并实施了一系列改革措施。在生产上应用了许多新式的生产工具和耕种方法，农业取得了很大进步。中国社会继"贞观之治"后又进入了一个繁荣时期，史称"开元盛世"。

口蜜腹剑的李林甫

唐玄宗励精图治20多年，建立了"开元盛世"。渐渐地，他开始骄傲起来，觉得应该好好享受一下了，唐朝社会开始腐败起来。而从中起到恶劣作用的，就是继张九龄为宰相的李林甫。

李林甫是唐朝宗室，精通音律。他最初担任千牛直长一职。开元十四年（726年），李林甫被任命为御史中丞，后来担任过刑部和吏部的侍郎。当时武惠妃最受宠爱，她的儿子寿王也因此得到了唐玄宗的另眼看待。李林甫抓住机会讨好武惠妃，他悄悄派人告诉武惠妃："我愿意保护好寿王。"武惠妃很感激他。李林甫和裴光庭的妻子有染，裴光庭死后，他妻子请求高力士让李林甫代替丈夫的官职，但高力士没有答应。唐玄宗让萧嵩推荐宰相人选，萧嵩考虑了很久才推荐了韩休，唐玄宗同意了，御史命令他起草诏书。高力士把这个消息透露给了裴妻，裴妻马上让李林甫去告诉韩休。韩休当上宰相后不知道是萧嵩推荐他的，还以为李林甫从中出了力，很感激李林甫，却和萧嵩不和。他推荐李林甫当宰相，武惠妃也从中相助，于是唐玄宗将李林甫任命为黄门侍郎。

李林甫后来担任礼部尚书，他表面上很柔顺，但鬼点子特别多，善于对皇帝察言观色，升官很快。李林甫和宦官、后妃们的关系很好，所以能预先知道皇帝的想法。每次入朝奏事的时候，他都能说出符合皇帝意图的话来，让皇帝欣赏他。但是李林甫性格猜忌，喜欢陷害人。朝中凡是不和他打交道的官员，都会被他想办法排挤掉。而那些和他关系好的人，哪怕没有什么才能都可以高升。李林甫每次陷害别人，都不动声色，当着别人的话把好话说尽，但转过身来就用最阴险最毒辣的手段害人，别人都形容他为"口蜜腹剑"。

当时的宰相是张九龄，他是个很正直的人，经常为了原则而和唐玄宗争执。这个时候的唐玄宗已经不是当年那个可以虚心接受意见的人了，他对张九龄越来越不满，加上李林甫又经常在旁边煽风点火，他对张九龄的成见越来越深，而对李林甫的好感却增强了许多。

李林甫积极帮助寿王谋求太子之位，终于说动唐玄宗将太子废掉。但这年冬天，武惠妃病死了，寿王失去了靠山。太子的位子空了出来，唐玄宗不知道该立哪个儿子，李林甫说："寿王倒是挺适合的。"唐玄宗却说："忠王仁厚孝顺，论年龄也最大，就立忠王好了。"就立忠王为太子。

李林甫当上宰相后，依靠溜须拍马博得唐玄宗的好感。他自己一手控制了朝政，别的大臣都得看他的脸色行事。唐玄宗辛苦了那么久，现在想好好休息了，所以把一切政事都交给李林甫处理，自己成天饮酒作乐。

李林甫费尽心思爬上高位无非就是想满足自己的贪欲，他在京城的住宅和田地都是最好的。京城最好的一栋别墅是当年薛王留下来的，唐玄宗把它赐给了李林甫，至于各种奇珍异宝多得数都数不过来。李林甫做事情非常谨慎，处理政事很有一套。但是他谄媚皇帝，只知道巩固自己的权位，谁对他的位置构成威胁，

李林甫像

他必然会想尽办法把谁打倒。太子妃的哥哥韦坚进入朝廷任职，李林甫为了对付太子，表面上举荐韦坚担任要职，而实际上却在暗中筹划对付他。他让御史中丞杨慎矜暗中调查和监视韦坚。正月十五晚上，太子出宫游玩，遇到韦坚，两人聊了一会儿。杨慎矜打探到这个消息后，就告诉了唐玄宗，诬告他们图谋不轨。唐玄宗很生气，就把韦坚罢黜了，并要太子将太子妃废掉。李林甫借此机会诬告前任宰相李适之等人和韦坚关系密切，结果唐玄宗将韦坚赐死，其他人被赶出了朝廷。杨慎矜虽然曾经是李林甫的走狗，但当他权势大起来之后，李林甫又把矛头对准了他。李林甫让心腹诬告杨慎矜，把杨慎矜全家都害死了。

咸宁太府赵奉章上疏揭发李林甫的罪状，告状信还没有送到皇帝手里就让李林甫知道了。李林甫授意御史台将赵奉章逮捕，将他活活打死。

李林甫虽然地位很高，但是却没有什么文才，所以他对有文学才能的人特别忌妒。有一次李林甫负责考选官员，有个官员判卷的时候在评语中用了"杕杜"两个字（诗经中有《杕杜》篇，是独立特出的树木的意思。）。李林甫不认识"杕"字，就问旁边的吏部侍郎韦陟："这个'杖杜'是什么意思？"韦陟低着头不敢回答，因为回答了就说明自己比李林甫强，迟早遭到陷害。

李林甫也知道自己坏事做绝，怕有人会来行刺，所以他家里防备森严，晚上睡觉的时候经常睡着睡着就起来搬到别的房间去睡，一晚上要换好几个房间，连他家里人都不知道他最后会在哪里睡觉。李林甫死后，唐玄宗还没看清他的真面目，给他追赠了太尉、扬州大都督的官衔，还赐给他帝王才用的葬礼用品。李林甫将唐朝江山弄得一塌糊涂后就撒手西去了，他的继任者杨国忠则进一步把唐朝推向了衰败。

裙带丞相杨国忠

唐玄宗是个很风流的皇帝，他一生最喜欢的女人居然是他的儿媳妇、寿王妃杨玉环。唐玄宗得到杨玉环后高兴得不得了，很快就把她立为贵妃。杨家的人也跟着鸡犬升天，就连杨贵妃的一个远房亲戚杨国忠也沾了大光。

杨国忠是武则天情夫张易之的外甥，从小就不爱学习，成天和人喝酒赌博，是出了名的败家子，同族的人都很讨厌他。杨国忠也知道自己不受人喜欢，就去从了军。他当屯官的时候考核优秀，被授予新都县尉一职，不久又调任为参军。杨贵妃得宠后，杨国忠凭借她的关系当上了监察御史，大臣们都很看不起他。

当时李林甫势力很大，杨国忠就主动投靠他。韦坚一案，杨国忠也出了不少力。杨国忠和李林甫一样，都擅长体察唐玄宗的心思，得到了唐玄宗的赏识。杨国忠凭借自己的小聪明和杨贵妃的关系在官场上如鱼得水，没多久就成为唐朝政坛上的一颗新星。

杨国忠野心越来越大，逐渐不满足于在李林甫手下办事了。他先想办法排挤掉李林甫的几个亲信，削弱了李林甫的势力。然后又诬陷李林甫勾结叛党，收买边将附和自己，让唐玄宗开始疏远起李林甫。

南诏国送到长安的人质私自逃跑回国，唐玄宗想出兵征讨。杨国忠推荐鲜于仲通率领 8 万人前去讨伐，结果全军覆没，杨国忠把这个消息掩盖了下来。后来他又派人征讨南诏，结果又失败了，杨国忠照例隐瞒了下来。这两仗让唐朝损失了将近 20 万人，人们恨透了杨国忠，但没有人敢告发他。在李林甫死后，杨国忠反而独掌了朝廷大权。

杨国忠当了宰相后独断专行，没有人能劝阻他。杨国忠恨不得把所有权力都集中在自己手中，他同时兼了 40 多个官职，还掌管财政和任免官职的大权。杨国忠本来就没有什么真本事，同时做那么多事哪儿应付得过来？他每份文件只签个名都忙不过来，就把事情都交给下面的人去做。那些人借着这个机会收受贿赂，把事情办得一塌糊涂。

当时安禄山受到唐玄宗的宠幸，手握兵权。杨国忠知道安禄山不是好人，而且害怕他会抢走自己的位置，经常在唐玄宗面前说他的坏话，但唐玄宗没有相信。安禄山虽然心怀不轨，但他对唐玄宗还是很感激的，不想在他活着的时候造反，想等到唐玄宗死后再起兵。现在看到杨国忠排挤他，心里很不安。杨国忠对安禄山印象始终很差，他派人到处搜集安禄山的劣迹，还把安禄山在京城的住宅包围起来，将躲在里面的安禄山的部下抓起来处死。杨国忠还上奏，要求把安禄山的亲信贬掉，想以此激怒安禄山，让他有谋反的举动，这样自己才好在唐玄宗面前说他坏话。安禄山被逼得没有办法，只好以诛杀杨国忠为由，兴兵造反。

唐玄宗听说安禄山造反了，想留下太子监国，自己御驾亲征，和杨国忠商量此事。杨国忠以前诬陷过太子，知道太子很恨他，吓得赶紧回家和姐妹们商量："我们完了，皇上要太子监国，他一定会杀了我们的！"姐妹们找到杨贵妃哭诉，杨贵妃向唐玄宗请命，这才让唐玄宗打消了这个念头。

当时把守长安门户——潼关的是名将哥舒翰，他认为应该凭借险要地形死守。可杨国忠认为哥舒翰掌握兵权，对自己是个威胁，就以朝廷的名义督促哥舒翰出战。哥舒翰没有办法，只好带兵出关，结果中了安禄山的埋伏，全军覆没。

潼关失守后，叛军长驱直入，唐玄宗只好带着禁卫军逃跑。走到咸阳的时候，唐玄宗饿了，可当时走得急，没有带吃的。当地一个老人献上饮食，才让唐玄宗填饱了肚子。走到马嵬坡的时候，士兵们又累又饿，怨气冲天。将军陈玄礼害怕发生兵变，干脆对士兵们说："现在天下大乱，就是因为杨国忠扰乱朝政所造成的！如果不用他的脑袋来向天下人谢罪的话，怎么能平息天下人的怨愤！"大家说："我们早就有这个打算了。如果能办到的话，就是死了也心甘情愿！"正好吐蕃使者来找杨国忠说事，士兵们大呼："杨国忠和蕃人谋反！"大家把他包围了起来，将他斩首示众。

李光弼卫唐

唐朝能够平定安史之乱，很大程度上要归功于那些优秀的将领。当时最优秀的将领有两个人，一个是郭子仪，一个就是李光弼。

李光弼从小就喜欢骑马射箭，练得一身好武艺。他还喜欢读书，是个文武双全的人。李光弼年轻的时候就加入了军队，在王忠嗣手下担任兵马使。王忠嗣手下良将很多，但他最看重李光弼。安史之乱时，唐玄宗寻求良将，向郭子仪询问。郭子仪推荐了李光弼，认为他能够担当重任。

李光弼被朝廷任命为魏郡太守，负责河北一带的军事。他率领5000人马和郭子仪会合，收复了常山郡，并亲自带兵打败了史思明的数万大军，收复了赵郡。不久，他和安禄山手下大将蔡希德、史思明和尹子奇等人在嘉山大战，将敌人杀得大败。几万敌军被杀，活捉了4000人。史思明连鞋子都来不及穿，光着脚逃命，好容易才逃走。这一仗的胜利让唐朝又收回了十几个郡。

李光弼很有正义感，当时河东节度使王承业能力有限，治理不好军政大事，朝廷派御史崔众去命令王承业交出兵权。崔众仗着自己是朝廷派来的人，很轻视王承业，经常拿着枪到王承业那里戏弄他，李光弼听说后很气愤。这时，朝廷命令崔众把王承业的军队交给李光弼。崔众去见李光弼的时候，双方的旗帜碰在了一起，但崔众却没有让开。崔众当时算李光弼的部下，他这种行为很失礼，李光弼更加生气了，正好崔众又不肯马上交出军队，李光弼下令把他抓了起来。不久，朝廷派人来任命崔众为御史中丞，使者问崔众在哪里。李光弼说："崔众有罪，我已经把他抓起来了。"使者把任命诏书拿给李光弼看，李光弼说："今天我只杀御史，如果宣布诏命，那我就杀御史中丞。就算拜他为宰相，我也要杀！"第二天他就把崔众杀了。

不久，史思明等人率领 10 多万人来攻打太原。李光弼的精锐部队都在朔方，现在他手里只有不到 1 万人。史思明认为这次李光弼死定了，很得意。有人建议李光弼应该修筑城墙来防御，李光弼说："城周长 40 里，等把城墙修好，人都累死了，哪还有力气打仗？"他带领部下和百姓在城外挖了条壕沟，又造了几十万块土坯，大家都不知道他要做什么用。等到敌人攻城的时候，李光弼命令城内用土坯修筑营垒，由于事先准备了足够的土坯，所以坏了马上就能修好。敌人在城外放声辱骂，想挑衅唐军决战。李光弼命令士兵挖地道，一直挖到敌人跟前，然后率兵突然从地道冲出，只用了一个晚上的时间就把敌人打败了。从此敌人走路的时候眼睛都盯着地面。经过一段时间的死守，敌人死伤惨重，而唐军却士气高涨。李光弼率领敢死队出城突袭，杀死敌军 7 万多人，敌人全部溃逃。

李光弼治军严厉，他和 9 个节度使一起包围安庆绪的时候，吃了败仗，其他军队在撤退的途中大肆抢劫，只有李光弼的军队仍然保持整齐的军容。后来，李光弼接替郭子仪为朔方节度使，节制关东的军队。

史思明决定和唐军决战，他动用了手下全部军队，浩浩荡荡地向汴州开来，并攻下了汴州。李光弼听说敌人声势浩大，丝毫没有畏惧，而是做好了充分的准备。

李光弼将全部军队带到河阳，这个时候敌人已经到达洛城了。天黑后，李光弼命令士兵举着火把慢慢行军，和敌人前后相随，但敌人不敢进攻他，二更时分他进入了河阳城。

唐军平定安史之乱示意图

李光弼对城里的李抱玉说："你能不能为我防守河阳南城两天？"李抱玉问："那两天之后怎么办？"李光弼说："两天之后救兵还没到的话，放弃城池我也不会怪你。"李抱玉于是带领部下守卫南城。敌人攻打南城攻打得很厉害，眼看就要攻下来了。李抱玉骗他们说："粮食都快吃光了，明天我一定投降。"敌人相信了他的话，停止了攻城。李抱玉利用争取到的时间修缮防御工事，第二天继续死守，最后将敌人击退。李光弼率领部队守另一个城，也将敌人击败。

敌人重新整顿好军队准备进攻北城。李光弼立刻率领人马赶赴北城，在城楼上观察敌军，他说："敌人虽然人多，但阵容很乱，没什么可怕的，我们中午就能打败他们。"李光弼派兵出击，没有分出胜负。他问道："敌人什么地方最难攻？"大家回答："西北角。"李光弼命令郝玉去攻打西北角的敌军。郝玉说："我只有步兵，请给我500名骑兵。"李光弼给了他300名骑兵，又问："还有什么地方难攻？"大家回答是东南。于是派论惟贞去，他也要300名骑兵，李光弼给了他100名。李光弼又拿出皇帝送给他的40匹马分给郝玉他们，说："你们看着我的旗帜行动，如果旗帜连续三次挥动到地上，那个时候就要全力出击，敢后退的人就杀头。"有一个士兵作战很英勇，杀了不少敌人；另一个士兵却不战而退。李光弼命令将后退的人斩首，而赏给英勇作战的那个士兵500匹绢。不久，郝玉退了回来，李光弼大惊："郝玉都退回来了，这下可危险了。"命令去砍郝玉的头。郝玉赶紧大叫："我是因为马中箭了才退回来的，不是吃了败仗逃回来。"李光弼给他换了马，让他继续作战。李光弼连挥三次旗帜，全军见到信号后马上奋力冲锋，敌人抵挡不住，被杀得大败。斩首1万多个，活捉8000人，最终取得了胜利。李光弼在战前就在靴子里藏了一把短刀，下了如果战败就自杀的决心，全军将士被他所激励，所以才能打败敌人。

李光弼为平定安史之乱立下了赫赫战功，皇帝为了表彰他，不仅赐给他大批金银珠宝，还在凌烟阁上画了他的像。李光弼57岁那年死在徐州，他临死的时候把积攒的绢帛和钱财都分给了部下。

诗圣杜甫

杜甫字子美，祖上三代都担任过小官，在那个重视门第的时代，杜甫的出身并不高贵，这为他日后的不得志埋下了伏笔。

杜甫年轻的时候曾经漫游天下，写出了不少动人的诗篇。他在洛阳时，认识了比他大11岁的李白，唐代最伟大的两位诗人从此结下了深厚的友谊。不久，两人又结识了另一个大诗人高适，三人在一起度过了一段美好的时光，在诗歌界留下佳话。

天下没有不散的宴席，三个好朋友最后还是各奔前程了。杜甫的父亲命令他去参加科举考试，杜甫以前参加过一次进士科的考试，但没有考中。唐朝的进士科考试录取名额相当少，杜甫参加的那次考试最后只录取了27个人，但考生多达3000人。再加上那个时候的考试走后门是公开的，没有权贵的推荐，根本不可能

考中。杜甫哪有钱去巴结权贵？况且他也不是那种为了功
名就对权贵低三下四的人，所以没能考中是意料之中的。

这次杜甫奉父命参加考试，本来很有希望考中的。
可惜当时是李林甫掌权，李林甫是出了名的嫉贤妒能，
他自己没有文才，生怕那些有文才的人夺走他的位子。
李林甫鬼主意特别多，一般的人遇到这种情况顶多
安排下不让那些优秀的人考中也就算了。可他不
这样做，他干脆勾结考官，上奏朝廷，说这次考
试结果很让人失望，考生没有一个合格的。唐玄
宗正感到奇怪呢，他又上了道奏章，祝贺皇帝圣明，

杜甫像

把有才能的人全部都搜罗到朝廷里了，民间再也没有遗落的人才了，所以考试结
果才那么差。这种鬼话唐玄宗居然相信了，就没有追问下去。

杜甫受到这样的打击后非常伤心。他在长安住了10年，一直过着贫苦的生活。
这种生活让他接触到许多下层人民，看到了他们的疾苦，同时也看到了权贵们的
骄淫奢侈，磨炼了他的文笔，写下了"朱门酒肉臭，路有冻死骨"这样的千古名句。

天宝末年，杜甫向朝廷献上《三大礼赋》，唐玄宗看了后赞不绝口，下令把
杜甫找来，当场考他作文。杜甫拿起笔来一挥而就，唐玄宗看他文章写得不错，
下令任命他为京兆府兵曹参军。

安史之乱爆发后，长安很快就被叛军攻了下来，杜甫乘着天黑逃出了城。他
听说唐肃宗在灵武招募军队抵抗叛军，于是赶去投奔。杜甫历尽千辛万苦才在凤翔
见到了唐肃宗，唐肃宗早就听说过他的诗名，让他当了个右拾遗。唐肃宗的宰相房
琯是杜甫的布衣之交，他请求率领军队讨伐叛军，但没过多久就被叛军击败，因而
被免职。房琯被免职后，杜甫上表说房琯有才能，不应该被免职。唐肃宗看了后很
生气，把房琯贬为刺史，将杜甫打发到华州担任司工参军，也就是个管理祭祀和教
育的小官。当时天下大乱，谁还有心思去祭祀和上学？其实就是变相把他赶走。

杜甫在华州无所事事，只好成天四处视察民情。在这段时间里，战乱给老百
姓带来的痛苦给杜甫的心灵带来极大的触动，他根据亲眼目睹的这些事情写了《石
壕吏》《潼关吏》《新安吏》《新婚别》《垂老别》《无家别》6首触目惊心的
反映百姓痛苦生活的诗歌，史称"三吏三别"。杜甫的诗歌有很多都反映了当时
的社会现实，所以被人们称为"诗史"。

第二年，杜甫辞去了官职。当时关中闹饥荒，杜甫穷得根本活不下去，就搬
到成州居住。他亲自上山背柴火，采橡树的果实充饥，他的孩子饿死了好几个。
过了很久，朝廷征召他为京兆府功曹。

几年后，严武出镇成都，他上奏举荐杜甫为节度参谋、检校尚书工部员外郎，
从此人们又称杜甫为"杜工部"。严武的父亲和杜甫是好朋友，所以他很尊敬杜甫，
虽然杜甫是他的下属，但他给杜甫的待遇很优厚，从来不把他当下属看待。杜甫
仗着严武尊敬他，所以比较放肆。有一次他喝醉了，爬到严武床上去盯着他看，
说道："严挺之怎么会有这样的儿子！"严武是出了名的火爆脾气，但他并没有

因此生杜甫的气。杜甫喜欢和下层人民来往，他在成都盖了座草堂，在那里喝酒吟诗，和当地的老农来往。严武去看望他的时候，他经常衣冠不整地出来见严武，当时的人都认为他很高傲。

严武死后，杜甫失去了依靠。接替严武的人脾气很怪，根本不吃杜甫那一套。杜甫没有办法，只好去投奔高适。等到了高适那里，高适已经死了。没几天，四川境内军阀混战，杜甫为了躲避战乱，带着全家老小逃往荆楚一带。他走到耒阳的时候，被洪水所阻，断粮达10天之久。耒阳县令听说这个消息后，亲自驾船将杜甫接到家中，请他吃牛肉喝白酒。杜甫饿了那么多天，一看到有吃的，当然就狼吞虎咽起来。长期缺乏营养而突然摄入大量蛋白质的话，身体里会产生一种毒素，足以致命，再加上他又喝了很多白酒，当天晚上就死了。

杜甫的诗语言精练，表达能力很强，是我国古代诗歌现实主义的高峰。

"二王八司马"

唐朝是宦官擅权最猖狂的朝代之一，尤其到了中后期，宦官的权力已经大到让人匪夷所思的地步。好几个皇帝都是由宦官拥立的，宦官不光可以左右朝政，甚至对皇帝本人也拥有生杀大权。唐文宗、唐武宗等好几个皇帝都是被宦官杀死的，而凶手还能够逍遥法外，继续执掌朝政。

普通的宦官虽然不能左右朝政，但欺压起百姓来丝毫不会手软。最著名的例子就是唐朝设立的"宫市"，即让宦官到宫外购买宫里需要的用品。如果一手交钱一手交货倒也罢了，可是那些宦官往往仗着自己的身份，看中什么东西就要强行购买，只出价钱的1/10。白居易的长诗《卖炭翁》就形象地刻画出那些宦官的强盗行径。

还有些宦官在皇帝养鸟的地方当差，这些人特别善于敲诈勒索。他们把鸟笼挂在人家的门前，主人进出的时候碰到了鸟笼，他们就冲上去说主人惊吓到了皇帝养的鸟，直到敲诈到一笔钱后才走。

很多正直的人臣看不下去，纷纷上疏要求罢免"宫市"，限制宦官的行为。但在宦官掌权的地方，这些奏章如同石沉大海，根本没有任何作用，那些上疏的人反而遭到宦官的陷害。

唐德宗统治时期，宦官势力非常强大，德宗本人昏庸无能，对民间疾苦根本不放在心上。他的太子李诵却是个很有正义感的年轻人，又很聪明。

李诵兴趣爱好很广泛，他有两个陪自己读书的官员，一个叫王叔文，擅长下棋，一个叫王伾，是个书法家。李诵在读书之余，经常和他们一起下棋写字，关系非常亲密。王叔文出身下层，对外面人民的疾苦知道不少。他经常对太子说起外面的不平之事，当然也包括"宫市"。太子听到宦官在外面胡作非为。非常不高兴。有一次东宫里几个官员又在讨论宦官干的坏事，太子气愤地表示一定要找皇帝把这事情说清楚。当时大家都赞扬太子贤明，关心百姓疾苦，只有王叔文一言不发。大家都走了，太子把王叔文单独留下来，问他："平时你不是老跟我说宫市的事吗？

怎么今天我说要找父皇说这事的时候你一句话都不说呢？"王叔文告诉太子："我觉得太子现在最好少管这些事，皇上岁数大了，如果有人在他面前造谣说太子您是为了收买人心才这样做的，到时候皇上怀疑起来可就麻烦了。"太子这时候才恍然大悟，赞扬道："多亏你提醒我，不然我还想不到这一点呢。"从此以后对王叔文更加信任了。

可惜天有不测风云，一年后太子居然中风，身子瘫掉了不说，连话都说不出来了。德宗很是着急，急出了病，很快就死了。太子虽然得了病，但还是登上了皇位，史称唐顺宗。唐顺宗不能处理国事，就让王叔文和王伾等人帮助他处理。他们知道自己威望不够，怕朝中有人不服，于是推出韦执谊当宰相，他们当了翰林学士，负责给顺宗起草诏书。另外他们还任用了柳宗元、刘禹锡等人，暂时把朝政大权抓了过来。他们掌权后干的第一件事就是废除"宫市"，还减免了一些苛捐杂税，限制了宦官的一些权力。京城里的百姓个个拍手称快，可那些宦官却气得七窍生烟。

王叔文推行的改革，因为唐顺宗年号永贞，历史上称为"永贞革新"。王叔文知道不把宦官手里的兵权夺过来，一切都没用。他派范希朝去接管由宦官控制的神策军，可神策军的将领都是宦官的亲信，根本没人搭理范希朝，只好不了了之。

不久，宦官借口顺宗有病不能继续执政，拥立太子登基，将王叔文等人赶下了台，把他们贬到外地去了。王叔文后来被处死，其他人都被贬到边远的地方当了司马（州刺史的副职）。这些人除了王叔文和王伾之外，还有韦执谊、柳宗元、刘禹锡、陈谏、韩晔、房启、凌准和韩泰8个人。这8个人都被贬成了司马，所以历史上把他们合称"二王八司马"。

"文起八代之衰"

韩愈是河北昌黎人，所以也有人称他为韩昌黎或者昌黎先生。韩愈三岁的时候就成了孤儿，被寄养在堂兄家中。韩愈从小就刻苦学习儒家经典，当时的人写文章崇尚扬雄和董仲舒那样的文风笔法，学得最好的人是独孤及和梁肃。韩愈经常和他们一起交游，努力学习写文章的方法，希望能够出人头地。他参加进士考试时，前任宰相郑余庆看中了他的才华，积极为他宣传，他从而得名。

不久，韩愈考中了进士，他先后担任过几个大官的属官。韩愈说话很直，从来不怕得罪人，人也很正直。唐德宗晚年的时候，政务上开始懈怠了下来，"宫市"骚扰百姓的现象很严重，谏官提意见，皇帝也不听。韩愈为此专门写了数千字的奏章，对这种现象加以批

韩愈像

评。皇帝看到奏章后大怒，把韩愈贬为山阳县令，但韩愈并没有因此而改变他正直的个性。韩愈被任命为国子博士后，写了一篇《进学解》来抒发自己的不平之气。那篇文章写得很好，掌权的官员看到后认为他有写史书的才能，改任他为郎中，

负责修撰史书，一年后担任了中书舍人。

　　韩愈耿介的性格很容易得罪人，不久就有不喜欢他的人收集了他过去的材料，把一些小事扣上大帽子整韩愈，结果韩愈被降了职。裴度处理淮西军情的时候，请韩愈担任了自己的行军司马，淮西平定之后，韩愈因为有功而升任为刑部侍郎。皇帝下诏要他写《平淮西碑》，碑文里面大多写的是裴度的事迹。当时首先进入蔡州活捉叛军首领吴元济的是李愬，他的功劳也很大，但碑文里对他提及得很少。李愬对那碑文很不满，他妻子出入宫中，到处向人诉说碑文失实，一些参加过征讨淮西的将士也对碑文很不满。韩愈所写的碑文最后还是被磨掉了，换了别人重写了一篇。

　　当时的皇帝唐宪宗崇信佛教。凤翔法门寺有一座护国真身塔，里面供奉了一节据说是释迦牟尼的手指骨。按照佛经上的说法，每30年将这佛骨开示一次，就能岁岁平安。这种说法显然是很荒诞的，可唐宪宗就信这个。他命令宦官杜英奇率人手持香花到那里去迎接佛骨。将佛骨迎来后，留在宫中侍奉三天，然后再送到各个寺院接受香火。整个长安都为之轰动，上至达官贵人，下至平民百姓，纷纷跪拜，竞相施舍，生怕比别人慢了一拍。有的人为了施舍而搞得倾家荡产，还有人用火烧自己的脑袋和手臂，只求能够供养佛骨。韩愈觉得盲目信佛而荒废正事，甚至伤害自己的身体，是一种很愚蠢的行为。他上疏劝谏皇帝，说中国古代并没有佛教，而那个时候的国家也能太平无事，帝王照样长寿。佛教是汉明帝引进来的，可汉明帝自己也没能长寿，而且中国从此动乱了几百年。南北朝的时候，信佛的人越来越多，可是并没有给国家带来任何好处。他认为，佛骨这种东西根本就不可信，请求将其扔掉，省得再贻害百姓。唐宪宗看了这道奏章后大发脾气，打算杀了韩愈。宰相们知道韩愈是个忠臣，对皇帝说："韩愈上疏冒犯皇上确实有罪，但他并没有恶意。再说如果不是抱着忠义之心的话，也不敢写这种文章了。请求皇上饶恕他的罪过。"很多皇亲国戚也劝说皇帝收回成命。因此韩愈保住了一条命，只被贬为潮州刺史。

　　韩愈到潮州后，向当地官吏百姓询问民间疾苦，他们都抱怨当地的鳄鱼太厉害了，把老百姓的牲畜都快吃光了。韩愈于是写了一篇诅咒鳄鱼的文章，凑巧的是鳄鱼真的没有再出现了。

　　一年后，韩愈被召回朝廷，任命为国子祭酒，后来转任兵部侍郎。韩愈为人仁厚，和人交往从来也不在乎对方的身份。他年轻的时候和诗人孟郊、张籍是好朋友。这两个人还没有出名的时候，韩愈为他们四处奔走，竭力举荐他们。张籍后来中了进士，当了大官，他每当有空的时候，都会和韩愈一起喝酒聊天，吟诗赋文。韩愈还很喜欢鼓励提拔年轻人，他家里收留了十几个年轻学子，搞得自己连早饭都吃不了，他却怡然自得。李贺因为父亲的名字犯了忌讳，所以不能参加科举考试，韩愈主动站出来为他抱不平，写了《讳辨》，为此得罪了不少人。

　　韩愈认为魏晋以来，人们写文章拘泥于对仗而不考虑内容，这是错的。他写文章就反对追求华丽而没有内容，他的文章风格自成一体，许多人都效仿他，当时没有谁的文章能和他相比。韩愈57岁那年去世，朝廷追赠他为礼部尚书，谥号"文"，所以后人也叫他韩文公。

新唐书

　　《新唐书》共 225 卷，为北宋欧阳修、宋祁等撰。与《旧唐书》相比，《新唐书》事增文省，搜罗了不少新史料填充其中，其中志的内容比较详细，又新增了表，但本纪和一些列传过于简略，因此新、旧两唐书向来并存于世，各有千秋。

用兵如神的李靖

　　李靖身材魁梧，相貌端正，是隋朝大将韩擒虎的外甥，很受隋朝大臣们的器重。李渊攻打匈奴的时候，李靖看出他有异心，向朝廷告发了他。李渊被押往江都，因为道路不通而最终没有成行。李渊起兵后，抓住了李靖，眼看就要斩首了，李靖大叫："大人起兵是为了除暴安良，要成就大业怎么能因为私人恩怨而杀害义士呢？"李世民也替他说情，从此李靖跟随李世民南征北战。

　　李靖精通兵法，用兵如神。辅公祏在丹阳谋反，朝廷下令以李孝恭为帅，李靖担任他的助手，两人带兵征讨。辅公祏派冯惠亮率领3万水军驻守当涂，陈正通率领2万陆军驻守青林，两支部队将长江封锁住，又修筑了一批堡垒，连绵十余里。唐军其他人都认为敌人防守严密，应该绕开他们，直扑敌人老巢，只要击破敌人大本营，其他人自然就会投降。李靖却说："不对。敌人这两支部队虽然很精锐，但辅公祏自己率领的军队也不会差到哪儿去。既然他能驻守石头城，那就肯定做好了充分准备，很难攻下来。我们如果直扑丹阳的话，万一打不下来，进不能取胜，退又会受到这两支部队的攻击，所以这个办法不好。况且冯惠亮和陈正通作战经验丰富，现在却按兵不动，我想这一定是计谋。如果出其不意进攻他们的话，一定能赢。"李孝恭同意了他的意见，派李靖率兵攻打冯惠亮。李靖经过苦战，杀伤敌人1万多，冯惠亮被打败后逃走了。李靖乘胜率领轻装士兵赶到丹阳，辅公祏很害怕，他手下士兵虽然很多，但都没有斗志。最后李靖活捉了辅公祏，平定了叛乱。李靖由此立下大功，加官晋爵，还赏赐了很多财物。李渊叹道："李靖就是叛贼的心腹之患，古代的名将也不一定能超过他。"

　　隋末唐初，突厥进犯中原，由于唐朝刚建立不久，还没有足够的力量反抗，对其总是忍让。唐太宗即位后不久，突厥发生内乱，太宗决定趁这个机会对他们发动突袭。李靖亲率3000骑兵连夜进军，一直杀到突厥的老窝附近。突厥的颉利可汗大惊失色，说："唐朝一定是派全国的军队来了，不然李靖哪敢孤军深入？"自己先乱

李靖像

了阵脚。李靖派人离间突厥各部落的关系，再夜袭定襄，终于把突厥打败，颉利可汗好不容易才逃走。唐太宗高兴地说："以前李陵率领5000人和匈奴作战，最后失败了。就算是这样，他的功劳都记载了下来。李靖只带了3000人就攻下了定襄，击败突厥，这是从来没有过的大功啊！"

　　颉利可汗走投无路，只好派人向唐朝请罪，请求从此依附于唐朝。这实际上是他的缓兵之计，想给自己争取时间。朝廷没有识破他的阴谋，同意受降，派李靖负责此事，又派唐俭等人去慰劳突厥。李靖对部下说："皇上派来的使者已经到了突厥，他们现在一定松懈了下来。如果现在

派出1万骑兵对他们发动攻击的话，一定可以歼灭他们。"张公谨说："朝廷已经和突厥讲和，再说使者都已经在突厥那里了，怎么办？"李靖说："现在机会难得，当初韩信打败田广就靠的这个，像唐俭那种人有什么可惜的。"下令督促士兵快速行军，一直走到离突厥大本营还有7里的地方才被发现。突厥人慌得手足无措，纷纷四散逃跑。唐军大获全胜，将突厥主力全部歼灭，颉利可汗也在逃跑过程中被俘。

李靖为人忠实厚道，每次参加朝廷会议，他都默默无言，也不会和别人争辩。不久，吐谷浑进犯，李靖去见房玄龄，说："我虽然老了，但还能去。"皇帝听说后很高兴，派他统率军队出发抵抗吐谷浑。吐谷浑把唐军驻扎地方附近的草木全部烧光，让他们的战马补充不到草料，想逼唐军撤兵。李靖决定孤注一掷，率军深入，翻过积石山，和吐谷浑大战数十次，将其打败。李靖回朝后遭人诬告，虽然很快就真相大白，但是他从此闭门谢客。他妻子死后，朝廷下令将李靖夫妇的坟墓按照当年卫青和霍去病坟墓的规格修建，以表彰他的功绩。

薛仁贵三箭定天山

薛仁贵少年时期家境贫困，靠种地为生。父母去世后，他想改葬，妻子对他说："有才能的人也要等到机会才能发迹。现在皇上出征辽东，向全国征求勇士，这就是机会啊。你为何不去寻求功名？以后得了富贵回来再改葬也不迟嘛。"薛仁贵听了妻子的话，应征入伍。

部队到安地的时候，有个将军被敌人包围，薛仁贵杀进重围将其救出，还把敌人的首领给杀了，从此出了名。唐军进攻安市城的时候，20万高句丽军队前来应战，唐太宗下令部下大将各自攻击。薛仁贵仗着自己勇猛，就穿了白色的衣服，大喊着向敌阵冲去，所向披靡。唐军跟在他后面冲杀，最后将敌人击溃。唐太宗派人去问："那个穿白衣服的人是谁？"别人回答是薛仁贵。唐太宗将薛仁贵召来，赐给他很多东西，并升了他的官。回朝后，唐太宗对他说："我的旧部都老了，想提拔勇猛的年轻人在外面带兵，但没有遇到像你这样的。得到辽东不算什么，但得到你真的让我很高兴。"

唐高宗即位后，任命薛仁贵为程名振的副将，让他们再次出征辽东，打败了高句丽军，斩首3000人。第二年，又和高句丽人在横山大战。薛仁贵单枪匹马杀入敌阵，不停地放箭，百发百中。在石城作战的时候，有个高句丽人射箭很厉害，射死了10多个唐朝官兵。薛仁贵大怒，一个人骑马冲进敌阵，朝那个神射手冲去，最后活捉了那个人。

九姓铁勒叛乱，薛仁贵奉命征讨。临行时，高宗对他说："古代的神射手可以射穿由7层铁片包裹的铠甲，你试着射五层的。"薛仁贵一箭就射穿了。高宗大惊，赶紧拿出更坚固的铠甲赐给了他。当时九姓铁勒共有10多万人，他们先派了几十个骑兵前来挑战，薛仁贵见他们很嚣张，连发三箭，射死了三个人。九姓铁勒被吓住了，都跑来投降。然后薛仁贵讨伐躲在沙漠北部的铁勒残部，也打了胜仗。为了纪念这件事，士兵们把它编成歌来唱："将军三箭定天山，壮士长歌入汉关。"

乾封年间，高句丽泉男生请求投降，朝廷派庞同善率军接应。但泉男生的弟弟泉男建却率军抵抗，朝廷派薛仁贵前去援助。在新城遭到敌人的偷袭，薛仁贵毫不惊慌，将敌人击退。庞同善和泉男生会师，薛仁贵继续攻击泉男建，杀敌5000人。薛仁贵乘胜追击，带了2000人进攻扶余。部将都以兵少为理由劝阻，薛仁贵说："用兵在于用好，不在于人多。"他身先士卒，遇敌杀敌，消灭敌军1万多人，将扶余攻下。

吐蕃入侵，朝廷命薛仁贵率军抵抗，并支援吐谷浑。郭待封和薛仁贵地位相当，不服他的差遣，经常违反他的命令。刚开始的时候，唐军准备进军乌海，薛仁贵说："乌海地势险要而且环境恶劣，但是只要我们行军够快的话还是有成功的把握。"薛仁贵为求速度，将辎重留下，轻装前进，在河口打败了敌人。到达乌海城后，唐军停下来等待支援。郭待封本来就不服薛仁贵，这次他率领运送军用物资的部队，正好又碰到吐蕃的大军，郭待封干脆停下来不走了。薛仁贵见援兵迟迟不来，粮草也快吃光了，只好退兵到大非川。这个时候吐蕃出动全国兵力共40万人前来进攻，唐军抵挡不住，吃了败仗。薛仁贵只好和敌人讲和，而吐谷浑最终被吐蕃灭掉了。薛仁贵吃了败仗，朝廷追究起责任，认定薛仁贵指挥失当，但念在他有功的份上，免去死罪，但罢官为平民。

不久，高句丽再次反叛，薛仁贵又被起用。后来被贬，一直到大赦的时候才回来。皇帝想起了他的功劳，召见他，对他说："过去在万年宫，如果不是你的话，我早死了（皇帝有一年在万年宫遇到洪水，幸好薛仁贵抢救及时，皇帝才没有淹死）。以前灭铁勒，平高句丽，你立下大功。后来你在乌海被打败，我当然会对你不满了。现在辽西又出事，你怎么能不为我出战呢？"于是再次重用他。薛仁贵带兵攻打突厥，突厥人问："唐朝派来的将军是谁？"回答道："薛仁贵！"突厥人不信，说："我们听说薛将军已经被流放到象州，早死了。现在怎么可能复活？"薛仁贵脱下头盔给他们看，突厥人见真的是他，纷纷下马跪拜，然后上马逃走。薛仁贵乘机发动进攻，大败突厥。

薛仁贵70岁那年去世，朝廷派车将他的灵柩送回了故乡。

一代女皇武则天

武则天本来是唐太宗的才人，14岁就入宫，因为长得娇媚，被太宗赐予"武媚"的称号。太宗生病的时候，武则天和在一旁伺候的太子产生了感情。太宗去世后，按照规定，武则天和其他宫女被送到庙里当了尼姑。唐高宗的王皇后没有儿子，而萧淑妃很受高宗的宠爱，王皇后很不高兴。有一次高宗经过寺庙的时候见到了武则天，武则天看到皇帝后一直流眼泪，高宗受到触动，想起了从前的感情。王皇后得知这一情况后就把武则天接回后宫，希望用她来削弱萧淑妃受到的宠爱。

武则天很有心机，刚开始她对皇后低声下气，博得了她的信任。当她得到的宠爱超过了萧淑妃的时候，她就开始和皇后作对了。皇后不会处理人际关系，宫中喜欢她的人不多。武则天则想尽办法收买人心，所以皇后身边的人大多成了她的耳目，经常向她汇报皇后的情况，但是并没有找到陷害皇后的材料。武则天入宫不久就生了个女儿，一天皇后来看孩子，和婴儿玩了一会儿就走了。武则天偷偷把孩子弄死，然后装做什么都没发生的样子。皇帝来后，她和皇帝谈了会儿，掀开被子一看，发现孩子死了。武则天大哭起来，找来左右询问是怎么回事，大家都说只有皇后来过。皇帝大怒："原来是皇后干的！过去她就对我喜欢萧淑妃不满，现在居然干出这种事！"武则天见皇帝上当，赶紧又说了很多皇后的坏话。

武则天像

　　高宗决定废后，长孙无忌等重臣坚决反对，李义府和许敬宗等大臣却上表请求立武则天为后。高宗下了废后的决心，废掉了王皇后，改立武则天为皇后。

　　武则天很有政治才能，一开始她经常帮助皇帝处理国事，后来干脆夺取了权力。高宗是个懦弱的人，反倒被武则天控制住了。时间一长，武则天的跋扈让高宗很不满，正好又碰到有人控告武则天行巫术一事，高宗决定废了她。他召来上官仪，命上官仪起草废后的诏书。武则天得知这个消息后气冲冲地跑来责问，高宗一下子就软了，反而说："这都是上官仪教我的。"没几天上官仪就被找了个借口处死了。

　　上官仪被杀后，大权全部掌握在了武则天手中，凡是反对她的人都会被处死，连长孙无忌都被她逼死了。高宗晚年的时候得了头风病，根本无法处理政事，武则天独揽大权，任意妄为。

　　萧淑妃生的两个女儿一直被囚禁着，快40岁了还没有嫁人。武则天的儿子——太子李弘把这事告诉了皇帝，武则天很生气，觉得儿子居然敢和自己作对，一狠心把李弘毒死了。

　　高宗去世后，中宗即位，没多久，武则天将中宗废掉，改立睿宗，她亲自上朝听政。徐敬业等人对她不满，发动了叛变，想拥立中宗，夺回大权。武则天派李孝逸率领30万大军讨伐徐敬业，将其打败，徐敬业被杀。武则天对大臣们说："你们的功名富贵都是我给的，先帝将国家托付给我，我不敢爱惜自己，而只是爱民。徐敬业等人都是出色的人才，还是被我杀掉了。你们当中谁觉得自己的才能比他们强又想造反的，请早点儿动手，如果不想造反，就老老实实地侍奉我！"大臣们怕得要死，伏在地上一动不动，齐声保证不敢有异心。

　　武则天渐渐地不满足于太后的地位了，她把武氏提高到和李氏一样的地位，追封自己的父亲为太上皇。有的人看出了她想称帝，睿宗为了保命，也主动提出禅让皇位。武则天假意推辞了一番，最后还是登上了皇位，改国号为周。

　　武则天情夫很多，她最宠爱的是张易之和张昌宗兄弟俩。张氏兄弟仗着她的宠爱四处横行霸道，恨他们的人很多。

武则天为了巩固统治，政治上实行了许多严酷的政策。但是她在经济上的政策却很宽松，延续了贞观之治带来的盛况，为开元盛世打下了基础。武则天还善于用人，她手下人才济济，对她也忠心耿耿。

武则天病重时，张柬之等人借口诛杀张氏兄弟而发动政变，逼迫武则天退位，将中宗迎回来，拥立他复位。武则天于当年去世，享年81岁。

桃李满天下的狄仁杰

狄仁杰像

狄仁杰不光以聪明机智著称，还是个宽厚坚强之人，为国家推荐了很多优秀人才，所以才有"桃李满天下"这一说法。

狄仁杰出生在一个官宦家庭，他通过明经考试进入官场。在担任汴州参军一职时，被下属诬告，阎立本负责调查，不但查明了真相，还从调查过程中发现狄仁杰是个难得的人才，于是举荐他为并州法曹参军。

唐高宗年间，狄仁杰担任大理丞，他善于断案，一年之内就将涉及1.7万多人的大量积压的案件审理得清清楚楚，没有一个人说自己是冤枉的。从此名声大噪，成为当时有名的青天大老爷。狄仁杰还敢于直谏。当时有两个大臣不小心把唐太宗陵前的树砍了，这种行为被看作是对皇帝的极大不敬，但他们确实不是故意的，应当免罪。唐高宗知道后大发雷霆，下诏要将他们处死。狄仁杰上奏说他们不应该死，高宗说："那些人让我成为不孝之子，我杀定他们了！"狄仁杰冒死上奏："他们本来就不该死，陛下非要杀他们，这就是为了几棵树而杀大臣，天下人以后如何看待陛下？"唐高宗醒悟过来，免去了这两个人的死罪，几天后，还升狄仁杰为侍御史。狄仁杰不怕得罪权贵，凡是犯法之人他一个也不纵容。左司郎中王本立仗着皇帝的恩宠而桀骜不驯，狄仁杰根本不怕他，上奏朝廷将其论罪。

越王造反的时候，余党2000多人被判了死罪。狄仁杰上疏密奏，请求免他们一死，朝廷同意了，只把那些人判处流放。那些人从死牢里出来后，他们的家人拉着他们的手说："多亏狄大人救了你们的命啊！"那些人在流放的地方给狄仁杰立了块碑，感谢他的恩德。当初张光辅讨伐越王的时候，他的军队在当地横征暴敛，狄仁杰在当地做官，限制了他们的行为。张光辅很生气，说："一个小小州官居然敢看不起我！"狄仁杰说："现在作乱的只是一个越王，而大人带领的这些兵涂炭生灵，会激起更多的人作乱的。如果觉得我做得不对，可以用尚方宝剑杀了我。"

武则天掌权后，狄仁杰被朝廷委以重任。来俊臣诬陷狄仁杰造反，把他抓进了监狱。来俊臣审问狄仁杰，让他承认自己造反。狄仁杰说："现在是周的天下了，我作为唐的臣子，也可以说我造反。"王德寿劝他道："我想减轻您的罪，您只要把杨执柔说成是您的同党，就不会死了。"狄仁杰仰天叹道："皇天在上，我狄仁杰怎么能做出这种事！"说完就一头向柱子撞去，血流得满脸都是，王德寿吓得赶紧放弃让他牵连无辜的想法。

来俊臣见狄仁杰一身硬骨头，拿他没有办法，于是伪造了一份谢死表交给武则天。武则天召见狄仁杰，对他说："你为什么要承认造反？"狄仁杰说："我不承认的话早被活活打死了。"武则天把那份谢死表拿给他看，狄仁杰说不是他写的。武则天知道他是冤枉的，就把他放了。

狄仁杰一心想恢复唐朝江山，所以多次向武则天提议立庐陵王为太子。武则天想立武三思为太子，向宰相们咨询。狄仁杰说："我觉得人们还是更支持唐多一些。当初匈奴来犯，陛下让武三思去募兵，结果1个月还没招到1000人，后来让庐陵王去募兵，没几天就招了5万多人。所以让庐陵王继承大业更妥当。"武则天很生气，没有说话。后来狄仁杰多次劝说武则天，终于让她动了心。武则天把庐陵王叫来，让他躲在帐后，然后找来狄仁杰，跟狄仁杰说庐陵王的事。狄仁杰越说越激动，说到最后哭得话都说不出来了。武则天被感动了，把庐陵王叫出来，对狄仁杰说："我把太子还给你！"狄仁杰趁机劝武则天将太子复位一事诏告天下，以免有反复。当初李昭德等人也经常劝武则天把太子接回来，但没有成功。只有狄仁杰以母子天性为理由劝说，才感动了武则天。

可惜狄仁杰并没有等到中宗复位的那一天，不久他就因病去世了，享年71岁。

太平公主叛乱

武则天生了四个儿子，但她一个都不喜欢，她一生中最喜欢的是女儿太平公主，几乎把全部母爱都倾注到了她的身上。武则天的母亲死后，按照当时的习俗，武则天把太平公主打扮成女道士，让她在道观里为祖母祈求冥福。几年后，吐蕃向唐朝提出和亲，指名要他们把太平公主嫁过去。武则天怎么会舍得把最心爱的女儿嫁到那么远的地方去呢？可是人家说了，别人一律不要，如果贸然拒绝的话，可能会带来战争。武则天很着急，突然她想起太平公主曾经当过名义上的女道士，顿时计上心头。她给太平公主修筑了一座道观，并请道士为她受戒。然后派人告诉吐蕃人，说太平公主当年为了给祖母祈福，已经立志出家为道，而女道士是不能嫁人的，所以和亲一事不能接受。这个理由非常正当，吐蕃人也没有办法，这事才不了了之。

太平公主很调皮，她有一次穿上武官的衣服跑到父母面前跳舞。两人看得哈哈大笑，高宗问她："你又不是武官，穿这衣服做什么？"太平公主说："那把这身衣服赐给驸马可以吗？"言下之意就是要皇帝给自己选个驸马。高宗看出了她的意思，就把她嫁给了薛绍。太平公主的婚礼空前隆重，皇帝把万年县赐给她作为结婚的场所。当婚车进城的时候，巨大的婚车居然进不了门，当地的官员赶紧把城墙拆了，这才使婚车得以进入。武则天不喜欢薛绍，没过几年就把他牵扯进一件谋反案中杀掉了。太平公主虽然成了寡妇，但她要嫁人还不容易？武则天本来把她许配给了自己的侄子武承嗣，可惜当时武承嗣生病，就作罢了。武则天觉得另一个侄子武攸暨不错，可他已经有妻子了。但谁能当太平公主的拦路石呢？武则天干脆把武攸暨的妻子杀掉，将公主嫁给了他。

太平公主性格和武则天特别相似，武则天也认为她很像自己。太平公主很有政治头脑，唐中宗复位，她也有一份功劳。唐中宗是个废物，他妻子皇后韦氏还有昭容上官婉儿都和武三思有奸情，但他却睁只眼闭只眼，朝廷大权全部掌握在韦皇后和武三思手中。她们自认智谋不如太平公主，对公主都有所忌惮。公主也不怕她们，培植自己的势力，她经常引荐和奖励穷书生，得到了很多人的好感。

唐玄宗见朝纲紊乱，决定诛杀韦皇后他们，太平公主也参与了政变计划。事情成功后，本来该立唐玄宗的父亲相王为帝，但当时的合法继承人是温王，所以没有人敢提出这个建议。太平公主见温王还是小孩子，对相王说："这个位子是归你的，那个娃娃没资格坐。"说完上前把温王抱了下来，将相王扶上了皇位。唐睿宗即位，太平公主立了大功，所以她的权力无人能比。唐高宗的时候，公主食邑只有 300 户，太平公主地位特殊，也只有 350 户。可唐睿宗时期，她的食邑竟然有 1 万户。到后来，公主在朝廷上威权无人可比，她推荐的人没有不当官的，甚至还有人本来只是个侍从，但经她推荐马上就能出将入相，皇帝实际上成了个摆设。太平公主在武则天那里学到了不少政治本领，玩权术没人玩得过她。

唐玄宗被立为太子后，以太子身份监国，他的兄弟宋王、岐王等人也都统领禁军。太平公主觉得他们分掉了自己的权力，心里很不高兴。她仗着皇帝对自己的信任，驾车跑到皇宫里，把宰相召来告诉他们自己要把太子废掉。姚崇、宋璟等对公主的这种做法很不满意，向皇帝建议把太平公主迁到东都去。睿宗一向很喜欢这个妹妹，再加上自己能当上皇帝也有她的功劳，所以说什么也不同意，最后把公主安排到蒲州居住。这件事让公主很高兴，而太子却害怕起来。为了保护自己，他不得不降了姚崇和宋璟的职。

当时朝中重臣大半出自太平公主门下，而公主忌惮太子贤明，怕他日后对自己不利，渐渐有了谋逆的想法。唐睿宗先天二年（公元 713 年），太平公主串通窦怀贞、岑羲、萧至忠、薛稷、慧范等人谋划废掉太了。计划让元楷等人率领羽林军去武德殿杀太子，窦怀贞、岑羲和萧至忠在南衙举兵响应。太子知道这个消息后马上采取行动。他找来岐王、薛王、郭元振、王毛仲、姜皎等人商量对策。在政变前一天，让王毛仲以去内宫马厩领取马匹为由将宫门打开，高力士等人率兵突袭，杀死元楷等人，粉碎了太平公主的政变计划。最后公主被赐死，她的儿子和党羽数十人也都被杀。

诗仙李白

李白字太白，他祖先和唐朝皇帝同出一脉，但却因为犯罪被流放到了西域。直到武则天统治时期，他父亲才从西域逃回来，在四川安了家。

据说李白母亲生他的前一天晚上梦到了太白星，所以给他取字太白。李白 10

岁的时候就通晓诗书，长大后在岷山隐居。州郡长官以他有道而举荐他，但他没有应举。李白喜欢纵横之术，对剑术也很感兴趣，想当个游侠，为人重义轻财，乐善好施。后来他到任城居住，和孔巢父、韩准、裴政、张叔明、陶沔一起在徂来山隐居，成天喝得大醉，号称"竹溪六逸"。

太白醉酒图　清　改琦

天宝初年，李白到会稽游玩，和吴筠交上了朋友。吴筠应召入京，李白也跟了去。他到了长安后去拜访了贺知章，贺知章看了他的诗文后，感叹道："您是从天上贬到人间的仙人啊！"贺知章认为李白才华惊人，在唐玄宗面前屡次提及。唐玄宗也爱好文学，就在金銮殿召见了李白，和他谈论天下大事和诗歌文学，李白为此献上了一篇赋。唐玄宗曾赐给李白食物，并亲手为他调羹，可见玄宗对他的宠爱。过了几天，唐玄宗任命李白为翰林供奉。一天，唐玄宗在沉香亭闲坐，忽然心血来潮，想要听李白为他填词而作的歌曲，马上下令召李白入宫。当时李白正在街市上和别人喝酒，已经喝得酩酊大醉。派去找他的使者生拉硬拽地把他弄进了宫，到了宫里李白还醉着。皇帝命侍从用清水给他洗脸，好容易才让他清醒了点儿。李白问清楚唐玄宗让他来的原因后，拿起笔一挥而就，写了三首《清平调》，辞藻华丽，言简意赅，是不可多得的好诗。唐玄宗拿到歌词后爱不释手，认为李白确实很有才华。唐玄宗对李白越来越宠爱，几次专门召见他赴宴。有一次李白陪唐玄宗喝酒喝醉了，让高力士为他脱鞋。高力士当时的权力大得没边，连太子见到他都很恭敬，一般的亲王都叫他"爷爷"，唐玄宗也把他当兄弟看待。他听到李白居然让自己给他脱鞋，气得七窍生烟，可唐玄宗当时也喝多了，笑眯眯地同意了李白的请求。高力士没有办法，只好跪下来给李白脱了鞋。

杨贵妃也很喜欢李白的诗，经常吟诵不止。有一天杨贵妃正在吟诵李白的《清平调》，高力士在一旁插话了："娘娘觉得这首诗很好吗？"杨贵妃说："当然了，这诗实在太美了！"高力士指着诗中的一句"借问汉宫谁得似，可怜飞燕倚新妆。"对杨贵妃说："这首诗是形容娘娘您的美貌的，可他居然用赵飞燕来比喻娘娘，这不是骂您吗？"赵飞燕是汉成帝的皇后，长得虽然很美丽，但生性阴毒，淫荡成性。杨贵妃听高力士这么一挑拨，认为李白把她当成赵飞燕那种女人，心里很不高兴，从此经常在唐玄宗面前说李白的坏话。唐玄宗每次想提升李白的官职，杨贵妃都会从中作梗。

李白知道自己得不到唐玄宗身边人的好感，他的政治抱负也难以实现，越发狂傲不羁。他和贺知章、李适之、汝阳王李琎、崔宗之、苏晋、张旭、焦遂交好，成天在长安酒店狂饮，并称"酒中八仙"。后来李白请求让自己辞官回家，唐玄宗赐给他金帛，让他回去了。

李白走到并州的时候，遇见郭子仪，对他的外貌气质暗暗称奇。当时郭子仪犯了法，正要被拉去斩首，李白找到当地官员，免了他的死罪。

　　安禄山造反后，李白到处流浪。永王李璘请他当了自己幕僚，后来李璘起兵，李白知道他心怀不轨，赶紧逃走了。李璘造反失败后，李白也被牵连了进去，论罪当杀头。当时郭子仪已经成为唐朝举足轻重的大将，他听说李白出事以后，赶紧上表表示愿意用自己的官职来给李白赎罪，李白这才免去一死，只是被流放到夜郎。

　　一天晚上，李白在江边的一条小船上喝酒，喝醉后把江中倒映的月亮当成真月亮，趴在船边想去捞，结果不小心掉进水里淹死了。但民间传说中却都说李白是被江里的一条大鱼驮到天上去了，他不是太白金星转世吗？所以人们宁愿相信他回到了天宫，继续写他那些千古传诵的诗句去了。

　　李白受南朝诗人谢朓影响很大，他特别喜欢谢朓隐居过的青山，所以他也想在那里终老一生。他死后被埋葬在龙山，后来范传正去祭奠他的墓，下令禁止在李白坟墓周围砍柴和放牧。范传正寻访李白的后人，只找到他的两个孙女，她们虽然流落民间，但言行举止还保留着大家风范。她们哭着对范传正说："爷爷一直想去青山，现在他被埋在龙山，这不是他的本意。"范传正就将李白的墓迁到了青山。他还想把李白的两个孙女改嫁给士族青年，可她们说自己已经和平民成亲，不愿意改嫁。范传正为她们的节操所感动，下令免去了她们丈夫的徭役。

　　唐文宗即位后，下诏将李白的诗列为"三绝"之一。

阴险的安禄山

　　安禄山是胡人，不知道父亲是谁。他母亲带着他嫁给了安延偃，从此就姓了安。安禄山很狡猾，善于揣摩人情，懂6种少数民族的语言，担任了互市郎。

　　张守珪担任幽州节度使时，安禄山因为偷羊被捕，正准备杀他的时候，他大喊："大人不想消灭两蕃吗？为什么要杀我？"张守珪觉得他说话很有自信，又见他体格强壮，就把他放了，让他做了小军官。安禄山善于打仗，有一次他只带了五个人就俘虏了几十个契丹人回来。张守珪很看重他，给他增加了士兵人数，从此逢战必胜，很快就升到偏将，被张守珪收为养子。

　　御史中丞张利贞来河北调查的时候，安禄山拼命巴结他，送了很多财物。张利贞回朝后极力赞扬安禄山，从此安禄山得到了朝廷的信任，官越当越大。

安禄山像

　　当时有个不成文的规定，地方上的节度使卸任后一般都会进入朝廷当宰相。李林甫生怕那些有文化的将领当上节度使后影响自己的地位，他认为胡人没文化，朝廷不会让他们当宰相，所以建议多用胡人为节度使，安禄山就凭借这个机会当上了节度使。

安禄山很有心机，却故意在唐玄宗面前装出一副傻里傻气的样子。有一次他见到太子，却不跪拜行礼。唐玄宗告诉他这是太子，安禄山故意说："我不懂朝廷礼仪，请问太子是什么品级的官？"皇帝说："太子是我儿子，我死后要把位子传给他的。"安禄山赶紧装出一副慌乱的样子跪下谢罪道："我这人笨，光知道有陛下而不知道有太子，罪该万死。"让唐玄宗很高兴。杨贵妃没有小孩，安禄山为了巴结她，不顾自己比杨贵妃大了20多岁，非要当她的养子，唐玄宗乐得哈哈大笑，居然同意了。从此安禄山每次都是先给贵妃行礼，再向皇帝行礼。唐玄宗觉得很奇怪，问他为什么这样做。安禄山回答道："按我们胡人的规矩，母亲在父亲前面。"唐玄宗听了之后笑得更厉害了。

安禄山出了名地肥胖，肚子都快到膝盖了，但是他却能跳胡旋舞。每次唐玄宗看他捧着个大肚子跳胡旋舞，都笑得半死。一天，唐玄宗摸着他的肚子说："你这么大个肚子，里面都装的什么呀？"安禄山回答："只有一颗忠诚的心。"把唐玄宗哄得很开心。

当时唐朝多年没有经历过战争，唐玄宗也变得很昏庸，加上奸臣乱政，安禄山认为夺取天下的时候到了，于是到处招兵买马，建立了一支极具战斗力的军队。他为了麻痹唐玄宗，知道唐玄宗喜欢打胜仗的消息，就把契丹人骗来请他们喝酒，在酒里下药，等把他们麻倒后再砍下脑袋送往朝廷，说是打胜仗得到的敌人首级。唐玄宗哪儿想得到这一手？还觉得安禄山又能干又忠心呢。

安禄山的伎俩能骗住唐玄宗，却骗不了别人。太子和宰相屡次向皇帝进谏说安禄山有异心，唐玄宗根本不信。杨国忠也对安禄山不放心，他建议让唐玄宗突然召安禄山入朝，如果稍微有所推托的话，那就有问题了。结果安禄山猜到了杨国忠的心思，当唐玄宗召他入朝的时候，他快马加鞭地去了，唐玄宗打消了怀疑。从此以后，不管杨国忠说安禄山什么坏话，他一律不听。

安禄山还恶人先告状，他在华清池朝见唐玄宗时哭着说："我是个胡人，没有什么文化，全亏陛下提拔我，可杨国忠就是非要杀了我才肯甘心。"皇帝亲自安慰他好久。很多人都说安禄山要反，但谁在唐玄宗面前告安禄山的话，唐玄宗就把他捆起来交给安禄山处理，结果再也没人敢说什么了。

天宝十四载（755年）十一月，安禄山假称接到皇帝密旨，让他带兵入京除掉杨国忠，点齐15万人正式造反，揭开了安史之乱的序幕。

张巡守城

安禄山造反后，叛军所到之处，官员望风而降，只有很少的官员能够奋起反抗。安禄山的部队很快就占领了宋州和曹州，谯郡太守杨万石投降，他还命令真源县令张巡向叛军投降。张巡是个有骨气的人，他召集了1000多人起兵反抗叛军。雍丘县令令狐潮投降叛军，带兵和朝廷军队作战，张巡偷袭了雍丘，把令狐潮的全家杀光。令狐潮赶紧带了4万人马回来攻打雍丘。

当时张巡手下只有2000人，大家都很害怕。张巡对大家说："敌人知道我们的虚实，所以肯定会轻视我们。我们可以出其不意发动进攻，一定能打败他们。"于是张巡派出1000人向敌人发起猛攻，将叛军击败。第二天叛军攻城，张巡率领部下死守，一直坚守了两个月之久。令狐潮见实在攻不下来，就撤兵了。张巡率部追击，差点儿活捉了令狐潮。不久令狐潮卷土重来，张巡手下有6个将领害怕了，劝张巡不如投降。张巡表面上答应了他们，内心却对这些人恨之入骨。第二天，他召集全军将士，公开将这6个人斩首，守城士气更加高涨。

张巡像

城里的箭射光了，没有箭不好守城。张巡想了个办法，他命人扎了1000个草人，给它们穿上黑衣服，到了晚上就用绳子把它们吊下去。叛军以为张巡前来偷袭，急忙放箭，射了很久才发现原来都是些草人。第二天张巡命人把草人拉上去，从它们身上得到几十万支箭，又可以继续守城了。过了几天，敌人发现又有人从城上下来了，都以为又是骗他们的，没有防备。谁知道这次是真人，他们下来后向敌军发动奇袭，将其逼退了十几里。城里的柴火用光了，张巡骗令狐潮说："我想带着大家弃城而逃，请你后退60里地，好让我们跑掉。"令狐潮同意了。结果张巡带着人四处伐木，准备了足够的柴火。令狐潮知道中计了，赶紧回来重新把城围住。不久，张巡对令狐潮说："你得给我30匹马，这样我才好跑啊。"令狐潮就送了30匹马给他。张巡把马分给手下30个猛将，跟他们说："敌人来了之后，你们就杀出去。"第二天，张巡对令狐潮说："我倒是想走，可将士们不让我走啊。"令狐潮气得吹胡子瞪眼，那30个人冲出来对着叛军大砍大杀，活捉了敌人14个将领，杀了100多人，令狐潮再也不敢来了。

叛将杨朝宗率部进犯宁陵，断绝了张巡的退路。张巡率领3000人马赶到睢阳，和太守许远等人合兵对敌人发动攻击，大获全胜，杀敌万人。许远觉得张巡才能远远超过自己，于是把指挥权交给了他，自己甘愿当下属。

尹子奇率领十几万大军前来攻打睢阳，张巡、许远和将士们死守城池，一天交战20次，杀敌无数。张巡为激励士气，宰了很多牛羊请士兵们吃，吃饱喝足后出城与敌人交战。敌人见他们人少，得意地大笑起来。张巡、许远二人亲自擂鼓，士兵们舍生忘死地杀入敌阵，把骄傲的敌人杀得大败。张巡想射杀尹子奇，但又不认识他，就用蒿草做了一支箭射向敌人。敌兵以为城里的箭都射光了，高高兴兴地把那支箭拿给尹子奇看，让张巡记住了尹子奇的长相。他命令神射手南霁云射杀尹子奇，一箭射中尹子奇的左眼，敌人只好撤兵。

睢阳城内本来储存了足够吃一年的粮食，但张巡拿出了其中一半支援濮阳，谁知道濮阳一拿到粮食就叛变了，导致睢阳发生了粮食危机。士兵们一天只能分到一勺米，很多人都饿死了，但没有一个人投降。大家到处捉老鼠、麻雀，甚至把弓弩和铠甲上的皮革拆下来煮了吃。张巡见这样下去不是个办法，派南霁云杀出重围去请救兵。南霁云跑到彭城，请许叔冀派兵增援。可许叔冀只给了他几千匹布，南霁云大怒，在马上破口大骂，要许叔冀出来和自己单挑，许叔冀吓得不敢回答。南霁云没有办法，只好回去禀报。张巡让他带领 30 个骑兵去找贺兰进明。南霁云出城时被敌人团团围住，他左右开弓，射杀敌人无数，好容易才杀了出去。见到贺兰进明后禀报了睢阳的危机，请求派兵增援。贺兰进明一方面怕出兵后被人偷袭，另一方面他也很妒忌张巡的声望，不过他很欣赏南霁云的勇敢，想把南霁云收为自己的部将。贺兰进明大摆宴席，请南霁云吃饭。南霁云在席上哭着说："睢阳已经断粮好多天了，大人既然不出兵，还请我吃这么好的饭菜，我不能独享，就算吃了也吞不下去。现在我只能用一根手指来回报大人了。"说完拔刀砍掉了自己的一根手指。在场的人大惊，为他的壮烈掉下了眼泪。南霁云没有吃饭就走了，出来后发誓道："我破贼后一定要灭了贺兰全家！"南霁云跑了很多地方，好容易才借到 3000 人赶回去。结果在半路上被敌人发现，双方大战。当时大雾，张巡过了很久才发现他们，出城接应。这时候南霁云带来的人马只剩1000 人了，他们虽然俘获了敌人的几百头牛，但将士们知道援军已经没有希望了，纷纷抱头痛哭。

城里粮食很快就吃光了，而敌人攻城一天比一天猛烈。后来，士兵们饿得连武器都拿不动了，城池终于被敌人攻破。张巡、许远等人被俘。尹子奇对张巡说："听说您督战的时候，瞪眼瞪得连眼皮都瞪破了，切齿咬牙能把牙齿咬碎，何必这样呢。"张巡大骂："我恨不得生吞了你们这些逆贼，只恨力气不够！"尹子奇大怒，命令用刀在张巡嘴里乱搅，张巡最后只剩下三四颗牙齿，仍然骂声不止。尹子奇把刀放在他脖子上，逼他投降，张巡不理会。接着又逼降南霁云，张巡怕南霁云投降，大呼："南老八，男子汉死算什么，不可以屈服啊！"南霁云笑笑说："我正在想怎么对付他们呢。你又不是不了解我，我哪敢不死！"最后张巡、南霁云、雷万春等 36 人全部遇害，许远在被押往洛阳的途中也不屈而死。

权倾朝野的高力士

高力士是北齐大将的后代，但后来家境没落了。武则天统治时期，高力士被人阉割送进宫里，被宦官高延福收为养子，从此改姓高。

高力士被送去侍奉后来的唐玄宗，他对玄宗忠心耿耿，很受信任。在平定太平公主的叛乱中，高力士立了大功，被任命为右监门将军，主管内侍省事务。从此各地送上来的奏章要经他过目后才能交给皇上，如果是小事的话，他自己就能处理。唐肃宗当太子的时候，直接管高力士叫大哥，其他亲王和公主都叫他高翁，更疏远一点的宗室干脆叫他爷爷。就连唐玄宗有的时候都不叫他名字，而称他将军。

高力士迷信佛教，他自己出钱修建寺院，用珍宝来装饰楼阁，就连国家都拿不出这么多钱。寺院的钟铸成后，高力士请公卿贵族吃饭，让他们敲钟，敲一下要捐 10 万钱。有人为了讨好他，一口气敲了 20 下，敲得少的也不会低于 10 下。高力士还很会做生意，他在京城北面的河上设下 5 个水磨出租，一天的租金为

300斛粮食，实际上就是变相受贿。

高力士对肃宗也有恩德，当初太子李瑛被废，唐玄宗正宠爱武惠妃，李林甫等人觉得武惠妃的儿子寿王最有可能当太子，都去巴结他。唐玄宗也考虑过立寿王为太子，但是他又觉得肃宗年纪最大，所以一直拿不定主意，为此经常长吁短叹，连饭都吃不下去。高力士问道："陛下连饭都不吃，是不是因为不好吃的缘故？"唐玄宗说："你伺候我那么久了，猜猜我为什么会这样。"高力士说："是不是没有决定储君人选？我觉得立长子为储君是天经地义的事，谁敢反对？"唐玄宗认为他说得很对，就立了肃宗。

天宝年间，因为唐玄宗好大喜功，边境的将领都抢着和少数民族开战，想以获得胜利来邀功。唐玄宗对高力士说："我年纪大了，朝廷的小事交给宰相处理，外族的事交给将领们处理，难道还不清闲？"高力士说："我前几天出去的时候，听见别人说云南那边屡次打败仗，而且北方的军队很强盛，陛下拿什么去控制他们？我只担心等祸患酿成的时候，就难以制止了。"高力士说这话是影射安禄山。唐玄宗说："你别说了，我会好好考虑这件事的。"安禄山叛乱的前一年秋天，下了暴雨，唐玄宗见身边没人，悄悄对高力士说："现在大雨成灾，你应该说说你的看法。"高力士说："自从陛下把权力交给宰相之后，法令就没有得到实施，阴阳失调，天下的事怎么能重新恢复安宁？我之所以闭口不谈这件事，是因为时候不到而已。"唐玄宗没有说话。

高力士和一般的宠宦不同，比如一个叫袁思艺的宦官仗着皇帝的宠信而非常傲慢，大家都很怕他，不愿意和他打交道。高力士却不一样，虽然他权力很大，但是待人随和宽厚，大家都愿意和他亲近。高力士对唐玄宗非常忠心，但也不是事事都附和。安史之乱爆发后，唐玄宗逃到蜀地，高力士一直跟随左右。唐玄宗听到肃宗即位的消息后很高兴，说："我儿子上应天意，下顺民心，将年号改为至德，还不忘记孝顺我，我还有什么可发愁的？"高力士却说："长安和洛阳都落入叛军手中，百姓流离失所，生灵涂炭，黄河以南、汉水以北地区都成为战场，天下人都为之痛心疾首，陛下却认为没什么可担心的，这一点我不敢苟同。"

收复长安后，唐玄宗被唐肃宗迁到太极宫，才住了10天，高力士就被李辅国诬陷。高力士和李辅国一向不和，那天他正在发疟疾，李辅国带着诏书来找他，高力士快步走到跟前，李辅国把贬逐高力士去巫州的诏书交给了他。高力士说："我早就该死了，只是皇上可怜我才让我活到了今天。但是我希望能见陛下（指唐玄宗）一面。"李辅国没有允许。

几年后，高力士遇上大赦，得以返回京城。在回京的路上，他看到玄宗和肃宗二人的遗诏，知道二人已死，面向北方大哭，哭得吐了血。他说："皇上去世，我连他的棺材都不能摸一下，死了也不能瞑目啊！"最后居然哭死了，享年79岁。

高力士善于揣摩时运，观察朝廷上下的态度，即使是自己的亲信垮台，高力士也不会去救，所以他一生没有什么大过失。

第一名臣郭子仪

郭子仪是武举出身,安史之乱爆发后,他率领部下抵抗安禄山,打了很多胜仗。宦官鱼朝恩向来妒忌郭子仪,经常讲他的坏话,害得郭子仪被剥夺了兵权。史思明复叛的时候,重新起用郭子仪的呼声很高,于是他重新掌握了兵权。

肃宗死后,代宗即位。当时的宰相程元振担心郭子仪不好控制,就在代宗面前挑拨,罢免了郭子仪副元帅一职,让他当了个闲官。郭子仪把代宗即位前和他来往的书信全部送给代宗,以表示对朝廷绝无二心。代宗当年和郭子仪一起打过仗,看了郭子仪的上疏后很后悔,对他更加尊敬了。

仆固怀恩作乱的时候,曾经诱说吐蕃、回纥、党项、羌等少数民族共 30 万人入侵唐朝。郭子仪当时奉命驻守泾阳,手下才 1 万人。他刚到泾阳就被包围了,郭子仪命令部下死守,自己率领 2000 铁甲骑兵冲锋,在敌阵中来回冲杀。回纥人很奇怪,问道:"那个领头的将军是谁?"唐军说是郭子仪。回纥首领很吃惊地说:"郭令公还活着吗?仆固怀恩说唐朝天子已死,郭令公也去世了,中原现在乱成一团,所以我们才想占点儿便宜。既然郭令公还活着,那天子呢?"唐军告诉他们天子也没死。回纥人这才明白他们都让仆固怀恩骗了。郭子仪派人劝说回纥停战,回纥人说:"本来以为郭令公去世了,不然我们何必这样呢?既然令公还活着,我们能不能见他一面呢?"郭子仪准备去见回纥人,部下都劝他不要去。郭子仪说:"敌人比我们多,硬拼是打不过他们的。我只能以诚相待了。"郭子仪只带了几十个随从,没有穿盔甲,骑着马到回纥军营去了。郭子仪见到回纥首领,对他说:"你们和我们交往很长时间了,为什么要反叛?"回纥首领当即下马,跪拜在地上说:"果然是郭令公啊!"双方一起赴宴,言归于好。郭子仪对他们说:"吐蕃本来和我们是亲戚,没想到他们这次居然来打我们。如果你们能反戈一击的话,他们的牛羊不都是你们的了吗?"正好这个时候仆固怀恩死了,回纥就答应了。吐蕃人听到这个消息后连夜撤了回去,半路被唐朝和回纥联军赶上,死伤惨重。

郭子仪对朝廷很忠心,对待下级也很宽厚。他虽然曾遭到小人的陷害,但从来没有因私废公过。他在灵州和吐蕃作战的时候,鱼朝恩派人把他父亲的坟墓给挖了。郭子仪来朝见的时候,人们都怕他会做出不理智的行为。等见到皇帝后,皇帝慰问了他。郭子仪伏地痛哭道:"我做军队统帅很久了,手下士兵难免有挖掘别人坟墓的行为。现在有人挖掘我父亲的墓,这是上天对我的报应,不能怪人啊!"鱼朝恩又约郭子仪参观他修建的章敬寺,元载派人来告诉郭子仪鱼朝恩要做坏事,言下之意就是寺里有鬼。部下请求郭子仪在衣服里面穿上铠甲以防不测,但他没有同意,只带了十几个用人前往。鱼朝恩问:"为什么带的车马随从这么少?"郭子仪就告诉鱼朝恩,别人说鱼朝恩要害他,但他绝不怀疑鱼朝恩,就没多带人。鱼朝恩哭着说:"您如果不是个厚道长者的话,能够不怀疑吗?"从此鱼朝恩对郭子仪尊敬了很多。魏博节度使田承嗣向来骄横跋扈,谁都不放在眼里。

但是郭子仪派人到魏博去的时候，田承嗣在使者面前向西跪拜，指着自己的膝盖对使者说："我这个膝盖不向人弯曲已经很久了，但今天特地为郭公下拜！"

郭子仪部下有几十个大将，地位都很高，但是郭子仪不用开口，光凭眼神就能命令他们。郭子仪有八子七婿，都是朝廷重臣，他死的时候85岁，可谓享尽天年。

诗史白居易

白居易是继李白、杜甫之后，唐朝又一个伟大诗人，他的诗通俗易懂，朗朗上口，是中唐时期"新乐府运动"的倡导者。他的诗揭露了当时社会的黑暗，同情百姓疾苦，反映了当时的社会情况，所以有人称其为"诗史"。

白居易像

白居易字乐天，自幼聪明过人，善于写文章。他十几岁的时候去长安拜访顾况，顾况是当时有名的诗人，但对人很严厉，很少夸奖别人。他看到白居易的文章后赞叹道："我以为斯文已经绝迹了，没想到今天在这个年轻人身上看到了希望。"白居易少年得志，很快就中了进士，后来担任了左拾遗。

左拾遗是谏官，白居易利用可以随便向皇帝上疏的机会多次向皇帝提意见。有一年闹旱灾，皇帝下诏宣布减免赋税。这本来是好事，但白居易却看出诏书说得不详细，很容易被别有用心的人钻空子，于是他建议直接免去江淮一带的赋，再放出一些宫女以节约开支，唐宪宗采纳了他的意见。他听说王锷即将被提拔为宰相，但王锷是有名的贪官，于是冒死上疏反对。白居易一心为国，他进谏都是对事不对人，但也让很多小人丧失了舞弊的机会，暗中得罪了不少人。

后来白居易在殿上和皇帝讨论问题，争论不休。往往皇帝一句话还没说清楚，他就说："陛下错了。"唐宪宗脸色都变了，匆匆结束了讨论。唐宪宗私下对李绛说："这个人是我提拔的，居然敢这样狂妄。我实在忍受不下去了，一定要罢免这个人！"李绛清楚白居易是个忠臣，他对唐宪宗说："陛下广开言路，所以大臣们才敢直言进谏，这样才能知道朝政的得失对错啊。如果罢免了白居易，那就断了言路了，这怎么行呢？"唐宪宗被他说动了，对待白居易还像从前一样。白居易左拾遗任期到了后，按规定应该换个官职。唐宪宗觉得白居易资历还不够，而且家境也不好，就让他自己选个官职。白居易请求让他以学士职衔担任京兆户曹参军，方便奉养父母，皇帝同意了他的请求。

这个时候宰相武元衡被刺杀，整个长安城为之惶恐不安。白居易第一个上疏请求尽快捕拿杀人凶手，而且要限定期限，不能让凶手逃脱。按惯例，白居易这样的官职应该把奏章交给宰相，再由宰相交给皇帝。可是这道奏章他是直接递交给皇帝的，所以让宰相很不舒服。不久，有人牵强附会地控告他，说："白居易的母亲是不小心掉进井里淹死的，可他还写了一篇《新井篇》，这是不孝。他这人浮华，做事不踏实，所以不能重用他。"朝廷下诏将他任命为州刺史。中书舍人王涯落井下石，上疏说白居易不适合治理州郡，于是又把他贬为江州司马。白居易在任江州司马的时候写下了流传千古的《琵琶行》。

过了很久，白居易被任命为中书舍人。朝廷派他去向田布宣布魏博节度使的任命。田布为此送给他500匹布，朝廷下诏让他接受。白居易说："田布的父仇和国家的耻辱都没能昭雪，我们应该帮助他。现在让我取他的财物，我于心不忍。再说以后朝廷会经常派人来慰问田布，如果他每次都赠送很多礼物的话，那他还来不及报仇就把财物花光了。"朝廷觉得白居易很正直，下诏同意不接受礼物。

河朔地区发动叛乱，叛军很嚣张。白居易看不下去，上疏提出平叛的建议。可是当时的皇帝只知道吃喝玩乐，宰相又没有才干，根本不能接受正确意见，看着叛贼胡作非为却无能为力。白居易虽然提出了宝贵意见，但没有被朝廷采纳，他对朝廷很失望，请求将他外放当地方官。白居易被派到杭州任刺史，他一上任就在钱塘江两岸修筑堤坝，并兴修了很多水利工程，为当地百姓做了不少好事。

唐文宗即位后，将白居易召回了朝廷，任命为刑部侍郎。不久党争事发，白居易的姻亲杨虞卿和李宗闵是好朋友，但白居易却很厌恶涉及党争，所以当时他受到很多人的指责。白居易仕途坎坷，当年他被唐宪宗信任的时候，就被很多人忌妒，受他们排挤。等到被朝廷重新任用的时候，新皇帝又是小孩子，他的才能更无法得到发挥。他就把心思放在了写诗作文上面，诗作多达几千首，流传下来的大概有近3000多首。当时人们争相传诵他的诗，新罗商人把他的诗卖到自己国家去，一篇能卖一两黄金。会昌六年（公元846年），白居易去世，享年75岁。

甘露事变

安史之乱让皇帝看到了让武将掌握兵权的可怕之处，从此不再信任外臣。当时皇帝最信任的人莫过于宦官了，因为宦官是内臣，又没有家属，所以皇帝觉得宦官比较可靠，毕竟他们不会想着自己当皇帝，所以就让宦官来掌握军队，其中禁卫部队神策军就是由宦官掌握的。

但唐朝皇帝的美梦没过多久就破灭了，身体有缺陷的宦官们比那些奸臣更可怕，他们逐渐控制了朝政大权。唐宪宗死后，宦官们拥立了唐穆宗。唐穆宗没当几年皇帝就因为服用"仙丹"丧了命。继位的唐敬宗也是宦官们拥立的，不过没过几年好日子，宦官们觉得他不合自己心意，干脆把他毒死了，立唐穆宗的弟弟为帝，就是唐文宗。

唐文宗生性仁慈，但性格懦弱。他很看不惯宦官们横行霸道，再说他们敢毒死一个皇帝，谁能保证自己就不会是第二个呢？所以他暗自下了除掉宦官的决心。

当时宦官内部分为两个集团，一个以王守澄为首，一个以仇士良为首，两派宦官互相争权夺利，内部矛盾重重。唐文宗觉得这是个好机会，决定采用各个击破的战术把宦官消灭掉。

不久，唐文宗生了场病，宫里的御医老是治不好。幸好王守澄手下有个叫郑注的官员精通医术，王守澄让他去给唐文宗治病。郑注医术果然高超，很快就药到病除。唐文宗很高兴，和他聊了一段时间，发现他口才很好，于是把他提拔为御史大夫。郑注有个好朋友叫李训，他听说郑注当了大官，就请郑注拉他一把。郑注请王守澄向唐文宗推荐李训，很快就让他当了宰相。

这两人成了唐文宗的心腹，唐文宗把自己要除掉宦官的想法告诉了他们。两人虽然是走宦官的门路才上来的，但心里也对宦官专权不满，和唐文宗一拍即合，开始谋划除掉宦官的办法。他们觉得王守澄势力最大，决定先拿他开刀。先逐步削弱王守澄的兵权，把仇士良提拔上来，控制了一部分神策军。王守澄的兵权逐渐被剥夺干净后，唐文宗一杯毒酒送他归了西。

王守澄死后，仇士良成了唐文宗最大的一块心病。李训收买了将军韩约，制订出一个详细的计划。不久韩约上奏说，禁卫军后院的一棵大树上降了甘露。当时天降甘露是很吉利的兆头，所以李训就提议唐文宗亲自去观赏。唐文宗装模作样地让李训先去核实一下，李训去了一会儿就回来了，说："这些甘露好像不是真的，但我又拿不准，请陛下派人去复查一下。"唐文宗就让仇士良带领宦官们去禁卫军后院检查甘露。

其实所谓甘露根本就是鬼话，这是李训等人事先商量好的办法，他们早就在禁卫军后院埋伏好士兵，想对宦官来个一网打尽。仇士良他们刚要走到后院的时候，在前面带路的韩约因为太紧张而脸色发白，汗流不止。仇士良觉得很奇怪，正在这个时候突然刮起了一阵风，挡住士兵的幕布被吹开了。仇士良看到里面躲了一群手持兵器的士兵，知道大事不妙，赶紧带领宦官逃走。李训见事情败露，命令士兵们追赶。仇士良等人逃回大殿，挟持了唐文宗，将他抬进软轿，拔腿就跑。李训见势头不妙，冲上去拉住软轿，但被宦官打倒在地上，只能眼睁睁看着宦官们挟持唐文宗逃进内宫。

政变失败了，李训换上百姓的衣服逃走。仇士良才不会放过他呢，他一躲进内宫就派出 500 名士兵诛杀李训等人。那些士兵在宫外见人就杀，李训并没有逃过他们的屠刀，很快就被抓起来杀死。这时候被派出去带兵进京的郑注也被监军宦官杀死，政变成功的最后一点儿希望也破灭了。历史上把这次政变称为"甘露事变"。

忠烈名臣颜真卿

颜真卿早年丧父，由母亲教育他。颜真卿学问渊博，又是个孝子，品行很好。开元年间，他中了进士，后来升任监察御史。他去外地巡视的时候，在五原县审理清楚了一件疑案，当时本来大旱，案子审清楚后就下了场大雨，当地人把那雨称为"御史雨"。颜真卿执法严明，弹劾违法官员无所畏惧。杨国忠的亲信吉温陷害宋浑，颜真卿说："怎么能因为一时的愤怒来陷害人呢？"杨国忠因为这件事对他很不满，把他排挤到平原当了太守。

颜真卿料定安禄山会造反，他借口连日阴雨，城墙倒塌，下令加固城墙，挖掘壕沟，选拔士兵，做好抵抗的准备。他为了麻痹敌人，成天都和人一起喝酒，安禄山以为他一介书生，没有对他产生疑心。安禄山叛乱的时候，河朔一带除了平原全部都沦陷了，颜真卿派人向唐玄宗禀报安禄山叛乱的消息。当初唐玄宗听到安禄山叛乱的奏报后叹气说："河北地区有24个郡，难道就没有一个忠臣？"等见到颜真卿的使者后，他很高兴，说："我不知道颜真卿是个什么样的人，但他这样做实在难能可贵。"

颜真卿像

敌人攻破洛阳后，派段子光把李登、卢奕和蒋清的首级拿到河北各郡传示，恐吓他们。段子光到了平原后，颜真卿担心部下害怕，故意说："这些首级不是他们的。"于是杀掉段子光，把李登等人的首级藏起来。后来他用草扎成三人的身体，把首级放在上面安葬了。

颜真卿在河北一带坚持抵抗，一直到唐军收复河北。后来河北再次沦陷，颜真卿认为敌人士气高涨，不能和他们硬拼，就放弃了平原，来到凤翔朝见肃宗，被任命为御史大夫。他一直坚持原则，弹劾不合格的官员，维护了纲纪。颜真卿的耿介得罪了不少人，宰相元载道德败坏，有一次他反对颜真卿的一个建议，颜真卿生气了，对他说："用不用我的建议是由你决定的，但是提建议的人是没有错的。朝廷的政事还经得起你的破坏吗？"元载从此对颜真卿恨得咬牙切齿。颜真卿主持祭祀太庙的时候，反映祭祀的器物不整洁，元载就诬陷他诽谤，把他贬到陕州当了别驾。

元载被处死后，颜真卿被任命为刑部尚书。杨炎当政的时候，不喜欢颜真卿的耿介，把他改任为太子少师，剥夺了他的权力。卢杞当了宰相后更看不惯颜真卿，多次想方设法陷害他。

李希烈发动叛乱，攻下汝州，卢杞上疏建议把颜真卿派去劝说李希烈，皇帝居然同意了他的请求。消息传出后，满朝文武大惊失色，李勉认为，朝廷会因此失去一个元老，是耻辱，他秘密上表请求皇帝收回成命，但没有成功。颜真卿经过河南的时候，河南尹鉴于李希烈造反的迹象已经很明显了，劝他不要去送死。颜真卿说："君命不能违背的。"他见到李希烈后，李希烈的养子拔出刀将他团团围住，将领们也破口大骂，但颜真卿仍然不动声色地将圣旨宣读完毕。李希烈一向敬重颜真卿，用身体护住颜真卿，把那些人骂了下去，好不容易才让颜真卿回到宾馆。李希烈逼颜真卿上疏为自己辩解，颜真卿不答应。李希烈就骗颜真卿的侄子和手下，让他们向朝廷请求为自己平反，但皇帝没有理睬。事实上颜真卿给他们写信的时候，只是在信中教导他们要好好为朝廷效力，守护好家庙，并没有别的话。李希烈派人劝说颜真卿，颜真卿对来人说："你受国家栽培，却不好好报效朝廷。只恨我手里没有刀，如果有刀的话早把你宰了，还用得着你来劝说？"李希烈举行宴会，把颜真卿也找来，他让表演节目的伶人演唱辱骂朝廷的话，颜真卿大怒，指着李希烈骂道："你是朝廷的臣子，怎么能这么做！"说完就走了。李希烈很羞愧，当时别的叛臣的使者都在，他们对李希烈说："早就听说颜太师声望很高,大人您想称帝,要找个宰相,谁能比得上颜太师的?"颜真卿痛骂:"你们听说过颜常山吗?他是我的哥哥,当年安禄山叛乱的时候,他第一个起来反抗,后来虽然被俘,但骂贼不绝,不屈而死。我快 80 岁了,坚守节操,并不怕死。难道还怕你们胁迫我吗?"那些人都大惊失色。

李希烈在院中挖了个大坑,扬言要活埋颜真卿,但颜真卿并没有被他吓倒。李希烈称帝后,派人向颜真卿请教登基的礼仪,颜真卿回答:"我老了,只记得诸侯朝见皇帝的礼仪!"朝廷的军队逐渐占据了优势,李希烈怕形势发生变化,派人到颜真卿那里,在院子里堆满柴草,点燃后对他说:"你今天不投降的话,就把你活活烧死!"颜真卿二话不说,站起来就向烈火扑去,叛贼们赶紧把他拉住。李希烈见颜真卿不可能投降,终于动了杀机。他派人去杀颜真卿,使者对颜真卿说:"圣旨到。"颜真卿赶紧跪拜接旨。使者说:"应赐你死。"颜真卿问道:"我没有能完成使命,罪该万死,只是想问您是哪天从长安出发的?"那人说:"我是大梁来的(李希烈首都定在大梁)。"颜真卿大怒,站起来骂道:"原来是叛贼派来的,还敢称圣旨!"最后颜真卿被勒死了,享年 76 岁,唐朝三军将士听到这个噩耗后都痛哭流涕。

牛李党争

唐朝中后期,出现了一次持续了 40 多年的党争,极大地影响了唐朝内部的团结。这次党争分为两派,一派首领为李德裕,另一派首领是牛僧孺,所以历史上把这场党争称为"牛李党争"。

牛李党争早在唐宪宗统治时期就埋下了伏笔。当时朝廷举行选拔官员的考试,牛僧孺和李宗闵两人在卷子中批评了朝政,结果被评为第一。宰相李吉甫认为他们是在诽谤自己,对他们很不满,于是唆使亲信诬陷他们,把他们贬到外地为官。

李吉甫的儿子李德裕后来当了翰林学士,他对牛僧孺和李宗闵两人当年触犯自己父亲一事还是怀恨在心。有一年钱徽主持科举考试,李宗闵暗地嘱托钱徽照顾下自己的亲戚。正好这事让李德裕等人知道了,他们就向皇帝告发了此事。结果钱徽受到了惩罚,李宗闵也被贬官。他认为是李德裕故意陷害他,从此恨上了李德裕。

唐文宗即位后,李宗闵投靠宦官,当上了宰相。李宗闵总是在皇帝面前称赞牛僧孺是个人才,于是皇帝也把牛僧孺提拔为宰相。两人联合起来把李德裕排挤出了朝廷,让他到外地当刺史去了。从此两派势力此消彼长,明争暗斗,把朝廷闹得乌烟瘴气。

当时吐蕃向唐朝求和,一个吐蕃首领主动将自己所辖的维州献给了朝廷。李德裕上疏说:"当年韦皋在西川一带经营的时候,到死也没能取得维州。我建议趁此机会派人将十三桥烧掉,断绝敌人退路,这样可以轻松获胜。"唐文宗召集群臣讨论这件事。牛僧孺坚决反对这个意见,他说:"吐蕃那么大,失掉一个维州对他们来说算不得什么。现在前来讲和的使者还没到,我们就食言,这样不好。

况且我们应该守信，如果吐蕃兴兵报复的话，那又如何是好？"文宗觉得他说得有理，于是没有听取李德裕的话。当时人们都认为牛僧孺是公报私仇，后来皇帝也觉得放弃维州是不对的，对牛僧孺的信任减少了很多。

李德裕很有才干，虽然只是个地方官，但在民间的口碑很好。唐武宗登基后，牛党失势，李德裕被任命为宰相，从此李党又独掌大权。李德裕深受唐武宗信任，当时回纥请求依附唐朝，李德裕实行怀柔政策，团结了少数民族，受到了好评。不久回纥另一个部落来打唐朝，李德裕对他们毫不手软，下令出击，大破回纥入侵者。

唐武宗笃信道教，很讨厌佛教。他觉得佛教劳民伤财，又和国家抢夺人民和财富，即位没几年就下令废除佛教。李德裕认为太多人出家当僧侣导致户口减少，国家的税收也大受影响，所以他对废除佛教持赞成态度。唐武宗年号会昌，这次废佛运动被称为"会昌灭佛"。通过打击佛教，唐朝政府收回了不少土地，户口也增加了，国力增强了不少。不过当时有太多佛教徒，所以导致李德裕日后名声不太好。

李德裕这次掌权由于少了牛党在旁边捣乱，做起事来得心应手，出了不少成绩，朝廷内外赞誉声不断。但李德裕做事比较专断，听不进别人的不同意见，恨他的人也不少，就连一些曾经支持过他的宦官也脱离了他的阵营。唐宣宗即位后，第一件事就是把他赶出了朝廷，任命为洛阳留守，顺便把李党也排挤了出去。这时候牛党的人又可以扬眉吐气了，他们纷纷被召回朝廷授予官职，牛僧孺也得意扬扬地回来了。

李德裕受到排挤，很快就被贬为潮州司马，再贬为崖州司户，不久就死在贬所，他的死标志牛李党争结束。这场党争给唐朝带来了不可估量的损失，朝中大臣在长达 40 多年的党争中明争暗斗，根本不把国家利益放在眼里，使唐王朝不可避免地走向了衰落。

冲天大将军黄巢

黄巢出身盐贩世家，家里世世代代都是卖私盐的。

唐懿宗统治时期，连年饥荒，而官员们仍旧横征暴敛，朝廷发下来的救灾款项被他们贪污一空，老百姓根本活不下去，很多人干脆揭竿而起，用武力反抗唐王朝的黑暗统治。濮州人王仙芝率领 3000 人起兵，逐渐扩大了势力。王仙芝自称大将军，送檄文到各地，说官吏贪得无厌，不让老百姓活命，所以要除暴安良。朝廷的那帮奸臣根本不敢把消息告诉给皇帝，也就没有多少官兵去镇压，导致王仙芝的势力越来越大。黄巢听说这个消息后，和兄弟们拉起几千人的队伍起兵响应王仙芝。

黄巢和王仙芝合兵，推王仙芝为首，连败官军。这个时候唐懿宗已经知道起义军的事情了，他派人前往剿灭，但并没有什么成果。朝廷决定对其招安，任命王仙芝为左神策军押衙。王仙芝本人倒是很高兴，但黄巢却很不满，他骂王仙芝："你倒是投降了，将士们怎么办？要走可以，把士兵留给我！"还把王仙芝打了一顿。王仙芝害怕激起众怒，拒绝了朝廷的招抚，继续带兵和朝廷作战。不久，王仙芝被官军打败处死。这时黄巢正在攻打亳州，王仙芝的残部前来归附他，大家推举黄巢为王，号称"冲天大将军"，建立了起义军政权。

黄巢占据荆南后，和官军交战。官军让沙陀人将500匹战马故意放入阵中然后逃走，起义军以为官军胆怯。第二天，起义军将领骑上那些马出战，那些马能听懂沙陀语，被沙陀人一叫就跑回官军那边，然后官军出动伏兵，将起义军杀得大败，俘虏了起义军4/5的人。有人劝官军将领刘巨容继续追击，刘巨容却说："朝廷经常辜负我们，有难的时候不吝惜赏赐，但没难的时候就猜忌我们了。还不如留下部分贼寇，这样朝廷才会继续倚重我们。"黄巢因此才得以摆脱追击，重整旗鼓。

黄巢吸取了过去的教训，下令不准乱杀老百姓，也不许抢劫。所经之地只选取精壮男子补充军队，由此得到老百姓的支持。黄巢渡过淮河，官吏纷纷逃亡，这时候的皇帝是唐僖宗，他听说黄巢打来的消息后吓得直哭。宰相们建议把现有的15万人全部调集起来把守潼关，大宦官田令孜一方面请求让自己率兵守卫潼关，另一方面劝皇帝去蜀地避难。这个时候黄巢已经攻下了洛阳，进城之后秋毫无犯。皇帝把希望全部寄托在田令孜身上，亲自为其饯行。但是田令孜手下的禁卫军都是富家子弟，只是在禁卫军里面挂个名混饭吃的，根本不懂得打仗。而且拿到朝廷的赏赐后只会向别人夸耀，等到得知真要去打仗后，都躲在家里哭。他们私下雇佣贫民，让他们代替自己去送死。那些人有的连兵器都握不稳，看到的人都很吃惊，觉得这下肯定要完蛋了。张承范带领3000人守卫潼关，他对皇帝说："当年安禄山只有5万人就攻破了潼关，现在敌人有60万，我估计守不住的。"但皇帝没有听他的。禁卫军只带了三天的粮食，士兵们都吃不饱，毫无斗志。

黄巢率军攻打潼关，官军齐克让在关外作战，将黄巢的前锋击退。黄巢随即来到，鼓舞了士气。齐克让的士兵根本没有吃饱饭，饿得受不了，暗地放火烧了营寨后逃跑了。张承范拿出金子对潼关守军说："大家一定要守住，援兵马上就到！"但实际上并没有什么援兵，很快潼关就失守了。唐僖宗听说潼关失守，逃到蜀地避难去了。黄巢很轻松地占领了长安，士兵们见到贫苦百姓就扔钱帛给他们，还宣传："黄王不像唐家那样不爱惜你们，大家不要害怕。"起义军对那些达官贵族却是另一副面孔，抓到官吏全部斩首，并焚烧了他们的房子，留在长安的皇室宗亲全部被杀。

黄巢随即登上皇位，定国号为大齐，起义暂时取得了胜利。可惜起义军长期流动作战，并没有建立根据地，占领过的地方也没有分兵把守，他们一走，官军就回来占领了。实际上黄巢所能控制的也就是长安周围一小块地方，官军把他们包围了起来，不久，长安的粮食供应出现了危机。这个时候，黄巢手下大将朱温投降了官军，雁门节度使李克用也率领部下讨伐黄巢，连续击败起义军。黄巢军粮很快就吃光了，部下逐渐不服从命令，开始策划逃跑。

黄巢在撤退途中一直受到朱温和李克用的追击，身边的士兵越来越少，最后在泰山躲了起来。不久，黄巢在泰山狼虎谷战死，起义最终失败。黄巢起义沉重打击了唐朝的统治，在剿灭黄巢的过程中，各地节度使扩充了实力，形成了新兴军阀势力，很快就推翻了唐王朝的统治。

旧五代史

　　《旧五代史》原本 150 卷，为北宋薛居正等撰，以五代各自为书，记叙详细，后散佚。我们现在读到的《旧五代史》，为清朝邵晋涵等所辑，既非全文，又经删改，阅读之时需要加以分辨，但仍不失为研究五代史事的重要资料。

野心家朱温

朱温本来是河南的一个小流氓，他母亲给人当用人，好不容易才把他养大。黄巢起义后，朱温觉得这是个机会，加入了起义军。由于他足智多谋，武艺高强，逐渐成为起义军中的重要将领。他见黄巢的力量越来越弱，就带领部下投降了朝廷。唐僖宗很高兴，特地赐名全忠，封他为河中行营副招讨使，不久，又封他为宣武节度使，朱温由此变成了镇压农民起义的帮凶。很快，他借镇压起义军的机会吞并了好几个节度使的地盘，成为唐末最强大的一个藩镇。

朱温像

当时的皇帝唐昭宗被宦官囚禁在凤翔，朱温觉得这是个控制朝政的好机会，率军以勤王的名义包围了凤翔，将唐昭宗接回长安，从而控制了朝政，顺便把那些作恶多端的宦官全部杀掉了。

不久，朱温逼唐昭宗迁都洛阳，还下令把长安的居民也全部迁走。到达洛阳后，朱温先想办法把跟随昭宗的亲王、宦官和陪昭宗玩的少年全部毒死，将皇帝身边的侍从换成自己的人。朱温见昭宗的儿子李裕相貌不凡，有王者气派，他担心李裕即位后对自己不利，于是想办法想害死他。当时很多节度使都在外面蠢蠢欲动，朱温早就想对付他们了，他怕自己带兵出去的话，昭宗会对他不利，于是决定立个年幼的皇帝，便于自己控制。

一天晚上，唐昭宗正在睡觉，朱友恭受朱温指使，派蒋玄晖带了100人谎称有紧急军情汇报。裴夫人打开门一看外面全是士兵，就大声呵斥他们。一个士兵冲上去一刀将裴夫人杀死，然后到处搜查昭宗。昭宗从睡梦中惊醒，披上衣服就跑。一个士兵挥刀向他砍去，李渐荣用身体去挡，结果死于刀下，昭宗也被杀害了。第二天，蒋玄晖对外宣布是裴夫人和李渐荣杀害昭宗，于是立李柷为太子，择日即位。李柷就是唐哀帝，当时才13岁。

朱温得到昭宗被杀的消息后心里非常高兴，但却装出一副很震惊的样子瘫倒在地上，号啕大哭。回到洛阳后，他一头扑在唐昭宗的棺材上，哭得死去活来。然后他又向哀帝诉说这事和他无关，并请求让他追查凶手。正好朱友恭等人的部下在外面闹事，于是他以朱友恭等人管教下属不严上奏，贬了他们的职，后来干脆让他们自尽。接下来，朱温又把朝廷当中可能会反对他的大臣全部杀掉。

朱温觉得差不多可以当皇帝了，不过他还想听听各地节度使的意见，就派人把自己想称帝的意思告诉了各地的节度使。当时只有襄州节度使赵匡凝反对，朱温派人把襄州打了下来，赶走了赵匡凝，从此再也没有人敢公开反对了。

哀帝拼命讨好朱温，还赐给朱温九锡。九锡就是九种礼器，一般只赐给德高望重的大臣，权臣在篡位之前，一般都要先接受九锡的赏赐。朱温明明很想篡位，但他觉得哀帝这样做是在讽刺他，更加生气了，竟不肯接受。不久朱温诬告蒋玄晖和太后私通，将蒋玄晖杀死，又杀了太后和另外几个大臣。

第二年，朱温的手下罗绍威计划除掉牙军，也就是最后一支效忠于皇帝的军队。朱温发兵援助罗绍威，将牙军将士全部杀死，除去了篡位的最后一个障碍。

一年后，朱温终于登上了皇帝的宝座，定国号为梁，灭掉了唐王朝。朱温把儿子们派出去打仗，自己却把儿媳们招进宫里供自己淫乐。最后他的二儿子实在忍受不了禽兽父亲的暴行，发动政变将其杀死。梁朝没过多久也就灭亡了，从此中国陷入分裂局面。

十三太保之首李存孝

五代十国是一个兵荒马乱的时代，涌现出很多英勇善战的名将。在民间传说中，这个时期最有名的大将莫过于李存孝了。

当时太原一带是沙陀人李克用的地盘，朱温盘踞在中原地区，巴蜀、江南、岭南等地区也各有各的势力，他们之间相互混战，给老百姓带来很大的痛苦。

李克用为了巩固自己的势力，收了很多养子，让他们全都改姓李，并为了和自己的儿子同辈，将他们全部取名"存"字辈。他的这些养子中最受宠爱的有13个人，人们把这13人称为"十三太保"，他们为李克用打天下立下了汗马功劳。李存孝就是"十三太保"当中的佼佼者。

张浚之入侵太原，潞州士兵发动叛乱，将守将李克恭杀死，献城投降。朱温派张全义攻打泽州，泽州守将李罕之向李克用告急，李克用命李存孝率领5000人前去援救。朱温的部下在泽州城下大骂："你们仗着李克用的势力长期和我们作对，现在张浚之正在攻打太原，葛从周已经占领了潞州，过不了几天，你们沙陀人连藏身的巢穴都没有了，看你们到时候怎么办！"李存孝听到了这些话后非常生气，选了500个骑兵出来，冲到朱温部队阵前高呼："我就是你们说的找巢穴的沙陀人，不过我找巢穴是为了吃你们的肉，快快叫个胖点儿的人出来让我吃个够！"当时朱温军队里有个叫邓季筠的人，也以勇猛而闻名，他带领部下出来应战，李存孝亲自舞着槊冲进敌阵，将邓季筠活捉，然后带兵把敌人全部消灭，得到1000匹战马。吓得敌人当天晚上就撤军了，李存孝紧追不舍，俘虏杀伤了1万多人，然后回头攻打潞州。

当时朝廷任命孙揆为昭义节度使，到潞州上任。朝廷已经被朱温控制了，所以实际上是朱温借朝廷名义想抢潞州。孙揆带了1万多人前来。李存孝打探到这个消息后，带了300个骑兵在长子西崖设下了埋伏。孙揆带着军队大摇大摆地走了过来，进入了李存孝的包围圈。李存孝瞅准机会，等到孙揆军队走到跟前的时候，率领伏兵杀出，将敌人横切为两半，一举击破孙揆大军，俘虏了孙揆和护送官韩归范，另外还有500个敌兵也当了俘虏。李存孝乘胜攻打潞州，潞州守将葛从周弃城逃走。李存孝为收复潞州立下头功，本以为会得到重赏，谁知李克用却任命康君立为潞州节度使。李存孝大怒，但他从不违背李克用的命令，只是气得几天没有吃饭。

这一年十月，李存孝将潞州的士兵召集到自己帐下，率领他们将张浚围困在平阳。华州韩建派了300人前来偷袭，李存孝事先得知了这一消息，设下了埋伏，将前来偷袭的人杀了个精光。然后引兵晋州，俘虏了3000个敌军，敌人从此以后再也不敢出来找麻烦了。李存孝乘机攻打绛州，将绛州守将张行恭赶跑，张浚、韩建等人听说后也都偷偷溜走了。李存孝于是把晋州也给占领了，被封为汾州刺史。

几年后，邢州节度使安知建投降朱温，李克用很生气，命令李存孝将其平定。在战斗过程中，李存孝和李存信产生矛盾，李存信在李克用面前造谣说李存孝当时望风而逃，根本不想和敌人作战，怀疑李存孝和敌人私下里有勾结。李存孝听说后非常生气，一气之下干脆真的和敌人通信，他认为反正我没有你们也说有，那还不如真有呢。第二年，李克用出兵真定，李存孝和敌将王镕见面，两人谈了很久关于军事方面的事情。李克用知道后大发雷霆，打败敌人后马上回军讨伐李存孝。

后来李存孝袭击了李存信的大营，将其打败。李克用亲自带兵征讨李存孝，并在城下挖掘壕沟围城。李存孝率兵出击，让壕沟无法完成。袁奉韬对李存孝说："你唯一怕的人就是李克用，但是他挖好壕沟后就会离开。他手下的人哪个是你的对手？所以就算挖好了也没用。"李存孝听信了他的馊主意，不再出击，结果整座城池都被壕沟围住，李存孝非常被动，军粮也吃光了。李存孝登上城墙请罪，哭着对李克用说："我深受父亲的大恩，如果不是小人在父亲面前进谗言的话，我怎么会做出这样忤逆的事呢？我虽然心胸狭窄，但都是李存信造谣诬陷才落到这个地步的。我只求能见父亲一面，把心里话说出来，死也甘心！"李克用听了之后也觉得很凄然，于是派刘太妃进城慰劳。刘太妃把李存孝从城里带了出来，拉着他跪在地上请罪道："孩儿立过一些功劳，并没有什么大过失，只是被人中伤才会干出这样的蠢事。"李克用斥责李存孝道："你和王镕在信里给我安了这么多罪名，这也是李存信教的？"于是把李存孝带回太原，车裂而死。

李克用虽然杀了李存孝，但心里还是很爱惜他的才能的。李存孝每次遇到强大的敌人，都披上重铠甲，拿上兵器，身边只带两个骑着马的仆人冲锋。跑到敌人阵前的时候再换上仆人骑的马，这样马匹就跑得飞快，在敌阵中冲杀，有万夫不当之勇。李存孝的死对李克用打击很大，他好多天都没有出来处理事情。

宠幸伶人的唐庄宗

李克用临死的时候，交给儿子李存勖三支箭，对他说："这三支箭代表我的三个仇人。第一个是朱温，这就不用我解释了。第二个是刘仁恭，当年我保举他做官，谁知道他居然投靠朱温。第三个是耶律阿保机，他曾经和我结拜为兄弟，不料也投靠了朱温。这三口恶气不出我死不瞑目！你要记住，以后要用这三支箭将这三个人杀死！"李存勖哭着答应了父亲。

李存勖即位后抓紧时间训练军队，很快就练出一支强大的骑兵队伍。时机成熟后，他领兵讨伐朱温，多次将其打败，把朱温活活气死。然后李存勖继续进攻幽州，将刘仁恭父子杀死。最后他回去养精蓄锐了9年，找准机会大败契丹人，把耶律阿保机赶回了老家。这样，他父亲的仇基本上算是给报了。不久，李存勖灭掉了梁朝，自己登基称帝，建立了后唐王朝，他就是唐庄宗。

唐庄宗在称帝之前能够吃苦耐劳、励精图治，但当上皇帝后他却好像变了一个人，开始贪图享受起来。唐庄宗特别喜欢听戏和唱戏，刚登基没几天，他就在宫里组织了一个戏班子。大臣们对此很不满意，纷纷劝阻他。唐庄宗很不高兴，发了几次脾气以后也就没有人敢反对了。

戏班子组建好之后，唐庄宗就成天在里面鬼混，后来连朝都懒得上了，把国事都交给大臣们处理。他自己却躲在戏班子里学习唱戏，和那帮伶人称兄道弟，还给自己取了个艺名叫"李天下"。

唐庄宗最喜欢的一个伶人名叫景进，他经常在唐庄宗面前说别人坏话，但又装出一副赤心为国的样子，所以唐庄宗很信任他，对他言听计从。大臣们见景进得宠，都不敢得罪他，很多人还拼命讨好他，以便让他在皇帝面前为自己美言几句。

唐庄宗决定封两个伶人为刺史，消息传出后反对的人特别多，很多人认为当初跟唐庄宗一起打仗的功臣还没来得及赏赐，伶人只唱了几天戏就得到厚赏，这样会让人们心寒的。但唐庄宗却执迷不悟，还是让那两个伶人当了刺史。那两个伶人仗着有皇帝撑腰，在大臣们面前趾高气扬，很多当年和唐庄宗出生入死的将士们心里别提有多别扭了。大将郭崇韬立过很多的功劳，对朝廷忠心耿耿，就因为得罪了那些伶人，居然全家都惨遭杀害。

大将李嗣源是李克用的养子，也是唐庄宗南征北战的股肱之臣，和唐庄宗称兄道弟，可是就连他也要受那些伶人的气，因为得罪伶人还差点儿送了命。很多人看不下去了，纷纷跑去找他，要他带着大家造反。李嗣源也被唐庄宗的所作所为伤透了心，他见功高盖世的郭崇韬都被杀，自己迟早小命不保，早就有造反的意思了。这次他见大伙都支持他，干脆一不做二不休，起兵造反。

唐庄宗一听到李嗣源造反，吓得半死。他赶紧赶回汴京督战，走到半路上就传来汴京失守的消息，而且全国各地都起兵响应李嗣源，这下子他目瞪口呆了。但他还抱有一丝希望，赶紧赶回洛阳，命令郭从谦带兵抵抗。

郭从谦本来也是个伶人，但他品行端正，有正义感，而且曾经认郭崇韬为叔叔。郭崇韬被景进等人害死后，他恨透了这帮人，对唐庄宗也非常不满。这次得到机会，他马上带领部下造反，直冲内宫。唐庄宗没有想到郭从谦也背叛了他，在逃跑的路上被流箭射中，丢掉了性命。

儿皇帝石敬瑭

石敬瑭是唐庄宗手下一员大将，没有发迹的时候他沉默寡言，但熟读兵法，从军后李嗣源很器重他，把女儿嫁给了他。石敬瑭有万夫不当之勇，曾经率领十几个骑兵在敌阵中左冲右突，敌人根本不敢抵挡，最后一个人也没损失就得胜而归。唐庄宗为了表彰他的勇敢，还亲手给他调制乳酥。

李嗣源即位后，石敬瑭被任命为光禄大夫、检校司徒、陕州保义军节度使等官职，此后连连升职，成为后唐举足轻重的大将。

石敬瑭和李嗣源的儿子李从珂一向不和，李从珂篡位后，将石敬瑭逐出了朝廷，任命他为太原留守和节度使。本以为从此可以抑制石敬瑭了，殊不知太原地势险要，可攻可守，士兵强悍，石敬瑭还把洛阳的财物运往太原，将太原作为自己稳固的根据地。这样，石敬瑭渐渐摆脱了李从珂对他的控制。

当时北方少数民族契丹已经逐渐强大起来，首领耶律德光对中原虎视眈眈。石敬瑭知道自己的实力不如李从珂，和部下商量了半天，决定投靠契丹，利用契丹的力量来保护自己，并夺得皇位。

李从珂对石敬瑭一向不满，他听说石敬瑭有所举动后，先发制人，派了几万人马前去攻打晋阳。石敬瑭觉得形势危急，决定立刻向契丹求援。

石敬瑭命桑惟翰给契丹写了一封求救信，上面说如果契丹帮助他把唐军打败的话，他愿意认耶律德光为父亲，并且割让幽州、云州等16个州。石敬瑭不顾民族尊严的行径引起了部将们的反对，刘知远就说堂堂中华大将，认契丹人为父亲实在太丢脸了，再说那16个州是中原的屏障，怎么能随便割让呢。可急疯了的石敬瑭哪儿管得了这么多，还是把那封信送了出去。

耶律德光早就对中原垂涎三尺，见石敬瑭开出这么优厚的条件，高兴还来不及呢，亲率5万人马前去援救石敬瑭，很快就打败了唐军。李从珂调集军队组织第二次进攻，可带兵的赵德钧却贿赂耶律德光，请求立自己做皇帝，和契丹约为兄弟之国。他的条件比石敬瑭的差多了，不过耶律德光觉得赵德钧的实力很强，不是那么好对付的，决定答应赵德钧的请求。石敬瑭知道这一消息后急得和热锅上的蚂蚁一样，赶紧派桑惟翰跑到契丹军营前跪下，哭哭啼啼地请求契丹不要和赵德钧合作。耶律德光没有办法，只好撤销和赵德钧合作的打算。

不久，耶律德光册封石敬瑭为皇帝，定国号为晋，并约定双方以后永为父子

石敬瑭像

之邦，石敬瑭将雁门关以北16个州割让给了契丹。石敬瑭比耶律德光大了11岁，可他还是恬不知耻地称呼耶律德光为父亲。

石敬瑭有了契丹做靠山后，就变了一个人，他气势汹汹地率领人马向后唐发起了进攻，后唐军队纷纷望风而降。两国联军一直打到了潞州，赵德钧父子投降。这个时候契丹军队停止前进，石敬瑭率领自己的部队单独南下，借着余威迫使唐军投降，一直打到了洛阳城下。李从珂见大势已去，只好和太后、皇后等人登上高楼自焚。石敬瑭终于除掉了心腹大患，正式成为中原的皇帝。

石敬瑭对契丹感恩戴德，给契丹上奏章的时候，都自称"儿皇帝"，称耶律德光为"父皇

帝"，每年除了要送 30 万匹丝帛和大批金银外，逢年过节还得送上各种礼品给耶律德光和手下的大臣们。契丹对石敬瑭稍有不满，就派使者来斥责他，可石敬瑭丝毫也不动怒，而是唯唯诺诺，卑躬屈膝地道歉。后晋的使者出使契丹，契丹人都不把他们放在眼里，故意说很多侮辱性的话。而契丹使者出使后晋，却比皇帝还威风，稍有怠慢便大发脾气，指着石敬瑭的鼻子骂。朝廷上下对此非常不满，觉得把中原人的脸都丢尽了。可石敬瑭却满不在乎，照样我行我素。

石敬瑭当了 7 年儿皇帝，病死了。他的侄子石重贵继承了皇位，在给契丹的奏章中自称"孙"而没有称臣，契丹人认为这是对他们的不敬，于是大举南下侵略中原。由于燕云十六州被割让给了契丹，所以契丹军队入侵中原如入无人之境。但进入中原后，遭到中原军民的顽强抵抗，连续两次都失败了。最后由于内奸的出卖，契丹人还是攻下了洛阳，将石重贵俘虏，后晋从此灭亡了。

虽然契丹人最后还是被赶走了，但那 16 个州始终都掌握在他们手中，导致日后的中原王朝在和契丹作战的时候无险可守，始终处于被动的局面。

长乐老冯道

五代十国是一个混乱的时代，很多人都无法在其中保住性命，但是冯道却能在政坛上如鱼得水，先后侍奉了四个朝代 10 多个皇帝，担任宰相 20 多年。

冯道出身于一个普通人家，他为人纯朴厚道，平时除了照顾父母之外，只是读书吟诗，是一个爱学习的人。冯道被刘守光提拔为官，后来又投靠了后唐，帮助唐庄宗处理文书。当时唐庄宗和后梁军队隔着黄河对峙，按惯例，军官们吃饭都是一起会餐。一天，郭崇韬认为会餐人数过多，对军队是个很大的负担，请求稍微减少一点儿人。唐庄宗生气了，说："我想给为我效力的人吃点儿饭都不行了？那好，你们另外找人当你们的主帅吧，我不干了！"于是命冯道起草文书。冯道迟迟不肯下笔，唐庄宗催促他。冯道站起来回答："我怎么敢不听您的话呢？郭崇韬所说的话不一定是对的，您可以拒绝他，但不能说刚才那番话。敌人如果知道了的话，会认为我们将帅不和的。"唐庄宗这才消了气，从此人们开始敬重冯道。

冯道还非常关心民间疾苦。唐明宗即位后，向冯道询问外面的事，冯道建议他要事事谨慎，不要贪图享乐，唐明宗觉得很有道理。第二天，唐明宗又问冯道："现在虽然丰收，但百姓是否得到了好处？"冯道回答："粮食太贵的话，农民买不起，必然饿肚子。可粮食太贱的话又卖不出好价钱，吃亏的还是农民。我记得最近有个叫聂夷中的举子写过一首《伤田家诗》，诗是这样写的：'二月卖新丝，五月粜秋谷。医得眼下疮，剜却心头肉。我愿君王心，化作光明烛。不照绮罗筵，偏照逃亡屋。'"唐明宗对这首诗赞不绝口，命人将其抄下，以便自己背诵。

冯道脾气很好，从不发怒。有一次一个属官因为一件小事在官署门口大骂冯道，其他人纷纷劝冯道处罚那个人。冯道不予理睬，说："那家伙一定喝醉了。"后来把那个人请进来，摆酒设宴款待了一个晚上，那个人从此以后再也不骂冯道了。

冯道的处事之道就是谁都不得罪，只和皇帝搞好关系，但却显得没有自己的原则，一切以保命为重。契丹灭掉后晋后，耶律德光问冯道："怎样才能拯救天下百姓？"冯道回答："现在的百姓就连佛祖都救不了，只有皇帝才能救他们。"这句话哄得耶律德光很开心，所以没有怎么伤害百姓。

冯道也很得意自己能够在乱世保全性命和富贵，他写了一篇《长乐老自叙》，自称长乐老，认为自己已经是天底下最快乐的人了。

郭威平定内乱后，立刘赟为皇位继承人。他派冯道等人去迎接刘赟。结果冯道和刘赟走到宋州的时候遇上兵变，郭威已经登上了皇位，就是后周太祖。刘赟得知郭威即位的消息后，以为自己被冯道出卖了，想杀掉他出口气。当时和冯道一起迎接刘赟的人都害怕得不知道该怎么办，只有冯道镇定自若，最后也没有出什么事。冯道很快就向周太祖称臣，周太祖很器重他，封他为太师，不直呼他的姓名以示尊敬。周太祖去世后，由于冯道精通礼仪，周世宗就任命他为山陵使，负责处理周太祖的后事。北汉刘崇勾结辽国入侵中原，年轻气盛的周世宗想率军亲征。他召集大臣讨论，冯道坚决反对周世宗亲征。周世宗说："当初唐朝刚建立的时候，天下大乱，那么多草寇都是唐太宗带兵扫平的。"冯道却说："陛下比得上唐太宗吗？"周世宗又说："我们大周兵强马壮，对付一个小小的刘崇和几个契丹人，就像大山压鸡蛋一样容易。"冯道又说："陛下真的能和大山比吗？"周世宗勃然大怒，责问道："冯道你为什么要小看我！"冯道见周世宗动了真怒，就不敢再说话了。等到周世宗出兵的时候，没有让冯道跟从，而是让他在周太祖陵前祭祀。祭祀完毕后，冯道护送太祖的神像回宫，还没等送进太庙，冯道就去世了，享年 73 岁。

新五代史

　　《新五代史》原名《五代史记》，共 74 卷，为北宋欧阳修模仿《春秋》笔法将五代熔而为一所撰。全书内容较简要，并补充了不少新史料，为唐以后唯一的私修史书，与《旧五代史》同为研究五代十国历史的主要资料。

周世宗柴荣

周世宗柴荣是周太祖郭威皇后的侄子，郭威没有儿子，他很喜欢年少有志的柴荣，所以收他为养子。郭威登上皇位后，将周世宗内定为自己的继承人，全力培养他。郭威死后，周世宗顺利登上了皇位。

北汉刘崇听说郭威去世，新登基的周世宗又是个年轻人，认为进兵中原的时机到来了，于是联合契丹人想入侵中原。周世宗听说刘崇和契丹人居然不顾道义，趁自己国丧期间兴兵，顿时大怒。他排除众议，决定御驾亲征。当时后周的军队素质并不是很高，周世宗知道凭借这么一支军队对付刘崇还勉强可以，但要对付身经百战的契丹骑兵可就难了。他下诏招募亡命之徒，知道那些人武艺高强，而且不怕死。他下令，即使是山贼强盗，只要来从军，一律免罪。周世宗用这个办法招募了不少勇武之人，组成了一支强大的军队。

周世宗带领部队亲征，在高平遇上了敌军。有人来报："刘崇手下有3万骑兵，另外还有1万多契丹骑兵，已经摆好阵势了。"周世宗下令出击，刘崇阵势严整，第一次冲锋并没有奏效。周世宗重新摆列好阵势，发动了第二次猛攻。没多久，大将樊爱能和何徽不战而逃，东面的部队顿时乱了阵脚。周世宗大怒，命人前去命令两人重新回来指挥作战，谁知道那两个胆小鬼居然说已经失败，不愿意再打了。周世宗亲自来到东面督战，他身先士卒冲入敌阵，将士们见皇帝都如此勇敢，一个个热血沸腾，不要命地猛攻敌阵，把敌人杀得大败。天黑的时候，敌人在江边摆好阵势，阻止周军的攻势，又被周军杀得大败。一开始，风向对周军不利，但一交战，风向却突然发生变化，朝着敌人方向吹去。一时间飞沙走石，敌人连眼睛都没办法睁开，结果被打得根本无法还手。打了胜仗之后，周世宗下令追查那些临阵脱逃的人，把他们全部抓起来斩首示众，而那些英勇作战的将士都受到了很优厚的赏赐。在此之前，很多将领仗着手握兵权而不太听皇帝的命令，经过此事以后，那些骄兵悍将才开始有所收敛。

周世宗回国后推行了一系列改革措施。他最讨厌佛教骗人害人，当时那些信佛的人动不动就伤害自己的身体，以示对佛的虔诚。更有些僧侣耍把戏骗人，很多人出家是为了不劳而获，逃避赋税，给国家造成了极大的损失。周世宗下令，从此以后禁止私度僧尼，不准随便兴建寺庙，男子15岁以上，能够背诵佛经100页或读500页，女子13岁以上，能背诵佛经70页或读300页的，经家人准许，向官府申报后，才能剃头出家。而且严禁妖术和毁坏自己身体的行为。僧侣都要登记，如果查出没有登记的僧侣，一律还俗。结果第一年就废除了3万多所不符合规定的寺庙，极大节省了社会财富，为后周经济

周世宗柴荣像

的发展打下了基础。

周世宗还重用儒生，让他们制定出新的刑法和礼仪制度，成为日后政法的典范。当时国家缺少流通货币，他下令将全国的铜制佛像销毁，将那些铜用来铸造钱币。他对大臣们说："我听说佛祖教导人们把人生看成是虚妄的，而把拯救苍生看得最重。如果佛祖还在的话，只要是对世人有利，他连自己身上的肉都肯割下来，更何况这些佛像呢？"周世宗的话说得很有道理，所以当时的人都没法反驳他。周世宗还很喜欢读书，注重提高自身修养。他看到元稹的《均田图》后感叹道："这就是达到国家大治的根本啊！"于是下诏颁布了均田法，将全国的土地合理地分配给老百姓，推动生产的发展。

周世宗能够虚心接受大臣的正确意见，他虽然杀了很多大臣，但从来没有因为哪个大臣进谏惹怒他而杀人的。征讨南唐的时候，宰相李谷向他提出了好建议，周世宗将其写好放入锦囊之中，经常拿出来阅读。

周世宗很想统一天下，除了征讨南唐之外，他还发动了对北方的战争，收复了大片失地。可惜这么优秀的一个皇帝却短命，在位仅仅 6 年就去世了。他死后不久，大将赵匡胤夺取了皇位，建立了北宋王朝。

可悲的才子皇帝李煜

李煜是南唐皇帝李璟的第 6 个儿子，他五个哥哥都死得早，所以他才能被立为太子。李璟死后，李煜继承了皇位。他虽然是个很聪明的人，但并没有把自己的聪明才智用在处理国事上面，而是成天沉溺于填词作诗，根本不关心国事。当时中原是北宋的天下，李煜害怕北宋的强大，每年都进贡很多金银珠宝，想让北宋放自己一马。雄才大略的赵匡胤哪里会满足于这点儿小恩小惠？只是他当时的精力都集中在攻打其他国家上面，所以暂时没有动南唐的心思。

李煜见赵匡胤对自己不错，也就放下心来，更加无忧无虑地玩乐起来。他很器重一个叫韩熙载的大臣，认为他敢说真话，有政治才能。但实际上韩熙载是个放荡的人，他家里养了几十个小妾，那些小妾经常和他的宾客们勾搭，而韩熙载对此睁只眼闭只眼。李煜觉得这件事影响太坏，降了他的官职，让他到外地任职。韩熙载出发之前把那些小妾都打发走了，独自上路。李煜认为韩熙载知错就改，就改变主意把他留了下来，并恢复了他的职位。谁知道那些小妾又被他招回来了，李煜对此非常失望。

韩熙载以前和李谷是好朋友，一起在北方为官。唐明宗即位后，韩熙载来到了南方。在临行的时候，李谷来送他，两人话别。韩熙载对李谷说："江南如果让我当宰相的话，我一定能带兵北上，平定中原。"李谷却说："中原如果让我当宰相的话，我收复江南和探囊取物一样容易。"李谷在后周时期果然当上了宰相，他率军攻打南唐，收复淮南。而韩熙载却毫无作为，可见这个人没有什么真本事。李煜器重这种人，说明他不善于观察人和用人。

当时南唐有个大将名叫林仁肇，很有军事才能。赵匡胤很忌惮他，认为要进攻南唐，先得除去这个人，于是他施展反间计，陷害林仁肇，李煜本来就没有什么才能，居然相信了这个阴谋，干脆给林仁肇赐了杯毒酒，把他害死了。

林仁肇一死，北宋就再也没有怕的人了，公开准备灭南唐的计划。李煜很害怕，他赶紧派人给赵匡胤送了封信，表示自己愿意取消南唐国号和皇帝称号，改称"江南国主"。

不久，赵匡胤派曹彬和潘美为大将，率领大军攻打南唐，一直打到长江以北，最后被江水挡住了去路。宋军决定搭浮桥过江，这个消

李煜像

息传到金陵后，李煜问大臣们该怎么办，有个大臣说："从古到今也没听说过搭浮桥过江的，陛下不用担心。"李煜听了之后哈哈大笑，没有放在心上，也没有组织起有效的抵抗。

几天后，宋军搭好了浮桥，渡过了长江。南唐各地守军节节败退，宋军很快就打到了金陵城附近。这个时候李煜才着急起来，他派大臣徐铉赶赴东京向赵匡胤求和。徐铉是出了名的有口才，但是赵匡胤又岂是凭口舌就能说服的人呢？徐铉说："李煜待陛下就像儿子侍奉父亲一样，陛下怎么还要讨伐他呢？"赵匡胤说："那么父亲和儿子能分家吗？"徐铉还是不死心，苦口婆心地劝说，赵匡胤不耐烦了，斥责道："你别废话了！我知道李煜没有罪，但是你要知道，我的床边是容不下别人睡着打呼噜的！"

李煜见没有希望求和，于是孤注一掷，调来15万大军，想火攻宋军。谁知道风向不对，反而把自己给烧了，15万人马全军覆没。李煜最后只好开城投降，被俘虏到东京。

赵匡胤对李煜倒还不错，但李煜知道亡国奴的日子不好过，他每天都流着眼泪过日子，写下了许多悲郁之词，像"问君能有几多愁，恰似一江春水向东流""剪不断，理还乱，是离愁。别是一般滋味在心头"等都是他词中的名句。这些词后来被宋太宗看到，觉得他心怀不满，为了免除后患，宋太宗用毒酒将他杀害了。

宋 史

　　《宋史》共 496 卷，撰者署名为元朝宰相脱脱，其实翰林学士欧阳玄出力最多。《宋史》包括本纪 47 卷、志 162 卷、表 32 卷、列传 255 卷，是二十五史中最庞大的一部官修史书。全书向有繁芜杂乱之称，但仍有许多漏略，总体而言，北宋详细而南宋简略，志和表的价值较高。

陈桥兵变

赵匡胤是北宋开国皇帝，他本来是后周大将，因为作战英勇而受周世宗的器重。

赵匡胤治军严厉。他父亲也是个将军，有一次他父亲带兵作战，回来时天已经黑了。他父亲在城门外叫门，当时守城的正是赵匡胤，他对父亲说："虽然我们是父子，但城门开闭关系到国家大事，现在天已经黑了，按规定是不准开门的，所以我不能让您进来。"结果他父亲一直等到第二天天亮后才进门。

周世宗很怕那些掌握兵权的将军会对他不利，经常杀害那些面相奇异的人。有一次他发现了一块小木头，上面写着"点检作天子"五个字。当时担任殿前都点检的是张永德，周世宗就撤了他的职，改任自己信任的赵匡胤为殿前都点检，谁知道正是这个赵匡胤夺去了他的江山。

宋太祖赵匡胤像

周世宗死后，他儿子才7岁，朝政大权都控制在赵匡胤手中。正在这个时候，北汉勾结契丹入侵。朝中大臣一听到敌军入侵的消息都慌作一团，只有赵匡胤很镇定，朝廷下令让他带兵抵御。经过一番准备后，赵匡胤领兵出征。刚走到京城外面的陈桥驿就停了下来，驻扎在那里。士兵们纷纷议论道："皇帝年幼，我们在外面卖命打仗，可不一定能得到赏赐，还不如立赵匡胤为皇帝呢。"五代时期，武将篡位是很平常的事，士兵们有那种想法倒也不奇怪。那些人找到赵匡胤的弟弟赵光义和谋士赵普，对他们说了这个想法，取得了两人的支持。当天晚上，士兵们发动了兵变，声言要立赵匡胤为天子，有人劝阻也不听。他们围住了赵匡胤的大营，在外面叫嚷。赵匡胤还不知道出了什么事，赶紧披上衣服出来看。那些士兵拿着兵器大喊："现在军队没有主人，我们要立点检做皇帝！"赵匡胤还没来得及说话，有人就拿了一件只能皇帝穿的黄袍披在了他的身上，大家围着他下拜，称他为万岁，将其扶上了马。这时候赵匡胤才有点儿明白过来，他对众将士说："让我当皇帝，那我的话你们能听从吗？"大家齐声回答道："愿意听从皇上差遣！"赵匡胤说："我本来是太后和皇上的臣子，所以你们不能欺凌他们，朝中大臣都是我的同事，你们不能侵犯他们，也不准到处抢劫，一定要严肃军纪！服从我命令的人有赏，违反者格杀勿论！"大家纷纷表示同意。于是赵匡胤带着部下回到了京城，副都指挥使韩通听说发生兵变，赶紧指挥抵抗，结果被赵匡胤手下的王彦升杀死，全家遇害。王彦升因为杀了人，后来虽然立了很多功劳，但一直都没有晋升为大将军。

赵匡胤登上明德门，命令将士们都回军营，自己也回到了官署。不一会儿，宰相范质等人被押了过来，赵匡胤哭着对他们说："我违背天地，已经弄成这样了，你们看怎么办？"范质等人还没来得及说话，站在旁边的罗彦威手按宝剑大声说道："现在国中无主，今天一定要点检做天子！"范质等人迫于无奈，只好对赵匡胤下拜。第二天，赵匡胤带领群臣上朝，举行完登基大典后，把小皇帝封为郑王，把太后封为周太后，并没有为难他们。后来宋朝的皇帝对柴氏也一直很好，没有做出杀害前朝皇族的事。

赵匡胤当了皇帝后不久，就有两个节度使起兵反对他，他花了很大力气才平定叛乱。为此，他心里很不踏实，觉得让大将掌握兵权对自己很不利。一天，他把一些和自己关系很好的将军请到宫里喝酒，委婉地表示想解除他们的兵权，那些将军见皇帝猜疑他们，吓得赶紧表示交出兵权。史称"杯酒释兵权"。赵匡胤用这个办法解除了将军们的兵权。赵匡胤收回兵权后，也没有为难那些大将，而是赐给他们很多财宝田地，让他们颐养天年。赵匡胤一直执行优待大臣的政策，并将其作为祖训传了下去。整个宋朝统治期间，大臣很少有被杀的，就是赵匡胤立下的规矩。

赵匡胤还很节俭，他看到后蜀皇帝居然用 7 种珍宝装饰夜壶，气得命人将其打碎，说："用 7 种珍宝来装饰夜壶，那又用什么东西装饰餐具呢？像这样，不亡国才怪！"

半部《论语》治天下

赵普是赵匡胤的好朋友，当年陈桥兵变的时候，赵普也是发起者之一，赵匡胤为了表彰他的功劳，即位后将其任命为右谏议大夫、枢密直学士。

范质等后周宰相被免职后，赵匡胤觉得赵普是个人才，将他任命为宰相。赵匡胤把赵普看成是自己的左右手，什么事都要和他商量后再做决定。

赵普虽然足智多谋，但他没有读过多少书。赵匡胤劝他多读点儿书，增长见识。于是他每天回到家，都把自己关在房间里埋头苦读，第二天处理政务的时候总是得心应手。他死后，别人打开他的书箱一看，发现里面只有 20 篇《论语》（《论语》共 40 篇），所以后人称赵普是"半部《论语》治天下"。

有一天晚上，天降大雪，赵普听到有人敲门。开门一看，原来是赵匡胤，赶紧把他迎进了屋。赵匡胤说："我已经约了赵光义了。"过了一会，赵光义也来了。赵普在屋子中间铺了两床褥子，三个人就坐在地上谈话。赵匡胤对赵普说："我想统一全国，但不知道应该先打南方还是北方。"赵普说："北汉以北是辽国，如果我们先打北汉的话，就会和辽国直接对敌了。再打南方的时候，如果辽国来偷袭，对我们很不利。所以我觉得先打南方，等南方统一后，一个小小的北汉还能跑到天上去？"赵匡胤很高兴地对他说："你说的话和我想的一模一样，我只是来试探下你的意思而已。"于是定下了先南后北的统一战略。

赵普出身小吏，有的时候对自己的行为不够慎重，渐渐引起了赵匡胤的反感。有一次吴越王钱镠送了 10 个坛子给赵普，说是海货。赵普还没有来得及打开，赵匡胤就突然来看他。赵普赶紧把坛子藏起来，但还是被赵匡胤看到了。赵匡胤问坛子里装的是什么，赵普回答是海货。赵匡胤说："哦，海货一定是好东西，打开来看看。"打开来一看，里面装的哪是什么海货啊，全是瓜子大小的黄金。赵普慌忙跪下解释，赵匡胤无奈地说："收下这些东西也没什么，他们以为国家大事都是由你这个书生决定的呢。"

宋太宗即位后，赵普被征召入朝。这时有人告发秦王赵廷美谋反，赵普为了讨好太宗，主动请求让自己查访此事。退朝后他告诉太宗，当年他也参与了立太宗为皇位继承人的计划，太宗看了之后很感动，升了他的官。

赵普不太能管住自己的嘴巴，他和赵匡胤是布衣之交，所以赵匡胤没发迹之前干的见不得人的事他全知道。赵匡胤即位后，赵普还是经常把那些事挂在嘴上。赵匡胤知道后很不高兴，但也不想惩罚他，于是委婉地对他说："如果在老百姓中就能认出以后的皇帝和宰相的话，那就不用物色人才了。"从此赵普才闭上了嘴。

赵普对人有时候不免刻薄一点儿，偶尔还会忌妒人，但他仍然可以坚持以国事为重。他曾经举荐一个人为官，但赵匡胤不喜欢那个人，所以不肯任用。第二天赵普还是坚持上奏，赵匡胤还是不用。第三天还上奏，赵匡胤生气了，把那奏章抓起来撕碎扔在地上。赵普不动声色地把碎片捡起来，回家之后补好，过几天又递给赵匡胤看。赵匡胤被他的执着感动，又觉得那个人其实还是不错的，于是就任用了。还有一次，一个大臣按规矩应该升官的，但赵匡胤很讨厌他，所以不给他升。赵普知道后坚持要给他升官，赵匡胤气冲冲地说："我就是不提升他，你能拿我怎么样？"赵普回答："刑罚是用来惩罚坏人的，赏赐是用来赏给功臣和好人的，这些都是通行的道理。况且这个赏赐是国家的赏赐，又不是陛下私人的赏赐，怎么能因为陛下的好恶而有所改变呢？"赵匡胤被他说得哑口无言，转身就走。赵普站起来一直跟着他。赵匡胤进入后宫后，赵普就站在门外不动。赵匡胤拿他没办法，只好升了那个人的官。

宋太宗和赵普感情很深。当他得知赵普重病，心里很忧虑，多次下诏书要赵普好好养病。不久赵普就去世了，太宗得知这一消息后非常震惊，为其流泪。赵普被追封为真定王，真宗年间又被追封为韩王。

杨家将

在中国，提起杨家将，可谓无人不知，无人不晓，他们忠勇爱国的事迹曾经激励了千千万万的人。历史上的杨家将虽然没有小说里写的那么夸张，但对国家的忠诚丝毫没有两样。

杨业是太原人氏，自幼就爱打抱不平，练得一身好武艺。20岁时在刘崇手下担任保卫指挥使一职，以骁勇善战著称。太宗北伐的时候，曾听说过他的大名，悬赏捉拿他。北汉投降后，杨业也归顺了北宋。太宗得到杨业后非常高兴，任命他为右领军卫大将军。回师后，太宗知道杨业对边地之事很熟悉，任命他驻守代州，还赏赐给他很多财物。杨业上任后不久就赶上契丹军队入侵，当时杨业手下只有

宋代武士复原图

几千人，但他带领部下走小路绕到敌人背后发动突袭，杀了个措手不及。契丹大败，杨业因功被升为云州观察使。从此契丹人只要远远望到写有"杨"字的大旗就望风而逃。很多镇守边疆的将领忌妒杨业，纷纷上奏说他的坏话。太宗看到这些信后一律封好交给杨业，以示对他的信任。

不久，宋太宗决心收回当初被石敬瑭割让出去的16个州，任命潘美为大将，杨业为副将，率领大军攻打契丹。宋军节节胜利，很快就攻下了四个州。不久，曹彬率领的部队吃了败仗，宋军只好撤退，潘美等人返回代州。

太宗下令宋军把四个州的老百姓都迁回内地，命令潘美等人率军护送。这个时候契丹人出动十几万人马攻陷了寰州，杨业对潘美说："现在契丹士兵士气正旺，我们士气低落，不能和他们硬拼。再说朝廷只命令我们护送百姓，我们只需事先派人通知当地守将，等大部队离开那天，让云州的百姓先出城，我们去应州，契丹人一定会来攻击我们。趁敌人被我们吸引走的时候，再让朔州百姓撤离。再派1000名弓箭手在石碣谷埋伏好，让骑兵在中路支援。这样，三个州的百姓才能万无一失地撤走。"监军王侁跳出来反驳道："我们有几万精兵，根本不用害怕敌人！我觉得我们只管带领军队赴雁门关，和敌人决一死战就行！"刘文裕也赞成这个意见。杨业说："不行，现在敌强我弱，这样做肯定失败。"王侁阴阳怪气地说："将军不是一向号称无敌吗？今天怎么变得如此胆小？该不会是有异心吧？"杨业很生气，对王侁说："我不是怕死，实在是现在形势对我们不利，我担心让将士们白白送命却没有任何效果。现在您居然说我怕死，那我愿意打头阵。"

临行时，杨业流着眼泪对潘美说："这次肯定会失败。我本来是投降过来的人，早就该死了。多亏皇上留我一命，还把兵权给我，我一定会效忠皇上的！我并不是不敢出击，实在是想等到有利的时机再为国建功。现在各位都说我逃避敌人，那么我就先死给你们看了。"他指着陈家谷说："我希望各位在这里布置好伏兵，等到我把敌人引到这里来的时候，立刻出兵救我，否则我和我的部下没有一个人能生还。"

潘美立刻率领部下在谷口摆好了阵势。王侁派人登上瞭望台观望，以为契丹人被击败了，他想争杨业的功劳，率领本部人马离开了谷口。潘美制止不住，就跟着去了。走到半路听到杨业失败的消息，赶紧退走了。杨业率兵从中午一直杀到晚上，好容易才走到谷口，结果发现居然一个人都没有。杨业悲愤万分，拍着胸口大哭。他知道已经没有生还的希望了，于是率领部下拼死作战，身上受了几十处伤，士兵也几乎全部阵亡了，他的儿子杨延玉也死在他面前。杨业亲手杀死了上百个敌兵，战马受了重伤，已经跑不动了，被契丹生擒。契丹人很佩服他的英勇，想招降他。杨业仰天长叹："皇上待我恩重如山，本来想杀敌立功来报效皇上，不想却被奸臣陷害，导致皇上的军队失败。我还有什么脸面活下去？"于是拒不投降，在契丹军营里绝食。本来杨业就受了重伤，再一绝食，身体迅速衰弱下去，几天后就去世了。

宋太宗得知杨业牺牲的消息后万分震惊，他下诏表彰了杨业的气节和英勇。然后追究失败责任，潘美被连降三级，王侁和刘文裕革职查办，降为平民，最终为杨业申了冤。

杨业并没有什么学问，但他忠诚刚正，有勇有谋，精通兵法，能与士兵同甘共苦。杨业身体很强壮，代州一带冬天非常寒冷，很多人都必须裹上厚厚的衣服，而杨业只披一条棉絮。他身边的士兵都冻得倒在地上，可他却一点儿冷的意思都没有。当时在陈家谷被敌人包围时，他身边还有100多人，杨业对他们说："你们都有父母妻儿，没有必要和我一起死。你们赶快找路逃走，以后还能报效国家。"大家都感动得哭了起来，没有一个人肯离开。他的部将王贵冲入敌阵，杀敌数十，最后战死，其他的士兵也全部战死，没有一个人活着回来，当时听说这事的人没有不痛哭流涕的。

杨业的几个儿子都被朝廷封官，在日后对契丹的战役中，他的儿子们也立下了赫赫战功。后世根据他们家的事迹改编成杨家将的故事，深受人们的喜爱。

"狸猫换太子"的真相

宋真宗即位后一直都没有儿子，他很担心自己死后皇位的继承问题，做梦都想生个儿子。所以当时如果哪个妃子生了儿子，她就能一步登天。

宋真宗的原配郭皇后死后，他准备立刘氏为皇后，当时很多人认为不合适，但在宋真宗的坚持下还是立了刘氏。刘氏并没有生儿子，所以觉得自己的地位并不稳固。刘皇后身边有个侍女姓李，有一天宋真宗到刘皇后宫里来，见到了李氏。其实李氏长得并不漂亮，但宋真宗不知道出于什么原因，居然看上了她，和她发生了关系。宋真宗后宫美女如云，他很快就把这个外表平凡的少女给忘记了，但是宫里面负责记录皇帝房事的官员却将此事记录了下来。不久，李氏发现自己居然怀孕了。她非常高兴，认为自己的出头之日就要到了。可她万万没有想到的是，这反而给她带来了终身的不幸。

宋真宗听说李氏怀孕后又高兴又担心，他一点也不关心李氏本人怎么样了，只关心她肚子里的孩子，生怕又是个女儿。有一次李氏在服侍皇帝登高的时候，不小心把头上的玉钗弄掉了。李氏觉得这是个不祥之兆，心里很厌恶。宋真宗是想儿子想疯了的人，遇到什么事都要占卜一下，看有没有生儿子的预兆。他见玉钗掉了下去，心里暗暗琢磨：如果玉钗没有摔坏的话，一定会生个儿子。其实玉钗和他生不生儿子有什么关系？不过是一种心理作用罢了。凑巧的是，那支玉钗居然没有摔坏，宋真宗非常高兴。李氏分娩了，真的生了个儿子。宋真宗当即封李氏为崇阳县君，后来又封她为才人和婉仪。我们可以从中看出，宋真宗对李氏没有什么感情，如果换了是别人给他生个儿子的话，册封个妃子肯定不成问题。可李氏却仅仅是个嫔，说明宋真宗只是把她当成一个生儿子的工具而已。

小孩子一生下来就被抱去交给刘皇后抚养，刘皇后一直把那个孩子当成自己的亲生骨肉一样看待，小孩倒没有失去母爱。宋真宗死后，那个小孩当上了皇帝，他就是宋仁宗。可怜的李氏却默默地站在嫔妃中间，不敢流露出半点儿异样神情。宋仁宗也只是把她当成父皇的一个普通嫔妃而已。刘皇后对李氏还算不错，派专人找到李氏的弟弟，给他补了个官职。宋仁宗是李氏所生的这件事很多大臣都知道，只是没有人敢说而已，宋仁宗对这件事一点儿都不知道。

李氏很快就在痛苦中死去了，刘太后想用埋葬普通嫔妃的礼仪为其出殡。宰相吕夷简知道内情，他上奏提议葬礼应该隆重些为好。刘太后一听，脸色顿时变了，拉起身边的小皇帝转身就走。过了一会儿才单独出来责备吕夷简道："只不过是宫里面死了一个妃子而已，有什么大不了的事。宰相说了那么多，到底什么意思？"吕夷简说："我既然身为宰相，无论宫内宫外，大小事情我都有权干预。"刘太后生气地说："你是不是打算离间我们母子？"吕夷简不慌不忙地说："太后如果不为自己娘家打算的话，我就不再废话了。如果还想为刘家打算，我觉得葬礼还是隆重点儿比较好。"刘太后也是个聪明人，她一下子就被点醒了，于是对吕夷简说："死的人是李妃，您说该怎么办？"吕夷简请求用最高级的礼仪为李氏办理丧事，太后同意了。吕夷简又悄悄地对筹备丧事的人说："装殓的时候一定要给她穿上皇后的服饰，棺材中要填充足够的水银。否则将来出了事可别说我吕夷简没有交代清楚！"管事的人一一照他的吩咐去做了。

刘太后死后，燕王对宋仁宗说："陛下其实是李妃生的，她是被人害死的。"宋仁宗天性仁孝，听了之后号啕大哭，痛不欲生，一连几天没有上朝，还下了一道言语痛切的诏书责备自己。他怀疑是刘太后害死了自己的母亲，但毕竟多年母子情深，他决定先看看再说。宋仁宗以为当年母亲死后肯定是草草埋葬的，他想重新厚葬母亲，于是找到李氏的墓，下令把墓打开。宋仁宗哭着检查母亲的尸体，发现因为棺材里填充了足够的水银，母亲的脸色和活着的时候一样，穿的衣服和皇太后的也相同，根本就不是被人害死的。宋仁宗叹息道："人言真是不可信啊！"他知道李氏能被这样埋葬，肯定是刘太后授意的，从此他对刘太后一家更好了。后来仁宗常常思念母亲，又觉得无法对李家更好，于是把公主嫁给了李氏弟弟的儿子。

铁脸将军狄青

西夏王朝建立后，频频出兵骚扰北宋边境。北宋被他们搞得疲于奔命，由于北宋的军队都是分散在各个堡垒里的，总人数虽然多，但各个堡垒里的人却很少。而西夏人每次作战都是集中优势兵力，攻宋军一点，加上战斗力强过宋军，所以很少吃败仗。

皇帝没办法，只好下诏让各地挑选精壮士兵奔赴边境守卫疆土，狄青当时是个小军官，也被派往了前线。狄青每次和西夏人作战之前，都会在脸上戴个铁面具，

西夏王陵

西夏王陵是西夏历代帝王和达官贵戚的埋葬地。陵园内有九座西夏帝王陵墓，近200座陪葬墓似众星拱月布列其周围。西夏王陵糅合了汉族传统风格与本族特色，气势宏伟，号称塞外戈壁的"金字塔"。

把头发披散，然后拿上一根长枪冲入敌阵，左冲右突，十分勇猛。西夏人没有见过这样打仗的宋军，都以为天神下凡，还没交手腿就软了，不是狄青的对手。别的将领老吃败仗，而狄青却总是获胜。他在边境和西夏打了四年仗，大大小小的战役打了25次，受了8次箭伤，但他从来没有害怕过，每次作战仍然身先士卒。狄青有一次在安远和敌人交战，身负重伤，但当敌人卷土重来的时候，他马上一跃而起，忍住伤痛跨上战马继续杀敌。将士们都被他的精神所感动，纷纷跟着他杀敌。狄青立下了不少战功，西夏人"闻狄色变"。

尹洙担任经略判官的时候，狄青去拜见他。尹洙和狄青交谈了很久，认为他是个奇才，向经略使韩琦和范仲淹推荐说："这个人有大将之才。"韩琦和范仲淹一见到狄青就十分惊奇，待他非常热情。范仲淹还送了一部《左传》给他，对他说："身为大将却不知道历史，那只是匹夫之勇。"狄青从此改变了自己的志向，开始发愤读书，逐渐掌握了用兵之道。狄青战功累累，升迁得很快。

宋仁宗听说狄青是员良将，想见见他。正好赶上渭州被侵犯，狄青必须率部迎敌，所以没有能参见皇帝，宋仁宗就命令他画一幅形势图呈交上来。西夏和北宋和好后，狄青调任到其他地方担任重要军职。

狄青是士兵出身，当时为了防止士兵当逃兵，在每个士兵脸上都要刺字。狄青当然也不例外。他经过十几年的打拼，取得了尊贵的地位，可他脸上的字迹还在。很多人觉得这样让他很没面子，皇帝也下令让他用些药把脸上的字迹消除掉。狄青对皇帝说："陛下是以军功把我提拔上来的，并没有看我的出身门第。我之所以有今天，都是从有这个刺字开始的。我宁可留着它来勉励我的部下，告诉他们，只要为国效忠，他们也能和我一样，所以请允许我保留这些字迹。"皇帝很欣赏他的话，把他提拔为枢密副使。（武将不允许担任枢密使，所以枢密副使是北宋武将能够担任的最高官职。）

不久，云南侬智高发动叛乱，率领部下攻下了很多城池，给北宋的统治造成极大威胁，还把广州围了起来。别的将领去征剿了很久，但毫无作用。宋仁宗非常焦虑，这个时候狄青站出来请求让他带兵出征，他说："我是士兵出身，如果不去打仗的话就没有办法报效国家了。所以请给我一支军队，我一定能剿灭叛军！"皇帝认为他很有勇气，把征讨侬智高的事情交给他全权处理。

在此之前，宋军几个将领都因为轻敌而战死，极大损害了宋军的名誉和士气。狄青告诫部下，千万不要轻易和敌人交战，一定要听从他的安排。广西当地一个将领陈曙乘狄青未到，擅自率领8000人和叛军交战，结果在昆仑关被敌人杀得大败。狄青知道这事后非常生气，他把陈曙抓了起来，又叫出当时临阵脱逃的30个将领，向他们询问当时的情况，然后把他们拖出去斩首，部下都吓得直哆嗦。

狄青下令全军休息10天，那些跑来侦察的敌人回去说宋军不会马上进攻。谁知道第二天狄青就带领骑兵，乘夜攻下了昆仑关，在归仁铺摆下了阵势。敌人没有想到宋军如此神速，再加上失去了昆仑关这个险要的地势，士气大落，但也没有办法，只好出动全部军队和宋军交战。战事非常激烈，宋军前锋孙节不幸阵亡，敌人士气大振。狄青手执白旗，指挥骑兵从两翼杀出，出其不意，攻入敌阵侧翼，大败敌军，一直追杀了50里，杀了数千人。侬智高只好在晚上的时候放了一把火逃走，当时有士兵发现一具尸体身上穿着龙袍，大家都说那是侬智高，想把这个消息上报给朝廷，狄青说："万一是假的怎么办？宁可让侬智高跑了，也不能欺骗朝廷来换取赏赐和功名！"

狄青出发的时候，宋仁宗很担心他的人身安全，说："狄青向来声名显赫，敌人一定怕他。他身边的人一定都得是亲信，即使是小事也不能疏忽，应该防备敌人用卑鄙手段暗害他。"于是派人飞马赶去告诫他。等到得知狄青已经平定叛乱后，宋仁宗对宰相说："赶紧讨论封赏的事，迟了就不足以表示鼓励了。"

狄青为人谨慎周密，不爱多说话，他计划一件事情一定会非常详细，看准时机才会提出来。他带兵打仗之前一定会先整顿军纪，赏罚严明，和士兵同甘共苦，大家都乐于为他效命。狄青还不喜欢贪图功劳，经常把功劳推让给手下的将士。当年推举他的尹洙后来被贬官，死在贬所，狄青尽自己全力周济他的家人。

狄青后来因为嘴唇上的毒疮发作而去世。几十年后，宋神宗考察了近代将帅，认为狄青虽然出身低微，但很有谋略，是一个难得的将才。于是怀念狄青，下令把狄青的画像挂在宫里，厚待了他的后人。

范仲淹改革

范仲淹是北宋名臣，他在北宋大臣中的地位可以从他的谥号"文正"中看出来。一般一个朝代最重要、贡献最大的大臣才能用"文正"作为谥号，可见范仲淹是一个多么优秀的臣子。

范仲淹两岁的时候父亲就去世了，母亲带着他改嫁到朱家。范仲淹少年时期在外地求学，昼夜不停地苦读，冬天疲倦到了极点，他就用冷水来洗脸，清醒一下接着学习。他穷得只能靠喝粥来维持生活，这种生活是一般人难以忍受的，但他却坚持了下来，从来没有叫过苦。

功夫不负有心人，范仲淹终于考上了进士，从此出人头地。他没有忘记母亲的养育之恩，当官后第一件事就是把母亲接来侍奉。

应天知府晏殊听说范仲淹很好学，就请他主持教务。范仲淹在任期间，向朝廷递交了万言书，奏章里提出了一系列改革思想，但没有获得朝廷重视。

范仲淹教学一向诲人不倦。来向他请教学问的人很多，他在忙于公务之余，几乎把时间全部放在了教学上面。范仲淹经常用自己的俸禄购买食物，给那些来求学的人吃，结果导致自己的孩子穿不上新衣服。当时士大夫之所以注重品行节操，正是范仲淹的倡导的结果。

西夏入侵以后，宋军连吃败仗。范仲淹请求让自己去边境保卫国土，于是被派到延州，负责那里的军事。北宋以前规定，不同级别的将领带兵数量也不同，打仗的时候，先由地位低的军官出征，如果战事不利，再派高级点儿的去。范仲淹认为："将领不选择合适的人，只按照地位高低来决定出阵先后顺序，这是自取灭亡。"他认真检阅了所辖的官兵，从中精选出 1.8 万人，把他们分成 6 部分，交给 6 个将领统率，分别给予训练。到作战的时候，根据敌人的形势调遣他们轮流出阵抗敌。

范仲淹苦心经营边防，取得了很大效果，在他的领导下，北宋官兵一改以前萎靡不振的作风，战斗力得到明显提高。范仲淹还重视和少数民族搞好关系，把和西夏人勾结的羌族拉了回来，恩威并施，让他们死心塌地追随北宋，削弱了敌人的力量。

西夏求和后，范仲淹被召回朝廷，升任为枢密副使。当时的副宰相王举正胆子小，不敢得罪人，皇帝对他很失望。谏官欧阳修等人上奏称范仲淹有宰相之才，请求朝廷罢免王举正而改任范仲淹，于是朝廷任命他为参知政事。范仲淹很不高兴地说："这种官职是靠谏官的话就能得到的？"他坚决不肯接受这个官职，请求和韩琦一起到外地去视察边防。

宋仁宗对当时朝廷的种种弊端很不满，他想早日实现天下太平，富国强兵，所以经常向大臣们询问执政策略。范仲淹对别人说："皇上对我，真是非常信任了。不过凡事都有个先后缓急，以前长期积累下来的弊病，并不是一朝一夕就能革除的啊。"宋仁宗听说后，马上给他下了诏书，让他当面奏对。范仲淹觉得推脱不掉了，于是写了一份《答手诏条陈十事》，里面详细地叙述了自己的改革措施。这些改革措施分别是：一、严明官吏升降制度。二、限制随意升官，比如大臣的子弟不能担任清要官职。三、改革科举考试制度，使其更加公平。四、改革地方

范仲淹像

长官制度。五、均衡公田（官员在任时期归其所有的土地，其收入是俸禄的一部分），尤其要补助那些没有发给公田的官员。六、重视农桑。七、整顿军备，建立府兵制。八、将赦令落实到底，各地官员不得拖延。九、严肃法令。十、减轻徭役。

宋仁宗看到后很高兴，除了建立府兵制一条之外，所有的都颁布下去，命令各地实行。这些改革遭到了保守派的攻击，加上规模过于浩大，执行的官员又有很多借着改革机会徇私舞弊的，所以很多人都指责改革，不停地在宋仁宗面前说范仲淹的坏话。正好这个时候，边境传来警报，范仲淹被调出京城，他一走，反对派就肆无忌惮地攻击他。范仲淹压力非常大，

只好主动辞去了宰相一职。没过多久，他的改革措施全部被废除了。

　　范仲淹对母亲很孝顺，因为母亲生前一直没能摆脱贫困，所以后来他虽然富贵起来，但没有客人时，他一顿饭最多只有一个荤菜。他注重家乡教育，还在家乡设了义庄来救济本宗族贫苦的人。范仲淹喜欢举荐贤才，很多名臣都是他的门生。范仲淹64岁那年去世，他死的时候，羌族首领数百人为他举哀，像死了父亲一样痛哭。宋仁宗也为他的死悲伤了很久，并亲自为他撰写墓碑。范仲淹家教非常好，他四个儿子日后都成为廉洁贤能的大臣。

铁面无私的包拯

　　包拯从小就很孝顺，他考中进士后，被任命为建昌知县。但因为父母年老，所以他辞官不去赴任。朝廷授给他别的官职，父母又不想让他离开，所以他又辞掉了。他在家里专心赡养两位老人，一直到他们去世。包拯守孝期满后，还不忍离去，后来在家乡父老的劝说下才一步三回头地走了。

　　很久以后，包拯被授予天长知县。有个人跑来告状，说牛的舌头被人割掉了。当时私宰耕牛是犯法的，牛舌头被割掉了牛肯定活不了，牛主人就得背上私宰耕牛的罪名。包拯一眼就看出这是陷害案，他对牛主人说："你只管回家把牛杀了，把肉卖掉，但不要说是我让你这样做的。"那人搞不懂他是什么意思，心里想："虽然杀耕牛犯法，但却是你知县大人要我杀的，那就不能怪我。"他回家就把耕牛杀掉了。由于不准杀耕牛，大家馋牛肉都馋得不行了，一听说这里有牛肉卖，纷纷跑过来买，很快就把牛肉卖光了。过了几天，一个人来控告牛主人私宰耕牛。包拯说："偷割牛舌头的人就是你！不然你明知道牛没了舌头活不了，人家杀牛是迫于无奈，你还来告他。这分明就是你为了陷害牛主人而割掉的牛舌头！"那个人听了之后又是吃惊又是佩服，只好低头认罪，从此包拯能断案的名声就传开了。包拯不仅聪明，而且还很廉洁。端州出产的砚台是砚台中的珍品，当地官员普遍假借上贡的名义私自多征收几十倍的砚台送给权贵。包拯到那里上任后，命令工匠们只按照朝廷规定的上贡数量制作砚台，一直到他离任，也没有私带一块砚台回家。

　　包拯进京当官后，担任了三司户部副使。当时秦、陇一带专门置办造船用的木材，当地官员随意向百姓摊派，中饱私囊。包拯上奏朝廷，停止了这些摊派。契丹在边境集结军队，朝廷派包拯去河北征收军粮，以备战争。包拯建议将漳河地区还有另外几个州用来牧马的土地分给老百姓耕种，这样就不用再另外征收军粮了。

　　包拯在担任谏官的时候，多次议论和斥责那些权臣，请求朝廷废除一些不正当的恩宠措施。他还建议皇帝要积极纳谏，认清楚那些结党营私的人，不能光凭主观来判断谁好谁坏。他的意见大多都得到了朝廷的采纳。

　　包拯后来被任命为龙图阁大学士（所以后人称他为"包龙图"）、河北都转运使。几年后，包拯被任命为开封府知府，负责京城各项事宜。包拯为人刚直，那些皇亲国戚都不敢冒犯他，嚣张的行径也收敛了很多。包拯不苟言笑，当时的人都把让包拯开口笑比作黄河水变清，说明让他笑有多难。京城的人都称呼他为"包待制"（包拯曾任天章阁待制），还有句话叫："关节不到，有阎罗、包老。"以前开封府规定，告状的人必须先把状纸交给小吏，让小吏代为呈上，不准直接交到官府。包拯上任后，为了方便百姓，也为了防止小吏舞弊，命令打开官府正门，让告状的人可以直接到他跟前申诉。当时很多权贵私自修筑园林楼榭，侵占了惠民河，水流不下来，下游的庄稼得不到灌溉。包拯得知这一情况后感到很气愤，下令将那些园林楼榭全部拆毁。有个权贵拿着地契过来说那块地是他的，包拯没有权力制止他在那里盖房子。包拯把地契拿来仔细检查，发现那地契是伪造的，顿时大怒，上疏把那个人弹劾了。

宋仁宗自己没有儿子，本来按规定他可以在宗室子弟里面挑选出一个合适的当太子，但他始终不肯放弃自己生儿子的希望，一直不立太子。但不立太子的话，万一皇帝有个三长两短，朝廷就会乱掉，所以立太子是当时人们的一块心病。宋仁宗问包拯："你想让谁做太子？"包拯回答："我请求皇上立太子是为国家着想。陛下却问我想让谁做太子，这不是怀疑我吗？我都70岁的人了，又没有儿子（包拯当时不知道他的小妾已经生了儿子），立谁为太子难道对我有什么好处吗？"宋仁宗很高兴，说："我会慢慢考虑这事的。"

包拯从来不随意附和别人，他为人严厉正直，非常讨厌那些不正之风。他当官以后就断绝了和亲友们的来往，从不为他们谋取好处。包拯曾说过："后世子孙做官，如果有犯了贪污罪的，不准进家门，死后也不准进祖坟。不听我话者，不是我的子孙！"包拯在64岁那年去世，谥号"孝肃"。

大科学家沈括

沈括是宋代乃至中国历史上著名的大科学家，他的《梦溪笔谈》是中国历史上一部重要的记述科学技术的著作，里面记载了很多中国古代发明，活字印刷术就是因为记载在《梦溪笔谈》里面才得以广为人知。

沈括年轻的时候就帮助父亲治理过水患，他主持开凿了很多渠道，将上千顷荒废的土地变成了上好的良田。

沈括考中进士后，被朝廷派去编校书籍，他制定的新规章制度为朝廷节省了很多开支，受到了宋神宗的赞扬。当时负责观测天象的司天监部门的官员大多都是混饭吃的，根本不懂得如何使用仪器。沈括调到这个部门后，制作出了很多观测天象的仪器，并修订了新历法。他还广泛搜集古代的科学书籍，成立了专门的考察科技的部门，为宋代科学技术的进步做出了贡献。

辽国和宋朝为边境一处方圆30里的土地主权争执了很久，始终都没能达成协议。沈括奉命和辽国使者就此事进行谈判。他认真研究了历史文献，发现按照以前和辽国签订的划分边境的协议来看，当初两国边境是以古长城为界的，所以那块土地应该归宋朝所有。沈括在御前会议上把这个发现说了出来，宋神宗高兴地说："其他大臣不懂地理，差点儿坏了国家大事。"命令沈括把地图拿给辽国使臣看，和对方据理力争，辽国使臣在事实面前哑口无言，只好回国复命。宋神宗派沈括出使辽国商讨此事，辽国宰相杨益戒负责和沈括谈判。沈括事先准备了很多资料证据让随从背下来，在谈判过程中，杨益戒一有疑问，沈括就让随从背诵有关资料。后来每次问都这样回答，杨益戒一点儿办法都没有。杨益戒见道理上已经输了，强词夺理道："几里土地都舍不得让，是不是想和我们断交啊？"沈括说："凡事都得讲道理，现在是你们不讲道理，明明事实已经证明那块土地是我们的，你们还要来争，到底是谁不讲信用？"和辽国连续谈判了6次，沈括都不肯出让国家利益，辽国人见没有办法，再加上自己确实输在道理上，只好把那块土地还给了宋朝。沈括胜利完成任务后启程回国，沿途搜集了很多地理资料，并把地形画成图带了回来。回国后，将那些资料编写成一部《使契丹图抄》进献给朝廷。沈括这次出使立了大功，被任命为翰林学士。

沈括非常重视勘察地形，有一次宋神宗派他去定州巡视。沈括怕辽国人发现自己的目的，于是假装在那里打猎，实际上却是在勘察地形。他花了20多天的时间才把当地地形弄清楚，并用木屑和蜡制作成一个立体模型。回去后，他让工匠根据他的模型制作出更加精确的木制模型。这种模型上有山有水，当地地形一目了然，是一种立体的地图，比画在纸上的要清楚得多。沈括把这个模型献给了宋神宗，宋神宗见后大喜，认为沈括是个天才。

宋神宗对沈括的才能非常赏识，第二年又命令他绘制一份全国地图。沈括接到任务后丝毫不敢怠慢，夜以继日地工作起来。不久，他受人诬陷，被贬到了随州。但沈括并没有放弃他的工作，仍然在非常艰难的环境里继续绘制地图。后来他换了几个地方的官职，每到一地都详细考察当地的地理风貌。他花了12年的时间才把这份地图绘制完毕，这是当时最准确，也是最庞大的一份全国地图，取名为《天下郡国图》。

沈括不光在地理学上造诣颇高，在天文、历法、音乐、数学等方面也有一定的成就，是一个多才多艺的科学家。当初他在司天监工作的时候，为了观测出北极星的位置，连续工作了三个月，每天晚上都用他制作的浑仪观察天象，终于计算出北极星的正确位置。

沈括退休后居住在润州的梦溪园，但他并没有停止他的研究。他把一生的研究成果都写了下来，编写成一本《梦溪笔谈》。这本书不光记载了他本人的研究成果，还记载了当时别人的发明创造，活字印刷术只是其中的一项。书里面另一个大的发现是记载了石油，"石油"这个词就是沈括取的，而且他还大胆预言这种黑色的液体在未来将会有极大的用处。这是世界上第一次有关"石油"的记载。

《梦溪笔谈》书影

沈括在润州住了8年，65岁那年去世。他在宋朝只是一个平凡的官员，但他的名字却随着《梦溪笔谈》被永远载入了科学史史册。

欧阳修整顿文坛

欧阳修四岁的时候父亲就去世了，他母亲为了把他抚养成人，立志不改嫁。他母亲亲自教他读书写字，当时他家穷得连纸和笔都买不起，他母亲就用芦管当笔在地上划字教他。虽然条件恶劣，但欧阳修从小就聪明过人，在母亲的悉心教导下，欧阳修成长得很快，成年后就有很高的声望。

当时宋朝的文章还是沿袭五代的风气，文人们只知道盲目修饰雕琢，堆砌辞藻，文章内容空洞无物。读书人不知道变革，因循守旧，写出来的文章一点儿气势都没有，只会无病呻吟。很多人都想扭转这种风气，但是因为力量不够而没有成功。欧阳修一开始也是学习的这种文风，后来他在一家人的废纸篓里翻出一本韩愈的文集，读了之后大受启发。从此苦心研读，学习韩愈的文风，决心要成为韩愈那样的人。

欧阳修考中了进士，开始和尹洙交往。尹洙和欧阳修志同道合，都讨厌当时萎靡的文坛风气。他们俩常在一起写诗论文，议论朝政，把对方当成自己的良师益友。后来欧阳修又和梅尧臣交上了朋友，欧阳修从这些朋友身上吸取了很多优点，文章也越写越好，很快就名满天下。

范仲淹被贬官后，谏官高若讷认为范仲淹是活该。欧阳修知道后愤愤不平，写信责备高若讷居然不知道人间有羞耻之事。高若讷看了信之后很生气，把这封信交给了皇帝，欧阳修因此获罪，被贬为夷陵县令。后来范仲淹想聘请他为自己的书记，欧阳修推辞说："以前我帮你说话并不是为了自己的私利，所以我觉得最好还是避嫌。"

当时宋仁宗任用了很多优秀的大臣，他还打算增加谏官的数量，起用天下名士，欧阳修就是他考虑的第一个人选。欧阳修议论朝政从来不会有所回护，那些被他批评的小人都很恨他，但宋仁宗却喜欢他敢说真话，对别人说："像欧阳修这样的人，上哪儿去找？"

庆历新政失败后，朝廷里正直的大臣一个接一个地被贬，欧阳修看了很是心痛，上疏反对。那些小人对他恨之入骨，就给他罗织了一堆罪名，把他赶出了朝廷，11年后才被重新召回来。宋仁宗看到他头发都花白了，慰劳了他好久，那些小人害怕他再次被起用，就唆使别人假造欧阳修的奏章请求仁宗清洗内侍中为非作歹之人。这件事激怒了那些宦官，他们纷纷诬陷欧阳修。

《欧阳文忠公集》书影

幸好吴充站出来为欧阳修辩白，宋仁宗才没有把欧阳修赶走。欧阳修出使辽国的时候，辽国皇帝特意让四个大臣为欧阳修掌管宴会，对他说："这种规格的宴会并不是制度，只是因为是您，我们才破格这样做的。"

嘉祐二年（1057年），欧阳修奉命主持贡举考试。当时的读书人喜欢写稀奇古怪的文章，但又没有什么内容的"太学体"。欧阳修很反感这种文风，凡是在卷子上写这种文章的，一律判不合格。考试成绩出来后，那些落榜的读书人在门口等欧阳修出门，他一出门就拦住他的马头放声大骂，连巡逻队都无法制止，欧阳修好不容易才从他们手中逃脱。虽然欧阳修的改革措施遭到了抵触，但此后考试的风气发生了彻底的转变，人们开始学习写作那些辞藻朴实无华但内容充实的文章了。

宋仁宗死后，宋英宗即位。宋英宗并不是仁宗的儿子，而是从宗室当中选出来的。宋英宗身体一向不好，有一次他得了病，无法亲自处理朝政，太后就临时垂帘听政。有人制造矛盾，搞得宋英宗和太后之间差点儿反目成仇。太后觉得很委屈，当着大臣的面哭诉了她和皇帝之间的矛盾。韩琦以皇帝有病来劝解，太后听了之后并没有高兴起来。欧阳修说："太后侍奉仁宗皇帝已经几十年了，您的仁德天下人谁不知道？以前有妃子被仁宗皇帝专宠，您都可以处理得很好。现在母子之间反而还不能宽容吗？"太后的情绪才稍稍缓和了些。过了很久，宋英宗和太后之间的矛盾才化解。

欧阳修在滁州当官的时候，自号"醉翁"，晚年又自号"六一居士"。他虽然经常被流放，但从来没有改变过自己的志向。他被贬到夷陵的时候，闲着无聊，就把以前的旧案子拿出来看，结果看到无数冤枉的事例。他仰天长叹："一个边远小城尚且如此，天下的冤案又该何其之多啊！"从此他处理刑事案件再也不敢有半点儿疏忽。

欧阳修的文章浑然天成，文辞简要，分析论证有理有据。他和曾巩、王安石、苏洵、苏轼、苏辙还有唐朝的韩愈和柳宗元8个人合称为"唐宋八大家"，而曾巩等5人都是欧阳修提拔赏识他们的，所以欧阳修也是宋代有名的伯乐。

欧阳修死后，朝廷追念他的功绩，追赠他太子太师的称号，谥号"文忠"。

王安石改革

王安石是抚州临川人，他少年时期就喜欢读书，记忆力惊人。王安石刚开始写文章的时候还没有引起别人注意，但写成之后，文章精妙得让别人一看就佩服得五体投地。

王安石考中进士后担任了知县。他上任后兴修水利，并在青黄不接的时候借贷粮食给农民，只收取很低的利息，等庄稼收获后再偿还。当地老百姓因此获得了很多便利，官府也增加了不少收入。

当时宋朝制度上的弊端已经暴露无遗，王安石决心要改变这种局面，曾经向宋仁宗上万言书，要求改革，这份万言书也成为他日后改革的蓝本。但是宋仁宗刚刚经历了庆历新政的失败，听到改革两字就头疼，没有理会王安石。

王安石和韩维关系非常好，宋神宗当时还是颖王，韩维是王府的官员。韩维每次和宋神宗讨论问题，受到称赞时总是说："这些不是我的见解，而是王安石告诉我的。"使王安石这个名字在宋神宗心里扎了根。宋神宗刚即位不久，就把王安石调入朝廷。

一天退朝后，宋神宗把王安石留了下来，宋神宗说："唐太宗有魏徵辅佐他，刘备有诸葛亮来辅佐，所以他们才有所作为。我觉得魏徵和诸葛亮真是天下少有的奇才。"

王安石回答道："陛下要成为贤君，一定要有人才来辅佐才行。现在国家那么大，人口那么多，人才并不是没有，但陛下却担心没有人才来辅佐。我觉得主要原因是陛下选择治国之道还不明确，没有让天下人看到陛下的诚意。所以即使有人才，也让小人所蒙蔽了。"

宋神宗叹了一口气说："哪个朝代没有小人呢？即使是尧舜时期，也有三苗、共工、四凶这样的坏蛋啊。"

王安石不慌不忙地说："正因为尧、舜能够识别这些坏人，所以世人才称颂他们是贤王啊。如果让那些坏人得志的话，当时的贤人怎么能为国家出力呢？"

宋神宗觉得王安石说得很有道理，不久后把王安石提拔为宰相，然后问他："如果让你把书本知识用在政事上面，你会先用在哪儿呢？"

王安石不假思索地回答道："改变风俗、确立法度，这是目前的当务之急。"

宋神宗觉得他的话很对自己胃口，下令让王安石主持变法。王安石任命吕惠卿为自己的助手，先后制定出了青苗法、农田水利法、保甲法、募役法、方田均税法等法令，统称新法。又任命40多人为提举官，把他们分派到各地推行新法。

讨论变法的时候，大家都认为行不通，但王安石排除众议，把他们说得哑口无言。其中有句话最有名："天变不足畏，祖宗不足法，人言不足恤。"反映了他的激进思想。

王安石的新法本质上来说对国家是有利的，但是坏就坏在那些去执行这些法令的人身上。比如青苗法就是当年他当知县的时候借粮食给农民的措施，本来对农民是有好处的。但是那些贪官强迫农民借粮，即使不需要借粮食的人也必须借，后来更发展到不借出粮食，但收获的时候还要农民出利息，实际上成了盘剥百姓的手段。保甲法也是个例子，保甲法就是把十家归为一甲，十甲为一保，一家人如果有两个儿子，就派一个儿子出来，在农闲的时候接受官府的训练，作为民兵。这样既能节省开支，又增加了朝廷的军事后备力量。但后来发展到不管农忙农闲，都要从每家当中抽走一个壮丁训练，而且一训练就不准回家，直到家人送上贿赂才让走人。这样下去人民怎么忍受得了？所以反对王安石新法的人越来越多，就连宋神宗的母亲和祖母都天天哭着要他废除新法，宋神宗很快就动摇了。几年后，有人以天旱来攻击新法，宋神宗迫于无奈，只好暂时将王安石免职。虽然后来重新任用了他，但一年后又罢免了他，新法也逐渐被废除掉了。

司马光写《资治通鉴》

司马光和王安石本来是好朋友，但司马光是有名的保守派，王安石变法之后，两人关系就破裂了，等到司马光上台后，他做的第一件事就是把王安石新法全部废除。

司马光小的时候很聪明，有一次他和小朋友们一起玩，有个小孩爬到水缸上，不小心掉进去了。水缸里装满了水，眼看小孩就要被淹死了。别的孩子都吓得乱跑，年仅7岁的司马光却拿了一块石头把水缸砸破，把小孩救了出来。这件事让司马光出了名，很多人还把这事画成图画到处传播。司马光20岁就中了进士，他虽然年轻，但很讨厌奢侈华丽，在朝廷招待新科进士的

司马光像

酒席上，只有他没有戴花。别人告诉他新科进士戴花是朝廷的礼仪，他才勉强戴上了一朵。

庞籍很赏识司马光，任命他到并州当了通判。当时西夏一直在打这个地方的主意，经常蚕食这块土地。庞籍命令司马光调查此事，司马光建议："修筑两座城堡来制约西夏，并招募百姓来开垦那里的土地，等耕种的多了粮价就降下来了，还不用从远处运粮过来。"庞籍听从了他的计策。后来庞籍因为部下的疏忽而获罪，司马光连续三次上疏把罪名揽到自己身上，请求赦免庞籍，但没有得到答复。庞籍去世后，司马光对待庞籍的妻子如同自己的母亲，把他的儿子当成自己的兄弟来照顾。当时的人都认为司马光很讲义气，是个贤明的人。

宋仁宗生了重病，还没有确立继承人，天下人都很担心，但谁都不敢说这事。谏官范镇首先发起了立太子的讨论，司马光接踵而至，并写信给范镇要他坚持下来。后来他又当着宋仁宗的面说："我当初呈上的三份劝陛下立太子的奏章，希望陛下能够马上施行。"宋仁宗沉默了很久才说："我能不想选个宗室出来吗？这是忠臣才敢说的话，但一般人不敢跟我说啊。"司马光说："我说这事的时候，以为肯定没命了，没想到陛下居然能够采纳。"宋仁宗说："这又不是什么坏事，以前就有过先例的嘛。"司马光退朝后并没有听到皇帝立太子的诏命，又上疏劝谏，宋仁宗看了之后非常感动。司马光又联合韩琦等人一起上书催促，很快就立了宋英宗为太子。

宋仁宗死后赐给百官的财物价值100多万钱，司马光认为国家本来就不富裕，所以这笔钱不能要。但朝廷没有批准，司马光就把自己得到的那份钱一部分献给公家，一部分给了自己的舅舅，自己没有拿一文钱。

王安石变法后，司马光坚决反对王安石的新法，上疏列举了新法的危害。朝廷让他在朝堂上和吕惠卿辩论。司马光把吕惠卿驳得无话可说，吕惠卿恼羞成怒，

就用别的事来诋毁司马光。宋神宗看不下去，对吕惠卿说："相互争论是非，不要扯别的东西。"司马光针对青苗法说："老百姓把钱借出去吃利息还能盘剥穷人，更何况官府催债，谁敢说个不字？"吕惠卿说："青苗法规定的是谁愿意借就借，不愿意借也不勉强。"司马光说："那些百姓只知道借钱的好处，不知道还钱的坏处。当年太宗皇帝实行和籴法的时候，一斗米价值十钱，百姓都愿意和官府交易。以后物价贵了，和籴法反而成了当地老百姓的负担。我只怕青苗法以后也是一样。"吕惠卿说："在当地买米，就可以省去东南的漕运，省下的钱就可以供给京城。"司马光说："东南地区钱少粮多，现在不籴东南的米而要东南的钱，这不是损不足而补有余吗？"有大臣站起来说："司马光的话是对的。"

司马光知道自己受王安石排斥，干脆闭门写书。司马光精通历史，他决心写一部历史书出来，作为帝王的历史教科书。宋神宗虽然不赞成司马光的政治见解，但对他写书还是很支持的，专门把自己收藏的2400本书送给司马光，让他参考。司马光花了19年时间才把书稿写完，呈进给宋神宗看。宋神宗看了之后非常满意，将书名定为《资治通鉴》，就是可以当成镜子来看待历史上的经验教训的意思。司马光虽然并没有当宰相，但天下人都认为他才是真正的宰相，连一般的劳苦大众都称他为司马相公。

宋神宗去世后，司马光去奔丧，卫士们远远看到他过来，都为他行礼，说："这就是司马相公。"百姓们聚众观看，都想一睹真容，把路都堵住了，百姓大喊："司马相公不要回洛阳了，留下来辅佐天子，让百姓存活吧！"

朝廷见司马光威望很高，就任命他为宰相。司马光上台后，把新法全部废除了。有的人觉得新法是宋神宗留下来的法令，贸然废除不太好，司马光斥责他们道："先帝的法规，如果是好的，那到什么时候都不能更改。但像王安石那些祸国殃民的新法，是天下的祸害，为什么不能改？"王安石听说自己的新法被废除后，气得说不出话来，很快就病死了。

司马光毕竟岁数太大，身体又不好，很快也病倒了。当时辽国和西夏的使者来宋朝，都要问候司马光的身体，还对他们的官吏说："中国用司马光为宰相，我们可不能轻易惹事啊。"司马光弥留时，已经说不清楚话了，只能有气无力地自言自语，但说的都是国家的要事。不久，司马光去世，太皇太后和哲宗亲自去为他哭丧。司马光出丧那天，整个京城为他罢市，全都跑去为他吊唁，百姓们哭得死去活来。到处都有人画了司马光的像来祭祀，吃饭前一定要先祭拜他。

文坛奇才苏东坡

苏东坡本名苏轼，是眉州眉山人。他父亲苏洵、弟弟苏辙也都是文学家，母亲也很有才学，苏轼从小就接受了父母良好的教育。

苏东坡成年后参加了欧阳修主持的贡试，欧阳修阅卷的时候看到他写的《刑赏忠厚论》后拍案叫绝，十分欣赏他的才华。可欧阳修觉得这文章很像自己的门生曾巩写的，为了避嫌，他只把这篇文章取为第二。后来苏东坡又在《春秋》对义考试中得到第一名，中了进士。考试完毕后，苏东坡去拜访欧阳修，欧阳修对梅尧臣说："我应当设法避开这个人，让他高出别人一头（这就是出人头地这句话的由来）。"当时很多人听到这话后都不服气，看到苏东坡的文章后，被他的才气所吸引，不由他们不服。

苏东坡母亲去世后，他回家守孝。守孝期满后，欧阳修认为苏东坡人才难得，就推荐他去秘阁。在考试中，苏东坡考的《六论》，在此以前，《六论》很难出好文章，但苏东坡却写得非常好。考制策，苏东坡被列入了三等，也就是最高等。整个北宋，制策能列为三等的只有两个人，苏东坡就是其中之一。

苏东坡不光有文学天赋，政治才能也是有目共睹的。他在凤翔当官的时候，当地经常遭受西夏的骚扰，百姓生活十分艰苦。他们还要运输木材，从渭水一直到黄河，途中要经过很多关口，被衙吏们敲诈勒索。苏东坡了解了这事的危害以后，就重新制定了政策，让百姓自己选择水工，不用再受衙吏们的骚扰了。

宋英宗很欣赏苏东坡的才能，想破格提拔他入翰林院。宰相韩琦说："苏轼的才能是大器之才，以后自然会被重用。现在关键是要培养他，让天下人对他心服口服之后再录用他，这样就不会有人反对了。如果现在骤然提升他的话，很多人会不以为然，反而害了他。"韩琦建议先面试他一下，宋英宗担心苏东坡不一定能通过，韩琦坚决要求面试，等到他面试通过后再任用。苏东坡知道这件事后说："韩公真可以算得上用德来爱护人才了。"

王安石推行新法时，苏东坡虽然并不保守，但认为新法还有很多缺陷，上书表示反对。他在担任考官时，用独断专任的典故来出题。王安石知道之后很生气，认为是在讽刺自己。于是让人弹劾苏东坡，苏东坡知道这样下去对自己不利，就请求外放，到杭州当了通判。

杭州因为靠海，水质又咸又苦，唐朝白居易疏通西湖后，使湖水流入漕河，再从漕河把水引入农田，从此才发展了起来。后来年久失修，漕河和西湖水越来越少，只好取钱塘江的潮水。但潮水中淤泥很多，所以每三年就要挖一次水道，成为当地百姓的一大负担。苏东坡带领当地人民开凿了两条河道以通漕运，又修建了很多水利工程，还在西湖修筑了长达30里的堤岸。从此西湖的景色越来越美，当地百姓都把那堤岸称为苏堤。

当时新政已经在全国推行，弊病不少。苏东坡在任上常常用变通的方法来方便百姓，百姓靠他才得以安定。

苏东坡后来因为在诗歌中讽谏朝廷，被人抓到把柄，诬告他诽谤朝政，把他关了起来，差点儿被处死。宋神宗想起了他的才华，没舍得杀他，把他安置在黄州当了团练副使。苏东坡在黄州成天游山玩水，还在东坡造了所房子，自号"东坡居士"，所以后人都叫他苏东坡。

苏东坡像

苏东坡的仕途是比较坎坷的，新旧党争期间，他又被贬到了惠州和琼州，都是穷山恶水之地，但他都能处之泰然，在那里著书为乐，怡然自得。苏东坡66岁那年在常州去世，高宗时期被追赠为资政殿学士。

花石纲

宋哲宗很年轻就死了，没有留下继承人。朝中大臣经过商讨，决定立哲宗的弟弟为帝，他就是宋徽宗。

宋徽宗很有文才，但并不懂治国。他最喜欢搜集古人字画和一些古玩，他身边有个宦官名叫童贯，专门替他搜罗爱玩的东西。久而久之，宋徽宗对那些东西不感兴趣了，想换换口味。他觉得字画和古玩太贵，不想花费太多钱财，所以想玩些假山、怪石之类的东西。他觉得这些东西应该不会花费太多钱财，就对身边的人透露了这个意思。

宋徽宗赵佶像

宋徽宗从小生长在荣华富贵当中，不懂得人情世故，他不知道，只要是皇帝喜欢的东西，再便宜，那些奸臣也能玩出花样来。当时的大奸臣蔡京就在江南一带找了个叫朱勔的人为皇帝搜集那些东西。

朱勔的父亲朱冲是很狡猾的人，他家本来很穷。朱冲遇到一个高人，送给他一笔钱和一本药书，开始卖起药来，渐渐地发了大财。蔡京路过苏州的时候，想为一座佛寺修建阁楼，但需要很多钱。蔡京知道朱冲很有钱，就找到他想让他出资赞助。朱冲一口答应了下来，没过几天他就把造楼的材料准备好了。蔡京见到后非常惊奇，对朱冲很器重。第二年，蔡京被召回朝廷，他把朱勔带在身边，想办法将他父子二人的名字塞到军籍里面，并让他们当了官。

蔡京得知宋徽宗想玩些奇花异草、假山怪石，就让朱勔给朱冲传话，让他在江南一带多多搜集些珍奇的物件进献。朱冲接到消息后弄三根黄杨木送到京城，宋徽宗看了之后很喜欢。以后每年都增加了很多别的东西进献，刚开始的时候一年也就进贡两三次，每次六七件。但此风愈演愈烈，到了后来，运送奇花异石的船只在淮河和汴河上首尾相接，有人给它取了个名字叫"花石纲"。朝廷还在苏州设立了应奉局，派朱勔担任负责人。朱勔本性贪财，仗着为皇帝挑选花石纲的身份，随意取用公家的钱财，官员们都敢怒不敢言。不久，朱勔又被提升为防御使，江南一带的官员都要靠巴结他才能升官发财。

朱勔为征集花石纲可以说是费尽心思，那些要进贡的东西都是从老百姓家里抢来的，看中了什么东西说抢就抢，根本就不付一文钱。一般的老百姓家里如果有可供观赏的石头或者树木，朱勔知道后就带上士兵闯入人家家里，用封条把东西封上，也不当场拿走，而是让主人好好看管，不准有半点儿损伤。如果稍有疏忽，马上就给人家加上大不敬的罪名。等到来运走的时候，如果东西比较大，被门挡住，干脆就把人家的墙给拆了，好把东西运出来。当时的老百姓谁家有什么稀奇的东西，人们都说那是不祥之物，宁可砸了也不敢让官府知道。谁家里摊上这事，即使中等人家都会破产，稍微困难点儿的家庭就要被逼得卖儿卖女来供应官府的敲诈勒索。朱勔等人为了讨宋徽宗欢心，他们看中的东西哪怕是在最危险的地方，也会不惜人力物力把它弄出来。有一次朱勔弄到一块高达四丈的太湖石，为了运它，动用了几千个民工。由于石头实在太高大了，还得把江上的桥梁、城墙毁掉才能通过。运到京城后，宋徽宗为这块石头取名为"神运昭功石"。有的时候运花石纲的船只不够，朱勔等人就在江上拦截各地运往京城的粮船，把粮食和商品都倒掉，船抢过来运送花石纲。那些船夫也仗势欺人，成为当地一大公害。为了拉船，把当地的士兵全部用来拉纤都还不够。

花石纲的名声越来越臭，朱勔等人的总后台蔡京也有点儿担心了，他和宋徽宗谈起了这事，希望稍微抑制一下。宋徽宗开始的时候没有想到事情会弄成这样，现在他也对花石纲困扰百姓而感到担忧，下令禁止占用粮船，不准挖别人的坟墓取宝，也不准破坏坏百姓房屋，更不准用封条封别人家的东西，只准朱勔、蔡攸（蔡京的儿子）等6人进贡花石纲，从此朱勔的行为才稍微收敛了点儿。但好景不长，他又开始放纵起来。他为给宋徽宗修建道观，搜刮了无数钱财，当地的官员不但不敢得罪他，还得经常去拜见他。官员为了讨好朱勔，把百姓们害得苦不堪言，方腊起义就是因为朱勔为害过重的缘故。

宋徽宗晚年更加信任朱勔，造成他更加贪婪残暴，连他家的仆人都当了大官，天下人一提起朱勔的名字就咬牙切齿，恨不得吃了他的肉。宋徽宗禅让后，刚即位的钦宗就把朱勔革了职，抄了他的家，后来干脆将他斩首示众。

方腊起义

花石纲闹得百姓苦不堪言，尤其是江南一带，百姓们都生活在水深火热之中。睦州青溪自古出产奇花异石，受花石纲之灾尤其严重。当地有个叫方腊的人，他信奉明教，也就是从波斯传到中国来的拜火教。他经常在当地发展教徒，还很喜欢打抱不平，在民间的威望很高。

方腊看见花石纲迫害百姓，心里的怒火再也忍不下去了。他边传教边发动百姓，鼓动他们反抗朝廷的暴政，还秘密收容了一批贫穷的无业游民。宣和二年（1120）十月，方腊在青溪宣布起义，自称圣公，建立了农民政权，官职高低以头上戴的头巾颜色来区分。方腊起义军打着诛杀朱勔的旗号，赢得了很多农民的支持，一些被朱勔压迫得活不下去的农民纷纷跑来投入到起义军的洪流之中。

起义军刚建立的时候，武器还不充足，很多人都是拿着锄头钉耙上阵的。虽然他们的武器装备很差，但是长期积累下来的对贪官污吏的仇恨给了他们力量。那些欺压百姓的衙役虽然装备精良，但根本不会打仗，很快就被起义军杀了个精光，起义军不到10天时间就聚集了几万人马。官府急了，赶紧派人镇压，可那些只会欺负老百姓的官兵根本不是起义军的对手，一上阵看见起义军人数众多，黑压压地看不到边，腿都吓软了，很快就败下阵来，将官也被砍掉了脑袋。起义军没费什么工夫就攻下了青溪县城，不久又攻占了睦州和歙州，向南进军，攻下了衢州，把知州彭汝方杀掉了。接下来方腊挥军北上，把新城等县攻占下来，进逼杭州。杭州知府吓得拔腿就跑，根本没有组织有效的抵抗，杭州守将陈建和赵约被杀。饱受官吏欺凌的起义军将士们不肯放过一个贪官污吏，抓到一个当官的就把他手脚都砍下来，碎割了他，并把内脏都掏出来。虽然有些残忍，但是那些贪官吃人肉喝人血，把老百姓逼得走投无路，受到这种惩罚也是活该。起义军还把贪官抓起来用热油活活煮死，也有用乱箭射死的。总之，一定要让那些危害百姓的人间败类吃尽苦头，让他们受尽非人的折磨，这样才能稍微泄去一点儿心头之恨。

方腊起义的警报很快就上报到了京城，可是那些奸臣生怕皇帝怪罪下来，居然还瞒着不肯让宋徽宗知道。皇帝不知道，就没办法派大军前去镇压，起义军的势力一天比一天大，江南各地都有人起来造反响应方腊，东南地区已经落入起义军的掌握之中。

发运使陈亨伯请求朝廷将京城的军队火速调往江南，否则江南局面将无法控制。这种奏章是不能扣留的，这才让沉溺于游乐中的宋徽宗知道了这件事。宋徽宗听说江南暴动，大吃一惊，赶紧派童贯率领15万大军前去镇压，并下诏宣布撤销江南应奉局，贬了朱勔等人的官，取消了花石纲。

这次朝廷派来的军队都是从禁军当中精挑细选出来的精锐部队，和江南地方上的乌合之众不可同日而语，对方腊起义军构成了很大的威胁。宣和三年（1121年）一月，方腊手下大将方士佛率领6万人攻打秀州，秀州守军拼死抵抗，没有被攻破。不久童贯大军杀到，起义军两面受敌，被杀得大败，死伤惨重。为了报复起义军，朝廷将死难义军将士的尸体堆成了五个高台以震慑方腊。方士佛率领残部好不容易才突围，回到杭州坚守不出。二月，童贯分兵两路，水陆并进，包围了杭州城。方腊见敌军声势浩大，加上刚刚吃了败仗，士气低落，于是决定弃城。他把杭州一把火烧个精光，乘夜逃出了杭州，率领余部在青溪的帮源洞躲了起来，准备积攒实力，找机会和官军决一死战。

童贯大军很快就收复了被起义军占领的城池，向青溪逼近。但帮源洞是个很秘密的地方，官军根本无法找到。这时，起义军内部出了奸细，给官军引路。方腊没有想到官军会找到那个地方，猝不及防之下，稍作抵抗便被俘虏。起义军有7万将士被血腥屠杀，方腊也被押往京城杀害。起义军的残部一直坚持斗争，但由于寡不敌众，于第二年三月被朝廷全部镇压，奸臣童贯竟因此被晋升为太师。方腊起义是北宋末年规模最大的一次起义，它沉重地打击了腐朽的北宋王朝，加速了它的灭亡。

陈东领导太学生请愿

金朝在灭了辽国后，就把矛头对准了宋朝。他们借口宋朝收留了一个辽国的将军，违背了盟约，于是兴兵南下，想一举灭掉北宋王朝。

北宋当时已经非常腐朽了，沿路的官兵根本不堪一击，很快就被金国军队突

李纲像

破防线，直逼东京汴梁。正在寻欢作乐的宋徽宗听到金国军队大举南下的消息后十分害怕。过了好久，他才战战兢兢地问大臣们应该怎么办才好。大臣们平时总是把尽忠报国挂在嘴边，但到了这个时候谁都不敢说话了。宋徽宗又气又急，干脆把皇位传给太子，自己带上2万人马逃到南方避难去了。

即位的是宋钦宗，他一上任就把主张抗金的李纲提拔为兵部侍郎，并下诏讨伐金兵。虽然他做足了表面功夫，但实际上心里也怕得要死。

很快，金兵节节胜利，已经快要攻到东京城下了。宰相白时中和李邦彦两人都劝钦宗逃跑，钦宗也觉得逃跑是个好主意。李纲知道后气得不得了，赶紧求见钦宗，信誓旦旦地保证自己一定能守住东京城，好容易才把钦宗的信心确立起来。

几天后，金兵兵临城下，李纲率领京城守军死守不退，将金兵杀得大败，粉碎了敌人一次又一次的进攻。金兵没想到宋朝京城如此难攻，正一筹莫展的时候，宋朝的求和派唆使钦宗向金兵送上了求和书。金兵元帅宗望提出了非常苛刻的议和条件，但怕死鬼们还是决定接受。李纲知道这个消息后暴跳如雷，他竭力反对议和。而且各地前来救援京城的军队马上就要到了，到时候完全可以来个内外夹击，将金兵一网打尽，根本用不着求和。

果然，没过几天，各地派来支援的军队居然来了20万人，而金兵只有6万。宗望见形势不妙，赶紧命令军队后撤，伺机而动。

前来救援的大将姚平仲性子很急，他不顾老将种师道的意见，非要偷袭金兵大营。结果消息泄露了出去，偷袭不但没有成功，还损失了1000多人。援军虽然吃了败仗，但主力并没有受到损失。可白时中、李邦彦那帮怕死鬼却乘机造谣，说援军已经全军覆没，攻击李纲等人坏了大事，鼓动宋钦宗赶紧和金人谈判。糊涂的宋钦宗听信了他们的谣言，把李纲和种师道两人撤了职，并派人前往金营求和。

消息传出去之后，把东京的老百姓肚子都快气炸了。尤其是那些在京城里念书的太学生，年少气盛，又有一腔爱国热情，早就忍不下这口气了。当时有个叫陈东的太学生，是有名的爱国志士。金国刚刚打来的时候，他就带领太学生连续三次上疏，坚决要求朝廷把蔡京、童贯等6个奸臣处斩，钦宗听了他们的话，将6个奸臣赶出了朝廷。

这一天，陈东带了几百个太学生到宣德门外请愿，他们把奏章递了上去，要求朝廷恢复李纲和种师道的官职，严惩白时中等求和派。东京城里的军民听说太学生请愿，纷纷赶来援助，一下子聚集了几万人。他们在宣德门外高呼口号，要求朝廷抗击侵略者。正在这个时候，李邦彦刚好从宫里面出来。不用说，他进宫肯定又是唆使宋钦宗投降的。有的人认出了这个奸贼的嘴脸，奔走相告。大家一听这个大官就是李邦彦，气得眼都红了，纷纷冲上前去指着他的鼻子乱骂。很多人还从地上捡起石头瓦片向他扔去。吓得李邦彦掉头就跑，可还是被砸了好几下，他不敢停留，一口气跑回了皇宫。

宋钦宗听说百姓请愿，吓坏了。他生怕百姓闹事，急忙派官员去对百姓们说："这次败仗李纲是有责任的，所以不得已才把他免职。等金兵一退，马上让他复职。"大家一听，让金兵退了才给人家复职，这不明摆着要先投降吗。大伙根本不理那个人，喊声震天动地。陈东率领大家冲进朝堂，拼命地敲"登闻鼓"（有急事上奏的时候用的鼓），把鼓都打破了。

开封府知府赶来调解状况，他还想用官威来吓唬百姓，他虎着一张脸训斥道："你们怎么能胁迫皇上呢？"

陈东愤怒地回答："我们用忠义胁迫皇上，总比那些奸臣胁迫皇上卖国好吧！"一边说一边想把知府揪住，知府吓得扭头就跑。

禁卫军将领见局面没法控制，加上他们也很同情请愿的群众，于是进宫劝宋钦宗答应大家的要求。宋钦宗没有办法，只好宣布恢复李纲和种师道的官职。群众们还不放心，正在这时，种师道驾车赶了过来，大家一看果然是他，爆发出一阵雷鸣般的欢呼后才散去。

太学生的请愿运动终于得到了胜利，李纲和种师道复职后，重新整顿了队伍，严肃了军纪。宋军士气高涨，宗望见了之后也很害怕，只好灰溜溜地撤退了。

靖康之变

太学生请愿虽然取得了胜利，但是朝廷里的投降派势力并没有被清除掉。白时中和李邦彦等人在宋钦宗面前说主战派的坏话，很快又动摇了钦宗的心思。

宗望率军撤退后，种师道向朝廷提出建议，趁金兵渡河的时候发动突然攻击，一定能全歼敌人，让他们再也不敢来攻打宋朝。可宋钦宗觉得如果把这支军队消灭，那以后和金朝和谈就不太好谈了。再说太学生请愿一事让他看到了种师道等人的威望，引起了他的猜忌。他担心如果种师道再立大功的话，自己可能就没办法控制了。宋钦宗不但不同意种师道的建议，反而说他想邀功，将他撤了职。

金兵撤退后，宋钦宗和投降派觉得从此可以高枕无忧了，干脆把逃在外面的宋徽宗接了回来，大家一起过太平日子。李纲认为金兵迟早会卷土重来，他多次向朝廷提意见，要求加强京城的防备，防止金兵再次进攻。可他的话没有人能听进去，反而觉得这个人多嘴多舌的，对他更加不满了。

得意的北宋君臣们没有想到宗望虽然已经撤兵，可另一支由宗翰率领的金兵正在攻打太原。消息传来后，宋钦宗派兵前去援救，谁知道援军在半路上中了埋伏，带兵大将不幸战死。宋钦宗觉得李纲挺碍事的，下令让他去河北支援太原城。

很多人都觉得不应该在这个时候把李纲调走，但宋钦宗一意孤行，谁也拦不住。李纲也知道自己受到了排挤，但毕竟是调他去打金人，所以没有推辞。宋钦宗给了他 1.2 万人的军队，李纲请求朝廷给他军饷 300 万钱，因为他觉得这点儿人太少，沿途肯定要招兵买马，多带点儿军饷方便稳定军心，可朝廷只给了他 20

万钱军饷。李纲想多准备下再走，朝廷觉得他是在故意拖延，连连下诏要他快点儿出发。李纲没有办法，只好出发了。

李纲走到河阳，在那里招兵买马。很多人听说是去打金人，纷纷跑来投军。可朝廷听说他扩大军队，担心他图谋不轨，下令让他解散刚刚招募的士兵，立刻前去太原增援。李纲名义上是河北地区军队的总指挥，但实际上并没有实权，那些将领根本不听他的调度，最后打了个大败仗。

李纲因为自己没有兵权，于是引咎辞职。那些投降派却落井下石，说他平时喊着要抗金，真打起仗来又吃败仗，是个哗众取宠的小人。宋钦宗听信了那些人的谗言，把李纲贬到南方去了。

金人一听李纲被贬走了，高兴坏了，赶紧派宗翰和宗望重新率军向东京发起攻击。这个时候太原已经被攻破，两路大军共同南下，形势已经非常不妙了。各地将领听说金人卷土重来，纷纷带兵前来支援京城。宋钦宗担心他们的到来不利于求和，竟然命令他们全部回去。

宗翰的西路军轻松渡过了黄河，宗望的东路军也攻下了大名，两路大军离京城越来越近了。宋钦宗听到这个消息后差点儿被吓死，那些贪生怕死的投降派又成天嘀咕除了求和别无他法，最后决定派钦宗的弟弟康王赵构去金营求和。

赵构走到半路上，害怕被金人扣留，干脆停下不走了。而金人很快就攻到了东京城下。这个时候种师道已经去世，城里再也没有可以用的良将。有个大骗子名叫郭京，他声称只要能让他带领生辰年月符合六甲的人守城，金人就会不攻自破。而当时守卫京城的士兵士气已经低落到了无法想象的地步，李回奉命率领1万名骑兵在黄河设防，结果还没有交战人就跑光了。宋钦宗没有办法，居然听信了郭京的鬼话。

郭京在城上行起"六甲"法术，命令所有的守军全部下城，打开宣化门，所有军队出城攻打金兵，结果被杀得大败。郭京谎称下城作法，带领剩下的士兵逃跑了。金兵很快就占领了城池，很多将官率领部下与金兵展开巷战，但根本没有办法阻止金兵入城，最后整个京城还是陷落了。这一年宋钦宗的年号是靖康，所以称为"靖康之变"，北宋王朝就此灭亡了。

宗泽抗金

宗泽从小为人豪爽，他参加进士考试的时候，在朝廷上公开针砭时弊，考官觉得他太没分寸，故意把他放在最后一名录取。宗泽被任命为馆陶县尉，和知县一起巡视黄河堤坝。当时宗泽的大儿子不幸夭折，但他并没有因此而耽误公务。吕惠卿听说这事后赞叹道："他可以说是为了国家而忘记自己的人。"

宗泽到了好几个地方当官，每到一处都留下了好名声，不过由于他经常直言敢谏，得罪了不少权贵，所以一直不受重用。后来朝廷想派他作为使者和金人和谈，投降派觉得宗泽为人刚直，不会给金人空子钻，就没有让他去，而改派他出任磁州知州。

当时太原已经失守了，被任命在两河地区做官的人全都借故不去上任。宗泽却带了十几个老弱残兵毅然赶赴磁州。他到了磁州后，修缮城墙，囤积粮草，招兵买马，积极准备抗击金兵。金人攻占真定后，想渡过黄河，但又担心宗泽会偷袭他们，就派了几千人马攻打磁州。宗泽见敌人来袭，亲自率领部下用神臂弓将敌人射退，然后带兵出城追击，杀伤敌军无数，把得来的战利品全部分给了士兵。

京城沦陷后，康王赵构出任大元帅，统制各路抗金义军。宗泽在开德连打了13个胜仗，写信劝赵构号令各路人马会聚京城。他又亲自写信给三个将领，想让他们和自己一道增援京城。可他一腔爱国热情没有得到回应，那三个人居然认为他发疯了，根本不理睬他。宗泽很生气，带着自己的部下孤军前往救援。他手下的都统陈淬说敌人气势正盛，不要轻举妄动。宗泽大怒，想杀了他，幸好部下求情才让陈淬将功折罪。宗泽下令陈淬进军，打败了敌人。

宗泽进军到卫南的时候，考虑到自己手下人马不多，必须深入敌后。结果不小心遇到大批敌人，把宗泽团团围住。他下令说："今天是进是退都是一死，干脆死中求生！"士兵们知道不拼命就是死，个个都拼死杀敌，居然把金人打败了。宗泽盘算敌人数量是自己的10倍，肯定还会再来，所以天一黑他就带着部队转移了。果然不出他所料，金人随后赶到，发现宗泽已经走了，都大惊失色。从此金人一听到宗泽的名字就害怕，不敢随便和他交战了。

宗泽在黄河以南扎下根来，发展义军的力量，决心收复失地。赵构称帝后（即宋高宗），宗泽前去朝见，流着泪向高宗陈述收复失地的大计。他和李纲一起和高宗对答，李纲十分赞赏他的忠勇。高宗想把他留下，但奸臣黄潜善等人却百般阻挠，最终还是把他打发到外地去了。

河东地区有个叫王善的人，拉起了一支70万人的队伍，想袭击开封城。宗泽独自一人去见他，哭着对他说："朝廷正当危难之时，假如您这样的人再多上几个，哪里还会有敌患啊！今天是你为国立功的机会，不能失去啊。"王善被宗泽感动哭了，他说："我愿意为国家效力。"带领部下投靠了宗泽。当时还有好几支人数在数万到数十万不等的起义军，他们都被宗泽说服，成为抗金的重要力量。

金人力量十分强大，随时都有可能再次入侵，但以宋高宗为首的人却毫不担心，根本不加强防备。宗泽渡过黄河召集将领们共同商议御敌大计，他在京城周围招募士兵，联系河东、河北一带的起义军，陕西、京东、京西一带的人马都愿意听从宗泽指挥。岳飞当时还只是个小军官，不小心触犯了法令，将要受到处罚。宗泽一见到岳飞就说："这是个难得的将才啊！"下令释放了他。后来金兵来袭的时候，宗泽给岳飞500名骑兵，让他立功赎罪。岳飞把金兵杀得落花流水，得胜而归，从此岳飞才为世人所知。

宗泽像

宋高宗被敌人的威胁吓破了胆，决定放弃京城，迁都金陵。宗泽坚决反对这种逃跑的策略，他上了很多道奏章，但都被黄潜善等人扣留了。他们不但不体谅宗泽的爱国热情，居然丧心病狂地嘲笑他是疯子。

宗泽虽然被奸臣排挤，但他一腔报国的热情却从来没有冷却过，他率领部下多次击败金人。金人对宗泽又恨又怕，都称他为"宗爷爷"。

宗泽前后向皇帝上了20多道奏章，请求皇帝返回京城，督促抗金。但这些奏章都被黄潜善扣留了下来。宗泽见朝廷里奸臣当道，气得火冒三丈。他已经是70多岁的人了，经不起这种打击，很快就气得背上出了毒疮。部将们都来探望病情，宗泽说："我因为国家有难，成天忧愤交加才弄成今天这个样子。如果你们能够消灭敌人的话，我就是死了也瞑目了。"大家都哭着说："不敢不尽力！"宗泽叹息道："出师未捷身先死，长使英雄泪满襟！"第二天，宗泽已经不行了，众将都让他安排后事，宗泽并没有留下任何和家事有关的遗言，他只是怒睁双目，用尽全身力量高呼三声"过河"（即收复黄河以北失地的意思）后与世长辞。宗泽去世的消息传开后，京城人民放声大哭，悲痛欲绝。

宗泽死后，京城人民请求让宗泽的儿子宗颖接替父亲的职务，但朝廷却派了一个叫杜充的人来。杜充所作所为和宗泽完全相反，人们大失所望，纷纷离去。宗颖多次和杜充争辩，但没有作用，于是请假回家守孝。从此义军再也不为朝廷所信用，宗泽苦心经营起的一番事业就这样被毁掉了。

岳飞大破兀术

岳飞出生的时候，有一只大鹏在他们家房顶上鸣叫，所以给他取名为飞，字鹏举。岳飞少年时期就很注重气节，家里虽然很穷，但他学习却非常刻苦。岳飞天生神力，能拉开300斤的硬弓。他拜周同为师学习武艺，周同死后，他每个月的初一和十五都会去拜祭。他父亲认为儿子很仗义，对他赞不绝口。

岳飞在宣和四年（1122年）投军，很快就因为作战英勇而被提拔为小军官。金人入侵后，岳飞参加了抗金战争。有一次他带了100个骑兵到黄河边操练，遇到一大群敌人，士兵们都吓呆了。岳飞却说："敌人虽然人多，但不知道我们的虚实，我们应当乘他们还没注意到我们的时候出击。"于是单枪匹马杀入敌阵，斩杀了一员敌将，敌人狼狈逃窜，从此岳飞出了名。宗泽很欣赏岳飞，对他说："你的勇猛和智谋，古代的良将都超不过你。但是你喜欢野战，这不是万全之计。"送给他阵图，要他好好研究。岳飞说："列阵之后打仗是兵法的常规要求，但要运用精熟，还得靠自己的内心体会。"宗泽很赞赏他的话。

宋高宗即位后，岳飞上奏请求北渡黄河收复失地，但宋高宗却觉得他只是个小军官，居然敢越级上疏，不但不听从，反而把他革了职。

岳飞投奔了河北招讨使张所，张所很器重他，让他跟随王彦渡过黄河一起作战。但岳飞和王彦有矛盾，粮食吃光后王彦也不肯借粮给他。岳飞继续北上，在太行山和金兵激战，生擒金将拓跋耶乌。几天后，再次和敌人大战，岳飞手持丈八长枪冲入敌阵，刺死敌将黑风大王。岳飞回军后投奔了宗泽，宗泽死后，他就在杜充手下效命。

杜充的部下大多烧杀抢掠，但岳飞的队伍却秋毫无犯。兀术攻打杭州的时候，岳飞在广德阻击他，六战六胜。岳飞行军打仗，即使粮食吃光了，也不准士兵骚扰百姓，士兵们饿着肚子也不敢去问百姓索要粮食吃。金军里面那些被强征去的士兵都说："那是岳爷爷的部队。"纷纷逃出来投奔岳飞。

兀术攻打常州，岳飞四战四胜，把敌人一直追到镇江，击败了兀术，清水亭一战，金军尸体排满了15里地。兀术带领部下逃往建康，岳飞在牛头山设下埋伏等待他的到来。天黑后，岳飞派了100人穿上黑衣服混入金军大营骚扰。金人惊乱起来，自相残杀。兀术只好带着士兵转移到龙湾，岳飞率领300个骑兵和2000个步兵火速进军，大败兀术。兀术逃跑，岳飞乘势收复了建康。

金兵进攻楚州的时候，宋高宗命令张俊去救，但张俊推辞，就改派岳飞去，并下令刘光世增援岳飞。岳飞三战三捷，杀死、俘虏敌将70多人。刘光世不敢进军，岳飞只好孤军奋战，楚州最后还是陷落了。皇帝下令岳飞赶紧回军守卫通州和泰州，并说能守就守，不能守就保护百姓撤退。泰州无险可守，岳飞只好保护百姓渡江，与金兵在南霸桥展开激战，大败敌军。他亲自率领200个骑兵殿后，金兵都不敢靠近他。

岳飞和金人在北方拥立的伪齐政权展开了多年的较量，最后巧施妙计除掉了大汉奸刘豫。他建议趁刘豫被废之际发动进攻，但朝廷没有理他。宋高宗绍兴九年（1139年），南宋和金国签署了和约，岳飞上疏表示反对，但没有被朝廷接受。

一年后金人就撕毁了和约，派兀术率领大军南下。宋高宗慌了手脚，派岳飞出兵抵抗，岳飞派出手下将领，让他们分兵把守重镇，自己亲率大军准备进攻中原。不久，他派出的将领纷纷传来捷报，岳飞将主力留下，自己率领轻骑兵驻扎郾城，准备和兀术决一死战。

兀术听说岳飞来了，把手下大将召集起来商议，认为宋军其他人倒不足为惧，只有岳飞这块硬骨头不好啃，他打算引诱岳飞的部队前来，然后集中兵力消灭岳飞。消息传出后，朝廷内外都为岳飞感到担心，宋高宗也下令岳飞要慎重。岳飞说："金人的伎俩已经用光了。"他天天派兵挑战，还大骂兀术。兀术十分生气，率领大军进攻郾城。岳飞派儿子岳云出战，对他说："输了的话，我杀你的头！"岳云挥舞银锤杀入敌阵，和敌人交战几十个回合，杀得敌人尸横遍野。

兀术见岳飞很难对付，决定把王牌部队派上。他训练了一支骑兵，都身披重甲，每三人为一组，用牛皮绳串起来，号称拐子马，冲锋的时候三人一起冲，宋军很难抵抗，这次兀术想凭借这一招击败岳飞。岳飞下令步兵手持大刀冲入敌阵，只管埋头砍马蹄。拐子马都是连在一起的，只要一匹马倒地，另外两匹也就没用了，结果拐子马几乎全军覆没。兀术伤心得大哭道："自从参战以来，全靠拐子马取胜，今天全完了！"兀术还不死心，调集兵力卷土重来。岳飞部将王刚率领50名骑兵在侦察的时候遇敌，马上投入战斗。王刚斩杀了敌军将领，岳飞望见前方在作战，带领40名骑兵前去增援，把这支敌人援军打败了。

兀术连吃败仗，老本都快拼光了，只好仓皇逃走。当时形势一片大好，河北一带百姓听说岳飞来了，纷纷揭竿而起，组织义军响应岳飞。岳飞一直打到离汴梁只有45里的朱仙镇，百姓们争先恐后前来犒劳子弟兵。兀术还打算靠强行征兵来抵挡岳飞，但没有征起来。金国将军也有带领部下投降的。岳飞很高兴地对部下说："改日直捣金人老家黄龙府的时候，我再和各位开怀畅饮！"

卖国贼秦桧

正在岳飞等人庆贺胜利，准备收复汴梁的时候，朝廷却下令退兵，好不容易建立起来的大好形势毁于一旦。这一切，都是奸臣秦桧干的坏事。

秦桧本来是状元出身，当初金人入侵的时候，他还是主战派，坚决不肯和金人妥协。汴京失守后，秦桧被派到金营谈判，被金人扣留了下来。秦桧后来带领全家老小从金朝逃回南宋。秦桧自称是杀死了监视自己的金人才逃回来的，但很多大臣对此表示怀疑。首先，和秦桧一起被扣留的人一个都没有回来，为什么他就能逃走？另外从金人的地盘到楚地有几千里之远，沿途就没有盘查的？再说他怎么可能带着全家老小一起逃回来？很多人怀疑他是金人派来的奸细，但秦桧的朋友却向高宗极力推荐他，说他又忠心又能干。秦桧和高宗见面的时候，第一句话就是："如果要天下无事，那就南方是南方，北方是北方。"意思就是和金人保持现状，不要再收复失地了。高宗生怕收复失地后，宋徽宗和宋钦宗被放回来，那他的皇位就不保了。秦桧的话算是说在他心坎上了，所以他高兴地说："秦桧质朴忠诚，不是一般人能够比得上的。我得到他以后高兴得都睡不着觉了！"从此对秦桧另眼相看。秦桧得到高宗信任后，专门从事议和一事，以前议和归议和，打仗归打仗，秦桧上台后却是一心议和，连仗都不想打了。

秦桧听说岳飞节节胜利，很快就要收复汴梁了，连忙催促高宗让岳飞收兵，还让其他将领也撤回来，然后以岳飞孤军深入为由，连发12道金牌逼其撤退。岳飞只好撤兵，收复的失地又全部被金人占据了。

秦桧担心岳飞会反对自己议和，于是请求高宗将韩世忠、张俊和岳飞这几名功劳最大的将领升官，实际上是剥夺了他们的兵权。岳飞是当时各位大将中最年轻的一个，韩世忠和张俊都对他不服。韩世忠为人正直，秦桧知道不能在他身上打主意，于是想办法收买张俊，让他乘机诬告岳飞。

秦桧认为岳飞是他议和的最大障碍，所以极力谋划杀死岳飞。当时的谏议大夫万俟卨和岳飞有私仇，秦桧就指使他弹劾岳飞，还指使了一堆人诬告岳飞和金人有勾结。岳飞气不过，几次上奏章请求罢免自己的职务。秦桧觉得这样还不够，又让张俊威逼利诱岳飞的两个部将王贵和王俊诬告岳飞的爱将张宪企图将兵权还给岳飞，图谋造反。

浙江杭州岳王庙内的岳飞坐像

秦桧派人将岳飞逮捕，岳飞对逮捕他的人说："皇天在上，可以证明我的心！"秦桧一开始让御史中丞何铸负责审问，岳飞撕开衣裳把后背露给他看，上面刺了四个大字"尽忠报国"，何铸被岳飞的气势吓住了，又确实没有证据，只好判岳飞无罪。秦桧很生气，改让万俟卨审问。万俟卨一口咬定岳飞写信给张宪，让他谎报军情以震动朝廷，乘机收回兵权。还诬陷岳云也写信给张宪，要他采取措施让岳飞回到军中。万俟卨也知道没有这些信，干脆说这些信都被岳飞焚毁了。

当时一些正直的大臣都帮岳飞说话，结果都遭到了秦桧的陷害。宗正卿赵士㒟用全家100口人的性命担保岳飞无罪。结果被放逐到建州。平民刘允升也替岳飞申冤，被关到大理寺害死。

韩世忠对岳飞一案愤愤不平，跑去质问秦桧到底有没有真凭实据。秦桧说："岳云写信给张宪这事虽然还不太敢确定，但'莫须有'。"韩世忠大怒："'莫须有'三个字怎能让天下人信服！"

岳飞被关了两个月，但还是没有能找到证明他有罪的证据，秦桧干脆一不做二不休，写了张小纸条给狱卒，在一天晚上将岳飞害死了，岳云和张宪也被斩首示众。岳飞的死让金人放下了心，欣然和秦桧签下了和约，秦桧从此成为南宋百姓唾骂的对象。

秦桧在朝期间嫉贤妒能，排挤忠良，一心只想保住官位，他死后高宗居然还很悲痛，追赠他为申王，谥号忠献。宋孝宗即位后，替岳飞平了反，宁宗时期，夺取了秦桧王爵，并把谥号改成谬丑。杭州西湖岳王庙岳飞的塑像前，浇铸了秦桧、秦桧老婆王氏、万俟卨和张俊四个陷害岳飞的坏蛋跪在地上的铁像，受到千万人的唾骂。

韩侂胄北伐

宋光宗是个昏庸无能的皇帝，而且他很怕老婆，他妻子和宋孝宗关系不好，孝宗死后，光宗都不去奔丧。这事在朝廷上下掀起了轩然大波，很多人都觉得光宗不适合当皇帝。赵汝愚当时掌握大权，他觉得嘉王是个合适的人选，就联系了高宗皇后的外甥韩侂胄，商量废掉光宗，立嘉王为帝。最后政变成功，嘉王即位，成了宋宁宗。

韩侂胄认为自己拥立宁宗有功，喜滋滋地想瓜分胜利果实，但赵汝愚只稍微提升了他的官职，韩侂胄对此非常不满。朱熹看出韩侂胄有野心，多次提醒宁宗对韩侂胄要留点儿神。韩侂胄知道后大怒，想办法侮辱朱熹，逼他辞官。韩侂胄如此小心眼，所以对赵汝愚的恨意一直都没有减轻。

韩侂胄知道刘强对赵汝愚也很不满，就和他联合起来说赵汝愚的坏话，把赵汝愚的权力一点一点地削弱了。但他并没有满足，问李锐该如何是好，李锐说："既然赵汝愚是皇室宗亲，那就给他安个谋反的罪名如何？"韩侂胄茅塞顿开，马上命令党羽依计行事。果然，宋宁宗看到弹劾赵汝愚谋反的奏章后，不假思索地把赵汝愚贬到了永州。

韩侂胄当初能见到赵汝愚完全靠徐谊的举荐，他怕徐谊翻出旧账，干脆找了个借口把徐谊也赶出了朝廷。他想，赵汝愚活着一天，对他都是个威胁，谁知道他会不会东山再起，于是命令监视赵汝愚的人百般刁难他，把赵汝愚活活逼死了。

韩侂胄知道自己是裙带关系上台的，才学有限，很多人都会看不起他。再加上支持他的韩皇后病死了，新皇后和他有矛盾，他担心长期这样下去，自己的位子就不保了。当时金国已经衰落下来，把精力都集中在对付北方的蒙古部落身上，腾不出空收拾南宋。而

宋宁宗像

南宋多年没有经历战乱，国富民强，军费开支问题并不大。所以韩侂胄决定发动北伐，企图通过北伐建立不世功勋，巩固自己的地位。

韩侂胄北伐的想法一提出来后，在朝野上下引起了极大反响。很多人都还记得，40 年前的那次北伐最终是以惨败收场的，而且南宋王朝士兵素质低下，又缺少优秀将领，根本没有能够统率全局的良将，所以反对的人特别多。当然，也有很多爱国人士为此欢欣鼓舞，陆游就是其中一个。韩侂胄知道陆游声望很高，就把他调进朝廷。陆游也很高兴，专门准备了北伐的策略和主张。但是嫉贤妒能的韩侂胄怎么可能把大权交到比自己优秀的陆游手上呢？他请陆游来不过是为了提高自己的声望，并不想真正重用陆游。陆游在京城也就是干干编写史书这样的事，根本无法参与北伐的准备工作。像陆游这样有勇有谋，又有一腔爱国热情的将领都认为北伐虽然是必要的，但是金国还是很强大，如果不做好充分准备的话，会适得其反。但韩侂胄根本不搭理他，把他扔在了一边。

韩侂胄没有认清楚自己的实力，他任用的大多数将领都不是能征善战之才，他只看到金国的弱点，对自己的弱点却视而不见。开禧二年（1206 年），京洛招讨使郭倪出兵偷袭，攻占了金国重镇泗州。韩侂胄欣喜若狂，越发觉得金国不堪一击，他唆使宋宁宗下诏宣布金国的罪状，正式对金国宣战。宋军出动了四路人马向金国发起进攻，但是长期沉溺在享乐之中的宋军根本不是金国军队的对手。虽然金军在蒙古人面前总是吃败仗，但打宋军还是绰绰有余的。很快，各路大军相继溃败，镇守四川的吴曦又叛变，与金人议和退兵。金军乘胜追击，渡过了淮河，一口气攻下了十几个州，扬言要渡江进军江南，狠狠教训一下南宋。

韩侂胄派郭倪前去抵抗。郭倪熟读兵书，一向以诸葛亮自居。他出发之前把部下一一调度好，认为稳操胜券。他还和负责后勤的将领说："木牛流马都靠你支持了啊。"谁知道宋军根本不堪一击，还没有打几个回合就纷纷溃逃，自相践踏被活活踩死的人比被金人杀了的还多。正在等着好消息的郭倪一听前线溃败，顿时大惊，赶紧对将领们指手画脚，重新调度，妄图挽回败局。可兵败如山倒，这个时候谁还耐烦听他吹牛皮？再说宋军士兵一向缺乏训练，跑起来根本不要命，郭倪见实在没办法，只好混在士兵当中跟着一起逃命。后来追查起失败责任的时候，郭倪竟然号啕大哭，当时的人都戏称他是"带着水的诸葛亮"。

南宋王朝不得不向金国求和，而金国提出了相当苛刻的条件，除了要南宋割地赔款之外，还要韩侂胄的头颅才肯收兵。韩侂胄虽然对战争失败负有责任，但他当时毕竟是宋军的主帅和朝廷宰相，按理说不能随便杀害，但那些贪生怕死之徒居然向皇帝建议用韩侂胄的人头来买得和平。皇后与韩侂胄早有矛盾，也同意这个意见，于是把韩侂胄骗上朝来，在路上布置人马把他杀害了。

韩侂胄虽然人品不好，北伐也有他个人的目的，但是在当时那个条件下，他能够不苟且偷安，主动北伐，这一点还是值得肯定的。相反，为了换得屈辱的和平而杀害韩侂胄，无论如何都说不过去。当时反对杀害韩侂胄的人有很多，但是都没有得到朝廷的重视。从此以后，南宋朝廷再也没有提出过北伐，南宋也就越来越腐败下去。

放翁陆游

陆游是南宋著名爱国诗人，从小就才学出众，29 岁那年参加科举考试，被取为第一名。当时秦桧的孙子也参加了考试，秦桧暗示考官让他的孙子当第一，但考官没有理会，还是让陆游得了第一。这件事惹怒了秦桧，第二年陆游进京，秦桧不让陆游参加考试，还要陷害考官。直到秦桧死后，陆游才当了官。

宋孝宗即位后，一心想改变南宋的屈辱地位，他任命主战派张浚为枢密使。张浚是个爱国将领，他一上任就决定出兵北伐，并请朝廷发布诏书，陆游就负责起草这份号召中原人民起来反对金朝统治的诏书。陆游从小深受爱国主义教育，他一直梦想南宋能够收复中原，但由于奸臣当道，他一直不能实现抱负。这次张浚主张抗金，让陆游看到了希望，他满怀热情地参与到张浚组织的抗金活动中去。

但是张浚爱国有余，才干不足，再加上当时北伐的条件并不成熟，将领们之间又有矛盾，宋军士气低落，很快就被金兵打败，全军溃退。

北伐的失败给主和派打了一针兴奋剂，他们纷纷攻击张浚胡乱用兵，给朝廷造成损失。很多人还无中生有说张浚之所以北伐，全是陆游怂恿出来的，结果张浚和陆游都被罢了官。而宋孝宗见北伐失败，只好和金人重新签订了屈辱的和约，从此再也不提北伐二字了。

10 年后，负责川陕一带军事的王炎听说陆游很有才干，专门聘请他当自己的助手。陆游向王炎提出了进兵的策略，他认为进攻中原必然要先打下长安，而打长安必然要从陇右进军。所以他建议王炎应当积蓄粮食，

陆游像

操练兵马，如果敌人来犯就用心防守，敌人不来的话就主动进攻。后来吴璘的儿子吴挺接替了父亲的职务，由于少年得志而骄横万分。他把家里的财产都拿来结交宾客，交了一堆坏朋友，经常因为和别人发生一点儿小摩擦而杀人。王炎拿吴

陆游祠

挺一点儿办法都没有，他问陆游该怎么办。陆游建议让吴玠的儿子吴拱代替吴挺，但王炎认为不妥，他说："吴拱胆子小，又没有什么智谋，打起仗来一定吃败仗。"陆游说："吴挺打仗的话，也不见得不会输。就算他能打胜仗，照他那个脾气，有了功劳肯定更骄傲了，到时候更没办法控制他了。"王炎没有听陆游的话，结果后来吴挺的儿子吴曦果然背叛了朝廷，陆游的话才应验。

王炎被调走后，陆游去了成都。当时成都长官是陆游的老朋友范成大，陆游当了他的参议官，两人交情一直很好，在一起也没有上下级的架子。陆游因为长期不能实现抱负，变得很颓废，经常写诗来抒发自己的郁闷心情，当时的人都讽刺他，陆游知道后干脆给自己起了个"放翁"的号。

后来陆游调任为江西常平提举，江西发大水，陆游上奏道："请朝廷开放义仓，并让各地发放粮食给灾民。"给事中赵汝愚把陆游批评了一番，让他看守祠堂去了。此后几十年内陆游都无所事事，只能把一腔报国热情倾注在他的诗篇里面，内心一直非常痛苦。

韩侂胄北伐的时候，陆游以为多年的梦想终于可以实现了，他欣然接受韩侂胄的命令，赶回京城投入到准备北伐的工作中。但韩侂胄北伐的目的是为了权位，任用陆游也只是利用他的威望，陆游工作了一段时间后发现自己只是个摆设，非常气愤。这次北伐并没有做好准备，加上带兵将领昏庸无能，很快就失败了。韩侂胄也被贪生怕死的南宋君臣杀害，把他的头颅献给了金朝。陆游虽然很看不起韩侂胄，但对于朝廷如此软弱谄媚，他感到万分痛心，没过几年就病倒了。

嘉定二年（1209 年），这位 86 岁的老人终于含恨闭上了双眼，临死的时候，他把儿孙们叫到跟前，留下了他一生的代表作《示儿》："死去元知万事空，但悲不见九州同。王师北定中原日，家祭无忘告乃翁。"这首诗感动了千千万万的爱国人士，激励他们为国家献身，是中国文学史上一篇重要的诗篇。可惜腐败的南宋王朝不但没有"北定中原"，反而被元朝所灭，陆游最终也没能瞑目。

理学大师朱熹

儒学发展到宋代，出现了理学这种体系，理学家们认为伦理纲常是人的先天之性，而喜怒哀乐是后天的情欲，情欲是阻碍伦理纲常的东西，所以要提倡"存天理，灭人欲"，提倡忠孝仁义。南宋的朱熹就是宋代理学集大成者。

朱熹小时候很聪明，刚会说话的时候，父亲指着天告诉他："这是天。"朱熹问道："那天上边是什么呢？"他父亲很惊讶儿子的问题。上学后，老师给他一本《孝经》，他读了后在上面题字道："不这样做，就不是人。"18岁的时候成为贡生，不久中了进士，担任泉州同安县主簿。他在任的时候挑选了很多优秀人才到学校里学习，天天和他们一起讨论修身养性之道。不久他被朝廷征召，但以有病为借口推辞掉了。

朱熹像

皇帝想奖励和任用廉洁有才之人，有人推荐了朱熹，朝廷想任用他为秘书郎，他极力推辞。三年后，朱熹被任命为南康军知军，他再次推辞，但没有得到允许，只好去上任。当时南康正逢旱灾，朱熹在当地实行抗灾救民的政策，老百姓才没有饿死。朱熹在当地考察了白鹿洞书院的遗址，后上奏请求恢复原来的样子，重新恢复了白鹿洞书院，由此白鹿洞书院成为中国四大书院之一。

朱熹深受二程学说的影响，很多人就借攻击二程来打击朱熹。陈贾对皇帝说，近来士大夫中有标榜所谓"道学"的，多数都是欺世盗名之徒，指的就是朱熹。朱熹一生廉洁，穷得经常问人借钱，但不符合道义的钱财一文不取。朱熹治学的方法是穷究事物之理来推广知识，然后又用在自己身上来检验实际内容。他常说圣贤的理论都分散在古代的典籍之中，而那些书里面的义理又不明白，所以圣人之道才没有人了解。他用一生的精力来研究经典，对经典进行注释，他写了很多注释经典和阐述自己学术思想的书，后来的几个朝代把他为《大学》《论语》《孟子》《中庸》所做的注解作为学校里的必修课程。

王淮罢相后，朱熹被召入朝奏事，有个朋友告诉他说他提倡的东西是皇帝不爱听的，让他不要在皇帝面前说这种话。朱熹说："我平生所学就是'正心诚意'四个字，怎么能欺骗君主呢？"见到皇帝后，皇帝说："好长时间没有看到你了，现在我想请你担任清要的职务，不再用州县的小事来麻烦你了。"第二天就任命朱熹为兵部郎官。兵部侍郎林栗和朱熹讨论学术问题发生了分歧，他就弹劾朱熹说："朱熹本来没有什么学问，只是剽窃张载和二程的学说，称为'道学'。他还经常带着一批学生到处走动，模仿孔子和孟子，不肯担任官职，明显是和朝廷作对！"皇帝说："林栗的话好像过头了。"太常博士叶适弹劾林栗，说他说的话没有一句是对的。侍御史胡晋臣也说他无事生非，把学者说成是朋党，林栗因此被贬为泉州知州。

宁宗即位后，韩侂胄仗着自己拥立有功，很骄傲。朱熹担心他会危害社稷，多次和皇上谈到这个问题，因此被免官，赶出了朝廷。赵汝愚执政后，朱熹写信提醒他要多多注意韩侂胄，但赵汝愚认为韩侂胄容易对付，没有把朱熹的话放在心上，最后事实证明朱熹当年说的话是对的。

朱熹离开朝廷后，韩侂胄唆使党羽弹劾门户之学，请求辨别他们的真伪。刘德秀在长沙做官的时候不被理学家张栻的弟子所看重，后来他做了谏官，就攻击理学为"伪学"。太常少卿胡纮说："近年伪学猖獗，图谋不轨，希望朝廷能够给予限制。"还有人攻击赵汝愚等人是"伪党"，后来发展到干脆说他们是"逆党"。更有甚者说道学和权臣结为死党，企图谋朝篡位，导致攻击"伪学"的行动一天紧过一天，甚至还有人上疏要求杀了朱熹。当时那些跟随朱熹的学子都没了容身之地，不愿意同流合污的人纷纷隐居山林，也有一些儒学中的败类为了个人前途而改换门庭，拜他人为师，和朱熹划清了界限。虽然朱熹的学说遭到朝廷内外的反对甚至迫害，但他仍然每天平静地和学生们讨论学术。有人劝他把学生们都解散，省得给人以口实，他笑笑却没有说话。朱熹死的时候，谏官上奏说全国各地的"伪党"约定朱熹下葬那天聚会，为他送葬，希望能加以管束，朝廷采纳了这个意见。

朱熹 71 岁那年去世，他死后不久，朝廷对"伪学"的态度也慢慢有了转变。韩侂胄死后，朝廷为朱熹恢复了名誉。

文天祥就义

文天祥年少多才，20 岁就考中了进士。他在对策的时候以"取法天道，自强不息"为题，洋洋洒洒写了 1 万多字。宋理宗很欣赏这个才华横溢的年轻人，亲自选他为第一名。

蒙古军队入侵的时候，朝廷下令各地勤王。文天祥接到诏书后泪如雨下，想方设法凑集了 1 万多人的军队，准备开赴京城。有人劝他说："现在元朝大军势不可挡，你带着 1 万多乌合之众开赴前线和他们作战，这不是送羊入虎口吗？"文天祥大义凛然地说："我也知道你的话很有道理。但是国家养了我们 300 多年，现在遇到危难，号召天下人起来响应，居然没有一个人来。我对此非常痛心，所以才不自量力以身许国，希望能激励起天下的忠臣义士一起保卫朝廷。"文天祥本来很喜欢奢华，他平时生活非常豪华考究，养了很多歌女。但是朝廷到了危难关头的时候，他就降低了生活标准，把家财全部捐献出来作为军费。他对别人说："分享别人快乐的时候也应该要分享别人的忧愁，吃人家的饭就要为人家赴汤蹈火。"文天祥率领自己组织的部队到了临安，被任命为平江知府。当时吕师孟掌握兵权，他不但不积极准备抗敌，反而成天玩乐，一心求和，文天祥很看不惯他。

文天祥进入平江后，元军已经攻入常州了。文天祥派部将支援常州，吃了败仗，多数人都战死了。朝廷下令让文天祥回到临安坚守。

临安陷落后，文天祥想办法逃了出来，他和张世杰等人联系上，赶到福州继续组织义军抵抗。福州陷落后，文天祥在潮阳一带流动作战，多次击败元军。不幸的是，义军内部出现了奸细，暗中给元军带路，文天祥猝不及防，被俘虏了。

文天祥被押到潮阳后，元军将领张弘范很尊敬他，和他以宾主之礼相见，并带他一起到崖山去。张弘范要文天祥写信招降张世杰，文天祥说："我不能保卫

文天祥像

自己的父母，却让别人背叛父母，这怎么可能！"张弘范还要强迫他，文天祥就写了流传千古的《过零丁洋》一诗给他看，诗中最后一句是"人生自古谁无死，留取丹心照汗青"。张弘范看了之后知道不可能打动他，只好干笑着走开了。

崖山战役结束后，张弘范对文天祥说："南宋已经灭亡了，你已经尽了自己的职责。如果你能侍奉我们大元皇帝的话，做个宰相是没有问题的。"文天祥沉浸在痛苦之中，他告诉张弘范："国家灭亡，当臣子的却不能拯救，本来就死有余辜了。难道我还敢逃避死亡而背叛吗？"张弘范对文天祥的忠诚佩服得五体投地，派人护送他去元朝首都。

文天祥在路上绝食8天，没有死，于是恢复了进食。到了大都后，宾馆的人招待得非常丰盛，但他并不睡觉，而是一直坐到天亮。元人见他这样，就把他关了起来。当时忽必烈正在广泛搜集人才，有人告诉他："南宋人当中没有一个比得上文天祥的。"忽必烈派人去请文天祥。文天祥说："国家都灭亡了，我只有一死报国。如果元朝皇帝能够让我作为道士回故乡的话，那还说得过去。但要我当官，为异朝效命，那是办不到的！"很多人都请求忽必烈释放文天祥，让他当道士去，南宋降臣留梦炎却不同意："文天祥出去后，肯定会重新号令江南起来造反的。"这件事就算了。文天祥在大都一共被关了三年，忽必烈知道他肯定不会屈服，又爱惜他的才学，就和宰相商量释放他的事，这时有人把文天祥当年在江西起兵的事情说了出来，所以最终没有释放他。

不久，有人自称宋朝皇帝，聚集了人马，想要救出文天祥。在京城里也发现了匿名信，声称在某天以焚烧城墙上的苇草为号，率领士兵起义，请丞相不要再担心。当时元朝丞相阿合马刚被刺杀，忽必烈正处于紧张状态。他怀疑信中所说的丞相是文天祥，把文天祥招到宫中，对他说："你有什么愿望？"文天祥说："我身受大宋恩惠，做了宰相，不能再侍奉别的皇帝了。我希望能够赐我一死，这就足够了。"文天祥被拉到刑场的时候，上万百姓前来见他最后一面。文天祥很从容地对旁边人说："我的事情完成了。"然后向南方叩拜，英勇就义，年仅47岁。

辽 史

　　《辽史》共116卷，署名元脱脱所撰。记载了辽国200多年的史事，也兼叙了辽建国前契丹族和耶律大石所建西辽的历史。全书成书仓促，内容简略，但因记述辽代史事的其他书籍很少，所以仍具有很高的史料价值。

耶律阿保机建立辽国

契丹是鲜卑人的一支，在辽河一带过着游牧民族的生活，唐朝末年在北方兴起。当时契丹人还没有自己的国家，而是分散成几个部落，每隔三年由各部落首领推选出全族的可汗。当时契丹各部落里面最强大的一个部落是大迭烈部，他们率先推行了农耕制度，边放牧边种地，还学会了冶铁技术，是契丹族中最先进的一个部落。

耶律阿保机被推举为大迭烈部首领后，就开始四处征战。由于他采用了铁制武器，加上学习了很多中原的战术思想，所以在草原上所向无敌，很快就统一了契丹各部落，成为契丹霸主。

耶律阿保机利用唐末中原战乱，将势力扩展进了中原。他先和李克用结拜为兄弟，后来又和朱温结盟，从中捞取了不少好处。

耶律阿保机通过和中原的交流，决定采用中原政治制度。他自立为帝，建立了契丹国。后来契丹改国号为辽，后人也称他辽太祖。耶律阿保机称帝后，把契丹首领的继承制度改成世袭制。由于以前是选举制，本来很多部落首领，包括他的弟弟们都有希望继承他的皇位，可改成世袭制后他们的梦想就破灭了，因此他们对耶律阿保机非常不满。他的几个弟弟发动了反对他的战争，史称"诸弟之乱"。第一次把叛乱镇压下去后，耶律阿保机并没有忍心杀掉亲兄弟们，而是和他们对天盟誓，并没有加以处罚。可第二年，那些人又叛变了。他派弟弟刺葛率兵攻打平州，刺葛攻下平州后并没有收兵，转过头来将矛头对准了耶律阿保机，想强迫他参加改选可汗的大会。耶律阿保机并没有和弟弟开战，而是马上回师，赶在弟弟们的前面举行了改选可汗的仪式。这样候选人实际上就只有他一个，轻松当选。

耶律阿保机当选可汗后的第二天，众兄弟就来请罪，再次得到了他的宽恕。可谁知道半年之后，那些人又叛变了。他们拥立刺葛为新可汗，想劫持耶律阿保机参加由他们控制的可汗改选大会。耶律阿保机识破了他们的阴谋，亲自带兵讨伐刺葛。刺葛趁耶律阿保机带兵攻打自己的时候，悄悄派了另一支部队来偷袭阿保机的大营，还夺走了象征可汗权力的旗鼓和象征祖先的神帐。耶律阿保机的妻子有勇有谋，她率领部下拼死抵抗，等援军到来后又追赶敌人，结果仅仅夺回了旗鼓。耶律阿保机整顿好部队后对刺葛发动了进攻，很快就打败了他。但他并没有紧追残敌，因为他知道刺葛的

祭祀桌案遗物　辽

契丹人推崇厚葬，墓葬辉煌一时，祭祀物品极为丰盛。此为辽墓中墓棺前的祭祀物品，各式精致的瓷器横陈于桌上，瓷器内摆放着各种食品。这是研究契丹人葬俗的重要资料。

部下不久就会思念家乡，等他们士气低落的时候再出兵，就能事半功倍。果然，一个月后剌葛的部下纷纷逃了回来，耶律阿保机乘机发动进攻，将剌葛活捉。至此，耶律家族的反叛势力一蹶不振，但这几次反叛给契丹人民带来极大的伤害。

然后，他又着手对付其他部落。当时另外几个部落都催促他把可汗之位让出来，耶律阿保机见众怒难犯，就交出了旗鼓，然后对他们说："我属下有很多汉人，可不可以让我带领他们去治理汉人的地盘？"那些人都同意了。耶律阿保机在自己的地方发现了盐矿，除了自己吃之外，还供应给其他部落。他说："我把盐拿给你们吃，你们不能白吃，应该来犒劳我啊。"那些人觉得他说得有道理，于是带上酒肉到耶律阿保机那里去，等大家都喝醉的时候，耶律阿保机就把他们杀了。

耶律阿保机把发展经济的重点放在了农业上，他鼓励各部落学习先进的农业生产经验。耶律阿保机还任用了汉族大臣韩延徽，让他帮助契丹人学习先进技术。在韩延徽的影响下，契丹国还引进了不少汉族国家管理经验。契丹是游牧民族出身，擅长放牧牲口，所以耶律阿保机也很重视畜牧业。他推行群牧制度，由国家统一管理，大批量放牧。因为大批量放牧马匹的成活率远远高于小批量放牧，而且质量也不可同日而语，这样，契丹骑兵的优势就更加明显了。

耶律阿保机还东征渤海国，将其灭掉，统一了东北地区。但他在回师的路上病死，享年55岁。

辽国中流砥柱耶律休哥

耶律休哥是辽国的贵族子弟，少年时期就跟随辽国军队南征北战。辽、宋高梁河战役的时候，耶律休哥带领军队前去增援，在高梁河与宋军大部队遭遇。耶律休哥并没有惊慌，他把士兵分为两部，从宋军左右两翼杀去，大获全胜，斩首1万多级。

辽国为了报复宋朝攻打燕京，派韩匡嗣和耶律沙讨伐宋朝。耶律休哥跟随韩匡嗣在满城作战，还没开战宋军就请求投降，韩匡嗣准备受降。耶律休哥劝道："敌人队伍整齐，士气正旺，怎么可能连打都没打就投降呢？所以一定不能放松警惕。"韩匡嗣不听。耶律休哥见主帅不接受自己的意见，就带领本部人马登上高处观察敌情。过了一会儿，宋军发动了进攻。韩匡嗣没有丝毫准备，顿时傻了眼，士兵们也狼狈逃窜，辽军大败。耶律休哥赶紧指挥自己的部队出击，阻挡住了宋军的攻势，挽救了主力部队。耶律休哥因为这次的功劳被封北院大王。

第二年，辽国皇帝亲自带兵南下，包围了瓦桥关。宋军前来救援，瓦桥关守将张师乘机突围。耶律休哥率兵阻击，斩杀了张师，把剩下的宋军又赶回了关里。决战之前，皇帝发现耶律休哥的战马和铠甲都是黄色的，在队伍中显得很显眼，担心敌人会认出他来，所以特地赐给他别的颜色的战马和铠甲。耶律休哥再次击败宋军，杀得宋军尸横遍野，还活捉了几员大将回来。皇帝十分高兴，慰劳他说："如果人人都像你一样的话，我还担心什么呀！"

辽圣宗即位后，朝政大权落在了萧太后手里。萧太后很器重耶律休哥的才能，命令他总督南方的事务。耶律休哥布置了各地的兵力，在边境发展农业，奖励生产，很快就让边境呈现出一派繁荣的景象。几年后，宋军大举北伐，夺取了辽国好几个城池。当时辽国大军还没有赶到，耶律休哥手下兵微将寡，不敢出战。但他并不是消极防守，晚上他派出轻骑兵前去骚扰宋军阵地，专门捕杀落单的宋兵。不久，他还派兵切断了宋军的粮道，使宋军很快就因为缺粮而退守白沟。等宋军补充好粮草卷土重来的时候，他还是采取老办法捕杀单个士兵，边打边退。宋军不敢单独行动，只能排列成方阵边挖战壕边前进。等追到辽军的时候，宋军将士早已疲惫不堪了。耶律休哥乘机发动攻击，宋军冒雨而逃，被杀得溃不成军。耶律休哥一直追到易州，得知在那里还有几万宋军，正在河边做饭。

叠胜金牌　辽

耶律休哥当机立断，回过头来对他们发动了突袭。这批宋军没有想到会遇到辽军，吓得拔腿就跑，结果一半的人都自相践踏而死。耶律休哥因功被封为了宋王。

耶律休哥上疏说宋朝刚刚打了败仗，国力衰弱，可以乘机南下攻宋，把黄河以北的地区都占领过来，但他的这个建议没有被采纳。后来伐宋的时候，耶律休哥担任了先锋。当时宋将刘廷让率领几万骑兵和李敬源准备会师，扬言要攻打燕京。耶律休哥听说后，派兵扼守住了宋军将要经过的要害地区。萧太后率军赶到，耶律休哥和宋军交战，杀死了李敬源，赶跑了刘廷让。几年后，又一次击败了刘廷让，杀死宋军几万人。

耶律休哥在瓦桥关战役中表现英勇，皇帝授予他于越的称号。他在对宋朝的战役中屡战屡胜，宋军为此很多年都不敢北上。当时宋朝人想让小孩停止啼哭，就吓唬他说："于越来了！"萧太后非常尊敬耶律休哥，下诏允许他以后入朝的时候不用行跪拜之礼，这在当时是很特殊的恩宠。

耶律休哥认为燕州人民生活穷苦，他在燕州当官的时候就减免了很多赋税和徭役，还抚恤那些老弱孤寡之家。他虽然作战勇敢，但也很重视和平，经常告诫守卫边境的士兵不要侵犯宋朝边境。宋朝百姓的牲口不小心穿过边界跑到辽国土地上，他也会派人将其送回去。边境远近的人民都很仰慕他的教化，所以很少发生冲突。耶律休哥去世的那天晚上，天上突然下起了大雨，树木都结冰了，人们认为连老天都在为他的死而落泪。辽圣宗怀念他的功绩，下令在燕京为他立了祠堂。

耶律休哥深谋远虑，料敌如神。他从来都不贪功，每次打了胜仗，都把功劳推让给部下，所以大家都愿意为他效力，作战特别卖力。耶律休哥虽然有名将之称，杀敌无数，但从来没有伤害过无辜。他的两个儿子也继承了父亲的品格，成为辽国的重要将领。

金 史

  《金史》共135卷，署名元脱脱撰。全书记载了由金太祖完颜阿骨打到金朝灭亡约120年的史事。在宋、辽、金三史中，《金史》向来被评为简要，其首尾完密，条例整齐，约而不疏，在三史之中，得到的评价最高。

阿骨打誓不低头

在辽国统治区的北方，有一支女真族，他们世世代代受辽国统治者的奴役，早就很不满了。女真族比较落后，虽然很想反抗，但缺乏实力，而且女真内部分裂成为大大小小很多部落，一定程度上削弱了女真族的力量。

辽国皇帝天祚帝到东北春州游玩，春州是女真的地盘，当地有个风俗，每年春天最早捕到的鱼必须用来祭祀祖先，然后设下酒宴庆祝，这种酒宴被称为"头鱼宴"。天祚帝来得正是时候，正赶上设头鱼宴，他摆下筵席，请各位酋长喝酒。天祚帝本来就是个昏君，也不懂得收买人心的道理。酒喝到一半的时候，他居然要酋长们起来给他跳舞。那些平时养尊处优的酋长哪里肯受这样的侮辱？但由于惧怕天祚帝，只好含怒站起来为这个昏君跳舞助兴。

但女真族完颜部酋长乌雅束的儿子阿骨打却一动不动，他表情冷漠，一直用仇恨的眼光盯着天祚帝。天祚帝很不高兴，觉得一个小小的酋长之子居然敢不给自己面子，下令让他跳。可阿骨打就是不起来，别的酋长都怕他得罪了天祚帝，也跑来劝他，阿骨打不管别人怎么劝，打定主意不跳舞。天祚帝看在当天是节日的分上，没有找他的麻烦，但却憋了一肚子气，这场头鱼宴也就不欢而散了。

天祚帝私下对枢密使萧奉先说："阿骨打这个人太狂傲了，不听我命令不说，居然还敢用那种眼神看着我。我觉得应该找个借口把他杀了，省得留下后患。"萧奉先却说："阿骨打是个粗人，他懂什么礼节？再说为了这点儿小事就杀他的话，我怕会伤害女真人的感情，以后对我们的统治不利。况且阿骨打算什么东西，就算他想谋反，又能有什么作为？"天祚帝听了他的话，就没有找阿骨打的麻烦，时间一长，他也就把这事忘掉了。

可阿骨打却没有忘记那天发生的事，他对辽国长期欺压女真族早就不满了。通过这次头鱼宴，他看出天祚帝不过是个庸才，而且辽国也越来越腐败，他决心脱离辽国的统治，开创一番自己的事业。

不久，乌雅束去世，阿骨打继承了酋长的位子。他积极准备反抗辽国的统治，修筑城堡，打造武器，训练军队，很快就拥有了一支强大的女真部队。他利用这支部队逐渐统一了女真各部，壮大了自己的实力。

天祚帝听说阿骨打举动异常，一开始也没有放在心上，只是派使者去责问，另外派了些人马到东北相威胁。阿骨打说："辽人已经察觉到我们的行动了，不能等他们先采取行动，我们应该先发制人！"他挑选出2500人，组成骑兵部队，对辽国军队发动突袭。女真军队虽然人少，但训练有素，作战英勇，而辽国军队长期缺乏训练，早就不堪一击了。辽国将领没有想到女真人会主动进攻，根本没有任何准备，很快就被击溃。天祚帝听说吃了败仗，暴跳如雷，立刻派大军前去镇压，在松花江边遭到袭击，辽国士兵望风而逃，阿骨打再次取得大胜。很多女真部落一开始只是在观望，并没有支援阿骨打的意思，看到阿骨打节节胜利，纷纷跑来投奔他。阿骨打从各个部落中精选出强壮士兵，将他们吸收进自己的军队，很快就发展到 1 万人。阿骨打觉得时机已经成熟，于是自立为帝，国号大金。

天祚帝听说阿骨打自立为帝的消息后很生气，但他还没有来得及派兵镇压，阿骨打就率领大军攻打辽国重镇黄龙府。天祚帝赶紧派了 20 万人马前去增援，谁知道这些人都是酒囊饭袋，居然被阿骨打的 1 万骑兵杀得大败，连武器都丢光了。天祚帝被女真人的骁勇善战吓坏了，想和他们议和，但阿骨打不给辽国喘息的机会，一口回绝了天祚帝的请求，还要辽国投降。

天祚帝大怒，亲自点了 70 万大军，决心以多胜少，灭掉金国。正在这个时候，辽国发生内乱，天祚帝只好撤兵。阿骨打瞅准机会对撤退的辽兵发动进攻，70 万人一下子就被打垮了，天祚帝好不容易才逃脱。

撒土浑谋克印　金

这个时候，北宋王朝想来占便宜，他们派来使者和金国结盟，约好两路夹击，灭掉辽国，条件是北宋要收回燕云十六州，阿骨打同意了。

当时辽国的四座京城已经有三座被金人攻了下来，剩下一座燕京留给宋军攻打。谁知道辽国军队虽然打不过金人，但打宋军还是绰绰有余，15 万宋军不但没有攻下燕京，反而吃了好几个败仗。宋军统帅童贯没有办法，只好请金人帮忙攻打，花钱把燕京赎了回来。金人看穿了宋朝的腐败，在灭掉辽国后没多久，就把矛头对准了北宋。

完颜宗翰灭宋

完颜宗翰是金国宰相完颜撒改的儿子，阿骨打的爱将，17 岁的时候就以勇猛著称。阿骨打称帝，完颜宗翰在里面也有功劳。

虽然辽国已经被极大削弱，但宗翰认为如果不给它致命一击的话，以后一定会有后患。他建议尽快灭掉辽国，建立金国的霸业。阿骨打认为他说得很有道理，于是下令整军备战。阿骨打对宗翰说："你为了西征而提的那些建议都非常合我的心意。虽然你不是皇族，但皇族中那些比你大的人都不如你，所以我才任命你为元帅。你要好好训练军队，耐心等待出兵日期。"阿骨打亲自为宗翰斟酒，并脱下自己的外套给他穿上。

半年后，宗翰再次请求道："我们的大军已经停驻了很久了，士兵们都想为国尽忠，战马也很肥壮，应该趁这个机会攻打辽国。"大臣们都说天气寒冷，不适合出兵，但阿骨打却同意了宗翰的意见。宗翰率领部队攻打北安州，大败辽军，迫使北安州投降。

宗翰在北安州驻扎了下来，派人到处巡逻，俘虏了辽国护卫。从他口中得知天祚帝正在打猎游乐，身边的人都离心离德，不肯为他卖命，而且西北和西南两路人马都是老弱病残，根本没有战斗力。宗翰向阿骨打报告了这个消息，希望派自己去讨伐，但阿骨打却让他再等等。宗翰眼看大好机会就要失去了，很着急，当即决定出发。他派人转告都统说："皇上虽然没有让我们攻打山西，但是也准许我们见机行事。山西的辽人完全可以打败，一旦失去机会，以后就很难谋取了。我现在已经出兵了，希望您能和我约好会合的地方。"

都统率兵和宗翰会师后，很快就打败了天祚帝，取得了完胜。宗翰回师后，得到了很多赏赐，被升为都统。

金太宗即位后，授予宗翰独断权。宗翰对宋朝招纳从金国叛逃的人的行为很不满，于是上奏道："当初我们讨伐辽国的时候，为了争取宋朝和我们结盟，答应把燕京割让给他们。盟书上明明规定了不能收容对方逃亡的人，可现在宋朝在边境上肆无忌惮地招纳叛逃之人并给予赏赐。我们多次开出逃亡者的名单向童贯索要，但是规定日期都过了还是没有一个人被送回来。我们结盟一年就这个样子，哪里还能指望以后呢？而且宋朝还要让我们割让山西给他们，我请求不要割让。"金太宗采纳了他的意见。

宋朝多次破坏盟约，宗翰等人一再请求讨伐宋朝，于是金国大举南侵，宗翰担任了左副元帅，带兵攻打太原。

宗翰很快就包围了太原城，宋朝4万大军前来援救太原，被宗翰打败，死伤1万多人。宗翰见太原防守坚固，估计很难短期内攻下，于是带兵南下，攻打其他城市，很快就打下了很多城池。然后宗翰留下部分军队包围太原，自己回到了山西。

本来金宋两国已经议和，但金国借口宋朝扶持辽国残余势力，再次兴兵伐宋。宗翰带兵攻下了太原，一路势如破竹，杀到了汴京城下，和宗望会师。宋朝约定以黄河为两国界限，请求议和，没有得到同意。没过多久，宗翰攻下了汴京城，迫使宋钦宗投降。金太宗非常高兴，派人慰劳赏赐宗翰等将领。半年后，宗翰率领士兵将汴京洗劫一空，率领大军胜利回朝，还俘虏了宋徽宗和宋钦宗。为了褒奖宗翰的大功，金太宗特地赐给他免罪铁券，准许除了叛逆之罪外，其他任何罪状都不予追究，赏赐非常丰厚。

宗翰知道，在马上可以打天下，但却不能在马上治理天下，他请求把占领的北宋土地上有资历和能力的人选拔出来做官，安抚当地的百姓。

南宋赵构派人来和金国谈判，暗中却招诱契丹人和汉人。金太宗得到这个消息后很生气，下令讨伐南宋。

宗翰率领大军攻打南宋，一路上战无不胜，攻无不克，但始终慢了一步，让赵构逃走了。虽然没有完成任务，但宗翰还是很受太宗器重。他58岁那年去世，死后备极哀荣。

守墓武官像　金

元　史

　　《元史》共 210 卷，为明宋濂等撰，记载了元朝自元太祖至元顺帝 14 朝的历史。全书编次多有疏漏、讹误之处，但其成书较早，保存有极丰富的史料，其历史研究价值不可忽视。

成吉思汗统一蒙古

　　成吉思汗名叫铁木真。他出生的时候，父亲也速该刚刚打败蒙古塔塔尔部，俘虏了他们的首领铁木真。为了纪念这次胜利，也速该就给儿子取名为铁木真。铁木真还没成年，父亲就带他去一个朋友家给他订亲。回来的路上不小心被塔塔尔人暗算，也速该被毒死了。也速该一死，他的部落就作鸟兽散。原本依附于也速该的泰赤乌部在离开的时候还带走了很多属于铁木真的牛羊和奴隶。他们害怕铁木真日后找他们算账，就把铁木真抓了起来。后来铁木真带着母亲和弟妹们逃进了深山。

　　铁木真长大后开始招兵买马，很多他父亲当年的部下都跑来投奔他。泰赤乌部的人觉得首领太残暴，都归顺了铁木真，铁木真的实力逐渐强大了起来。

　　铁木真治军严厉。有一次，作战之前说好不准抢夺敌人遗弃的财物，免得妨碍追击敌人，谁敢违反就剥夺他的战利品。大获全胜后，有三个人违反了纪律。铁木真大怒，下令把他们抢夺来的财物全部分给了别人。

　　由于铁木真治军严厉，又英勇善战，很快就成为蒙古草原上一支强大的势力。铁木真本来和王罕关系很好，还曾经认王罕为义父。但后来双方翻脸，铁木真多次打败王罕。这一次，他又准备进攻王罕了。他派了两个人去王罕那里，假称是另一个蒙古部落首领哈撒儿派来的，说："我哥哥的太子失踪了，妻子又被大王您俘虏，我现在是无路可走了。希望大王能够念在我们过去要好的份上，收留我和我的部落。"王罕相信了他们的话，派人跟随那两个使者去哈撒儿那里，准备和他结盟。等他们一到，铁木真就以他们为向导，带领军队找到了王罕的大本营，发动突袭，把王罕杀得大败。王罕好不容易才逃了出来，他长叹道："我被我儿子(指铁木真)害了，今天失败，后悔也来不及了。"王罕后来被乃蛮部落的人所杀。

骑射图 蒙古

　　铁木真消灭王罕后，又准备讨伐乃蛮部落。当时大家都认为正值春天，马匹经过一个冬天后都瘦了不少，最好等到秋天把马匹养肥后再发动攻击也不迟。铁木真的弟弟说："应该早点办的事就要快点儿办好，不要以马瘦来推脱。"别里古台也说："乃蛮部落一直叫嚣要消灭我们，看不起我们，我们更应该一鼓作气消灭他们。他们自以为很强，如果我们对他们发动突袭的话，一定可以胜利！"铁木真听了他们的话后非常高兴，说："你们有这样的信心，何愁不胜呢？"于是进军攻打乃蛮。

　　铁木真派虎必来和哲别两人为先锋，先行驻

扎下来。乃蛮的太阳汗听说铁木真来袭，亲自调动了全部军队和盟友，兵力非常强大。当时铁木真军中有一匹瘦弱的老马不小心跑到了乃蛮的军营中。太阳汗见了后，对部下说："铁木真的战马如此瘦弱，我们可以诱敌深入，等他们的战马跑累后，再进攻，这样就能轻松获胜了。"太阳汗的部将火速入赤有勇无谋，他气冲冲地对太阳汗说："你的父亲当年打仗的时候，一向勇往直前，从来不考虑后面的事。你现在这样拖延，是不是害怕？如果害怕的话，为什么不让你的妃子们来指挥军队？"火速入赤的话大大激怒了太阳汗，

铁木真像

他被怒火烧昏了头，放弃了原先比较好的计划，立刻率军杀了出来，想和铁木真决一死战。当时铁木真的老对手札木合也跟随太阳汗一起出战，他开始把铁木真的军队看得很弱，以为可以轻松获胜。可是打着打着他就觉得不对劲了，于是率领部下偷偷溜出了战场。札木合逃走后，太阳汗的联军实力大受影响，士气也低落了很多。两军一直大战到傍晚，太阳汗战死，其他人见太阳汗死了，也都失去了斗志，被铁木真的军队杀得一败涂地。第二天，残余的敌人全部投降。很多部落见铁木真连草原第一霸主太阳汗都能打败，纷纷跑来归顺了他。不久，铁木真消灭了最后一个大的敌人蔑里乞部，基本统一了蒙古。

铁木真召开了草原大会，宣布自己为蒙古部落的大汗，大家给他上尊号"成吉思"（意为四海之主），铁木真就成了成吉思汗。

成吉思汗统一蒙古后，先后西征西夏、中亚和南欧等地，还和金朝分庭抗礼，建立了一个庞大的草原帝国。铁木真在攻打西夏的时候身患重病，不久就去世了。

蒙古第一大将木华黎

成吉思汗能够统一蒙古草原，和他手下有一批英勇善战的将领是分不开的。木华黎的父亲是成吉思汗手下的大将，为了保护成吉思汗而战死，所以成吉思汗对木华黎一直很好。木华黎足智多谋，他的手臂特别长，能拉开两石的强弓。他和博尔术、博尔忽还有赤老温四个人侍奉成吉思汗，都以勇敢忠心而出名，被称为"四杰"。

木华黎作战勇敢，深受成吉思汗的喜爱，他登上汗位后第一件事就是任命木华黎和博尔术为左、右万户。成吉思汗带领木华黎等人讨伐金国。打到抚州的时候，金兵号称40万人，列好阵势等待交战。木华黎说："敌众我寡，如果不拼死作战的话，肯定赢不了。"他带领敢死队冲上去，所向披靡。成吉思汗乘机指挥全军一起进攻，大败金兵。木华黎随后带兵攻打居庸关，这个关隘城墙异常坚固，很难攻破。木华黎分兵攻打其他地方，最终取得了胜利。

成吉思汗包围了燕京，金国请求议和，蒙古不同意。成吉思汗命令木华黎率

领军队攻打辽东，一路上杀敌无数，先后平定了金国的东京和北京。攻打北京的时候，金国守将率领 20 万人死守，结果被打败，死伤 8 万多人。木华黎战功赫赫，金人听到他的名字都要吓得发抖。

锦州守将张鲸聚集了十几万人，杀死金国节度使，请求投降蒙古。成吉思汗派木华黎负责收服张鲸，木华黎知道张鲸会谋反，派精兵监视张鲸。张鲸假称有病，计划半路偷偷逃走，监视他的人就把他杀掉了。张鲸的弟弟张致对哥哥被杀感到非常气愤，发动叛变，占据了很多城市。木华黎率领几万人马讨伐，张致的部队望风而降。木华黎到达兴中后，先派吾也而等人攻打溜石山，说："如果现在急攻的话，敌人一定会来增援，这样我再切断他们的后路，就能活捉张致了。"张致果然派侄子张东平率领 8000 名骑兵和 3 万名步兵去增援溜石山。大将蒙古不花派人飞马来报，木华黎赶紧率兵前进，在神水县和敌人相遇。他把手下的士兵分出一半作为步兵，又挑选了几千名弓箭手出来对敌人射箭，张东平和手下 1 万多人都被打死了。很快，蒙古军队又攻下了开义县，把锦州包围了起来。张致派张太平和高益出城迎战，又吃了败仗。死守了一个多月后，张致受不了了，他把作战失利的责任全部推到部下身上，杀了 20 多个将领。高益很害怕，将张致抓了起来，出城投降。

木华黎功高盖世，大汗特地下诏封他为太师，赐给他铁券和金印，封他王爵，对他说："你的封爵今后由子孙继承，永不断绝。"还把很多部队的指挥权交给他，说："太行山以北我来想办法，太行山以南就全靠你了。"木华黎从燕州进军，攻下了赵州，在满城驻扎下来，负责河北西路战事的史天倪对他说："目前中原已经大致平定，但是我军所到之处都大肆抢劫，这不是件好事。"木华黎觉得他说得很有道理，下令严禁抢劫，俘获的老百姓也全部放走，各地的百姓都非常高兴，很多地方不战而降。

当时金国在黄陵冈囤积了 20 万人马，派了 2 万人袭击济南。木华黎听说济南被袭击，仅仅带了 500 人就击退了他们。为了消灭这支部队，木华黎率领大军进攻黄陵冈，金兵在黄河南岸布阵，准备应战。木华黎说："这次战斗不适合用长兵器，应当用短兵器。"下令骑兵全部下马，拿出弓箭对着敌阵猛射，果然打败了敌人。进攻楚丘的时候，城池非常坚固，四周都是水，易守难攻。木华黎命令用草木填塞壕沟，然后带领部下登上城墙，一举攻克。

木华黎攻打延安的时候，金朝主帅出兵 3 万人在城下摆好阵势，蒙古不花率领 3000 人去侦察，回来汇报说："敌人看我军人少，都很轻敌。明天打仗的时候，应该先假装失败，把敌人引入埋伏圈，这样就能轻松取胜。"木华黎半夜率领大部队在城东两条山谷之间埋伏好。第二天，蒙古不花率部出击，看见金兵就假装害怕逃跑。金兵果然紧紧追赶，进入埋伏圈后，木华黎率领伏兵杀出，杀死金兵 7000 多人。但最后还是没有能攻下延安，于是移兵攻下了另外两座城池。

木华黎后来又攻打长安和凤翔，虽然取胜，但没有把城池攻下来。第二年他就因病去世了，享年 54 岁。他临死前最大的遗憾就是没有能够灭掉金国。

元朝第一文臣耶律楚材

耶律楚材是辽国皇室后裔，他父亲担任过金国的尚书右丞。不过在他三岁那年，父亲就去世了，他并没有沾到父亲的光。他母亲很贤惠，从小就教他读书写字，含辛茹苦地把他抚养成人。耶律楚材十分博学，几乎没有他不知道的学问，是当时有名的才子。

耶律楚材当官后，被任命为燕京的左右司员外郎。成吉思汗打下燕京后，听说他很有本事，就召见了他。成吉思汗见耶律楚材相貌堂堂，一脸大胡子，很喜欢他，对他说："你是辽的后人，金和辽有深仇大恨，我可以为你报仇！"耶律楚材说："我虽然是契丹人，但我的父亲在金朝做过官，那么我就是金朝的臣子了。我怎么能以臣子的身份敌视君主呢？"成吉思汗很欣赏他的话，就把他留在了自己身边，为了表示亲近，成吉思汗不直呼他姓名，而称他为吾图撒合里，就是蒙古语中长胡子的人的意思。

成吉思汗百战百胜，成天忙于东征西讨，抽不出时间来管理中原地区。他的宠臣别迭说："汉人对国家一点儿好处都没有，我觉得占领汉人的地方后，就应该把他们都杀光，把他们的土地变成牧场。"耶律楚材极力反对这种荒唐的说法，他说："皇上马上要讨伐南方了，一定需要大量军用物资。如果能把我们占领的中原地区的赋税做统一合理的管理的话，一年可以得到税收 50 万两白银、8 万匹布和 40 多万石粮食。这些东西足够应付军队的开支了，它们都是汉人提供的，怎么能说汉人没用呢？"成吉思汗觉得很有道理，就把这事交给他去办。耶律楚材请求设立燕京等 10 个地方的课税使，主管官员全部任用读书人。那些读书人为人宽厚，督察严谨，为国家提供了大量税收。

成吉思汗到云中地区巡视的时候，当地所设的课税使把账目和收来的财物全部拿来给他看。成吉思汗笑着对耶律楚材说："你跟在我身边之后就能让国家有足够的财物用。汉人中有你这样的人吗？"耶律楚材说："汉人当中比我强的人多得很，我这点儿才干只能勉强为皇上所用。"成吉思汗很欣赏他这种谦虚。窝阔台继承汗位后，耶律楚材继续获得信任，被任命为中书令。

窝阔台南征金朝时，耶律楚材建议免去那些发誓永不再叛的农民死罪，再制作旗帜交给那些来投降的人，让他们回家种田。以后遇到蒙古军队，只要拿出旗帜就不会受到任何骚扰。窝阔台采纳了耶律楚材的意见，很多老百姓就是因为这样才免去一死的。

蒙古原来规定，凡是进攻城池，如果守城的人敢于抵抗，攻下来之后就把守城的人全部杀死。后来蒙古攻打汴梁的时候，大将速不台对窝阔台说："金人长期抗拒，为了攻下汴梁我们死了很多人，我请求攻下来之后把全城的人都杀掉！"耶律楚材听说后，马上对窝阔台说："我们打了这么多年的仗，无非就是为了得到上

耶律楚材像

地和人口。如果屠城的话，那只能得到土地。光有土地没有人，土地有什么用！"窝阔台还在犹豫，耶律楚材又说："汴梁这地方很富裕，居民大多很有才干。如果都杀掉的话，我们什么都得不到。"窝阔台被他说动了，下令只诛杀完颜氏一族，其他人都免死。当时汴梁有100多万人，就因为耶律楚材几句话而留住了性命。

窝阔台非常宠信耶律楚材，有一次在宴会上，他亲自为耶律楚材倒酒，说："我这样信任你是遵从了父亲的遗命。没有你的话，中原就没有今天。我之所以能睡上安稳觉，也全靠你啊！"但是伴君如伴虎，有一次两个道士在朝中争名夺利，一个诬陷另一个的两个下属是逃犯，于是把那两个人抓起来杀掉了。耶律楚材认为他们这样做不对，把相关人抓起来，窝阔台很生气，把耶律楚材捆了起来，后来又觉得后悔，命令给他松绑。但耶律楚材说："我身为辅国大臣，皇上开始下令把我绑起来，一定是因为我有罪，应当向百官宣布。现在放了我，就说明我没罪。皇上怎么能说抓就抓说放就放呢？这样下去，国家大事还怎么处理？"其他人都为他捏了把冷汗，窝阔台却向他道歉道："我虽然是皇帝，但也不能保证不犯错嘛。"好不容易才让耶律楚材消了气。

耶律楚材死得比较早，死时才55岁。当时窝阔台已经死了，皇后执掌了朝政。有人说耶律楚材的坏话，说他长期手握大权，天下的赋税他差不多侵吞了一半。皇后派人前去他家调查，结果在他家只找到十几张七弦琴、一些书画和古玩而已。

元朝创始人忽必烈

忽必烈是成吉思汗小儿子拖雷的第二个儿子，窝阔台死后，他的哥哥蒙哥继承了汗位，任命忽必烈负责南方的军事。忽必烈重用儒臣，他每到一个地方都会访求当地的贤才。当时汉人虽然被蒙古人看不起，但如果让忽必烈知道哪个汉人有本事的话，他一定去亲自去拜访，将其请到自己府上任职。

忽必烈灭掉大理后，采纳了徐世隆等人的意见，下令部下不准乱杀人，此后他一直遵守这个誓言，很大程度上减轻了人民的抵抗。

蒙哥在攻打合州的时候受了重伤，很快就死了。当时忽必烈正在湖北一带作战，一听到蒙

元世祖忽必烈像

哥逝世的消息，马上和南宋签订和约，跑回去争夺汗位。这个时候，留守的小弟弟阿里不哥已经擅自征兵，企图夺取汗位。忽必烈在一些大臣和王爷的支持下登上了汗位，不久，阿里不哥也在部分大臣的支持下称汗，两派势力发生了严重冲突。忽必烈手中控制了汉地的人力物力和财力，比阿里不哥优势大得多，很快就将其击败。忽必烈以为阿里不哥从此失去了力量，就没有乘胜追击。一年后，阿里不哥卷土重来，在戈壁和忽必烈打了一仗，忽必烈虽然将其击败，但没有抓到他，也没有取得决定性的胜利。10天后，两军再次交战，没有分出胜负。当时两派势均力敌，但支持阿里不哥的察合台家族的首领阿鲁忽突然背叛了阿里不哥，倒向

了忽必烈。阿里不哥被迫和阿鲁忽作战，但他不是阿鲁忽的对手，最后只好向忽必烈投降。忽必烈并没有杀他，只是把他囚禁了起来。

忽必烈消除了来自本国的威胁后，就把目光放在了南宋身上。在和阿里不哥作战的时候，一批汉人突然背叛了他，但很快就被镇压了下去。这次叛乱引起了忽必烈对汉人的猜忌，他再也不像以前那样对汉人言听计从，而是采取了一系列措施限制汉人的权力。他废除了汉人诸侯的世袭特权，并削弱汉人将领的兵权，在地方上实行军民分治。另一方面，他开始重用色目人，让他们和汉族官员互相牵制。

忽必烈虽然对汉人抱有疑心，但对于个别汉人他还是很信任的。比如汉人刘秉忠就很受他信任，忽必烈自立为皇帝和改国号为元都是刘秉忠提出来的。忽必烈建立元朝后，被称为元世祖，将大都定为国都。他设立了中书省作为政府的中枢机构，设枢密院主管大部分军务。元朝有个和前代不同的地方就是在各地设立了行中书省这个机构，简称行省，也就是今天"省"这一级行政单位的由来。

为了巩固蒙古贵族的统治，忽必烈还在大多数机构里面设立了达鲁花赤一职，由蒙古人或者色目人担任，是各机构的最高官员，掌握最后裁决的权力。

忽必烈在整顿好内务后，就开始大举入侵南宋，很快就灭掉南宋，统一了中国。

忽必烈不光攻打南宋，他也继承了先辈们开疆拓土的热情。忽必烈把高丽当成是进攻日本的跳板，多次命令高丽为其准备军粮和船只，引起了高丽的不满。忽必烈一不做二不休，发兵攻打高丽，很快就获得了胜利。他把高丽设为行省，但保留高丽国王的称号。一直到元朝末年，高丽也没有获得独立。

占领高丽后，忽必烈派人出使日本，但使者并没有能够到达日本。第二年，高丽国王派人代替蒙古使节向日本递交国书，日本政府拒不答复，此后又拒绝过一次忽必烈的使者。忽必烈生气了，决定发兵讨伐日本。第一次讨伐船队遇到台风，全军覆没，后两次也都遇到了台风，虽然有少量士兵登陆成功，但由于缺乏补给，都失败了，最后也没有能够攻下日本。

忽必烈把全国人民分成四个等级，第一等级是蒙古人；第二等级是色目人，是西域各国的人；第三等级是汉人，指原来在金朝统治下的各族人民；第四等级是南人，是原来南宋统治下的人民。前两个等级受到优待，而后两个等级则受到歧视。这种民族政策造成了很大的民族矛盾，为日后元朝的灭亡埋下了伏笔。

忽必烈在位35年，80岁那年去世。他结束了中国长达400多年的南北对峙的局面，是我国历史上出色的政治家。

《授时历》的编撰

郭守敬从小志趣就和别人不一样，他不喜欢玩游戏，而是对计算和工程感兴趣。他的祖父和刘秉忠、张文谦等人是好朋友，让郭守敬跟着他们一起学习。

刘秉忠和张文谦担任了忽必烈的幕僚，忽必烈称帝后不久，张文谦向忽必烈推荐郭守敬，说他精通水利，是个难得的人才。忽必烈当时正在广求人才，就催促张文谦赶快带郭守敬来见他。

郭守敬一见到忽必烈就提出了6个建议，他主张重新开通北京附近的古运河，用于漕运，另外还要开凿周围好几条运河，可以多灌溉上万顷土地。忽必烈听了郭守敬的建议后很高兴，说："像这样去办事的人，才不算是白吃饭的。"于是任命他为提举诸路河渠一职，专门负责兴修水利一事。

几年后，郭守敬跟随张文谦去以前西夏国的地方任职。当地的中兴州本来有两条古代修建的河渠，周围还有10条古渠道，大大小小的支渠有68道之多。但由于长期战乱，年久失修，已经不能使用了。郭守敬一上任就带领当地百姓修筑堤坝，疏通河道，很快就把这些河渠全部修复了，为当地百姓造了福。

第二年，郭守敬升任为都水监，他上奏说："从中兴州乘船到东胜，只需四天四夜，这一段如果能开凿水道的话，那将节约不少时间。"他还说："金朝的时候，从燕京西面的麻峪村引了卢沟河一条支流出来，称为金口河，它灌溉了周围一大片土地。自从开战以来，当地官员担心出问题，就用大石头把它堵住了。现在如果重新开凿的话，既可以恢复灌溉，又可以用来通航。再在金口西面挖开一条分水渠，尽量深一些宽一些，就可以防止洪水危害京城了。"这些建议都被忽必烈接受了。

元朝建立后，刘秉忠曾上书提出《大明历》沿用了几百年，已经出现了一定的误差，需要修订新历法，但还没有来得及实施他就去世了。南宋灭亡后，忽必烈想起了刘秉忠的话，就派郭守敬负责天文测量并进行计算。郭守敬认为，历法准确与否，完全取决于测量是否精确。当时用于测量的浑仪是宋代在汴京制作的，而元朝首都在燕京，纬度有差别，加上年久失修，已经不能够准确测量了。郭守敬考察了浑仪的缺点，重新进行了修复。另外，他还制做出更加便于使用的简仪和高表等新式测量工具。

郭守敬认为在不同的地方测量，得到的数据是有偏差的，所以最好多在几个地方设立观测站，这样才能得到最准确的数据。忽必烈同意了他的意见，设置了14个监候官，把他们派往各地进行天文观测。观测站东至高丽，西至滇池，南至

海南朱崖，北至铁勒，得到了大量精确的数据。

第二年，新历法编写完成，用了四年时间检验，没有出现误差，说明新历法是很准确的。经后人研究，新历法计算出的地球绕太阳一周的时间，比现在测量的只相差了26秒，和现在公历的周期几乎完全相同，而新历法比公历早了302年，郭守敬也因此成为中国历史上最伟大的天文学家之一。新历法正式颁布后被命名为《授时历》。虽然新历法已经颁布，但它的计算方法和有关的数据还没有正式定稿，郭守敬就整理了几乎所有资料，将其分门别类，编成了26卷的计算方法和数据表。他担任太史令后就把这些资料上交给朝廷，另外他还写了很多天文学著作，也都被官府

郭守敬像

所收藏。

有人向朝廷上报说从永平行船，经过滦河河道，通过拉纤而上，可以到达开平。还有人说卢沟河如果经麻峪村行船，可以到达寻麻林。忽必烈被他们说动了心，派郭守敬去实地调查。郭守敬到了当地后一看，发现那两个地方根本不能通航。不过他提出了新建议，建议在北京开一条新渠，在积水潭汇流，然后从东、南方向出城。沿河修水闸，用于调整河水以通航。忽必烈下令照郭守敬说的去做，新渠道修成后，确实比老渠道方便了许多。以前从陆地上运粮食，不知道要累死多少驴马，而现在从水上运，节约了成本，还提高了运粮速度和效率，忽必烈对郭守敬大加赞赏。

简仪（模型）
郭守敬于 1276 年创制了简仪，因将结构复杂的唐宋浑仪加以简化而得名。

元成宗时期，朝廷准备开凿铁幡竿渠，郭守敬建议把渠道挖成 50 步到 70 步宽。可人们觉得他的方案耗资巨大，于是削减了 1/3。没想到第二年赶上下大雨，山洪暴发，渠道由于不够宽，蓄水量有限，导致河水冲毁了大批民房，差点儿把皇帝的行宫都给淹了。元成宗对大臣们说："郭守敬真是神人啊！真后悔当初没有听他的话。"

大画家赵子昂

赵子昂名叫赵孟頫，子昂是他的字，他是宋太祖儿子秦王赵德芳的后代。赵子昂从小就很聪明，14 岁的时候因为宗室的身份担任了真州司户参军。南宋灭亡后，他回到故乡隐居下来。

忽必烈派程钜夫去江南寻找人才，结果找到了赵子昂，把他推荐给忽必烈。赵子昂才华横溢，相貌出众，忽必烈看到他后很高兴，给他赐座。有人说赵子昂是宋朝宗室，不能把他放在皇帝身边，但忽必烈不听。当时刚刚设立尚书省，忽必烈请赵子昂起草诏书，写成后拿给忽必烈看，忽必烈看了之后很满意，说："把我要说的话都说出来了。"忽必烈想重用赵子昂，但很多人反对，这事就搁了下来。

一年后，赵子昂被任命为兵部郎中。当时驿站归兵部管，负责供应来往使臣的食宿。而那些使臣奢侈浪费，驿站无法满足他们的要求，只好用强制手段向老百姓索要，搞得民怨沸腾。赵子昂针对这一现状向中书省申请增加驿站的经费，减轻了百姓的负担。元朝发行了很多纸币，由于种种原因发行遇到了困难。忽必烈派赵子昂去江南责问当地官员为何怠慢政令，授予他可以拷打官员的权力。赵子昂顺利完成了任务，没有拷打一个人。

忽必烈非常宠爱赵子昂，有一次赵子昂在皇宫围墙外面行走的时候，由于道路狭窄，不小心掉进了河里。忽必烈知道这事后下令把围墙往里面移了两丈，以

赵子昂像

防赵子昂再掉进河里。赵子昂为官清廉，虽然官做得很大，但还是很穷，忽必烈下令赐给他50贯钱贴补家用。

忽必烈有一次问赵子昂他觉得叶李和留梦炎两个人谁优谁劣。赵子昂回答道："留梦炎是我父亲的朋友，他为人忠厚守信，能谋善断，有大臣的器量。叶李读过的书我也读过，他和我差不多。"忽必烈说："那你就认为留梦炎比叶李好了？留梦炎当初是宋朝的状元，一直当到了丞相一职。贾似道当权的时候，留梦炎不光不规劝，反而曲意讨好贾似道。叶李当初是个老百姓，却敢冒死向皇帝上书。我看叶李比留梦炎强，我知道你是因为留梦炎是你父亲的朋友，所以不敢说他的不是，但你可以写诗讥讽嘛。"

赵子昂出来后对彻里说："皇上评论贾似道乱政的时候，批评留梦炎不敢提意见。现在桑哥比贾似道还坏，而我们如果不站出来揭发的话，以后怎么推卸责任？我说话皇上不会听的。但您很得皇上信任，为民除害是君子义不容辞的事，所以希望您能够尽量去做。"彻里对桑哥也很不满，他听完赵子昂的话后就去找忽必烈，在他面前揭发了桑哥的罪行，当时也有很多大臣弹劾桑哥，忽必烈被他们说动了心，下令彻底调查。最后桑哥的罪恶被一一揭发出来，忽必烈就把他杀了。

忽必烈曾经问赵子昂："你是宋太祖的后代还是宋太宗的后代？"赵子昂回答道："我是宋太祖的第十一代孙。"忽必烈又问："那宋太祖的行为你都知道吗？"赵子昂说不了解。忽必烈说："宋太祖的行为我都了解，有很多值得我学习的地方。"赵子昂觉得自己如果在皇帝身边待太久的话，一定会被猜忌，于是请求让自己到外地做官。赵子昂到外地做官后，对百姓们很好，留下了断案如神的名声。

元仁宗即位后，把赵子昂召回了京城，对他很好。元仁宗曾和大臣们讨论文学，认为赵子昂可以和李白、苏轼等人媲美，还称赞赵子昂品学兼优，书法和绘画尤其出众，别人都比不了。很多忌妒他的人在皇帝面前说他坏话，但皇帝都装作没听见。有人上疏说赵子昂是宋朝皇室后代，修订国史不应该让他参与其中。皇帝说："赵子昂是世祖皇帝亲自提拔的，我对他那么好，让他主管修订国史，这是对他的信任。你们这些人啰里啰唆地想干什么呢！"赵子昂有几个月没有上朝，皇帝一问才知道他是因为岁数大了，又怕冷，所以就不怎么出来了，马上下令赐给他貂皮大衣。

赵子昂博学多才，写了不少书。他精通音乐，写了《琴原》和《乐原》。赵子昂的书法也很出名，曾有个天竺的僧人不远万里地来求他的书法，它被天竺人视为国宝。赵子昂的画更是古今一绝，尤其是画马，简直惟妙惟肖。杨载认为，赵子昂的才能很大程度上都被他的书画名声给掩盖住了。了解他书画成就的人不了解他文学方面的成就，而了解他文学成就的人，又不了解他的政治才干。赵子昂在69岁那年去世，追封魏国公，谥号文敏。

明 史

　　《明史》共 332 卷，加上目录 4 卷，共 336 卷，为清张廷玉等撰。《明史》编纂时间在二十五史中占第一位，但明朝历史颇为复杂，很多问题并非《明史》所能包括。不过，《明史》仍不失为研究明朝历史的主要参考书。

红巾军起义

元朝统治末年，黄河经常闹水灾，朝廷为了消除水患，动用了大批民工兴修水利工程，治理黄河。这本来是一件好事，但那些贪官污吏却任意克扣治河经费，民工连饭都吃不饱，可还得在皮鞭之下拼命劳动，怨气冲天。

当时民间盛行白莲教，有个叫韩山童的人组织了白莲会，吸收了很多贫苦百姓入会，向他们宣传佛祖很快就要派弥勒佛下凡来拯救百姓。百姓们已经被官府逼得走投无路，一听到弥勒佛要来拯救他们，当然很高兴，于是纷纷入会。

韩山童见治河工程闹得民怨沸腾，觉得是个好机会。他手下有个叫刘福通的人，对韩山童说，百姓对元朝的统治早就不满了，而对宋朝还有一定感情，所以干脆打着宋朝皇帝后代的旗帜争取群众，一定能取得好效果。韩山童觉得他说得有理，自称自己并不姓韩，而是姓赵，是宋徽宗的后裔，而刘福通则是南宋大将刘光世的后代，老百姓听了之后深信不疑，纷纷拥戴他们。

韩山童积极准备起义的消息传了出去，让官府知道了。刘福通等人逃到深山里躲了起来，而韩山童没有来得及逃跑，被处死了。刘福通组织部下举行了起义，治河的民工多是白莲会的成员，听到起义的消息后纷纷杀掉河官，前来投奔刘福通。很快刘福通就占领了不少地方，聚集了 10 多万人。刘福通为了和官兵区别开来，命令每个士兵头上都要裹红巾，所以老百姓把他们称为红巾军。

元朝统治者听说爆发起义，赶紧调兵遣将来镇压。可元朝的军队非常腐败，平时只知道欺负老百姓，一上战场就败下阵来，红巾军一口气打了好几个胜仗。这时，别的地方的老百姓也都纷纷发动起义，徐寿辉在黄州起义，布王三和孟海马在湘水和汉水一带举起义旗，芝麻李在丰、沛一带造反，郭子兴则占领了濠州，这些人都打着红巾军的旗号。

元末农民起义示意图

韩山童虽然死了，但他留下个儿子名叫韩林儿，刘福通觉得自己威望并不够，而且当初是以韩山童的名义组织起义的，所以他就找到了韩林儿，将他立为皇帝，称"小明王"，建国号为宋。刘福通排斥异己，独揽大权，红巾军的纪律比元军好不了多少，很快战斗力就下降了。元军抓住机会，在太康一带大败刘福通，刘福通保护韩林儿逃往安丰，逐渐恢复了力量。

刘福通分兵三路夺取地盘，他命令李武和崔德率军攻下商州，准备夺取关中；毛贵等人攻打山东河北一带，准备进攻大都；关先生和破头潘负责配合毛贵攻打大都，转移元军注意力。元军防守非常脆弱，各地又没有组织起有效的抵抗，当官的一听说起义军来了，往往拔腿就跑，所以起义军一路上势如破竹。但刘福通胸无大志，又不懂得约束部下，在外面打仗的将军根本不听从号令，各自为战，所过之处烧杀抢掠，失去了民心。每次攻下城池后又不分兵驻守，他们一走，元军就回来占领了。起义军越打越弱，等到元军大帅察罕帖木儿带兵攻打他们时，起义军连战连败，很快就被元军包围。100多天后，起义军的粮食都快吃完了，刘福通束手无策，只好带着韩林儿杀出重围，逃到安丰去了。而起义军内部则自相残杀，势力越来越弱。

此时关先生的部队攻陷大宁，进攻上都，田丰又攻占了保定，本来形势可以有所好转，刘福通却责备攻打关中的李武和崔德二人观望不前，准备治他们的罪，二人一气之下率部投降了元军。元军得以集中力量在北方作战，打败了关先生等人的部队，很快就将其歼灭，然后回过头来攻打刘福通。

刘福通在救援益都的时候吃了败仗，起义军很多优秀将领都阵亡了。此时张士诚被朝廷招安，也来攻打刘福通，他的部将吕珍将安丰团团围住，韩林儿没有办法，只好向朱元璋求援。朱元璋不愿意张士诚强大起来，于是率兵前来增援。可惜晚了一步，吕珍已经攻下了安丰并杀死了刘福通，朱元璋击败吕珍后，派人把韩林儿接走，暗中命令廖永忠在路上将船凿沉，把韩林儿淹死了。

这个时候，其他响应红巾军的部队基本上都被歼灭，徐寿辉被部将陈友谅杀害，郭子兴的部队已经被朱元璋兼并，红巾军从此退出了元末农民战争的舞台。

重八当皇帝

中国所有开国皇帝中，朱元璋可说是出身最低微的一个。朱元璋是濠州钟离人，排行第八，正好又是重字辈，所以没有什么文化的父亲就给他取名重八。朱元璋家里非常贫穷，他从小就以给人放牛为生，但还是吃不饱穿不暖。后来濠州发生旱灾，朱元璋的父母和大哥都饿死了。朱元璋实在没有办法，只好到皇觉寺出家当了个小和尚。

谁知道才过了50天，皇觉寺也断粮了，朱元璋只好被打发出去化缘，其实也就是以和尚的名义要饭而已。没有人知道朱元璋在外要饭的几年是怎么过的，总之他没有饿死，三年后他又回到了皇觉寺。郭子兴在濠州举行起义，元军把濠州城包围了起来。皇觉寺也被战火摧毁，朱元璋走投无路，干脆横下一条心，跑去投靠郭子兴。郭子兴当时正在招兵买马，他见朱元璋虽然面黄肌瘦，长得也丑，但却透着一股机灵劲儿，就任命他当了个十夫长。朱元璋在起义军中，每天都刻苦练习武艺，还学习兵法。他给郭子兴出了不少好主意，给郭子兴留下了很深刻的印象。郭子兴觉得朱元璋日后必有出息，就把自己的养女马氏嫁给了他。这下朱元璋的身份就不同了，成为主帅的干女婿，在军中的地位更高了。

郭子兴和起义军里另外几个首领关系不好，朱元璋多次在中间负责调停。有一次那几个将领居然把郭子兴抓了起来，准备杀害他。朱元璋知道后赶紧跑回来把郭子兴救了出来，从此更受郭子兴的信任。

朱元璋像

濠州解围后，朱元璋回到自己村里招募了 700 人，成为他们的首领。朱元璋觉得起义军的几个首领都不是干大事的人，决定自立门户，把招募来的人交给别人，自己带着徐达等人攻打定远，得到 3000 个降兵。随后又打败元将张知院，接收了他部下 2 万士兵。半路上遇到李善长，聊得非常投机，将其任命为自己的军师。

朱元璋考虑到自己年轻，威望不高，于是想办法提高自己的威望。有一次郭子兴让朱元璋统领自己的军队，朱元璋将这个消息秘而不宣。他和将领们约定第二天议事，等开会的时候，朱元璋和他们讨论问题，他对各种问题的分析都很有条理，那些将领却都说不出话来，这个时候他们才稍微有点儿佩服他了。朱元璋又决定修筑城墙，限期三天。三天后，朱元璋负责修筑的那段按期完成，而别人的都没有修好。这个时候朱元璋才拿出郭子兴任命他的文书，对将领们说："我奉命统率你们的部队，现在你们都误了工期，该怎么办？"大家都吓得要死，只好跪地求饶，从此谁都不敢看不起朱元璋了。

郭子兴病死后，他儿子郭天叙继承了他的位子，朱元璋成了郭天叙的手下。朱元璋很不服气，说："大丈夫怎么能受别人的控制！"他不听郭天叙的号令，改奉韩林儿为主。

朱元璋积极招兵买马，招揽了常遇春、廖永忠兄弟、俞通海等能征善战的猛将。朱元璋决定攻打集庆，他说："攻打集庆必先攻下采石。采石虽然防守坚固，但我们可以从牛渚那边发动进攻。牛渚面靠大江，是很难防守住的。"于是他先夺取了牛渚，采石也顺利拿下了。

郭天叙等人也来进攻集庆，但没有成功，郭天叙也被杀。他的部队走投无路，投奔了朱元璋。朱元璋乘势攻打集庆，活捉了敌将陈兆先，逼降敌人数万。投降的敌人都害怕朱元璋会杀他们，朱元璋在他们当中选出 500 个精兵，让他们充当自己的侍卫，自己丝毫不做防备。降兵见朱元璋这么信任他们，都安定了下来。朱元璋把集庆改名为应天府，以此为根据地发展自己的势力。他自任吴王，表面上听从小明王的号令，但不久之后他就把小明王害死了。

随后，朱元璋打败了最强大的敌人陈友谅，最终灭掉了元朝，登上了皇帝的宝座，定国号为明，他就是明太祖。

鄂国公常遇春

常遇春外表雄伟，力大无穷，手臂特别长，善于射箭。元末大乱的时候，他跟随刘聚当强盗，但他觉得当强盗没有出息，就去投奔了朱元璋。刚开始的时候朱元璋并不重视他，对他说："你只是因为吃不饱饭才来投奔我的，我怎么能收留你呢？"常遇春再三请求，朱元璋才打算给他个机会。朱元璋攻打牛渚的时候，岸上全是元兵，起义军没有人能冲上去的。常遇春觉得自己表现的时候到了，他手持长矛往岸上刺去。元兵接住了他的长矛，他乘势跳上江岸，大砍大杀。元军很快就溃败了，常遇春立了大功，朱元璋这才发现他是个人才，重用了他。

当时朱元璋部下的家眷都在和州，元朝大将蛮子海牙偷袭占据了采石，切断了和州和太平之间的联系。朱元璋怕影响军心，立刻率军去攻打元军，派常遇春多设疑兵以分散敌人兵力。战斗开始后，常遇春驾驶小船拼命往前冲，把元军的船队分为两截，朱元璋再率领大部队从左右冲锋，大败元军。常遇春在攻打集庆和对陈友谅的战役中也立了大功，还救过朱元璋的命。他虽然不是最早一批跟随朱元璋的将领，但他治军严明，对朱元璋忠心耿耿，屡建奇功，所以很受信任。

当时朱元璋手下最厉害的三员大将分别是邵荣、徐达和常遇春。其中邵荣是老将，特别善于打仗，但他却居功自傲，心有不轨，企图叛变。事情败露后，朱元璋看在邵荣以前的功劳上想免他一死。常遇春却对朱元璋说："大臣企图谋反，还有什么可宽恕的？反正我是绝对不会和他一起活着的。"朱元璋没有办法，只好请邵荣喝酒，流着眼泪把他杀掉了。从此朱元璋更加器重常遇春了。

朱元璋自任吴王后，将常遇春派去攻打武昌。陈友谅的残余势力张必先来增援武昌，常遇春趁敌人还没有完全集中的时候出兵打败了他，活捉了张必先。武昌守军士气下降，只好投降。常遇春顺势消灭了陈友谅其他残余势力，让朱元璋非常高兴。

接下来，常遇春又率军攻打张士诚，一连打了好几个胜仗，包围了湖州。张士诚派兵前来增援，常遇春带领少数人马悄悄绕到敌人后面，前后夹击，击败了敌人。常遇春很快攻击破了苏州，张士诚的势力被扫平，常遇春因此功被封为鄂国公。

还没有来得及休息，常遇春又被任命为徐达的副将，两人一起统兵北上灭元。朱元璋告诫常遇春说："率领百万大军和敌人殊死搏斗，没有人能比得上你。我倒不担心你作战有问题，只是怕你轻敌。身为大将，却喜欢和敌人的小兵搏斗，这不是我所期望的。"攻打河南的时候，5万元兵在洛水以北布阵。常遇春单枪匹马冲入敌阵，20多个敌骑拿着长矛一起向他刺去。常遇春一箭就射死了冲在最前面的一个，然后大呼着杀了进去。在他的激励下，士兵无不以一当十，大败元军。

常遇春和徐达攻打太原的时候，元兵救兵来到。常遇春对徐达说："我们骑兵虽然都到齐了，但步兵还没到，如果马上和敌人交战的话我们会吃很大亏的。我觉得晚上去偷袭，效果会好很多。"徐达同意了他的意见。到了晚上，常遇春带着精锐骑兵，悄无声息地赶赴元军大营准备偷袭。当时元军主将还在看书，遇上偷袭急得不知道怎么办才好，最后光着一只脚带了18个骑兵逃跑了。常遇春等人攻下了太原，随后又攻下大同和凤翔，扫平了河北各地。

这时元军大将也速在攻打通州，常遇春奉命回守。他带领9万人从北平出发，在锦州大败江文清，在全宁打败也速。打大兴的时候，他派了1000骑兵分成8路埋伏，等敌人撤退的时候，将他们一举擒获。元顺帝见大势已去，就向北逃跑，常遇春没有追上，但缴获了很多战利品。回师的时候常遇春在柳河川不幸暴病身亡，年仅 40 岁。朱元璋听到常遇春的死讯后大为震惊，悲恸不已。朱元璋统一天下后，在功臣庙给功臣塑像，常遇春排在第二位。

开国第一将徐达

徐达是朱元璋从小玩到大的好朋友，朱元璋回家乡招兵买马，徐达就去投奔了他。朱元璋很看重徐达，当他去定远的时候，只带了几十个人，第一个选中的就是徐达。在跟随朱元璋渡江的时候，徐达和常遇春始终冲在最前面。攻下集庆后，朱元璋让徐达率军攻打镇江，打下来后，因为徐达军纪严明，所以城中平静无事。

张士诚当时也在打江苏的主意，他已经打下了常州，但在攻打镇江的时候吃了徐达的亏。陈友谅也想来占便宜，徐达和常遇春在九华山下给陈友谅一个迎头痛击，光活捉的就有 3000 人。常遇春说："这些人都能打仗，不杀死他们的话恐怕会留下后患。"徐达却不同意这样做，决定向朱元璋请示。但当天晚上常遇春就擅自行动把一半以上的俘虏都活埋了。朱元璋很生气，下令把剩下的俘

徐达像

虏全部放走。从这件事上朱元璋看出徐达有大将之风，开始命令他统率各部。

鄱阳湖大战刚开始的时候，由于陈友谅军队实力远远超过朱元璋，所以很多士兵都对胜利不抱信心，士气很低落。徐达为了鼓舞士气，身先士卒，将陈友谅的前锋部队打败。这场胜利让士兵们看到陈友谅并不是不可战胜的，树立了自信心，最终赢得了胜利。

朱元璋打算讨伐张士诚，李善长建议先休整再去。徐达说："张士诚这个人喜欢奢侈，为人苛刻，他手下的将领只知道女子和财物，很容易解决掉。在他们军中真正起作用的是那三个谋士，不过他们都是书生，目光短浅。所以我们用大军逼迫他们，一定可以取胜。"他的话打动了朱元璋，被任命为大将军，带领水军 20 万人进逼湖州。徐达派兵绕到敌人后方，切断退路，将敌人全部消灭，轻松拿下湖州。张士诚派吕珍率领 6 万人来援救，被徐达杀得大败，吕珍等人全部投降，张士诚也差点儿被俘虏。徐达和其他将领一起包围了平江，架起了三个高台，在上面可以俯视城内的情况，还在台上装了弓弩火筒和大炮，对城里进行轰炸，最后逼降了敌人。张士诚也被俘虏，他部下 25 万将士都被收编。城即将攻破的时候，徐达对常遇春说："部队进城后，我驻扎在左边，你去右边。"他又下令："抢劫和拆毁民房的，一律处死。"部队进城后秋毫无犯，没有人抵抗他们。

当时的人一提到名将，首先就想到徐达和常遇春。他们两人才干和勇猛都差不多，都是朱元璋的爱将。常遇春勇猛剽悍，擅长冲锋陷阵，而徐达擅长于出谋划策。常遇春打了胜仗后难免滥杀无辜，而徐达的部队从来不伤害老百姓，即使他抓到间谍，也都以恩相待，所以多数人都愿意跟从徐达。朱元璋曾经对将领们

说过："带兵稳重，纪律严明，得胜后最有大将风度的就是徐达，你们都不如他。"在攻打北方的时候，徐达担任了主帅，为平定北方立下汗马功劳。

朱元璋建立明朝后，任命徐达为右丞相和太子少傅。徐达继续为朱元璋南征北战，灭掉了元朝，最终帮助朱元璋统一了天下。

天下安定后，徐达每年春天都会在外统兵，冬末的时候再回京城，回来后就把将印交还朝廷。朱元璋对徐达很好，把他当成布衣时期的兄弟看待，而徐达反而更加谦虚谨慎，深得朱元璋的好感。朱元璋曾经说："徐大哥功劳那么大，还没有合适的住宅，可以把我当吴王时期的住宅赐给他。"徐达坚决推辞。有一天，朱元璋和徐达一起到那栋房子里去玩，把他灌醉后抬到卧室。徐达醒过来后，吓得赶紧跑了出来，跪下高呼死罪。朱元璋在一旁偷看，心里非常高兴，下令给徐达盖了另外一栋房子。胡惟庸当丞相的时候，想和徐达拉关系，但徐达鄙薄他的为人，不愿和他打交道。胡惟庸怀恨在心，收买了徐达的看门人福寿，让他陷害徐达。徐达知道后也没有追究福寿，只是常常劝朱元璋对胡惟庸多留个心眼，说他不适合掌权。后来胡惟庸果然因为谋逆而被处死，朱元璋因此更加看重徐达。不久，天象发生变化，月亮侵犯上将星座，朱元璋很忌讳这事，对徐达开始不太放心了。徐达在北平生了病，背上长了毒疮。稍微好点儿后，朱元璋就派徐达的长子徐辉祖代表自己去慰劳他。第二年，徐达就去世了，当时有人传说是朱元璋把他毒死的。

徐达去世后，朱元璋很悲痛，亲自去参加了葬礼，把他列为开国第一功臣。朱元璋曾经称赞他说："接到命令后立刻出动，完成任务就马上回来。不居功自傲，不贪图女色财宝，处理问题不偏不倚，没有过失。具备这些品德的人只有徐达一人而已。"

刘基求雨

提起朱元璋手下的谋臣，大家都会想到那个传说能呼风唤雨、神机妙算的刘伯温。刘伯温名叫刘基，伯温是他的字。刘基确实是朱元璋手下的第一谋臣，当然，他不可能像传说中那样能掐会算，只是由于他善于分析问题，总能做出正确的结论，给别人留下一个能预知后事的错觉罢了。

刘基是浙江青田人，从小就聪明好学，长大后博通经史，尤其精通天文。朱元璋起兵后，刘基成为他手下的谋士。他为朱元璋出了不少好主意，帮助朱元璋成就了帝王霸业。不过刘基确实喜欢装神弄鬼，比如鄱阳湖大战的时候，他就算定在金木相克的那天发动进攻会胜利，最后打败了陈友谅。其实刘基这样做是为了稳定军心，用迷信来影响士兵的士气，是一种心理战术，但人们都以为他是神仙。

朱元璋当吴王时期，治下有很多冤狱。刘基知道战事紧急，朱元璋可能不会重视冤狱，正好当时赶上大旱，他乘机进言说下不雨正是因为冤狱太多引起的。朱元璋听信了他的话，下令平反冤狱。说来也巧，没过多久天上果然下起了大雨，刘基乘机请求制定法令，避免日后再滥杀无辜。

明朝建立后，开始建立各种规章制度。当时确定各地税款时，规定每亩田的赋税按照宋朝的比例加上五合，也就是半升。但由于刘基功劳很大，朱元璋特地嘱咐他的家乡青田就不要加了。刘基认为，宋朝和元朝都是因为法律太宽纵才失去天下的，他请求整肃纲纪，严格执法。中书省都事李彬犯了贪污罪，刘基负责审判他。李彬和李善长是好朋友，所以李善长请求刘基放李彬一马，但刘基拒绝了。李善长又找到朱元璋说好话，朱元璋同意了，但刘基认为李彬罪无可恕，就借求雨的名义把李彬杀掉了。从此李善长和刘基的关系出现了裂痕。

后来天下大旱，刘基说："阵亡将士的妻儿没有受到抚恤，那些修筑城墙的工匠死后也没有人埋葬他们，他们的怨气结在一起，所以天不下雨。"这当然是迷信的说法，但刘基这样说的目的也是为朝廷着想，而且他懂得天文，从天象上看确实最近就会下雨。朱元璋采纳了他的意见，但这次却出了岔子，一连十多天都没有下雨。李善长就在朱元璋面前说刘基的坏话，把朱元璋惹怒了。刘基知道出了问题，正好他妻子死了，于是请求让他辞官回乡。朱元璋看在刘基功劳的份上同意了，后来又想召他回来，赏给他很多东西，还想提升他的爵位，刘基都拒绝了。

当初李善长不小心得罪了朱元璋，刘基说："李善长是有功的老臣，他有能力调和将领之间的关系。"朱元璋说："李善长好几次想害你，你还帮他说好话！"刘基说："这就好比给房子安柱子，必须用大木头，如果用小木头的话，房子就会塌掉的。"等到李善长罢相后，朱元璋想让杨宪当丞相。杨宪是刘基的好朋友，可刘基却反对让他当丞相，说："杨宪有丞相之才，但无丞相的器量。做丞相要心如止水，办事公正，不能有自己的私见。杨宪不是这样的人。"朱元璋问汪广洋如何，刘基说："他还不如杨宪呢。"又问胡惟庸怎样，刘基认为胡惟庸才能出众，但锋芒太露，反而会坏事。朱元璋说："其实你最合适当丞相了。"刘基说："我这个人太疾恶如仇，又没有耐心做小事，不适合当丞相。天下这么大，丞相之才肯定有，但目前这些人确实没有合适的。"结果杨宪等人后来果然因故被杀掉了。

刘基告老还乡后，朱元璋还是对他念念不忘，经常写信去询问天象方面的事。刘基一一作答，说霜雪过后就是春天，现在国家已经建立了，应该用一些宽大的政策。刘基隐居在山中，不和官吏打交道，也不说自己的功劳。青田县令想拜见他，但刘基躲着不见。县令就化装成百姓去找他。刘基把他请进家里，请他吃饭。县令说："我其实是青田县令。"刘基很吃惊，赶紧说自己只是个老百姓，然后马上搬家走了。刘基这样做就是不想让朱元璋注意他，以免获罪。

虽然刘基处处谨慎，但还是被胡惟庸抓到了把柄。胡惟庸说刘基私自选定了有帝王之气的墓地，心怀不轨。朱元璋虽然没有追究下去，但心里还是有了疙瘩，把刘基的俸禄削夺了。刘基病重的时候，胡惟庸派人来给他医治，吃了药后刘基就觉得有什么东西郁积在肚子里面，感觉像是拳头大小的石头。没过多久刘基就死了，享年65岁。

仁慈的马皇后

马皇后是郭子兴的养女，被郭子兴嫁给了朱元璋。马皇后很仁慈，又爱好书籍，朱元璋的文书都是由她保管的。朱元璋能力出众，郭子兴对他有所怀疑。马皇后想方设法讨好郭子兴的妻子，调解双方的矛盾。朱元璋攻下太平后，马皇后带领将士的女眷们缝衣做鞋，还拿出自己的钱财出来犒赏将士。

明太祖之妻马皇后像

朱元璋当上皇帝后，马氏被册封为皇后。当初朱元璋因为得罪郭子兴而被关押了起来，连饭都不让吃。马皇后偷了烧饼，揣在怀里偷偷拿给朱元璋吃，结果烧饼太烫，把她皮肤都烫伤了。军队缺粮的时候，她总是把好吃的省下来给朱元璋吃，自己却经常饿着肚子睡觉。朱元璋经常把这些事拿出来回忆，称赞马皇后贤德。

马皇后管理内宫很辛苦，但一有空就学习古代管理内宫的经验。宋代出了很多贤明的皇后，她就要求女官把宋代管理内宫的方法记录下来，让嫔妃们每天学习。有人说宋朝治国过于宽厚，马皇后说："过于宽厚总比过于严酷要好。"

朱元璋脾气暴躁，经常生一肚子气回宫。马皇后等朱元璋回宫后就婉转劝导，好几次让朱元璋打消了乱杀人的念头。有人控告参军郭景祥的儿子要刺杀父亲，朱元璋大怒，要把他儿子杀掉。马皇后说："郭景祥只有一个儿子，我怕万一是诬告的话，郭景祥就没有后代了。"后来查出果然是诬告。宋濂是太子的老师，他的孙子宋慎被牵连进胡惟庸一案，所以宋濂也要被连坐处死。马皇后劝说道："老百姓家请个老师还能以礼相待，更何况皇帝家？再说宋濂早就退休了，他孙子的事他肯定不知道的。"朱元璋正在气头上，根本听不进去。吃晚饭的时候，马皇后摆出一副悲伤的样子，也不吃酒肉。朱元璋觉得奇怪，问她是怎么回事。马皇后说："我是在为宋先生祈福。"朱元璋非常感动，第二天就宣布赦免宋濂。吴兴富豪沈秀（也就是沈万三）帮助修筑城墙，还请求让他出钱犒赏军队。朱元璋很生气，说："一个老百姓竟然要犒赏我的军队，简直是犯上作乱！一定要杀了他！"马皇后说："法律是用来惩治不法之徒的，不是用来惩治不祥之物的。一个百姓居然富到能和国家并肩的程度，对他来说当然不是好事。老天爷自然会降灾给他，不用陛下操刀了。"朱元璋就没有杀沈秀，只把他发配到云南去了。朱元璋曾经下令让重罪犯修筑城墙，马皇后说："罚罪犯做劳役本来没有什么不对，但那些囚犯已经很疲惫了，如果还让他们干重活儿的话，我担心会死很多人。"朱元璋就下令赦免了他们。

有一天，马皇后问道："现在天下百姓生活安定吗？"朱元璋说："这不是你应该问的事。"马皇后说："陛下是天下人的父亲，我当然就算天下人的母亲了，母亲为什么不能问儿女生活是否安定呢？"遇到灾荒之年，马皇后就带领宫里所有人吃素，还准备饭菜救济灾民。马皇后曾经尝过朝廷供应给大臣的伙食，觉得不好吃，她就劝皇帝要改善伙食，对贤德之士一定要优厚。有一天朱元璋视察太学回来，马皇后问有多少学生，回答是几千人。马皇后高兴地说："人才这么多啊！他们每个月有国家发的补助，可他们的妻子儿女又怎么办呢？"从此明朝就建立了供应太学生家属衣食的制度。

马皇后平时穿得很朴素，衣服很旧了也舍不得换新的。她让人用丝织成被帐送给老弱孤寡，剩余的布料和丝她亲手缝成衣服赏赐给王妃和公主，让她们知道养蚕织布的艰难。大臣的妻子进宫拜见的时候，马皇后对待她们像对待自己亲人一样。

马皇后的家人很早就失散了，朱元璋帮她找到家人后，打算封他们做官。马皇后谢绝道："把官位赐给外戚不是好事。"由于马皇后的坚持，这事就作罢了，但马皇后并非不关心家人，每次说起早逝的父母都会泪流满面。

洪武十五年八月，马皇后患了重病。她对朱元璋说："生死有命，即使是祈祷祭祀也没用的。医生也不能让人起死回生，如果吃了药没有效果的话，我担心陛下会为了我而怪罪医生的。"所以她坚持不吃药，不久她就去世了，享年51岁。朱元璋悲痛得大哭，从此不再立皇后。

靖难之役

朱元璋认为儿子是最忠诚最可靠的人，所以把儿子们分封到全国各地为王，有的王还有自己的军队。朱元璋的如意算盘是如果朝廷里发生什么事的话，那些诸侯王就可以兴兵讨伐，反正怎么着都是朱家的天下，再说太子是大哥，弟弟们也不会反对他的。

但太子朱标居然死在了朱元璋的前面，这下皇位继承人的位置就空了出来，选谁当太子让朱元璋伤透了脑筋。他最喜欢四儿子燕王朱棣，但如果立他为太子的话，老二老三肯定不服。最后他干脆立朱标的儿子朱允炆为皇太孙，认为这样就名正言顺了。朱允炆年少好学，性情宽厚。一天，朱元璋和朱允炆聊天，问他："边境上的事我都交给你叔叔们管了。"没想到朱允炆却说："那如果叔叔们有异心怎么办呢？"朱元璋顿时语塞，他从来没想到过自己儿子会造反。沉默了好大一会儿，他才问道："依你说该怎么办呢？"朱允炆回答道："用德行来争取他们的心，用礼仪来约束他们的行为。如果不起作用的话，就削减他们的封地，再不行的话就兴兵讨伐。"朱元璋觉得没有别的办法了，勉强点了点头。

那些诸侯王平时对朱允炆也不太好，经常以长辈的身份教训他。朱允炆开始考虑日后的问题了，他问侍读黄子澄："叔叔们都手握重兵，我该怎么对付他们呢？"黄子澄用当年汉景帝平定七国之乱的典故来安慰朱允炆，朱允炆才放下心来。

朱元璋去世后，朱允炆登基为帝，年号"建文"，史称建文帝。按照朱元璋的遗诏，他禁止叔叔们进京奔丧，当时朱棣已经从燕京赶到了淮安，也被迫返回。这件事引起了诸侯王的极大不满，都说朝廷中有人挑拨诸侯王和皇帝之间的关系。

朱允炆知道后非常不安，他和兵部尚书齐泰还有黄子澄一起商议对策，决定削弱诸侯王的实力，以保证朝廷的优势。他们认为燕王朱棣实力最强，人也最有能力，应该先除掉他。但黄子澄不同意，他认为朱棣早有准备，不容易除掉，他建议先从别的王爷那里下手，剪除掉燕王的手足，等燕王势单力孤的时候再集中力量对付他，黄子澄的意见得到了大家的赞同。

建文帝认为朱棣的亲弟弟周王的封地在开封，和朱棣靠得很近，很有可能帮助燕王造反，就找了个罪名把他废掉，贬为庶民，打发到云南去了。接着又废掉了代王、岷王、湘王和齐王。朱棣害怕极了，他知道自己的实力还不足以和朝廷对抗，生怕下一个被废掉的人就是他。他韬光养晦，暗中招兵买马，操练军队，准备反戈一击。他在王府下面造了个地下室，专门铸造兵器，为了掩盖敲打的声音，还养了很多鸡鸭，让它们叫个不停。

朱棣经过精心准备后，认为时机已经成熟，但他还不敢马上行动。因为他的三个儿子还在京城里面，如果造反的话，三个儿子的命就没了。他写信给建文帝，说自己生病，请求把儿子们接回去。黄子澄认为，如果把他的儿子送回去，可以起到麻痹朱棣的作用，然后再发动突然袭击，一定能消灭他。建文帝就把那三个堂弟送了回去。

建文帝还派了几个大臣跑到燕王的属地去负责当地的军政事务，实际上是让他们监视朱棣。朱棣为了争取时间，干脆装疯，他一会儿跑到街上大喊大叫，一会儿又抢人东西吃。当时正是六月，天热得跟下火一样，但他却裹着被子坐在火炉前烤火，还一个劲儿地叫冷。那些大臣并没有受他的蒙骗，很快就调查出了内幕，马上派人告诉了建文帝。

建文帝决定对朱棣下手，正当他调兵遣将的时候，有人向朱棣告了密。朱棣马上宣布自己病愈，请官员们来吃饭，在宴席中杀掉了建文帝派去的大臣。随后，他打着"靖难"的旗号正式造反。他造反的理由是消灭朝中奸臣齐泰、黄子澄等人，所以才自称"靖难"。朱棣长期在北方和蒙古人作战，又经过精心准备，军队战斗力很强。

这场战争持续了四年，双方你争我夺，互有攻守。朱棣最终打败了朝廷的主力部队，攻到了南京城下。几天后，守城大将李景隆开城投降，朱棣杀进京城。皇宫燃起了熊熊大火，朱棣赶紧派人前去救火，同时命人把守住宫门，不让一个人跑出来。等火势熄灭后，朱棣迫不及待地命人寻找建文帝的尸体，但没有一具尸体像是建文帝的。民间都传说建文帝从地洞里逃走了，后来朱棣宣布找到的尸体其实是皇后的。不过真相到底是怎么回事，没有人能说清楚，这也成了一个千古之谜。

郑和下西洋

明成祖夺取了侄子的皇位后，因为一直没有找到建文帝的尸体，他怀疑建文帝可能逃跑了，担心建文帝如果还活着，对自己的皇位是个很大的威胁，所以秘

郑和像

密派人寻找建文帝的下落。后来他又想，建文帝有可能逃到海外去，那么干脆派人带领一支船队，下海去和其他国家往来一下，一方面宣扬一下大明国威，采购一些中国没有的奇珍异宝，另一方面顺便打听一下建文帝的下落。

他派自己的心腹太监郑和担任船队的领袖，觉得这事交给郑和办很放心。郑和本名叫马三保，他的父亲去麦加朝拜过，他从小就听父亲说起过很多关于外国的事情。后来他被送进宫里做了太监，由于他很聪明能干，又忠心，在明成祖争夺皇位的战争中立过大功，明成祖很信任他，给他改了个名字叫郑和，但民间习惯上还是叫他三保太监，也有称三宝太监的。

永乐三年（1405年）六月，郑和率领船队下海，游历西洋地区，这里的西洋不是指的欧洲，而是指我国南海以西的海域。郑和率领的船队十分庞大，有2.7万多人，分乘200多艘大船，这种船在当时世界来说是最大的，长44丈，宽18丈，可以说是庞然大物了。船队从苏州刘家河出发，经过福建、广东沿海，继续南下。

郑和首次出海，途经占城（今越南南部）、爪哇、旧港（苏门答腊岛东南）、苏门答腊、马六甲、古里、锡兰等国。他每到一国，都会把明成祖的书信交给当地国王，表达友好来意，并送上珍贵的礼物。那些国王看到郑和带领那么庞大的船队，又不是用武力来威胁的，心里很高兴，再加上郑和的态度谦恭，还送上那么多珍贵礼物，那些国王笑得嘴都合不拢了。他们也知道大明是个很强大的国家，都乐意和大明建立友好往来关系，对郑和也非常热情。

船队经过旧港的时候，当地有个海盗头子听说郑和船队带了大批宝物，很是眼红，于是策划要偷袭郑和船队。这个消息被郑和知道后，没把它放心上，认为自己带了2万多人，哪会怕一个小小海盗，于是并没有逃跑，而是设下埋伏，引海盗上钩。晚上的时候那个海盗果然带着手下人来偷袭了，结果遇到早有准备的明朝水军，被杀了个大败，那个贪心的海盗也被俘虏了。

这次出航花了两年多的时间，带回来很多珍贵的礼物，还有各国的使节。郑和向明成祖汇报了这次出海的情况，献上从国外采购来的宝贝，各国使节也纷纷向明成祖进贡特产，明成祖没有想到这次出航居然这么顺利，心里非常开心。

从此以后，明成祖时不时地就派郑和带领船队下海去，后来他已经相信建文帝确实是死了，但他觉得派船队下海一方面可以加强和周边国家的友好往来，建立天朝上国的威严，提高国威声望，另一方面也确实能带回不少中原没有的宝贝，所以他不惜重金，一次次地派郑和下海，前后一共去了7次。郑和船队总共到过30多个国家，最远到达非洲的东海岸。

在出海途中偶尔也能遇到一些国家不怀好意，像有一年锡兰国王就贪图郑和船队里的财物，把郑和引诱进来，然后敲诈勒索，还派兵抢劫郑和的船队。郑和虽然是和平友好的使者，却也不会随便让人欺负，他听说敌人大部分士兵都不在城里，于是率领2000多人突然猛攻锡兰城，活捉了锡兰国王，又打败回来救援的军队。把锡兰国王带回中国后，明成祖没有杀他，而是把他送回了国。

第六次出海回来的时候明成祖已经死了，不到一年时间，即位的明仁宗也死了，刚即位的明宣宗还很小，由祖母和几个大臣掌管朝政，他们认为郑和下西洋的花费实在太大，国家有点儿吃不消了，于是下令停止下西洋的行动。

土木堡之变

明朝有个叫王振的人，他读过几年书，后来被阉割送进了宫。当时的太监很少有识字的，王振却是个例外，所以明宣宗就让他服侍太子，就是后来的明英宗。

明英宗即位的时候还很年幼，他把王振看作是最知心的人，任命他为帮助皇帝批阅奏章的司礼监。这个职位权力很大，加上明英宗又不管政事，所有事情都交给王振去做。当时有三个德高望重的大臣辅政，他们在的时候，王振还不敢放肆。后来那三个大臣老的老，死的死，王振就开始得意起来。朝中大臣谁都不敢得罪他，有几个大臣就是因为惹王振不高兴，充军的充军，杀头的杀头，很快大家都不敢说话了。

明英宗把王振当老师看待，对他言听计从。文武百官都称呼王振为"翁父"，有的没骨气的大臣为了升官发财，还竭力讨好王振，朝廷上下一片乌烟瘴气。正在这个时候，北方的瓦剌人把目光投向了中原。

瓦剌其实是蒙古的一支，他们表面上臣服于明朝，实际上却厉兵秣马，随时等待进攻明朝的机会。有一年，瓦剌首领也先派了3000名使者到北京进贡马匹。说是进贡，实际上就是和明朝做生意，顺便捞点儿赏赐。王振发现瓦剌派来的人数不对，认为他们有欺骗的嫌疑，于是把赏赐和马价压低，并谴责了也先。也先很生气，发动了对明朝的攻击。

瓦剌人率先进攻大同，镇守大同的军队反击失败，守将战死。边境的官员赶紧向朝廷告急。明英宗把大臣召集起来开会讨论，王振的家乡蔚州离大同不远，他担心家乡受到瓦剌人的蹂躏，于是竭力鼓动明英宗御驾亲征。兵部尚书邝埜和侍郎于谦认为亲征的条件并不成熟，反对明英宗亲征。但明英宗只相信王振，最终决定亲征。

皇帝亲征，排场当然不能小，他带了100多个文武官员和几十万大军出发。虽然明军人数众多，但由于没有做好充分准备，一路上又遇到瓢泼大雨，军队士气非常低落。有大臣劝明英宗撤退，反被王振大骂了一顿。

几天后，也先主动北撤，想引明军深入。王振不听众人劝阻，贸然下令北上。第二天，他的亲信告诉他这是敌人的计谋，王振才停止了追击，下令撤退。在撤退的途中，瓦剌军突然杀来，负责断后的吴克忠和吴克勤兄弟双双战死。朱勇和薛绶率领3万个骑兵前去救援，被敌人包围，两人均战死，全军覆没。这个时候，明军已成惊弓之鸟，应该赶快撤退。但王振却想到这里离蔚州很近，他想在家乡人面前摆摆威风，于是劝明英宗去蔚州住几天。刚走了几十里路，王振觉得不对：这么多人去蔚州，把自己家的土地踩坏了怎么办？又下令往回走。这下子时间全给耽误掉了，让瓦剌人追了上来。

王振带着大军逃往土木堡，很多大臣建议去怀来，因为土木堡根本没有可供防守的城墙，万一瓦剌发动进攻，连个依靠都没有。但王振想着还有1000多辆辎重车辆还没到，所以非要在土木堡等待。邝埜向明英宗奏请，赶紧前往居庸关，王振大怒说："你这个穷酸书生懂什么军事？再胡说八道，小心你的小命！"邝埜说："我是为了社稷着想，为何要用死来威胁我！"王振命令把邝埜赶了出去。

明军经过长途行军，又累又渴，但土木堡并没有水。大家动手挖井，挖了十几米深也没见到有水。土木堡附近有一条河，已经被瓦剌军占领了。这时候瓦剌人把明军围住，明英宗只好派人去求和。也先假装同意议和，准备进一步进攻。

王振听说也先同意议和，很高兴，下令让士兵自己找水喝。士兵们纷纷跳出战壕，朝那条河跑去。瓦剌人突然发动了进攻，明军顿时大乱。禁军将领樊忠按捺不住心中的怒火，他揪住王振的衣领，大骂："我为天下人除去你这个奸贼！"说完一锤将王振砸死，然后冲去敌阵厮杀，不久中枪身亡。明英宗见大势已去，干脆坐在地上等死，最后被瓦剌人俘虏。几十万明军死伤大半，明朝陷入了建国以来最严重的一次危机当中。

于谦守京城

于谦是浙江钱塘人，7岁那年有个和尚见到他后觉得很惊讶，对他说："你这个小孩以后会成为救世的宰相啊！"于谦刻苦好学，很年轻就中了进士，被任命为御史。

于谦声音响亮，很有气势。汉王朱高煦谋反失败，投降的时候，皇帝命令于谦宣读圣旨，指责他的罪过。于谦义正词严、声色俱厉地斥责朱高煦，狂傲的朱高煦被于谦骂得伏在地上直发抖，皇帝见了之后非常满意。

王振得势的时候，于谦由于刚正不阿得罪了他，被陷害入狱。当时山西和河南的官民纷纷上疏，请求释放于谦的人数以千计，连诸侯王也为他说好话。王振见众怒难犯，只好把他放了出来。

土木堡之变后，形势非常严峻，于谦当时担任兵部侍郎，由于兵部尚书邝埜战死，所以由他来负责兵部的事务。

为了安定人心，皇太后任命郕王朱祁钰为监国，

于谦像

代理皇帝职权，召集大臣商讨如何对付瓦剌的入侵。有个叫徐有贞的大臣说瓦剌现在兵强马壮，明朝又刚吃了大败仗，硬拼是肯定拼不过的，他说自己观察天象，北京城会遭到大难，所以建议把都城迁到南方去。

于谦一听就生气了，他反驳道："主张逃跑的都该杀！京城是国家的命根子，要是一跑，国家就完了，大家难道忘了南宋的教训吗？"

他的一番话赢得了大多数人的赞同，反对他的人也慑于他的正气不敢说话了，纷纷推举他负责守城，太后和监国也都安下心来了。尚书王直拉着于谦的手说："国家现在依靠的是你这样的人才，今天这种情况，就算有100个王直又有什么用呢？"

这次守卫京城，于谦知道责任重大，他不敢怠慢，一方面布置防御的兵力和将领，另一方面抓紧捉拿瓦剌奸细，还下令各地将领尽快带兵进京勤王。然后他上书朝廷，建议宣布王振的罪状，捉拿他的同党，以稳定民心，通过这些措施逐渐安定了京城的人心。

也先俘虏了明英宗，觉得很高兴，把明英宗当作人质，挟持着他进犯北京。由于皇帝在他手上，沿途的守军不敢放手进攻，瓦剌军进展神速，很快就打到北京城下。针对这种情况，于谦等人上疏，要求监国即位做皇帝，把英宗奉为太上皇，这样就能消除英宗在敌人手上的不良影响了。

正统十四年(1449年)十月，瓦剌军抵达北京城下，在西直门驻扎下来，准备发动进攻。大将石亨认为敌人兵强，建议把军队撤进城，凭借城墙死守，这样瓦剌见短时间内攻不下来，也许就会主动退兵。于谦拒绝了这个建议，他认为这样就是对敌人示弱，反而会助长敌人的嚣张气焰，应该主动出兵，先杀他们一个下马威。

于谦把各路人马布置在京城各个门外，命令把城门都关起来，表示有进无退的决心。他还下令说如果将领上阵逃跑的，就斩将领，士兵逃跑的，就由后面的士兵就地正法。这样既严明了军纪，又表明了坚决保卫北京城的决心，大大鼓舞了将士们的士气。这时候，各地前来增援的人马也陆续赶到，都驻扎在京城外面，总共有22万人之多，更加坚定了大家必胜的信心。

于谦派遣几名骑兵前去诱敌，也先果然中计，派了上万人前来冲锋，结果中了埋伏，死伤惨重，连也先的两个弟弟都丧了命。也先大怒，调遣部队攻打西直门和彰义门，又被击退。当时很多太监受于谦爱国精神的激励，加上看到瓦剌军败退，一下子冲出好几百人前去追击，结果反而把自己的阵形冲乱了。瓦剌军乘势反攻，打到土城的时候，连老百姓都爬到城墙上向瓦剌军扔石头土块，许多瓦剌人被砸得头破血流。一连打了五天，瓦剌军损失惨重，只好退兵。于谦看到挟持明英宗的队伍走远了，才下令开炮，炸死不少后面的瓦剌士兵，北京保卫战最后以明朝的胜利而告终。也先看到明英宗留着也没用，勒索了一大笔赎身费后就把他放回去了。

明英宗复位后，对于谦当年扶持别人当皇帝有点儿不满，再加上被于谦斥责过的徐有贞和石亨说坏话，于是给于谦安了个谋反的罪名，把他杀害了。老百姓听说于谦冤死，一个个都痛哭流涕，跟死了亲人一样。

贪玩误国的明武宗

明武宗是明孝宗的独子，一出生就获得了皇位继承人的地位。明武宗15岁即位，他本来聪明好学，但由于身边宦官的不良影响，他开始成天游玩嬉戏，养成了一身坏毛病。他登基后，宠幸刘瑾等8个宦官，他们通过唆使明武宗沉溺于玩乐和骑射，控制了朝政，当时的人把他们称为"八虎"。

明武宗朱厚照像

"八虎"中势力最大的人是刘瑾，哪个大臣得罪了他的话，不是贬官就是杀头，当时的民谣里说："一个坐皇帝，一个立皇帝；一个朱皇帝，一个刘皇帝。"可见刘瑾是多么骄横跋扈了。很多正直的大臣都上疏劝谏明武宗不要再贪玩，要求罢黜他身边的小人。但明武宗根本听不进去，他还在宫中设立商店，对当老板比当皇帝更有兴趣，而"八虎"却变本加厉地紊乱朝政。

刘瑾势力虽大，但他和另外"七虎"之间的关系并不好，尤其和张永更是水火不容。安化王谋反的时候，朝廷派杨一清前去征讨，张永担任监军一职。平定叛乱后，杨一清劝张永想办法除掉刘瑾，得到了张永的首肯。张永弹劾刘瑾图谋造反，明武宗虽然糊涂，但对谋反一事还是不会掉以轻心的，就派张永抄刘瑾的家。张永等人在抄家过程中制造刘瑾谋反的假象，最终让武宗将刘瑾处死。

刘瑾虽然死了，但明武宗并没有吸取半点儿教训，仍然宠信小人。他没有儿子，就认了很多义子，那些人仗着皇帝的势力到处横行霸道，其中最受明武宗宠信的是江彬和钱宁。

明武宗力大无比，喜欢和老虎搏斗，并经常因此受伤，但没有人敢劝谏。他觉得皇宫不好玩，在宦官的唆使下建了一座专门供他玩乐的豹房，在里面安置了许多玩物和美女，成天在里面鬼混。他非常好色，有个总兵马昂为了巴结他，把自己已经嫁人的妹妹进献了上去，很快就迷住了明武宗，自己也因此成为明武宗的宠臣。马昂是个没有廉耻的小人，明武宗看上了他的爱妾，为了保住自己的官位，居然忍痛把爱妾也献给了皇帝。

明武宗特别喜欢军事，他做梦都想带兵打仗。蒙古小王子入侵边境，明武宗得知这一消息后决定率军亲征，检验自己的军事才能。朝中大臣纷纷反对，明武宗干脆给自己取了个名字叫朱寿，并封自己为威武大将军，以朱寿的名义带兵出征，堵住了大臣们的嘴。明武宗到达边境后，亲自布置战术，命令总兵王勋率领大同的守军出战，自己负责指挥。不久，他率领大军赶赴应州，和官军主力会师。小王子听说皇帝在应州，派遣主力部队加以攻打。明武宗高兴坏了，亲自披挂上阵，率领大军抵御。小王子觉得很难取胜，于是率军退却。明武宗乘胜追击，杀了个痛快。

不过为了保护他，许多士兵都无法全力作战，最后杀敌16人，明武宗还亲手杀了个敌人，但明军却死了52人，伤500多人。明武宗有勇无谋，在战斗中多次陷入险境，还差点儿被俘虏，幸好将士们拼命救护才没有落入敌手。事后，他还命令王勋向朝廷报捷。

第二年，明武宗游兴大发，到密云游玩。当地百姓听说皇帝来了，还以为他又来搜索美女，吓得早早地就躲了起来。他觉得密云没意思，又任命朱寿，也就是他自己统率大军出征西北，在太原住了下来，当地美女几乎被他搜刮一空。回朝后没几天，他听说南方女子能歌善舞，美貌多才，又动了南下的心思。大臣们终于忍不住了，纷纷劝谏。他恼羞成怒，开始大肆报复，把100多个大臣抓到诏狱里日夜拷打，一个叫张英的大臣竟然被活活打死，从此以后再也没有人敢多嘴了。

宁王发动叛乱的消息传到京城后，把明武宗乐坏了，马上下令亲征。但就在他下令亲征的那一天，宁王的叛乱就被王守仁平定了。明武宗率领数万大军南下，刚到达涿州，王守仁平定叛乱的奏章递了上来。可他还是继续南征，并多次下令不准王守仁献俘，要他等自己亲自去抓。明武宗到了江南后，对当地的美女大有兴趣，成天淫乐。他对自己没能亲手擒获宁王非常不满，想出了一个很荒唐的主意。他命令王守仁将宁王绑在广场上，自己亲自骑着马向宁王冲去，将其抓获，就认为是自己抓到的，心理得到了极大的满足。一个月后，他在泛舟游玩的时候不小心掉进了水里，虽然被救了上来，但受惊染病，已经无法救治。回到北京后不久，明武宗就去世了。他本来身体很强壮，但由于长期淫乐，淘空了身子，最后不治身亡，可谓咎由自取。明武宗没有留下后代，他死后由堂弟继承了皇位。

严嵩乱天下

严嵩是明孝宗年间进士，他文章写得很好，被选为庶吉士，后来因病回家。他在家乡隐居了10年，成天吟诗作赋，名声很好。病愈后被任命为侍讲，又担任了国子监祭酒。明世宗统治时期，严嵩官拜武英殿大学士，掌管礼部事宜。他一直不回家，在行宫值班，虽然已经年过六十，但还是非常勤奋。明世宗很欣赏他，让他解除了礼部的职务，专门在西苑值班，并加太子太傅头衔。

严嵩内心险诈，他觉得内阁大学士翟銮对自己是个障碍，就唆使党羽诬告他，把翟銮排挤出内阁。翟銮走后，严嵩负责对朝廷提出书面意见的事务，掌握了内阁大臣最重要的权力。严嵩根本不让别人插手，接替翟銮入阁的大臣曾叹息道："我名为内阁大学士，实际上只是个旁观者！"

明世宗希望长生不老，对神仙的事很有兴趣，严嵩就抓住这一点拍马屁，他胡乱捏造些祥瑞来哄明世宗开心，以此巩固了自己的地位。当时倭寇经常到我国沿海地区骚扰，严嵩派亲信赵文华到沿海地区视察，赵文华是严嵩的干儿子，他为了报答严嵩，在当地大肆搜刮财宝，把钱都用来孝敬严嵩。结果沿海的防备越来越差，倭寇更加猖狂了。

严嵩的儿子严世蕃更不是个好东西，特别贪财。他对朝中大臣的收入了如指掌，任何一个职位能贪污的钱数他也非常清楚，所以任命官员的时候，他对每个职位都明码标价，到他家行贿送礼的人多得把路都堵住了。严氏父子给自己家修的住宅非常豪华，占了好几条街，成天在里面饮酒作乐。严世蕃听说南昌有个地方有王气，他就把那块地方占为己有，在那里为自己造了房子。

夏言资格比严嵩老，权力也比严嵩大，对他很不客气，经常排挤严嵩的党羽，严嵩一点儿办法都没有。不久，夏言决定弹劾严世蕃，严嵩父子十分害怕，跪在夏言床前大哭，好容易才让夏言放过了他们。严嵩见夏言对自己不利，又听说明世宗的宠臣陆炳不喜欢夏言，就和陆炳结交，共同对付夏言。等到夏言失去明世宗的信任后，他以河套地区被蒙古占领为理由弹劾夏言，最后竟然害死了夏言。

严嵩其实没有什么本事，只会讨好明世宗。明世宗聪明自信，喜欢掩盖自己的过失，是个很爱面子的人。严嵩就抓住这点想方设法激怒他，以铲除异己。很多大臣都上疏弹劾严嵩，但由于他老奸巨猾，加上明世宗昏庸无能，那些大臣都被严嵩残害，很多人都丢掉了性命。

时间一长，明世宗对严嵩专权也渐渐有所不满，开始亲近另一个阁臣徐阶。徐阶为了争权，指使党羽弹劾严嵩，但没有成功。不过那些人没有把徐阶招供出来，严嵩也无可奈何。严嵩虽然很能揣摩明世宗的心思，但毕竟年纪大了，明世宗给他的诏书有很多看不懂的地方，只有严世蕃能一目了然，答复的话语让明世宗很满意。后来严嵩的妻子死了，严世蕃要守丧，不能跟随严嵩上朝，代他答复诏书了。严世蕃的缺阵带给严嵩很大困难，很多诏书他都不能回答，只能派人拿回家让严世蕃代答。严世蕃却是个好色之徒，他才不会老老实实地为母守丧呢，而是天天和那些姬妾淫乐。诏书拿回家后他往往腾不出时间处理。有好几次宦官在旁边催得很急，严世蕃的答复又迟迟不来，严嵩被逼得没有办法，只能自己亲自答复。但他水平有限，往往说不出明世宗的意思，逐渐失去了明世宗对他的宠信。

后来万寿宫失火，严嵩冒冒失失地请明世宗搬到南城暂居。南城是当年明英宗被软禁期间住的地方，明世宗非常忌讳这个，听了严嵩的建议后心里很不舒服。而徐阶负责重新修建的万寿宫让明世宗非常满意，从此徐阶取代了严嵩在明世宗心目中的地位。严嵩害怕了，赶紧请徐阶吃饭，让全家人都出来拜见徐阶，对他说："我严嵩迟早是个死，我的家人全靠您照顾了。"徐阶对于严嵩的请求不置可否。

道士蓝道行很受明世宗宠信，他受徐阶所托也说严嵩的坏话，让明世宗下了除掉严嵩的决心。御史邹应龙得知这个消息后，主动上书弹劾严嵩。明世宗假惺惺地下旨安慰严嵩，但又说严嵩对严世蕃管教不严，勒令其退休，然后将严世蕃交大理寺问罪。

严世蕃获罪后仍然难改恶习，和倭寇勾结图谋不轨。事发后被论罪处死，严嵩全家被罢官为民。抄严嵩家的时候，从他家抄出黄金3万多两，白银好几百万两，另外还有无数珠宝绸缎。后来严嵩穷得没有办法，只好靠守坟的人拿饭给他吃，很快就老死了。

戚继光驱逐倭寇

嘉靖帝统治时期，日本有一批由破产农民、失意武士和商人组成的海盗集团经常到中国沿海地区烧杀抢掠，他们和中国的海盗相勾结，把中国沿海很多城市抢得一干二净，由于其中有很多日本人，所以明朝人把他们称为"倭寇"。

嘉靖三十二年(1553年)，大批倭寇进犯我国沿海地区，接连抢掠了几十个城市，当地的军队和官僚根本没办法管，尤其那些军队，平时只知道欺负老百姓，等到倭寇一来，他们逃得比老百姓还快，根本没办法抵抗倭寇的入侵。倭寇势力越来越大，很多沿海城市因为长期受他们的烧杀，已经变得荒无人烟了。明朝的统治受到了严重威胁，在这种情况下，明朝政府把戚继光调到浙江，命令他负责剿灭倭寇。

戚继光出身军事世家，从小就喜欢学习兵法和武艺，十几岁就练得一身好武艺，17岁的时候就加入了军队，在战斗中立下不少功劳。这次倭寇入侵，很多人都推荐他去，他也很高兴能为国效力，急忙赶到了浙江。

他到了浙江后，发现当地的军队军纪涣散，训练松弛，根本不能打仗，他决定另外招募新兵，把原来的部队遣散，提高战斗力。当时浙江人被倭寇害得很惨，早就想杀倭寇报仇了，一听说戚继光在招兵打倭寇，大家都纷纷前来报名，很快这支新军就发展到了4000人。

戚继光严格训练这批新兵，平时还经常和他们谈话，教育他们要奋勇杀敌，为国为民尽忠。很快这些新兵就被训练成为武艺高强，纪律严明的优秀士兵了。

戚继光根据江南水乡的特点，创造了一种叫鸳鸯阵的新阵法。这种阵法以12个步兵为一组，最前面一个人是队长，后面两个人拿盾牌，两人拿狼筅（用南方一种大竹子做的兵器），四个人在盾牌的掩护下拿长枪，再后面是拿火器的，最后一人是伙夫。这种阵形灵活多变，长短兵器之间相互配合，杀伤力强，在集团作战中威力很大。在日后对倭寇的作战中，这种阵形对取胜起了很大的作用。

1561年，倭寇进犯台州，戚继光率领军队前往台州抵御倭寇，那些倭寇不是鸳鸯阵的对手，被杀得大败，纷纷逃命，躲在船上不敢登陆。戚继光又用大炮轰击，倭寇只好乖乖投降，一共歼灭倭寇6000多人。这一战打出了明朝军队的威风，倭寇从此不敢再小看中国军队了。

倭寇见浙江有戚继光把守，是块他们啃不动的硬骨头，就在第二年的时候撇开浙江，专门侵略福建。当时倭寇兵分两路，一路从温州进军，占据宁德，一路从广东登陆，在牛田驻扎下来，两路人马相互呼应，声势很大，福建的守军抵挡不住，向朝廷请求援兵。朝廷

戚继光像

派戚继光前去支援，戚继光仔细研究了一下，决定先攻打宁德的倭寇。宁德的倭寇很狡猾，他们的大营驻扎在宁德旁边的横屿岛上，那个岛四面环水，如果想步行到岛上去的话，一定会被陷在泥沙里，所以他们气焰很嚣张，认为即使是戚继光，也不能拿他们怎么样。

戚继光哪儿会被倭寇给难住？他侦察好岛周围的地形，探出一条并不深的水道，然后下令每个士兵带一捆干草，在潮落的时候用干草铺地，悄悄地潜入倭寇大营，发动突然袭击，那些倭寇根本就没想到戚继光会杀过来，经过一番激战，2000多倭寇全部被歼灭。戚继光得胜后没有骄傲，又马上带兵赶赴牛田，走到牛田附近的时候，他命令扎营休息。倭寇以为戚继光确实累坏了，所以放松了警惕，戚继光在当天晚上发动突袭，一连攻破倭寇60多个营寨，把他们全部消灭掉了。

倭寇的残余势力又纠集了1万多人，把福建仙游包围了三天之久，戚继光率领戚家军在城下将他们打败。倭寇赶紧撤军，戚继光指挥部下一路追杀，很多倭寇都被赶下悬崖摔死了。逃出的几千名倭寇占据了漳浦蔡丕岭，凭借有利地形死守。戚继光把士兵分成五队，亲自率领士兵攀上悬崖，倭寇猝不及防，被杀得大败。戚继光很快就消灭了这支倭寇，立下大功。

壬辰援朝

明朝中期正值日本历史上的"战国时代"，这个时候的日本四分五裂，诸侯并起，战火连绵，各个诸侯之间战争不断，一些破产农民和失败武士勾结我国海盗来侵扰我国东南沿海地区。

万历十八年（1590年），丰臣秀吉统一日本，想发动入侵朝鲜的战争。他妄想以朝鲜为跳板，先打下朝鲜再进攻明朝。

当时的朝鲜政治腐败，朝内党争不断，再加上国力本来就弱，日军只花了两个多月的时间就攻下了汉城、平壤和开城等重要城市。朝鲜面临亡国的危险，只好向中国请求支援。

朝鲜和中国唇齿相依，中国当然知道日本侵略朝鲜的罪恶目的，所以同意出兵。中朝军队接连收复了平壤和开城，日本侵略者节节败退。当时朝鲜水军在李舜臣的统率下多次击败日本水军，打得日本水军叫苦连天。狡猾的日本人用反间计诬陷李舜臣企图谋反，朝鲜国王相信了奸细的鬼话，竟然将李舜臣抓了起来，把他贬为士兵。

接替李舜臣的是元均，他是个软弱无能、自高自大的人，水军在他的带领下士气一落千丈，连战连败，中朝军队好不容易挽回来的优势毁于一旦。在全国上下的强烈呼声中，李舜臣被再次起用。

战争持续了7年，日本侵略者始终无法吞并朝鲜，反而被中朝联军打得溃不成军。自大的丰臣秀吉气得病死了，遗命从朝鲜撤兵。万历二十六年（1598年）十月，日本军队遵照丰臣秀吉遗命，依次从朝鲜撤兵。

明朝大将陈璘得到日本撤兵的消息后，马上联合李舜臣，统率战舰300艘在光阳湾等地设下埋伏，密切监视日军动向。

日本大将小西行长率领的顺天第二军在行驶到光阳湾的猫岛附近的时候，被埋伏在那里的中朝联合舰队阻击。小西行长率部苦战数日，无法突破中朝联军的封锁线。日军只好求援，泗川第五军大将岛津义弘赶紧率部来救。驻扎在南海岛的宗智义也率部和岛津义弘会师，一共拼凑了500多艘战船和1万多水军，赶赴光阳湾。

陈璘和李舜臣得到消息后，决定和日军决战，一举歼灭敌人。陈璘派老将邓子龙率领三艘巨型战舰为前锋，等敌人经过的时候，从敌后发动进攻，断其退路。李舜臣率领朝鲜海军埋伏在观音浦，陈璘领明朝水军埋伏在竹岛和水门洞之间的港湾里面，准备"关门打狗"。

日本援军进入包围圈后，邓子龙抓住战机，率领三艘巨舰直抄日军后背，李舜臣也率领舰队投入战斗。邓子龙下令开炮，驾驶大船朝着敌人扑去。李舜臣也不甘示弱，率领朝鲜水军直冲敌舰。中朝水军的装备远远超过日本，虽然人数上少于日军，但先进的武器弥补了这个劣势。明朝海军大炮射程可达3000米，而日军大炮只能射一两百米。邓子龙当时已经年过七十，但是仍然身手矫健。他率领300个勇士乘小船杀入敌群，一个个血污的日军脑袋纷纷掉入水中。激战中，联军有人不小心把火器投到邓子龙的船上，小船马上起火。日军抓住这个机会反击，邓子龙面无惧色，率领部下在敌船中左冲右突，最终英勇牺牲。李舜臣见邓子龙阵亡，悲痛欲绝，率领部下猛攻，不幸被流弹击中。他将衣甲交给侄儿，让他装扮成自己继续指挥，免得影响士气。交代完毕后，李舜臣壮烈殉国。

这场海战击沉日军战船450多艘，杀死敌人好几万，是援朝战争以来最辉煌的一次胜利。

此役之后，侵朝日军逃回了日本。由于中国出兵援助朝鲜那一年是壬辰年，所以把这次战争称为"壬辰援朝战争"。

海瑞刚正不阿

海瑞生性刚直，他是儒学的狂热崇拜者，一生都以儒学的教导来规范自己的言行，从来没有做过一件违反原则的事情。他没有中过进士，只是以举人身份代理南平县教谕。御史到学宫视察的时候，别人都向御史行跪拜礼，海瑞却只作了个揖，他说："我如果到御史所在的衙门的话，应当行部属之礼，让我跪拜我没有二话。但学宫是老师教育学生的地方，按规定不能行此大礼。"后来他迁任淳安县令。七品知县年俸只有30两白银，根本不够用，但海瑞仍然能够安贫乐道。

胡宗宪很有才干，但人品欠佳，他儿子耳濡目染，养成了一身坏毛病。有一次胡公子路过淳安县，当地驿站负责接待。海瑞曾经吩咐过，不管招待谁，都是四菜一汤，严格执行当年朱元璋定下的标准。胡公子霸道惯了，见驿吏端来的食物居然如此简陋，勃然大怒，认为这是看不起自己，命令手下把驿吏捆起来倒挂起来。消息传到海瑞耳朵里，他不慌不忙地说："以前胡总督巡查的时候，曾经下令各地官员不得铺张浪费，他本人也一向廉洁。而今天这个人身上携带那么多银两，还这么不讲道理。一定不是胡总督的儿子，是坏人冒充的！"他下令把胡公子抓了起来，从他行囊中搜出几千两银子，全部没收。还派人把这个消息告诉给胡宗宪，胡宗宪吃了个哑巴亏。

都御史鄢懋卿是严嵩的干儿子，一向骄横。他路过淳安县的时候，也是因为饭菜简陋而发火。海瑞公开宣称淳安是个小县，容纳不下鄢懋卿的车马。鄢懋卿气坏了，但他知道海瑞不是好惹的，只好忍气吞声地离开。回京后，他指使别人弹劾海瑞，将他贬官。

过了很久，海瑞被提拔为户部尚书。当时明世宗一心想当神仙，成天躲在后宫里和道士鬼混，已经有 20 多年没有上朝了。大臣也不敢提意见，为了保住官位和脑袋，大家纷纷向皇帝进献祥瑞之物。海瑞看不惯明世宗这种荒唐的行为，刚到京城没多久，就递了封石破天惊的奏章。

这封奏章直言不讳地谴责了明世宗的荒唐行为，诚心诚意地希望皇帝能够醒悟过来，把天下治理好。明世宗看到这封奏章后气得把它扔到地上，对左右说："快把他抓起来，不要让他跑了！"宦官黄锦说："这个人是出了名的傻子。听说他递上奏章后，知道自己犯了死罪，和家里人诀别，把仆人都赶跑了。现在他正在朝廷里待罪呢，是不会跑的。"明世宗顿时哑口无言。过了一会儿他把海瑞的奏章捡起来重新读了一遍，一天内看了好几次，点头叹息。他下令把海瑞抓进诏狱。两个月后，明世宗去世，明穆宗即位，把海瑞放了出来。

诏狱的官员听说了明世宗的死讯后，认为海瑞不但会被释放，而且还会被重用，就买了很多好菜来款待海瑞。海瑞以为自己马上要押赴刑场斩首，这些菜是饯行用的，就尽情吃起来。等他吃够了，那个官员才悄悄告诉他明世宗死了。海瑞马上放声大哭，把刚才吃的东西都吐了出来，哭了整整一个晚上。

因为海瑞刚正不阿，经常得罪权臣，所以屡次被贬官。但他名声实在太大，每次都被起用。海瑞死于万历十五年（1587 年），他死后，御史王用汲去他家帮忙办理后事，结果在他家只看到用葛布做的帷帐和一些破烂竹器，有的东西破得连穷人都不会用。王用汲越看越感动，他回去后，组织同事凑钱为海瑞办理丧事。海瑞死前在南京为官，当地百姓听说他的死讯后，自发罢市为其哀悼。海瑞的灵柩用船运回家乡的时候，两岸站满了为他戴孝的百姓，祭奠哭泣的人多得数不胜数。

张居正改革

严嵩专权的时候，徐阶的日子不太好过，当时的人都避之唯恐不及，只有翰林院编修张居正处之泰然，严嵩也很尊重他。严嵩被打倒后，徐阶成为内阁首辅，对张居正非常信任，很快就把他推荐进了内阁。当时内阁大臣徐阶和李春芳都能礼贤下士，只有张居正以宰相自居，对待下属很傲慢。不过他很能处理问题，往往一句话就能道破实质，所以人们虽然怕他，但都尊敬他。

徐阶和高拱不和，他离任后将三个儿子交给张居正，让他加以照顾。高拱却不肯放过徐阶，唆使别人加以弹劾，徐阶的儿子多被治罪。张居正帮徐阶说情，差点儿就打动了高拱。高拱的门客诬陷张居正收了徐阶的贿赂，张居正脸色大变，对天发誓绝无此事。高拱当场表示道歉，但两人关系从此就疏远了。高拱和太监冯保有矛盾，明穆宗生病期间，张居正拉拢冯保，让他在内廷支持自己。明神宗即位后，冯保借太后的名义赶走了高拱，让张居正当了内阁首辅。

张居正像

明神宗登基的时候才 10 岁，张居正除了处理朝政之外，还负责辅导明神宗。他对明神宗很严厉，皇帝对他又怕又敬，将朝政大权全部交给了他处理。

张居正执政以尊崇皇权、考核官吏、赏罚分明、统一号令为主。凡是他决定的事情，往往用最快的速度办理。当时明朝吏治腐败，朝廷上下一片乌烟瘴气，土地集中在大地主大官僚手中，他们想尽办法逃避赋税，导致国家财政匮乏。张居正针对这种情况推行了改革。

此前的首辅们也有过改革的想法。徐阶当首辅的时候，吃住都在内阁，裁减冗员，平反冤狱，改善士兵生活，但没过多久就在内部争斗中黯然退出。高拱的改革措施则是大力任用青年官员，提拔优秀人才。不过他们的改革都没能触动当时社会问题的本质，所以只能是治标不治本。

张居正改革就不像前任们那样小打小闹了，他的改革分为四个方面。首先，他认为，权贵们横行不法是阻碍社会进步的一大要素。他决心整顿吏治，打击不法权贵。可贵的是，他执法铁面无私。张居正少年时期深受辽王厚恩，但辽王是出了名的横行不法，张居正毅然废掉了辽王。太监冯保的侄子犯了法，张居正将冯保的侄子革职，并重打 40 大板，劝说冯保以后要对家人严加管教。张居正还堵住了很多规章制度上的漏洞，改革初现成果。

张居正认为，地方豪强和官府两者勾结是众害之源，他率先加强监察，将内阁置于六部之上，对其有监察权，防止玩忽职守。当时朝廷的财政主要来自税收，税越来越重，但朝廷的收入却越来越少，原因是逃税避税的都是豪强权贵，官员和他们同流合污，把钱财都揣进了自己的腰包。张居正下令，今后考核官员以钱粮为标准，那些追缴欠税不力的官员一律受罚，这样让那些逃税之人无处藏身。

明朝的赋税制度是向土地所有者征收土地税，按人头派差役。由于土地兼并越来越严重，大地主大官僚们倚仗自己的权势偷税漏税，隐瞒户口。另外，很多人把土地卖掉，但土地税却仍然保留，这样就造成纳税不均。张居正首先丈量全国土地，从根本上杜绝逃避土地税。为了杜绝人们逃避差役，他干脆把所有赋税和差役全部划归到土地税中，推行了所谓"一条鞭法"的新式征税政策。农民缴税的时候可以把赋税折算成银两，允许被征调的差役出钱雇佣别人代替。这些措施加快了货币流通，促进了商品经济的发展。

张居正的改革措施遭到了很多人的反对，他们攻击张居正违背祖训，并诋毁他的人品。改革开始没几年，张居正的父亲去世了，按例他应该辞职回家守孝。但改革正处于关键时期，明神宗和太后苦苦挽留，张居正被迫夺情留任。反对派们就攻击他违背孝道，禽兽不如，还写了很多谩骂张居正的大字报贴在街上。张居正为了维护自身形象和改革成果，严惩了那些反对派。

张居正对明神宗非常严格，渐渐地，明神宗开始对他产生了不满。明神宗亲政后张居正因病去世，没过多久，明神宗就在首辅张四维的唆使下公布张居正的罪状。抄家的官员把张居正老家的房子全部封锁起来，等到打开的时候，里面已经饿死了10多个人。张居正的长子忍受不了逼赃的严刑拷打，上吊身亡，张家其他人员也都受到了不同程度的惩罚。张居正的改革措施也被废除了，好不容易有点儿好转的明朝又开始走起了下坡路。

魏忠贤陷害东林党

明神宗万历二十三年（1595年），顾宪成被革职，他回到家乡无锡后，在东林书院讲学。顾宪成名气很大，来听他讲学的人非常多，他又喜欢议论朝政，抨击一些当政的大臣。朝廷里也有很多人支持他，但恨他的人却说他们结党营私，把支持顾宪成的人称为"东林党"。

东林党人坚决反对宦官专权，和当时的齐、楚、浙三党水火不容，相攻不已。明光宗死后，他的妃子李选侍赖在乾清宫不走，东林党领袖左光斗上奏说："乾清宫是天子才能住的地方，除非是皇后，别的妃子都不能长期居住，李选侍没有资格住在乾清宫。"最后，左光斗和杨涟联合起来将李选侍赶出了乾清宫，维护了明熹宗的地位。至此，东林党在党争中大获全胜，掌握了朝政大权。

但明熹宗并不信任东林党，他只信任魏忠贤。齐、楚、浙三党失势后并不甘心，他们见魏忠贤势力最大，就纷纷投靠他，结成了阉党，在朝中为所欲为。

东林党看不惯阉党的胡作非为，纷纷上疏弹劾。天启四年（1624年），杨涟率先上书弹劾魏忠贤，一共列举出他的24条大罪。魏忠贤听说后怕得要死，跑到明熹宗面前哭诉，糊涂的明熹宗当即火冒三丈，下旨斥责杨涟。

当时魏忠贤一手遮天，他出门的时候，排场和皇帝一模一样。阉党官员们拼命奉承他，称他为"九千岁"，皇帝知道后也没有说什么。

不久，东林党人魏大中、黄尊素等70多个官员冒死上书，接连弹劾魏忠贤，但上书如石沉大海，魏忠贤毫发无伤，杨涟和左光斗反而被罢官。魏忠贤决定反击，他唆使党羽写了《东林点将录》《同志录》等诬陷东林党人的书，制造舆论。第二年，魏忠贤干脆兴起大狱，将杨涟、左光斗、袁化中、魏大中、周朝瑞、顾大章6人逮捕下狱，交给锦衣卫严刑拷打。逮捕左光斗的时候，百姓们都围在马前啼哭，连前来抓他的人都感动得掉下了眼泪。

6人一开始不肯承认阉党的诬陷，但不久又觉得如果被折磨死了的话，那就没有机会再申冤了。他们天真地认为司法部门会秉公执法，所以就被迫做了假口供，以图日后翻案。但魏忠贤早就料到这一招，他假传圣旨，不把案子交给司法部门，而是让东厂审讯，这个时候大家才后悔失算了。很多正义之士纷纷捐款，凑了很多钱准备送给狱卒，以缓解他们的刑狱。但阉党根本不给他们这个机会，就在凑钱的当天晚上，杨涟等人就被迫害致死。杨涟耳朵里被钉上铁钉，被沉重的麻袋活活压死；左光斗全身都被烙铁烧得稀烂，脸上全是烫伤，左腿膝盖以下的骨头都露了出来，6人全部受尽酷刑惨死。

魏忠贤下令将东林党人全部赶出朝廷，一年后，又大捕东林党。在逮捕苏州的周顺昌时，苏州市民纷纷上街请愿，请求释放周顺昌。魏忠贤的走狗、南京巡抚毛一鹭的轿子被市民们拦住，士兵们急了，把镣铐往地上一扔，吼道："我们是东厂派来的，谁敢阻拦？"市民们大怒，骂道："我们还以为是皇上派来的，原来是东厂的走狗！"大家一起向他们冲去，用石块瓦片狠狠地向他们砸去，揪住他们痛打。毛一鹭见势头不对，早从轿子里面钻了出来，躲在粪坑里才逃过一劫。周顺昌最后还是被抓走了，阉党们追究起这件事，把当时领头的五个人抓了起来，给他们定了死罪。那五个人面无惧色，在刑场上还大骂魏忠贤，围观的群众伤心地掉下了眼泪。

这一次大追捕捕杀了东林党领袖高攀龙、周起元、周顺昌、缪昌期、周宗建、黄尊素、李应升7人。人们把杨涟等6人称为"前六君子"，把高攀龙等7人称为"后七君子"。东林党虽然被阉党血腥镇压了，但阉党们并没有猖狂多久，一年后，明思宗登基，将魏忠贤等人处死，为东林党人平反。

袁崇焕抗敌

努尔哈赤建立后金王朝后，多次入侵明朝边境，并在萨尔浒大败明军，辽东局势非常危急。朝廷派了老将熊廷弼前去镇守，但巡抚王化贞妒忌熊廷弼，两人配合得很差。努尔哈赤进攻广宁时，王化贞临阵脱逃，熊廷弼独木难支，只好退回山海关。战后朝廷追究责任，将熊廷弼杀了。

当时明朝缺少将才，好容易有个熊廷弼，却又给杀掉了，兵部很犯愁，找不到合适的人选负责辽东军事。这个时候，兵部主事袁崇焕跑到山海关观察地形，回来后说："让我去吧，只要给我兵马钱粮，我肯定能守住。"朝廷就把希望寄托在了他身上，给了他20万两军费，授予他关外军队的指挥权。

关外经过多年战争已经很荒凉了，大学士孙承宗决定把军队驻守在宁远，命令满桂和袁崇焕前往。袁崇焕在宁远重新修筑城墙，修成了一个坚固的城池，让宁远成为关外的重镇。满桂善于用兵，袁崇焕尽忠职守，两人配合得很好，发誓与宁远城共存亡。他们又关心部下，将士们都乐意为其效力，边境的形势很快就被扭转了过来。

在这个关键时候，孙承宗却被罢官，接替他的是阉党高第。高第说关外守不住，让所有部队都撤回山海关。袁崇焕不同意，他说："我负责镇守宁远，宁可死在这里，也坚决不撤走！"高第没办法，只好把其他城池的人撤走，明朝辛辛苦苦铸就的防线毁于一旦。

努尔哈赤认为明军容易对付，就派大军渡过辽河，抵达宁远城下。这个时候宁远城内只有1万多人，又没有任何援军，而后金兵多达13万。袁崇焕并没有害怕，他把将士们召集起来，亲自咬破手指头写下血书，发誓死守宁远。将士们纷纷请求以死报国，没有一个人退缩。袁崇焕把城外的房子全部烧掉，将守城的器械全部运到城内，等待后金兵的到来。他还写信给后方的将领，告诉他们，如果发现有从宁远逃回关内的官兵，一律斩首。这样一来，城里的人心安定了下来，一心一意等待杀敌报国。

努尔哈赤征战数十年，根本不把小小宁远城放在眼里，他觉得这只不过是他前进路上一颗小钉子罢了，在后金铁蹄下，宁远城的覆灭是迟早的事。可是他想错了，当后金兵举着盾牌攻城的时候，他们遇到了前所未有的抵抗。明朝官兵在袁崇焕的指挥下，用弓箭、石块杀伤了大批后金兵。但后金兵一向能征善战，倒下一批又来一批，形势非常危急。在这紧急关头，袁崇焕动用了西洋大炮，一炮射去，后金兵血肉横飞，倒下一片。后金从来没有见过威力如此之大的武器，吓得纷纷后退。努尔哈赤见宁远城异常坚固，知道很难攻破，下令暂时收兵回营。第二天，后金兵继续猛攻，袁崇焕不慌不忙，看准后金兵人多的地方，下令用炮猛轰。无数后金兵被炸得粉碎，连努尔哈赤也受了重伤，不得不下令撤退。宁远的包围被解除了。努尔哈赤一世英雄，没想到居然在小小宁远栽了跟头，他又气又恨，加上伤势严重，没几天就死了。

袁崇焕虽然是靠打仗起家的，但他清醒地认识到，和后金不能硬拼。努尔哈赤死后，他派使者前去吊唁，顺便观察对方的情况。后金继承者皇太极虽然对袁崇焕恨之入骨，但表面上还是热情招待了明朝使者。袁崇焕想和后金议和，皇太极正在出兵朝鲜，生怕袁崇焕偷袭他，所以同意议和。本来朝廷准许了议和的意见，但后来觉得不合适，又下旨禁止了。袁崇焕认为议和是收复失地的最好办法，极力坚持，但没有被朝廷采纳。

当时驻守锦州的是赵率教，后金征服朝鲜后，又对锦州发动了进攻。赵率教以议和拖延时间，等待援军。袁崇焕认为宁远的兵不能动用，只派了4000个精锐骑兵绕到后金背后偷袭。后金进攻锦州实际上是想把宁远的军队引出来，真正目的是宁远。袁崇焕没有上当，后金见计谋失败，也就退兵了。魏忠贤等人指责袁崇焕不去援救锦州是失职，所以论功行赏的时候只给他加了一级俸禄而已。很多人为袁崇焕抱不平，但慑于魏忠贤的霸道，都不敢说话。

袁崇焕像

明思宗即位后，杀掉了魏忠贤，重新任用袁崇焕，还赐给他尚方宝剑。当时辽东大将毛文龙在后金后方组织了一支军队，对牵制后金起了很大作用，但是他和袁崇焕意见不合，有的时候不听从袁崇焕的调遣。袁崇焕为了严肃军纪，用尚方宝剑将他杀了。毛文龙的死给明朝造成了极大损失，他的部将纷纷投降后金，而后金也少了个后顾之忧，这是袁崇焕的一个错误。

皇太极巧施反间计

皇太极和袁崇焕作战屡战屡败，当然不会甘心。他知道宁远城防守严密，自己不是他们的对手，于是决定绕开宁远，率领几十万大军攻打河北，直扑北京城。

袁崇焕赶紧带上祖大寿和何可刚等人率领军队前去阻拦，但已经晚了，皇太极已经抵达北京郊外。明思宗听说后金前来攻打北京，大吃一惊，等他听说袁崇焕赶来后，终于松了一口气，下旨褒奖，命令袁崇焕统领全部援军。

后金军能够打到北京城外并不是袁崇焕的责任，加上他援救及时，还有一定的功劳。但京城里的人却不这样看，魏忠贤的余党纷纷造谣，说袁崇焕纵容敌人，以前就有和后金议和的打算，这次后金入侵，也是他引来的，想凭此威胁朝廷和后金议和。

明思宗虽然很有才干，但生性多疑，这种话听多了心里也七上八下的，对袁崇焕产生了疑心。皇太极是个很狡猾的人，他打探到明思宗对袁崇焕有了怀疑，于是想出了一条反间计。

当时后金俘虏了两个明朝太监，把他们关在军营里。晚上的时候，皇太极让看守他们的士兵悄悄地说后金和袁崇焕有勾结的话，故意让他们听见。然后装作失误，让两个太监偷偷逃走。那两个太监以为探听到了重大消息，气喘吁吁地跑回皇宫向皇帝汇报这个情况。明思宗听说后金人果然是被袁崇焕引来的，大发脾气，下令让袁崇焕火速进宫。袁崇焕不知道发生了什么事，赶紧进宫朝见，皇帝下令把他抓起来关进诏狱。当时祖大寿也在旁边，见袁崇焕被抓，吓得浑身发抖。幸好皇帝没有怀疑他，让他出去了。祖大寿回到军营后越想越寒心，见袁崇焕好心好意赶回来救援，没有赏赐倒不说，反而被抓了起来。祖大寿曾经犯过罪，孙承宗想杀他，但爱惜他的才干，于是悄悄地让袁崇焕将他救走。祖大寿很感激袁崇焕，死心塌地地跟着他南征北战，从来没有过反叛的想法。但这次的事情让他越想越不对劲，他也知道自己和袁崇焕的

清太宗皇太极像

关系，害怕到时候株连自己，干脆横下一条心，带领部队逃了出去。袁崇焕虽然蒙冤入狱，但他对朝廷仍然忠心耿耿。当他听说祖大寿逃走后，马上写了封信托人交给皇帝。皇帝把那信交给使者去召祖大寿，祖大寿这才重新回来保卫京城。

当年袁崇焕在朝廷里做官的时候，曾经和大学士钱龙锡谈论过想杀毛文龙的情况。后来袁崇焕想和后金议和，钱龙锡写信劝阻。钱龙锡是主持推翻魏忠贤逆党的人，魏忠贤的余党很恨他，一直想抓到他的把柄害死他。这次袁崇焕被抓了起来，那些人决定以擅自主张议和和杀害朝廷命官两大罪名陷害他们。高捷率先上疏诬告，其他人随后也递上了诬告信，要求杀袁崇焕的同时把钱龙锡也除掉。

很多人都觉得袁崇焕冤枉，也有人劝阻过皇帝，但皇帝根本不相信他们的话，一意孤行地认定袁崇焕谋反。最后，袁崇焕被判谋反，钱龙锡也被判了死罪。崇祯三年（1630年）八月，袁崇焕被押赴刑场处死。北京的老百姓不了解实情，以为袁崇焕真的是个大汉奸，在他被处刑的时候，居然纷纷跑上去咬他的肉。袁崇焕最后被凌迟处死，他的肉也被愤怒的百姓们啃光了。袁崇焕一心一意效忠明朝，却落得个死无全尸的下场，不能不让人扼腕叹息。他的兄弟和妻子被流放到三千里之外，家也被抄了。袁崇焕一心为国，钱财都用来奖赏将士们了，家里没有多余的财产。后来皇太极的阴谋败露后，天下人都认为袁崇焕死得太冤了。

袁崇焕被杀，祖大寿又撤走，虽然后来再度回来，但士气低落，根本无心作战。援军被交给了满桂指挥，满桂虽然很有军事才能，但他缺少独当一面的能力。朝廷匆匆让他上任，他根本没有做好准备，最后在战斗中阵亡。当年袁崇焕误杀了毛文龙，自己又被冤杀，满桂和赵率教战死，祖大寿又无心为朝廷效力，明朝镇守辽东的良将几乎一扫而空，边关的事更加没有人能管理。明朝中了皇太极的反间计，给自己挖好了坟墓，已经注定了灭亡的命运。

闯王李自成

明思宗即位的那一年，陕西一带发生大饥荒，朝廷发下来的救灾粮却被贪官们克扣，很多人实在没有办法活下去了，只好起来造反。米脂县有个叫李自成的农民，他小时候给地主放羊，长大后当了驿站的驿卒，后来犯了法差点儿被知县处死。他逃走后当了屠户，暂时安定了下来。李自成的舅舅高迎祥自称"闯王"，率领一批饥民起义，李自成投靠了他。李自成在起义军和官兵的战斗中表现英勇，加上他和高迎祥的特殊关系，很快就被提拔成为起义军中的高级将领，被人称为"闯将"。

崇祯八年（1635年）正月，13家起义军在河南荥阳会师，大家一起商量如何抵挡官军的追剿。当时朝廷已经克服了轻敌思想，组织了大批人马前来围剿，有的人产生了畏惧情绪。李自成站出来大声说道："就算是只有一个人也得奋力作战，更何况我们有10万人！官军是不能拿我们怎么样的。我建议我们应当分散开来，各自定下进攻方向，是输是赢全靠天意了！"大家都被他的热情所打动，纷纷表示同意。

高迎祥和张献忠的部队负责在河南以东展开军事行动，由于朝廷在这一带防守薄弱，起义军一路势如破竹，竟然把凤阳给打了下来。凤阳是朱元璋的老家，祖坟都在那儿。起义军才管不了那么多呢，他们早就对皇帝恨之入骨了，一把火把朱家的祖坟烧个精光。噩耗传到北京城后，皇帝抱头痛哭，将漕运都御史的脑袋砍掉，

李自成雕像

任命朱大典负责围剿。张献忠抓了一批在皇陵里面负责鼓吹的太监，李自成想把他们要走，但张献忠不给。李自成大怒，就唆使高迎祥和张献忠分裂，跑到西边和罗汝才会合，再次去了陕西。

崇祯十一年(1638年)，官军在梓潼大败起义军，李自成逃到白水一带。在那里他被洪承畴和孙传庭夹击，潼关一战，李自成几乎全军覆没。最后李自成只带了18个骑兵逃走，跑到商洛山躲了起来。这个时候张献忠已经投降，农民起义陷入低潮期。

张献忠投降只是为了迷惑官军，不久他就重新起兵。李自成听到这个消息后很高兴，从商洛山中跑了出来，重新收罗旧部，准备东山再起。陕西总督郑崇俭派兵把李自成包围了起来，自诩熟读兵书的郑崇俭对部下说："包围敌人一定要留个缺口。"结果李自成就从他留的缺口处逃走了，前去投奔张献忠。张献忠和李自成关系一向不好，他虽然收留了李自成，但想杀他。李自成得知张献忠不怀好意，偷偷逃跑了。他的力量还很弱小，差一点儿就被官军抓住，手下很多将领都投降了。当时李自成的心腹大将刘宗敏也想投降，李自成对他说："有人说我可以当皇帝，要不我们来占卜一下，如果结果不吉利，你就拿我的头去投降吧。"刘宗敏同意了，结果占卜了三次，三次都是吉利。刘宗敏回去后把妻子杀了，对李自成说："我宁死也要跟着你干！"李自成率领部下轻装出发，来到河南。当时河南闹饥荒，灾民纷纷加入了李自成的队伍。

李自成能和部下同甘共苦，而和他联盟的罗汝才却生活奢侈，喜好女色，李自成很看不起他。但罗汝才打仗很有一套，两人配合一直很默契。李自成很快就挽回了败局，势力空前壮大。渐渐地，他对罗汝才起了杀机，不久，他找机会将罗汝才杀掉，兼并了罗汝才的部队。

崇祯十七年(1644年)正月初一，李自成在西安称王，国号大顺，其后攻下了山西，三月十三日，军队直逼北京城。明思宗惊恐万分，但一点儿办法都没有。三月十八日傍晚，太监曹化淳打开城门，百万起义军攻进北京城。明思宗从宫里跑了出来，爬到煤山上，看到京城烽火连天，叹息道："真是苦了百姓啊！"他把几个儿子送到大臣家里，逼皇后自尽，用剑砍杀长平公主。第二天清晨，他爬上煤山，在左衣襟上写下遗书，上吊而死，太监王承恩随后自缢。明朝终于灭亡。

吴三桂借清兵

崇祯十七年，李自成建立大顺政权，不久攻入北京，崇祯帝上吊自尽，明王朝灭亡。李自成认为江山已经打下来了，开始骄傲起来，成天躲在皇宫里，他手下的将士们四处抢掠，想多带点儿钱回老家当大财主，斗志渐渐被磨灭了。他们把明朝的官员们拉出来拷问，逼他们把钱财交出来。其中有个大官叫吴襄，他也被抓起来打了个半死，家产全部被没收了。有人告诉李自成，吴襄有个叫吴三桂的儿子，现任山海关总兵，手下还有数万人马，战斗力很强，对大顺政权是个威胁。如果把他招降了，那么就少了个威胁，而且也壮大了自己的力量。于是李自成命令吴襄给吴三桂写信，让他投降。

吴三桂本来是被派到宁远驻守的，起义军快打到北京的时候，崇祯帝让他赶快回来支援。等他走到山海关，传来北京城被攻占的消息，于是就停了下来。这次收到父亲的信，他很犹豫，他内心里是瞧不起那些农民出身的起义军的，投降他们自己心里肯定不乐意，可不投降的话，大顺军有上百万人，自己一个小小总兵是肯定抵挡不住的，再说还有那么多的家产在北京，所以他决定先去北京看看情况再说。

他正要出发，一个留在北京的家人找上门来，向他哭诉崇祯帝惨死，国破家亡，吴三桂面不改色，口头上敷衍了几句。那家人看他没什么反应，又说："家里全被贼兵抢光了，老爷被他们拉出去打，还关了起来，少爷您看怎么办？"吴三桂这才问道："陈夫人呢？"陈夫人就是陈圆圆，本来是个名妓，被崇祯帝皇后的父亲周奎买了下来，想献给皇帝。但崇祯帝并不好色，没有看上陈圆圆。后来周奎请吴三桂吃饭，在酒席上，吴三桂见到陈圆圆后被她迷得神魂颠倒，干脆厚着脸皮向周奎索要陈圆圆。陈圆圆就这样当上了吴三桂的小妾，吴三桂非常宠爱她，这次他想回北京，多半也是为了能和陈圆圆重新团聚。

那个家人告诉吴三桂，陈圆圆在抄家的时候被李自成的大将刘宗敏抢走了。这下可把吴三桂气疯了，他咬牙切齿地说："此仇不报，誓不为人！"

他也顾不得回北京打听情况了，马上下令紧守山海关，所有将士全部换上白衣白甲，宣称要为死去的崇祯帝报仇。他也知道自己的兵力不是大顺军的对手，在这个时候他也不管什么民族气节了，马上派人给关外的清政府写信，说自己愿意投降，只求派兵帮助他对付李自成。

当时清政府掌权的是睿亲王多尔衮，他接到吴三桂的信后非常高兴，认为这是进兵中原、夺取江山的好机会，马上就同意接受吴三桂的投降，并率领大军开赴山海关。吴三桂亲自迎接，并和多尔衮歃血为盟，并剃掉头发，改成清朝人的发型。

李自成听说吴三桂不肯投降，把吴三桂留在北京的亲人都杀了，然后率领20多万大军杀向山海关。多尔衮知道李自成的军队很厉害，于是命令吴三桂打先锋，他带领清兵埋伏起来，想等他们打得两败俱伤了再出击，捡个大便宜。

战斗开始时，吴三桂带领大军向李自成的部队冲去。李自成兵多，采用两翼冲锋的方式将吴三桂的人马包围起来，吴三桂的部下不愧是久经沙场的精兵，虽然人数上处于劣势，但并没有慌乱，而是拼死突围。双方僵持不下，喊杀声惊天动地。正在这时，突然刮起一阵狂风，顿时天昏地暗。多尔衮抓住时机，下令清兵出击，大顺军受到突然袭击，乱了阵脚，直到风停了之后才发现周围都是留着辫子的清兵。大顺军在吴三桂和清兵两面夹击下死伤惨重，回到北京后已经没多少士兵了。李自成见北京守不住了，可他还想过过皇帝瘾，于是抓紧时间举行了登基大礼，第二天就逃出了北京城，不久起义军失败。

而多尔衮则带领清兵开进北京城，过了没多久，多尔衮把顺治帝接来，老百姓本以为清兵只是来帮个忙就走，会把明朝皇帝的后裔扶上皇位。没想到最后连清朝皇帝都接来了，这才知道从今以后要受清朝的统治了，大家都很愤怒，一个个都骂吴三桂是汉奸、卖国贼。

史可法战死扬州

崇祯十七年四月，史可法听说李自成进犯京城，他马上发动将士准备北上。在浦口渡江的时候，北京沦陷的消息传了过来。史可法号啕大哭，换上孝服为皇帝发丧。这个时候，南京的大臣都在商量立谁为皇帝，张煌言等人认为按血缘关系排列的话，应该拥立福王朱由崧。但福王是个窝囊废，只在吃喝玩乐方面有天赋，而潞王比较贤明，所以主张立潞王，史可法也同意这个意见。凤阳总督马士英却和阉党余孽阮大铖勾结起来拥立福王，询问史可法的时候，史可法把不能拥立福王的理由告诉了他们。但马士英和高杰等人已经把福王送了过来，史可法等人只好去迎接福王。

福王正式监国后，选举内阁大臣，大家推举了史可法、高弘图和姜曰广三人。刘孔昭非要争着入阁，大家以明朝没有勋臣入阁的先例而制止了。刘孔昭大怒："就算我不行，那马士英又为什么不能入阁？"结果又把奸贼马士英弄进了内阁。两天后，史可法被任命为礼部尚书兼东阁大学士，和马士英等人一起入阁。史可法掌管兵部事宜，马士英仍然主管凤阳军务。

马士英日夜盼望能当宰相，看到史可法位于自己之上，就把当初史可法写给他的、列举了不能立福王的理由的信给了福王，并带兵入朝，请福王即帝位。史可法不想和小人作对，便请求到淮扬一带监督军事。马士英把江北地区分成四个镇，由刘泽清、高杰、刘良佐和黄得功四人管辖。这四个人互相之间不服气，经常爆发冲突。他们都想进驻扬州，高杰捷足先登，其他三个人也都学他的样子在江淮一带大肆抢劫。朝廷命令史可法去调解，除了高杰之外，其他三人都听从命令。高杰是四镇中最骄横跋扈的一个，他和黄得功交战，错在高杰，史可法负责调停，事情才得以解决。高杰驻守在扬州，非常凶暴，但史可法对他开诚布公，用君臣大义来开导他。高杰逐渐被史可法所感动，接受了他的管束。

史可法作为督师，权力很大，但他从不敢奢侈浪费。他没有儿子，妻子劝他娶妾，他说："公事那么忙，哪里有空管这事？"除夕夜他还在批阅文件，实在太累了，他就让厨师给他拿点儿酒菜来。厨师说肉食都分给将士们过年了，他就拿了点儿调料来下酒。史可法本来酒量很好，但在军中他就戒酒了，这天晚上他一口气喝了几十杯酒，想起先帝的恩德，不禁黯然泪下，很快就趴在桌子上睡着了。天亮后，将士们都聚集在辕门外，有人告诉了他们不开门的原因。知府任民育说："督师平时很难得休息，这天晚上他能睡得这么好，不容易啊。"命令打更的人仍旧打晚上的更，并告诫左右不要吵醒他。

清军打到宿迁后，史可法派人向朝廷告急，马士英却说："他不过是想给将士们请功罢了。"不久，高杰被许定国杀死，他的部队全部溃逃。史可法听到这个消息后流着眼泪说："不能再在中原有所作为了。"几天后，清兵来到城下，将扬州团团围住。第二天，总兵李栖凤和监军副使高岐凤两人率部投降，城里的防守力量更加薄弱了。史可法让文武官员分别驻守在城墙上，自己亲自驻守地势最为险要的西门。他写信给家人说："请将我埋在孝陵附近。"已抱了必死的决心。两天后，清兵开始攻城。史可法组织军队拼死抵抗，杀死大批清兵。清兵很快就发现西北角是明军的防守重点，于是用大炮猛轰该处，将城墙轰塌。史可法见城已被攻破，想拔剑自刎，但被一个参将救了下来，并将他送到小东门，想让他逃命。但史可法见清军大肆杀戮百姓，于是大叫："我是史督师！"最后被清兵抓住，惨遭杀害。

清兵在攻打扬州的时候死伤惨重，入城后展开了惨绝人寰的大屠杀，一连屠杀了10天之久。当时天气很热，10天后史可法的义子史德威入城找他的遗体，城中尸体都腐烂了，根本无法辨认。一年后，他的家人将他的衣服埋在了扬州城外的梅花岭下，后人在此立祠纪念他。

清史稿

　　《清史稿》共 529 卷，修于 1914～1927 年间。《清史稿》未被列入正史，因未经当时官府承认，又是初稿，编纂者并未视为成书，因此只称为《清史稿》。《清史稿》是学习清史的基本参考书，但全书缺点很多，历来不为史学家所重。

努尔哈赤起兵

努尔哈赤生于明嘉靖三十八年(1559年)，继母对他不好，努尔哈赤从小就饱尝生活的艰辛。但逆境并没有消磨他的意志，他长大后学了一身本领，而且聪明过人。古勒城主阿太是努尔哈赤伯父的女婿，他受到明朝总兵李成梁的攻击。当时努尔哈赤的祖父和父亲去看望阿太，阿太手下有个叫尼堪外兰的人，他偷偷投靠了明军，骗阿太打开了城门，引明军前来攻陷了古勒城。努尔哈赤的祖父和父亲都死在乱军之中，他和弟弟舒尔哈齐则当了俘虏。李成梁的妻子见他二人一表人才，就偷偷把他们放走了。

努尔哈赤像

努尔哈赤回到部落后，几乎一无所有，只有祖先留下的13副盔甲。五城族的龙敦等人借口害怕明军来攻而受到牵连，多次加害努尔哈赤，有一次还打死了他的护卫。有一天夜里，努尔哈赤抓到一个偷袭者，左右都要把他杀了。但努尔哈赤却下令把他放了，说不想让仇恨加深。他派人问明军，说："我的祖父和父亲犯了什么罪？"明军知道自己理亏，把他们的尸体还给了努尔哈赤。他说："尼堪外兰是我的仇人，请你们把他交给我。"但明军没有理睬他。

努尔哈赤25岁那年正式起兵报仇。第一次讨伐尼堪外兰的时候，援兵没有及时赶到，让他逃走了。努尔哈赤紧紧追赶，一直追到了明朝的边境上，明军出来反击，尼堪外兰趁机逃走。努尔哈赤虽然没有能够杀掉尼堪外兰，但这一仗树立了自己的威信，很多部落都跑来依附，他的实力壮大了很多。

努尔哈赤经过多年的战争，基本统一了女真各部，登基称帝，定国号为"金"，历史上称为"后金"。

两年后，努尔哈赤下令整顿军备，决定和明朝作对，颁布了所谓"七大恨"：一、明军无故杀害他的祖父、父亲；二、明朝偏祖女真族的叶赫等部，欺负自己的建州部；三、明朝违反双方划定的边界范围，强令努尔哈赤赔偿所杀越境人之命；四、明朝派兵保护叶赫部，干涉女真内政；五、叶赫部得到明朝支持，将许给努尔哈赤的女子转嫁蒙古；六、明朝强迫努尔哈赤退出已经开垦耕种的柴河、三岔、抚安，不让女真人收获当地庄稼；七、明朝守备尚伯芝在建州作威作福。

努尔哈赤还建立了八旗制度，将女真人分为8个旗。八旗制度是由牛录制度发展而来的，早在女真没有统一的时候，人们行军打猎是按照部落的次序行动的。每10个人设一个首领，称为"牛录额真"，也就是箭主的意思。努尔哈赤把女真人合并起来，规定每300人为一个牛录，设一个牛录额真，这里的牛录额真是佐领的意思。牛录额真以下设两个副手，也就是骁骑校。五个牛录组成一个甲喇，首领为参领。五个甲喇组成一个固山,固山就是旗的意思。刚设立旗的时候只有黄、红、白、蓝四个旗。后来兼并的部落越来越多,四个旗明显不够用了,于是又增加了镶黄、镶红、镶白和镶蓝四个旗,这样,八旗制度正式登上了历史舞台。

八旗军战斗力非常强,接连打下了东州、抚顺等重要城池。不久,又在萨尔浒歼灭明朝前来讨伐的大军。从此,后金成为明朝最大的敌人。

努尔哈赤赢得萨尔浒大战后,休整了几年,又相继攻陷沈阳、辽阳。

第二年,努尔哈赤又进攻广宁,打败了明朝的援军,攻占了广宁。明朝大将王化贞和熊廷弼因为此役的失败而被杀。努尔哈赤节节胜利,正在志得意满的时候,却在袁崇焕所守的宁远城碰了钉子,怎么攻都攻不下来,死伤惨重,只好退兵。

努尔哈赤回到沈阳后就病倒了,他对儿子们说:"我自从 25 岁起兵起来,战无不胜,攻无不克。没想到却被袁崇焕阻挡,实在让人不甘心!"不久,他就病死了,终年 68 岁。

多尔衮辅政

多尔衮是努尔哈赤的第 14 个儿子,因为性格最像父亲,所以努尔哈赤最喜欢他。努尔哈赤临死的时候曾指定多尔衮为自己的继承人,但由于当时多尔衮太小,而手握重兵的皇太极又得到了大多数人的支持,所以多尔衮并没有能登上皇帝宝座。

皇太极虽然从弟弟手上抢到了皇位,但他对多尔衮还是挺不错的。多尔衮和他的同母兄弟阿济格、多铎三人都能征善战,为巩固后金立下了汗马功劳,逐渐控制了八旗中的正白旗和镶白旗。皇太极死后,多尔衮想按照努尔哈赤的遗言让自己继位,但皇太极的长子豪格势力也很大,双方争得很厉害。多尔衮见反对他的人很多,就退让了一步,同意立皇太极的儿子为帝。但他不愿意让年富力强的豪格继位,就挑选了最年幼的福临为帝。福临就是顺治帝。多尔衮立了福临,自任摄政王,控制了朝政。

多尔衮有勇有谋,他和一般的满洲贵族不同。他深知今后进兵中原,光靠军队是不够的,毕竟满族人口有限,不可能长期单独统治这么大的国家,所以他对汉族知识分子还是比较尊重的。但没过多久,就发生了一件让他头疼的事。

多尔衮的弟弟多铎勇猛善战,最受多尔衮的喜爱。多铎是个粗人,内心里一直看不起汉人,但他对汉族女子倒是兴趣很浓。他看上了大学士范文程的妻子,不管范文程也是朝廷重臣,经常派人到范文程家附近侦察,想伺机抢人。范文程知道汉人在满洲没什么地位,虽然自己官很大,但也惹不起多铎。可多铎派的人天天在附近骚扰,范文程终于受不了了,把这事透露给了多尔衮。多尔衮知道这事后非常生气,马上狠狠处罚了多铎。多铎平时最尊敬多尔衮,被骂得一声都不敢吭,乖乖认罚,再也不敢打范夫人的主意了。

多尔衮这一招很快就把汉族大臣的心揽了过来,从此他们更加死心塌地地为清王朝卖命了。范文程感动之余向朝廷上疏,提出了进兵中原的计划。多尔衮觉得有理，于是带领大军向山海关进发。

　　走到半路上，吴三桂派来的人把他们拦住了。原来明朝已经灭亡，山海关总兵吴三桂的家被抄了个精光，小老婆也被起义军抢走了。吴三桂愤愤不平，又不敢和起义军开战，只好派人去见多尔衮，请求清朝借兵给他。多尔衮正愁山海关兵精粮足难以攻下呢，看到吴三桂主动来降，高兴坏了。他到山海关和吴三桂签订了盟约，帮助吴三桂打败了李自成。

　　清兵进入北京后，多尔衮把明朝官员全部召集起来，告诉他们自己是来替他们报仇的，不会伤害他们。他还假惺惺地为崇祯皇帝发丧，赢得了民心。多尔衮占领北京后，决定把都城从盛京迁到北京，但遭到了反对。他说："当年太宗皇帝曾经说过，如果打下了北京，就马上迁到那里，以便占领中原。所以迁都势在必行。"几个月后，顺治帝带领文武百官开进了北京城，清朝正式成为统治中原的大帝国，多尔衮立了头功，被封为皇叔摄政王。

　　多尔衮权力越来越大，国家大事根本不和大臣们商量，他自己一个人说了算。就连皇帝的玉玺，他也给拿到自己家里去了。多尔衮自己已经拥有了两个旗，可他还嫌不够，把正蓝旗也划归自己名下。当时皇帝也只掌握正黄旗和镶黄旗两个旗，多尔衮的势力比皇帝还大了。

　　多尔衮虽然足智多谋，但他没能改掉清朝贵族的某些恶习。满族人抢占土地是用的圈占法，也就是让人骑上马，在规定的地方跑马，跑完一圈回来，这一圈的土地就归那个人所有。多尔衮入关后还用这个办法划分土地，被圈走的土地上的百姓只能搬家，但什么东西都不准带走。光是在北京，满洲贵族就圈走了1000多万亩土地。满洲人还强迫汉族百姓投靠到自己门下当奴隶，如果谁敢逃走的话，抓到后就处以重刑。这些措施大失人心，但多尔衮根本没有意识到这一点。

　　多尔衮的骄横引起了顺治帝的不满，他死后，顺治帝抄了他的家，剥夺了他的爵位，一直到乾隆时期才恢复他的名誉。

郑成功收复台湾

　　郑成功的父亲郑芝龙本来是个海盗，被明朝招安后当上了游击将军。郑成功是郑芝龙和一个日本女子所生的孩子。明朝灭亡后，郑芝龙和弟弟郑鸿逵一起拥立唐王，继续反清斗争。郑芝龙把郑成功引荐给唐王，唐王很喜欢他，赐他姓朱，所以后来人们尊称他为"国姓爷"。清朝大学士洪承畴和郑芝龙是老朋友，郑芝龙被洪承畴劝降，郑成功苦苦劝谏，但还是没用，于是干脆入海，独自反清。

　　郑成功一心反清，但手下兵少，于是就去南澳招兵，得到了几千人。郑成功奉唐王为主，沿用唐王年号，自称"招讨大将军"。他年轻有为，有勇有谋，和鲁王的部队一起抗清，取得了很多胜利。但由于义军中的内部矛盾，唐王和鲁王的政权纷纷瓦解，郑成功无回天之术，只好积攒实力以图再起。

　　顺治帝知道郑成功不好对付，命令郑芝龙写信劝郑成功投降。郑成功很看不起卖主求荣的父亲和叔叔们，他表面上答应投降，实际上是想让清朝放松警惕。

清政府封他为靖海将军，命令他驻扎在漳州、潮州、惠州和泉州四个地方。

郑成功将计就计，在当地设立了自己的政权，遥奉桂王为主，并善待鲁王和明朝宗室。不久，他举起反清义旗，一直把势力延伸到了长江上游。清政府发现郑成功反叛后大怒，调动兵马前来围剿。但郑成功师出有名，得到了很多百姓的支持，打得清军抱头鼠窜。顺治帝命令郑亲王世子济度为定远大将军，率领大军讨伐郑成功，并把郑芝龙等人抓进了监狱。济度到达泉州后，劝郑成功投降，但郑成功不予理睬。顺治帝急红了眼，威胁说如果不投降就杀了他全家，但郑成功以国家为重，仍然不肯投降。

坚持斗争了几年后，郑成功虽然打了很多胜仗，但毕竟实力有限，渐渐地力不能支，只好放弃江南。当时清政府下令将沿海居民迁入内地，断绝了郑成功的补给来源。郑成功退回厦门后，听说桂王已经逃到了缅甸，现在自己是孤军奋战，形势越来越坏。郑成功没有害怕退缩，他决定攻打台湾，以台湾作为根据地继续反清。

当时台湾被荷兰人强占，荷兰人把台湾当成自己的殖民地，逼迫当地人民为他们做牛做马，疯狂抢掠当地资源，并修筑了几个据点以防范中国军队。台湾岛上有两个城堡，一个叫赤崁城，一个叫王城，都被荷兰人把守着。他们认为这样一来，中国军队就拿他们没办法了。

可郑成功不会被这些困难所吓倒，他带领 2.5 万名士兵分乘几百艘战船向台湾进军。荷兰人认为鹿耳门水浅，大批船只是无法进来的，所以没有在那里设防。郑成功的船队一到那里，海水就突然涨高了一丈多。船队轻松通过，直入鹿耳门。荷兰人派出了几艘军舰阻拦，西洋火炮确实厉害，一开始击沉了好几艘中国船。但郑成功并没有被吓倒，他命令全体战船围住其中最大的一艘船，对其发动猛攻，很快就将其击沉。荷兰人吓坏了，赶紧放弃了赤崁城，退守王城。

荷兰人以为郑成功和普通的官员一样，都喜欢钱财，他们派人带了 10 万两白银去见郑成功，对他说只要退兵，钱财是不会少的。郑成功义正词严地对荷兰使者说："台湾的土地本来就是我们的，应该还给我们！至于金银珠宝，你们可以拿走，但要想收买我是不行的。"荷兰人不肯放弃这个宝岛，他们在王城里死死抵抗。郑成功将王城包围了起来，不让一个人跑掉。一口气围了 7 个月，荷兰人的粮食和淡水都要用完了，几乎每天都有人病死。最后只剩下 100 多人，只好请求投降。郑成功终于收复了台湾，他以台湾为根据地，发动当地人民建设宝岛，很快就赢得了宝岛人民的尊重和喜爱。

荷兰殖民者投降图

可惜郑成功的儿子郑锦不争气，他和自己的乳母私通，这件丑事让郑成功知道了。他派人去杀郑锦和他的生母。结果有人造谣说郑成功要把留守厦门的人全部杀掉，所以大家就拥立郑锦为主，不听郑成功号令。郑成功当时正在生病，听到这个消息后狂怒而死，终年 39 岁。

康熙帝平三藩

当年清政府入关后，为其打天下的不光是满族贵族，还有很多汉族将领。功劳最大的人有四个：孔有德、吴三桂、尚可喜和耿仲明。清政府为了表彰他们的功劳，将他们封为亲王：孔有德被封为定南王、吴三桂被封为平西王、尚可喜被封为平南王、耿仲明被封为靖南王。孔有德在镇压明朝余党反抗的战斗中阵亡，所以实际上只剩下三个汉族王爷。吴三桂势力最大，占据了云南和贵州，尚可喜驻防广东，耿仲明驻防福建。他们在当地拥兵自重，一年的军费开销占了整个清朝一半以上的财政支出。雄才大略的康熙帝怎么能忍得下这口气？

当然，康熙帝还不敢随便动他们，因为当初入关的时候，顺治帝和他们有过盟约，让他们永守南方，而且绝不猜疑。不过三藩也太骄横了，尤其是吴三桂，他任命的官员比朝廷任命的还多。多年来，云南不但没向中央交过一分钱，反而还要中央负责他们的开支。而且吴三桂等人能征善战，跟随他们的都是身经百战的良将猛士，人数还不少。他们要是造反，朝廷还不一定是对手呢。

康熙帝虽然贵为皇帝，但是他派到云南等地的官员根本没有实权，权力都掌握在那三个藩王手中。长期这样下去，康熙帝心里当然不舒服了。

正好尚可喜觉得自己岁数大了，一直在广东驻守显得力不从心，加上思念故乡，所以请求让儿子尚之信继承王位，自己回辽东养老。康熙帝想借这个机会试探下另外两藩的态度，于是下令批准尚可喜回老家，但不准他儿子继承王位，实际上就是剥夺了平南王的头衔。这一来，吴三桂和靖南王耿精忠（耿仲明之孙）就坐不住了，他们觉得这里面一定有问题。同样的，他们也想试探下康熙帝的态度，于是假惺惺地提出要撤除藩王职位，回家享清福。

康熙帝见三藩主动提出撤藩，心里很高兴，但还拿不定主意，就召集大臣开会商议此事。很多大臣都认为吴三桂等人的请求是假的，他根本不肯撤藩，如果同意让他撤藩的话，他一定会造反的。

康熙帝果断地说："吴三桂等人一向骄横，早就有野心造反，撤不撤藩他都会反的。还不如早点儿撤藩，先下手为强。"他下诏同意吴三桂等人撤藩。这下可把三藩惹怒了，尤其是吴三桂，他认为清朝能入主中原都是他的功劳。现在一个 20 岁的小皇帝居然敢动他，不想反也不行了。

吴三桂早就精心准备，他先杀掉了云南巡抚朱国治，贵州提督李本深和巡抚曹申吉被迫投降。然后换上明朝将军的衣甲，到永历帝的墓前痛哭了一把，号称自己要为明朝报仇。不过他好像忘了，永历帝就是他吴三桂亲手勒死的。可人们却没有忘记，所以真正愿意起来响应他的人很少，不过另外两藩倒是也跟着举起了反旗。

吴三桂造反的消息传到北京城后，康熙帝下令将吴三桂留在北京当人质的儿子吴应熊抓起来，然后调兵遣将讨伐吴三桂。吴三桂的部队久经沙场，手下猛将如云，一开始杀得清军防不胜防，很快就攻下了很多地方，一直打到了湖南一带。

康熙帝读书像

正在这个关键时刻，镇守广西的孙延龄也起兵响应吴三桂，这样一算，中原的一半都落入了叛军之手，清朝陷入了开国以来最大的危机。

康熙帝知道叛军以吴三桂为首，只要打败了他，其他势力不过是乌合之众，很容易对付。所以他一开始就集中力量和吴三桂周旋。

吴三桂虽然以反清为名，实际上还是想自己做皇帝，他以为自己一起兵，各地反清势力都会起来响应他，可是他名声实在太臭，起来响应的人寥寥无几，而清朝军队很快就掌握了战争的主动权。吴三桂又气又恨，很快就病死了。几年后，清军攻入云南，历时 8 年的战争最终以康熙帝的胜利而告终。

《尼布楚条约》

雅克萨是黑龙江上的交通枢纽，早在顺治七年（1650 年），俄罗斯侵略军就在哈巴罗夫的率领下入侵此地，占领了雅克萨。哈巴罗夫在该地修筑了城堡，将其作为进一步入侵黑龙江的重要据点。这种赤裸裸的侵略行为当然会引起清王朝的重视，再加上东北本来就是满族的发源地，他们怎么会让沙俄的魔掌伸进来呢？很快，沙俄军队就被打败，被赶出了黑龙江。

贼心不死的沙俄并不甘心放弃这片肥美的土地，康熙四年（1665 年），沙俄侵略者趁清政府把注意力都放在内政上面，重新占领了雅克萨。

康熙帝平定三藩之乱后没多久，沙俄人再次在雅克萨修筑城堡，在当地胡作非为，屠杀当地人民，当地人民都管他们叫"罗刹"（佛经里的一种妖怪）。康熙帝听说沙俄人如此乱来，气得不得了，亲自赶往盛京，下令准备讨伐沙俄。

俗话说"先礼后兵"，康熙帝也不例外，他先派人送信给雅克萨的俄军首领，让其尽快撤走。但俄国人根本不加理睬，反而还向雅克萨增兵，俨然一副你奈我何的狂妄样子。康熙帝让将军萨布素进兵雅克萨，先不急着用兵，而是将当地的粮食全部撤走，迫使俄军断粮撤兵。但萨布素并没有执行这个命令，康熙帝对他很不满，于是任命都统彭春统领 1.5 万人出征，并侦察了雅克萨的地形，得知俄军不满 1000 人，他收复雅克萨的决心更加坚定了。

彭春率领大军很快就到了雅克萨城下，将其团团围住。在进攻之前，彭春派

— 351 —

人给俄军送信，要求俄军主动撤兵，并归还俘虏的中国居民。但俄军仗着城池坚固和武器先进，根本不理彭春。彭春大怒，决定用武力来教训一下俄国人，对雅克萨发起了强攻，不久，一批前来支援的俄国人被清军消灭，雅克萨成为一座孤城。当天晚上，清军在城南修筑了防御工事，装作要从那里进攻，实际上在城东和城西架设了西洋红衣大炮。第二天天一亮开始攻城，红衣大炮威力果然惊人，轰得俄军东躲西藏。雅克萨城内没有防火设施，很快就变成了一片火海。俄国军事长官没有办法，只好投降。康熙帝对战俘非常宽大，他事先就嘱咐彭春不可在敌人投降后还杀害无辜。就这样，在保证不再侵犯中国领土的条件下，俄军战俘被释放了，而且清军还让他们带走财产和武器，负责将700多名俄国儿童和妇女遣返俄国。对于不愿意回国的俄国人，清军将他们安置到盛京。雅克萨大捷让康熙非常高兴，重重奖赏了彭春等将士。

　　但是彭春高兴得太早了，他没有想到沙俄政府一向背信弃义。他攻下雅克萨城后，只是将城堡烧毁，并没有割掉当地的庄稼，也没有留兵把守。结果才过了两个月，俄国人卷土重来，重新占领了雅克萨。

　　康熙帝在几个月后才知道俄国人重占雅克萨的事，他立即部署第二次征讨雅克萨。这一次他把攻取雅克萨的任务交给了黑龙江当地官兵，指挥权交给了萨布素。不久，萨布素率领2000人赶到雅克萨城，从南北两个方向发起进攻。激战数日后，俄军被击毙100余人，其中包括俄国督军托尔布津。但是由于城墙非常坚固，一时很难攻破，所以清军采取了长期围困的方法。这一招非常管用，俄军粮食储备本来就不够，等围到年底的时候，800多人只剩下了150多人。

　　俄国人见形势危急，只好派使者赶到北京表示愿意和谈。康熙帝为了表示和谈的诚意，下令可以支援被围困在雅克萨的俄军一些粮食。他派索额图和佟国纲作为谈判大臣前往色楞格斯克，使节团出发前，康熙帝指示，尼布楚、雅克萨、黑龙江流域不管主流支流都是中国领土，不能让给俄国人。使节团走到半路，因为噶尔丹攻打喀尔喀草原，被迫返回。最后将谈判地点定在尼布楚。

　　索额图等人和俄国使节戈洛文开始了谈判。戈洛文无理纠缠，企图多多割让中国领土，索额图为了打破僵局，提出以尼布楚为界，并把尼布楚给俄国，但戈洛文不接受这个建议。当时负责翻译工作的是欧洲传教士，他们暗中帮戈洛文出谋划策，让中国进一步让步。最后中国做了让步，提出以格尔必齐河为界，这个提议已经突破了康熙帝提出的底线。沙俄同意了这个提议，双方签订了《尼布楚条约》。条约将尼布楚周围及其以西割

《尼布楚条约》俄文本与满文本内页

康熙二十八年（1689年）七月二十三日，中俄双方代表在尼布楚城正式签订了划定两国东部边界的《尼布楚条约》，图中即为当年签署的文本。

让给了沙俄，清政府做出很大让步，但收回了雅克萨，将俄国的侵略势力赶出了中国。中国避免了和沙俄的战争，可以腾出手来对付反叛的噶尔丹。

三征噶尔丹

清朝蒙古族分为三部：漠南、漠西和漠北。其中漠南蒙古已经归清政府直接统治，而漠西蒙古势力最强。漠西厄鲁特蒙古准噶尔部首领噶尔丹野心勃勃，一心想仿效成吉思汗，建立一番功业。这时喀尔喀蒙古内部出现不和，噶尔丹乘机攻打喀尔喀，将土谢图汗和喀尔喀宗教领袖哲布尊丹巴逼走。康熙二十九年（1690年），噶尔丹继续发动进攻，美丽的蒙古草原在他的铁蹄下成了人间地狱。

康熙帝命令理藩院尚书阿喇尼和兵部尚书纪尔他布率领6000人尾随噶尔丹，等待援军到达后再发动进攻。但噶尔丹的种种暴行激怒了阿喇尼，他来不及等待援军就贸然出战，结果被打得大败。

噶尔丹见朝廷的军队不是自己对手，气焰更加嚣张，继续向内地发动进攻，一直打到离北京城仅700里的乌兰布通。康熙帝认为噶尔丹野心太大，决定亲征。他任命二哥福全为抚远大将军，从古北口出兵；五弟常宁为安北大将军，从喜峰口出兵。康熙帝离开北京后不久患了重感冒，不得不取消亲征计划，各路人马由福全指挥。

噶尔丹把军队布置在大红山下，将几万匹骆驼四脚捆住，让它们躺在地上，在背上驮上箱子，再蒙上一层湿毯子，环绕在军队四周，士兵躲在"驼城"后面对清军放枪射箭。但这种小伎俩如何能难倒清军呢？福全一声令下，大炮和火枪对准"驼城"的一段集中力量攻击，很快就打开了一个缺口。清军抓住这个机会发动猛烈攻击，蒙古军队纷纷溃逃。噶尔丹的侄儿策妄阿拉布坦早在噶尔丹进入漠北之前就率领5000人逃了回去，这时他趁噶尔丹后方空虚，将其占领。噶尔丹见形势不利，马上派了个喇嘛到清军主营求和。福全请示康熙帝，康熙帝发现这是噶尔丹的缓兵之计，下令不准求和，马上发动攻击。但晚了一步，噶尔丹已经率领几千残兵败将逃走了。

乌兰布通的惨败让噶尔丹惊恐不已，他向清政府表示从此以后再也不敢侵犯喀尔喀。但是他贼心不死，为了实现自己的野心，居然暗地里和沙俄相勾结。沙俄一直对中国图谋不轨，现在噶尔丹主动送上门来，当然求之不得。噶尔丹有了沙俄撑腰，底气足了，又开始蠢蠢欲动。

乌兰布通之战两年后，噶尔丹就撕下了面具，杀害清朝使者，并要求清政府遣返漠北蒙古逃难的牧民。三年后，噶尔丹率领3万骑兵，向漠南发动进攻，再次点燃了战火。噶尔丹号称已经向沙俄借到6万鸟枪兵，威胁漠南蒙古各王公。

康熙三十五年（1696年），康熙帝决定再次亲征，分兵三路，他亲率中路军从独石口出发，直扑战略要地克鲁伦。噶尔丹根本不相信康熙帝会亲征，但他从被康熙帝放回的俘虏口中得知皇帝真的来了，惊慌失措，下令撤退。

康熙帝见噶尔丹不战而逃，下令大军全速追击。这个时候，另外两路大军也赶到，形成了对噶尔丹的夹击之势。

东西两路大军会师后继续前进，在昭莫多遭遇噶尔丹的先头部队，双方展开激战，一直打到傍晚仍然不分胜负。噶尔丹见无法攻破清军阵地，就想在晚上逃跑，但是清军早就防着这一招。清军主帅费扬古派出一支部队绕到敌后，发动突袭。噶尔丹受到前后夹击，全军崩溃，只带了几十个骑兵杀出重围。康熙帝为了彻底削弱他，采用了收抚降众的政策，彻底孤立了噶尔丹。策妄阿拉布坦也接受了清政府的册封，噶尔丹犹如丧家之犬，仍坚决不肯接受清政府的招抚。

康熙帝见噶尔丹冥顽不灵，马上发动了第三次亲征。这次亲征极大地震动了蒙古各部，噶尔丹的亲信们也纷纷上书表示愿意归顺。噶尔丹已成孤家寡人，在走投无路的形势下，他只好服毒自杀。

从此清朝控制了阿尔泰山以东的漠北蒙古地区，扫除了蒙古地区一大不安定因素，加强了对蒙古的统治，也让沙俄染指草原的美梦破灭。

年羹尧与雍正帝

雍正帝能登上皇位，年羹尧出了不少力，但没过多久，年羹尧却被迫自杀。

年羹尧是康熙三十九年（1700 年）进士，他官运特别好，仅仅 9 年时间就被提升为四川巡抚。他善于用兵，平定了四川当地很多叛乱。策妄阿拉布坦侵犯西藏的时候，四川提督康泰前去征剿，但走到半路就因为士兵哗变而返回。年羹尧一方面安抚士兵，另一方面密奏康泰不堪任用，请求让自己接替。康熙帝认为他很忠心，同意了他的请求。由于巡抚没有统兵的权力，所以年羹尧被任命为四川总督，兼管巡抚的事情。年羹尧请求让他带兵入西藏，但没有得到同意。一年后，康熙帝命令年羹尧和朝廷的另一支军队在西藏会师。年羹尧带兵入藏，协助朝廷军队平定了西藏叛乱。此后他又多次立下战功，深得康熙帝信任。

雍正帝当时只是个普通的亲王，他见年羹尧功高权重，就想办法拉拢。年羹尧也知道"朝中有人好做官"的道理，早就想找个靠山了。他觉得雍正帝为人不错，又给了自己不少好处，就和雍正帝联系上了，成为拥立雍正帝的核心人物。胤禵被康熙帝派到四川统兵，年羹尧奉雍正帝之命监视胤禵，让雍正帝少了一个有力的竞争对手。

雍正帝即位后，把胤禵调回朝廷，重重赏赐年羹尧，还下诏将西部的一切事务都交给年羹尧办理，并命令云、贵、川的官员都要听命于他。不久，青海罗卜藏丹津发动叛乱，年羹尧被任命为抚远大将军，前往西宁平叛。年羹尧善于用兵，带领将士们对敌人发动突袭，将叛军全部击溃。罗卜藏丹津仅仅率领 200 来人仓皇逃窜，投奔了策妄阿拉布坦。年羹尧从出兵到平叛一共只花了 15 天时间，从此威名远扬。

青海叛乱如此简单就解决了，雍正帝非常开心，晋升年羹尧为一等公，对他恩宠有加。年羹尧仗着皇帝的宠信，加上功劳很大，从此开始骄傲起来。他给各地总督、巡抚下达公文，都直呼官员姓名。进京的时候要总督和巡抚跪着迎接，在京城里面都要人给他清道。亲王大臣去迎接，他都不拜谢，蒙古亲王见到他都要下跪，连驸马也不例外。年羹尧还经常向雍正帝打小报告，被他夸奖的官员很快就能升官，被他弹劾的人没一个能逃脱的。雍正帝用人的时候也经常和他商量，征求他的意见，对他言听计从。君臣之间相互信任，从古到今都很少像他们这样的。

雍正帝甚至还称年羹尧为自己的恩人，要求子孙后代必须记住年羹尧的功劳，谁要是违背这点的话就不是大清的臣民。他还经常送礼物给年羹尧，对他家人也非常关心，甚至对年羹尧说：“我如果不是一个好皇帝的话，就不能像现在这样厚待你。你如果不是一个好大臣的话，就不能报答我对你的知遇之恩。希望我们俩能成为千古榜样人物。”

但年羹尧居然把皇帝说的每一句话都当成真话。朝廷派来的御前侍卫本来是代表皇帝的，年羹尧却把他们当成奴仆使唤。迎接圣旨应该行三跪九叩大礼，但年羹尧有两次接旨的时候连跪都没有跪。还有一次，他出钱刻印了一部书进献给雍正帝。雍正帝打算给那本书写篇序言，还没写，年羹尧就自己写了一篇要雍正帝认可。他在雍正帝面前比较随意，严重伤害了雍正帝的威严和自尊心。

雍正三年（1725年）的时候，天空中出现了“五星联珠”的奇景，年羹尧为此专门上奏表示庆祝。但他把“朝乾夕惕”误写成“夕惕朝乾”，雍正帝看后大怒，斥责年羹尧故意把词写颠倒。从此雍正帝对年羹尧的宠爱衰败了下来。后来他说年羹尧用人不当，让岳钟琪接替了年羹尧的职务。墙倒众人推，大臣们见年羹尧倒霉，纷纷上疏告发他的种种劣迹。雍正帝看了那些奏章后大发脾气，把年羹尧的官职全部罢免，下令年羹尧自杀，年羹尧15岁以上的儿子全部流放，年家彻底倒台。

《四库全书》

清朝经过康熙、雍正两朝的统治后，政治经济有了很大发展。但是清朝皇帝是非常敏感的，总是害怕汉人会反对他们的统治，所以他们采用了软硬两种办法。软的一种就是开博学鸿儒科，招收汉族里面的名士，授予官职，让他们编写对自己统治有利的书籍。硬方法就是大兴文字狱，对于那些在书里面写了反清内容的文人，清政府一个都不放过，哪怕人都死了也不行。比如翰林戴名世在他的《南山集》中对明朝有同情的言论，还用了南明的年号。康熙帝就下令将他关进大牢，判了死罪。不光是这样，戴名世的亲属还有刻印这部书的人，甚至买书、写序言的都没有放过，杀头的杀头，流放的流放，一共有300多人被牵连了进来。真正因为写反书而造反的整个清朝其实只有一例，绝大多数文字狱都是冤案。比如翰林徐骏在一首诗里写了一句“清风不识字，何事乱翻书？”这本来是两句很平常的诗，明眼人一看就明白是咏风的。可清朝统治者偏偏说他用“清风”影射“清朝”，讽刺清朝统治者没文化，徐骏就这样丢掉了性命。

乾隆帝即位后就更不得了了，他在位时期，文字狱和受害者的数量远远超过了前面两朝。但是乾隆帝也很清楚，光靠文字狱来实行文化专制是不行的，民间还有很多藏书，万一那里面有反清的内容就麻烦了。

乾隆帝很爱读书，他有一个想法，就是搜集天下所有的图书，来编辑一部规模空前庞大的丛书。这样既可以笼络知识分子，显示自己重视文化，不是什么蛮夷之君，又可以借此机会审查一下民间藏书，把不利于清朝统治的内容统统删去。

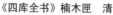

《四库全书》楠木匣　清

乾隆三十八年(1773 年)，皇帝亲自下令正式设立四库全书馆。古代中国把图书分为四个大类，分别是经、史、子、集。经部就是指的儒家经典著作和研究文字音律的书；史部就是历史、地理等著作；子部是诸子百家和科学方面的书；集部是文学方面的书。这四大类图书集中起来，就称为《四库全书》。乾隆帝派了很多皇亲国戚和大学士担任这部书的编纂工作，当然多数只是挂了个名。不过里面确实也有很多著名学者，比如戴震、姚鼐和纪晓岚等。

要编纂这么庞大的一部丛书，没书可不行，虽然皇宫里收集了很多书籍，但还是不太够。乾隆帝下令，让各地上交图书，并给予奖励。很多人闻风而动，争先恐后地将家里收藏的图书进献给朝廷，两年时间就上交了 2 万多种图书。书搜集起来后，乾隆帝让官员们对其一一审查，凡是发现有对清朝不利的内容，一律删除、涂改，甚至销毁。比如明朝中后期官员上奏的奏章里面有很多对满洲人不利的话，还有的说努尔哈赤接受过明朝的封赏，这些内容乾隆帝都觉得很不体面，下令把这类书籍一律销毁。另外在宋朝人的书里有很多反对辽、金、元的内容，这些内容很容易让人联想到反清，所以又有一批珍贵图书被扔进了火堆。当然，也不是每种这样的书都被销毁，编纂官们也负责涂抹修改其中违禁的词句，有些书虽然保存了下来，但已经被改得面目全非。据不完全统计，在编纂《四库全书》的过程中，被销毁的图书至少有 3000 种。

四库全书馆的官员们花了 10 年时间才把这部书编纂完毕，乾隆看了之后非常满意。下令将这部书抄成 7 份，分别保存在 7 个地方（其中有三份毁于战乱）。这部书的规模是空前庞大的，里面收藏了 3503 种图书，共 79337 卷，3 亿多字，是古代中国规模最大的一部丛书。这部书的编纂对保存我国文化典籍做出了很大贡献，不过在编纂过程中也销毁了很多珍贵图书，其中很多书就此失传了，确实也造成了很大损失。

"和珅跌倒，嘉庆吃饱"

和珅是满族正红旗钮祜禄氏人，小时候很穷，但由于他是旗人，所以在乾隆三十七年(1772 年)继承了祖上传下来的三等轻车都尉一职。不久迁为三等侍卫，总算能混上口饭吃。他善于溜须拍马，没过几年就当上了御前侍卫兼副都统，成为皇帝身边的近侍。和珅年轻英俊，嘴巴又甜，做事还勤快，很快赢得了乾隆帝的信任。第二年他就被任命为户部侍郎、军机大臣兼内务府大臣，还兼了步军统领和崇文门监督总理行营事务等肥差，捞了不少油水。

乾隆四十五年（1780 年），云南总督李侍尧贪污案被揭发了出来，乾隆帝让和珅负责查办。和珅看出皇帝确实要处罚李侍尧，就把云南那边违法乱纪的事全抖落了出来。乾隆帝觉得和珅很能干，提拔他为户部尚书，主管全国财务，还把自己最喜欢的女儿和孝公主嫁给了和珅的儿子丰绅殷德。

两年后，御史钱沣弹劾山东巡抚国泰和布政使于易简贪污腐败，皇帝派和珅和刘墉去查办。国泰等人之前给了和珅不少好处，所以和珅一方面表示一定认真审理，另一方面赶紧派人给国泰送信，让他做好准备。等他们到山东的银库查访时，看到里面的银子都在，而且一点儿差错都没有。钱沣发现这些银子都是新的，库房也很干净，一定是刚刚整理过。所以第二天他和刘墉突然杀了个回马枪，回到银库把上面的银子搬掉，发现下面银子的包装和上面的不同，而且还有钱庄的标记。最后查明银库早就被国泰等人贪污一空，为了应付检查，他们从钱庄里借了钱，企图蒙混过关。国泰等人只能低头认罪，和珅也救不了他们。回到京城后和珅反而以功臣面貌出现，获得了皇帝的赞赏。

御史曹锡宝发现和珅的家奴刘全的住宅逾制，准备上疏弹劾。乾隆帝知道他想弹劾和珅，只是不好明言，所以以和珅的家人作为突破口，就派人询问曹锡宝，让他直说和珅的过错，但都没有确实的证据。而和珅早就得到消息，让刘全把逾制的住宅拆掉。朝廷派来检查的人看到没有逾制的房子，就如实上报。曹锡宝没有扳倒和珅，反而以诬告罪被革掉了官衔。

乾隆帝八十大寿的时候，内阁学士尹壮图上奏说各省府库空虚，请派人检查。乾隆帝问和珅派谁去检查比较好，和珅当然知道那些钱到了谁的腰包，不过他也拿了很多好处，所以就请皇帝派尹壮图去检查，侍郎庆成作为监督。庆成本就是和珅一伙的，当然知道和珅让他去的用意。他一路上故意耽误时间，给各省补足空缺的时间。等到达目的地后，那些官员早就做好手脚了，开库一查，一点儿问题都没有。尹壮图知道自己中计，但没有证据，只好吃哑巴亏，被罢了官。

和珅执政 20 余年，在官场上春风得意，谁敢得罪他都没有好下场。和珅还特别贪婪，搜刮了无数钱财，只瞒着乾隆帝一个人。

乾隆帝死后，嘉庆帝开始亲政，马上下令逮捕和珅，宣布了 20 条大罪。嘉庆帝考虑和珅是老臣，不想让他当众被杀，于是下令让他上吊自杀。

嘉庆帝下令查抄和珅家产，最后查出来的数字把天下人都吓了一跳。和珅家的房屋很多都是用皇宫才能用的木材修建的，他给自己造的坟墓也是仿照皇家陵园的规格，被人们称为"和陵"。他家的金银珠宝多得数都数不过来，把和珅的所有财产加在一起折合成白银，竟然多达 8 亿两，相当于清政府 10 年的财政总收入。和珅死后，这些财产都被送到宫里了，所以民间有句话说得好："和珅跌倒，嘉庆吃饱。"

虎门销烟

乾隆末年，中国已经从繁荣走向衰弱，而西方资本主义国家正在大搞工业革命，迫切需要广大的市场和原料产地，当然更需要资本。英国人以为中国有4亿人，市场应该非常广阔，可是他们想错了。中国当时处于自给自足的自然经济时代，除了个别富人之外，没有人对英国的钟表、洋布、玻璃等东西感兴趣。相反，中国的丝绸、陶瓷、茶叶在西方特别受欢迎，所以很长一段时期，西方不但赚不到中国人的钱，反而要拿出大笔银子来交换中国的产品。英国人觉得长期这样下去对他们不利，就开始进行罪恶的鸦片贸易。

鸦片是从罂粟的汁液中提取的一种毒品，初期服用可以振奋精神，但上瘾后就很难戒除，长期吸食鸦片还会给人体造成很大的伤害。在英国本土，早就禁止贩卖和吸食鸦片了，但为了赚中国人的钱，罪恶的鸦片贩子在英国政府的默许下向中国走私鸦片。到了道光帝时期，鸦片已经成为中国社会一大公害。很多有见识的官员都站出来疾呼消灭鸦片，其中林则徐是最坚定的一个。

林则徐在任湖广总督的时候就禁止过鸦片，并取得了一定的效果。他根据自己禁烟的经验向道光帝上疏，列举了鸦片的种种危害，请求让自己负责禁烟。道光帝被他的奏章感动，决定派林则徐为钦差大臣，到广东查办鸦片走私。

当时广东是鸦片走私的中心地带，因为清政府只开放了广州一个通商口岸，外国人只能和广州13家官办洋行交易，当然，鸦片也在其中。那些官商为了钱什么都不顾了，虽然明知鸦片是违禁之物，但仍然帮助英国人销售鸦片。林则徐一到广州就下令严禁鸦片买卖，并通告英国驻华商务代表义律，下令通缉大鸦片贩子颠地。

义律一向认为中国官员办事是"新官上任三把火"，他一方面借故拖延，另一方面派人给林则徐行贿。谁知道林则徐根本不吃他那一套，还把行贿的抓了起来，警告义律，如果还不交出鸦片的话，别怪中国政府不客气！

义律召集鸦片贩子开会，商讨如何对付林则徐。有人提出个建议，说林则徐好歹也是个钦差大臣，奉旨前来查禁鸦片，如果没有一点儿成果在皇帝面前也交不了差。干脆象征性地给他点儿鸦片，让他能交差就行了，这样损失也不大。义律觉得这是个好办法，于是给林则徐送去1000多箱鸦片，说已经把所有鸦片交来了。林则徐不相信英国人只有这么点儿鸦片，英国人既然敬酒不吃吃罚酒，那就没办法了。林则徐下令把英国商馆封锁起来，严禁任何人出入。

商馆的水和食物都靠从外面运进来，现在一封锁，里面的日子就不好过了。没几天鸦片贩子们就

林则徐像

受不了了，只好向林则徐低头投降，交出了所有鸦片。林则徐派人一清点，一共有22000多箱！要是流入中国市场，不知道要残害多少中国人。

这么多鸦片该怎么处理呢？有人建议用火烧，但林则徐否定了这个意见。当年他在湖广禁烟的时候用过火烧法，事后发现鸦片经火烧后有一部分可以渗入泥土里面，大烟鬼们可以把泥土挖出来提炼，还是能得到鸦片。他想出个更好的办法。

1839年6月3日，林则徐率领文武官员来到了广州虎门海滩。他早就命令提督关天培在海滩上挖了两个大池子，每个池子都有个洞通向大海。林则徐一声令下，销烟开始。士兵们把箱子打开，取出里面的鸦片，一劈两半，把它们和盐还有生石灰搅拌在一起，然后倒入水池。生石灰遇水会发热，和鸦片产生化学作用，这样鸦片就成了一堆废渣。等销毁一批鸦片后，就把事先挖好的洞打开，让废水流入大海。围观的百姓们发出一阵又一阵的欢呼，喊声震天动地。

销毁鸦片一共花了20多天时间，2万多箱鸦片全部被销毁。虎门销烟大长了中国人的威风，狠狠打击了英国鸦片贩子的嚣张气焰。但英国人不会就此善罢甘休，不久，他们就发动了罪恶的鸦片战争。

昏庸的咸丰帝

咸丰帝是道光帝的第四个儿子，他和弟弟奕䜣在道光帝心目中的地位不相上下。道光帝一直很头疼到底立谁为继承人，咸丰帝虽然才能稍微欠缺点儿，但他比奕䜣大；奕䜣天资聪颖，很得道光帝宠爱，他一直下不了决心。咸丰帝的老师杜受田认为咸丰帝的优势在于仁厚孝顺，而奕䜣的优势是聪明伶俐，所以咸丰帝应该充分发挥自己的优势，而不要和奕䜣斗智。一天，道光帝带着众皇子去郊外打猎，这是皇子们在父亲面前好好表现自己的好机会。论骑射功夫咸丰帝远远不如奕䜣，杜受田嘱咐咸丰帝到时候不要射杀任何动物，并教他怎么在道光帝面前解释。结果那天咸丰帝一箭不发，还命令自己的手下不要放箭，奕䜣却满载而归。道光帝问咸丰帝为什么不射箭，咸丰帝回答："现在是春天，正当万物繁衍的季节，我实在不忍心杀害生灵。"道光帝生性仁慈，咸丰帝这番话很对他的胃口，认为咸丰帝今后一定能成为一个仁厚的皇帝，暗暗下了立咸丰帝为储君的决心。

咸丰帝刚即位没多久就爆发了洪秀全领导的金田起义。当时的人谁都没想到这次小小的暴动会成为清朝历史上最大的危机之一，而且当时中国正受西方列强的挑衅，随时都有重新爆发战争的可能。咸丰帝从小就读圣贤书，可书上哪里有讲如何应付这种状况的办法？魏源曾经写过一本《海国图志》，提出了"师夷长技以制夷"的思想。虽然魏源的思想还有很多局限性，但如果照他的话去做的话，应该还是有一定作用的。何况第一次鸦片战争过后，中国有将近20年的和平时间，如果能够转变思想学习西方的长处的话，中国也许是另外一个样子。但道光帝没有做到，咸丰帝更没有做到，一次战争的失败并没有敲醒沉睡的中国，清朝还是一如既往地做着"天朝上国"的美梦。咸丰帝不是没有读过《海国图志》，但

咸丰帝朝服像

他读后没有发表任何感想，更没有任何改革措施，任凭时间白白被浪费掉。

太平天国的势力越来越大，咸丰帝拼命试图镇压，但派去的人都是酒囊饭袋，根本起不了任何作用，唯一能起作用的林则徐却死在了半路上。咸丰帝经过一段时间的勤奋，却没有看到任何结果，渐渐地，他懈怠了下来。

咸丰帝面对这样一副烂摊子束手无策，干脆破罐子破摔，放弃了努力。这个被父亲寄予厚望的青年开始纵情声色，沉溺于淫欲之中。他即位的第二年就下令挑选秀女入宫，清朝皇帝选妃子和其他朝代不同，并不在民间选美女，而是在旗人当中（含蒙古八旗和汉军八旗）挑选。旗人女子到一定岁数后必须入宫让皇帝挑选，没有选中的可以回家，如果没有当过秀女、让皇帝挑选过的话是不准嫁人的。这种制度对老百姓当然很有好处，用不着在皇帝选宫女的时候带着女儿东躲西藏。咸丰帝在位期间挑选了好几次秀女，其中最受宠爱的是一名叫叶赫那拉·兰儿的女子，也就是日后臭名远扬的慈禧太后。咸丰帝还违背祖制，选汉族女子入宫，这在当时是不可想象的越轨行为。他从这些汉族女子中选出四个美女，让她们居住在圆明园。之所以不让她们住在皇宫，当然是因为怕别人说他违背祖制。咸丰帝成天和这些女子淫乐，健康状况一落千丈，更没有时间处理国事了。

1856年，英法联军对中国发动了第二次鸦片战争，清军节节败退。咸丰帝不去思考如何抵抗，而是委曲求和，大片土地失陷。1860年，英法联军攻陷北京，放火烧了圆明园。咸丰帝这个时候才紧张起来，赶紧带上妃子们逃往热河避暑山庄。

辛酉政变

咸丰帝逃到热河后，把六弟奕䜣留在北京城和英法联军谈判。奕䜣为了早点儿达成和谈，对侵略者有求必应，最后签订了《北京条约》，出卖了大量国家主权利益。

不过咸丰帝还没来得及高兴，就在次年死在了热河，只留下了一个儿子，也就是叶赫那拉氏所生的载淳。载淳当年才6岁，不可能处理朝政。咸丰帝只好选了肃顺等8个大臣辅佐他。为了防止辅政大臣专权，咸丰帝还赐给正宫皇后钮祜禄氏和叶赫那拉氏印章，凡是朝廷颁布的谕旨，一律要加盖这两枚印章才能生效。咸丰帝很清楚叶赫那拉氏的野心，而且她还是载淳的生母，如果她专权的话很难有人能对付。所以咸丰帝还留了道密旨给钮祜禄氏，让她能够牵制叶赫那拉氏。

咸丰帝一死，载淳就即位了，他就是同治帝。钮祜禄氏晋封皇太后，徽号慈安，又将叶赫那拉氏封为皇太后，徽号慈禧。由于慈安住在避暑山庄的东暖阁，而慈禧住在西暖阁，所以一般把她们两人称为东太后和西太后。

8个辅政大臣里面独独缺少奕䜣的名字，这让人们非常惊讶，因为奕䜣的才干和地位是有目共睹的，再说他是咸丰帝的亲弟弟，让他摄政是理所应当的事。奕䜣对咸丰帝没有把他列入辅政大臣非常不满，开始和留在京城的大臣们联合起来反对肃顺等人。

肃顺等人仗着自己是辅政大臣，骄横跋扈，他们根本没有把太后和同治帝放在眼里。性格懦弱的慈安倒是没什么，但野心勃勃的慈禧对此却非常不满，她决心要挽回这个不利局面。

当年八月初一，奕䜣从北京赶到热河吊唁咸丰帝，在咸丰帝灵前哭得死去活来，博得很多人的好感。祭礼完毕后，奕䜣入宫朝见两位太后，她们在奕䜣面前哭诉肃顺等人飞扬跋扈，不把她们放在眼里的种种劣迹。奕䜣当即表示，热河是肃顺的地盘，要动手就一定得等到回北京后，而且越快越好。但是太后却怕英法联军会从中作梗，奕䜣拍着胸脯表示绝对没有问题。因为肃顺等人对洋人态度一向不好，侵略者们早就想把他们赶下台而扶植新的代理人了，奕䜣在谈判中的表现让洋人大加赞赏，所以洋人会站在奕䜣一边。一切布置完毕，奕䜣就赶回了北京。

奕䜣走后不久，山东道监察御史董元醇提出让太后垂帘听政、选择亲王辅政等公开和八大臣唱反调的建议。他的奏章让两宫太后看了之后非常满意，第二天，两宫太后就抱着小皇帝面见八大臣，要他们讨论董元醇的奏章。八大臣当然不会赞成董元醇的建议了，他们纷纷强烈反对，声称自己只听命于皇帝，不听命于太后。当时场面一片混乱，同治帝吓得哭了起来，太后们也都气得说不出话来。八大臣退朝后写了一道批驳董元醇的奏章，但太后不肯盖章，八大臣威胁不盖章他们就罢工，两宫太后只好屈服。

八大臣赢得了首轮交锋，更加得意了。而太后们则看清了他们的真实面目，尤其是心胸狭窄的慈禧，更是对他们恨之入骨。当时清朝的两支嫡系部队分别掌握在僧格林沁和胜保的手中，两人和肃顺有矛盾，所以在奕䜣的劝说下都站在了太后一边。军事实力最强的曾国藩在这场斗争中并没有表态，老奸巨猾的他只是静观其变，虽然肃顺曾经来拉拢他，但是曾国藩丝毫不为所动。太后派的实力已经占了上风，肃顺等人并没有看到这一点，他们太相信皇帝遗诏的威力了，再加上奕䜣一直对他们很尊敬，很快就把八大臣的警惕心消除一空。

不久，太后返回了京城。这个时候肃顺还没有回京，他是八大臣的主心骨，他的缺席让其他7个人无所适从。当天太后就下了谕旨将八大臣抓了起来，分别关押在宗人府和监狱里面。太后下令将肃顺斩首示众，端华和载垣赐死，其他几人发配边疆。就这样，太后派取得了胜利，奕䜣也夺取了大权。当时太后和奕䜣都是20多岁的年轻人，人们都给予他们很高的期望，希望他们能够带领中国富强起来。可谁也没有想到，正是这几个年轻人，尤其是慈禧，把中国带入了更加痛苦的深渊。由于政变发生在干支纪年中的辛酉年，所以称这次政变为"辛酉政变"。

天京事变

　　1851年1月14日，洪秀全在广西桂平金田村发动起义，建立了太平天国。洪秀全本来是个书生，他接受了基督教的思想，创立了拜上帝会，决心推翻腐败的清政府，还人间以太平。洪秀全宣称自己是上帝的二儿子，耶稣的弟弟。他的部下杨秀清自称能让上帝附身，经常"代天父宣言"，分走洪秀全的权力。为了抑制杨秀清的势力，另一个信徒冯云山则自称耶稣附身。

　　太平天国运动发展迅猛，很快就从广西打到了南京。在打下永安后，洪秀全正式封王，自称天王，杨秀清、萧朝贵、冯云山、韦昌辉、石达开五人分别为东、西、南、北、翼王，东王以下各王受杨秀清节制。后来萧朝贵和冯云山战死，太平天国实际上就剩下四个王。

　　打下南京后，洪秀全成天躲在宫里享乐，杨秀清掌握了军政大权，其他诸王也都沉溺于奢侈的生活中。杨秀清觉得洪秀全无德无能，没资格坐在自己头上，所以他经常借口上帝附身，当众责打洪秀全，让洪秀全愤怒不已，但又不敢反抗。当时清军包围南京的江南大营已经被攻破，杨秀清觉得胜利在望，自己功劳又那么大，所以就策划自立为王。他让洪秀全到自己府上，借上帝的名义要洪秀全封他为万岁。洪秀全假装答应，说自己要先回宫准备一下，随后就把统治权交给杨秀清。杨秀清不知是计，就同意了。

　　洪秀全知道韦昌辉和杨秀清之间有矛盾，就派人把韦昌辉找来，暗中嘱咐韦昌辉除掉杨秀清。韦昌辉当年和杨秀清平起平坐，自从封王后就成了杨秀清的部下，早就对他不满了，所以和洪秀全一拍即合，做好充分准备后赶到了东王府。杨秀清见到韦昌辉后很高兴，告诉他洪秀全准备把王位传给自己。韦昌辉装作很高兴的样子向杨秀清表示祝贺，杨秀清请他喝酒。酒喝到一半，韦昌辉趁杨秀清不注意，抽出佩刀向他刺去。杨秀清胸口被刺穿，当场死去。旁边的人都吓呆了，韦昌辉大呼："东王谋反，我奉天王之命除掉反贼！"说完拿出洪秀全写的密旨给大家看。韦昌辉把杨秀清全家杀死，杨秀清的部下为了保命，要么和韦昌辉的人死战，要么偷偷逃出城。洪秀全也没想到韦昌辉会杀那么多人，搞得现在局面无法收拾。他妻子对他说："除恶不尽，必留后患。"出了个坏主意，让洪秀全假装责罚韦昌辉杀人太多，该打板子，借此向东王的部下表示歉意。等他们来看韦昌辉受刑的时候，再发动突然

天京失陷

1864年7月，天京失陷。太平天国运动历时14年，战火烧及10多个省，大大影响了后人的反清斗争。

袭击，将他们全部消灭。洪秀全同意了，结果来观看的人非常多，很多根本就不是东王的部下。但洪秀全事先埋伏好的士兵才管不了那么多，见人就杀。杨秀清的部下差不多都被杀光了，还牵连了很多无辜，最后被杀的多达数万人。

这个时候石达开在湖北作战，听说发生内乱后赶紧跑了回来。石达开以为大屠杀是韦昌辉干的，找到他责备。韦昌辉杀红了眼，一听石达开骂他，就想杀石达开。石达开赶紧逃了出来，从城墙上吊绳子逃走了，韦昌辉干脆把石达开的家人全部杀光。石达开能征善战，对太平天国忠心耿耿，威望很高，洪秀全责备韦昌辉做得太过分了。韦昌辉很不服气，仗着自己立了大功，干脆率领部下围攻天王府。韦昌辉的倒行逆施激怒了广大太平军将士，他很快就被打败，逃走的时候被抓住处死。洪秀全把韦昌辉的人头送到石达开那里，哄他回南京主持大事。石达开回来后，有人觉得他也不是好惹的，就劝洪秀全解除他的兵权，免得出现第二个杨秀清。洪秀全经过这次事变后对外姓人产生了怀疑，所以就要石达开留在南京，还封自己两个庸碌无能的哥哥为王，让他们牵制石达开。石达开很害怕，部下对他说："翼王深得人心，为什么要受人控制？中原打不下来，还可以去四川当刘备嘛。"石达开听了部下的话，就跑到安徽，联合陈玉成和李秀成和他一起出走，但两人没有同意，石达开只好带上10万精兵出走，最后在四川被全部歼灭。

天京事变和石达开出走大大削弱了太平天国的实力，人们对它的信心也受到打击，从此太平天国再也没有恢复事变之前的元气。

曾国藩组织湘军

曾国藩出生于湖南双峰县一个农民家庭。他祖父是个普通的农民，但疾恶如仇，处事精明，对曾国藩影响很大。他父亲是个秀才，从小就悉心教导他，让他掌握了儒家经典。他28岁那年考中了同进士，顺利进入了翰林院。

咸丰二年（1852年），曾国藩被朝廷派到江西主持乡试，走到半路就传来母亲去世的消息，曾国藩只好回家奔丧。就在这段时间，太平天国运动兴起。当时清朝的军队是由八旗兵和绿营兵组成的，八旗兵早已腐朽不堪，绿营兵也好不到哪儿去。对付太平军的主要是绿营兵，这些腐败的军队在太平军面前不堪一击，太平军一时横扫南方。清政府下令各地兴办团练武装，想用当年扑灭白莲教起义的方法消灭太平军。曾国藩虽然还在为母守孝，但一向以维护清政府统治为己任的他仍然响应朝廷的号召，担任了湖南团练大臣。

曾国藩仿效戚继光当年的方法，招募了一批精壮农民，认真加以训练。和别人不同的是，他任命的将领都是书生。一开始招募的人并不多，只有500来人，号称"湘勇"，但就是这500人却成为清朝历史上战斗力最强的军队的先驱。曾国藩礼贤下士，即使对方地位很低，他也彬彬有礼，所以手下聚集了不少人才。曾国藩害怕当地人民响应太平军，所以镇压起那些敢于起来反抗的人是毫不留情的。短短一个月的时间，他就捕杀了200多人，留下个"曾剃头"的外号。很多人对他的残忍无情很不满意，也看不起他那支由农民组成的军队。终于有一天，正规军和湘勇爆发了冲突，曾国藩很生气，找到湖南巡抚申诉，但巡抚正好就是反对他的人之一，根本没有理他。曾国藩没有办法，只好带领手下搬到别的地方，不和正规军打交道。有人问他为什么要忍让，他说："现在国难当头，我怎么能把私人恩怨放在皇上的恩德之上呢？"

部将郭嵩焘和江忠源建议，由于太平军多在东南一带活动，而那些地方河流特别多，所以一定要练水军。曾国藩采纳了这个建议，想方设法凑了一笔钱造了一批战船，又招募了1万多人，日夜训练。曾国藩的部队基本上是以家族为单位的，往往一个营里的官兵都是一家人，这样便于管理。他的军饷大多是自己筹集的，打了胜仗之后默许士兵抢劫战利品，只有打胜仗才能抢东西，所以士兵们打起仗来都很勇猛。曾国藩觉得这支军队已经初具规模，想试试身手了。

没过多久，太平军进攻湖南，曾国藩摩拳擦掌，准备大干一场。他率领大军东下，谁知道刚一出军就遇上大风，损失了几十艘战船。陆军不久也吃了败仗，曾国藩的水军主力在靖港被太平军打得全军覆没。曾国藩又羞又气，当场投水自杀，幸好被部下救了起来。湘军大将塔齐布在湘潭打了个大胜仗，这才给他挽回了面子。等他回去后，被湖南当地官员嘲笑讽刺，闹了个大红脸。不过曾国藩不是那种轻易认输的人，他从这次失败中吸取了教训，决定一切从头开始。他重新整顿了军队，攻下了岳州和武昌，朝廷任命他为湖北巡抚，实际上官职不升不降。曾国藩为人一向谨慎，他率领水军东下攻打江西，在田家镇大破太平军。还没来得及庆祝这场大胜，曾国藩的水军就被引入鄱阳湖，太平军把出口堵住，关起门打狗，曾国藩的旗舰也被击中起火，他跳入水中才捡了一条命。但这一仗的失败不影响大局，所以朝廷没有治他的罪。

曾国藩还花大钱为湘军配备了新式武器，他弟弟曾国荃也很有才能，成为镇压太平军的主要领导者。曾国藩为了让弟弟攻下南京，派左宗棠进攻浙江，李鸿章进攻苏南，牵制太平军的援军。曾国荃则率领湘军主力拼命攻打南京，足足攻了半年多才把南京城打了下来，镇压了太平天国运动。

曾国藩将理学看得非常重，他一生兢兢业业，治家律己非常严谨，但他并不是保守的人，而是洋务运动的推动者，对晚清政局影响很大。

李鸿章入阁

和曾国藩一样，李鸿章也是靠镇压太平军起家的，但他的官运比曾国藩要好多了，虽然生前死后对他的争议非常大，不过谁也不能否认他在近代史上的地位。

李鸿章是曾国藩的学生，少年得志，很早就中了进士。太平天国起义爆发后，安徽团练大臣吕贤基请他担任自己的助手，他同意了。太平军打到安徽后，李鸿章率军抵抗，先后收复了不少失地，引起了很多人的注意。

曾国藩的军队攻下安庆后，准备进攻南京，但江苏一带缺少统帅，曾国藩觉得李鸿章是个人才，就推荐了他。朝廷下令李鸿章调任江苏，负责那边的战事。李鸿章觉得湘军的编制很有学习的价值，所以他仿效湘军招募了7000人，组成了淮军。当时长江沿线都被太平军控制，李鸿章没办法从水路运兵。他一狠心，掏出20多万两银子向洋人租借了8艘轮船，把军队运到了上海。当时淮军刚成立不久，装备还不齐全，外国人嘲笑他们穿得破破烂烂的。李鸿章说："军队是用来打仗的，衣服好不好看不要紧。等我们打过仗后你们再笑也不迟。"

当时外国人也帮助清政府镇压太平军，美国人华尔招募了几千外国兵，号称"洋枪队"，他们主要负责上海南部地区的防务，也打了一些胜仗，但这支部队不久就被太平军打败了。李鸿章听说洋枪队战败，赶紧率领淮军前去援救，在淞江打败了太平军。外国人看到淮军作战如此勇敢，都高声喝彩，淮军从此名声大振。

李鸿章像

当时南京是由曾国荃负责攻打，但曾国荃力量有限，打了很久都没有打下来。朝廷急了，命令李鸿章前去支援。李鸿章知道自己如果去的话，会有和曾国荃抢功劳的嫌疑，再加上他认为南京很快就能攻破，所以就借口拖延时间。不久南京果然被攻破了，李鸿章得到消息后赶紧调兵遣将，收拾残余的太平军势力。李鸿章因功被任命为武英殿大学士，又改任文华殿大学士。

清朝没有宰相一职，行使宰相权力的是军机处，一般挂着大学士的头衔，人们就把大学士看作是宰相。李鸿章和曾国藩都是大学士，朝野上下都对他们寄予厚望，他们的声望也远远高过军机处的其他大臣。李鸿章想学习西方列强富强的方法，中国第一次向外国派遣留学生就是在李鸿章和曾国藩的极力推动下进行的。后来清朝建立海军，主要军官都是从留学生中选拔出来的。

李鸿章在执政的时候一向能力排众议，坚持自己的原则。他一心研究外国的各种先进东西，只要听说外国出现了新式武器，他一定会想办法买来。但是后来慈禧太后为了修颐和园给自己过生日，把大批金钱都挪用了，所以到了后期李鸿章也没办法继续研究国外的新式武器了。

李鸿章是洋务运动的倡导者和推动者之一。他开办了中国第一家培养翻译人才的广方言馆，还兴办了机器制造局、轮船招商局、漠河金矿等。他还铺设铁路、电线，购买铁甲战舰，选派武官去德国学习近代军事技术。这些都是前所未有的举措，表明他是个能够接受新鲜事物的人，也很有魄力。

李鸿章一心一意筹划海防，花了很多钱购买战舰和整顿装备，他创建的北洋舰队是当时亚洲第一大舰队。外国人都很尊敬他，认为他督造的几个军港没有10万人马攻不下来。但李鸿章也有弱点，他把北洋海军看作是自己的政治资本，不肯轻易动用。加上海军经费被慈禧挪用去享乐，导致海军在相当长的一段时间内缺乏维护和更新。中日甲午战争中，北洋海军只能龟缩在海军基地里面，最后全军覆没，中国也输掉了这场战争。

李鸿章被任命为议和大臣，前往日本。日本人的反华情绪很浓，李鸿章刚到日本不久就遇刺，面部受了伤。日本仗着是战胜国，提出了很多无理要求。李鸿章为了结束战争，只能出卖国家利益，最后签订了丧权辱国的《马关条约》。

义和团运动爆发后，八国联军入侵中国，李鸿章又一次担任了议和大臣。他一上任就派兵剿灭了义和团，然后和八国联军谈判，签订了《辛丑条约》。李鸿章因为签订了好几个卖国条约，一时间成为众矢之的，名声大降，最后操劳过度，吐血而死。

镇南关大捷

19世纪后期，法国在和英国争夺加拿大和印度失败后，开始把目光投向了远东地区。它首先看中的就是越南，1883年，法国侵略军突然攻占越南首都顺化，强迫越南成为法国的被保护。当时中国是越南的保护国，所以越南多次派使者向清政府求援。

清政府早就被西方列强打怕了，但又驳不开面子，于是下令派遣军队援助越南，但又不许他们主动出击。同年十二月，法国军队向驻扎在越南山西的清朝军队发动突然袭击，中法战争爆发。

第二年七月，法国海军突袭中国福建水师，由于指挥官的懦弱无能和清政府的退让政策，这支舰队很快就被歼灭了。直到这个时候，清政府才被迫向法国宣战。

在越南的中国军队由于缺少后援，加上武器装备落后，很快就失败了。法国军队占领越南后，继续进犯中国广西边境。两广总督张之洞深感缺乏人才，特地向朝廷推荐已经退休的广西提督冯子材带兵抵抗法国侵略者。

冯子材曾经跟随向荣和张国梁参加过镇压太平天国的战争。他作战非常勇敢，有一次他一天之内攻破太平军70多个营垒，张国梁拍着他的肩膀说："你勇敢得让我自愧不如啊！"冯子材立了很多战功，被封为副将。中法战争爆发时他已经70多岁了，早已告老还乡。当张之洞邀请冯子材出山的时候，他一开始谢绝了。但经不住张之洞频频邀请，最终答应出山，和两个儿子组织了一支军队开赴前线。他虽然因为苏元春资历不如自己官却比自己大而不满，但听说谅山镇南关情况不妙时，马上赶了过去。防守镇南关的清军不战而退，法军已经占领了镇南关。法军非常得意，干脆把镇南关一把火烧掉，然后撤退了。

冯子材赶到镇南关后，命令士兵在周围修筑一道长墙，集中部队在此防守，防止法军从镇南关进入中国。法军知道冯子材不好对付，事先放出风声说某天会进攻。冯子材料定法军一定会提前来，所以决定抢在敌人进攻之前发起攻击。当时大家都不想打，冯子材据理力争，亲自率领军队奇袭法军营地，取得胜利。

法国人没想到冯子材竟然敢来进攻，下令兵分三路，包抄镇南关。冯子材对将士们说："法国人如果这次还打进来的话，我们还有什么脸面去见两广的父老乡亲？"将士们士气大振，发誓绝不让法军通过镇南关。法国人仗着武器先进，先用大炮猛轰了一阵，把长墙炸了好几个缺口出来，然后派非洲雇佣军和当地的教匪轮流攻击，想冲出个缺口。冯子材率领部下痛击敌人，没让他们占到便宜。

第二天法军又扑了上来，冯子材用大旗指挥各路将领抵抗，下令临阵脱逃者格杀勿论。法军大炮又轰开了几个缺口，一些法国人已经爬进了长墙。冯子材见形势危急，大喝一声，手持长矛跳出长墙和敌人展开肉搏战。他的两个儿子也跟随父亲冲上去。将士们见70多岁的冯子材如此英勇，顿时热血沸腾，纷纷冲出去和敌人展开殊死搏斗，附近的百姓也拿着锄头钉耙前来助阵杀敌。法军近战能力差，渐渐抵挡不住，纷纷向后退。清军在冯子材的带领下越杀越勇，很快就把法国人赶跑了，取得了镇南关大捷。法军死伤1000多人，几十个军官丧了命。两天后，冯子材乘胜攻下了文渊，接着收复了好几个城池，把法军打得大败。

越南百姓早就不堪忍受法军的暴行了，听说冯子材来了，全都跑出来迎接。越南人还自发组织了很多民团，打着冯子材的旗号痛击法国侵略者，很多人主动跑来为清军带路、提供粮食。正当清军节节胜利的时候，朝廷竟然发来停止追击的诏书。冯子材万分悲愤，但也只能听从命令。原来腐败的清政府害怕法国会乘机报复，难得打个胜仗，就想借着这个机会和法国人议和。当时法国的日子也不好过，前线连吃败仗，士气低落，内阁也因为这事倒台。他们一听到清政府想议和，高兴还来不及，马上同意了。清政府为了求和，不惜继续出卖国家利益，虽然是战胜国，但得到的却是战败国的待遇，和法国签订了丧权辱国的《中法条约》，把大量国家利益出卖给了法国人。全国上下一片骂声，但也只能接受现实。冯子材含恨从越南撤军，走的那天，越南百姓哭着来给他们送行。越南最终也没能逃脱法国的魔掌，清军撤走后不久，法国人就回来占领了越南，把它作为自己的殖民地。

黄海大战

1894年，朝鲜爆发东学党起义，腐败的朝鲜政府请求清政府帮忙镇压，野心勃勃的日本则抓住这个机会主动派兵入朝。不久起义被镇压了下去，朝鲜政府要求中日两国撤兵，清政府也表示要和日本同时撤兵。而日本政府决心扩大事端，继续向朝鲜增兵，不久就在牙山突袭清朝军队，两国正式开战。

当时的清政府拥有亚洲第一的北洋舰队，海上实力强过日本。但是由于海军军费被挪用给慈禧太后修建颐和园，导致海军装备陈旧，弹药不足。而日本向西方购买了当时最先进的军舰，在质量上高于北洋舰队。

在朝鲜和日军作战的清军节节败退，日本很快就占领了朝鲜全境。朝鲜是清朝的附属国，所以清政府命令北洋舰队负责运送援兵去朝鲜。日本早就把北洋舰队视为眼中钉，肉中刺，一心寻找机会和它决战。不久，北洋舰队在鸭绿江口大东沟海面遭遇日本舰队。当时日本舰队为了迷惑清军，悬挂的是美国国旗，等靠近之后突然换上日本国旗对清军发起了进攻。

北洋舰队奋起反抗，双方你来我往，海面上炮火连天。由于日本突袭在先，所以排好了有利队形，而清军猝不及防，队形相当不利。日本军舰所用的炮弹是一种最新式的穿甲弹，当这种炮弹击中目标的时候并不会马上爆炸，而是钻进钢板里之后才爆炸，对战舰摧毁力非常大。而清军用的还是老式炮弹，弹头一接触硬物即爆炸，虽然杀伤力也不小，但对战舰损害却微乎其微。正是由于这些原因，战斗一开始北洋舰队就落入下风，很快，"超勇"和"扬威"两艘小型战舰就被击沉。

北洋舰队的旗舰是大型铁甲舰"定远"号，提督丁汝昌指挥各舰阻击日军，不料因为军舰年久失修，一炮打去反而把自己的甲板震裂了。丁汝昌从甲板上掉下来受了伤，定远的军旗也被敌人打落。北洋舰队没有了帅旗，士气大落，顿时陷入慌乱之中。

正在这个危急关头，致远号管带邓世昌急忙将自己军舰的旗帜挂了起来，代替定远号指挥战斗。在邓世昌的指挥下，清军逐渐扭转了劣势。但是邓世昌的英勇举动却引来了日本军舰的疯狂进攻，它们死死围住致远号，对其展开猛烈炮轰。此时一些贪生怕死的清军将领不敢继续战斗下去了，济远号管带方伯谦率先掉头逃跑。邓世昌见济远逃跑，气得破口大骂。但败类的胆怯只能衬托出英雄的高大，邓世昌等爱国官兵仍然在不利的情势下和日本舰队厮杀在一起。

邓世昌所指挥的致远号虽然不是最先进的战舰，但作战最为英勇，和日本主力舰吉野号杀在了一起。吉野是日本舰队中最先进的战舰，速度快，火力猛，和致远号正好棋逢对手。但正当战斗进行到最激烈的时候，致远号的炮弹却用光了。邓世昌见吉野号嚣张的样子，气得两眼喷火。致远号上的官兵见炮弹用光了，都开始慌乱起来。邓世昌大呼道："今天只有为国而死了！但是即使我们死了，也不能让我们大清海军的军威受到影响！没有炮弹，我们还有这艘船。吉野是日本的主力舰，我们把它撞沉的话，就一定能摧毁敌人的士气！这就是我们报国的方式！"大家被他的精神所激励，都安定了下来。邓世昌下令全速向吉野号冲去，想撞沉它。吉野号上的人没想到邓世昌居然这么勇敢，吓得不知所措。但另一艘敌舰向致远号发射了鱼雷，将其击中，船沉了下去。邓世昌和全舰250名官兵都掉进了大海。丁汝昌见邓世昌落水，赶紧驾驶定远号去救。但邓世昌拒绝上船，还扔掉了别人给他的救生圈，自溺而亡。致远号上的官兵也没有一个逃跑求生的，全部壮烈牺牲。定远号上的将士们在邓世昌的激励下向敌舰展开了猛攻，将日军旗舰松岛号打成重伤，不得不退出了战场。

黄海海战北洋舰队损失了四艘军舰，虽然损失惨重，但主力尚存。可李鸿章生怕他辛苦打造的舰队再次受到重创，竟然让他们停留在军港里不许出战。最后这些军舰都成了日军的活靶子，全军覆没。清政府输掉了甲午战争，被迫签订了《马关条约》，将台湾岛割让给了日本。

戊戌变法

甲午战争的失败让热血的中国人气愤不已，尤其当《马关条约》的内容传到内地的时候，人们愤慨万分。在北京城参加科举考试的举人们在康有为和梁启超的率领下集体向朝廷递交请愿书，请求拒绝议和，实行变法，这就是著名的"公车上书"。

光绪帝虽然身为封建统治者，但他的思想在当时还算比较开明的。他对西方的文化和政治制度很感兴趣，对中国的弱小感到非常不满。不过权力都掌握在慈禧太后手中，这个权欲狂死死抓住大权，根本不让已经成年的光绪帝掌握权力。但这种深宫里的内幕并非是外人所能知道的，在别人眼里，光绪帝仍然是皇帝，是国家的最高统治者。

康有为认为要变法就要得到光绪帝的认可，所以公车上书失败后，他再次单独向光绪帝上书，请求变法。光绪帝读到上书后感觉非常满意，下令将其保存起来以便随时阅读。康有为见上书引起了皇帝重视，经过精心准备后再次上书，请求光绪帝设立制度局以讨论新的国家制度，并设立法律局等机构推行新政。他的思想是将中国变为君主立宪制的资本主义国家。不久，他成立了保国会，大力宣传维新思想，很多朝廷重臣都成了会员。

光绪帝亲自接见康有为，向他咨询变法事宜。康有为说："现在外国纷纷入侵，国家随时都有可能灭亡。如果不赶快维新变法的话，中国就不能强大。要变法就必须从全局出发，各个方面都要改革。"光绪帝很赞成他的想法，但却叹气说："无奈我身边总是有人牵制啊！"康有为说："就皇上现有的权力就可以推行变法了。不过大臣们大多守旧，所以应该多多提拔地位较低但有能力有魄力的官员，让人心站在陛下这边。这样别人就无法反对了。"光绪帝认为他说得很对，将康有为任命为总理衙门章京上行走。这是个小官，但可以随时上奏议事。不久光绪帝又提拔杨锐、林旭、刘光第和谭嗣同等人参预新政，维新变法正式启动。

变法内容涉及各个方面，如改革科举、废除八股、开设京师大学堂和译书局、改书院为学校、允许百姓上书言事等，裁减了一大批臃肿机构，并考虑把国都迁往南方。

这些措施触动了保守派的利益，他们纷纷上书表示激烈反对。地方上的官员也阳奉阴违，除了湖南的陈宝箴之外，各地官员都没有把新政当回事。

此时慈禧太后站了出来，保守的她多次阻碍光绪帝裁撤那些无用的大臣。光绪帝没有办法，只能经常向慈禧请示，谭嗣同说："我这才知道皇上原来一点儿权力都没有。"当时兵权都掌握在慈禧的亲信荣禄手中，唯一有可能和他对抗的是北洋军首脑袁世凯。袁世凯假装支持维新，所以维新派都把他当成自己人。谭嗣同听说慈禧即将展开废黜新法和光绪帝的阴谋，情急之下找到袁世凯。两面三刀的袁世凯佯装答应，等谭嗣同一走，他马上就向荣禄告了密。

慈禧马上采取措施，宣布重新垂帘听政，废除了所有新政，把光绪帝软禁起来。维新派一无权二无兵，依靠的只是一个没有实权的光绪帝，等光绪帝被扳倒后，他们一点儿办法都没有了。慈禧对维新派展开了血腥的报复行动，谭嗣同首先得到消息，赶紧前去通知康有为和梁启超逃走。清朝的维新变法得到了一些外国人的支持，康、梁二人在他们的帮助下逃走。他们劝谭嗣同和他们一起走，谭嗣同大义凛然地说："没有起来行动的人就不能计划将来，没有敢于牺牲自己的人，就不能报答皇上的大恩。"日本使馆派人找到他，表示可以帮助他逃走，谭嗣同说："各国变法没有不流血的，而中国还没有因为变法而流血的人。有的话，就从我开始吧！"他说什么也不走，最后被清政府逮捕。不久他和刘光第、林旭、康广仁、杨深秀、杨锐6人被公开杀害。谭嗣同在临刑时大呼："有心杀贼，无力回天。死得其所，快哉快哉！"康广仁也大笑道："中国的富强之日就要到来了！"他们6人被人尊称为"戊戌六君子"。

变法维新仅仅进行了103天就失败了，所以被称为"百日维新"，当年是戊戌年，所以又称"戊戌变法"。

宣统退位

1908年，软禁中的光绪帝突然去世。就在他去世的当天，病床上的慈禧把醇亲王载沣叫到跟前，宣布立他的长子溥仪为皇帝。

第二天，作恶多端的慈禧太后就死了。没过多久溥仪正式即位，举行了登基大典。当时溥仪才三岁，只能让载沣抱着他坐在龙椅上。大典仪式复杂隆重，溥仪很快就被吓得大哭起来，载沣觉得这样隆重的典礼上皇帝却又哭又闹，实在有点儿不像话。他只好哄儿子："就快完了，马上就可以回老家了。"在场的大臣们听到这话后都惊呆了，在这种场合下说如此不吉利的话，大家都觉得不是好兆头。

幼年溥仪旧照

当时以孙中山为首的资产阶级革命派早就在国内外展开了轰轰烈烈的推翻清王朝的革命运动，并发动了多次反清起义。虽然起义大都失败了，不过革命派并没有灰心丧气，他们坚信革命总有一天能成功。

慈禧在世的时候为了缓和国内矛盾，推行了所谓的"新政"，其实就是把当年戊戌变法那一套改头换面一下。本来这次变法取得了一定的成果，对巩固清政府的统治起到了一定的作用，但清政府错就错在不肯交出政权，搞出一个不伦不类的皇族内阁。这种做法不但让革命派无法接受，而且把朝中的汉族大臣也得罪光了，很多主张立宪的大臣也倒向了革命派一边。

1911年，为了应付新政带来的财政问题，清政府竟然下令将四川铁路的修筑权收归国有。当年四川人民为了不让路权流入外国人之手，纷纷出钱购买铁路股票，好不容易才把路权收了回来，而清政府却把路权从他们手中抢走，而且毫无补偿，简直就是赤裸裸的抢劫。四川人民愤怒了，展开了保卫路权的行动。清政府不但不给出合理解释，反而下令血腥镇压。四川人民忍无可忍，只能发动起义。当时驻扎在湖北的新军大多都被调往四川镇压保路运动，导致湖北防守空虚，给了革命党机会。

驻守武昌的新军多数都深受革命党影响，早就准备起义了。1911年10月9日，革命党人孙武等人在汉口租界制造炸弹的时候不慎发生了爆炸，前来搜查的巡捕搜出了起义用的文告和起义者名单，起义被迫提前举行。10 月 10 日晚上，武昌新军工程营班长熊秉坤带领士兵冲进军火库抢夺武器。炮兵和步兵也随之起义，占领了总督衙门，接着占领了武昌。汉口和汉阳的新军也跟着起义，武汉三镇很快就落入了革命党的手中。第二天，新军成立军政府，推选黎元洪为都督，宣布成立中华民国。武昌起义不久，各省纷纷响应，南方各省大多宣布独立。

这个时候，清政府不得不起用袁世凯挽回局面。谁知道袁世凯早就和革命政府有来往，他心里想的不是挽回败局，而是如何篡夺大权。当时革命党领袖孙中山一心推翻腐败的清政府，他本人是不愿意让袁世凯掌握大权的。但是很多人都不想打仗，认为能推翻清政府就足够了，把权力让给袁世凯也无关紧要。孙中山为了保卫革命果实，表示可以让出大总统一职。

当时控制清朝政权的是宣统帝的养母隆裕太后，她是光绪帝的皇后，对宣统帝毫无感情可言。但她害怕革命推翻自己的统治，所以对袁世凯言听计从。

袁世凯借口革命党势力过大，自己无法扑灭，建议宣统帝退位，自己可以保证皇族的生活和安全。太后懂得什么国家大事？只好接受了这个意见。1912 年 2 月 12 日，宣统帝下诏宣布退位，清王朝终于走下了历史舞台。革命政府给出了非常优厚的条件，同意清王朝留在故宫，每年提供 400 万生活费用，保护皇帝的私人财产和人身安全等等。辛亥革命算是成功了，但没过多久，根据协议，大总统之位让给了袁世凯，革命果实最后被这个野心家夺走。中国从此进入了一个混乱的时代。